# Brasil, Argentina e Estados Unidos

*Luiz Alberto Moniz Bandeira*

# Brasil, Argentina e Estados Unidos
## Conflito e integração na América do Sul
### Da Tríplice Aliança ao Mercosul

**3ª edição revista e ampliada**

**Prefácio de Samuel Pinheiro Guimarães**

CIVILIZAÇÃO BRASILEIRA
Rio de Janeiro
2010

Projeto gráfico de miolo
*Evelyn Grumach e João de Souza Leite*

Diagramação de miolo
*Abreu's System*

CIP-Brasil. Catalogação-na-fonte
Sindicato Nacional dos Editores de Livros, RJ

B164b
3.ed.

Moniz Bandeira, Luiz Alberto 1935-
Brasil, Argentina e Estados Unidos: conflito e integração na América do Sul (da Tríplice Aliança ao Mercosul), 1870-2007/Luiz Alberto Moniz Bandeira; prefácio Samuel Pinheiros Guimarães. – 3.ed., rev. e ampl. – Rio de Janeiro: Civilização Brasileira, 2010.

Inclui bibliografia e índice
ISBN 978-85-200-0652-8

1. Brasil – Relações exteriores. 2. Argentina – Relações exteriores. 3. Estados Unidos – Relações exteriores. 4. Brasil – Relações econômicas exteriores. 5. Relações internacionais – História. 6. Brasil – Comércio exterior. 7. Área de Livre Comércio das Américas (Organização). 8. América – Integração econômica. I. Título.

09-1463. CDD: 327.81
CDU: 327(81)



Texto revisado segundo o novo Acordo Ortográfico da Língua Portuguesa.

Direitos desta edição adquiridos pela
EDITORA CIVILIZAÇÃO BRASILEIRA
Um selo da
EDITORA JOSÉ OLYMPIO LTDA
Rua Argentina 171 – 20921-380 – Rio de Janeiro, RJ – Tel.: 2585-2000



Impresso no Brasil
2010

## Sumário


ABREVIATURAS DOS ARQUIVOS *15*

PREFÁCIO: REFLEXÕES SUL-AMERICANAS
Samuel Pinheiro Guimarães *17*

INTRODUÇÃO *37*

CAPÍTULO I
As consequências da Guerra da Tríplice Aliança • A rivalidade Brasil-Argentina • A "paz armada" • A indústria pesada e as técnicas de guerra • A questão das Missões • A proclamação da República no Brasil e as relações com a Argentina • Os conflitos no Cone Sul • O Chile • A disputa entre o Brasil e a Argentina e as sublevações no Uruguai e Paraguai *47*

CAPÍTULO II
A expedição da canhoneira *Wilmington* • Os interesses dos EUA na Amazônia • Brasil e Bolívia e a disputa do Acre • Os levantes de Luís Valdez e Plácido de Castro • A ação do Barão do Rio Branco e o Bolivian Syndicate • Rothschild como intermediário das negociações com o Bolivian Syndicate • O Tratado de Petrópolis • O litígio em torno do Acre peruano *73*

CAPÍTULO III
O predomínio da Argentina no Paraguai • Argentina, Uruguai e Brasil e a jurisdição sobre o Rio da Prata • A competição naval entre Argentina, Brasil e Chile • Os interesses da Alemanha e da França na corrida armamentista no Cone Sul • O plano de Estanislau Zeballos para ocupar o Rio de Janeiro • Rio Branco e a proposta do Pacto ABC • O caso do telegrama cifrado nº 9 *97*

CAPÍTULO IV
A questão da paridade naval • Roque Saenz Peña e a Doutrina Monroe • As relações entre a Argentina e o Brasil • "Todo nos une. Nada nos separa" • A missão de Ramón S. Cárcano • A intervenção dos EUA no México e o Tratado do ABC • A eleição de Hipólito Yrigoyen • A guerra mundial de 1914-1918 • O Tratado Antibélico *125*

CAPÍTULO V
O declínio da supremacia brasileira na Bacia do Prata • A predominância da Argentina • O domínio da Argentina sobre o Paraguai • O avanço sobre a Bolívia • Os temores do Brasil • A estrada Madeira–Mamoré • Os interesses da Argentina no Chaco • O início dos conflitos • A questão do petróleo e a Guerra do Chaco *153*

CAPÍTULO VI
O *rush* do petróleo na América do Sul • Yrigoyen, a nacionalização do petróleo na Argentina e o golpe de Estado de Uriburu • Os interesses petrolíferos na Guerra do Chaco • O jogo da Standard Oil entre a Bolívia e o Paraguai • A indústria armamentista e a Guerra do Chaco • O petróleo no imaginário da época • A Conferência de Paz *177*

CAPÍTULO VII
A competição militar entre Brasil e Argentina • O caso dos *destroyers* • O Tratado de 1941 entre o Brasil e a Argentina para formar uma união aduaneira • O golpe de 1943 na Argentina • Ameaças dos EUA a Buenos Aires • Os interesses da Grã-Bretanha e do Brasil na Argentina • Os regimes políticos no Brasil e na Argentina *195*

CAPÍTULO VIII
A abertura democrática no Brasil e na Argentina em 1945 • A manifestação operária de 17 de outubro de 1945 • A política do embaixador Spruille Braden e as pressões dos EUA sobre o Brasil e a Argentina • A consolidação de Perón no poder e a queda de Vargas • Os regimes políticos no Brasil e na Argentina a partir de 1946 *215*

CAPÍTULO IX
Bases sociais dos governos de Dutra e Perón • O plano de industrialização e a *terceira posição* da Argentina • O fiasco da política de Braden • As

relações Brasil-Argentina • Os interesses comerciais do Brasil • A questão do trigo • A política latino-americana de Perón • O fim da hegemonia britânica na Argentina *233*

CAPÍTULO X
As dificuldades do Plano Quinquenal • As relações da Argentina com os EUA • Apoio de Perón à volta de Vargas; o Pacto ABC • A morte de Eva Perón e a instabilidade política na Argentina • Perón e a proposta para a união econômica entre Argentina, Brasil e Chile • O Pacto ABC • O suicídio de Vargas e o fim do governo de Perón *249*

CAPÍTULO XI
A aliança das forças anti-Vargas e anti-Perón • A Revolução Libertadora na Argentina e a eleição de Kubitschek-Goulart no Brasil • A carta Brandi • A política de Aramburu • O peronismo na América Latina • Queda de Pérez Jiménez na Venezuela • Eleições na Argentina • Frondizi e Kubitschek e as relações Brasil-Argentina *265*

CAPÍTULO XII
As relações entre Paraguai e Argentina • Apoio dos "gorilas" às guerrilhas contra Stroessener • O porto no Atlântico como objetivo de Stroessner • Ainda o petróleo do Chaco • Interesses do Brasil no Paraguai e as relações com a Argentina • Vitória dos blancos no Uruguai após 95 anos • O Paraguai contra a Argentina na OEA *279*

CAPÍTULO XIII
A política externa independente do Brasil • Frondizi, Quadros e os Acordos de Uruguaiana • A questão de Cuba e a mutação da estratégia de segurança • A Aliança para o Progresso • A crise no Equador e o litígio com o Peru • Queda de Velasco Ibarra e ascensão de Arosemena • A ação da CIA no Equador e na Argentina • O papel da JID *303*

CAPÍTULO XIV
Guerra fria na América Latina • *Operacion Cono Sur* • Neutralismo potencial de Frondizi • Reafirmação dos Acordos de Uruguaiana • A VIII Reunião de Consulta e a expulsão de Cuba da OEA • Os militares e o rompimento da Argentina com Cuba • A queda de Frondizi • A posição de Kennedy e o golpe de Estado na Argentina *329*

CAPÍTULO XV
Cuba e os EUA • Os golpes militares na América Latina como fenômeno da guerra fria • As doutrinas de contrainsurreição e ação cívica • A situação econômica no Peru, Bolívia, Equador e Colômbia • As guerrilhas • A luta armada na Venezuela • A crise política na Argentina e o conflito entre os *azules* e *colorados* *345*

CAPÍTULO XVI
A oposição de Goulart ao Colégio Interamericano de Defesa • O apoio da Argentina ao bloqueio de Cuba e à força policial interamericana • Entendimentos entre a Argentina e os EUA • A situação do Chile e a reaproximação do Brasil com o Chile • Visita de Goulart ao Chile • A morte de Kennedy • O golpe de Estado no Brasil e a queda de Goulart *361*

CAPÍTULO XVII
As fronteiras ideológicas e a FIP • Ameaça contra o Uruguai • Golpe na Bolívia e ameaça de intervenção • O Brasil e a invasão de São Domingos • As guerrilhas na Colômbia • A articulação do golpe no Uruguai • Entendimentos entre Brasil e Argentina • O Pacto Andino e a proposta da união aduaneira entre o Brasil e a Argentina *381*

CAPÍTULO XVIII
O abandono das fronteiras ideológicas • Os entendimentos para o Tratado da Bacia do Prata • O governo Ongania e a rivalidade com o Brasil • A questão de Itaipu • A política de Lanusse • O Brasil e os golpes militares na Bolívia, Uruguai e Chile • O cerco estratégico da Argentina • A volta de Perón e o projeto de união com o Uruguai *405*

CAPÍTULO XIX
O governo Videla • A geopolítica nas relações com o Brasil • A questão de Itaipu e Corpus • A disputa do Canal de Beagle e o recuo da Argentina na questão de Itaipu • Acordos entre Videla e Figueiredo • A Guerra das Malvinas • A neutralidade imperfeita do Brasil e o apoio à Argentina • O colapso dos regimes militares *425*

CAPÍTULO XX
As gestões do Brasil no Suriname • O colapso dos regimes militares • Os EUA e a redemocratização na Argentina, Brasil e Uruguai • A crise da

dívida externa • As vicissitudes econômicas do Brasil e da Argentina • A estabilização política da Bolívia • Os acordos entre Alfonsín e Sarney para a integração econômica Brasil-Argentina *453*

CAPÍTULO XXI
A mutação na conjuntura mundial em 1989-1991 • A exaustão dos regimes militares • A crise econômica na América Latina e a situação do Brasil e da Argentina • O *Washington Consensus* e o neoliberalismo • O realismo periférico e as discrepâncias Argentina-Brasil • O Tratado de Assunção e a formação do Mercosul *469*

CAPÍTULO XXII
O Brasil e o projeto da ALCSA • Mudanças econômicas e políticas no cenário internacional • O fim da Rodada Uruguai e a OMC • A formação do NAFTA e a proposta da Alca • Ameaça de golpe no Paraguai • A Argentina eleita aliado extra-OTAN e as discrepâncias com o Brasil • Os déficits do Mercosul no comércio com os EUA *487*

CAPÍTULO XXIII
As difíceis negociações da Alca • Mercosul *versus* NAFTA • A desvalorização do real • O déficit da Argentina com os EUA • O pedido para a Argentina entrar na OTAN • A expansão das guerrilhas e o narcotráfico na Colômbia • A ameaça de intervenção • A colaboração da Argentina com os EUA e as divergências com o Brasil *517*

CAPÍTULO XXIV
A herança de Menem • Liberalismo econômico, crise financeira e conflitos sociais • A tentativa de golpe no Paraguai • Inquietação social na Bolívia • Levante indígena no Equador e golpe militar • A queda de Fujimori • A ascensão de Hugo Chávez na Venezuela • O Plano Colômbia • Presença dos EUA no Bloco Andino • Brasil • Venezuela e a resistência à Alca *541*

CAPÍTULO XXV
A resistência do Brasil à Alca • Reunião dos presidentes sul-americanos em Brasília • A América do Sul como espaço econômico e unidade política • O cerco dos EUA ao Mercosul e a defecção do Chile • A crise financeira da Argentina e as tensões com o Brasil • A Cúpula de Quebec • A adesão da Venezuela ao Mercosul • A crise da Argentina e o crédito do FMI *561*

CAPÍTULO XXVI
Os atentados terroristas contra o WTC e o Pentágono • A recessão nos EUA e a guerra no Afeganistão • O agravamento da situação mundial • Outra vez a dívida externa da América Latina • O colapso econômico e o drama social e político na Argentina • A situação na Colômbia e no Equador • A tentativa de golpe de Estado na Venezuela *587*

CONCLUSÕES *617*

ARQUIVOS PESQUISADOS *635*

FONTES IMPRESSAS *637*

BIBLIOGRAFIA *639*

ÍNDICE ONOMÁSTICO *657*

*Amerika ist somit das Land der Zukunft, in welchem sich in vor uns liegenden Zeiten, etwa im Streite von Nord- und Südamerika, die weltgeschitliche Wichtigkeiten offen baren soll.*

G. W. F. Hegel*

* "A América é a terra do futuro, na qual em tempos vindouros haverá uma contenda entre a América do Norte e a América do Sul, e onde a importância da História Universal deverá manifestar-se." Hegel, Band I, 1994, p. 209.

Em memória de meus pais
Como sempre, para Margot e Egas

## Abreviaturas dos Arquivos

| | |
|---|---|
| AA | Arquivo do Autor |
| AAL | Archivo Andrés Lamas |
| ABMR-E | Archivo y Biblioteca del Ministerio de las Relaciones Exteriores de España |
| ACC | Archivo Carlos de Castro |
| ACL-UnB | Arquivo Carlos Lacerda — Universidade de Brasília |
| ACPL | Arquivo Cleanto de Paiva Leite |
| ADA | Arquivo Doutel de Andrade |
| ADPME-F | Archive Diplomatique du Ministère des Affaires Étrangers — França |
| AEMA | Arquivo do Embaixador Moniz de Aragão |
| AIBM | Archivo Inédito de Bartolomé Mitre |
| AIHGB-CDG | Arquivo do Instituto Histórico e Geográfico Brasileiro — Coleção Domício da Gama |
| AHI | Arquivo Histórico do Itamaraty |
| AHMRE-B | Arquivo Histórico do Ministério das Relações Exteriores — Brasília |
| ANA | Archivo Nacional de Asunción |
| AGN-A | Archivo General de la Nación — Argentina |
| AGN-U | Archivo General de la Nación — Uruguai |
| AGV | Arquivo Getúlio Vargas |
| AMREC-A | Archivo del Ministerio de Relaciones Exteriores y Culto de Argentina |
| AN | Arquivo Nacional |
| AN-APPAGM | Arquivo Nacional — Arquivo Particular de Pedro Aurélio de Góes Monteiro |

| | |
|---|---|
| AN-APSTD | Arquivo Nacional — Arquivo Particular de San Tiago Dantas |
| AOA | Arquivo Oswaldo Aranha |
| APAF | Archivo del Professor Ariosto Fernandez |
| AVP | Archivo Victorino de la Plaza |
| BBA | Baring Brothers Archives |
| BESL | Biblioteca Especial de Solano López |
| BN-SM | Biblioteca Nacional — Seção de Manuscritos |
| CPDOC-FGV | Centro de Pesquisa e Documentação Histórica Contemporânea — Fundação Getulio Vargas |
| EL | Eisenhower Library |
| HSTL | Harry S. Truman Library |
| IEB | Instituto de Estudos Brasileiros |
| JFKL | John F. Kennedy Library |
| JBJL | Lindon B. Johnson Library |
| MRE | Ministério das Relações Exteriores |
| NA | National Archives |
| PRO-FO | Public Record Office — Foreign Office |
| RAL | Rothschild Archives — London |

## Prefácio
# Reflexões sul-americanas

Samuel Pinheiro Guimarães

### OS DESAFIOS BRASILEIROS E A POLÍTICA INTERNACIONAL

1. A política internacional e a política externa têm importância decisiva para os destinos da sociedade brasileira; mas, paradoxalmente, não se encontram no centro do debate doméstico, a não ser em seus aspectos econômicos mais imediatos, como a necessidade de gerar saldos comerciais e de superar a crise do Mercosul. O desconhecimento da história da política exterior brasileira e da situação estratégica da América do Sul no mundo seriam responsáveis por essa atenção marginal. Daí a fundamental importância deste livro de Luiz Alberto Moniz Bandeira sobre a história das relações entre o Brasil, a Argentina e os Estados Unidos no quadro da política sul-americana, assim como de toda sua obra anterior, em que se destacam *O expansionismo brasileiro e a formação dos Estados da Bacia do Prata* (1974) [Revan]; *Presença dos Estados Unidos no Brasil* (1973); *O eixo Argentina-Brasil no processo de integração na América Latina* (1987); *Brasil e Estados-Unidos: a rivalidade emergente* (1989); *Estado Nacional e política internacional na América Latina* (1993); *De Marti a Fidel* (1998). Esses estudos históricos, realizados com grande rigor de pesquisa e arguta articulação dos eventos, deveriam ser leitura obrigatória de todo político brasileiro, assim como de economistas e cientistas sociais.

2. A marginalidade da política internacional não foi sempre um traço da política brasileira. A importância da política externa e da América do Sul foi, ao tempo do Império e de Rio Branco, percebida com clareza. As fronteiras do Estado eram ainda indefinidas, as pressões inglesas contra o

tráfico de escravos tinham sido intensas, a Guerra do Paraguai e as intervenções no Uruguai e na Argentina e em toda a formação dos Estados na região do Rio da Prata eram episódios ainda recentes no início do século XX. Após a Segunda Guerra Mundial, essa percepção foi se diluindo, talvez devido à consolidação jurídica e ao "vazio" demográfico das fronteiras, do projeto de desenvolvimento do mercado interno e da sensação de distanciamento geográfico e político em relação ao centro da política mundial e do embate Leste-Oeste que se verificava nos teatros da Europa e da Ásia.

3. Enquanto ocorria essa diluição no imaginário coletivo da importância da política exterior, o crescimento acelerado do PIB e da população, a formação de um mercado interno e de parque industrial relevante e sofisticado; a diversificação das exportações e a capacitação tecnológica em áreas como a nuclear, a aeronáutica, a militar e a informática, e a ocupação demográfica e econômica das zonas de fronteira foram contribuindo para que o Brasil adquirisse crescente importância no contexto internacional e para os Estados Unidos em particular.

4. Os efeitos, riscos, ameaças e oportunidades desta importância estratégica não são até hoje bem compreendidos na sociedade brasileira, como se verifica pelo desinteresse relativo do Congresso, pela leitura dos capítulos sobre política externa dos programas partidários e das declarações de candidatos em época de eleições, que primam por se concentrar em um certo "comercialismo". Por vezes, tem-se a impressão de que as elites e o povo tendem a ver o Brasil como se ainda estivesse em situação de poder equivalente à que o país detinha no início do século XX: menos de vinte milhões de habitantes, distribuídos ao longo do litoral, país de indústria modesta e simples, agroexportador, sem capacidade tecnológica própria. Essencialmente agrícola, mercantil e atrasado. E portanto, sem condições de participar de forma efetiva da política internacional, inclusive porque o Brasil continua a ter, segundo alguns, "uma escassez de poder".

5. Outros há que acreditam que o Brasil poderia chegar, com esforço, à situação de países de dimensões médias, mais ou menos bem-sucedidos, e citam os casos de Portugal, Espanha, Grécia e Itália como exemplos a emular. Todavia, o destino da sociedade brasileira jamais poderá ser médio, tendo em vista as dimensões de seu território, de sua população e de seu PIB; sua localização geográfica e os desafios de suas disparidades sociais e de suas vulnerabilidades externas. O destino brasileiro será de

grandeza ou caos. Apenas o Brasil, os Estados Unidos e a China estão, ao mesmo tempo, na relação dos dez países de maior território, dos dez países mais populosos e dos dez países de maior PIB do mundo. O território brasileiro não é atingido por desastres naturais nem por climas extremos e nele se encontram o maior estoque de biodiversidade e de água potável do mundo, terras aráveis capazes de produzir alimentos para 600 milhões de pessoas, jazidas minerais variadas, de grande potencial e qualidade. A população brasileira, utilizando uma só língua e sem abrigar conflitos étnicos e religiosos, cresce a 1,7% ao ano e deverá ultrapassar 200 milhões em 2020, o que permite articular um mercado de dimensão continental, menos vulnerável a choques externos, capaz de abrigar quase todas as atividades produtivas, qualquer que seja sua escala mínima. Nos últimos 100 anos, o PIB brasileiro foi aquele que apresentou o maior crescimento no mundo, o que significa expressiva acumulação de capital, capacidade tecnológica adquirida por empresários, engenheiros e operários e, portanto, a possibilidade de se expandir e diversificar. Finalmente, a situação geográfica, com 14.000 km de fronteiras terrestres com dez países, de tamanho médio ou pequeno, nenhum deles com território ou população superior a 20% do Brasil, com exceção da Argentina; sem que existam com eles fronteiras disputadas; e com 8.000 km de litoral em frente à África Austral, confere ao Brasil uma situação geopolítica de grande relevância e uma possibilidade de ação política internacional correspondente.

6. As vantagens brasileiras de território, população e PIB são afetadas negativamente pelas disparidades e vulnerabilidades. As atuais disparidades sociais podem ser consideradas resultado do latifúndio e da escravidão, que sobreviveu até 1888, mas também da permanência até os tempos atuais de uma estrutura agrária arcaica, caracterizada por grandes unidades em expansão. Essas propriedades, quando improdutivas, dificultam a fixação do homem no campo e em geral correspondem a sistemas políticos oligárquicos e clientelísticos. As grandes propriedades, quando altamente produtivas, expulsam mão de obra e muitas vezes agridem o meio ambiente, devido à monocultura, à mecanização, à utilização intensa de agrotóxicos e à contaminação das águas. Ao lado do latifúndio e da concentração de riqueza mobiliária em mãos de ínfima parcela da população, a ausência de políticas públicas de geração de tecnologia adequada à constelação de fatores de produção, de desconcentração gradual

de renda e riqueza e de fortalecimento do capital e da empresa brasileira vêm contribuindo para agravar essas disparidades.

7. O caráter sagrado da propriedade agrária (mesmo quando improdutiva) somente agora vem sendo desmistificado, com dificuldade, pelo movimento social organizado; os esforços de geração de tecnologia continuam a ser insuficientes e ironizados pelos que consideram ser possível adquirir tecnologia no mercado como se fosse um bem qualquer; no passado, as políticas tributárias e de crédito contribuíram para concentrar a renda, através de isenções, de créditos a juros inferiores à inflação e da conivência com a elisão e a evasão fiscal. Finalmente, nos últimos anos, a política econômica se esforçou em privilegiar o capital e a empresa estrangeiros e em fragilizar o capital e a empresa brasileiros, considerados, ainda que implicitamente, ineficientes, arcaicos e corruptos, e por isso como indignos de apoio e defesa do Estado em sua competição com o megacapital multinacional. Foram precisos a sucessão de escândalos nas megaempresas americanas, a catástrofe argentina, os insucessos de privatização e a crise de pagamentos/estagnação brasileira para que o mito do capital estrangeiro sumamente eficiente, honesto e modernizador fosse minimamente abalado, ainda que seus defensores já implementem operação ideológica de recuperação de imagem que se inicia pela retirada do tema do foco das notícias e pela "personalização" da culpa, que passa a recair sobre executivos que não chegam, todavia, a serem qualificados de corruptos.

8. A síntese das disparidades nacionais é o fato de que cerca de 50 milhões de brasileiros vivem abaixo da linha de pobreza, dos quais 23 milhões passam fome diariamente. São estes os que não tiveram e não têm acesso à educação, à saúde, à cultura, ao transporte decente, à justiça, à segurança em seu lar, e que são as principais vítimas da discriminação e da violência racial, social, econômica e política. Esses brasileiros não se encontram em regiões isoladas, mas sim na periferia das cidades, participam a cada quatro anos do processo político, porém são manipulados pela mídia e pelo clientelismo privado e público. Seu contingente cresce mais do que cresce a parcela menos miserável ainda que pobre da população ou do que a diminuta classe média e a ínfima parcela de ricos, cujos padrões de riqueza e consumo são tão elevados quanto os dos indivíduos mais ricos nos países mais ricos.

9. O grande desafio brasileiro é incorporar essa massa de miseráveis ao processo econômico através do aumento de sua capacidade produ-

tiva e não mantê-los sobreviventes através de um assistencialismo indigno; integrá-los ao processo político como cidadãos e não manipulá-los periodicamente como espectadores sem esperança; e incluí-los no processo social como seres humanos de enorme potencial, dignos de uma vida cultural e espiritual elevada, e não de um vegetar diante da pequena tela, ideal modesto, porém quase inatingível para a enorme maioria.

10. As vulnerabilidades externas crônicas do Brasil se iniciaram com as exigências feitas por Lisboa para reconhecer a Independência, entre elas a de que o Brasil assumisse o pagamento de empréstimo contraído pela Coroa portuguesa junto a banqueiros ingleses para combater a Independência do Brasil. Nascia para o Brasil a comunidade financeira internacional, o "mercado".

11. De 1822 para cá, se digladiam no Brasil duas correntes de pensamento e de ação política. A primeira, representada por barão de Mauá, Alves Branco, Roberto Simonsen, Getúlio Vargas, Juscelino Kubitschek, Celso Furtado e Ernesto Geisel, é a dos patriotas que compreenderam a necessidade de promover a industrialização do país, de construir, expandir e integrar seu mercado interno, de desenvolver sua capacidade tecnológica, de diversificar suas relações com o exterior e de reduzir sua vulnerabilidade e dependência em relação às chamadas Grandes Potências, ex-metrópoles coloniais ou metrópoles neocoloniais.

12. A segunda corrente de pensamento e ação tem como expoentes o visconde de Cairu, Tavares Bastos, Joaquim Murtinho, Carlos Lacerda, Roberto Campos, Castelo Branco, Fernando Collor e outros mais recentes. Para esses paladinos da dependência, a inserção do Brasil deveria ser feita através de suas vantagens comparativas de solo e clima; do privilégio ao capital, empresa e tecnologia estrangeiros; de supervalorização da estabilidade monetária e da liberdade cambial; e da visão de que o Brasil deve se conformar com um papel secundário e respeitoso das Grandes Potências, país desarmado e discreto, consciente de sua escassez de poder e de sua inferioridade cultural.

13. Desde 1989, com a eleição de Fernando Collor, a vulnerabilidade externa brasileira vem aumentando exponencialmente, ao mesmo tempo que se multiplicaram as ameaças, os riscos e a violência no cenário regional e internacional capazes de afetar ainda mais nossa trajetória, já tão irregular e decepcionante nos últimos vinte anos.

14. Na economia, a síntese da vulnerabilidade externa se revela pela dependência tecnológica, pela crescente desnacionalização, em especial do setor financeiro e de serviços públicos, pela dolarização da dívida interna, pelo aumento da dívida externa (em especial de empresas privadas) e pela dificuldade em expandir e diversificar exportações. Essa vulnerabilidade externa, de forma geral, se resume pela necessidade de levantar no mercado internacional entre 40 e 50 bilhões de dólares por ano para enfrentar os compromissos com juros, lucros, fretes, *royalties* e com as amortizações de empréstimos e assim fechar as contas externas.

15. No campo militar, nestes últimos 12 anos, desarticulou-se a indústria nacional de armamentos, reduziram-se as dotações orçamentárias, o que levou à dispensa de reservistas do Exército, à incapacitação da Força Aérea e à atracação forçada de navios de guerra. O Brasil aderiu a tratados militares desiguais, i.e., a tratados que permitem às Grandes Potências manter e desenvolver seus estoques e sua capacidade tecnológica em armas de destruição em massa ou em tecnologia dual, enquanto o Brasil renuncia a seu direito inalienável de defesa e ao princípio da igualdade soberana entre Estados em nome de um pacifismo subserviente ou utópico. Ademais, e para coroar uma estratégia que na prática levou ao enfraquecimento, desarmamento e sujeição militar do Brasil às Grandes Potências, foi assinado um memorando de aluguel do centro de Lançamentos de Alcântara, aceitando graves restrições à soberania e abrindo a possibilidade de estabelecimento de enclaves americanos em território brasileiro.

16. A vulnerabilidade ideológica externa é, talvez, a mais grave, pois não só condiciona o processo de formação da visão do mundo e da sociedade brasileira por parte de suas elites intelectuais e dirigentes e, portanto, a orientação estratégica de desenvolvimento e de política externa, como corrói a autoestima da população. A compreensão do processo de formação dessa visão depende em grande medida do conhecimento da história brasileira e, portanto, esta é mais uma razão da importância deste livro de Moniz Bandeira.

17. A vulnerabilidade ideológica aumentou nos últimos 12 anos pela erosão da autoestima do povo; pela campanha de descrédito das instituições; pela difusão de teorias de "fim das fronteiras" e de globalização benfazeja e de correspondente desmoralização dos conceitos de nação e de país; pela penetração esmagadora em todas as mídias do produto ideológico estrangeiro, desde os filmes de cinema e televisão até o espaço

conferido na imprensa a artigos de ideólogos estrangeiros e finalmente à ideia de que só há uma saída para o Brasil, que é a obediência aos desejos do "mercado" e às políticas "induzidas" pelo FMI e seus mentores, quais sejam, o Departamento do Tesouro e os megabancos multinacionais. No Brasil, essa vulnerabilidade externa ideológica se aguçou pela ascensão a postos de decisão de tecnocratas fundamentalistas ideológicos neoliberais, formados principalmente em universidades americanas, imbuídos do chamado pensamento único e de seu papel de salvadores da pátria, que impuseram políticas contabilistas, recessionistas e endividantes explosivas, sem pejo de submissão a agências estrangeiras. A abertura ao capital estrangeiro dos meios de comunicação ampliou a possibilidade de influência externa sobre a formação do imaginário brasileiro e sobre o próprio quotidiano político.

18. Nesse explosivo quadro de disparidades, vulnerabilidades e de degradação de infraestrutura física e social, cujos exemplos máximos foram a crise energética e a crise da segurança, a realização do último desafio, qual seja, a transição de um sistema político plutocrático, midiático e excludente para um regime democrático, informativo e participativo, se torna plena de escolhos, precipícios e sorvedouros, que os defensores do atual modelo econômico e social, concentrador e explosivo, desprezam ou ignoram em sua temerária "aposta".

## OBJETIVOS ESTRATÉGICOS DAS GRANDES POTÊNCIAS PARA A AMÉRICA DO SUL

19. Diante do conhecimento do potencial brasileiro, da percepção de que a superação das disparidades e vulnerabilidades são condições para realizá-lo, das extraordinárias oportunidades de lucro em curto prazo existentes para as megaempresas no Brasil, de que a realização do potencial brasileiro alteraria profundamente a correlação de forças em nível regional e mundial em detrimento de Potências que hoje nela detêm lugar privilegiado, as Grandes Potências, em especial os Estados Unidos, consideram o Brasil peça importante em seu planejamento estratégico e para o Brasil têm elas objetivos.

20. O principal objetivo das Grandes Potências em relação aos grandes Estados da periferia é garantir que seu desenvolvimento político, militar

e econômico não afete seus interesses locais, regionais e mundiais. Assim, procuram inicialmente, através da mídia e de programas de formação das futuras elites, convencer a população e cooptar as elites para um projeto de comunidade internacional em que esses grandes Estados da periferia (inclusive o Brasil) se contentem com uma posição subordinada e em que se mantenham os privilégios de que gozam os interesses comerciais, financeiros e de investimentos estrangeiros nesses Estados periféricos.

21. No processo de implementação de seus objetivos, procuram manietar a capacidade dos grandes Estados da periferia de executar estratégias de superação do subdesenvolvimento e da dependência, pois essas podem afetar seus interesses, através da construção de uma teia de acordos e de agências que consagrem aqueles privilégios e deem a eles natureza e status jurídico internacional, revestidos da sacralidade do princípio *pacta sunt servanda*. Nessa estratégia, procuram obter a participação dos Estados periféricos, essencial para conferir a aparência de legitimidade e universalidade a construções jurídicas extremamente assimétricas como a própria Organização Mundial do Comércio (OMC), o Tratado de não Proliferação Nuclear (TNP) e o Regime de Controle de Tecnologia de Mísseis (MTCR), que são apresentados como vitórias progressistas e pacifistas, mas cuja finalidade é manter privilégios econômicos e edulcorar a violência unilateral contra os Estados que resistem a se deixar cooptar, absorver e submeter.

22. Nessa estratégia está sempre presente a ideia, porém disfarçada, de desintegrar territorialmente ou desarticular politicamente os grandes Estados periféricos pelo estímulo a rivalidades regionais, raciais e religiosas onde existem, e de outro lado, a impedir que os grandes Estados se articulem, em nível regional ou em nível internacional, para enfrentar a ação e a pressão das Grandes Potências, as quais procuram, aliás, permanentemente se articular e coordenar sua ação em relação aos Estados menores e da periferia, como faziam desde o distante passado da Santa Aliança e das reuniões do Concerto das Nações e fazem hoje através de agências como a Organização de Cooperação e Desenvolvimento Econômico (OCDE) Organização do Tratado do Atlântico Norte (OTAN).

23. A importância para a política externa brasileira da Ásia, da África (e até mesmo de certa forma da Europa) tem sido, desde 1945, e continuará a ser relativamente marginal quando comparada com a importância central dos Estados Unidos na própria política interna brasileira e na

política sul-americana e, em segundo lugar, da Argentina, relacionamento este essencial para qualquer estratégia brasileira no subcontinente, base necessária de toda sua política externa em um mundo que será multipolar. As manifestações retóricas e os objetivos bem-intencionados de expansão das relações do Brasil com a Ásia e com a África e de articulação de alianças políticas se defrontam com obstáculos de toda ordem, tais como a distância geográfica, a ausência de linhas de navegação, os interesses econômicos recíprocos reduzidos, os tênues laços políticos e culturais, a desnacionalização da economia brasileira e a fraqueza do Estado para articular políticas efetivas de apoio aos interesses brasileiros. Todas aquelas manifestações, ao se manterem retóricas e utópicas, rapidamente se esvaem, ainda que indiquem, corretamente, o destino necessário do futuro.

24. Por essa razão, a análise da estratégia norte-americana para a América do Sul, e para o Brasil em particular, é de preliminar relevância para definir e executar uma política externa eficaz. Daí a importância extraordinária da obra de Moniz Bandeira que, ao desvendar a dinâmica histórica das relações entre Brasil, Estados Unidos e Argentina, permite identificar, ao longo do tempo, a permanência dos objetivos políticos norte-americanos.

25. A estratégia americana para as Américas se desenvolveu em várias fases, mas com o objetivo permanente, claramente definido e perseguido, de estabelecer e consolidar sua hegemonia no continente. A primeira fase correspondeu à exclusão da influência política e econômica europeia na América Central e Caribe, áreas essenciais para garantir a inviolabilidade da República e a segurança da integração econômica do seu território continental. Assim, foram adquiridos os territórios da Flórida, da Lousiania, do Oregon, conquistados os territórios índios, concluído o processo com a anexação do Texas, que acarretou a guerra com o México e a anexação da área correspondente aos estados do Colorado, Novo México, Arizona e Califórnia, e a guerra com a Espanha, a qual garantiu sua exclusão da área e o controle do Caribe através da ocupação de Cuba e da anexação de Porto Rico, além de colocar um posto americano avançado na Ásia, nas Filipinas. A formação do Estado do Panamá e a concessão da Zona do Canal garantiram a influência política estadunidense no Caribe, consolidada através de longas ocupações militares de diversos países, a qual garantiu a segurança da conexão interoceânica das Costas Leste e Oeste dos Estados Unidos.

26. Somente não foram anexadas outras regiões da América Central e do Caribe ao território americano, tais como a República Dominicana e o Yucatan, devido à profunda aversão e receio das elites americanas em absorver na República populações de origem ibérica, miscigenada, católica, de hábitos considerados atrasados e inferiores e que iriam "corromper" a grande República White, Anglo-Saxon, Protestant.

27. A influência inglesa, francesa e alemã na América do Sul, em especial na Argentina, no Uruguai, no Brasil e no Chile, teve de esperar a derrota europeia na Segunda Guerra Mundial para ser reduzida e quase extinta, substituída pela avassaladora presença norte-americana. A distância geográfica, as dimensões desses Estados, a ideologia anti-imperialista, a luta antinazista e depois anticomunista, a ação econômica multilateralista fariam com que não pudessem sequer surgir ou prosperar veleidades de anexação territorial dessas áreas, e fizeram prevalecer a estratégia de manter a influência política e econômica excludente de Potências europeias (e daí o horror ao exemplo da Revolução Cubana) e de exercer um direito natural de polícia, no dizer de Theodore Roosevelt, para disciplinar e reformar países jovens, imaturos, irresponsáveis, turbulentos e caloteiros.

28. A proposta americana de união aduaneira das Américas, apresentada na Conferência Interamericana de 1889 e renovada em 1948, e a negociação de acordos preferenciais de comércio, inclusive com o Brasil, foram manifestações do objetivo permanente de consolidar a influência econômica, abrir mercados para bens e investimentos e garantir o acesso a matérias-primas. A Alca é a mais recente, porém a mais ampla iniciativa no quadro dessa estratégia, pois visa a construir um território econômico único, onde os Estados subdesenvolvidos não poderão ter política comercial, industrial e tecnológica e, portanto, projetos nacionais de desenvolvimento.

29. Na estratégia sul-americana dos Estados Unidos, dois países tinham e têm importância crucial, que são o Brasil e a Argentina. Qualquer estrategista do Departamento de Estado, de Defesa ou do Tesouro dos Estados Unidos reconhece que a construção de vínculos estreitos de cooperação política e econômica entre Brasil e Argentina, com o objetivo de fortalecimento tecnológico, político, militar e econômico e de redução de sua dependência externa, criaria, com o tempo, um centro de poder na América do Sul que afetaria profundamente a influência

política, militar, econômica e ideológica norte-americana na região e, em consequência, sua capacidade de ação em nível mundial. Daí a estratégia de manter afastados um do outro Brasil e Argentina, de estimular sentimentos de rivalidade e de acenar com alianças privilegiadas a um e outro país alternadamente para que não venham a se unir na defesa e promoção de seus interesses, tarefa fácil quando se considera a história das disputas entre Portugal e Espanha, da formação territorial do Brasil e da Argentina, dos conflitos pelo controle do Rio da Prata e a situação ímpar do Brasil, como ex-colônia lusitana que permaneceu íntegra e monárquica, na América do Sul fragmentada, republicana e hispânica, e da reversão das assimetrias de poder entre os dois países em favor do Brasil.

30. As relações entre Brasil e Argentina foram caracterizadas pela rivalidade, com momentos de aproximação, em geral frustrados pela ação de Grandes Potências. Essas rivalidades tiveram início com a expansão territorial brasileira e a disputa pelo Rio da Prata, via de acesso essencial ao interior do continente e às suas supostas fabulosas riquezas minerais. A luta pela posse da Colônia do Sacramento em frente a Buenos Aires e da Província Cisplatina, e a disputa por influência no Paraguai e Bolívia são episódios dessa rivalidade assim como a utopia argentina de reconstrução do Vice-Reinado do Rio da Prata, através de esquemas preferenciais de comércio entre suas antigas partes, episódios tão bem apresentados e analisados por Moniz Bandeira.

31. Fato de maior relevância com repercussões políticas até hoje sobre a psique coletiva platina foi a extraordinária ascensão econômica da Argentina no início do século XX com base na agroexportação e mais tarde sua industrialização, que, apesar de apontadas fragilidades, chegou a responder por 30% do parque industrial sul-americano e a ser, à época, muito mais avançada do que a brasileira.

32. Na história das relações entre Brasil e Argentina, episódios como a política de Rio Branco de aproximação com os Estados Unidos, maior cliente das exportações brasileiras, em especial de café e borracha, enquanto a Argentina se mantinha na esfera de influência britânica, a rivalidade entre Argentina e Estados Unidos no mercado brasileiro de trigo, em relação ao qual os Estados Unidos obtiveram no Brasil preferências comerciais; e, finalmente, a Segunda Guerra Mundial, em que o Brasil se tornou aliado de primeira hora dos Estados Unidos, enquanto a Argentina se manteve neutra, ainda que com o objetivo de poder abastecer a

Grã-Bretanha, tendo por isto sofrido fortíssima pressão americana, estimularam a desconfiança entre as elites e os povos da Argentina e Brasil.

33. A aceleração do progresso industrial brasileiro acompanhado de políticas de proteção, com Getúlio Vargas e Juscelino Kubitschek (1950-1960), em que o Brasil superou amplamente a Argentina, cujos regimes militares a partir de 1955 viriam, através de programas neoliberais, a desarticular a indústria na tentativa de retornar à época dourada da agroexportação e do livre comércio, consolidaram na Argentina o sentimento de ter sido a política de cooperação com os Estados Unidos a chave do sucesso brasileiro. O fracasso da tentativa de reconquista militar das Malvinas facilitou e acelerou o processo de revisionismo histórico na Argentina e abriu as portas para a política de "relações carnais" com os Estados Unidos e de cooperação/rivalidade com o Brasil.

34. A nova política exterior argentina de Carlos Saúl Menem teve como cerne a concepção estratégica denominada realismo periférico, que permeou em maior ou menor escala, com maiores ou menores disfarces e nuances, o pensamento das elites argentinas. Essa teoria considera que os países periféricos como a Argentina, devido à disparidade de forças, somente tinham perdido, e somente continuariam a perder, caso continuassem a confrontar os Estados Unidos, isoladamente ou participando de grupos como o Movimento Não Alinhado. A estratégia internacional mais proveitosa para esses países seria reconhecer a sua inferioridade, alinhar-se irrestritamente com as políticas americanas e adotar com entusiasmo o modelo econômico neoliberal. Essa estratégia permitiria à Argentina evitar retaliações e tornar-se o aliado preferencial dos Estados Unidos na região, recuperar sua credibilidade internacional como país "de fato europeu" e até obter a soberania sobre as Malvinas. Nesta estratégia, as relações com o Brasil teriam duas faces: primeiro, atrair o Brasil para aderir às reivindicações estratégicas americanas vitais e assim cooperar com a política americana e, segundo, aproveitar a abertura do mercado brasileiro propiciada pelo Mercosul, sem perder de vista o objetivo de se integrar ao mercado americano, como procurou fazer através da sua candidatura isolada à Alca, e ao sistema militar americano, onde chegou a obter o status de aliado extra-OTAN.

35. A estratégia argentina, que rendeu frutos à política americana no continente, teve entusiastas que não se cansavam de advogar sua adoção pelo Brasil. Hoje, a catástrofe econômica, social, política e institucional

na Argentina demonstrou ter sido o realismo periférico um absoluto fracasso em todas as suas dimensões: 50% da população abaixo da linha da pobreza, violência e exclusão crescentes, desarticulação institucional e política, desprestígio internacional e, finalmente, o "abandono" pelos EUA e pelas agências internacionais, os quais, além de tudo, ironia das ironias, atribuem aos argentinos toda a culpa pelo fracasso.

36. Neste processo todo, é notável a duplicidade e a miopia da estratégia brasileira diante do que se passava na Argentina e diante da estratégia e dos interesses norte-americanos na América do Sul. O Brasil utilizou o pretexto fornecido pelas supostas exigências de uma "aliança estratégica" com a Argentina para aderir a todas as iniciativas americanas, em especial na área militar (TNP, MTCR, armas químicas, segurança cooperativa) e utilizou o exemplo supostamente bem-sucedido argentino para emular o país vizinho em termos de liberalismo econômico e de atração competitiva de capitais estrangeiros, o que beneficiou esses últimos. Alegava-se que o Brasil não podia nem "ficar atrás" da Argentina nem antagonizá-la, mesmo quando esta "desconhecia" ou contrariava o Brasil em diversos de seus interesses e temas, tais como a candidatura brasileira ao Conselho de Segurança, a candidatura a aliado extra-OTAN e o apoio às propostas americanas na Alca, tudo devido à suprema importância de preservar o Mercosul como um bloco para enfrentar os Estados Unidos.

37. A miopia da estratégia brasileira ao abandonar o modelo político da cooperação Brasil-Argentina e trocá-lo pelo modelo neoliberal comercialista de integração preconizado pelo Tratado de Assunção foi notável. O esquema do Mercosul, diante das assimetrias excessivas mesmo entre os dois principais países, da inexistência de políticas econômicas comuns, e das tensões políticas causadas pelos dois outros parceiros muito menores, livre de cambistas e importadores, levaria à manietação da política comercial brasileira (e argentina) à crise interna do Mercosul e a tentativas de resolvê-la através da "radicalização" do Mercosul em termos de liberalização comercial e de propostas utópicas, como a da moeda comum, reiteradas mesmo em situações tão graves como a atual. O Mercosul e sua TEC, as políticas cambiais como o *currency board* argentino e o câmbio quase fixo brasileiro e as políticas de privatização e desregulação somente poderiam levar ao que levaram: desnacionalização das economias, aumento da vulnerabilidade externa, ameaça permanente de crise de pagamentos, subordinação crescente ao FMI (e aos Estados

Unidos), exclusão social, desarticulação institucional, ressentimento entre os dois países, fenômenos que somente não são tão graves no Brasil quanto na Argentina devido ao fato de que a execução dessas políticas foi desacelerada entre 1992 e 1994.

38. Diante desse quadro, a estratégia econômica americana para a América do Sul, matizada e agravada hoje pelo novo inimigo, o terror internacional, cuja existência maléfica, difusa e terrível tudo justifica, permanece em sua essência a mesma: manter os laços de dependência econômica e financeira dos dois principais Estados da América do Sul utilizando os acordos com o FMI e sua crescente administração direta; abrir e manter abertos os seus mercados para bens, serviços e capitais e o acesso a matérias-primas estratégicas, como a biodiversidade e a água, através da consolidação interna dessas políticas pela legislação doméstica, pela criação de agências reguladoras "técnicas", pela negociação de acordos de livre comércio bilaterais ao estilo do Chile ou multilaterais, como a Alca, e finalmente pela eleição de candidatos simpáticos a tais políticas.

39. Na vertente militar de sua estratégia de hegemonia continental, os Estados Unidos difundiram com êxito a ideia de que, na nova ordem mundial, a América do Sul era um continente de paz, que a existência de Exércitos nacionais eram a única causa do autoritarismo, do nacionalismo arcaico e de tensões ainda que poucas, que a redução das despesas militares liberaria recursos para o desenvolvimento e a implantação de novas políticas liberais e que havia uma corrida armamentista entre Brasil e Argentina. Assim, os países sul-americanos deveriam cooperar com os esforços de paz mundial aderindo aos acordos assimétricos de não proliferação, reduzir suas forças convencionais, estabelecer mecanismos de segurança cooperativa, desmontar suas indústrias bélicas, cooperar na luta contra as "novas ameaças" e transformar suas Forças Armadas em forças policiais. De outro lado, os Estados Unidos procuraram aumentar sua presença militar direta através de assessores militares, de exercícios militares conjuntos e da eventual instalação de bases permanentes no subcontinente.

40. As estratégias ideológicas e econômicas americanas na América do Sul se entrelaçam e se reforçam mutuamente. Os programas de formação de cientistas sociais e economistas, executados desde a década de 1960, levaram à ascensão de tecnocratas ao comando das estruturas do Estado, como integrantes das equipes que implementaram as políti-

cas de abertura, desregulamentação e atração do capital multinacional. Essas políticas, por sua vez, ampliaram a presença na economia desses países das megaempresas multinacionais e essa presença aumentou sua influência sobre os meios de comunicação, através de publicidade e, portanto, sua influência política, tanto na difusão de visões do mundo, como na defesa das estratégias implementadas por aquelas equipes. Por outro lado, o controle dos meios de difusão audiovisuais, em especial o cinema e a televisão, permitiu uma influência extraordinária na formação dos hábitos de consumo e dos valores sociais típicos da sociedade de consumo conspícuo, predatória, individualista e apolítica. Essa visão coletiva dos objetivos da vida em sociedade reforça o apoio às políticas executadas por aquelas "equipes econômicas" que, por sua vez, reforçam o processo de desnacionalização e geram as escusas para a atitude de subserviência aos objetivos políticos dos Estados Unidos e à estratégia econômica advogada pelo FMI como representante dos interesses do Departamento do Tesouro e este, por sua vez, dos megabancos norte-americanos.

41. Neste complexo, em que se entrelaçam as convicções ideológicas e os interesses materiais das elites intelectuais e políticas cooptadas e alienadas; das megaempresas norte-americanas, tanto financeiras como produtivas; das elites dirigentes de Washington e dos tecnocratas do FMI; dos empresários locais sobreviventes; somente o fracasso catastrófico do modelo neoliberal e a revolta dos movimentos sociais diante da acelerada concentração de poder e de riqueza e da crescente e espantosa exclusão social podem fazer interromper o curso das sociedades sul-americanas rumo à convulsão social, à desarticulação institucional, ao colapso democrático. A situação na América do Sul, nos países que são vizinhos do Brasil, é semelhante à brasileira em sua estrutura e dinâmica e é talvez a mais grave desde 1900. Essa situação calamitosa ocorre em um momento extraordinário de transformação da ordem mundial criada em 1946, com as Nações Unidas.

## O DILEMA MUNDIAL

42. A política mundial vive extraordinário dilema. Os princípios de funcionamento suave do sistema de condomínio hegemônico sob liderança

americana, criado após a Segunda Guerra Mundial, estão sendo desafiados pela situação no centro do sistema, os Estados Unidos, país que representa 30% do PIB e do comércio mundial, com capacidade militar equivalente à soma da capacidade das nove potências militares seguintes, gerador de 50% das novas patentes solicitadas a cada ano, e pela ação de seu governo republicano.

43. O sistema de condomínio hegemonial, para obter o reconhecimento e a legitimidade internacional, exige que a Potência líder projete a imagem de uma democracia perfeita, que promove os direitos civis e humanos, e os defende no mundo de forma imparcial; de ser o sistema econômico mais dinâmico e mais honesto do mundo; de ter o Estado que mais respeita a lei e a ordem, inclusive o direito internacional; de ser um país generoso e pronto a ajudar os Estados desvalidos e em crise; de ser uma sociedade progressista, liberal e humana, aberta à crítica e à divergência. São essas características da imagem do centro que permitem às elites cooptadas dos países periféricos controlar e conduzir os seus sistemas políticos altamente assimétricos e de grande potencial explosivo e cooperar com os objetivos do condomínio em busca de um "mundo melhor".

44. A partir de 2001, com o governo George W. Bush, o centro do sistema deixou de apresentar essas características necessárias ao exercício da liderança do condomínio hegemonial. As eleições que resultaram em sua vitória no Colégio Eleitoral foram fraudadas e o candidato republicano não obteve a maioria dos votos populares. Os atentados terroristas criaram a justificativa para leis que atentam contra os direitos civis da população norte-americana. O apoio à estratégia de Ariel Sharon, cuja semelhança com a política de limpeza étnica é evidente, estabelece o precedente para qualquer Estado utilizar qualquer método contra quem quer que seja definido como "terrorista" ou até mesmo contra seus parentes. A recusa dos Estados Unidos em aderir ao Tratado Penal Internacional e o esforço para assinar tratados bilaterais para excluir soldados (e autoridades) americanos de seu alcance podem ser interpretados como uma aceitação implícita de genocídios passados e futuros. A imagem de dinamismo e honestidade do sistema empresarial americano foi fortemente abalada (e a confiança de grandes e pequenos investidores em todo o mundo) pelas megafraudes contábeis, de que participaram respeitadas megaempresas, mega-auditorias, megaconsultorias, megabancos que le-

saram milhões de pequenos investidores. Autoridades do primeiro escalão, entre elas o presidente e o vice-presidente, são acusadas de terem participado de operações semelhantes no passado. A denúncia do ABM (Acordo Antibalístico), a recusa em participar do Protocolo de Kyoto sobre a mudança climática e as reiteradas declarações de que os Estados Unidos agirão unilateralmente sempre que considerem necessário para defender seus interesses e de que são os melhores juízes para conhecer o que é melhor para o mundo, mesmo contra a opinião de seus aliados mais próximos, revelou aos demais membros do condomínio hegemonial que o respeito ao Direito Internacional passou a ser oficialmente uma questão de conveniência para a política estadunidense e que a obediência aos compromissos internacionais seria exigida dos "outros". A recusa em auxiliar a Argentina em sua crise, em participar da Conferência de Durban sobre racismo, a relutância em aceitar compromissos específicos na Conferência de Joanesburgo tanto sobre meio ambiente quanto sobre cooperação para o desenvolvimento indicam que a estratégia norte-americana tem, como única receita para promover o desenvolvimento, eliminar a pobreza, proteger o meio ambiente e combater a xenofobia, a abertura de mercados dos países periféricos para bens e capitais, das grandes potências, enquanto estas mantêm os instrumentos de proteção às suas economias.

45. Finalmente, a adoção da luta contra o terrorismo internacional difuso, onipresente e maligno e as acusações a diversos países de serem coniventes com o terrorismo não só abriram a caixa de Pandora do arbítrio internacional, que permite o uso unilateral da força em caráter preventivo, alegando legítima defesa, como pretendem os EUA no Iraque e como já se ensaia nos conflitos da Caxemira e do Cáucaso, como passou a justificar qualquer violação de direitos civis em qualquer Estado, em especial contra imigrantes e populações muçulmanas, incitando a xenofobia e a legislação restritiva de toda ordem. A ideia de que "quem não está conosco (incondicionalmente) está contra nós (os Estados Unidos)", de que a inveja é a causa do antiamericanismo no mundo, de que a guerra é iminente assim como novos atentados, gera as condições para manter a população norte-americana em estado de medo permanente e o clima político para aprovar legislação restritiva dos direitos civis, a ponto de institucionalizar e generalizar a espionagem e a denúncia e de tornar a crítica sinônimo de traição.

46. O povo dos Estados Unidos é democrático, mas sua elite é imperial. Assim, cada ato de império, caracterizado pelo arbítrio e pela violência, tem de ser justificado como um ato de defesa da democracia estadunidense diante de uma ameaça concreta ou como um ato indispensável para impedir uma agressão ao povo norte-americano. Assim, é necessário criar uma interpretação de cada situação, divulgá-la pelos meios de comunicação de forma a sensibilizar e a assustar a população, se necessário inclusive pela "fabricação" de eventos, como ocorreu com o ataque a navios americanos no Golfo de Tonkin, que levou à intervenção americana no Vietnam.

47. As políticas antidemocráticas e retrógradas socialmente, as políticas agressivas ao meio ambiente, a leniência com as fraudes empresariais, a estratégia do medo e das intervenções unilaterais e preventivas, certamente não contribuem nem para criar as condições para reativar a economia americana e mundial e assim reduzir a expansão das políticas de direita no centro do sistema, nem para reduzir as tensões regionais e a revolta social contra as políticas neoliberais na periferia. O desrespeito ao Direito Internacional, a decisão de controlar diretamente, sem disfarces, as agências multilaterais, como ocorreu no caso da OPAQ, o desrespeito aberto aos princípios das Nações Unidas de autodeterminação, soberania e não intervenção corroem o sistema ideológico, militar, político e econômico estabelecido após a Segunda Guerra Mundial, mas não o substituem por outro sistema que possa permitir a continuidade "suave" da hegemonia das Grandes Potências. A questão que se coloca é a da durabilidade de tais novas estratégias articuladas pelo centro do sistema.

48. Para a América do Sul, mas muito em especial para o Brasil, o momento atual é decisivo, mas o dilema é sempre o mesmo: enfrentar o desafio de realizar o potencial da sociedade brasileira, superando suas extraordinárias disparidades e vulnerabilidades através da execução árdua e persistente de um projeto nacional consciente, em um contexto de formação de um polo sul-americano não hegemônico, em estreita aliança com a Argentina, ou se incorporar de forma subordinada ao sistema econômico e político americano, confiando em que o livre jogo das forças de mercado no seio da Alca venha a ser capaz de superar os desafios e realizar o potencial da sociedade brasileira e sul-americana. O primeiro caminho é extraordinariamente árduo, mas apresenta a perspectiva de

construir um Brasil e uma América do Sul dignos de seus povos. O segundo é o caminho da submissão política, do atraso econômico e do caos social.

49. Por essas razões é que a obra de Moniz Bandeira é de fundamental importância no presente momento da conjuntura mundial e nacional, não só para os que têm a responsabilidade de decidir entre aqueles dois caminhos, mas para todos os que necessitam conhecer melhor o passado, a fim de compreender melhor o presente e construir um futuro melhor.

# Introdução

*The eternal surge*
*Of time and tide rolls on,*
*and bears afar*
*Our bubbles; as the old burst,*
*new emerge,*
*Lash'd from the foams of ages,*
*while the graves*
*Of empires heave but*
*like some passing waves*

LORD BYRON*

Os conflitos na Bacia do Prata — a preeminência da Inglaterra na região, a intromissão dos EUA, já no século XIX, favorecendo o Paraguai na Guerra da Tríplice e, no século XX, instigando o Brasil a atacar a Argentina, durante a Segunda Guerra Mundial, entre outros problemas — despertaram-me a atenção e o interesse, no curso da pesquisa que realizei, entre fins de 1970 e o segundo semestre de 1972, para escrever *Presença dos EUA no Brasil — Dois séculos de História*, obra lançada em 1973 pela editora Civilização Brasileira. Assim, quando voltei a São Paulo, em janeiro de 1974, após passar quase um ano (pela segunda vez) como preso político da Marinha, e retomei minhas atividades acadêmicas, interrompidas devido à repressão do regime militar, escolhi a Bacia do Prata como

* Byron, George Gordon, Lord — *Poems*, vol. III, *Don Juan*, Canto, XV, XCIX, Londres, J. M. Dent & Sons, 1948, p. 441.

tema para minha tese de doutoramento em ciência política pela Universidade de São Paulo, considerando, sobretudo, sua atualidade, na medida em que as relações entre o Brasil e a Argentina, àquele tempo, estavam a encrespar-se, em meio às controvérsias geradas pela construção da represa de Itaipu, na fronteira com o Paraguai.

Essa foi a conjuntura em que elaborei o projeto — "O papel do Brasil na Bacia do Prata" —, e a pesquisa por mim efetuada, nos arquivos dos mais diversos países e através de entrevistas com inúmeras personalidades, para a reconstrução oral da história, visou a identificar e dimensionar os interesses econômicos e as determinantes sociais, bem como os fatores de conflito e cooperação na América do Sul, onde desde o século XIX a política internacional teve como eixo e referencial, principalmente, as relações entre a Argentina e o Brasil, trianguladas com o Chile, no curso do século XX.

O objetivo do projeto foi fazer amplo estudo sobre o conjunto dessas relações, que sempre envolveram, particularmente, os demais países da Bacia do Prata, desde o século XVI até a segunda metade do século XX, pois o fato de implicar um estudo de política — não apenas de história — demandava a compreensão do *processus*, no qual o passado transmudava-se em presente, ao persistirem na cultura desses povos as razões geopolíticas, pelas quais Portugal e Espanha se confrontaram ao tempo da colonização. Foi na Bacia do Prata, região com 3,1 milhões de km$^2$, que a história do Brasil e a da Argentina, bem como a do Uruguai, Paraguai e, de certo modo, da Bolívia entroncaram-se e entreteceram-se desde os seus primórdios.

O vetor do estudo consistiu na constatação e na conceituação do Brasil como parte do próprio Estado português, que se segregou e se adaptou às condições econômicas e sociais da colônia, mas, na mudança, não sofrera descontinuidade, ao conservar sua contextura institucional, expressa na monarquia, e o aparelho militar e diplomático, com experiência internacional, capaz de impor interna e externamente a vontade social de suas classes dirigentes. O Brasil é, na realidade, a América portuguesa, que não se desintegrou, que manteve sua unidade econômica, social e política, ao contrário da América espanhola, estilhaçada em mais de dez Estados. Sua separação de Portugal não teve como objetivo subverter, mas conservar o *status quo*, que os liberais portugueses pretenderam derrogar após a revolução no Porto, em 1820. O sistema colonial fora abolido, com a abertura dos portos, quando, em 1808, a Corte de Lisboa escapou das tropas de Napoleão Bonaparte para a cidade do Rio de Janeiro, convertendo-a na capital do império português, e o Brasil já era Estado soberano, não só *de facto* como *de jure*, desde 1815, ano em que o rei Dom João VI o elevou ao predicamento de Reino Unido a Portugal, reconhecido pelas principais potências da época, Inglaterra, França, Áustria, Prússia, Rússia, bem como Suécia e EUA. O que ocorreu em 7 de setembro de 1822 não foi propriamente a independência de uma colônia. Foi o Estado português montado na América do Sul, o reino do Brasil, que se desligou da Europa. E o fato de que esse reino se apartou de Portugal, como Estado organizado, dispondo do aparelho burocrático — militar, com experiência diplomática, trasladado para seu território, possibilitou-lhe ter uma política exterior e exercer durante o século XIX a preeminência na Bacia do Prata, onde os Estados ainda não se haviam consolidado, nem na Argentina, Uruguai, Paraguai e Bolívia, nem no resto da América do Sul.

No curso do estudo, entretanto, entendi que o fim da Guerra da Tríplice Aliança completara um ciclo histórico, a partir do qual a Argentina, consolidada como Estado nacional, passara a disputar com o Brasil a hegemonia na Bacia do Prata, e a rivalidade entre os dois países, em larga medida, refletiu os vínculos de dependência comercial, que mantinham com terceiras potências diferentes e adversas, a Grã-Bretanha e os EUA. Por isso não avancei até as duas últimas décadas do século XIX, entrando no século XX, na tese de doutoramento por mim defendida na Universidade de São Paulo e publicada, mais tarde, sob o título *O Expansionismo Brasileiro e a Formação dos Estados na Bacia do Prata — Da Colonização à Guerra da Tríplice Aliança*. Não obstante, com o propósito de continuar ulteriormente a elaboração da obra, formulei uma linha de hipóteses, centrada nos seguintes pontos:

1. A partir das duas últimas décadas do século XIX, a Argentina, onde os investimentos britânicos, após a Guerra da Tríplice Aliança, concorreram decisivamente para unificar, centralizar e consolidar o Estado nacional, enriqueceu, prosperou e pôde disputar a hegemonia da América do Sul, enquanto o Brasil, dependente das exportações de café, passou a girar em torno dos EUA.

2. O Brasil, no entanto, contou com melhores condições sociais e políticas e dispôs de maiores recursos naturais, sobretudo o ferro, para

impulsionar o processo de industrialização, com a inauguração da siderúrgica de Volta Redonda, em 1946, o que possibilitou o desenvolvimento do setor de bens de capital, indispensável à autotransformação e à autossustentação do capitalismo, e a expansão de sua massa econômica, tornando-a uma das dez maiores do mundo e restaurando, nos anos 1970 do século XX, sua posição como potência regional na América do Sul.

3. A tendência para a integração do Brasil com a Argentina, que sempre permeou a rivalidade entre esses dois países, prevaleceu, contudo, e compeliu-os a formar o Mercosul, em face da crescente internacionalização da economia, apontando para a construção de um Estado multinacional, como a União Europeia, mediante a integração de todos os Estados da América do Sul, a partir do eixo Rio—São Paulo—Córdoba—Rosario—Buenos Aires, a região de maior desenvolvimento do subcontinente e que se estende por quase toda a Bacia do Prata.

*Brasil, Argentina e Estados Unidos — Conflito e Integração na América do Sul* — desdobra destarte o projeto sobre o papel do Brasil na Bacia do Prata, que elaborei há cerca de 27 anos, e dá continuidade a *O Expansionismo Brasileiro e a Formação dos Estados na Bacia do Prata — Da Colonização à Guerra da Tríplice Aliança*, atualizando-o, organicamente, até a formação e a crise no Mercosul, enquanto *Aufhebung* (negação/conservação) dos conflitos, ao suprimir (*aufheben*) e conservar (*aufheben/aufbewahren*) as contradições intrínsecas do *processus* histórico das relações internacionais na Bacia do Prata.

Para melhor compreender tais acontecimentos e avaliar com mais clareza sua evolução e consequências, foi necessário situá-los, portanto, em uma perspectiva histórica, de modo a perscrutar as tendências que essencialmente eles encerram. O método histórico sempre me afigurou o melhor para o conhecimento dos fenômenos políticos, dado que há um infinito entrecruzamento de causas, e os fenômenos, quando se manifestam, resultam de transformações quantitativas e qualitativas de tendências, que se delineiam e se desenvolvem ao longo do tempo. Dificilmente se pode compreender a política exterior e as relações internacionais de um país, sem situá-las em sua concreticidade histórica, em seu encadeamento mediato, em sua condicionalidade essencial e em sua contínua mutação. O passado, não o passado morto, mas o passado vivo, constitui a substância real do presente, que nada mais é do que um permanente devenir.

Os médicos, para diagnosticar uma enfermidade, procuram geralmente conhecer o histórico pessoal e os antecedentes familiares do paciente. O conhecimento do que um indivíduo é ou pode fazer, sua capacidade e vocação, obtém-se através de informações de como atuou ou do que produziu ao longo de sua vida, ou seja, através do *curriculum vitae* ou do prontuário policial. A compreensão de um fenômeno político e/ou da política de um Estado passa, portanto, pelo conhecimento da história, pois, se nada é absolutamente certo, nada também é absolutamente contingente, casual. Os Estados, ditos nacionais, são organismos vivos, surgiram e conformaram-se em determinadas condições históricas, e comportam-se, conforme a tradição e herança sedimentadas na cultura dos respectivos povos, que eles politicamente organizam e representam. Seu real conteúdo, como Hegel definiu, é o próprio espírito do povo (*der Geist des Volkes*), ou seja, sua cultura, e eles são animados por esse espírito em suas especiais oportunidades, guerras, instituições etc.[1] Os Estados são o que suas ações revelam.

A tendência para o messianismo nacional, acentuada no povo norte-americano pela crença de que é o eleito de Deus, gerou a ideia, segundo a qual o *destino manifesto dos EUA* consistia em expandir suas fronteiras não apenas territoriais, mas também econômicas por todo o hemisfério. E essa ideia, esse *der Geist des Volkes*, adensou e conduziu toda a sua história. A proposta de formar a área de livre comércio (formulada em 1990 pelo presidente George Bush) e retomada em 1994 pelo presidente Bill Clinton, não representou "*the most innovative American policy toward Latin America in history*", como Henry Kissinger a qualificou[2]. Ela apenas reacendeu um antigo projeto dos EUA de implementar a Doutrina Monroe em sua dimensão econômica, uma vez que politicamente já excluíra, virtualmente, a América Latina da jurisdição imediata da ONU. Em 1887, o presidente Grover Cleveland (1885-1889) havia oferecido ao Brasil formar com os EUA um *Zollverein*, ou seja, uma união aduaneira, com a troca de produtos livre de todos os direitos, de modo que suas receitas se somassem e fossem depois divididas, por critério de captação. Essa ideia não evoluiu, dada a oposição do ministro da Fazenda do Império do Brasil, Francisco Belisário. Mas logo em seguida os EUA, sob governo do presidente Benjamin Harrison (1889-1893), deflagraram o movimento pan-americanista, pretendendo criar uma comunidade comercial com os Estados latino-americanos, reuni-los, sob sua égide, em uma espécie de federação informal, de modo a alijar do continente a competição da Grã-Bretanha e de outras potências industriais da Europa. A Doutrina Monroe, sintetizada no lema "a América para os americanos", funcionou como justificativa ideológica, e o fato de que os EUA se tornavam a primeira potência industrial do mundo deu-lhe maior densidade econômica e a mais ampla dimensão política. Contudo, a ideia de fechar o continente em uma união aduaneira, inspirada no *Zollverein*, que desmantelou as barreiras comerciais entre os diversos estados alemães e permitiu a unificação econômica e política do país, ultimada em 1870-1871, não encontrou maior receptividade e não se concretizou, devido, sobretudo, à oposição da Argentina e do Chile, na 1ª Reunião Pan-Americana, realizada em Washington (1989-1990). E, diante do fracasso, os EUA procuraram negociar, separadamente, com os Estados latino-americanos tratados de comércio com recíprocas concessões tarifárias. O Brasil, proclamada a República (1889) ao tempo em que a 1ª Reunião Pan-Americana transcorria, aceitou a oferta, com a esperança de obter um virtual monopólio das vendas de açúcar ao mercado norte-americano[3], contrariando a orientação estabelecida pelo governo imperial desde 1842. Esse acordo, firmado em 31 de janeiro de 1891, prejudicou a incipiente indústria brasileira e sofreu severa oposição interna, que recrudesceu quando os EUA, de conformidade com o *McKinlay Act*, celebraram um convênio similar com a Espanha, favorecendo-lhe as colônias no Caribe — Cuba e Porto Rico, também produtoras de açúcar. O Brasil perdeu assim todas as vantagens e só não denunciou o acordo por depender do mercado norte-americano para as suas exportações de café e temer represálias com que o presidente Harrison acenou.[4] Coube à administração de Grover Cleveland, que se reelegeu presidente dos EUA em 1892, a iniciativa unilateral de denunciá-lo, em 28 de agosto de 1894, depois da promulgação do *Wilson-Gorman Act*, ao constatar que os produtos norte-americanos não conseguiam competir com os ingleses, no mercado brasileiro, apesar das concessões tarifárias.

A proposta do *Zollverein*, expressa na 1ª Conferência Pan-Americana de 1889-1890, agora se reproduziu com o nome de Área de Livre Comércio das Américas (Alca). Repete-se a história. Mas o Brasil, ao que parece, apreendeu a lição e resiste, ao passo que o Chile (e a Argentina, quase) caiu na tentação de negociar bilateralmente uma área de livre comércio com os EUA, cuja tradição é só cumprir tratados enquanto lhes interessam e rompê-los, por iniciativa unilateral, quando não mais lhes convêm. Comprovam-no as atitudes do presidente George W. Bush (2001-2009), ao rechaçar o Acordo de Kyoto, sobre o aquecimento do planeta, e pretender derrogar o ABM Treaty (Anti-Ballisatic Missile), que o presidente Richard Nixon firmou em 1972 com Leonid Brejnev, chefe do governo da URSS. Ninguém pode confiar que os EUA não denunciarão unilateralmente os acordos sobre a área de livre comércio das Américas, restabelecendo barreiras alfandegárias e não alfandegárias, em decorrência de alguma lei votada no Congresso, depois de avassalado o parque industrial do Brasil e liquidadas as fábricas restantes na Argentina. Essa é a cultura que move o Estado norte-americano.

Os estados no Brasil e na Argentina, assim como em outros países, possuem igualmente idiossincrasias. Daí por que o estudo das políticas exteriores da Argentina e do Brasil, forças motrizes do Mercosul, bem como de suas relações, não apenas entre si, mas também com seus sócios — Uruguai e Paraguai — e outros países da América do Sul, demanda um conhecimento das tendências que nelas historicamente se manifestaram, sem o que não se alcançará a essencialidade, mas tão somente a acidentalidade do fenômeno político. Mas o conhecimento da história não se pode limitar à classificação cronológica dos fatos. Ao escrever sobre a classificação das ciências, no século XIX, um antepassado meu, o filósofo Antônio Ferrão Moniz de Aragão, que foi discípulo de Auguste Comte e um dos introdutores do positivismo no Brasil, ressaltou a necessidade de "comparar o encadeamento dos acontecimentos em diversas nações e progresso da civilização, em cada época", pois "os fatos históricos assim analisados e bem conhecidos podem ser coordenados num vasto sistema, em que se achem todos ligados uns aos outros por todas as relações possíveis, o que nos permite elevar-nos a um estudo ainda mais importante que é o da explicação desses fatos pela investigação de suas causas"[5].

Devido a esse entendimento, que é consistente com o método hegeliano, a elaboração dessa obra desenvolveu-se através de uma abordagem histórica e comparativa das condições internas, tanto econômicas quanto sociais e políticas, projetadas nas políticas e relações exteriores da Argentina e do Brasil que se distenderam além da Bacia do Prata, a partir das duas últimas décadas do século XIX, e enlearam outros Estados da América do Sul. O estudo tratou assim de demonstrar a unidade e a interação entre política internacional e política nacional, em analisar como e quando a política internacional condicionou ou influiu sobre a política interna na Argentina, Brasil, Paraguai, Uruguai e outros países da América do Sul, bem como investigar, igualmente, as causas econômicas e sociais e os fatores de política interna que lhes determinaram as relações e a política exterior, no século XX, dentro de um contexto em que os EUA se tornaram a potência hegemônica no hemisfério. Por isso foi necessário compreender o que o embaixador Rubens Ricupero chamou de "relação triangular Brasil-América Latina-EUA"[6], estabelecida no século XX, e analisar como um todo integrado as políticas internas e externas dos Estados na América do Sul, seu entrelaçamento, dentro de um *processus* e em uma perspectiva internacional, sem aceitar percepções e versões amplamente difundidas, tais como "tradicional amizade" do Brasil com os EUA ou "secular rivalidade" com Argentina, que se cristalizaram como estereótipos ideológicos, uma consciência falsa, visando a induzir comportamentos e orientar relações políticas, tanto internas quanto externas, segundo interesses e objetivos de determinadas potências.

*Brasil, Argentina e Estados Unidos*, que meu velho amigo Rogelio Garcia Lupo me estimulou a escrever para dar continuidade orgânica a *O Expansionismo Brasileiro e a Formação dos Estados na Bacia do Prata — Da Colonização à Guerra da Tríplice Aliança*, consubstancia, destarte, um conhecimento resultante de cerca de três décadas de pesquisa, ao longo das quais contei com o apoio e a colaboração de tantas pessoas, que aqui deixo de nomear, porque já o fiz, com meus agradecimentos, em outras obras, entre as quais ainda refiro *O Eixo Argentina—Brasil — O processo de integração da América Latina e Estado Nacional e Política Internacional na América Latina — O continente nas relações Argentina—Brasil — 1930-1992*. Também, para a realização deste trabalho, contei, desde 1975-1976, com recursos de diversas instituições, como a Fundação de Amparo à Pesquisa do Estado de São Paulo (FAPESP), Ford Foundation, Social Science Research Council e Joint Committee on Latin American Studies of the American Council of Learned Societies, dos EUA, Deutscher Akademischer Austauschdients, da República Federal da Alemanha, Instituto Latino-Americano de Desenvolvimento Econômico e Social (ILDES) — Friedrich Ebert Stiftung, também da República Federal da Alemanha, e do Conselho Nacional de Desenvolvimento Científico e Tecnológico (CNPq), do Brasil, que durante 16 anos ininterruptos, até mudar-me para a Alemanha no início de 1996, financiou minhas atividades de pesquisa.

A valiosa colaboração dessas pessoas e instituições não implicou qualquer endosso ou apoio às conclusões e/ou opiniões expostas nesta obra. Elas são de minha inteira responsabilidade, razão pela qual a minha gratidão, aqui renovada, é ainda maior.

Saint Leon (Baden -Württenberg), Alemanha, setembro de 2001

Luiz Alberto Moniz Bandeira

## NOTAS

1. Hegel, 1994, pp. 115-125.
2. Kissinger, 1995, p. 832.
3. Smith, 1991, pp. 14 a 19.
4. Telegrama, Salvador de Mendonça a Justo Chermont, ministro das Relações Exteriores, Washington, 29/03/1891. Ofício, Mendonça a Chermont, Washington, 08/05/1891. AHI-233/4/10.
5. Moniz de Aragão, 1878, p. 378.
6. Ricupero, Rubens. *Brasil, América Latina e os EUA desde 1930: 60 anos de uma relação triangular*, IV Seminário Nacional, Brasília, 1993, 60 anos de Política Externa, Instituto de Pesquisa de Relações Internacionais, Fundação Alexandre de Gusmão/USP — Política Internacional & Comparada.

# Capítulo I

AS CONSEQUÊNCIAS DA GUERRA DA TRÍPLICE ALIANÇA • A RIVALIDADE BRASIL-ARGENTINA • A "PAZ ARMADA" • A INDÚSTRIA PESADA E AS TÉCNICAS DE GUERRA • A QUESTÃO DAS MISSÕES • A PROCLAMAÇÃO DA REPÚBLICA NO BRASIL E AS RELAÇÕES COM A ARGENTINA • OS CONFLITOS NO CONE SUL • O CHILE • A DISPUTA ENTRE O BRASIL E A ARGENTINA E AS SUBLEVAÇÕES NO URUGUAI E PARAGUAI

A guerra contra o Paraguai, para a qual o Brasil formou a Tríplice Aliança com a Argentina e o Uruguai, começou em 1864, quando a Guerra de Secessão, nos EUA, chegava ao fim. E terminou em 1870, pouco menos de um ano antes da unificação da Alemanha sob a hegemonia da Prússia. Estes três fenômenos político-militares, em tão distantes regiões, não se relacionavam diretamente entre si. Contudo, em sua essência, expressaram a mesma necessidade histórica, no processo de superação das formas débeis de Estado, geradas na época da economia natural e da economia simples de mercado, pelo Estado unitário. O desenvolvimento do capitalismo, como economia de escala mundial, exigia a reorganização das superestruturas políticas, mediante o robustecimento de um poder central, que, sobrepujando a mesquinhez e a impotência dos Estados pequenos, servisse como alavanca de expansão dos mercados e assegurasse a continuidade do processo de acumulação. As estradas de ferro e os armamentos, facilitados pelos empréstimos externos, constituíram a argamassa com que os Estados-nações sedimentaram a sua unidade. A guerra civil nos EUA (1861-1865) permitiu que, com a vitória e o avigoramento do poder central, o Norte industrializado se tornasse hegemônico e integrasse o Sul agrícola e atrasado à sua economia, bem como eliminasse, juntamente com a escravidão, as relações pré-capitalistas e as normas jurídicas que obstaculizavam o avanço das forças de produção. Com o estabelecimento de tarifas para a proteção do mercado interno, o que impossível fora enquanto os fazendeiros do Sul influenciavam o poder central, os EUA conheceram então fabuloso surto de progresso. A construção de estradas de ferro acompanhou a especulação com as terras. A rede ferroviária, que, em 1860, alcançava 50.000 km, predominantemente no Norte, aumentou para 85.000 km, em 1870, e 150.000 km, em 1880[1], e ao baratear o custo do transporte facilitou a circulação de mercadorias. Assim, entre 1865, quando a Guerra de Secessão terminou, e 1895, a malha ferrovia, nos EUA, multiplicou-se quatro ou cinco vezes, com a indústria norte-americana a fornecer os equipamentos em proporção crescente já ao final do século XIX.

O emprego de máquinas, para substituir a força humana de trabalho, revolucionou, ao mesmo tempo, a indústria e a agricultura, privada dos escravos que o governo do presidente Abraham Lincoln libertara. O número de invenções patenteadas elevou-se, entre 1860 e 1890, a 440.000 contra apenas 36.000 registradas desde a fundação do Patent Bureau, em 1970, até o começo da Guerra de Secessão. Novas formas de trustes e sindicatos começaram a surgir na década de 1870, provocando a adoção de leis entre as quais o Sherman Act, em 1890, contra a formação de monopólios. E a fabricação em série, a reduzir custos de produção, deu aos EUA, em alguns decênios, a supremacia no mercado mundial. Do quinto lugar, como potência industrial, em 1840, saltaram para o quarto, em 1860, para o segundo, em 1870, e para o primeiro, em 1895[2], dispondo ainda de grande espaço econômico, suficiente inclusive para a era do imperialismo, cujo campo de expansão já estava, ademais, geograficamente determinado, com o movimento pan-americano, que principiava, sob a cobertura da Doutrina Monroe, conforme o economista austríaco Rudolf Hilferding observou[3].

Na Europa, com a derrota da Áustria (1866) e da França (1870), a unificação da Alemanha, sob a hegemonia da Prússia, possibilitou também a remoção dos últimos obstáculos econômicos e políticos que obstruíam o desenvolvimento de suas forças de produção. O poder, uma vez centralizado pelo governo do Reich, uniformizou a legislação industrial, instituiu a moeda única e unificou o sistema de pesos e medidas, bem como estabeleceu rígidas tarifas aduaneiras para proteger o mercado interno (1879). Em meio e em consequência da crise que afetou a economia mundial, a partir de 1873, as novas formas de organização empresarial lá também apareceram, como nos EUA. Cartéis e sindicatos de empresas constituíram-se e trataram de manter o monopólio ou a reserva de mercado a fim de sustentar internamente os preços dos produtos e se lançarem no comércio de exportação. E a concentração e a centralização de capitais ocorreram sobretudo na indústria pesada, com os bancos a assumirem decisivo papel no fomento da produção, fornecendo às empresas os capitais de que elas não dispunham. A conquista da Alsácia e Lorena, com as suas ricas jazidas de minério de ferro, e os cinco bilhões de francos-ouro, que a França, após a derrota na batalha de Sedan (1870) pagara como indenização de guerra, contribuíram, naturalmente, para impulsionar a industrialização da Alemanha que, unificada, entrou em uma etapa superior de desenvolvimento capitalista. Em 1874, com a construção de sua rede ferroviária (mais de 20.000 km) praticamente concluída, o volume de seu comércio, no mercado mundial, era apenas inferior ao da Grã-Bretanha. Cerca de 25 anos depois, em 1900, a Alemanha tornar-se-ia a segunda potência industrial do mundo, suplantada apenas pelos EUA.

A situação na Europa era, entretanto, distinta da existente na América. As diferentes condições naturais, que dentro do amplo espaço econômico dos EUA lhes favoreceram o rápido desenvolvimento, estavam na Europa repartidas de maneira casual e irracional entre uma grande quantidade de pequenos países, e este fator compeliu as potências industriais, como Grã-Bretanha e França, à ampliação de seus impérios coloniais, com a conquista de territórios na Ásia e na África. Também Estados menores, a exemplo da Bélgica e da Holanda, possuíam consideráveis possessões em outros continentes. Porém, a contrastar com seus principais competidores, a Grã-Bretanha e os EUA, para os quais todo o continente americano tinha o caráter de colônia, a Alemanha, por vários motivos históricos, não possuía qualquer domínio importante. Apenas se assenhoreara, em 1884, de Togo e Camarões, na costa ocidental da África, e de Tanganica, ao lado do Oceano Índico, em 1895. A contradição entre a relativa estreiteza do seu espaço econômico e a extraordinária expansão do capitalismo, que transformara a Alemanha na segunda potência industrial do mundo, devia impulsioná-la a uma solução violenta, conforme Hilferding previu[4].

Os caminhos sociais e políticos que esses dois países percorreram a fim de se unificarem, economicamente, e se consolidarem como Estados-nações, foram diferentes. Nos EUA, a burguesia do Norte, apoiada nos camponeses, derrotou pelas armas os grandes proprietários de terras e de escravos e, com a eliminação de sua influência sobre o poder central, enrijeceu as medidas protecionistas do mercado e de apoio às indústrias. Na Alemanha, onde o *Zollverein* (união aduaneira), criado em 1827, estimulou a industrialização, ao extinguir as aduanas internas que dividiam o país em cerca de três centenas de pequenos remos, a burguesia aliou-se aos grandes proprietários de terra, os *Junkers* da Prússia, cujos interesses na defesa do mercado interno contra a competição do trigo norte-americano determinaram a tarifa protecionista de 1879. De uma forma ou de outra, quer revolucionária, como nos EUA, quer contrarrevolucionária, como na Alemanha, a concentração e a centralização do poder político nestes dois países permitiram que o Estado nacional unificasse os espaços econômicos e, com o agravamento das tarifas de proteção do mercado interno, acelerasse o processo de industrialização. Os EUA e a Alemanha, convertendo-se assim em modelos do desenvolvimento, saltaram para as primeiras posições entre as potências mundiais, atropelando a Grã-Bretanha e a França e as suplantando na disputa pelos mercados externos.

A América do Sul, conquanto lá ainda não existisse importante núcleo de industrialização, acompanhou, como parte integrante da economia mundial de mercado, a mesma tendência do capitalismo, em sua nova fase de expansão. A necessidade de estruturação nacional de Estados viáveis, que unificassem espaços econômicos e garantissem a circulação de capitais e mercadorias, mediante a ampliação da malha ferroviária, contribuiu, ao impulsionar outros fatores regionais de conflito, para desencadear a Guerra da Tríplice Aliança. Os interesses comerciais, sediados no porto de Montevidéu, e as dificuldades econômicas do Paraguai, uma espécie de caricatura da Prússia, que precisava (de saída para o mar e obter recursos a fim de manter seu desenvolvimento, convergiram no sentido de formar um só Estado, ao qual as províncias argentinas de Entre Rios e Corrientes também se juntariam. Esse projeto, porém, não só se contrapôs aos esforços da burguesia mercantil de Buenos Aires, lutando ainda para unificar e integrar o território da Confederação Argentina, como colidiu com as políticas do Império do Brasil na Bacia do Prata. E abortou. O Brasil interveio *manu militari* no Uruguai, onde apoiou a instalação de um governo favorável aos seus desígnios. O Paraguai, em represália, invadiu-lhe o território, na província de Mato Grosso, bem como o da Argentina, a fim de avançar sobre o Rio Grande do Sul, desencadeando uma guerra, a qual não tinha condições econômicas e militares de vencer. Ao fim de cinco anos de trágica resistência, sucumbiu ante as armas da Tríplice Aliança, completamente destruído, seus recursos humanos dizimados.

O Brasil quase nada ganhou com a vitória na guerra contra o Paraguai, que, em completa ruína, sequer pôde pagar uma parcela da dívida de guerra[5]. Já unificado e centralizado como Estado-império, com soberania sobre quase 8 milhões de $km^2$ e uma população de 11 milhões de habitantes, apenas assegurou a abertura do Rio Paraguai à navegação, necessária ao abastecimento e à defesa da província de Mato Grosso, e a anexação da área litigiosa entre o Rio Igureí e a Serra do Maracaju, rica em ervatais, mas sem imediatos efeitos econômicos. A guerra custou-lhe, entretanto, sacrifícios que lhe desequilibraram as finanças por um quarto de século, exatamente conforme a previsão do Visconde de Mauá[6]. Com efeito, a fim de custear a longa campanha contra as forças do marechal Francisco Solano López, o governo imperial teve de gastar 600.000 contos-ouro, entre 1865 e 1870, tomando à Casa Rothschild, em 1865, um empréstimo da ordem de 6.963,600 libras e emitindo, até 1870, cerca de 459.600 contos de réis[7]. O serviço da dívida externa do Brasil passou, desde então, a consumir mais de 60% — em escala crescente — do saldo que a sua balança comercial começara a apresentar, a partir de 1861, com o incremento das exportações de café para os EUA[8].

Além de comprometer, assim, as finanças do Brasil, a Guerra da Tríplice Aliança também concorreu para liquidar seu próprio sistema bancário, o mais adiantado e o único relativamente autônomo da América Latina, ao prejudicar os negócios da Casa Mauá com o Uruguai. Conquanto se vinculasse às firmas Carruthers e McGregor, da Grã-Bretanha, o banco, que Irineu Evangelista de Souza, Visconde de Mauá, possuía, representava uma espécie de embrião nacional do capitalismo financeiro, orientando seus vultosos investimentos para o esforço da industrialização não só no Brasil como no Uruguai e na Argentina. O Visconde de Mauá julgava "dever o Brasil exercer no Rio da Prata a influência que lhe dão direito sua posição de primeira potência na América do Sul"[9]. Compreendia, entretanto, que uma "base econômica" e "não a da política exclusivamente" devia estear a preponderância sobre o Uruguai e que "cumpria estender a ação dessa influência ao outro lado do Rio da Prata"[10], isto é, à Argentina. Assim, o Banco Mauá, que criara no Brasil diversas empresas (fundição e estaleiro da Ponta da Areia, ferrovias, fábrica de tecidos, curtumes etc.), realizou inúmeros investimentos importantes tanto no Uruguai (frigorífico, telégrafo, companhia de gás), quanto na Argentina, instalando agências em Montevidéu, Salto, Paysandu, Mercedes e Cerro, bem como em Buenos Aires, Rosario e Gualaguyachu[11]. Por mais de 20 anos ele se tornara o agente financeiro daqueles dois países, a cujos governos concedera vultosos empréstimos. Mas, a sofrer prejuízos no Uruguai, onde, desde 1865, enfrentava situações políticas adversas e a lutar, por causa da São Paulo Railway, contra a Casa Rothschild, o Banco Mauá não sobreviveu à grande depressão de 1874 e, um ano depois, pediu moratória, quando o Banco do Brasil lhe negou, por estranha orientação do governo imperial, um empréstimo de 3.000 contos, com garantia de títulos da Companhia Pastoril, no valor de 6.000, para atender ao pagamento de cambiais, entre as quais 70.000 libras a favor do governo da Argentina, que circulavam em Londres[12]. A falência do Banco Mauá, decretada três anos depois, concorreu para que o Brasil, sem condições sequer de ocupar economicamente o Paraguai e o manter na sua órbita de influência, perdesse a hegemonia na Bacia do Prata.

A Argentina, entretanto, fortaleceu-se, econômica e politicamente, durante o conflito com o Paraguai, apesar das lutas civis, que a convulsionaram, naquele período, e que a afligiram ainda por muito tempo. Como as batalhas se travavam na mesopotâmia do Rio da Prata, sem afetar-lhe as atividades de comércio e de produção, ela se convertera na principal fonte de suprimentos dos Exércitos aliados. E as "enormes somas de dinheiro", despendidas pelo Brasil em Buenos Aires e em outras províncias da Confederação Argentina, "com mais prodigalidade do que discrição", possibilitaram aos seus habitantes a acumulação de grandes fortunas, conforme os diplomatas britânicos H. G. Lettson e Edward Thornton observaram[13]. Os gastos com o esforço de guerra, que levaram o Brasil a uma prolongada crise financeira, alimentaram os negócios e aqueceram a economia da Argentina. A derrota do Paraguai, por outro lado, permitiu que a burguesia mercantil-financeira de Buenos Aires e os grandes estancieiros, com o apoio de algumas forças sociais do interior, como os produtores do açúcar do norte e os vinhateiros de San Juan e Mendoza, continuassem o trabalho de centralização e consolidação do Estado nacional, sufocando as ameaças de secessão, conquanto seu propósito de restabelecer os antigos limites do vice-reino do Rio da Prata fracassasse. Domingo Sarmiento, que sucederia a Bartolomé Mitre na presidência da Argentina, salientara, aliás, que "o espírito da época e as necessidades das nações modernas militam em favor da fusão dos três Estados do Prata (Argentina, Uruguai e Paraguai) em um só corpo"[14]. E em outro documento reafirmou que existia "remédio radical e definitivo" para aquela situação, e este consistia em compelir o Paraguai e a Banda Oriental (Uruguai) a entrarem para fazer "parte de uma federação com a República Argentina, a fim de criar um Estado de língua castelhana, que responda ao Brasil pelos seus atos e afaste por suas responsabilidades as ocasiões de guerra"[15].

Os presidentes Bartolomé Mitre (1862-68) e Domingo Sarmiento (1868-74), ao tempo em que organizavam, pela primeira vez na história do país, o Exército nacional e permanente, debelaram as *motoneras*[16] e reprimiram as dissidências federalistas, fomentadas pelas oligarquias rurais de outras províncias, a exemplo de Entre Rios, com a sublevação de Ricardo Jordan López, nos primeiros anos da década de 1870. O presidente Nicolás Avellaneda (1874-80) deflagrou a campanha para extermínio dos índios (1878-79), descerrando à colonização, até além do Rio Negro, cerca de 1 milhão de quilômetros quadrados, e promoveu a federalização de Buenos Aires (1880), isto é, a apropriação da cidade, como capital da Argentina, e do porto pelo governo da república, após derrotar, em poucas semanas, o levante armado dos autonomistas, sob a liderança de Carlos Tejedor[17]. O avanço da tecnologia militar, ao modificar as formas e os métodos de guerra, facilitou, entrementes, a superação dos Exércitos *ad hoc* temporários, das milícias particulares dos caudilhos e governadores de província[18], e afirmou o monopólio da força armada pelo Exército da república, que dispunha de meios e maiores recursos, não apenas para importar os mais modernos e sofisticados petrechos bélicos, a exemplo dos canhões de artilharia, fabricados pela Krupp, e dos fuzis de retrocarga Comblain, como para profissionalizar os soldados e os treinar no seu manejo. Destarte, a Argentina estruturou-se como Estado unificado muito mais tarde que o Brasil, cujas instituições administrativas, políticas e militares herdara praticamente intactas de Portugal, e o antagonismo entre os dois países, superadas as causas históricas, mas explorados os ressentimentos, passou a refletir, em larga medida, suas conexões econômicas internacionais com terceiras potências diferentes, que disputavam os mercados da América Latina.

A partir de então, embora suas economias não competissem e até mesmo se complementassem, as relações entre Argentina e Brasil caracterizaram-se cada vez mais por forte rivalidade, a gerar tensões e graves crises, que se entremeavam com esforços de entendimento e de cooperação para afastar a ameaça de conflito armado. A superação dos desentendimentos em torno dos acordos de paz com o Paraguai, sobretudo quanto à delimitação das fronteiras da Argentina no Chaco Boreal, levara o ex-presidente Bartolomé Mitre a crer, em 1880, que a "boa inteligência" do seu país com o Brasil se acentuava e que as tendências da opinião geral se tornavam cada dia mais pacíficas no sentido de manter e resguardar os direitos e as conveniências nacionais. Dois anos depois, em 1882, o general Julio A. Roca, então presidente da Argentina julgara, entretanto, "inevitável" a guerra com o Brasil, uma "guerra fatal" a que ambos os países estariam destinados por "contraposição de interesses" e "choque de civilizações" apesar de que ele se empenhasse em postergar a sua deflagração, como "obra de patriotismo", com a esperança de que indefinidamente o conseguiria[19]. Na verdade, como sério fator real de conflito entre os dois países, àquela época, apenas a questão dos limites das Missões subsistia, dado que o território reclamado pela Argentina, constituía para o Brasil uma área de segurança e defesa indispensável às comunicações do Rio Grande do Sul com o resto do país. O governo imperial, no começo de 1882, instalara colônias militares, na zona de litígio, às margens dos rios Chopim e Chapecó. Como resposta, a Argentina criou a Província de Misiones, como entidade política e com administração própria, o que provocou o protesto do Brasil. O Barão de Cotegipe, através de discursos no Parlamento e de artigos na imprensa, defendeu então a necessidade de "paz armada", a excitar a opinião pública[20], que cria cada vez mais na inevitabilidade da guerra, conforme o próprio Clube Militar expressara, diante da leitura de uma carta do Barão de Capanema[21]. No entanto, do mesmo modo que o presidente Julio A. Roca, o Imperador D. Pedro II se dispôs a tudo fazer para a evitar, cumprindo o que prometera a Nicolás Avellaneda[22], que viajara para o Rio de Janeiro, em missão secreta, com o objetivo de buscar uma solução para o impasse[23]. E Nicolas Bower, representante da casa bancária Barings Brothers em Buenos Aires, estava convencido, já em 1882, de que o litígio se resolveria, pacificamente, apesar do insucesso de Avellaneda[24], e advertiu aos seus superiores, em Londres, que não havia motivo para alarme. Segundo certos informes, por ele recebidos, o governo da Argentina permitira a circulação de rumores, exagerando a ameaça de guerra iminente com o Brasil, a fim de compelir o Congresso a autorizar o levantamento de um empréstimo — e obter o adiantamento do Banco da Província — para atender às necessidades gerais da administração e às compras de armamentos[25].

Na verdade, porém, a Argentina alarmara-se com as vitórias navais do Chile, na guerra contra o Peru e a Bolívia[26], e seu Congresso, em uma de suas sessões secretas, decidiu aumentar as compras de material bélico, bem como elevar os efetivos do Exército e da Marinha, colocados em regime de prontidão, ao tempo em que outorgava um crédito de 3 milhões de libras ao Executivo[27]. O presidente Roca então negociava a aquisição de dois encouraçados, construídos na Grã-Bretanha para o Peru, e mais sete torpedeiros. E, .embora nem a Argentina nem o Brasil pretendessem, efetivamente, deflagrar a guerra por causa das Missões, a corrida armamentista continuou, fomentada, em larga medida, pelas indústrias de material bélico da Alemanha, e a Schneider-Creusot da França, que competiam pelos mercados da América Latina, dominados pela Krupp desde os anos 60 do século XIX. Esta empresa alemã, de 1864 a 1898, recebeu cerca de doze encomendas, em grandes pacotes, da Argentina e somente entre 1895 e 1898 lhe forneceu 653 peças de artilharia de diferentes calibres, em um montante de 60 milhões de marcos[28]. As encomendas do Brasil e do Chile, que desde 1871 se tornaram igualmente clientes da Krupp, não foram tão volumosas. Mas o Brasil, em apenas um ano (1894), recebeu 201 peças de artilharia, enquanto o Chile comprara cerca de 341, entre 1885 e 1891[29]. Por outro lado, a Schneider-Creusot, que perdera prestígio com a derrota da França, em 1870, na guerra contra a Prússia, teve prejuízos até 1884, ano em que desencadeara uma ofensiva para vender canhões ao Brasil[30].

O desenvolvimento da indústria pesada, na Europa, e o consequente avanço da tecnologia militar, ao modificarem, a partir da segunda metade do século XIX, as formas e os métodos de guerra, favoreceram efetivamente a monopolização da força armada pelos Estados, uma vez que os mais modernos e sofisticados petrechos bélicos demandavam muitos recursos financeiros não somente para sua aquisição como também para profissionalizar os soldados e os treinar no seu manejo. O militarismo converteu-se assim em campo privilegiado da acumulação de capital, o que levou as potências industriais da Europa, àquele tempo, e logo em seguida os EUA a tratarem de criar e ampliar os mercados para a sua produção. Esta concorrência, em que as grandes casas bancárias concediam aos Estados as linhas de crédito para a aquisição dos armamentos, aproveitou naturalmente os litígios e fomentou tensões entre os países da América Latina, como também de outros continentes. A Guerra do Pacífico (1879-1883), em que o Chile combateu o Peru e a Bolívia, respondeu igualmente a esses e outros estímulos, envolvendo os interesses, sobretudo da Grã-Bretanha e dos EUA, nas jazidas de salitre de Tacna e Arica. As rivalidades regionais naturalmente favoreceram a eclosão e a continuidade desse conflito, tanto que o Peru e a Bolívia resistiram, por mais tempo, devido à hostilidade da Argentina ao Chile, que, no entanto, conquistou a posse definitiva das jazidas de nitrato, até então pertencentes àqueles dois países, e estabeleceu sua hegemonia no lado do Pacífico da América do Sul[31]. De qualquer modo, porém, as disputas de fronteiras na América Latina, encapando ou não interesses em fontes de matérias-primas ou outros, intensificaram-se exatamente quando a indústria da Europa se expandia e possibilitaram um fluxo constante de grandes negócios de material de guerra, com a França e a Alemanha, sobretudo, a competirem e a avançarem sobre mercados que até então a Grã-Bretanha dominara. E sem dúvida alguma o litígio em tomo das Missões, como no caso de Tacna e Arica, não foi causa da corrida armamentista entre a Argentina e o Brasil, ou entre o Chile e o Peru e a Bolívia. A corrida armamentista, sim, foi que, estimulada pelos fabricantes de armamentos, alimentou as controvérsias sobre as fronteiras. E tanto é certo que ela não só não cessou como recresceu, mesmo depois que a Argentina e o Brasil equacionaram a questão e aquele pretexto desapareceu.

Com efeito, em 7 de setembro de 1889, a Argentina e o Brasil concluíram, em Buenos Aires, a negociação de um tratado, que o dois países ratificaram, através de outro documento, no Rio de Janeiro, em 5 de novembro do mesmo ano, e pelo qual convencionaram submeter o dissídio em torno das Missões (ou Palmas) à arbitragem do presidente dos EUA. Esta, aliás, sempre fora a proposta do Imperador D. Pedro II, pois ele nunca admitira a sua partilha, argumentando que "ou o território é nosso e não devemos alienar uma polegada dele, ou pertence aos nossos vizinhos e então é justo não querermos uma polegada do que não nos pertence"[32]. Entretanto, dez dias depois da assinatura do Tratado do Rio de Janeiro, o Exército, cujos efetivos o governo imperial, após a guerra contra o Paraguai, reduzira para 19.000, em 1871, 15.000, em 1880, e deixara oscilar entre 11.343 e 13.752, de 1881 a 1889, proclamou a República quando possuía o número de efetivos dos mais baixos de toda a história, produzindo, sob o comando do marechal Deodoro da Fonseca, o primeiro *coup d'État* no Brasil. E isto só se tornou possível porque a guerra contra o Paraguai e a ameaça de enfrentamento com a Argentina, durante as décadas de 1870 e 1880, fortaleceram-no politicamente, como organização, ao demandar seu reequipamento técnico, sua modernização com as novas armas produzidas pela indústria pesada da Europa, em detrimento da Guarda Nacional, cujas milícias, por outro lado, os coronéis-fazendeiros, descontentes com a abolição da escravatura, nem sequer trataram de convocar para defender a monarquia. A Argentina prontificou-se a reconhecer o novo regime político no Brasil, logo que recebesse a comunicação oficial de sua instalação, e o fez, em 6 de dezembro de 1889, antecipando-se a todos os demais países, inclusive ao Chile, que só em 13 de dezembro estabeleceu relações com o governo provisório[33]. Mais do que isto, o governo de Buenos Aires, cujo ministro das Relações Exteriores era Estanislau Zeballos, colaborou com a repressão aos grupos de desertores brasileiros, que se concentravam na fronteira (Corrientes), em frente a Uruguaiana, e determinou que, para celebrar o advento da república, todos os edifícios públicos, quartéis e navios de guerra hasteassem, no dia 8 de dezembro, a bandeira do Brasil[34]. O governo provisório, sob a chefia do marechal Deodoro da Fonseca, retribuiu aquela "afirmação de solidariedade democrática", decretando que, no mesmo dia, todos os edifícios públicos, quartéis e navios de guerra do Brasil hasteassem o pavilhão da Argentina, saudado por 21 tiros de canhão ao romper da alvorada, ao meio do dia e ao pôr do sol[35]. Tais manifestações de "elevado espírito americano", segundo as palavras constantes do decreto do marechal Deodoro da Fonseca, representavam "novo penhor da segurança e estabilidade para as cordiais relações existentes entre os dois países"[36]. A percepção era a de que a organização do Brasil como império, única monarquia no continente, constituía um dos principais, senão o principal fator de tensão com os seus vizinhos, sobretudo aqueles da Bacia do Prata. Por isto, uma vez estabelecida a estabilidade institucional nas Américas, o governo provisório procurou dar uma demonstração de fraternidade com as outras repúblicas e de gratidão pelo reconhecimento imediato da república, ao recuar do recurso à arbitragem para decidir sobre o litígio das Missões. E os ministros das Relações Exteriores dos dois países, Quintino Bocaiuva e Estanislau Zeballos, firmaram em 23 de janeiro de 1890 o Tratado de Montevidéu, pelo qual repartiam o território das Missões, através de uma linha reta a ligar as embocaduras dos rios Chopim e Chapecó, conforme a Argentina já anteriormente sugerira. Entretanto, o Tratado sofreu, no Brasil, severa oposição, inclusive do Exército e da Marinha, cujo ministro, o vice-almirante Eduardo Wandenkolk acusou Quintino Bocaiuva de favorecer a Argentina, devido à circunstância de manter negócios com personagens influentes na política daquele país[37]. E a Câmara dos Deputados rejeitou-o, por 145 votos contra 5, na sessão secreta de 10 de agosto de 1891. Esta decisão acabou com o *repprochement* entre os governos do Rio de Janeiro e Buenos Aires, que tanto assustara o Chile, cuja posição de poder na América do Sul decorria, em larga medida, de sua comunidade de interesses com o Brasil e da rivalidade deste com a Argentina, que, entretanto, concordou em voltar aos termos dos acordos anteriores, recorrendo à arbitragem do presidente dos EUA.

Não obstante os fundamentos históricos e geográficos apresentados pelo Barão de Rio Branco a quem o governo republicano encarregara a defesa dos direitos do Brasil, a decisão arbitral do presidente Grover Cleveland, ao decidir a questão, em 1895, de modo favorável ao Brasil, respondeu, evidentemente, a injunções econômicas e critérios políticos. Os EUA já eram então o principal cliente do Brasil, a absorver-lhe cerca de 60% das exportações de café, bem como grandes quantidades de borracha, cacau e outros produtos, enquanto suas relações com a Argentina, que constituía uma espécie de colônia informal da Grã-Bretanha, tropeçavam em uma série de dificuldades, tanto comerciais quanto políticas. Entre 1891 e 1895, a Argentina vendera menos aos EUA que no período de 1871 a 1875, em virtude das barreiras alfandegárias levantadas contra seus produtos, tais como lãs, carnes, couros, trigo e outros cereais, por competirem com os norte-americanos. Por outro lado, durante a Primeira Conferência Pan-Americana (1889-90), em Washington, a Argentina votou, acompanhada pelo Chile, contra a proposta de união aduaneira com os EUA, que o secretário de Estado, James G. Blaine, submetera aos países do continente, e o Brasil, já convertido em república e a mudar a orientação do governo imperial deposto, aprovara[38]. Sem dúvida, aquela atitude refletiu não apenas os desentendimentos comerciais entre a

Argentina e os EUA, mas, também, os vínculos especiais que ela mantinha com a Grã-Bretanha e seus esforços para conter a expansão da influência norte-americana sobre a América Latina. Diante de tais circunstâncias, não convinha ao presidente Cleveland entregar à Argentina o território das Missões, permitindo-lhe introduzir formidável cunha entre o Paraná e o Rio Grande do Sul, que ficaria quase inteiramente seccionado do resto do Brasil, ao reduzir-se o estado de Santa Catarina a um estreito corredor de apenas 320km, ao longo do litoral do Atlântico[39]. O governo de Buenos Aires acatou prontamente e sem qualquer discussão o veredicto de Cleveland, que não só suprimiu o fator imediato e objetivo da disputa como evitou que aquela região se tornasse foco permanente de tensões entre o Brasil e a Argentina, obrigando-o a manter em redor da faixa de terra a ligar o Rio Grande do Sul ao Paraná um círculo de fortalezas e acampamentos militares para a sua defesa. A Argentina continuou a investir maciçamente na compra de armamentos, para enfrentar o Chile, com o qual, já em 1881, estivera também ante a iminência da guerra, disputando a fronteira andina, a Patagônia, a Terra do Fogo e o Estreito de Magalhães. O conflito armado, aparentemente, não eclodira porque, àquela época, o Chile ainda lutava contra o Peru e a Bolívia, no Pacífico, e a Argentina receava que o Brasil a atacasse por causa do território das Missões. Mas, em 1891, superado o perigo da guerra com o Brasil, Estanislau Zeballos, ministro das Relações Exteriores da Argentina, propôs ao governo de Washington colaborar com uma intervenção armada no Chile, em meio da crise que o incidente com o cruzador *Baltimore*, em 1891, provocara no porto de Valparaiso, em troca de territórios ao sul daquele país[40]. Este apoio convinha ao governo norte-americano, que então buscava atrair a Argentina para sua órbita e até mesmo se dispunha apoiá-la também em caso de conflitos com o Brasil e o Chile, dado seu interesse em destruir a influência da Grã-Bretanha no Pacífico. Contudo, a possibilidade do entendimento desvaneceu-se, quando o McKinley Act elevou as tarifas aduaneiras nos EUA, prejudicando as exportações de couro da Argentina[41]. E as tensões com o Chile reacenderam-se, no curso dos anos 90, com o dissídio em torno da região denominada Punta de Atacama a estimular a corrida armamentista, que chegou ao auge em 1898[42]. Naquele ano, ante a ameaça de guerra com o Chile, o general Julio A. Roca se elegeu para mais um mandato como presidente da Argentina, constatando que as "desconfianças recíprocas", vividas por tantos anos de um lado e do outro dos Andes, relegaram os dois países ao "luxo ruinoso da paz armada"[43]. Segundo ele, a Argentina estava à "borda da ruína" e o Chile, "arrebentado"[44]. Por isto, em 1899, tratou de visitar não apenas Santiago mas também o Rio de Janeiro, onde apresentaria um plano de ligar as três nações (Argentina, Brasil e Chile) através de um pacto para se defenderem de possíveis agressões[45].

Na verdade, o que a Argentina sempre temeu e evitou foi cair em uma situação que a deixasse política e militarmente comprimida entre o Chile e o Brasil, tendo de lutar em duas frentes, o que a levaria inevitavelmente à derrota e ao desmembramento. Todas as vezes em que suas relações com o Chile se deterioravam, ela adotava atitudes mais flexíveis com o Brasil, fazendo o inverso quando as tensões na Bacia do Prata recrudesciam. O Chile, por outro lado, buscou estabelecer, desde os anos 70 do século XIX, uma política de aliança ou uma "íntima inteligência" com o Brasil, que a aceitava, conquanto evitasse sua formalização através de qualquer pacto ou tratado[46]. Assim, quando Quintino Bocaiuva, ministro das Relações Exteriores do Brasil, após a proclamação da República, firmou com Estanislau Zeballos, chanceler da Argentina, o Tratado de Montevidéu, dividindo o território das Missões, e defendeu a substituição do sistema imperial de preferências pelos princípios da "fraternidade americana", que incluíam a arbitragem obrigatória, sua atitude e suas declarações causaram mal-estar em Santiago e inquietaram o presidente José Maria Balmaceda. O Chile ficaria isolado, nas questões de fronteira, ainda pendentes, tanto com a Argentina quanto com o Peru e a Bolívia, pois o Brasil parecia abandoná-lo à sua sorte, ao equacionar o problema das Missões. E a paz até então decorrera, em certa medida, das divergências generalizadas sobre limites, que antagonizavam entre si quase todos os países da região e, encadeando-se, inibiam as tentativas de tentar resolvê-las pelas armas. A América do Sul era como um tabuleiro de xadrez, em que não se podia movimentar qualquer peça contra outra, sem o risco de sofrer um ataque pela retaguarda, dada a cobertura com que todos os países contavam. A Argentina sempre temera que o Brasil a atacasse por causa das Missões, caso ela se envolvesse em guerra com o Chile. O Chile também evitava o confronto com a Argentina, porquanto o Peru e a Bolívia poderiam intervir, a fim de tentarem a retomada de Tacna e Arica. E o Peru, por sua vez, receava que o Brasil o acometesse, através da Amazônia, aproveitando-se de qualquer outro conflito que se desencadeasse com o Chile. Em tais circunstâncias, portanto, os entendimentos entre o Brasil e a Argentina acarretariam, naturalmente, profundas mudanças no equilíbrio geopolítico do Cone Sul, com imensa desvantagem para o Chile. Por esta razão, antes de sua viagem ao Rio de Janeiro, em agosto de 1899, o presidente Roca disse a Cavalcanti de Lacerda, ministro do Brasil em Buenos Aires: "Agora, que nenhuma questão nos divide, convém que estejamos unidos e que disto se saiba no exterior"[47].

Com efeito, as relações entre o Brasil e a Argentina melhoraram, sensivelmente, desde 1889, e se tornaram cada vez mais cordiais, depois que o litígio sobre as Missões se solucionara através do arbitramento. Em 1896, quando as tensões entre o Chile e a Argentina se agravaram, o Brasil manifestou que, no interesse da paz, manteria a mais estrita neutralidade entre as duas repúblicas e se esforçaria para as persuadir a aceitarem um ajuste amigável sobre suas diferenças de fronteiras[48]. Já então a Argentina podia enfrentar os problemas com o Chile, sem a preocupação de que o Brasil a viesse hostilizar pela retaguarda. A visita do presidente Roca ao Rio de Janeiro consolidou esse clima de entendimento, e o presidente Campos Sales a retribuiu, no ano seguinte, o que, segundo as palavras de Cyro de Azevedo, ministro do Brasil em Buenos m Aires, assegurou a "intimidade entre os dois povos"[49].

Em realidade, nem todas as controvérsias entre os dois países haviam desaparecido. O governo de Buenos Aires, periodicamente, impunha quarentena aos navios procedentes de portos brasileiros, devido à ocorrência de febre amarela, cólera, entre outras doenças. Embora as alegações pudessem ter fundamento, seu intuito, provavelmente, era promover propaganda negativa contra o Brasil e desviar imigrantes para a Argentina. O governo do Rio de Janeiro adotara, por sua vez, medidas equivalentes, inclusive interditando também a entrada de produtos animais da Argentina, a pretexto de impedir a propagação da peste bubônica[50]. Naqueles anos, o Brasil empreendeu uma verdadeira guerra comercial contra a Argentina, fechando-lhe os portos aos seus produtos e viajantes, que tinham de submeter-se a uma quarentena de 20 dias[51]. Mas, após a visita do presidente Campos Sales a Buenos Aires, os dois países negociaram um convênio sanitário, que superou aquela "verdadeira guerra comercial", conforme a expressão do representante diplomático da França[52]. E o estabelecimento pelo governo do Rio de Janeiro de taxa diferencial em favor do trigo norte-americano, conquanto gerasse protestos na imprensa de Buenos Aires, e o presidente Roca a chamasse de "ameaça aduaneira", não impediu que as exportações argentinas daquele produto para o Brasil crescessem, a partir de 1901, em ritmo constante e acelerado[53]. Naquele ano, a participação da Argentina nas importações do Brasil, devido ao trigo e suas farinhas, elevou-se para 13,53%, abaixo apenas da Grã-Bretanha e dos EUA[54].

A expansão do comércio com o Brasil, a constituir o terceiro mercado para as exportações da Argentina, foi o que realmente possibilitou o bom nível de entendimento então alcançado pelos dois países. A mudança do regime político — a derrubada de D. Pedro II e a instalação da República — retirou apenas o fundamento ideológico à suspeita de que o Brasil, devido à organização monárquica, era adverso à Argentina e aos demais vizinhos, pois pretendia destruir a forma republicana de governo, que eles adotavam, e expandir seu domínio. Na verdade, as relações entre dois países já se tornavam satisfatórias, antes mesmo da queda do Imperador D. Pedro II, a ponto de permitirem o equacionamento do litígio sobre as Missões, através do recurso à arbitragem, com a assinatura dos tratados de 7 de setembro e 5 de novembro de 1889. O apelo à fraternidade americana, com que o chanceler Quintino Bocaiuva justificou a concessão feita à Argentina, exprimiu, no nível da retórica positivista, aquela tendência, exagerando-a, no entanto, além dos limites que os interesses do Brasil, como Estado nacional, podiam suportar. Tanto isto é certo que a Argentina não reagiu, quando o Congresso brasileiro rejeitou o Tratado de 23 de janeiro de 1890 que dividia as Missões, como acatou prontamente a decisão do presidente dos EUA em favor do Brasil, enquanto suas relações com o Chile, apesar da identidade de regimes políticos, continuaram tensas, em consequência do dissídio sobre Punta de Atacama.

Desde que, em 1896, a Argentina comprou à Itália o cruzador *Garibaldi* e um outro do mesmo tipo — o *Varese* — construído pela firma Orlando de Genes[55], a competição armamentista com o Chile intensificou-se, quase a desencadear uma guerra entre os dois países em 1898[56]. Segundo o ministro do Brasil, Henrique Cavalcanti de Souza, a campanha de *La Prensa*, incitando o governo de Buenos Aires a armar-se, foi o que a evitou[57], embora, ao que se supunha, o Chile naquele ano pretendesse atacar a Argentina, antes que ela recebesse todo o material bélico encomendado à Europa[58]. De fato, a Argentina continuava a adquirir canhões, fuzis e outros petrechos para o Exército, e sua esquadra, que contava, em 1875, com 6.114 toneladas, aumentou para 12.372, em 1880, 15.975, em 1885, 17.481, em 1890, 39.121, em 1895 e 94.891 em 1900. Ou seja, só no quinquênio de 1895 a 1900, em que a Argentina esteve na iminência do conflito armado com o Chile, seu poder naval cresceu 55.770 toneladas, de acordo com as informações transmitidas ao Ministério das Relações Exteriores do Brasil[59]. E o presidente Roca, em 1900, advertiu que "à compra de um navio pelo Chile seguir-se-á, qualquer que seja o sacrifício, a compra de dois para a Argentina"[60]. O Chile, porém, aumentou ainda a sua esquadra com mais dois *destroyers*, comprou o cruzador *Armstrong* e negociou a venda de um encouraçado ao Equador, bem como de outros armamentos, para que, a pretexto de reivindicar territórios, ele invadisse a fronteira do Peru, caso este país, juntamente com a Bolívia, interviesse no conflito com a Argentina, a aproveitar a situação com o objetivo de reconquistar Tacna e Arica[61].

O Brasil manteve-se neutro e chegou a oferecer sua mediação aos dois países. Mas suas simpatias eram, intimamente, pelo Chile, com o qual nunca tivera motivos para contendas, muito menos atritos de vizinhança ou litígios territoriais, pelo simples fato de não possuírem fronteiras comuns[62]. A troca de atos de cortesia com a Argentina não superara as desconfianças, dado que, conquanto sua economia e a do Brasil se complementassem, a favorecer o estreitamento do intercâmbio comercial, e nada tivessem concretamente para disputar, as reminiscências históricas das lutas coloniais entre Espanha e Portugal ia até o conflito com Juan Manoel Rosas nutriam ainda a rivalidade entre os dois países, no plano subjetivo, como um estereótipo ideológico. Diante do incremento do seu poderio nacional, o diplomata W. C. Gonçalvez Pereira, por exemplo, temia que, terminada a desavença com o Chile, a Argentina pudesse ter a "veleidade de manter a hegemonia na América do Sul" e "inflamar o ânimo de algum mandatário exaltado", voltando-se contra o Brasil[63]. E ponderou ao Ministério das Relações Exteriores que "esquadras não se improvisam"[64]. Era uma advertência para que o Brasil se armasse, pois a Argentina e o Chile, devido à persistência do dissídio sobre fronteiras, empenharam-se para modernizar suas forças, tanto quanto puderam, de acordo com o nível de desenvolvimento técnico alcançado pelas indústrias da Europa. O Brasil perdera a supremacia, como a maior potência militar da América do Sul, que antes fora dele, para aqueles dois países. Sua Marinha encontrava-se em uma situação bastante precária, tanto em termos de pessoal quanto de armamentos[65]. O número absoluto de marinheiros caíra, na primeira década da república, para níveis inferiores aos do tempo da monarquia. E sua esquadra, em 1902, apoiava-se tão somente em quatro navios, os únicos que, entre 51 unidades navais, podiam efetivamente entrar em operação, apesar de que ainda apresentara elevado padrão tecnológico, em 1884, quando a ameaça de guerra com a Argentina, por causa das Missões, levou o Brasil a adquirir um cruzador construído na Europa[66]. A situação do Exército não era muito melhor, devido a fatores de política interna e às dificuldades financeiras em que o Brasil se empegara depois da Proclamação da República, embora o governo federal, a partir de 1900, começasse a promover sua reorganização.

A Argentina aproveitou-se daquela situação para encorajar, tanto no Uruguai quanto no Paraguai, sublevações contra os governos que o Brasil sustentava, a disputar-lhe a hegemonia na Bacia do Prata. No Uruguai, Aparício Saravia (ou Saraiva) recrutou 20.000 combatentes e chefiou uma sublevação contra o presidente Juan Lindolfo Cuestas (1897-1903). Como o historiador uruguaio Carlos Machado observou, "era a força de um partido em armas"[67], o Partido Nacional (blanco), favorável à Argentina. Ao mesmo tempo, incidentes com militares brasileiros ocorreram na fronteira — nas cidades geminadas Rivera-Livramento[68].

Eduardo Acevedo, ministro do Uruguai em Washington pediu aos EUA que mandassem navios de guerra, sob a alegação de que a Argentina sustentava a revolta[69]. Mas foi o Brasil que veladamente interveio, desarmando e internando os insurgentes, a fim de proteger seus consideráveis interesses ao norte do Rio Negro, no Uruguai. Aparício Saraiva, que estava em permanente contacto com o diretório revolucionário instalado em Buenos Aires[70], morreu com um tiro no peito, em 10 de janeiro de 1904, e seu Exército poucos meses depois se desagregou. O governo uruguaio triunfou e o Pacto de Aceguá, para restabelecer a paz, foi firmado em 7 de setembro daquele mesmo ano pelo presidente José Batlle y Ordónez (1903-1907 e 1911-1915). Assim o Brasil manteve sua preeminência no Uruguai, escorando o Partido Colorado, ao mesmo tempo em que se empenhava em conservar a influência política no Paraguai, onde, após a retirada de suas tropas em 1876, respaldara o governo do general Bernardino Caballero (1880-1886), fundador do Partido Nacional (posteriormente denominado Associação Nacional Republicana), conhecido como Partido Colorado, para contrapor-se, em 1887, à emergência do Partido Liberal, sob o nome de Centro Democrático. A disputa entre essas duas organizações (da mesma forma que no Uruguai a disputa entre o Partido Nacional [blanco] e o Partido Colorado) refletiu de certo modo a rivalidade entre a Argentina e o Brasil, que as instrumentalizaram e de cujas contradições elas também se valeram, a fomentarem no Paraguai um clima de contínua turbulência política. Embora cultuasse a memória do marechal Francisco Solano López, a reverenciá-lo como o herói da guerra, mártir da Pátria, vítima da Tríplice Aliança, o Partido Colorado alinhou-se com o Brasil e captou sua simpatia, dado que se apresentava como o baluarte da resistência às ambições territoriais da Argentina, cujo respaldo material (dinheiro, navios e armas) possibilitou, finalmente, a vitória de uma revolução, dirigida pelo Partido Liberal, em 1904[71].

O governo do então presidente Juan Antonio Escurra (1902-1904) contava com o apoio do Brasil, cuja simpatia ganhara quando evitou o aumento das tarifas sobre o trânsito da erva-mate e permitiu a liberdade de emigração daqueles que quisessem trabalhar no território brasileiro. Porém, mais incompetente do que todos os seus predecessores do Partido Colorado, afigurava-se instável, e a Legação da Grã-Bretanha em Assunção, já em julho de 1904, previa e esperava que a revolução ocorresse, para o derrubar[72]. Com efeito, um mês depois, ela eclodiu, sob o comando do general Benigno Ferreira, acusado de envolvimento com Henry White, gerente local da Paraguai Central Railway, que, aliás, confiava na sua vitória para resolver problemas pendentes da companhia[73]. Cerca de 300 revolucionários, por volta do dia 10 de agosto, apossaram-se do navio mercante *Sajonia*, nele instalaram uma bateria de seis canhões Krupp e, com 2.000 fuzis Remington, adentraram o Rio Paraguai, dominando seu curso e capturando cidades e postos ao sul de Assunção[74]. O vice-presidente da República, Manuel Dominguez, rompeu então com o governo Escurra, aderindo à revolução, cujas causas o cônsul da Grã-Bretanha em Assunção, Cecil Gosling, observou, eram de natureza mais intrincada do que geralmente se supunha, uma vez que os Estados vizinhos — Argentina, Brasil e Bolívia — estavam mais envolvidos na contenda do que à primeira vista se afigurava[75]. Segundo ele, a salientar que boas razões havia para crer que o crédito dos revolucionários fosse o mais amplo em Buenos Aires, a queda do governo Escurra, com toda a probabilidade, significaria moralmente o protetorado da Argentina sobre o Paraguai e, como os cofres de Assunção estavam vazios, a obtenção de empréstimos exteriores tornar-se-ia matéria de imediata necessidade[76]. Tanto em Buenos Aires quanto em Assunção, os círculos diplomáticos estavam convencidos de que o governo argentino sustentava aquele movimento sedicioso e que se orientava no sentido da anexação do Paraguai[77]. A parcialidade ostensivamente se manifestara. Ainda que os revolucionários não tivessem os direitos de beligerantes, o governo argentino medida nenhuma tomou para reprimir, nos rios da Bacia do Prata, as ações qualificadas de pirataria, tais como a captura e revista de navios mercantes ou de passageiros que se destinavam ao porto de Assunção[78]. Um paquete brasileiro, procedente de Mato Grosso, detido foi pela flotilha rebelde, em frente de Concepción, e revistado com grande aparato de força[79].

Diante daquelas circunstâncias, o Brasil enviou dois navios de guerra — *República* e *Carioca* — ao porto de Assunção e, depois, deslocou o cruzador *Tiradentes* e dois avisos — *Fernandes Vieira* e *Antonio João* — para o Rio Paraguai, onde a Argentina estacionara uma flotilha maior[80]. E o Barão do Rio Branco, que assumira a pasta das Relações Exteriores em fins de 1902, com a eleição de Francisco de Paula Rodrigues Alves para a presidência do Brasil, pediu a interferência dos EUA. Quando a eleição de Theodore Roosevelt ficou assegurada, ele instruiu o chefe da Legação do Brasil em Washington, ministro-plenipotenciário Alfredo de Moraes Gomes Ferreira, para que insinuasse "discretamente" a John Hay, secretário de Estado do presidente Theodore Roosevelt, a "conveniência" de mandar um ou dois navios de guerra ao Paraguai, a fim de prestigiar o governo legal, impedir os abusos dos revolucionários contra os navios mercantes e induzi-los a aceitar condições razoáveis de pacificação[81]. Os EUA recusaram-se a tomar qualquer iniciativa, a alegarem a distância como pretexto, mas o fato é que o presidente Theodore Roosevelt já expressara certa simpatia pela Argentina, ao proclamá-la como a nação eleita "para sustentar a Doutrina Monroe na América do Sul", devido às suas "condições de progresso e raça"[82].

À frente do Corpo Diplomático, o ministro-plenipotenciário do Brasil, Itiberê da Cunha, realizou renovadas gestões, com o objetivo de obter para o conflito uma solução conciliatória, favorável ao presidente Escurra. Não teve êxito. O general Benigno Ferreira exigira indicação de um membro do Partido Liberal para a Presidência do Paraguai e não aceitou qualquer entendimento. O Brasil, porém, não se dispunha a correr o risco de uma guerra contra a Argentina, como aparentemente os paraguaios pretendiam provocar. Ainda não reconstruíra sua esquadra, enfraquecida desde a revolta da Armada de 1893. Perdera a supremacia, como a maior potência militar da América do Sul, que antes fora sua, para a Argentina e o Chile, e não tinha nem interesse nem condições de entrar em um conflito armado, razão pela qual se recusou a auxiliar o presidente Escurra, que, apesar de escorado pelos dois maiores líderes do Partido Colorado, os generais Bernardino Caballero e Patrício Escobar, não contou com meios para resistir à guerra de desgaste promovida pelo general Ferreira e à crescente insatisfação popular em todo o país. No dia 12 de dezembro, quatro meses depois de iniciada a revolução, Escurra, a bordo do navio argentino *La Plata*, firmou com o general Ferreira o tratado de Pilcomayo, mediante o qual resignou à presidência do Paraguai em favor de Juan Bautista Gaona, levando ao poder o Partido Liberal[83]. O cônsul da Grã-Bretanha em Assunção, Cecil Gosling, observou então que a queda do governo Escurra e a ascensão ao poder do Partido Liberal, após uma luta que se arrastara por mais de vinte anos, constituía considerável triunfo da diplomacia argentina[84]. Afigurou-se-lhe então que o Brasil perdera prestígio e influência e a mudança nos papéis que ele e a Argentina até então desempenharam seria "vantajoso" para o Paraguai, cujo novo governo se mostrava imbuído de "ideias modernas de civilização e de progresso"[85]. Conforme o historiador norte-americano Harris Gaylord Warren, posteriormente, observou, enquanto o Brasil nada fez para perpetuar sua influência, a Argentina patrocinou a revolução, e o Paraguai, arrastado de volta para sua órbita, nela, como um "satélite", permaneceria por muitas décadas[86].

A vitória, pelas armas, do Partido Liberal ajustou, na realidade, o governo do Paraguai ao poder econômico e à nova correlação de forças na Bacia do Prata. Ela decorreu da preeminência alcançada pela Argentina, que se tornara mais próspera e poderosa do que o Brasil e adquirira condições de projetar externamente a vontade social de suas classes dominantes, uma vez estabilizada a política interna e consolidado o Estado nacional. Afinal, já era a partir de Buenos Aires que os interesses argentinos, entrançados intimamente com os capitais ingleses, controlavam a economia do Paraguai, onde o Brasil nenhuma firma possuía que se comparasse à Carlos Casado Ltda., à Paraguai Central Railway ou à Anglo Paraguai Land Co.[87] Assim, o êxito da revolução de 1904, de acordo também com a percepção do historiador Caballero Aquino, "implicou o predomínio da influência argentina nos assuntos paraguaios"[88]. E este predomínio se ampliou cada vez mais, embora a política interna não se estabilizasse e evoluísse para uma situação próxima da anarquia, sem que a república sequer se democratizasse. De fato, desde 1904, quando a presença da Argentina no Paraguai se tornou predominante, quarteladas, golpes de Estado e revoluções sucessivamente lá ocorreram, com o Partido Liberal a dividir-se em facções que lutavam entre si pelo poder. Nenhum presidente do Paraguai, cujos governos não foram menos autoritários do que os dos seus predecessores do Partido Colorado, completou o mandato de 4 anos, estabelecido pela Constituição de 1870. Juan Bautista Gaona não permaneceu mais que um ano na presidência do Paraguai. Caiu em 9 de dezembro de 1905, derrubado pelos seus companheiros integrantes da facção dos Liberais Cívicos, cujo "óbvio argentinismo" — ao falar espanhol "*con cierto acento rioplatense*"[89] — era Cecil Baez, ideólogo do liberalismo, substituiu-o, a fim de preparar as eleições e entregar o poder ao próprio general Benigno Ferreira, chefe militar da revolução de 1904.

NOTAS

1. Luxemburg, 1990, Band 5, p 371.
2. Ribeiro, 1970, p. 487.
3. Hilferding, 1968, pp. 445 e 446.
4. Id., ibid., p. 452.
5. Prado Jr., 1974, p. 193.
6. Granzieira, 1979, p. 117 e 118.
7. Graham, 1968, p. 100.
8. Sodré, 1976, p. 262. Granzieira, 1979, pp. 62, 73-75.
9. Mauá, 1941, p. 252.
10. Mauá, 1977, pp. 116-119.
11. Teixeira Soares, 1957, pp. 248-249, 297-298, 333-335. Faria, 1946, pp. 197, 225, 318-319.
12. Mauá, 1941, p. 283. Teixeira Soares, 1957, p. 318.

13. H.G. Lettson a Lord Claredon, Montevidéu, 10/12/1866. PRO-FO420-20. Carta de E. Thorton a Thomas Baring, particular, Rio de Janeiro, 23.2.1867· HC4.1.45, Baring Brothers Archives.
14. Sarmiento, Domingo — "Hechos y Repulsiones que han separado la Federación Argentina" — artigo publicado em *El Nacional*, 13/12/1856, in *Obras Completas*, tomo XVII, pp. 25-27, reproduzindo in Sarmiento, 1983, p. 64.
15. Nota de Domingo F. Sarmiento ao ministro das Relações Exteriores da Argentina, confidencial, s. d., in Sarmiento, 1983, pp. 122-123.
16. As montoneras eram bandos constituídos pela plebe rural, com a participação de comerciantes e estancieiros, que promoviam rebeliões armadas, exprimindo os anseios de autonomia regional e desafiando o predomínio de Buenos Aires.
17. Carlos Tejedor, Governador da Província de Buenos Aires, foi candidato à presidência da República, na eleição de 1880, concorrendo contra o general Julio A. Roca, eleito com o apoio de Avellanada.
18. Rouquié, 1982, pp. 82 a 87. Id., 1981, pp. 76 a 80.
19. Carta do general Bartolomé Mitre a Mariano Sarratea, Buenos Aires, 29/11/1880; AIBM, Caja 33, carpeta 4, n. 9761.
20. Carta de Julio A. Roca a Miguel Cané, Buenos Aires, 24/10/1882; AGN-A, Archivo Miguel Cané, Caja 1.
21. Carta de Nicolas Bower a Baring Brothers, Buenos Aires, 7/6/1882; BBA, HC4.1.65.
22. Telegrama n. 802, Barão de Alencar ao Barão de Cotegipe, Buenos Aires, 11.8.1880; AHI, 208/3/4, maço A.
23. Teixeira Soares, 1972, p. 301.
24. Carta de N. Bower a Baring Brothers, Buenos Aires, 7/8/1882; BBA, HC4.1.65.
25. N. Bower a Baring Brothers, Buenos Aires, cartas de 23/8/1882, 15/9/1882 e 23/9/1882; BBA, HC4.1.65.
26. Fernández, 1959, p. 96.
27. N. Bower a Baring Brothers, Buenos Aires, 1.9.1882; BBA, HC4.1.65.
28. Brun, 1969, pp. 328 e 329.
29. Id., ibid., p. 328. Despacho n. 31, Legação da França ao ministro dos Negócios Estrangeiros, Rio de Janeiro, 15/11/1884; AD-MAE-F, Brésil — Nouvelle Série, vol. 10, pp. 12 a 17.
30. Id., ibid., p. 329.
31. Burr, 1967, p. 146.
32. Mendonça, Carlos Süssekind de — Salvador de Mendonça — Democrata do Império e da República, Instituto Nacional do Livro, Rio de Janeiro, 1960, 175 206.1.2.
33. Fernández, 1959, p. 111.
34. Ofício n. 71, 1ª Seção, Legação do Brasil em Buenos Aires (Barão de Alencar) a Quintino Bocaiuva, ministro das Relações Exteriores, Buenos Aires, 22/11/1889;

AHI Telegramas n. 22 e 23, Seção Central, Barão de Alencar a Bocaiuva, Buenos Aires, 6/12/1889. 206.1.2, Ofícios ns. 49, 2ª Seção, e 23, 4ª Seção, Barão de Alencar a Bocaiuva, Buenos Aires, 4/12/1889 e 6/12/1889. AHI-206.1.2. Sobre o tema e suas relações com o Chile, vide Burr, 1967, pp. 186-187.

35. Ofício n. 27, Seção central, Barão de Alencar a Bocaiuva, Buenos Aires, 14/12/1889; AHI-106.1.2.
36. Decreto do marechal Deodoro da Fonseca em 6/12/1889. Ibid.
37. Fernandez, 1959, pp. 114 e 115.
38. Moniz Bandeira, L.A. — *Presença dos EUA no Brasil (Dois Séculos de História)* Civilização Brasileira, Rio de Janeiro, 1973, p. 137.
39. Teixeira Soares, 1957, p. 300.
40. Withaker, 1976, p. 34. Burr, 1967, p. 197.
41. Ferns, 1968, pp. 465 e 466. Vide também Peterson, 1970, pp. 317-318.
42. Scenna, 1980, p. 84.
43. Carta de Julio A. Roca a Miguel Cané, Buenos Aires, 5/7/1898; AGN-A, Archivo Miguel Cané, Caja 1.
44. Id.
45. Ofício n. 1, confidencial, Henrique de Barros Cavalcanti de Lacerda, ministro em Buenos Aires, a Olyntho de Magalhães, ministro das Relações Exteriores, Buenos Aires, 26/5/1899; AHI 206.1.10.
46. Fernandez, 1959, pp. 89 e 90.
47. Ofício n. 1, confidencial, Cavalcanti de Lacerda a Magalhães, Buenos Aires, 10.6.1899; AHI-206.1.10.
48. Despacho n. 9, Legação da França no Brasil ao presidente do Conselho — ministro dos Negócios Estrangeiros, Rio de Janeiro, 4/4/1896; AD-MAE-F, Brésil — Nouvelle Série — Politique Etrangère (Dossier Général), vol. 20.
49. Carta de Cyro de Azevedo, ministro em Buenos Aires, a Magalhães, Buenos Aires, 19/4/1900; Alfi, 206.1.11.
50. Despacho da Legação da França ao ministro dos Negócios Estrangeiros, Buenos Aires, 19/4/1900; AD-MAE-F, Argentina — Nouvelle Série — Politique Etrangère, vol. 7, pp. 127 e 128.
51. Ibid.
52. Ibid.
53. Moniz Barreto, s/e, 1982, p. 142.
54. Id., ibid., p. 92.
55. Despacho da Legação da França na Argentina ao ministro dos Negócios Estrangeiros, Buenos Aires, 3/3/1896. AD-MAE-F, Argentine — Nouvelle Série — Politique Étrangère, vol. 7, pp. 12-13.
56. Carta de Julio A. Roca a Miguel Cané, Buenos Aires, 5/7/1898; AGN-A, Archivo Miguel Cané, Caja 1.

57. Ofício n. 20, Cavalcanti de Souza a Magalhães, Buenos Aires, 19/7/1900; AHI 206.111.
58. Carta de Julio A. Roca a Miguel Cané, Buenos Aires, 5/7/1898; AGN-A, Archivo Miguel Cané. Caja 1.
59. Ofício n. 2, confidencial, W. C. Gonçalves Pereira a Magalhães, Buenos Aires, 7/8/1900; AFH 206.1.11.
60. Id.
61. Ofício n. 6575, 2ª Seção, reservado, C. de Azevedo a Magalhães, Buenos Aires, 19/12/1901; AHI 206.1.11.
62. Despacho n. 316, Legação da França na Argentina ao ministro dos Negócios Estrangeiros, Buenos Aires, 3/3/1896; AD-MAE-F, Argentine — Nouvelle Série — Politique Étrangère, vol. 7, pp. 129 e 134. Despacho n. 10, Legação da República Francesa no Brasil, Petrópolis, 10/5/1900. Ibid. — Nouvelle Série — Politique Étrangère, vol. 7, pp. 129-13.
63. Ofício n. 2, confidencial, W. C. Gonçalves Pereira a Magalhães, Buenos Aires, 7/8/1900; AHI-11 206.1.11.
64. Id.
65. Moltmann, 1981, pp. 33-34.
66. Id., ibid., pp. 33, 49, 79 e 80.
67. Machado, 1973, pp. 314-324.
68. Id., ibid., p. 316.
69. Id., ibid., p. 319.
70. Mendez Vives, 1975, p. 92.
71. Moltmann, 1981, pp. 32, 36 e 37.
72. Despatch n. 4, W. Haggard to marquês of Lansdowne, Asunción, 8/7/1904. PRO-FO59-62.
73. Id., Ibid. Warren, 1985, p. 126.
74. Despatch n. 5, Haggard to Lansdowne, Buenos Aires, 10/8/1904; Telegrama, Haggard to Lansdowne, Buenos Aires, 12/8/1904, 1:45pm. Ibid.
75. Despatch n. 38, Cecil Gosling, British Consulate, to Foreing Office, Assunción, 30/9/1904. Ibid.
76. Id. Ibid.
77. Despatch n. 6, Haggard to Lansdowne, Buenos Aires, 24/8/1904. Ibid.
78. Despatch n. 38, Gosling to Foreing Office, 30/9/1904. Ibid.
79. Ofício (minuta), Barão do Rio Branco, ministro das Relações Exteriores do Brasil, ao ministro plenipotenciário em Washington, Alfredo de Moraes Gomes Ferreira, Rio de Janeiro. 30/12/1904. AHI-235/2/5.
80. Despatches n. 25, 28 e 34, Gosling to Haggard, Asunción, 19/8/1904, 26/8/1904 e 16/9/1904. PRO-FO5,962. Telegrama n. 30, expedido, Rio Branco a Gomes Ferreira, Rio de Janeiro, 12/11/1904; Ofícios (minutas), Rio Branco a Gomes Ferreira, Rio de Janeiro, 30/11/1904 e 14/4/1905. AHI-235/2/5.

Telegrama de Rio Branco a Ferreira, Rio de Janeiro, 12/11/1904; Despacho de Rio Branco a Ferreira, Rio de Janeiro, 30/11/1904; Despacho de Rio Branco à Legação em Washington, Rio de Janeiro, 14/4/1905, AHI 235.25; telegrama de Ferreira a Rio Branco, Washington, 30/9/1904 e 30/11/1904, ibid.

81. Id., Ibid.
82. Ofícios, recebidos, Ferreira a Rio Branco, Washington, 12/7/1904, 23/9/1904, 30/9/1904 e 30/11/1904, AHI-234/1/3.
83. Despatch n. 1, Gosling to Lansdowne, Asunción, 17/12/1904. PRO-FO59-62.
84. Id., Ibid.
85. Id., Ibid.
86. Warren, 1985, p. 133.
87. Id., Ibid., p. 120.
88. Caballero Aquino, 1985, p. 214.
89. Id., Ibid., p. 214.

# Capítulo II

A EXPEDIÇÃO DA CANHONEIRA *WILMINGTON* • OS INTERESSES DOS EUA NA AMAZÔNIA • BRASIL E BOLÍVIA E A DISPUTA DO ACRE • OS LEVANTES DE LUÍS VALDEZ E PLÁCIDO DE CASTRO • A AÇÃO DO BARÃO DO RIO BRANCO E O BOLIVIAN SYNDICATE • ROTHSCHILD COMO INTERMEDIÁRIO DAS NEGOCIAÇÕES COM O BOLIVIAN SYNDICATE • O TRATADO DE PETRÓPOLIS • O LITÍGIO EM TORNO DO ACRE PERUANO

Não somente com o Paraguai e com o Uruguai, o Brasil, no começo do século XX, defrontou-se com problemas. Também com a Bolívia um conflito de fronteiras, que havia vários anos irrompera, atingiu o clímax, na região do Acre, onde Plácido de Castro, um gaúcho de 28 anos, liderou outro levante armado, em meados de 1902, contra os representantes do governo de La Paz. Este conflito, porém, mais grave configurou-se não porque Argentina parecesse respaldar a Bolívia[1], a disputar com o Brasil a hegemonia da região, mas por envolver fortes interesses dos EUA e arrastar-se desde 1899, quando a canhoneira norte-americana *Wilmington*, comandada por Chapman Todd, aportou a Belém, em missão aparente de amizade, e partiu rumo a Tabatinga e Iquitos, furtivamente, com os faróis de navegação apagados, durante a noite, sem esperar licença especial do governo brasileiro, levando a bordo o cônsul dos EUA. Esse procedimento irritara a população e as autoridades do Amazonas e do Pará, que hostilizaram o comandante Todd, quando ele regressou, e ao governo do Brasil alternativa não restou senão protestar junto ao Departamento de Estado contra aquele desrespeito à soberania nacional. O secretário de Estado, John Hay, reconheceu a incorreção do procedimento do comandante Todd, atribuindo-o a um mal-entendido, mas não só se queixou da populaça, que, segundo ele, maltratara a tripulação do navio e agredira o cônsul norte-americano, como também da imprensa brasileira e das autoridades, ou seja, do governador do Amazonas e do capitão do porto de Manaus[2]. A resposta de Hay não agradou ao ministro plenipotenciário do Brasil em Washington, Joaquim Francisco de Assis Brasil, que a percebeu como o reflexo do estado de espírito dos EUA, depois "das frescas e facílimas vitórias" contra a Espanha, na guerra pela independência de Cuba (1898)[3]. O caso, porém, estaria encerrado se o jornalista espanhol Luiz Galvez Rodrigues de Arias não tomasse conhecimento do texto e não denunciasse, através do jornal *Província do Pará*, na edição de 3 de junho de 1899, que a canhoneira *Wilmington* levara para o presidente dos EUA, William McKinley, as bases de um acordo com a Bolívia, cujo ministro plenipotenciário no Rio de Janeiro, José Paravicini, que se encontrava em Manaus, e o vice-cônsul Luiz Truco elaboraram com o cônsul norte-americano, K. K. Kennedy. Conforme o texto integral do acordo, que apareceu na edição de 4 de junho de *Província do Pará* e, cinco dias depois, no *Jornal do Commercio*, de Manaus, os EUA auxiliariam a Bolívia a defender seus direitos sobre os territórios do Acre, Purus e Iaco, por via diplomática ou, no caso de guerra com o Brasil, fornecendo armas e financiamento e recebendo em hipoteca as rendas das alfândegas bolivianas. Também exigiriam que o Brasil nomeasse uma comissão para demarcar, juntamente com a Bolívia, as fronteiras definitivas entre o Purus e o Javari, e concedesse livre trânsito pelas alfândegas de Belém e Manaus às mercadorias bolivianas. A Bolívia, por sua vez, concederia abatimento de 50% sobre os direitos de importação a todas as mercadorias americanas e 25% sobre a borracha destinada aos portos dos EUA, pelo prazo de 10 anos. Caso tivesse que apelar para a guerra com o Brasil, a Bolívia denunciaria o tratado de 1867 e a linha de fronteira passaria a correr pela boca do Acre, ficando com os EUA, em livre posse, o território restante[4].

A divulgação das bases desse acordo, negociado pelo comandante do *Wilmington*, alarmou a população e as autoridades nos dois estados da Amazônia, e a campanha antinorte-americana recresceu, apesar dos desmentidos do ministro Paravicini e da notícia de que o presidente McKinley reprovara a excursão da canhoneira, demitira o comandante Todd e censurara seus contactos com os peruanos, que se insurgiram em Iquitos, quando ele chegou àquela localidade. Nada, porém, dissipou as desconfianças, que, realmente, tinham fundamento. Poucos meses antes da viagem da canhoneira *Wilmington*, em janeiro de 1899, a Bolívia mandara uma expedição para ocupar o Acre, até então povoado pelos brasileiros, contando com o apoio do presidente Manuel Ferraz de Campos Sales e do chanceler Dionísio Cerqueira, que lhe reconheceram a soberania sobre a região e lhe permitiram instalar alfândegas nos vales dos Rios Acre, Alto Purus e Iaco, localizados ao sul do paralelo de 10° e 20'. A fim de cumprir tal missão, o que fez, em janeiro de 1899, o ministro plenipotenciário da Bolívia no Rio de Janeiro, José Paravicini, passara realmente por Manaus, naquela ocasião, e após hastear no Acre a bandeira do seu país, assinou decretos, não apenas dando ao povoado, à margem esquerda do Rio Acre, o nome de Puerto Alonso, em homenagem ao então presidente Severo Fernandes Alonso, como também abrindo à navegação internacional vários rios, cujos trechos navegáveis estavam quase todos em território do Brasil.

Essa medida provocou veemente protesto do chanceler Olintho de Magalhães e um pedido de explicações à Legação da Bolívia, acompanhado pela proibição do trânsito de navios bolivianos através do território brasileiro. Mas nunca o Brasil realmente reivindicara o território do Acre. Reconhecia-o como da Bolívia, com a qual estabelecera relações diplomáticas em 1831 e, após inúmeros atritos mais ou menos graves que ocorreram em 1833, 1837, 1844, 1845, 1846, 1850, 1853, 1858, celebrara, em 27 de março de 1867, o Tratado de Ayacucho, aceitando, provavelmente com o propósito de comprar-lhe a neutralidade na guerra contra o Paraguai (1864-1870), que sua linha de fronteira seguisse "deste rio (Beni na sua confluência com o Madeira) para o oeste (...) por uma paralela tirada da sua margem esquerda, na latitude 10°20', até encontrar as nascentes do Javari". Tais limites transcreviam quase literalmente o que fora estabelecido nos Tratados de Madri (1750) e Santo Ildefonso (1777), celebrados ao tempo da colonização e cuja validade o governo imperial jamais reconhecera, inclusive porque o último fora anulado pela guerra entre Portugal e Espanha, sem que o acordo de paz em Badajoz o revalidasse. Além do mais, todos os tratados firmados pelo Brasil, em 1851, 1874, 1859 e 1867, com Peru, Uruguai, Venezuela e Bolívia, respectivamente, tomaram por base para a fixação das fronteiras a efetiva ocupação anterior, i.e., o *uti possidetis*, um princípio do direito romano, segundo o qual cada Estado deveria ficar com o território que possuía no momento da independência[5].

A Bolívia jamais ocupara efetivamente a parte da Amazônia, situada no seu território, devido às dificuldades de acesso e ao fato de que a maior parte de sua população se concentrava no altiplano. Destarte, longe dos centros políticos e administrativos, o Acre[6] nunca fora habitado até 1869, quando os brasileiros começaram a penetrar naquele vale. Seu povoamento, porém, só tomou impulso após a grande seca que em 1877 assolou o Nordeste brasileiro, particularmente o Ceará, e os proprietários de seringais passaram a recrutar mais e mais retirantes, como força de trabalho disponível, para os empregar na extração da borracha, matéria-prima, cujo consumo pelas indústrias nos EUA e na Europa, em virtude da técnica da vulcanização, aumentava, rapidamente, tornando-a uma das principais fontes de divisas do Brasil, dado que a *Hevea brasiliensis* apenas existia nas selvas da Amazônia. Por volta de 1900, cerca de 60.000 brasileiros habitavam o Acre e as exportações de goma elástica para os EUA somaram US$ 16.999,345 contra US$ 7.569.005, em 1889, e somente US$ 3.296.766, em 1879[7], transformando Belém e Manaus em dois grandes centros do comércio exterior do Brasil. Mas a instalação da aduana boliviana em Puerto Alonso, pelo ministro José Paravicini, quase ao mesmo tempo em que a canhoneira *Wilmington* adentrara o Rio Amazonas, causou enormes prejuízos à receita do estado do Amazonas. Só entre janeiro e abril de 1899, a borracha oriunda do vale do Acre, acima de Puerto Alonso, rendera à delegação boliviana o montante de 3 572:653$000 contra uma despesa de 748:600$000, dando-lhe um lucro líquido de 2824:053$000 e um prejuízo de aproximadamente 3.000:000$000 ao estado do Amazonas[8], cujo governador José Cardoso Ramalho Jr., aliado aos comerciantes de Manaus, decidiu respaldar a reação dos brasileiros, que habitavam o Acre, contra a sua ocupação pela Bolívia. Em 30 de abril de 1899, alguns brasileiros, proprietários de seringais, liderados por José Carvalho, expulsaram Moisés Santiváñez, que substituíra o ministro e Paravicini como chefe da delegação boliviana no Acre, bem como os demais membros da delegação boliviana, que não resistiram, ao perceber que não tinham condições de enfrentar cerca de 15.000 brasileiros estabelecidos no Acre. Uma Junta Revolucionária então se constituiu, sob a presidência de Joaquim Domingos Carneiro, e em 14 de julho de 1899 o espanhol Luiz Galvez Rodrigues de Arias, que denunciara as bases para o acordo entre a Bolívia e os EUA, proclamou o estado Independente do Acre, do qual se tornou seu primeiro presidente.

O Brasil, ainda a vacilar, não o reconheceu. Também se recusou a intervir, pois não considerava seu o território conflagrado, ainda que brasileiros fossem, em maioria, seus habitantes, e o ministro das Relações Exteriores, Olintho de Magalhães, entendia que, destarte, cabia à Bolívia subjugar a revolta. Três expedições o governo de La Paz despachou mas, sozinho, não teve condições de dominar a região e, uma vez que a luta prosseguiu através do ano de 1900, enviou a Washington, conforme se noticiou, um ministro extraordinário e plenipotenciário com a missão de pedir a intervenção dos EUA nas questões pendentes com o Brasil. Este informe levou o chanceler Olintho de Magalhães a instruir o ministro Joaquim Francisco de Assis Brasil, chefe da Legação brasileira, no sentido de que procurasse impedir qualquer intervenção dos EUA ou a punição e internação dos rebeldes, medidas estas consideradas inadmissíveis pelo Brasil[9].

Cerca de três meses depois, alguns jornais norte-americanos, entre os quais o *The Sun*, noticiaram que os insurgentes haviam enviado a Washington um emissário com o nome de H. W. Philips, mas o ministro Assis Brasil averiguou que quem o enviara fora o governo da Bolívia e que se tratava de um agente da Casa Flint, de New York, cujo chefe, "homem sinistro em relação a negócios com o Brasil", era o cabeça do sindicato da borracha nos EUA[10]. De fato, fora o governo da Bolívia, que, ansioso por livrar-se das dificuldades com a administração do Acre, recorrera a Charles R. Flint, da Export Lumber[11] e, quando a notícia chegou ao Ministério das Relações Exteriores do Brasil, em 7 de março de 1901, o chanceler Olintho de Magalhães telegrafou imediatamente a Eduardo Lisboa, ministro do Brasil em La Paz, solicitando-lhe que apurasse a veracidade da informação. O governo da Bolívia declarou que se tratava de boato e que repelira outras propostas para o arrendamento do Acre, mas o representante diplomático dos EUA, George H. Bridgeman, procurou Eduardo Lisboa, preocupado com o alarma que a notícia provocara no Brasil, e tentou convencê-lo a não se opor aos entendimentos sobre o Acre[12]. "É crença geral de que o governo dos EUA não é alheio aos esforços da Bolivian Company, não somente por ser representante dela neste país (Bolívia) o ministro norte-americano; mas também e sobretudo porque o secretário de Estado, Mr. Hay, recomendou esta empresa ao próprio general (José Manuel) Pando, como este mesmo o declarou na mensagem de abertura das Câmaras" — o chanceler Olintho de Magalhães escreveu a Assis Brasil[13]. Com efeito, o governo dos EUA não estava alheio, e o fato foi que, em 11 de junho de 1901, Felix Avelino Aramayo, representante do governo da Bolívia na Grã-Bretanha, e Frederick Willingford Withridge, em nome do grupo anglo-americano, assinaram, em Londres, o protocolo pelo qual o Acre passaria, pelo prazo de 30 anos, à administração do Bolivian Syndicate, do qual W. E. Roosevelt, primo de Theodore Roosevelt, vice-presidente dos EUA, aparecia como um dos seus sócios. Esse protocolo afigurou-se ao Brasil inquietante, na medida em que transferia para o Bolivian Syndicate, uma espécie de companhia colonial privilegiada, uma *chartered company*, como as existentes na África[14], a plenitude do governo civil do Acre, com direitos soberanos, entre os quais o de manter polícia e equipar uma força armada ou barcos de guerra, para a defesa dos rios ou conservação da ordem interna[15].

A concessão do Acre ao Bolivian Syndicate, que congregava as firmas Cary & Withridge, United States Rubber Company e Export Lumber[16], desencadeou uma avalancha de protestos no Brasil, pois entregava uma vastíssima área, dominando grande parte do alto Amazonas, a "homens de negócios dos EUA, tão suspeitos na época a todo o continente pelas tendências imperialistas de sua política do *big stick* e do dólar", como José Maria Bello observou[17]. O *Jornal do Brasil* acusou o governo de Campos Sales de não prestar qualquer socorro aos brasileiros do Acre e não poupou os EUA, apresentando a figura de Tio Sam em todas as caricaturas, uma das quais como o professor que erguia a palmatória contra a Bolívia e perguntava: "De quem é o Acre, menina? Diga isso bem alto para ser ouvido até no Brasil". E a Bolívia, representada por uma aluna, respondia com terror: "Mas estou farta de dizer... O Acre é de Vossa Senhoria, Sr. Mestre"[18]. Porém, ao contrário do que o *Jornal do Brasil* supunha, a chancelaria brasileira não se descuidara do problema. O ministro das Relações Exteriores, Olintho de Magalhães informou a Assis Brasil sobre o interesse do ministro americano em La Paz, George H. Bridgeman, na consecução do contrato com o Bolivian Syndicate e pediu-lhe que sondasse a posição do governo de Washington. Hay, com quem Assis Brasil se entrevistara no dia 15 de maio de 1902, disse que os EUA jamais apoiariam qualquer ofensa à soberania do Brasil e que ele recomendara o Bolivian Syndicate ao ministro americano em La Paz, de modo genérico, sem qualquer caráter oficial, atendendo a uma solicitação dos interessados no arrendamento[19]. O Subsecretário de Eestado, David J. Hill, também assegurou que os EUA não interviriam na questão.

Contudo, Assis Brasil percebera que, embora a situação em Washington ainda fosse favorável ao Brasil, poderosos interesses estavam em ação e qualquer mudança desagradável poderia ocorrer, pois os homens do Bolivian Syndicate especulavam com a linguagem agressiva de muitos jornais brasileiros para irritar o Departamento de Estado[20]. E, realmente, a mudança desagradável ocorreu. O governo da Bolívia pediu a intervenção dos EUA, alegando que não tinha força para sustentar o contrato com o Bolivian Syndicate. Hay decidiu apoiá-la. Telegrafou a Bryan, ministro no Rio de Janeiro, instruindo-o para que defendesse os "interesses de inocentes americanos"[21]. E justificou sua atitude, em audiência concedida a Assis Brasil, a argumentar que os americanos entraram no negócio "perfeitamente inocentes" e contavam com o cumprimento do contrato pela Bolívia, mas o Brasil, por meio de sérias ameaças, tentava impedi-lo, o que "agradável" não era para os EUA[22]. Hay também declarou que não via perigo no estabelecimento de *chartered companies* na América do Sul e que o Brasil não devia recear que os EUA a invadissem, através do Acre, pois esse não era o seu propósito. Contudo, ao reiterar que o governo de Washington nada tinha com o Bolivian Syndicate, não apenas ressalvou que ao Departamento de Estado cumpria examinar se o procedimento do Brasil não atentava contra "inocentes interesses de cidadãos americanos", uma vez que estes reclamavam a sua assistência[23], como reclamou contra a decisão do presidente Campos Sales de fechar o Amazonas e seus afluentes às exportações da Bolívia e retirar do Congresso o Tratado de Comércio e Navegação, que com ela celebrara[24].

O ministro Assis Brasil, que saiu do Departamento de Estado bastante deprimido, percebeu que John Hay estava sob poderosas influências, talvez do próprio Theodore Roosevelt, que assumira a presidência do EUA em virtude do assassinato de McKinley (6 de setembro de 1901), e informou ao Itamaraty: "Os homens de dinheiro podem muito neste país; e os do Sindicato o são; eles conseguiram (provavelmente do presidente) que ao menos uma pressão moral fosse exercida sobre o Brasil. A grande questão desses homens não é tanto de levar adiante a empresa como de ganhar dinheiro"[25].

A Bolívia, como Hay salientara, era pobre. Não podia pagar indenização. O negócio, por conseguinte, consistia em a extorquir do Brasil, conforme a avaliação do ministro Assis Brasil, que, inseguro quanto à promessa feita pelo secretário de Estado de que os EUA não tentariam pressionar materialmente o Brasil, advertiu o chanceler Olintho de Magalhães que "os homens respeitam tão pouco o que dizem, quando são poderosos, que o fraco não pode fiar-se, absolutamente, da palavra deles"[26]. Enquanto, porém, as gestões diplomáticas prosseguiam, a luta no Acre reacendeu-se, com um novo levante armado comandado por José Plácido de Castro, que ao saber da notícia do arrendamento do Acre ao Bolivian Syndicate tratou de organizá-lo, com o respaldo dos proprietários de seringais e do governo do Amazonas, e o desencadeou em 6 de agosto de 1902, com um ataque à guarnição militar da Bolívia, acantonada às margens do Rio Xapuri, um afluente do Acre. Dentro desse contexto, em que a questão do Bolivian Syndicate atingia o clímax, foi que José Maria da Silva Paranhos, Barão do Rio Branco, assumiu em 3 de dezembro de 1902 o Ministério das Relações Exteriores, nomeado por Francisco de Paula Rodrigues Alves que tomara posse na presidência do Brasil. "Patriota e nacionalista sincero", como José Maria Bello o definiu[27], "robusto de alma e de corpo, oportunista sagaz, desdenhoso dos idealismos declamatórios", ele modificou imediatamente a orientação até então seguida pelo Brasil. Instruiu a Legação do Brasil em Washington para que contratasse o advogado John Basset Moore e equacionou como diplomático e político o problema do Acre, que os antigos chanceleres — Carlos de Carvalho (1895), Dionísio Cerqueira (1898) e Olintho de Magalhães (1899) trataram pelo aspecto geográfico, reconhecendo o direito da Bolívia ao território. Rio Branco decidiu assim interpretar o Tratado de 1867, de acordo com a letra, ao defender como fronteira a linha leste-oeste, nele estipulada e estabelecida no paralelo 10° 20'[28], e não oblíqua ao Equador, como seus antecessores admitiram, e considerou o território do Acre litigioso, tanto com relação ao Brasil quanto com o Peru, país com o qual a própria Bolívia acabara de firmar um tratado para o submeter à arbitragem da Argentina. Em outras palavras, Rio Branco passou a reivindicar aquela região para o Brasil. E a situação complicou-se.

No início de 1903, a guerra prevista desde que o Brasil vedara à Bolívia a navegação no Amazonas, impedindo qualquer tentativa do Bolivian Syndicate de instalar-se no Acre, afigurou-se inevitável e próxima. Mas o propósito de Rio Branco fora compelir a Bolívia a negociar e, em tais circunstâncias, ofereceu-lhe a compra do Acre pelo Brasil, que assumiria o compromisso de entender-se com o Bolivian Syndicate, ou uma permuta de territórios[29]. A Bolívia rechaçou ambas as propostas. O Barão N. M. Rothschild, agente financeiro do Brasil na Grã-Bretanha procurou então intermediar uma solução pacífica para o dissídio e promover negociações diretas com o Bolivian Syndicate, do qual um dos sócios era August Belmontt, seu representante nos EUA e provavelmente seu filho bastardo ou de algum outro membro de sua família[30]. Em telegrama ao presidente Rodrigues Alves, datado de 26 de janeiro de 1903, ele propôs que o Brasil entregasse a questão ao arbitramento da Grã-Bretanha, tal como a Argentina o fizera em seu litígio com o Chile[31]. Dois dias depois, Rothschild voltou a telegrafar-lhe, transmitindo-lhe mensagem recebida dos EUA sobre a intenção do Brasil de pagar indenização ao Bolivian Syndicate e que este, se ela fosse adequada, estaria disposto a rescindir o contrato com a Bolívia e tudo fazer para manter a paz[32]. Porém, ademais da informação de que o governo da Bolívia pedira os bons ofícios dos EUA, a mensagem que Rothschild transmitira insinuou certa ameaça ao participar que o Bolivian Syndicate enviara ao Acre um representante, que fazia parte do governo do presidente Theodore Roosevelt, ressaltando que a situação poderia tornar-se delicada nos EUA, se qualquer acidente lhe acontecesse ou hostilidades irrompessem contra ele[33]. De fato, o governo da Bolívia solicitara a intervenção ou mediação dos EUA, mas John Hay, negando-se a tomar qualquer das iniciativas, reiterou apenas a disposição de amparar os direitos dos cidadãos norte-americanos, o que deu ao ministro Assis Brasil a impressão de que ele (ou talvez o presidente Theodore Roosevelt) tomara sérios compromissos com os interessados no Bolivian Syndicate, pois os considerava "pessoas da maior distinção" e julgava "muito natural que os países sul-americanos partilhassem a sua soberania", como a Bolívia o fizera[34]. Rio Branco, com base possivelmente nas informações de Assis Brasil, posteriormente, telegrafou a Rothschild, a desmentir notícia "sobre irritação do governo americano e propósito de intervir para sustentar o Syndicate", cujos sócios, "querendo obter de nós uma indenização que não podiam obter da Bolívia, inventaram esse perigo de guerra com os EUA"[35]. "Washington foi sempre o principal centro das intrigas e dos pedidos de intervenção contra o Brasil por parte de alguns dos nossos vizinhos, rivais permanentes ou adversários de ocasião" — Rio Branco certa vez escreveu, acrescentando que, em 1903 e 1904, "no período agudo de nossas dissidências com a Bolívia e o Peru, lá se andou também procurando promover intervenções e fazendo oferecimentos tentadores"[36]. Mas, segundo ele próprio informou a Rothschild, o governo norte-americano recusou "peremptoriamente a intervenção" que a Legação da Bolívia e o Syndicate lhe pediram, em janeiro de 1903, "e foi por ver que não podiam contar com esse apoio que ambos começaram a ceder"[37].

Com efeito, a Bolívia começara a ceder. Aceitou a proposta de Rothschild no sentido de que a questão do Acre fosse submetida ao arbitramento da Grã-Bretanha[38]. Mas o Brasil esquivou-se de comprometer-se com tal alternativa. Rio Branco temia o arbitramento por prever que o Brasil, depois de 36 anos de entendimento de que o Acre pertencia à Bolívia[39], seria derrotado e por esta razão desejava alcançar um acordo direto com o governo de La Paz, embora oneroso, a fim de obter a cessão de todo o território ocupado por brasileiros, inclusive uma faixa ao sul do paralelo de 10° 20'[40]. E, ao aceitar tal diretriz, o presidente Rodrigues Alves, sem repelir abertamente a proposta do arbitramento, respondeu a Rothschild com uma evasiva. Agradeceu o telegrama e apenas lhe comunicou que o Brasil e a Bolívia estavam a assentar as bases para um acordo razoável sobre a questão das fronteiras[41]. Contudo, a pressão continuou para que ele concordasse em submeter o litígio ao arbitramento da Grã-Bretanha. Ao lamentar que sua proposta não houvesse impressionado o presidente Rodrigues Alves, Rothschild ponderou-lhe que seria, financeira e politicamente, prejudicial para o Brasil a continuidade dos rumores espalhados pela imprensa de que ele desejava fazer guerra à Bolívia, a despeito de que o recurso à arbitragem poderia dar uma solução fácil para aquela dificuldade[42]. E insistiu no sentido de que ele disse que o Brasil estava preparado para aceitar a arbitramento, caso as negociações diretas não alcançassem um resultado satisfatório[43]. Em outro telegrama, após manifestar a esperança de que as negociações bilaterais tornassem o arbitramento desnecessário, comunicou a Rodrigues Alves que o Bolivian Syndicate reclamava uma indenização de US$ 1 milhão e que "nossos amigos americanos consideram muito importante que o governo de Vossa Excelência acerte rapidamente este assunto com o Syndicate"[44]. E ao mesmo tempo solicitou-lhe que informasse o montante que o Brasil se dispunha a pagar e lhe desse autonomia "para fechar o negócio rapidamente, preservados os interesses do seu país"[45]. Decerto, foi alguma informação sobre a precariedade da situação em que as forças bolivianas se encontravam, cercadas em Puerto Alonso pelos brasileiros, sob o comando de Plácido de Castro, que determinou a pressa de Rothschild e seus "amigos americanos" em resolver a questão o mais pronto possível, uma vez que o Bolivian Syndicate não conseguira e não podia efetivar o empreendimento, inclusive porque o Brasil fechara o Amazonas à navegação e perseverava em sua atitude, bloqueando o trânsito para a Bolívia, a despeito dos protestos dos EUA, Grã-Bretanha, França e Alemanha.

A crise entre o Brasil e a Bolívia, entretanto, agravou-se, no início de fevereiro. O general José Manuel Pando, presidente da Bolívia, saiu de La Paz e marchou com suas tropas para o Acre, a fim de sufocar o levante de Plácido de Castro, qualificado pelo cônsul-geral dos EUA como "ato de pirataria", dirigido pelos políticos e especuladores de Manaus e executado pela "mais vil espécie de aventureiros e facínoras (*cut-throats*)", com a assistência do governo do Brasil[46]. Se ele invadisse o Acre e conseguisse dominar os insurgentes, um movimento incoercível de opinião, dentro do Brasil, tornaria a guerra inevitável. O Barão do Rio Branco, que antes rejeitara a proposta de indenização feita sem anuência por Assis Brasil a Frederick Willingford Withridge, representante do Syndicate, aconselhou então o presidente Rodrigues Alves a renová-la, a fim de desinteressar o Bolivian Syndicate, porque, variando de política, recomendara, naquelas circunstâncias, a ocupação militar de parte do Acre, para ter esse trunfo nas negociações e "desembaraçar a questão diplomática de suas intrigas e perturbações" que poderiam através de uma campanha da imprensa abalar a opinião nos EUA[47]. Rio Branco não desejava a guerra, mas sabia que para a evitar necessário seria preparar-se para fazê-la. *Si vis pacem, para bellum.* Na verdade, ele não queria romper as relações do Brasil com a Bolívia e continuava disposto a negociar um "acordo honroso e satisfatório" — conforme, em 3 de fevereiro de 1903, instruiu o ministro Eduardo Lisboa para que comunicasse ao governo de La Paz, mas advertindo-o de que as tropas bolivianas, que se dirigiam para o Acre, não deviam ultrapassar o paralelo de 10° 20'[48]. "O presidente Pando entendeu que é possível negociar marchando com tropas para o Norte. Nós negociaremos também fazendo adiantar tropas para o Sul" — Rio Branco escreveu a Eduardo Lisboa[49]. Com efeito, o presidente Rodrigues Alves ordenou aos ministros da Guerra e da Marinha a mobilização dos seus efetivos visando à ocupação militar do Acre. Uma brigada, constituída pelos corpos aquartelados no 1°, 2° e 3° distritos militares, marchou pelo Norte, sob o comando do general Olímpio da Silveira, e outra seguiu pelo Sul, sob o comando do general João César de Sampaio, com o objetivo de ocupar a região litigiosa até o paralelo de 10° 20', defender os brasileiros e manter a ordem[50]. Ao mesmo tempo, o 16° Batalhão de Infantaria, da Bahia, e o 19°, do Rio Grande do Sul, foram despachados para reforçar a fronteira de Mato Grosso com a Bolívia, enquanto o 27° e o 40° Batalhões de Infantaria, de Pernambuco, bem como o 33°, de Alagoas, o 17°, 31° e 32° Batalhões de Infantaria, estacionados no Rio Grande do Sul, dirigiram-se para Manaus[51]. Batalhões de voluntários formaram-se no Rio de Janeiro, onde os estudantes cobriram de flores a escadaria do salão nobre do Itamaraty, em homenagem a Rio Branco[52]. E, no dia 5 de fevereiro de 1903, o governo brasileiro, antes de saber que a guarnição boliviana se rendera, em 23 de janeiro, depois de seis meses de assédio e de nove dias de ataque pelas forças de Plácido de Castro, ordenou que a divisão naval do Norte, composta do encouraçado *Floriano*, do cruzador-torpedeiro *Tupi* e do caça-torpedeiro *Gustavo Sampaio*, seguisse para Puerto Alonso, sob o comando do contra-almirante Alexandrino de Alencar. E, como o governo de La Paz insistisse no desarmamento dos insurrectos e as discussões prosseguissem sem qualquer resultado, ele instruiu o ministro Eduardo Lisboa que exigisse uma solução dentro do prazo de 48 horas para as propostas apresentadas pelo Brasil. Estes representavam, diplomaticamente, os termos de um *ultimatum*, encapando a ameaça de guerra, ou seja, a *ultima ratio regum*. Mas a vitória de Plácido de Castro, que fizera cerca de 300 prisioneiros e remetera-os para Manaus, concorreu para mostrar aos EUA a impossibilidade de levar adiante o arrendamento do território. O Bolivian Syndicate, que pleiteara uma indenização de US$ 1 milhão, manifestou-se pronto para concordar com o cancelamento do contrato, por uma quantia menor, a fim de evitar uma "*disastrous war*", caso rapidamente se pudesse resolver o problema[53]. O problema, em verdade, já estava militarmente resolvido, no campo de batalha, e o general Pando viu-se compelido a aceitar o entendimento, ao perceber que não podia manter nenhum controle sobre o Acre e que era melhor aceitar as compensações que o Brasil propunha em troca da região litigiosa do que enfrentar uma batalha diplomática com o Peru, que também a reclamava. Diante de tal situação, a Bolívia, disposta já até mesmo a afastar o Bolivian Syndicate, sem qualquer indenização, sob o pretexto de que ele não organizara o empreendimento dentro do prazo que expirava em 6 de março de 1903, terminou por concordar com que o

Brasil ocupasse e administrasse aquela região até a solução final do litígio. Entrementes, o Brasil deu instruções a Rothschild para que negociasse com o Bolivian Syndicate o cancelamento do contrato, oferecendo-lhe a quantia de £ 100.000 (cem mil libras esterlinas), o equivalente, na época, a US$ 500.000, mas podendo aumentá-la para £ 125.000, ou seja, US$ 625.000, caso não pudesse chegar ao acordo em melhores bases[54]. "Estamos de fato bastante satisfeitos por ter o governo brasileiro mostrado tal espírito conciliador e conclamamos os senhores a fazerem o possível para convencer seus amigos a serem moderados tanto quanto possível e assim contribuírem para um acordo satisfatório e reverter o que poderia transformar-se em uma situação mais séria e complicada" — N. M. Rothschild recomendou a Belmontt[55].

Rothschild só podia realmente estar bastante satisfeito. A questão do Acre convertera-se em excelente negócio, pois à sua casa bancária caberia fornecer ao Brasil os créditos necessários para toda a transação. O Bolivian Syndicate, cuja posição se enfraquecera dado que não conseguira efetivar o empreendimento e Plácido de Castro militarmente dominara o Acre, reduziu para metade sua pretensão e Rio Branco aquiesceu em pagar as £ 114.000, ou seja, £ 110.000 (o equivalente a US$ 550.000) para os sócios de Whitridge no Bolivian Syndicate, £ 1.000 para o advogado, £ 3.000 para August Belmontt o intermediário das negociações[56]. Mas Assis Brasil, que protestara contra a "escabrosidade" de estar um primo do presidente Roosevelt prestigiando, como interessado, a reclamação do Bolivian Syndicate[57], ressentiu-se também com Rio Branco, ao descobrir que Belmontt, sócio de Whitridge, era "agente dos agentes do Brasil em Londres" e também se consultava com John Basset Moore, jurista americano, contratado como advogado da Legação do Brasil em Washington[58]. "Doeu-me reconhecer que o Sindicato zombava de meus esforços em favor do Brasil pelo fato de estar nas mãos de um dos membros do mesmo Sindicato a real representação dos nossos interesses" — Assis Brasil escreveu a Rio Branco[59]. Com efeito quem negociou com o Bolivian Syndicate, por trás dos bastidores, foi Rothschild, através de seu agente (filho bastardo, quiçá), também sócio do mesmo Bolivian Syndicate. Em outras palavras, o verdadeiro representante do Brasil nas negociações, Rothschild, era, ao mesmo tempo, acionista do Bolivian Syndicate, através de August Belmontt, que se encarregara dos entendimentos em torno da indenização e tinha obviamente interesse em que ela fosse a mais alta possível, a fim de ganhar dinheiro dos dois lados (além de sua parte na indenização, como sócio, mais £ 3.000, como intermediário das negociações[60]). O distrato, com que o Bolivian Syndicate ou, como era também conhecido, American Syndicate, renunciou à concessão do Acre, foi assinado em 26 de fevereiro de 1903, e August Belmontt mandou diretamente a Rothschild toda a documentação[61].

Esse distrato apresentou aspectos moralmente indefensáveis, e o ex-chanceler Olintho de Magalhães criticou-o, por considerar que o Brasil comprara por mais de £ 100.000 uma concessão praticamente caduca, quando o Bolivian Syndicate, àquela altura, já não mais tinha condições de organizar-se no Acre até 6 de março de 1903, limite fixado no acordo firmado por Feliz Aramayo com Frederick W. Withridge[62]. Rio Branco talvez não tivesse alternativa. A questão do Acre poderia tornar-se diplomaticamente complicada, apesar de que o Bolivian Syndicate não ter conseguido envolver outras potências, como a Alemanha, a fim de dar-lhe dimensão internacional. Ela envolvia, porém, o próprio Rothschild, agente financeiro e credor do Brasil, na Grã-Bretanha, e o Peru, que, inicialmente, apoiara a oposição do Brasil ao Bolivian Syndicate, já se juntara à Argentina para pedir a interferência dos EUA. Em tais circunstâncias, Rio Branco, empenhado em evitar, de qualquer forma, o recurso ao arbitramento, preferiu naturalmente afastar, com aquela generosa recompensa, o mais sério obstáculo a um entendimento direto com a Bolívia, que antes rejeitara todas as suas propostas (compra do Acre, permuta por outros territórios etc.) e já então se dispunha a negociar um *modus vivendi*, firmado finalmente pelo chanceler Eliodoro Villazon, representando a Bolívia, e Eduardo Lisboa, enviado extraordinário e ministro plenipotenciário do Brasil, em 21 de março de 1903, permitindo ao Brasil ocupar militarmente e administrar o território situado a leste do Rio Iaco, ao norte pela linha geodésica do marco do Madeira à nascente do Javari, e ao sul pelo paralelo de 10° 20'[63].

Juntamente com Rui Barbosa e o ministro Assis Brasil, o próprio Rio Branco conduziu as conversações visando a alcançar uma solução definitiva, mediante acordo com a Bolívia, à qual ofereceu, em troca do território litigioso, o montante de £ 2 milhões, em duas prestações, para a construção de vias que facilitassem o escoamento de suas exportações pelo sistema fluvial do Amazonas. Com essa larga liberalidade Rui Barbosa não concordou e se afastou da delegação, mas Rio Branco deste modo conseguiu quebrar a irredutibilidade dos negociadores da Bolívia, o ministro Cláudio Pinilla e Fernando Guachalla. Em 18 de novembro de 1903 Brasil e a Bolívia celebraram o Tratado de Petrópolis[64], mediante o qual o Brasil adquiriu cerca de 150.000 a 170.000 km$^2$, permutando por uma área de 3.100 a 3.200 km$^2$ (cerca de 2.500 km$^2$, excluindo a água) e £ 2 milhões, conforme o Tratado de 1867 permitia[65]. Tratava-se, em realidade, de uma compra mal disfarçada. E a N. M. Rothschild coube, mais uma vez, fazer um excelente negócio, fornecendo à Bolívia, alguns meses depois, o adiantamento de £ 1 milhão, e debitando este montante na conta que o Brasil devia pagar, com os respectivos juros[66].

A questão do Acre, contudo, não se encerrou. O Peru, que havia menos de três décadas perdera para o Chile, na Guerra do Pacífico (1879-1883), as províncias de Tarapacá, Tacna e Arica, não se conformara com a redução do seu território e, a reivindicar outrossim aquela região da Amazônia, pretendera participar das negociações com a Bolívia, a fim de que houvesse uma solução tríplice. Rio Branco não permitira. E em 11 de agosto de 1903 o ministro do Peru no Rio de Janeiro, Hermán Velarde, propôs que as questões de limites entre Brasil, Peru e Bolívia fossem submetidas conjuntamente à decisão. Rio Branco também não aceitou semelhante proposta. Embora o território disputado entre esses dois países estivesse na posse dos brasileiros[67], ele não queria lutar em duas frentes, o que poderia gerar um impasse e tornar inevitável o recurso ao arbitramento. Assim, somente depois de liquidar a questão com o Bolivian Syndicate e assinar o Tratado de Petrópolis, Rio Branco dispôs-se a iniciar as conversações com o Peru cujas pretensões não se restringiam à área, que objeto fora do Tratado de Petrópolis, por ele considerado lesivo aos seus direitos territoriais. O Peru reclamava igualmente os territórios que a Bolívia cedera ao Brasil, com o Tratado de 1867, e começara entre fins de 1902 e meados de 1903 a apoderar-se *manu militari* daquelas regiões em litígio, habitadas quase que exclusivamente por brasileiros, por crer que tais invasões e a tomada de posse pela violência modificariam a situação e lhe favoreceriam em caso de recurso ao arbitramento. Seu objetivo consistiu em dominar o Alto Juruá. Primeiramente, instalou alguns pontos de apoio ao seu comércio e à extração do caucho. E, em março de 1903, uma força do Exército peruano tentou reconquistar a posição perdida na Boca do Chandless e atacou os brasileiros no barracão do Funil e em várias outras propriedades, ao longo do Purus. Prisões, saques, violências e mortes resultaram dessa excursão, que visava a reconquistar o posto de Chandless, conseguir víveres e saber o motivo pelo qual se impedia a passagem de embarcações com gêneros e mercadorias para os caucheiros[68] peruanos do Alto Purus[69]. Rio Branco recusou-se então a entender-se com o Peru enquanto seus destacamentos militares não se retirassem do alto Juruá e do alto Purus, por não ser tolerável que, durante o litígio levantado, autoridades peruanas governassem populações brasileiras lá assentadas[70]. Diante de tal situação, em que conflitos armados se repetiam, o presidente Rodrigues Alves ordenou que o general Luiz Antônio de Medeiros, comandante do 1° Distrito Militar em Manaus, organizasse dois destacamentos e os deslocassem para o Alto Juruá e o Alto Funis, com o objetivo de manter a soberania brasileira sobre essas regiões. Ao major Olímpio de Oliveira coube o comando da operação Alto Purus, para onde os navios *Antônio Olinto* e *Sabiá* foram despachados com cerca de 300 efetivos, em princípio de maio, enquanto 225 soldados, de uma ala do 15° Batalhão de Infantaria, partiam de Manaus, com armamento comum e dois canhões Krupp de 75 mm, para o Alto Juruá, sob o comando do tenente-coronel Cipriano Alcides. O propósito do governo brasileiro era deflagrar represálias, caso o Peru não quisesse evacuar aquelas regiões[71]. Por outro lado, o governo de Lima despachou tropas para o Departamento de Loreto e novos excessos, praticados pelos caucheiros e seus índios, ocorreram na fronteira entre os dois países. A essa altura, depois que o general Luiz Antônio de Medeiros apreendeu carregamentos de pólvora e espoletas nos vapores ingleses *Ucayali* e *Napo*, procedentes de Liverpool, o Brasil resolveu interditar todo o trânsito de armas e outros petrechos de guerra, com destino ao Peru, pela via do Amazonas, e denunciou o tratado de comércio existente entre os dois países[72]. As dificuldades entre o Brasil e o Peru então recresceram e a crise assumiu, sob certos aspectos, dimensão mais grave do que com a Bolívia. O Congresso do Peru autorizou o governo a tomar um empréstimo de 12.000 contos, para compra de armamentos, fato este que Rothschild comunicou ao ministro da Fazenda de Rodrigues Alves, a sugerir outra vez que o Brasil devia solicitar a mediação da Grã-Bretanha para acertar a questão da fronteira com aquele país, na região do Purus e Juruá[73]. De fato, Rio Branco recebeu informação de Buenos Aires sobre grande encomenda de canhões feita pelo Peru à empresa Krupp, da Alemanha, e instou o ministro da Guerra, marechal Francisco de Paula Argollo, a tomar idêntica medida, recomendando-lhe que concentrasse no Amazonas pelo menos 4.000 homens, com os meios necessários para ocupar Iquitos, tomar as lanchas de guerra peruanas e dominar Ucaiale, por onde passavam os reforços para o Alto Juruá e o Alto Purus. Vários combates houve entre peruanos e brasileiros naquela região. E a guerra afigurou-se de tal modo iminente que o Brasil, além de obter a simpatia da Bolívia e a promessa de apoio se o conflito irrompesse, negociou secretamente uma aliança com o Equador, país que também tinha com o Peru antiga desavença por causa de uma questão de fronteiras[74], firmando um pacto defensivo em 4 de maio de 1904[75]. E, àquele mesmo tempo, a empresa de navegação Red Cross Iquitos Steam Ship, para acautelar seus interesses, publicou nos jornais de Liverpool um aviso, no qual anunciava que, devido à ameaça de rompimento das hostilidades entre o Brasil e o Peru, ela se via obrigada a reter todos os carregamentos de armas, cartuchos de pólvora, chumbo de munição e quaisquer outras mercadorias que pudessem ser consideradas petrechos de guerra, embarcadas no vapor *Bolivar*, a partir para Iquitos, em 4 de maio de 1904[76]. De fato, informe circulava de que o governo do Peru pretendia não apenas permanecer no Alto Purus e Alto Juruá, mas também avançar pelo Baixo-Juruá e ocupar várias cidades do Amazonas, inclusive Manaus[77]. As medidas tomadas pelo governo brasileiro intimidaram, porém, as autoridades de Lima, que imediatamente instruíram o ministro Hernán Velarde no sentido de buscar uma conciliação[78] e em 12 de julho de 1904 Brasil e Peru firmaram um *modus-vivendi* no Palácio do Itamaraty.

As relações entre o Brasil e o Peru, no entanto, não se normalizaram, de modo a permitir que as negociações fluíssem, visando a uma solução definitiva da questão. Guilherme Seoane, o novo ministro plenipotenciário enviado pelo governo de Lima, chegou ao Rio de Janeiro, com o espírito bastante prevenido contra o Brasil, e um clima de desconfianças mútuas dificultou até mesmo a execução do protocolo, que estabelecia o *modus vivendi* entre os dois países naquela região. O propósito do Peru consistiu, na realidade, em criar uma situação que tornasse o recurso à arbitragem inevitável e procurou o apoio diplomático dos EUA. Os EUA até 1904 evitaram maior envolvimento nessa controvérsia[79], mas em 1905 noticiou-se que especuladores de Wall Street procuravam formar um grupo, com o objetivo de obter do Peru concessão semelhante à do Bolivian Syndicate. E o ministro das Relações Exteriores do Peru, Javier

Prado y Ugarteche declarou que não hesitaria em fazer maiores concessões aos EUA, até mesmo submeter-se ao seu protetorado, se tivesse de lutar contra o Brasil[80]. Essas esperanças de que os EUA interviessem a seu favor constituíram provavelmente um dos fatores que levaram o Peru a recalcitrar e as discussões se estenderem até 1908. Sem elas, a questão de limites já estaria resolvida desde 1904, o próprio Rio Branco admitiu, ao telegrafar a Joaquim Nabuco, que fora designado embaixador do Brasil em Washington[81], dizendo-lhe que "o governo peruano é bem capaz de andar suplicando protetorado americano, mas espero que o governo americano ache suficientes os protetorados de Cuba e São Domingos"[82]. Rio Branco não escondeu sua irritação com os EUA e a Joaquim Nabuco perguntou se, em Washington, os sentimentos de simpatia pelo Brasil, manifestados em 1906 e 1907, ainda existiam, ou se o Departamento de Estado procurava tomar posição no Peru "para contrariar a política e os interesses das maiores nações da América do Sul, já tratadas com tanta desconsideração"[83]. Ressalvou então que o Brasil, após anexar o Acre, não ambicionava estender-se por toda a Bacia do Amazonas, conforme o presidente Theodore Roosevelt certa vez aconselhara, mas queria ter as mãos livres para resolver com seus vizinhos as questões de fronteira ainda pendentes[84]. "Entendo que é de direito nosso operar em política nessa parte do continente sem ter que pedir licença ou dar explicações a esse governo (de Washington)" — Rio Branco escreveu a Nabuco, salientando que "pelas provas tantas vezes dadas de amizade, temos o direito de esperar que não se envolva ele para ajudar desafetos nossos, nas questões em que estejamos empenhados"[85]. Conforme Afonso Arinos de Melo Franco ressaltou, "a política de Rio Branco foi sempre de cooperação com os EUA, mas nunca de subordinação aos mesmos"[86].

Os EUA efetivamente não se intrometeram no dissídio, e o Peru, entre meados de 1907 e 1908, pareceu disposto a alcançar um entendimento, partindo para a via de solicitar ao Brasil uma compensação financeira, tal como fora dada à Bolívia. Rio Branco, porém, rechaçou qualquer acordo a esse preço, uma vez que, diferentemente da Bolívia, o Peru não possuía títulos válidos e definidos e não firmara com o Brasil nenhum tratado que lhe concedesse o mínimo direito sobre o Acre. Apenas formulara um protesto, que segundo Euclides da Cunha não passou de um "murmúrio "vacilante e medroso de uma conjectura", dizendo que a Bolívia cedera ao Brasil territórios "*que pueden ser de la propriedad del Peru*"[87]. "*Que pueden ser...*" — Euclides da Cunha repetiu, para ressaltar a "expressão anódina de um interesse aleatório"[88]. Evidentemente, em tais condições, Rio Branco não podia aceitar nenhum acordo, que implicasse compensação financeira, e formulou uma proposta, cedendo ao Peru uma área triangular considerável, formada pelos rios Curanja, Santa Rosa e Purus. O governo de Lima, sob a presidência de Augusto Legia e tendo Hernán Velarde como ministro das Relações Exteriores, concordou com estas bases. E, com data de 8 de setembro de 1909, o ministro Hernán Velarde assinou sigilosamente com o Barão do Rio Branco, no Palácio do Itamaraty, o tratado que permitiu ao Brasil estender sua soberania sobre uma superfície de 152.000 km$^2$, cinco vezes maior do que a Bélgica e um pouco maior do que a Inglaterra (com o País de Gales)[89].

## NOTAS

1. Despacho n. 40, Henry Merril Dering para Edward Grey, Petrópolis, 25.7.1906. PRO-FO 371-13 Files 12910 — 43099.
2. Telegrama de 30/5/1899 e ofício de 31/5/1899, Joaquim Francisco de Assis Brasil ao ministro de Estado Olintho de Magalhães, Washington — AHI-233/4/12.
3. Ofício, 31/5/1899, Assis Brasil a Magalhães, Washington — AHI — 233/4/12.
4. Tocantins, 1979, v. I, pp. 258-259. Meira, 1973, pp. 20-21.
5. *Uti possidetis, ita possideatis*: como possuís, continuais possuindo.
6. O nome Acre constitui uma corruptela da palavra *erakiry* (*umakürü*), usada pelos indígenas ipurinãs, que assim designavam a região por eles habitada, no vale do Purus. Castello Branco, 1960, p. 6.
7. *American Commerce*, US Bureau of Statistic, Washington, 1903, p. 716.
8. Tocantins, 1979, v. I, p. 209.
9. Ofício de Olintho de Magalhães à Legação em Washington, 5/9/1900. AHI-235/2/5.
10. Ofício de Assis Brasil a Olintho de Magalhães, Washington, 1/12/1900. AHI-234/1/1.
11. Ofício de 30/4/1902, para a Legação do Brasil em Washington. AHI-235/2/5. Despacho de Charles Page Bryan, ministro dos EUA, para John Hay, secretário de Estado, Petrópolis, 30/4/1902, in *Papers relating to the Foreign Relations of the United States* — 1902, Washington, p. 105.
12. Ofício para a Legação em Washington, 30/4/1902. AHI-235/2/5.

13. Ibid.
14. Na África, a Grã-Bretanha mantinha a National Africa Company, a British Africa Company, a British Sozh Africa Chartered Company e a North Africa Company, todas dotadas de direitos administrativos, a funcionarem como se Estados soberanos fossem.
15. Hill, 1932, p. 287. Tocantins, 1979, vol. II, pp. 24, 31-33, 39-41.
16. O Bolivian Syndicate foi formado com recursos fornecidos pela Central Trust Co., Varmilye Co., Metropolitan Life Insurance Co., Morton Bliss & Co., Brown Brothers & Co., bem como por K. Twombly, S. W. Cross, Adrian Iselin Jr., E. Emelen Roosevelt, bem como do Lord Avebury, do Banco Lubbock, e August Belmonttt, representante Casa Rothshild.
17. Bello, 1956, p. 251.
18. *Jornal do Brasil*, 15/7/1902.
19. Ofício de Assis Brasil a Magalhães, Washington, 19/5/1902, anexo ao Ofício n. 1, reservado, da 2ª Seção, Legação do Brasil em Washington, 19/5/1902. Cópia (Registro de conferências, fl. n. 10 — Conferência em 16/5/1902, com o secretário de Estado, John Hay). AHI-234/1/1.
20. Ofício de Assis Brasil a Magalhães e anexo, Washington, 3/7/1902. Ibid.
21. Ofício de Assis Brasil a Magalhães, Washington, 31/7/1902. Anexo n. 1, cópia n. 1, Conferência com John Hay em 17/7/1902.
22. Ibid.
23. Ibid.
24. Ibid.
25. Anexo n. 2 ao Ofício n. 4, reservado, 2ª Seção, Assis Brasil a Magalhães, Washington, 31/7/1902, cópia.
26. Ibid.
27. Bello, 1956, p. 249.
28. Tocantins, 1979, vol. II, pp. 198-199.
29. Lins, 1965, pp. 279-280.
30. August Belmonttt chegou aos EUA em 1837. Seu verdadeiro nome era August Schönberg, que logo mudou para August Belmonttt. Muito rico, mas rejeitado pela aristocracia sefardita de New York, aproximou-se da sociedade não judaica, casando-se com Carolyn Perry, filha do comodoro Matthew Perry. Havia rumores sobre ser um bastardo de algum Rothschild, porque estes, quando viajavam com suas amantes, usavam o *Herr und Frau* Schönberg. Apesar de que S. Birmingham considere quase certa essa filiação, não há, contudo, comprovação. Birmingham, 1967, pp. 46-47; Birmingham, 1990, pp. 216-220.
31. Telegrama para o presidente do Brasil, 26/1/1903 (minuta, s/a). RAL XI/4/76 19030126.
32. Telegrama para o presidente do Brasil, 28/1/1903 (minuta, s/a). RAL XI/4/76 19030128.

33. Ibid.
34. Ofício de Assis Brasil a Rio Branco, Washington, 4/2/1903. AHI-234/1/2.
35. Telegrama de Rio Branco para Rothschild, Petrópolis, 28/2/1903. RAL XI/4/76 19030228.
36. Rio Branco, 1930, pp. 33.
37. Telegrama de Rio Branco para Rothschild, Petrópolis, 28/2/1903. RAL XI/4/76 19030228.
38. Telegrama de Rothschild para o presidente do Brasil, 2/3/1903. Anexos: cópia da nota de Legação da Bolívia, a) F. Avelino Aramayo; telegrama de Mens Fred Huth Co. RAL XI/4/76 19030202.
39. Carvalho, 1959, p. 226.
40. Viana Filho, 1959, pp. 339-342.
41. Cópia da carta de Fred Huth & Co. a Felix A. Aramayo, enviado extraordinário e ministro plenipotenciário, da Bolívia, Londres, 2/2/1903: Anexos: cópias dos telegramas do presidente Rodrigues Alves a Rothschild. RAL XI/4/76 19030202.
42. Telegrama de Rothschild para Rodrigues Alves, 4/2/1903 (minuta, s/a). RAL XI/4/76 19030204.
43. Ibid.
44. Telegrama de Rothschild para Rodrigues Alves, 6/2/1903 (minuta, s/a). RAL XI/4/76 19030206.
45. Telegrama de Rothschild para Rodrigues Alves, 6/2/1903. RAL Xl/4/76 19030206.
46. Despacho de Eugene Seeger para o secretário de Estado, 30/1/1903, apud Hill, 1932, p. 288.
47. Telegrama de Rio Branco a Rothschild, Petrópolis, 28/2/1903. RAL XI/4/76 19030228.
48. Viana Filho, 1959, p. 332.
49. Lins, 1965, p. 282. Viana Filho, 1959, p. 332.
50. Telegrama de Rio Branco a Assis Brasil, 24/1/1903, e ofício de 4/2/1903; telegrama s/d, recebido em 29/1/1903, Rio Branco a Assis Brasil, e ofício de 4/2/1903. AHI-234/1/2. Lins, 1965, pp. 281-282. Tocantins, 1979, vol. II, pp. 233. Meira, 1973, p. 116. Moniz Bandeira, 1973, p. 162.
51. Lins, 1965, pp. 281-282. Tocantins, 1979, vol. II, pp. 233-234.
52. Telegrama, Rio Branco a Domício da Gama, Petrópolis, 5/2/1903. AIHGB CDG, L. 645, P. 9.
53. Carta de August Belmonttt a N. M. Rothschild & Sons, New York, 6/2/1903. RAL II/55 b/14 19030106.
54. Minuta de telegrama N. M. Rothschild para August Belmontt, Londres, 11/2/1903. RAL XI/4/76 19030211.
55. Ibid.

56. Correspondência de August Belmontt para N. M. Rothschild & Sons, New York, 13/2/1903. RAL II/55B/14 19030113.
57. Telegramas da Secretaria de Estado para a Legação em Washington, 8/2/1903 e 18/2/1903; telegrama de Assis Brasil a Rio Branco, Washington, 9/2/1903; ofício de Assis Brasil a Rio Branco, Washington, 19/2/1903. AHI-234/1/2.
58. Carta de Assis Brasil a Rio Branco, New York, 18/2/1903. Ibid.
59. Ibid.
60. Telegrama de Rothschild para o presidente do Brasil (minuta), Londres, 16/2/1903. RAL XI/4/76 19030216. Correspondência de August Belmontt para N. M. Rotschild & Sons, private, New York, 20/2/1903. RAL II/55B/14 1903120.
61. Correspondência de August Belmontt para N. M. Rothschild, New York, 10/3/1903. RAL II55b/14 19030310.
62. Melo Franco, 1973, vol. I, p. 259.
63. Vide íntegra do protocolo em Tocantins, 1979, vol. II, pp. 230-231.
64. Sobre o tema, vide Tocantins, 1979, pp. 253-274.
65. Id., ibid., p. 274.
66. Minutas (cópias) de telegramas para o ministro da Fazenda do Brasil, 7/6/1904 e 9/6/1904. RAL XI/8/4.
67. Carta de Estanislau Zeballos, então ministro das Relações Exteriores da Argentina, a Roque Sáenz Peña, Buenos Aires, 15/4/1907. AGN-A, Coleção Celesia, Arquivo Roque Sáenz Peña — 7-22-2-14, fl. 38-40.
68. Duas espécies de borracha — o caucho e a borracha das seringueiras — eram exploradas naquela região da Amazônia. A exploração do caucho devastava a floresta, pois os caucheiros, ao cortarem as árvores, inutilizavam-nas, o que tornava seu trabalho nômade por necessidade; a exploração da goma elástica, extraída das seringueiras, consistia em sangrar as árvores, sem prejudicá-las, constituindo assim trabalho de populações sedentárias.
69. Tocantins, 1979, vol. II, p. 360.
70. Castello Branco, João Maria Moreira Brandão — "Peruanos na região acreana", in *Revista do Instituto Histórico e Geográfico Brasileiro*, vol. 244, julho-setembro 1959, p. 159.
71. Tocantins, 1979, vol. II, p. 362.
72. Castello Branco, João Maria Moreira Brandão — "Peruanos na região acreana", in *Revista do Instituto Histórico e Geográfico Brasileiro*, vol. 244, julho-setembro 1959, pp. 164-165.
73. Cópia do telegrama de Rothschild ao ministro da Fazenda no Rio de Janeiro, 4/5/1904. RAL XI/8/4.
74. O Peru, em 1851, firmou um Tratado de Limites e Navegação, no qual o Brasil lhe reconhecia o direito a 503.430 km² pertencentes ao Equador, em troca de seu apoio à doutrina de que o tráfego de embarcações e o comércio na Bacia

do Amazonas constituíam privilégio comum e exclusivo dos países ribeirinhos. Cunha, 1975, pp. 124-135.

75. Tocantins, 1979, vol. II, pp. 358-357.
76. Id., ibid., vol. II, p. 358.
77. Notícias divulgadas pelo *Jornal do Comércio*, do Rio de Janeiro, em 10/5/1904, apud, Tocantins, 1979, vol. II, pp. 375-376. Vide também Castello Branco, João Maria Moreira Brandão — "Peruanos na região acreana", in *Revista do Instituto Histórico e Geográfico Brasileiro*, vol. 244, julho-setembro 1959, p. 208.
78. Id., ibid., vol. II, p. 362.
79. Tocantins, 1979, vol. II, pp. 369-373.
80. Despacho de Rio Branco para Alfredo de Moraes Gomes Ferreira, ministro do Brasil em Washington, 31/1/1905. AHI-235/2/1.
81. Em 1905, Rio Branco elevou a Legação do Brasil em Washington ao nível de embaixada e para a chefia do posto enviou Joaquim Nabuco.
82. Telegrama de Rio Branco a Joaquim Nabuco, 10/1/1908. AHI-235.4.1.
83. Ibid.
84. Ibid.
85. Ibid.
86. Melo Franco, 1973, 2º vol., p. 814.
87. Cunha, 1975, p. 112.
88. Id., ibid., p. 112.
89. Carvalho, 1959, p. 233. Tocantins, 1979, vol. II, p. 438.

# Capítulo III

O PREDOMÍNIO DA ARGENTINA NO PARAGUAI • ARGENTINA, URUGUAI E BRASIL E A JURISDIÇÃO SOBRE O RIO DA PRATA • A COMPETIÇÃO NAVAL ENTRE ARGENTINA, BRASIL E CHILE • OS INTERESSES DA ALEMANHA E DA FRANÇA NA CORRIDA ARMAMENTISTA NO CONE SUL • O PLANO DE ESTANISLAU ZEBALLOS PARA OCUPAR O RIO DE JANEIRO • RIO BRANCO E A PROPOSTA DO PACTO ABC • O CASO DO TELEGRAMA CIFRADO N. 9

Ao tempo do dissídio por causa do Acre, o Brasil, que possivelmente instigava o Equador contra o Peru na questão de fronteiras, enfrentava crescentes dificuldades com a Argentina, com a qual continuava a competir para restabelecer sua hegemonia nos países da Bacia do Prata, sobretudo no Paraguai, onde apoiava a conspiração contra o governo do general Benigno Ferreira[1]. "(...) *Lo más grave, por que toca a los intereses argentinos, es que la conspiración se desarrolla sobre la base de influencias brasileras*" — Amado Artaza escreveu ao então presidente da Argentina, José Figueroa Alcorta, a manifestar o temor de que, sob o pretexto de sufocar movimentos subversivos em Mato Grosso, forças se aglomerassem na fronteira, destinando-se parte delas, disfarçada, a convulsionar o Paraguai[2]. Decerto, embora reconhecesse que no Paraguai a predominância da Argentina era "muito superior" e o Brasil não se houvesse resignado a perder ali sua influência, Rio Branco só podia declarar que não via motivos para qualquer interferência naquele país[3]. Obviamente ele não iria revelar quaisquer operações secretas que o Brasil porventura estivesse a patrocinar no Paraguai. De qualquer modo, o governo do Rio de Janeiro também tinha pouco controle sobre o que se passava em Mato Grosso, e o general Salvador Pinheiro Machado, poderoso caudilho do Rio Grande do Sul, podia estar implicado, segundo o ministro Milne Cheetheam, representante da Grã-Bretanha no Brasil, admitiu[4], naquelas articulações revolucionárias que culminaram, em meados de 1908, com a derrubada do governo de Benigno Ferreira após apenas dois anos de sua eleição para a presidência do Paraguai. Sob a acusação de pender demasiadamente para o lado da Argentina, teve de renunciar, em 2 de julho de 1908, após sangrento levante chefiado pelo coronel Albino Jara, seu ex-companheiro de armas, durante a revolução de 1904, e pertencente à facção radical do Partido Liberal. O vice-presidente Emiliano Gonzáles Navero assumiu o governo, também por um brevíssimo período, bem como os sucessores Manuel Gondra e o próprio coronel Jara, dado que as sublevações e os golpes de Estado não cessaram, mantendo o país em permanente turbulência, enquanto os navios de guerra do Brasil e da Argentina transitavam pelas águas do Rio Paraguai, a respaldarem, aberta ou veladamente os bandos em conflito.

No Uruguai, por outro lado, o Brasil sustentava o governo do Partido Colorado e encorajou-o a exigir da Argentina que o *Talweg* do Rio da Prata fosse reconhecido como linha de demarcação dos Estados ribeirinhos, ou seja, que a jurisdição sobre suas águas fosse divida e partilhada igualmente entre os dois países, o que lhe daria a posse da ilha de Martin Garcia e lhe permitiria comandar o acesso dos rios que integravam a Bacia do Prata[5]. Esta reivindicação tinha fundamento na doutrina segundo a qual, sendo o Rio da Prata comparado ao mar, cada país teria direito sobre apenas 3 milhas ao longo de suas costas, tal como sustentado pela Grã-Bretanha[6] e também pelo Brasil, que, sem qualquer demanda do Uruguai, reconheceu-lhe os direitos de jurisdição sobre a Lagoa Mirim e o Rio Jaguarão, de modo que seus atos correspondessem às suas opiniões[7]. Entretanto, Estanislau Zeballos, ministro das Relações Exteriores da Argentina, elaborou uma teoria negando ao Uruguai qualquer soberania sobre o Rio da Prata, a alegar que, consoante o Tratado de Santo Idelfonso, firmado pelas coroas de Portugal e Espanha em 1777, as águas do Rio da Prata, como as do Rio Uruguai, deveriam pertencer exclusivamente à Argentina. Tentou-se aplicar esta teoria, em 1907, por ocasião do naufrágio do vapor *Constitución*, próximo à costa do Uruguai, quando as autoridades da Argentina exigiram que os tripulantes do navio comparecessem à ilha de Martin Garcia, o que motivou reclamação de Montevidéu, e o governo de Buenos Aires explicou que elas apenas exerceram um direito de polícia fluvial. Até então, quando qualquer navio naufragava no Rio da

Prata e levantava de fato a questão da soberania, o debate era habilmente eludido, e as duas partes tinham uma fórmula histórica para superar as dificuldades. Mas, depois que um "*grupo de hombres jóvenes, de intransigente nacionalismo y altaneramente rebeldes a la influencia de Buenos Aires*", passou a atuar no governo de Montevidéu, a política exterior do Uruguai se modificou, com o ministro Jacobo Varela Acevedo, "*quién fué responsable (...) de que, con motivo del naufrágio del vapor Constitución se agitara, en forma que llegó a causar alarma, la cuestión de la jurisdición del Rio de la Plata*"[8]. Zeballos a ele se opôs, não aceitando nem mesmo que a Argentina firmasse convenções para compartir com o Uruguai o policiamento e a pesca no Rio da Prata. "*Hombre prevenido no és vencido*" — escreveu ao presidente José Figueroa Alcorta, advertindo-o de que tais convenções possibilitariam ao Uruguai recorrer posteriormente à arbitragem, com o argumento de que a Argentina já lhe cedera, na prática, metade da soberania[9]. Este foi aparentemente um dos motivos pelos quais Zeballos pretendeu que a Argentina logo tratasse de obter a cessão de parte dos navios de guerra encomendados pelo Brasil, que apoiava o Uruguai, a fim de evitar, segundo ele, a disjuntiva desesperante de ter de enfrentar, desarmada, uma guerra ou subscrever convenções que alienariam sua soberania no Rio da Prata, na Ilha de Martin Garcia e nos rios Paraná e Uruguai[10].

O esforço do Brasil para renovar sua esquadra foi o que de fato mais causou ansiedade, próxima do alarme, em alguns círculos da Argentina[11]. "*Panic is the only word that properly expresses the feeling which pervaded a recent Cabinet Council on the production of telegrams from Rio reporting the iminent adoption of an activelly hostile policy*" — o ministro Walter Townley, representante da Grã-Bretanha em Buenos Aires, informou ao Foreign Office, acrescentando que, na ocasião, um ministro, possivelmente Estanislau Zeballos, sondara-o sobre a possibilidade de que a Grã-Bretanha defendesse a Argentina em caso de agressão do Brasil[12], ainda que tal iniciativa fosse desnecessária. A impressão prevalecente em Buenos Aires, tanto entre argentinos quanto nos círculos britânicos, era a de que a Argentina não necessitava de uma frota moderna, uma vez que a Grã-Bretanha jamais permitiria que o Brasil a atacasse, deflagrando um conflito que prejudicaria seus interesses comerciais e financeiros[13]. No entanto, mesmo assim, Zeballos pleiteou que o Foreign Office pusesse pressão sobre o governo do Rio de Janeiro para interromper seu programa de restauração da força naval e evitar que o Brasil procurasse querelas com a Argentina, que prejudicariam enormemente os interesses econômicos e comerciais da Grã-Bretanha[14]. W. Haggard, ministro da Grã-Bretanha no Rio de Janeiro, não cria, entretanto, que houvesse tal intenção por parte do Brasil, embora salientasse que ele estaria em condições de ditar para a Argentina, quando recebesse o couraçado, e apresentar-se efetivamente como a primeira potência da América do Sul[15]. Na verdade, a reforma de suas forças armadas, principalmente da Marinha, já se impunha desde o final do século XIX. O Brasil, que até 1890 tivera indiscutivelmente o maior poder naval da América do Sul, superior, inclusive, ao dos EUA[16], estava em inferioridade em relação à Argentina[17]. Sua esquadra fora na maior parte destruída em consequência da revolta da Marinha, em 1893, contra a ditadura do marechal Floriano Peixoto (1891-1894). Só possuía 3 couraçados contra 5 da Argentina, 6 cruzadores contra 7 da Argentina, 9 torpedeiros contra 24 da Argentina, nenhum *destroyer* contra 4 da Argentina e nenhuma canhoneira contra 4 da Argentina[18]. Ademais, a modernização dos petrechos bélicos e as mudanças que o desenvolvimento tecnológico continuava a promover nas formas e nas táticas de guerra, produzindo motores navais, que substituíram as velas, novos canhões de longo alcance e novas blindagens, tornavam necessária a renovação de sua esquadra. O Brasil, que não possuía ainda indústria pesada, não tinha, entretanto, condições de construir uma frota moderna nem de produzir os novos petrechos bélicos. Destarte, da mesma forma que a Argentina e o Chile, passou não apenas a comprar armamentos na Europa, o que já fazia, como a necessitar cada vez mais de assistência militar das grandes potências, cuja competição se intensificara com a ofensiva que Alemanha, França e Grã-Bretanha desencadearam sobre os mercados da América Latina, a fim de induzir as encomendas para as suas respectivas indústrias[19]. Como forma de ampliar ou conquistar o mercado para sua produção, as grandes usinas de aço, os fabricantes de material bélico e os estaleiros, tais como a Krupp, da Alemanha, Schneider-Creusot, da França, e Vickers-Armstrong, da Grã-Bretanha, além de outras, exploraram, então, as antigas rivalidades e açularam o antagonismo entre a Argentina e o Brasil, intrigando um país contra o outro e assim estimulando a corrida armamentista, quase a ponto de provocar a eclosão de uma guerra[20].

Em 1904, o Chile contratou (e depois cancelou) com a Armstrong, na Grã-Bretanha, a construção de duas poderosas naves de 11.989 toneladas — *Constitución* e *Libertad* — com 4 canhões de 254 mm e 14 canhões de 191 mm, revestidas com um cinturão blindado de 178 mm em pontos centrais e de 254 mm nas laterais das torretas, e com 146m de comprimento[21], e denunciou a convenção sobre limitação das forças navais, firmada em 28 de maio de 1902 com a Argentina, atendendo ao seu pedido, pois ela pretendia encomendar à Itália duas canhoneiras — *Rivadavia* e *Moreno* — com artilharia fornecida pela Vickers, gastando cerca de £ 7 milhões (175 milhões de francos) na renovação e aumento de sua esquadra[22]. Segundo se supôs, o objetivo da Argentina era enfrentar o Brasil[23], que de acordo com a lei de reorganização da esquadra[24], aprovada em 1904 pelo Congresso[25], contratou também com a Armstrong e com a Vickers a construção de 3 encouraçados de 19.000 toneladas[26] e de 21 nós — *São Paulo*, *Minas Gerais* e *Rio de Janeiro*[27] — no modelo do *HMS Dreadnought*, recentemente lançado na Grã-Bretanha com 22.000 toneladas, reunindo todas as inovações de armamento, blindagem Krupp de até 27mm nas laterais e nas torres, motores, disposição de peças e desenho de silhueta[28]. O Brasil estava então convencido de que se possuísse uma esquadra poderosa a Argentina não haveria escorado a Bolívia, durante o litígio por causa do território do Acre[29] e não apenas a corrida naval novamente se intensificou, a partir de 1906, como a situação no Cone Sul ainda mais se conturbou, depois que em 21 de abril de 1908 o encouraçado *Minas Gerais*, com 21.000 toneladas, foi lançado ao mar, nos estaleiros de New Castle. A imprensa inglesa também inquietou-se, supondo que o Brasil estava a servir de intermediário da Alemanha[30], e o próprio Barão de Rothschild, que acabara de abrir-lhe um crédito de £ 4 milhões[31], interveio, solicitando ao ministro da Fazenda, David Campista, que o governo brasileiro desse garantias à Grã-Bretanha de que não venderia nenhum dos 3 navios que lá se construíam[32]. Essa suspeita, tudo indica, não tinha fundamento. Talvez fora insinuada à imprensa inglesa por agentes da Argentina ou por firmas descontentes com o fato de que a tão volumosa encomenda coubera apenas aos estaleiros da Armstrong e da Vickers, mediante o adiantamento de £ 842.640, equivalentes a apenas 2/10 do valor total, da ordem de £ 6,36 milhões, cujo pagamento, conforme acertado com Rothschild, seria feito parte em dinheiro e parte em título[33]. De fato, o Brasil estava a realizar grandes negócios com a Alemanha e somente não fizera a encomenda aos estaleiros da Krupp, que, aliás, forneceria o aço no valor £ 2,1 milhões, para os 3 encouraçados, porque N. M. Rothschild, supondo que a ele caberia o financiamento da operação, achou-se no direito de escrever ao ministro da Fazenda do Brasil para dizer-lhe que seria "*desirable and essential*" os 3 navios de guerra fossem construídos na Grã-Bretanha, a fim de evitar "*great disappointment*"[34], o que levou o governo brasileiro a examinar a proposta da Armstrong[35]. De qualquer modo, porém, o Brasil comprara os demais petrechos bélicos na Alemanha, de onde já haviam chegado 18 baterias de campanha, 4 de montanhas, 3 obuses com capacidade média de 3.000 tiros por peça, além de 10 a 13 torres encouraçadas de costa com 3 canhões[36], e começara a receber parte de uma encomenda da ordem de 50.000 fuzis e 10.000 carabinas Mauser de 7 mm, feita à fábrica de armas Herstel, em Lieja, e parte da qual, dada a urgência, fora consignada à fábrica alemã Woffinfabrik, Mauser Obendorf. Tais informações concorreram para alimentar na Argentina extrema suspicácia, sobretudo quando seu representante no Rio de Janeiro, ministro Júlio Fernandez, informou que a ferrovia em construção, ligando San Francisco — Iguazu e Itapurá-Corumbá, não tinha interesse comercial para o Brasil e se revestia de caráter puramente estratégico[37]. Segundo Zeballos, o governo Rodrigues Alves, cujo programa visava a promover o "ressurgimento político e militar do Brasil", pretendia unir, realmente, as fronteiras do país, prolongar as ferrovias através do interior das difíceis montanhas, para as bifurcar no Paraná, levando ramais ao Sul e ao Noroeste de Mato Grosso[38].

Em realidade, dado que por via terrestre, sem estradas, uma caravana podia levar de 8 a 10 meses e até mesmo 1 ano para ir do Rio de Janeiro a Corumbá, a construção dessa ferrovia visava a facilitar a comunicação com as regiões ocidentais de Mato Grosso, Goiás, São Paulo, Paraná e Santa Catarina, cujo abastecimento até então dependia da navegação através do Rio da Prata, que a Argentina tinha condições de bloquear por ter o domínio sobre o canal de Martin Garcia. Mas as linhas de trem, em vez de se deterem na meseta central, onde Cuiabá, capital de Mato Grosso, situava-se, avançaram para Corumbá, cidade pouco distante de Santa Cruz de la Sierra, na Bolívia, e da fronteira com o Paraguai, afigurando-se como ponta de lança de penetração não apenas econômica como também militar, naqueles dois países[39]. Este fato provocou desconfiança tão profunda que o governo argentino tomou um empréstimo de £ 100.000 para mudar a bitola existente no Paraguai central de modo a impedir que os trens do Brasil por lá corressem[40]. E, em meio de tal ambiente, o governo de Buenos Aires, no início de 1908, abriu concorrência entre as usinas europeias para a renovação do seu equipamento militar de campanha. Embora cerca de cinco empresas se apresentassem — entre as quais Ehrardt (alemã), Vickers e Armstrong (inglesas) — a concorrência praticamente ficou circunscrita entre a Schneider-Creusot (francesa) e a Krupp (alemã). E aí as pressões se desencadearam. O ministro da França em Buenos Aires advertiu o governo argentino de que o mercado francês estaria fechado a um novo empréstimo se ele comprasse da Krupp, mesmo que o fizesse com os recursos do seu orçamento ordinário[41]. A França aplicaria a doutrina, segundo a qual "*qui ne saurait permeter l'émigration de notre épargne dan le pays qui dédaignent notre industrie*"[42]. As pressões em favor da Krupp, que contava com o apoio dos ministros da Guerra e das Relações Exteriores, bem como dos oficiais que fizeram estágio na Alemanha, foram, contudo, mais fortes, correndo inclusive a notícia, talvez sem o menor fundamento, de que o Imperador Wilhelm II mandaria de volta os oficiais argentinos em treinamento no seu Exército, se a preferência não fosse dada à Alemanha[43]. Decerto, a Alemanha tinha interesse em vender os armamentos produzidos pela Krupp, mas talvez quisesse provocar um conflito, dado que o ministro britânico W. Haggard suspeitava, ela ainda tinha os olhos no sul do Brasil e provavelmente queria "*to fish in the troubled waters*"[44]. Sem dúvida, a Alemanha parecia interessada em provocar um conflito no Cone Sul. Certa vez, Franz von Reichenau, então ministro plenipotenciário da Alemanha no Rio de Janeiro, perguntara ao ministro Júlio Fernandez, representante da Argentina, por que seu país não se aproveitava da posição indefensável do Brasil para o atacar antes que ele reorganizasse o Exército e a Marinha. O ministro Júlio Fernandez disse que a Argentina não tinha intenção de fazer guerra ao Brasil ou a outro qualquer país e pensou, mas não disse, que ela preferia antes ter o Brasil como vizinho do que a Alemanha[45]. Um ano depois, em maio de 1908, o tenente-general von Reichnau, irmão do ministro plenipotenciário da Alemanha e diretor das usinas Ehrhardt, de Düsseldorf, chegou ao Rio de Janeiro e, embora Júlio Fernandez, com quem se encontrara em um banquete, dissesse-lhe que uma guerra não convinha nem ao Brasil nem à Argentina, apesar de que esta fosse mais forte, observou: "Sim, (...) vocês hoje são mais fortes. Mas serão amanhã? (...) Os brasileiros se armam, muito apressadamente, eu o sei de positivo"[46]. Com efeito, o Brasil contratara com a Krupp o fornecimento de 8 baterias de tiro rápido e o armamento do Forte de Copacabana, a um custo de 122 milhões de francos, bem como 8 ou 10 baterias de montanha, 3 baterias obus, com término médio de 2.000 tiros por peça, ademais de 10 ou 13 torres de encouraçado[47]. O custo atingiria um montante de 12 milhões de francos, e o Barão do Rio Branco, em conversa com o representante da França, que defendia os interesses da Schneider-Creusot, justificou a preferência pela Krupp, alegando que era difícil para as Forças Armadas brasileiras renunciar a esta amizade, dado que suas primeiras encomendas de armas foram feitas à Alemanha[48].

As relações com a Argentina e, subsidiariamente, com o Peru e o Uruguai influenciavam a política exterior do Brasil, dentro de um contexto que envolvia todos os países da América do Sul, com exceção, quiçá, da Venezuela e da Colômbia[49]. Segundo W. Haggard, o Brasil cultivava boas relações com o Chile, com vistas a possível eventualidade de uma guerra com a Argentina, instigava secretamente o Uruguai, por trás de suas disputas com a Argentina em torno da jurisdição sobre o Rio da Prata e a Ilha de Martin Garcia, conspirava no Paraguai, para solapar a influência da Argentina, e encorajava o Equador contra o Peru, que seria um aliado natural da Argentina, em qualquer conflagração continental[50]. A diplomacia do Chile, por sua vez, explorava de um lado o antagonismo entre o Peru e a Bolívia e, do outro, a rivalidade entre a Argentina e o Brasil. Entretanto, apesar da rivalidade, tanto no Brasil quanto na Argentina consciência havia de que os dois países deviam alcançar um entendimento. O próprio W. Haggard informou ao Foreign Office que o ex-presidente Julio A. Roca (1880-1886 e 1898-1904), da mesma forma que outros líderes argentinos, com exceção de Estanislau Zeballos, ministro dos Negócios Estrangeiros da Argentina, estava convencido da vantagem de estar em bons termos com o Brasil[51]. Também Rio Branco, apesar de que Haggard não estivesse seguro de que ele tivesse os mesmos sentimentos, percebia a conveniência de um entendimento com a Argentina e o Chile, e tanto isto é certo que, em fins de 1903, quando o Panamá se separou da Colômbia, por influência direta do presidente Theodore Roosevelt, Rio Branco lamentou o acontecimento e, embora não quisesse interferir, decidiu que só reconheceria a nova república de acordo com a Argentina e o Chile, pois as três primeiras nações da América do Sul, segundo ele, deveriam agir, simultaneamente, fortalecidas pela unidade de pontos de vista e de procedimento.

Cerca de dois anos depois, Rio Branco, ao declarar a Manuel Gorostiaga, representante do governo de Buenos Aires no Rio de Janeiro, que o Brasil não estava animado de nenhum espírito agressivo e que a reorganização da esquadra respondia apenas ao objetivo de defesa, manifestou o desejo de proceder sempre de acordo prévio com a Argentina, em todos os casos em que estivessem comprometidos interesses argentinos e brasileiros, como nas questões da independência do Panamá, da revolução no Uruguai, por iniciativa argentina, e no Paraguai, por iniciativa brasileira[52]. Ele cria na necessidade de manter unidos Argentina, Brasil e Chile[53]. E, de acordo com o depoimento de Gorostiaga, era partidário da ideia de celebrar uma convenção entre os três países para chegar a um acordo que garantisse a paz no Cone Sul, complementando o Tratado de Arbitragem e ampliando as regras de previsão que facilitassem a ação conjunta daqueles países em todo o assunto de interesse comum ou que pudesse comprometer as relações de boa amizade[54]. Seria o primeiro passo para a formação da Tríplice Aliança, a qual se tornaria conhecida como o Pacto ABC (Argentina, Brasil e Chile), que Rio Branco proporia ao próprio Gorostiaga em carta de 5 de setembro de 1905[55]. Essas conversações prosseguiram ao longo de 1907 e os três países, aparentemente, tendiam a circunscrever suas áreas de influência na América do Sul[56]. Ao Brasil, conforme constava, caberia toda a bacia do Amazonas, inclusive as partes pertencentes à Bolívia e ao Peru, enquanto a Argentina reivindicava o Uruguai e as regiões meridionais do Paraguai e da Bolívia, e o Chile reclamava completa liberdade de ação, em particular sobre as províncias de Tacna e Arica, cujo destino estava em suspenso desde a paz de Ancon, com que a Guerra do Pacífico terminou, em 1883[57]. De acordo com o despacho da Legação de França no Rio de Janeiro, o que os três países pretendiam era partilhar a América do Sul e teriam chegado a um entendimento se Estanislau Zeballos, ministro das Relações Exteriores da Argentina, não o subordinasse à limitação do poder naval e militar do Brasil, atribuindo a Rio Branco intenções de guerra.

Ao que tudo indicava, Rio Branco "*de ningún modo queria la guerra*", como o historiador argentino Miguel Angel Scenna observou, pois "*para él, que había engrandecido al Brasil sin gastar una bala, no había mejor ejército que la diplomacia*"[58]. "*There is nothing to separate Brazil and Argentina, the representatives power of South America*" — Milne Cheetheam, representante diplomático da Grã-Bretanha no Rio de Janeiro, observou. A reorganização do Exército e o aumento do poderio naval não visavam a atacar a Argentina e sim a robustecer a posição do Brasil no mundo, a fim de evitar imposições de outros poderes, conforme se pode perceber na Conferência de Haia (1907), onde Rui Barbosa proclamara que "*la souveraineté est la grande muraille de la patrie*", ao defender a igualdade dos Estados soberanos[59] contra a posição dos EUA. Desde então a simpatia pelos EUA no Brasil firmemente declinara, devido à convicção de que maior intimidade significava dependência e ao fato de que a chamada megalomania — resultante, na opinião de Milne Cheetham, da mistura do orgulho português com o espírito de independência do novo país — se desenvolvera desproporcionalmente aos seus reais recursos[60]. Tais gastos, que sacrificavam a estabilidade financeira, Milne Cheetheam atribuiu "*to inflated ideas of Brazil's position and importance in the world, generally, and not only to her ambitious on South America Continente*"[61]. Estanislau Zeballos, no entanto, era "*impulsado por un nacionalismo primario, agresivo, ingenuo*", conforme as palavras de Miguel Angel Scenna[62], e alimentava antiga desavença com Rio Branco, desde que perdera para ele, no litígio das Missões, a causa da Argentina. Esta quiçá foi uma das razões pelas quais Zeballos efetivamente obstaculizou qualquer entendimento com o Brasil e buscara uma aliança apenas entre Argentina e o Chile para que as esquadras de ambos os países lhe impusessem a paridade de forças. Mas, uma vez que o Chile se esquivara de criar, sem razão, um problema com o Brasil, Zeballos "*se tornó truculento y planeó una guerra preventiva*"[63]. De fato, em 10 de junho de 1908, pretendendo contar com o apoio do Paraguai e da Bolívia, ele propôs ao governo do presidente José Figueroa Alcorta um plano para impedir que o Brasil recompusesse sua esquadra e recuperasse a posição de primeira potência naval da América do Sul, compelindo-o a aceitar a paridade de forças com a Argentina e o Chile. Este plano consistia, conforme o próprio Zeballos revelara em carta a Roque Sáenz Peña, então ministro da Argentina em Roma,

> *"en formalizar inmediatamente una negociación diplomática con el Brasil para exigirle la división de su excuadra con nosotros. Comenzaríamos con discresión y amabilidad, para evitar rozamientos de amor propio; y en caso de resistencia formal de Brasil, le hariamos saber que no estabamos dispuestos a permitir la incorporación de los grandes acorazados a su escua-*

> *dra. Movilizariamos 50.000 reservistas de la guardia nacional y la escuadra que está en excelente pié y entonces le dariamos al Brasil ocho dias de plazo para resolver su situación; y al mismo tiempo hariamos jestiones en Europa para explicar a las grandes potencias nuestra actitud por la paz y para asegurarla por muchos años, aunque tuvieramos que pasar un mes de ajitaciones en esta negociación diplomática ó en la ocupación de Rio de Janeiro, que, según los ministros de Guerra y Marina, era un punto estudiado y facil, por la situación indefensa de Brasil*"[64].

Em outras palavras, o que Zeballos pretendeu foi que a Argentina mobilizasse cerca de 50.000 reservistas da guarda nacional[65] e, caso o Brasil não acatasse o *ultimatum*, acometesse o Rio de Janeiro, ocupando a cidade, a fim de compelir o governo a recuar no seu programa de ampliação do poderio naval. Tratava-se de um plano ao mesmo tempo pérfido, temerário e ingênuo, que visava à deflagração da guerra com o Brasil, no interesse das indústrias armamentistas, e cujas consequências seriam desastrosas igualmente para a Argentina, uma vez que, não obstante sua eventual superioridade militar, a ocupação do Rio de Janeiro suficiente não seria para assegurar-lhe a vitória sobre um país que possuía uma população cerca de 5 vezes maior que a sua e uma extensão territorial de mais de 8,5 milhões de km$^2$. O ministro do Interior, Marco Avellaneda, a ele então se opôs, com energia, o que não impediu que o gabinete do presidente Figueroa Alcorta, que pessoalmente o favorecera, o aprovasse, por unanimidade, em 10 de junho de 1908, decidindo apresentar ao Congresso os documentos secretos e uma exposição, a fim de solicitar-lhe os fundos necessários à mobilização do Exército e da esquadra[66]. Contudo, não obstante, o compromisso de manter a decisão em caráter estritamente reservado, a notícia transpirou e o jornal *La Nación* publicou, alguns dias depois, todas as informações, com cifras e outros dados sobre o que se passara na reunião ministerial, o que alarmou a opinião pública e tornou inevitável a queda de Zebállos. Zeballos, na verdade, fora muito mais longe em sua tentativa de precipitar o conflito entre a Argentina e o Brasil. Poucos dias depois da aprovação do seu plano de guerra, ele interceptou e falsificou, com o propósito de intrigar os dois países, o telegrama cifrado n. 9, que Rio Branco enviara à Legação do Brasil em Santiago. De acordo com a versão falsificada do telegrama n. 9, Rio Branco estaria a instruir o ministro Domício da Gama, representante do Brasil em Santiago, no sentido de que intrigasse o Chile com a Argentina, a sugerir-lhe que suspendesse temporariamente os tratados em trâmite e não apenas prometer-lhe apoio em caso de guerra como propalar "*las pretensiones imperialistas argentinas en los centros políticos, y sus pretendidos avances de domínio sobre Bolivia, Uruguay, Paraguay y nuestro Rio Grande*"[67]. Tratava-se de grosseira falsificação[68]. Zeballos fora prevenido por vários amigos para não publicar o telegrama falso, pois já imaginavam tratar-se de mistificação[69]. E Rio Branco, a fim de desmascarar Zeballos, revelou a chave em que cifrara o telegrama n. 9 (sem qualquer prejuízo, aliás, pois só a usara na sua expedição), no qual dizia, ao contrário do que constava no texto falsificado, que sempre vira "vantagens numa certa inteligência política entre o Brasil, o Chile e a Argentina"[70]. Zeballos, demitido do Ministério das Relações Exteriores e Culto, desmoralizou-se. O próprio presidente Figueroa Alcorta, a fim de assegurar o apoio do Senado ao aumento do poderio naval e militar do país, fora forçado a pedir-lhe que renunciasse, depois de manifestar-lhe, durante dois anos, "*la más absoluta intimidad personal, el mayor cariño y plena confianza*"[71]. O representante da Grã-Bretanha, Walter Townley, que o considerava "*very dangerous politician*", previu então que seu desaparecimento do governo contribuiria para o estabelecimento de melhores relações da Argentina com o Brasil e o Uruguai[72].

Walter Townley ficou realmente satisfeito. Victorino de la Plaza, a quem acusavam de falar espanhol com acento britânico[73], assumiu o Ministério das Relações Exteriores e Culto. Mas o risco de uma guerra, naquela conjuntura, não se desvanecera, apesar de que o Barão N. M. Rothschild, pouco tempo depois da queda de Zeballos, informasse a David Campista, ministro da Fazenda do governo Afonso Pena, que o presidente Figueroa Alcorta estava ansioso para chegar a bons termos com o Brasil e evitar aquela rivalidade, em torno do rearmamento naval, que poderia ser injuriosa para os interesses de ambos os países[74]. Em conversas de café falava-se em guerra como coisa muito possível[75]. O governo argentino continuou disposto a solicitar ao Congresso o crédito de guerra, a menos que o governo brasileiro lhe desse garantias bastante satisfatórias do caráter pacífico de suas intenções e N. M. Rothschild indagou de David Campista se o governo brasileiro desejava dispor de seus serviços ou que o governo da Grã-Bretanha conduzisse as negociações[76]. O governo de Afonso Pena reiterou que não alimentava propósito de guerra, e o ministro David Campista, conquanto ressalvasse que ao chanceler cabia fazer toda declaração sobre política internacional, não objetou que Rothschild comunicasse ao governo argentino, em caráter privado, o teor de seus telegramas, nos quais assegurava as intenções pacíficas do Brasil[77]. E Ernesto Tornsquist, grande banqueiro e ministro da Fazenda da Argentina, agradeceu a Rothschild em nome do chanceler Victorino de la Plaza, sua "*friendly intervention*" no sentido de evitar uma competição armamentista, que produziria efeitos onerosos sobre o desenvolvimento econômico e financeiro de ambos os países[78]. Com efeito, N. M. Rothschild, cuja casa bancária estava a fornecer um crédito ao Brasil da ordem de £ 4 milhões[79], grande parte, possivelmente, para a compra de armamentos, não tinha interesse na guerra, que haveria de dificultar, senão impedir o recebimento dos juros e do principal dos financiamentos. Mas enquanto continuasse a conceder empréstimos, nem a própria Grã-Bretanha, através de sua representação no Rio de Janeiro, tinha meios de pressão para impedir que o Brasil se rearmasse[80].

Os interesses capitalistas eram, efetivamente, contraditórios. De um lado, os banqueiros financiavam a compra de armamentos fazendo grandes negócios e possibilitando que as indústrias bélicas obtivessem enormes lucros. De outro, como N. M. Rothschild, não lhes convinha a guerra e eram os únicos que tinham condições de evitá-la, dado que sua deflagração lhes prejudicaria os negócios. Estes negócios, entretanto, não se realizariam e as indústrias bélicas não poderiam escoar sua produção sem a constante perspectiva de guerra, alimentada internamente nos países da América do Sul como em outras partes do mundo pelos mais diversos interesses, tanto econômicos e financeiros quanto políticos e militares. Embora Brasil e Argentina disputassem a hegemonia na América do Sul, a "*vive rivalité*" existente era, em realidade, mais tática que real, conforme o representante da França no Rio de Janeiro considerou, ao mostrar que não cria na possibilidade de guerra, uma vez que os dois países estavam suficientemente absorvidos por seu interesses internos, sem demonstrar necessidade de estender-se além de suas fronteiras[81]. De qualquer forma, entretanto, o clima de desconfiança entre a Argentina e o Brasil persistiu. Em Buenos Aires, o Congresso, sobre cuja votação Zeballos procurara influir, aprovou o projeto de rearmamento da Argentina a um custo de 150 milhões de pesos, o equivalente a £ 10 milhões[82], que sairiam do seu orçamento ordinário, e abriu-se a concorrência entre as indústrias europeias para o fornecimento de material bélico[83]. Zeballos obteve assim grande triunfo, após "*larga y dura campaña*", conforme ele próprio admitiu, o que levou os interesses privados a se agitarem, mas se observando desde logo a tendência para excluir a indústria italiana da competição[84]. E, não obstante os partidários do material de guerra alemão haverem perdido "*un appui précieux*" com a sua queda do Ministério das Relações Exteriores, segundo o representante francês em Buenos Aires[85], a Krupp, que ele favorecera, derrotou a Creusot, em começos de 1909[86]. Este triunfo os agentes da Krupp "ruidosamente" celebraram em Buenos Aires; ofereceram muito champanhe aos amigos com que contavam dentro do Exército e da Marinha da Argentina, e o próprio Zeballos juntou-se ao regozijo saindo das sombras, "onde o havia relegado sua aventura do telegrama n. 9", conforme o ministro francês Thibaut comentou, e ofereceu em sua residência um jantar aos chefes das Forças Armadas que contribuíram para o sucesso, "do qual ele mesmo foi o artesão"[87].

Tudo indica que muito dinheiro realmente correra em Buenos Aires. Encarregado de conduzir o negócio dos canhões, o antigo ministro da Guerra, general Pablo Richieri, fora a Essen, onde a Krupp tinha a sua sede, com a missão de estudar as condições de compra e de lá voltara com propostas vantajosas para aqueles que se recusavam a aceitar o material de guerra da Alemanha. Segundo o representante da França em Buenos Aires, ministro Thibaut, Zeballos, que acabara de mobiliar "luxuosamente" sua vasta residência, estaria em uma situação financeira desesperada; depois de sua demissão do Ministério teve de sair da vice-presidência de uma sociedade porque não mais pudera pagar as ações que os estatutos o obrigavam a possuir; os apetites financeiros de Mario Posse não constituíam mistério para ninguém; e até o presidente Figueroa Alcorta, que entrara sem fortuna na Casa Rosada, havia mandado construir ampla e rica residência em Buenos Aires, na qual já se instalara com a toda a sua família[88]. Os jornais da Argentina publicaram, então, uma carta do presidente do Banque Hypothecaire Nationale, segundo a qual o presidente Figueroa Alcorta, sua mulher e demais membros da família lhe deviam somas importantes de dinheiro[89]. Não sem razão, Rio Branco escreveu a Domício da Gama em Buenos Aires que "a compra de armamentos contra o Chile enriqueceu aí bastante gente, e muitos dos agitadores de hoje esperam tirar lucros mais avultados ainda das encomendas que se projetam para conjurar o 'perigo brasileiro'. A agitação só começará a decair depois que o Senado aprovar os créditos que a Câmara dos Deputados votar"[90]. Domício da Gama confirmou-o, revelando-lhe que "já os homens da administração passada atrevem-se a dizer-me que em toda a agitação o Brasil é um pretexto ao gasto de milhões, muitos dos quais têm de ficar entre as mãos de agentes e promotores da campanha"[91].

Evidentemente, poderosos interesses econômicos fomentavam a corrida armamentista, não só na Argentina e no Chile como também no Brasil, onde também os militares tendiam a favorecer a Alemanha, em detrimento da França, possibilitando que os agentes da Krupp, em Buenos Aires, usassem este argumento para impressionar os argentinos[92]. Assim como na Argentina, os militares no Brasil também faziam treinamento na Alemanha, com a qual tinham vínculos tradicionais, e mantinham boas relações com a Krupp, cuja representação comercial, a cargo da empresa Haupt & Cia., possuía no Exército "*nombreuses et solides amitiés*", segundo o representante da França no Rio de Janeiro, estando em melhor posição do que seus concorrentes, pois sabia previamente dos projetos que lhe podiam interessar. Essa empresa, que fornecia ao Exército brasileiro não apenas canhões, fuzis e munições, mas até roupas de cama, vestimentas, material de acampamento, ferramentas e outros utensílios[93], passara efetivamente a ter influência sobre o sucesso, e muitos dos seus amigos se beneficiaram com promoções, que, de acordo ainda com o comentário do representante da França, "*ont fait scandale*"[94]. A poderosa influência comercial da Alemanha no Brasil contava, naturalmente, com o respaldo moral e político do governo do Reich, tanto assim que o Imperador Wilhelm II enviou carta ao ministro da Marinha solicitando que os interesses alemães não fossem negligenciados na execução do programa naval[95], e convidou o marechal Hermes da Fonseca, ministro da Guerra, para presenciar as manobras militares de outono, na Alsácia-Lorena, o que significava, em outras palavras, assistir à propaganda do material bélico da Krupp[96]. De fato, conforme representante da França no Brasil percebeu, aquele convite constituiu simples "*manœvre commerciale*", como de resto a maior parte dos jornais considerou[97]. Rio Branco apoiou, porém, a viagem do marechal Hermes da Fonseca, conquanto a sua posição, bem como de todo o governo estivesse longe de ser clara[98]. De qualquer forma, os franceses, que até então só haviam conseguido, no Brasil, colocar instrutores na Força Pública de São Paulo, pretenderam organizar uma campanha de imprensa contra Rio Branco, bem como contra o monopólio da venda de armamentos pela Krupp e mostrar os projetos da Alemanha como tentativa de militarização dos colonos alemães, ameaça à nacionalidade e ao espírito republicano[99].

Os EUA também acompanhavam com desconfiança tais negócios com a Alemanha e a eles igualmente não convinha que o Brasil se armasse e recuperasse seu poderio naval. Desde 1906 eles se opuseram, por diversas razões, ao esforço do Brasil para reequipar sua Marinha de guerra e, em 1908, o secretário de Estado, Elihu Root, renovou as pressões, insinuando que o governo Afonso Pena devia reduzir as encomendas de armas, o que levou Rio Branco, repelindo a sugestão, a escrever a Joaquim Nabuco, embaixador em Washington, que o Brasil desejava, realmente, duas alianças — Chile e EUA —, mas a aliança com os EUA só existia "nas bonitas palavras que temos ouvido de Theodore Roosevelt e de Elihu Root"[100]. Essa atitude de Root, sob a alegação de que pretendia evitar a corrida armamentista na América do Sul, estimulou na Argentina a suposição de que ela contaria com o respaldo dos governos de Londres e Washington e ela pretendeu firmar, primeiro com o Chile, para receber depois a adesão do Brasil, um tratado com insistência na cláusula que determinava "discreta equivalência naval" entre os três países. Mas nem o Chile aceitou assinar isoladamente o tratado nem o Brasil admitiu a "discreta equivalência naval", cedendo à exigência da Argentina, que só admitia suspender seu programa de rearmamento se o Brasil vendesse dois (um dos quais para ela) dos três *dreadnoughts* encomendados à Grã-Bretanha[101]. Tratava-se claramente de uma condição especiosa, para justificar o grande negócio (£ 10 milhões), com suas vultosas comissões, representado pelo programa de rearmamento. O presidente Figueroa Alcorta, que pessoalmente a apresentara para representantes da Grã-Bretanha[102], não podia imaginar, decerto, que o Brasil se dispusesse a aceitar aquela condição. E o Foreign Office, informado de que tal possibilidade não havia, decidiu que não podia recomendar ao Brasil a venda dos navios de guerra[103]. Com efeito, em outubro de 1908, Rio Branco encarregou seu secretário particular, José Joaquim de Lima e Silva Moniz de Aragão, de levar secretamente a Domício da Gama e Henrique Lisboa, representantes do Brasil no Chile e na Argentina uma circular, na qual dizia que não podia "sem quebra da dignidade de nação soberana" admitir que um país estrangeiro pretendesse limitar os meios de defesa do Brasil e modificar a execução de uma lei votada pelo Congresso Nacional[104].

Dentro de tais circunstâncias, a Argentina, imaginando que contaria, senão com o apoio, pelo menos com a benevolência da Grã-Bretanha e dos EUA[105], anunciou em fins de 1908 que sua Marinha de guerra faria demonstrações ao longo das costas do Brasil. Rio Branco percebeu tal iniciativa como provocação, provavelmente com o intento de executar o antigo plano de Zeballos, precipitando o conflito armado antes da chegada dos novos couraçados, e impor-lhe a limitação do poderio naval[106]. As relações com a Argentina então se deterioraram ainda mais e a guerra com o Brasil esteve novamente a ponto de irromper. Rio Branco inclusive instruiu Joaquim Nabuco no sentido de sondar o governo de Washington sobre a possibilidade de assumir a representação dos interesses do Brasil na Argentina, caso os dois países rompessem suas relações[107]. E a Domício da Gama, ministro do Brasil em Buenos Aires, informou em carta datada de 15 de dezembro de 1908 de que "a nossa fraquíssima esquadra está quase sem munições para combate" e de que, "prevendo que no período das novas construções poderia o tresloucado governo Figueroa Alcorta pensar em alguma agressão ao Brasil — ideia essa discutida em Buenos Aires há dois anos", ele pedira ao presidente Francisco de Paula Rodrigues Alves a compra de alguns navios de guerra ingleses, "o que nos daria logo esquadra superior à Argentina, pondo-nos ao abrigo de qualquer premeditado insulto", mas nada conseguira[108]. Também, por terra, as condições não eram "menos deploráveis", segundo Rio Branco, que acrescentou possuir o Brasil apenas 36 canhões modernos de campanha, havendo encomendado 48 ou 12 baterias de 4, enquanto se noticiava que a Argentina tinha 500 e um projeto do Senado mandava encomendar mais 40 baterias de 6, isto é, mais 240 canhões[109].

"Preparei-me para o pior, para o caso de termos de retirar a nossa Legação daí, manifestando-se queixosos das manifestações inamistosas que temos recebido" — disse Rio Branco, transmitindo a Domício da Gama que Joaquim Nabuco, embaixador em Washington, procurara o secretário de Estado, Elihu Root, para sondar a possibilidade de os EUA assumirem a representação dos interesses do Brasil na Argentina[110]. Mas Rio Branco reafirmou o "antigo propósito de não permitir ingerência em assunto doméstico nacional", porque as "melhores razões conciliatórias" não venciam "a necessidade de manter nosso prestígio que perderíamos na América se cedêssemos a esta tentativa" da Argentina de forçar o Brasil a aceitar a equivalência naval[111]. Aos EUA, conquanto pudessem encorajar as desavenças entre esses dois países, dado que assim podia aumentar sua influência[112], não convinha também a deflagração da guerra, que afetaria seus interesses comerciais no Brasil, de onde importavam, além de café, enormes quantidades de borracha e cacau. E o governo de Washington declarou que enviaria uma esquadra para o porto de Belém do Pará, caso a Argentina insistisse em realizar aquelas operações[113]. A Argentina então recuou. E Domício da Gama, em carta a Assis Brasil não expedida, registrou que

> "Agora passou tudo: preocupação e receios (individuais os receios de não me achar à altura da situação, embora não revelasse) e só me ficou uma certeza de que todo esforço será perdido para tornar amigos estes dois povos. Artificialmente, em algum momento histórico, será possível a aproximação política: de sentimento não. O argentino não sabe amar e o brasileiro sabe odiar"[114].

Apesar de todos os atritos e tensões, Rio Branco retomou as articulações para estabelecer um entendimento entre Argentina, Brasil e Chile (Pacto ABC), que os EUA consideraram hostil (*unfriendly*)[115], não sem certa razão, pois visava também a conter-lhe a influência no Cone Sul, apesar de que a ênfase maior consistisse na segurança interna dos três países signatários[116]. Em 13 de dezembro de 1908 ele recebeu do ministro do Chile, Puga Borne, o projeto do Pacto de Cordial Inteligência e, em 21 de fevereiro de 1909, devolveu-lhe outra minuta, pois preferia que ele o submetesse à Argentina, em vez do Brasil, com os termos do Tratado de Cordial Inteligência Política e Arbitramento sobre o qual as relações entre os três países deveriam assentar-se[117]. E evitou, com respeito ao litígio territorial entre o Peru e a Bolívia, qualquer procedimento que, desagradando à República Argentina, impossibilitasse ou dificultasse a realização da inteligência cordial que o Chile e o Brasil com ela procuravam estabelecer[118]. "Para chegar a um bom resultado sem ferir o amor próprio da Argentina e sem prejudicar nossa desejada inteligência cordial, devemos proceder de comum acordo com o governo argentino, fazendo-lhe ver a conveniência de apressar solução amigável para que a reunião da próxima Conferência Internacional Americana não fique comprometida" — Rio Branco escreveu a Domício da Gama[119]. E em novembro desse mesmo ano, 1909, um acontecimento mobilizou os três países. Sob a presidência de Howard Taft, que sucedeu a Theodore Roosevelt, os EUA, desenvolvendo a chamada *diplomacia do dólar*, renovaram contra o Chile velha e controvertida reclamação, relativa à empresa Alsop & Co., e o secretário de Estado, Philander C. Knox, deu-lhe um *ultimatum* para que pagasse dentro de 10 dias a importância de US$ 1 milhão a título de indenização. Rio Branco percebeu nessa iniciativa a intenção de humilhar o Chile, para justificar uma intervenção em favor do Peru, na questão de Tacna e Arica, e mostrou-se disposto até mesmo a romper relações com os EUA, caso estes executassem o *ultimatum*[120]. O Brasil e a Argentina então se uniram na defesa do Chile, em larga medida para não perderem um para o outro a influência sobre um país que configurava importante peça na política regional, mas, de qualquer modo, esta cooperação correspondia ao espírito do Pacto do ABC: enfrentar solidariamente as questões internacionais que envolvessem os três países. E a questão terminou, de modo amigável, devido particularmente à ação de Rio Branco junto ao Departamento de Estado e no dia 23 de novembro de 1909 o governo chileno já recebia a informação de que o *ultimatum* não se cumpriria[121].

## NOTAS

1. Despacho n. 3, confidencial, W. Haggard para Edward Grey, Petrópolis, 4/4/1908. Inclosure: general Reports on Brasil for the year 1907. File 15216. PRO-FO 371/403 XC/A/035202. Uma tentativa de sublevação abortara em 1907. Despacho n. 13, confidential, Annual Report 1908, Milne Cheetham para Edward Grey, Petrópolis, 25/2/1909. PRO-FO 371/604, File 9441.
2 Carta de Amado Artaza ao presidente José Figueroa Alcorta, particular, Formosa, 2.4.1908. AGN-A — Arquivo J. Figueroa Alcorta — Legajo 27.
3. Despacho n. 51, confidencial, Milne Cheetham para Edward Grey, Petrópolis, 13/6/1908. PRO-FO 371/402, File 220333.
4. Ibid.
5. Despacho n. 75, confidencial, de Raphel LeBrun, ministro da França no Brasil, a M. Pichon. AD-MAE-F — Brésil — Nouvelle Série — Politique Etrangère — Dossier Géneral — vol. 22, pp. 10-13.
6. Carta n. 140, confidencial, reservada, a Epifânio Portela, enviado extraordinário e ministro plenipotenciário da Argentina em Washington, s/a, possivelmente de Victorino de la Plaza, Buenos Aires, 15/6/1909. AGN-A Sección de Documentación Donada — Archivo Victorino de la Plaza — Legajo 7-4-5-2.

7. Despacho n. 44, R. Kennedy para Edward Grey, Montevidéu, 13/11/1908. PRO-FO 371/403 — XC/A/035202. O tratado pelo qual o Uruguai passou a compartir com o Brasil o condomínio da Lagoa Mirim e do Rio Jaguarão foi celebrado em 30 de outubro de 1909.
8. Informação de Carlos Acuña a Mario Ruiz de los Llanos, enviado extraordinário e ministro plenipotenciário da Argentina no Brasil, Rio de Janeiro, 14/9/1918. AGN-A — Archivo Victorino de la Plaza — Legajo 7.4.5.5.
9. Carta de Zeballos ao presidente José Figueroa Alcorta, Buenos Aires, 28.12.1907. AGN-A — Archivo José Figueroa Alcorta, Legajo 27. Na verdade, o Uruguai, pelos Tratados de 1852 e 1853, renunciara ao direito de condomínio e jurisdição sobre a Lagoa Mirim e o Rio Jaguarão. Depois, Andrés Lamas, que fora amigo do Brasil, começara a fazer essa reivindicação, mas inúteis foram todas as propostas do Uruguai, a despeito da opinião favorável de vários brasileiros, inclusive do ministro das Relações Exteriores Carlos de Carvalho. Rio Branco foi que tomou a iniciativa de rever o problema e terminou por celebrar o Tratado Lagoa Mirim-Jaguarão. Vide Lins, 1965, pp. 451-456.
10. Zeballos, 1974, p. 10.
11. Despacho de Otram Bax-Ironside para Edward Grey. Santiago, 20/5/1908. PRO-FO 371/402, File 22006.
12. Despacho de Walter Townley para Edward Grey, Buenos Aires, 3/8/1908. PRO-FO 371-397, File 30228.
13. Despacho, Townley para Edward Grey, Buenos Aires, 3/8/1908. PRO-FO 371/397, File 3028.
14. Despacho n. 24, Townley para Edward Grey, Buenos Aires, 14/5/1908. Ibid., File 19808.
15. Ibid.
16. Kissinger, 1994, pp. 37-38.
17. Despacho n. 84, comercial, Consulado Britânico, D. R. O'Sullivan-Beare (cônsul-geral em exercício) para Edward Grey, Bart MP Foreign Office, Rio de Janeiro, 10/11/1906. PRO-FO 371/13, File 40648.
18. Ibid. A esquadra brasileira fora reduzida de 33.785 toneladas, em 1890, contra 27.500, em 1901, ao passo que a do Chile subira de 23.000 para 44.300, no mesmo período, e a da Argentina saltara de 14.000 para 39.564. Apesar de todas as aquisições, a esquadra brasileira, com 57.324 toneladas, ainda era inferior à da argentina, que possuía 81.347, embora superior à do Chile, com 20.850. Whitaker, 1976, p. 36.
19. Despacho n. 4, Townley a Gray, Buenos Aires, 10/1/1907. PRO-170 371-194. Despachos ns. 117, 126 e 153, M. Lacombe, Legation de la République Française au Brésil, Petrópolis, 10/9/1909 e 13/12/1909. AD-MAE-F, Nouvelle, Série 12, 108.110, 118-120 e 145-147.

20. Despacho n. 15, Legação da República Francesa na Argentina, Buenos Aires 1.5.1907, très confidentiel; AD-MAE-F, Argentine — Nouvelle Série 8 Politique Etrangère, 120 ss.; Despacho n. 10, M'Guiard, Chargé d'Affaires Etrangères de France à Buenos Aires, à Son Excellence M. Pichon, Ministre des Affaires Etrangères, Legação da República Francesa en Argentine, série 5, Défense Nationale; Despacho n. 72, information réservée, Chargé d'Affaires Etrangères de France à Buenos Aires, à Son Excellence M. Pichon, Ministre des Affaires Etrangères, Buenos Aires, 20/6/1908, Brésil — Nouvelle Série 11, Défense Nationale, 143-145.
21. Brescianini, Carlos Penna — "1900: a corrida naval ameaça a América do Sul", in *Teconologia & Defesa*, edição especial, n. 30, ano 4, São Paulo, 1986, pp. 16-20.
22. Despacho n. 15, confidencial, Legação da República Francesa na Argentina, ao Ministério dos Negócios Estrangeiros, Buenos Aires, 1/5/1907. AD-MAE-F — Argentine — Nouvelle Série — Politique Etrangère, vol. 8, pp. 120-121.
23. Ibid.
24. O programa de reorganização da esquadra consistia na compra de três encouraçados (tipo *Dreadnought*), três *scouts* de 3.100 toneladas e velocidade de 26,5 nós, 10 contratorpedeiros de 650 toneladas, com velocidade de 25 nós, e três submarinos. Despacho n. 117, Legação da República Francesa no Brasil, Petrópolis, 10/9/1909, AD-MAE-F, Nouvelle, Série 12, Défense Nationale, pp. 108-110.
25. Lei n. 1.296, de 14 de novembro de 1904.
26. Dois encouraçados seriam construídos pela Armstrong e o terceiro pela Vickers.
27. Aos encouraçados foram dados esses nomes — São Paulo, Minas Gerais e Rio de Janeiro — em homenagem aos três estados que sustentaram o Acordo de Taubaté (1904) para a sustentação dos preços do café.
28. Brescianini, Carlos Penna — "1900: a corrida naval ameaça a América do Sul", in *Tecnologia & Defesa*, edição especial, n. 30, ano 4, São Paulo, 1986, p. 17. "Breve Reseña de la Política del Brasil en el Rio de la Plata y los Incidentes que ella suscitó". Extracto de un trabajo ordenado a Daniel (ilegível) por el eministro de Relaciones Exteriores, Dr. M. A. Montes de Oca. AGN-A — Sección Donada — Archivo Victorino de la Plaza, Legajo 7.4.5.3.
29. Despacho n. 40, Henry Merril Dering para Edward Grey, Petrópolis, 25/7/1906. PRO-FO 371-13 Files 12910 — 43099.
30. Despacho n. 311, da Embaixada de França em Londres para o presidente do Conselho de ministros, Londres, 29/6/1908. AD-MAE-F — Brésil — Nouvelle Série, vol. 11, pp. 164-166.
31. Despacho n. 89, informação reservada, da Legação da República Francesa no Brasil para o ministro dos Negócios Estrangeiros, Ibid. — Nouvelle Série — Politique Etrangère Dossier Général, vol. 22, pp. 17-20.

32. Telegrama de N. M. Rothschild ao ministro da Fazenda do Brasil, 31/7/1908. RAL-XI/8/4. Despacho n. 15, confidencial, da Legação da República Francesa para o Ministério dos Negócios Estrangeiros — Argentine — Nouvelle Série — Politique Etrangère, Buenos Aires, 1/5/1907, vol. 8, pp. 120-121.
33. Telegrama de Leopoldo Bulhões para Rothschild, 24/7/1906. RAL 10A/0-10A/1. Telegrama de David Campista para Rothschild, 24/8/1908. RAL 10A/2-10A/3.
34. Telegrama de N. M. Rothschild ao ministro da Fazenda do Brasil, 30/10/1905. RAL-XI/8/4.
35. Telegrama do ministro da Fazenda, Leopoldo de Bulhões, para Rothschild, 4/11/1905. RAL 10A/0-10A/1.
36. "Breve Reseña de la Política del Brasil en el Rio de la Plata y los Incidentes que ella suscitó". Extracto de un trabajo ordenado a Daniel (ilegível) por el eministro de Relaciones Exteriores, Dr. M. A. Montes de Oca. AGN-A — Sección Donada — Archivo Victorino de la Plaza, Legajo 7.4.5.3.
37. Ibid.
38. Zeballos, Estanislau — "Los armamentos de Brasil y el tratado de equivalencia naval", in *Revista de Derecho, Historia y Letras*, Buenos Aires, tomo 20, Buenos Aires, enero 1905, pp. 612-623.
39. Scenna, 1975, p. 289.
40. Despacho n. 36, Walter Townley para Edward Grey, Buenos Aires, 10/6/1908. PRO-FO 368/166.
41. Telegrama de Partart, 4.8.1908, Monetoy-Paris, s/local. AD-MAE-F — Argentine — Nouvelle Série, vol. 4, pp. 112-113.
42. Despacho n. 7, information réservé, Legação da República Francesa en Argentine, a) Thibaut, Buenos Aires, 14/1/1909, Ibid.
43. Despacho, Townley para Edward Grey, Buenos Aires, 3/8/1908. PRO-FO 371/397, File 3028.
44. Despacho n. 82, confidencial, Haggard para Edward Grey, Petrópolis, 21/10/1909. PRO-FO 371/605, File 41785.
45. Ibid.
46. Nota da Legação da Argentina, Júlio Fernandez ao ministro das Relações Exteriores e Culto, confidencial, Petrópolis, 31/5/1908. AGN-A — Archivo de Victorino de la Plaza — Legajo 7.4.5.3.
47. Ibid.
48. Despacho n. 72, informação reservada, do ministro da França no Brasil a M. Pichon, ministro dos Negócios Estrangeiros de França, Petrópolis, 20 de junho de 1908.
49. Despacho n. 3, confidencial, W. Haggard para Edward Grey, Petrópolis, 4/4/1908. Inclosure: general Reports on Brasil for the year 1907. File 15216. PRO-FO 371/403 XC/A/035202.

50. Ibid.
51. Ibid.
52. "Breve Reseña de la Política del Brasil en el Rio de la Plata y los Incidentes que ella suscitó". Extracto de un trabajo ordenado a Daniel (ilegível) por el eministro de Relaciones Exteriores, Dr. M. A. Montes de Oca. AGN-A — Sección Donada — Archivo Victorino de la Plaza, Legajo 7.4.5.3.
53. Ibid.
54. Notas de Manuel Gorostiaga, datada de 15/11/1904 e de 28/3/1960, reproduzindo discurso no Congresso Pan-Americano do Rio de Janeiro, apud "Breve Reseña de la Política del Brasil en el Rio de la Plata y los Incidentes que ella suscitó". Extracto de un trabajo ordenado a Daniel (ilegível) por el eministro de Relaciones Exteriores, Dr. M.A. Montes de Oca. AGN-A — Sección Donada — Archivo Victorino de la Plaza, Legajo 7.4.5.3.
55. Entrevista do embaixador Moniz de Aragão ao Autor, Rio de Janeiro, 1971.
56. Despacho n. 136, confidencial, Legação da República Francesa no Brasil ao ministro dos Negócios Estrangeiros, Petrópolis, 11.12.1908. Brésil — Nouvelle Série — Politique Etrangère — Dossier Général, vol. 22, pp. 57-67.
57. Ibid.
58. Scenna, 1975, p. 295.
59. Barbosa, vol. XXXIV, 1907, tomo II, 1966, pp. 256-257.
60. Despacho n. 92, Milne Cheetham para Edward Grey, Petrópolis, 27/9/1908. PRO-FO 371/403, File 35931.
61. Ibid.
62. Scenna, 1975, p. 292.
63. Id., ibid., p. 293. Embora não indique as fontes, Miguel Angel Scenna é muito bem informado e teve realmente acesso aos arquivos da Argentina, pois os fatos que ele descreve foram de modo geral confirmados pela documentação pesquisada em Buenos Aires pelo Autor.
64. Carta de Estanislau Zeballos a Roque Sáenz Peña, confidencial y muy reservada, Buenos Aires, 27/6/1908. AGN-A — Colección Celesia — Archivo Roque Sáenz Peña — 7.22/2/14 — fl. 112-124. "He escrito a Ud. Una carta que contiene revelaciones é intimidades que no he hecho a nadie en Buenos Aires (...)". Ibid.
65. Scenna, 1975, p. 293.
66. Carta de Estanislau Zeballos a Roque Sáenz Peña, confidencial y muy reservada, Buenos Aires, 27/6/1908. AGN-A — Colección Celesia — Archivo Roque Sáenz Peña — 7.22/2/14 — fl. 112-124.
67. *O telegrama cifrado n. 9, de 17 de junho de 1908, dirigido pelo governo Brasileiro à Legação do Brasil no Chile*, Rio de Janeiro, Imprensa Nacional, 1908, p. 9. Publicação de todos os documentos relativos ao caso. Exemplar cedido ao autor, em 1971, pelo embaixador José Joaquim de Lima e Silva Moniz de Aragão, que fora secretário particular de Rio Branco.

68. Rio Branco, mesmo ao tempo do Império, assinava simplesmente Rio Branco e não Barão do Rio Branco, como na versão falsificada aparecia.
69. Carta de Domício da Gama a Rio Branco (cópia), Buenos Aires, 30/10/1908. AIHGB — CDG, L. 646, P. 8.
70. *O telegrama cifrado n. 9, de 17 de junho de 1908, dirigido pelo governo Brasileiro à Legação do Brasil no Chile*, Rio de Janeiro, Imprensa Nacional, 1908, p. 14.
71. Carta de Estanislau Zeballos a Roque Sáenz Peña, confidencial y muy reservada, Buenos Aires, 27/6/1908. AGN-A — Colección Celesia — Archivo Roque Sáenz Peña — 7.22/2/14 — fl. 112-124.
72. Despacho n. 39, de W. Townley para Edward Grey. PRO-FO 371/397, File 25656.
73. Despacho n. 38, Townley para Edward Grey, Buenos Aires, 23/6/1908. Ibid., File 25155.
74. Telegrama de N. M. Rothschild para o ministro da Fazenda do Brasil (cópia), Londres, 11/8/1908. RAL XI/8/4.
75. Carta de Domício da Gama a Rio Branco, Buenos Aires, 3/8/1908. AIHGB — CDG, L. 646, P. 12.
76. Telegrama de Rothschild ao ministro da Fazenda (cópia), Londres, 14/8/1908. Ibid.
77. Telegrama de David Campista para Rothschild, Rio de Janeiro, 18/8/1908. RAL 10A/3-1908. Telegrama de Rothschild para o ministro da Fazenda, David Campista, Londres, 18/8/1908. RAL XI/8/4.
78. Telegrama de Enesto Tornquist para Rothschild, Buenos Aires, 5/9/1908. RAL 10A/3.1908.
79. Despacho n. 89, informação reservada, da Legação da República Francesa no Brasil ao ministro dos Negócios Estrangeiros, Petrópolis, 1/8/1908. Brésil — Nouvelle Série — Politique Etrangère. Dossier Général, vol. 22, pp. 17-20.
80. Despacho n. 97, confidencial, W. Haggard para Edward Grey, Petrópolis, 16/11/1907. PRO-FO 371/200, File 40341.
81. Despacho n. 89, informação reservada, da Legação da República Francesa no Brasil ao ministro das Relações Exteriores, Petrópolis, 1/8/1908. Brésil — Nouvelle Série — Politique Etrangère. Dossier Général, vol. 22, pp. 17-20.
82. The Buenos Ayres Great Southern Railway Co. Ltd. — Translation of telegram received from Mr. J. Peroy Clarke to Mr. Allen, dated 4th August 1908. PRO-FO 371/403 XC/A/035202.
83. Telegrama n. 29168, Legação da República Francesa, Rio de Janeiro, 19/11/1908, AD-MAE-F, Brésil — Nouvelle Série 12, 49-50.
84. Carta de Zeballos a Roque Sáenz Peña, Buenos Aires, 10/8/1908. AGN-A — Colección Celesia — Archivo Roque Sáenz Peña — Legajo 7.22/2/14.

85. Despacho n. 77, da Legação da República Francesa, Buenos Aires, 21/7/1908. a) Thibaut, Post-scriptum: Informações graves ainda sem confirmação. AD-MAE-F — Argentine — Nouvelle série — vol. 4, pp. 104-107.
86. Despacho n. 2, Legação da República Francesa en Argentine, Buenos Aires, 19/11/1908 — Argentine — Nouvelle Série 4, 79-8 1, Despacho n. 17 Legação da República Francesa en Argentine, Buenos Aires, 21/7/1908 — Argentine — Nouvelle Série 4, 104-107; Despacho n. 7, Légation de la République Française en Argentine, Buenos Aires, 14/1/1909, AD-MAE-F, Argentine — Nouvelle Série 4, 223-228, 13/12/1909; AD-MAE-F Nouvelle Série 12, 108-110, 118-120 e 145-147.
87. Despacho n. 7 (informação reservada), da Legação da República Francesa, 4/1/1909, AD-MAE-F — Argentine — Nouvelle série — vol. 4, pp. 223-228.
88. Despacho n. 77, Legação da República Francesa, Buenos Aires, 21/7/1908. a) Thibaut, Post-scriptum: Informações graves ainda sem confirmação. AD-MAE-F — Argentine — Nouvelle série — vol. 4, pp. 104-107.
89. Ibid.
90. Carta de Rio Branco a Domício da Gama, Petrópolis, 22/9/1908. Cópia in Arquivo Rio Branco, apud Viana Filho, 1959, p. 392.
91. Carta de Domício da Gama a Rio Branco, 17/11/1908. Arquivo Rio Branco, apud Viana Filho, 1959, pp. 396-397.
92. Despacho n. 103, Legação da República Francesa, Petrópolis, 25/8/1908. Ibid. Brésil — Nouvelle Série, vol. 11, pp. 197-207.
93. Ibid.
94. Ibid.
95. Despacho n. 102, confidencial, Milne Cheetham para Edward Grey, Petrópolis, 13/10/1908. PRO-FO 371/403.
96. Sobre o tema, vide Brunn, 1971, pp. 84, 104-106. Despacho n. 84, Legação da República Francesa ao ministro dos Negócios Estrangeiros, Petrópolis, 19/7/1908. AD-MAE-F Nouvelle Série — vol. II, pp. 150-160.
97. Ibid. Despacho n. 91, confidencial, Milne Cheetham para Edward Grey, Petrópolis, 27/9/1908. PRO-FO 371/403, File 35930.
98. Despacho n. 84, Legação da República Francesa ao ministro dos Negócios Estrangeiros, Petrópolis, 19/7/1908. AD-MAE-F Brésil — Nouvelle Série — vol. II, pp. 150-160.
99. Ibid.
100. Telegrama n. 55 (bis), Rio Branco a Nabuco, expedidos, Petrópolis, 7/12/1908. Expedido — AHI-MDB — 235.4.1.
101. Telegrama n. 14, Townley para Edward Grey, confidential, 11/8/1908; Minuta de resposta ao telegrama n. 14, Foreign Office para Townley, 11/8/1908. PRO-FO 371/403 XC/A/035202.

102. The Buenos Ayres Great Southern Railway Co. Ltd., translation of telegram received from Mr. J. Percy Clarke, private and confidential, Buenos Aires, 10/8/1908. PRO-FO 371/403 XC/A/035202.
103. O ministro Milne Cheetham, representante da Grã-Bretanha no Rio de Janeiro, informou ao Foreign Office que o Brasil não se dispunha a vender nenhum dos navios e não julgou aconselhável que fosse feita tal sugestão. Edward Grey, na chefia do Foreign Office, decidiu que a Grã-Bretanha não podia recomendar a venda dos navios. Notas do Foreign Office sobre o telegrama n. 14, de Townley. PRO-FO 371/403 File 24991. Minuta de mensagem para Sir A. Henderson, 12/8/1908. PRO-FO 371/403 XC/A/035202.
104. Instruções, Circular n. 2 (Reservado), 29/10/1908, 2ª Seção. AHI-MDB — 235/4/1.
105. Telegrama de Rio Branco a Nabuco, Rio de Janeiro, 16/12/1908; AHI 235.4.1.
106. Telegrama de Rio Branco a Joaquim Nabuco, embaixador do Brasil em Washington, Rio de Janeiro, 10/1/1908; AHI 235.4.1; telegrama de Rio Branco a Nabuco, Rio de Janeiro, 16/12/1908, AHI 235.4.1; telegrama da Embaixada do Brasil em Washington, Washington, 7/12/1908, AHI 235.4.1.
107. Telegrama de Rio Branco a Nabuco, 10/12/1908. AHI-MDB 235.4.1.
108. Carta de Rio Branco a Domício da Gama, Rio de Janeiro, 15/12/1908. AIHGB-CDG, L. 646, P. 8.
109. Ibid.
110. Ibid.
111. Telegrama 73 (substituído), Rio Branco a Domício da Gama, 17/12/1908. AIHGB — CDG, L. 646, P. 12.
112. Despacho n. 9, confidencial, W. Haggard para Edward Grey, Petrópolis, 10/2/1907. PROF-FO 371/200, File 7023.
113. Entrevista com o embaixador Moniz de Aragão, que foi secretário do Barão de Rio Branco, àquela época. Alfredo de Moraes Gomes de Ferreira, ministro em Washington, Rio de Janeiro, 30/11/1904; AHI 235.2.5.
114. Carta de Domício da Gama a Assis Brasil (não expedida), Buenos Aires, 20/2/1909. AIHGB — CDG, L. 46, P. 8.
115. Telegrama de Rio Branco a Nabuco, Rio de Janeiro, 24/11/1908; AHI 235.4.1.
116. Projeto entregue por Puga Borne ao ministro das Relações Exteriores, em Petrópolis, Pacto de Cordial Inteligência, Anexo n. 1 ao despacho reservado de 26/2/1909. Tratado de Cordial Inteligência Política e Arbitramento entre Brasil, Chile e Argentina, projeto entregue em Petrópolis no dia 21/2/1909, pelo ministro Rio Branco a Puga Borne, anexo n. 2 ao despacho de 26/2/1909; Arquivo do embaixador Moniz de Aragão.
117. Projeto entregue pelo sr. Puga Borne ao ministro das Relações Exteriores, em Petrópolis, 13/12/1908 — Pacto de Cordial Inteligência — Anexo n. 1 ao ofí-

cio reservado de 26/2/1909; Tratado de Cordial Inteligência Política e Arbitramento entre Brasil, Chile e Argentina — Projeto entregue em Petrópolis no dia 21/2/1909, pelo ministro Rio Branco ao sr. Puga Borne — Anexo n. 2 ao despacho reservado de 26/2/1909. AMA.

118. Telegrama 47 (transcrição), Rio Branco a Domício da Gama, ministro em Buenos Aires, 19/8/1909. AIHGB — CDG, L. 464, P. 15.

119. Telegrama 46. 5ª — Recebido 97 (transcrição), Rio Branco a Domício da Gama, 19/8/1909. Ibid.

120. Telegrama de Rio Branco a Nabuco, Rio de Janeiro, 22/11/1909; telegrama de Rio Branco a Nabuco, Rio de Janeiro, 25/11/1909; AHI 235.4.1. Entrevista do embaixador Moniz Aragão ao autor.

121. Carta de Domício da Gama (minuta) a Manuel Gorostiaga, Buenos Aires, 27/11/1909. AIHGB-CDG, L. 646, P. 9.

# Capítulo IV

A QUESTÃO DA PARIDADE NAVAL • ROQUE SAENZ PEÑA E A DOUTRINA MONROE • AS RELAÇÕES ENTRE A ARGENTINA E O BRASIL • "TODO NOS UNE. NADA NOS SEPARA" • A MISSÃO DE RAMÓN S. CÁRCANO • A INTERVENÇÃO DOS EUA NO MÉXICO E O TRATADO DO ABC • A ELEIÇÃO DE HIPÓLITO YRIGOYEN • A GUERRA MUNDIAL DE 1914-1918 • O TRATADO ANTIBÉLICO

A partir de 1909, as tensões no Cone Sul arrefeceram, conquanto a rivalidade com o Brasil ainda induzisse a Argentina a continuar também com o programa de fortalecimento de sua armada, tomando vários empréstimos para a construção de contratorpedeiros, compra de canhões e outros armamentos. Na França, que reclamava uma parcela de suas encomendas, a Argentina negociou um empréstimo de Fr. 250 milhões, com 5% de juros e 1% de amortização, concedido pelos Banque de Paris et des Pay-Bas, Credit Lyonais e Comptoir National, Societé Générale (Fr. 85 milhões); na Grã-Bretanha, as casas Baring Brothers e J. S. Morgan forneceram-lhe crédito no valor de Fr. 74 milhões; na Alemanha, o Deutsche Bank e o Diskonto Gesellschaft emprestaram-lhe Fr. 41 milhões; e até nos EUA a Argentina levantou com Pierpont Morgan, First National Bank e National City Bank um financiamento de Fr. 50 milhões[1]. Os contratos foram assinados pelo Banco Tornquist, representando os sindicatos ingleses, alemães e norte-americanos, e Casimir de Bryn, em nome dos investidores franceses. A Grã-Bretanha receberia a maior parte das encomendas navais, e a Alemanha, o fornecimento da artilharia e dos fuzis. A França, que reclamava parcela das encomendas para a construção de contratorpedeiros, sentiu-se assim prejudicada, pois o dinheiro que ela emprestava serviria para a compra dos canhões alemães[2], e os EUA fizeram pressão, ameaçando cortar vantagens comerciais da Argentina[3], se não recebessem algumas encomendas, com o que terminaram por ficar a cargo da construção de dois cruzadores, confiados à Fore River Ship Building Co., enquanto a Bethlehem Steel Co. obtinha os contratos para fabricar a artilharia dos contratorpedeiros consignados aos estaleiros europeus[4]. Na opinião do historiador norte-americano Harold F. Peterson, os EUA, ao contribuir para a paridade naval da Argentina, haviam ajudado a estabilizar a luta pelo poder na América do Sul, e ao conceder contratos navais a construtores norte-americanos, a Argentina negou quaisquer intenções que porventura tivera de unir-se com o Brasil e o Chile para neutralizar a influência norte-americana no continente[5]. Com efeito, a Argentina relutou em firmar o Pacto do ABC, no qual Rio Branco se empenhava, e passou a colaborar com os EUA, acompanhando a política do presidente William Howard Taft e seus secretário de Estado, Philander C. Knox, que a levou a resistir à proposta do Brasil de intervir na crise de Tacna e Arica, mas a ele se unir para mediar a crise entre o Equador e o Peru[6]. Porém, ainda que o Chile também pretendesse adquirir alguns navios, a um custo de £ 3 milhões, as tensões no Cone Sul mais se desanuviaram, após a ascensão de Roque Sáenz Peña, pela segunda vez, à presidência da Argentina, em 1910.

Roque Sáenz Peña era acusado de "europeísmo", dado que, durante a 1ª Conferência Pan-Americana (1889-1890), resistira com energia à pretensão dos EUA de formar com os Estados latino-americanos uma união aduaneira inspirada no *Zollverein*[7], fechando assim o continente à competição da Grã-Bretanha e de outras potências industriais da Europa. Ao lema "a América para os americanos", com que os EUA pretenderam expressar a Doutrina Monroe e justificar sua expansão comercial, ele opôs o lema "*la América para la humanidad*" e, ao declarar que não reconhecia uma "*cancilleria del Nuevo Mundo*", afirmou que "*Estado alguno americano tiene el derecho de hablar a nombre del hemisfério*"[8]. No curso da 2ª Conferência de Paz, em Haia, onde cultivou relações "*cordialísimas*" com Rui Barbosa, representante do Brasil, Sáenz Peña acentuou que "*la política argentina no es americana ni europea, porque ella es universal y se nutre de contactos y armonias con todos los pueblos civilizados de la tierra*"[9]. Destarte, embora se manifestasse favorável ao rearmamento da Argentina, ele se opôs à política agressiva desenvolvida por Figueroa Alcorta e Zeballos e cuja consequência seria a guerra contra o Brasil:

*"¿ La guerra provocada por nosotros? ¿ contra quién? ¿ con qué propósito? ¿ Por la hegemonia econòmica en la América Meridional? Y la tenemos y se bien la amenguariamos en la guerra, esperamos con confianza acrescentarla en la paz; por otra parte aquellas supremacias no son adquiribles por la fuerza militar, sino por el esfuerzo de la producción. ¿ Buscariamos expansión territorial? Afortunadamente no la necesitamos; y ello seria de todo absurdo, cuando nos faltan hombres y nos sobra tierra, cuando hay deficits de brazos y exceso de riquezas inexplotadas"*[10].

Sáenz Peña compartia as mesmas ideias com Rio Branco, convencido de que só se podia preservar a paz na América do Sul mediante firme entendimento com o Brasil, e sua primeira iniciativa de política exterior foi empreender uma visita de Estado ao Rio de Janeiro. "*Todo nos une; nada nos separa*" — Sáenz Peña proclamou, ao defender a união entre os dois maiores países da América do Sul. Com efeito, Sáenz Peña tinha razão: ademais de que a Argentina e o Brasil, enlaçados histórica e geograficamente pela rota do Atlântico e por fronteiras vivas comuns, constituíam países predominantemente agrícolas, inseridos no sistema de divisão internacional do trabalho, como exportadores de matérias-primas e importadores de manufaturados, o fato de que suas economias eram tributárias uma da outra sem concorrem no mercado mundial facilitava o entendimento. O princípio essencial de suas relações e de suas discrepâncias não era, portanto, econômico, mas de ordem política, pois decorria dos seus respectivos ciúmes e amor próprio, dado que ambos os países pretendiam exercer a hegemonia na América do Sul[11]. Na verdade, tudo os unia e nada os separava, desde que decidissem partilhar sua influência, mediante a coordenação de políticas e o estabelecimento de uma espécie de eixo, que permitisse a formação de um bloco compacto diante dos EUA e constituísse a base do que Miguel Angel Scenna chamou de *hegemonía dual* sobre o continente[12].

Sáenz Peña tratou efetivamente de desenvolver essa política de entendimento entre a Argentina e o Brasil e logo depois de eleito presidente de seu país incumbiu o embaixador Ramón J. Cárcano da missão especial de conversar com Rio Branco, ao passar pelo Rio de Janeiro, a caminho da Europa, sobre a possibilidade de que o Brasil modificasse seu programa de rearmamento da Marinha de guerra, deixando de comprar o terceiro encouraçado do tipo *dreadnought*, de modo que a Argentina não tivesse também de encomendar a construção de outro para a sua esquadra[13]. A principal e mais imediata preocupação de Sáenz Peña, que mandou uma carta pessoal a Rio Branco, consistiu em estancar a corrida armamentista entre os dois países e Cárcano conduziu com habilidade os entendimentos, consciente, através do embaixador do Brasil, em Buenos Aires, Domício da Gama, de que condições havia para seu êxito. Muito bem recepcionado pelo Itamaraty, ele conversou com Rio Branco, que desceu de Petrópolis, onde residia, para o encontrar, e mostrou-lhe a necessidade de uma iniciativa que concluísse os antigos antagonismos entre o Brasil e Argentina e fizesse perdurar a obra de confiança que ele, Rio Branco, e Sáenz Peña estavam dispostos a executar. Um acordo de alguma amplitude, segundo Cárcano, não apenas acabaria com os receios existentes como aumentaria também o respeito das demais nações e prepararia uma política de verdadeira solidariedade americana aconselhada pelos acontecimentos. E entre os pontos suscetíveis de uma entente, ele apontou a manutenção da neutralidade e relações de boa vizinhança, em caso de revolução ou comoção, havendo reciprocidade de estudos e informações sobre armamentos e construções navais. "*Algo también puede pensarse sobre trigos e harinas y otros importantes artículos de intercambio, pero conviene ante todo un pacto que nos contenga em la carrera del armamentismo, suprimir esta danza de millones*" — Cárcano disse, acrescentando: "*Una equivalencia naval*"[14]. Esta proposição o Brasil não podia aceitar — Rio Branco declarou e Cárcano com ele concordou — uma vez que a configuração geográfica e diferente extensão das costas da Argentina e do Brasil complicariam o problema. Contudo, possível seria o acordo, e os dois países limitassem a aquisição das grandes unidades navais de combate. O Brasil suprimiria a construção do "*tercer monstruo*" (*dreadnought*) e a Argentina deixaria de firmar o contrato já preparado para a construção do seu homônimo — Cárcano sugeriu. E Rio Branco, ao aceitar essa alternativa, esclareceu que a ideia de comprar os grandes encouraçados dele não partira, pois sabia que, em conflito com os vizinhos os *dreadnoughts* não podiam penetrar os rios e, em guerra contra outras potências, eram insuficientes. Rio Branco ainda afirmou que queria a reconstrução da esquadra brasileira, sim, mas com navios apropriados às necessidades nacionais, e aproveitou a oportunidade, na sequência da conversação, para propor o pacto do ABC, mediante a celebração do Tratado de Cordial Inteligência Política e Arbitramento, cujos projetos lhe mostrou. "Se conseguirmos firmar o ABC nas bases desse tratado teremos assegurada para sempre a paz na América do Sul" — ele disse a Ramón J. Cárcano. Este, porém, respondeu-lhe que era muito difícil para seu governo aceitá-lo, naquele momento, a alegar, entre outros motivos, a possibilidade de desconfianças no Peru e de repercussão desfavorável nos EUA[15]. Também não aceitou a proposta de um convênio mediante o qual as esquadras dos dois países corresponderia à longitude do seu litoral, porque seria sacramentar a supremacia do Brasil. Destarte, como qualquer tratado teria de ir à aprovação do Congresso, que o poderia rechaçar, a solução que se afigurou foi um simples acordo de cavalheiros, em que ambos os países limitariam espontaneamente seus armamentos e não procederiam a novas aquisições de navios de guerra[16]. O que lhe interessava de imediato, conforme a instrução de Sáenz Peña, era assegurar, antes da abertura do Congresso na Argentina, que o Brasil não compraria o terceiro encouraçado, ou seja, de que o "*tercer monstruo ha muerto*"[17]. Conforme o depoimento de Ramón J. Cárcano, à noite, durante a ceia com o marechal Hermes da Fonseca, eleito presidente da República, este, indagado por ele sobre se podia comunicar a Sáenz Peña que o Brasil limitaria sua frota, assentiu com a cabeça, dizendo apenas: "Pode"[18]. E Rio Branco acrescentou que aquele era um desejo do governo brasileiro e que então se tornava um fato definitivo, resultante de uma coincidência, convertida em realidade por um compromisso de cavalheiros[19].

A Rio Branco, no entanto, muito mais tempo de vida não restou. Após descer de Petrópolis, por causa, entre outras razões, de uma revolta ocorrida no Paraguai, ele, já a convalescer de uma crise de uremia, foi acometido de mal súbito e faleceu em 10 de fevereiro de 1912[20], ano que a estrada de ferro Madeira-Mamoré, obra resultante de sua diplomacia, seria inaugurada, ligando o porto de Santo Antônio, no Rio Madeira, até Guajará-Mirim, com um ramal, que, passando por Vila Murtinho ou outro ponto próximo (Mato Grosso), chegasse a Via Bella, na confluência do Beni e do Mamoré (Bolívia). Esta ferrovia, que o Brasil se obrigara a construir com a celebração do Tratado de Petrópolis, reduziu praticamente a importância estratégica do Rio da Prata, rota comercial controlada pela Argentina, para o abastecimento daquelas distantes regiões do Oeste, bem como ofereceu à Bolívia, já reduzida à condição de país mediterrâneo em consequência do Tratado de 1904 com que o Chile lhe amputara todo o litoral e o porto de Cobija, uma via alternativa para o lado do Atlântico. De fato, um dos seus principais objetivos fora o de atrair para o Atlântico, através do Madeira, todo o comércio do Beni, do Madre de Dios, do Orton, facilitando as comunicações com a própria capital da Bolívia, que cuidava de se ligar por estradas de ferro a Puerto Pando, onde a navegação podia chegar, sem obstáculo, pelo Beni[21]. Essa obra, iniciada em 1905, custou ao Brasil cerca de £ 9 milhões, mas o ramal entre Vila Murtinho (Brasil) e Villa Bella (Bolívia) não foi construído, porque o governo de La Paz se mostrou interessado na mudança do traçado, que passaria a ligar a margem direita do Rio Mamoré (Brasil), através de uma ponte de 500 m de extensão, à Cachoeira da Esperança, na margem direita do Beni (Bolívia)[22].

Esta não foi a única obra póstuma de Rio Branco, que acrescera ao território do Brasil mais de 700 km$^2$ sem que a guerra se tornasse necessária. A ideia do Pacto do ABC também frutificou, apesar de que Sáenz Peña, por volta de 1914, se afastasse do cargo, em consequência de grave moléstia, que o levou à morte, sem concluir seu segundo mandato como presidente da Argentina. Victorino de la Plaza assumiu o governo e, nomeando José Luís Murature para o cargo de ministro das Relações Exteriores y Culto, não modificou as diretrizes da política exterior da Argentina, que Sáenz Peña assentara e cujo desdobramento, na sua sequência, haveria sido, mais cedo ou mais tarde, a conformação do Pacto do ABC. Essas relações de confiança permitiriam que Argentina, Brasil e Chile opusessem resistência comum à política dos EUA, vista "em ação no caso Alsop, na eleição presidencial em Panamá, na revolução de Nicarágua, na garantia do empréstimo de Honduras etc.", conforme recordou Domício da Gama, que em 1911 servia como embaixador em Washington[23]. Nessa mesma época, Domício da Gama, em carta ao presidente Hermes da Fonseca, observou que "os EUA, formados com o concurso de tantos povos, julgam-se diferentes de todos eles e superiores a eles", observando que "o duro egoísmo individual ampliou-se às proporções do que se poderia chamar de egoísmo nacional"[24]. E, após salientar que "diante dos americanos não nos assenta nenhuma atitude que não seja de igual para igual", sendo o "dever nacional de não ceder aos EUA senão o que for justo e útil, em vista de interesses maiores", referiu-se à ameaça do imposto sobre o café, que eles faziam, como "instrumento de chantagem" e aconselhou que "é a isto que convém pôr um paradeiro, se não queremos reduzir-nos a simples província econômica dos EUA"[25].

Domício da Gama também comentou um discurso do presidente William Howard Taft, no qual "uma das francas e singelas declarações foi de que os EUA têm o direito de intervir como irmão maior (*big brother*) na vida política das irmãs intranquilas, para ensinar-lhes como se vive", observando que os norte-americanos se consideravam o "povo eleito para guiar a humanidade", e aludiu à sua pretensão de criar uma corte permanente de arbitragem, "formada pelas nações poderosas", como um projeto de "dominação política (...), uma aliança disfarçada para fazer a lei sobre povos menores"[26]. E em virtude dos conflitos com o governo norte-americano, que "para servir aos interesses comerciais do seu país" movia processos a fim de derrubar o preço do café brasileiro, o ex-presidente do Brasil, Rodrigues Alves, outra vez no governo de São Paulo, revelou que às vezes perguntava a si mesmo "se teríamos acertado com a política que andamos desenvolvendo nos EUA, desde o tempo do Rio Branco"[27].

A advertência de Domício da Gama e a dúvida de Rodrigues Alves não impediram que o chanceler Lauro Müller (1912-1917), sucedendo a Rio Branco no Ministério das Relações Exteriores, exacerbasse sua política a ponto de fazer o Brasil marchar "ao compasso de Washington", ao mesmo tempo que igualmente a Argentina, já a sofrer a invasão de banqueiros e comerciantes norte-americanos[28], orientava sua política exterior no sentido da "*American solidarity*", o que significava aceitar a liderança dos EUA e colocar-se sob a sua proteção[29]. À mesma época, o clima de entendimento entre a Argentina e o Brasil, estabelecido após a ascensão de Sáenz Peña ao governo de Buenos Aires e que continuou sob a presidência de Victorino de la Plaza, possibilitou que os dois países se unissem ao Chile e atuassem conjuntamente, configurando o bloco conhecido como ABC. A oportunidade ocorreu, quando na manhã de 21 de abril em 1914, cerca de 1.000 fuzileiros navais e marinheiros norte-americanos invadiram o México, ocupando a cidade portuária de Vera Cruz, a pretexto de capturar um carregamento de armas alemãs, transportado pelo navio *Ypiranga*, da Companhia Hamburg-Süd, e que se destinava ao governo do general Victoriano Huerta, em luta contra as forças constitucionalistas de Venustiano Carranza, governador de Coahila. Esta intervenção provocou protestos em várias cidades da América Latina e quase envolveu os EUA em uma guerra contra todo o México. A fim de evitar a sua deflagração, o Chile sondou então o Brasil e a Argentina no sentido de que oferecessem conjuntamente seus bons ofícios, pois percebera que aquele "precedente de incalculável transcendência" incorporar-se-ia à história diplomática do continente, na medida em que os EUA estavam dispostos a intervir nas lutas internas dos Estados latino-americanos, a pretexto de defender os interesses de seus súditos e manter a legalidade[30]. O presidente Woodrow Wilson, diante das circunstâncias, aceitou a mediação oferecida pelos três países, embora não tivesse a intenção de a ela submeter-se, pois só a queria para eliminar Victoriano Huerta e estabelecer na cidade do México novo governo que pudesse controlar, propósito este revelado em *memorandum* ao secretário de Estado, William J. Bryan[31]. Mas prometeu não recorrer à força e a guerra entre os EUA e o México não eclodiu graças, em larga medida, à mediação do bloco ABC, que levou à conferência de Niagara Falls e ao acordo, mediante o qual Huerta renunciou à presidência do México, em 15 de julho de 1914, e instituído foi um governo provisório efetivamente favorável à reforma agrária e às mudanças políticas[32].

O relativo êxito dos três países, ao coordenarem a ação para evitar a guerra entre os EUA e o México, encorajou o ministro das Relações Exteriores da Argentina, José Luís Murature, a aproveitar as circunstâncias favoráveis e aceitar conversações com os chanceleres Lauro Müller, do Brasil, e Alejandro Lira, do Chile, para a celebração do Tratado de Não Agressão, Consulta e Arbitragem, conhecido como ABC, retomando assim a ideia do Barão do Rio Branco. "*Un pacto de esta naturaleza tenía la doble virtud de desmoralizar todo otro bloque continental y, al mismo tiempo, presentar una fuerza mucho más poderosa a la política exterior de EUA*" — o historiador chileno Mario Barros observou, ao ressaltar que Argentina, Brasil e Chile eram, naquele momento, os três países mais importantes da América do Sul, os mais organizados e poderosos, podendo exibir, cada qual dentro de suas respectivas áreas, certa irradiação espiritual que lhes permitia mutuamente neutralizar-se[33]. A Argentina e o Brasil, dado que o Uruguai não contava com poder naval, compartilhavam o domínio de todo o litoral do Atlântico. E o Chile, desde que em 1883 derrotara o Peru e a Bolívia, tornara-se indiscutivelmente hegemônico no lado do Pacífico. Mas o tratado, cujo texto definitivo se redigiu em Santiago do Chile, não teve o caráter de aliança, conforme Rio Branco pretendera, nem tratou da questão do desarmamento. Apenas estabeleceu que as controvérsias que por qualquer motivo surgissem entre as partes contratantes ou entre duas delas e que não pudessem ser resolvidas por via diplomática ou arbitragem teriam de ser submetidas à investigação e ao informe de uma comissão permanente, antes de qualquer abertura de hostilidades. De qualquer modo, quando foi assinado em Buenos Aires, no dia 25 de maio de 1915, o embaixador dos EUA, Frederik Jesup Stimson, que nem sequer compareceu à solenidade, mostrou-se visivelmente agitado, em constante conferência com o presidente Victorino de la Plaza e outras autoridades da Argentina[34]. Supunha-se então que o Tratado do ABC facilitaria uma espécie de *entente* econômica entre os três países, com o estabelecimento de um regime preferencial e de concessões recíprocas, permitindo ao Brasil emancipar-se pouco a pouco da dependência norte-americana[35]. Uma *entente* econômica, que resultasse em favores fiscais para o trigo, seria, àquele tempo, muito difícil para o Brasil concertar com a Argentina. Com toda a razão, porém, Miguel Angel Scenna salientou que o Tratado do ABC não só desagradou aos EUA, dado que a aproximação entre Argentina, Brasil e Chile podia terminar em um bloco que servisse de contrapeso à sua crescente influência, sobretudo em um momento em que a crise mundial engravescia, por causa da deflagração da guerra na Europa, como despertou temores nas demais chancelarias da América do Sul[36]. De fato, embora o presidente Wilson congratulasse os três países por alcançar essa unidade, o Tratado do ABC causou expectativa nos EUA, em cujo Senado foi tido como "manobra inglesa ou alemã" para sofrear a política norte-americana no Caribe[37]. Também os Estados sul-americanos não viram com simpatia a unidade dos "três grandes" da América do Sul[38] e o Tratado do ABC defrontou-se com forte oposição da opinião pública na Bolívia, Equador, Colômbia, Venezuela, Uruguai e Peru, cujos jornais sustentaram a tese de que uma política pan-americana "não deveria fazer exclusões nem fundar-se sobre preponderâncias inaceitáveis, mas inspirar-se nos princípios do direito e do respeito mútuo"[39]. Na Argentina, também, o Tratado do ABC não foi bem recebido, sobretudo pelos adeptos da União Cívica Radical (UCR), que Hipólito Yrigoyen, profundamente adverso ao Brasil, liderava. Constou que a iniciativa do Tratado do ABC partira do Brasil — e de fato fora este tratado concebido pelo Barão do Rio Branco — e que a Argentina jamais o considerou de grande importância, mas apenas como um ato de cortesia internacional. Apesar da aprovação pelo Senado, o presidente Victorino de la Plaza não julgou assim conveniente submetê-lo à Câmara dos Deputados, dado que possível não seria encontrar maioria favorável, e o Tratado do ABC ratificado não foi pela Argentina, onde Hipólito Yrigoyen, chefe da UCR, vencera a eleição para a presidência da República e passara a ocupar o "*sillon de Rivadavia*".

Até 1915, todos os presidentes da Argentina, desde Bartolomé Mitre, pertenciam ao Partido Conservador, ou seja, à oligarquia rural, responsável pela designação dos supremos magistrados, senadores, deputados e juízes. O enriquecimento econômico do país acarretou, entretanto, profundas modificações na correlação de forças sociais e políticas, permitindo o avanço da União Cívica Radical, desde a segunda presidência de Julio A. Roca (1898-1904) até a segunda presidência de Roque Sáenz Peña (1910-1914), na medida em que a população crescia e mais e mais se concentrava em Buenos Aires, nos seus bairros mais pobres, como a Boca, Riachuelo e Barracas. Só entre 1911 e 1914, ela saltou de 1.360.400 habitantes para 1.484.010, o que representou um aumento de 9,1% em dois anos, quando a população total da Argentina ainda não atingia 10 milhões, em um território de quase 3 milhões de km$^2$ praticamente despovoado[40]. E essa população, a sofrer privações e as maiores dificuldades, que contrastavam com a opulência da oligarquia rural, passou a reivindicar maior participação na política e melhores condições de vida. Como o diplomata brasileiro Ronald de Carvalho observou, "Buenos Aires intoxicou (...) o resto da Argentina"[41]. A influência da União Cívica Radical estendeu-se além da província de Buenos Aires, dilatando-se por várias outras cidades importantes e conseguindo empolgar decisivamente o eleitorado, que lhe deu o triunfo, após Sáenz Peña, diante das pressões populares, propor ao Congresso, em 1912, a lei do voto secreto, posta em prática por Victorino de la Plaza, em 1916. E este voto secreto possibilitou a transferência do poder da aristocracia rural para Hipólito Yrigoyen, que se elegeu com o apoio das camadas mais baixas da população. "Quem vota hoje, na Argentina, é a patuleia. Vota no candidato da UCR, como antigamente o burocrata no partido conservador" — Ronald de Carvalho salientou[42]. Uma revolução houve, por obra dos votos e não de balas — na opinião do historiador norte-americano Arthur P. Whitaker[43] —, conquanto Yrigoyen em nenhum momento se propusesse a promover reformas estruturais e dos 8 ministros, por ele nomeados, 5 fossem membros da Sociedade Rural, número igual ao existente nos gabinetes de Sáenz Pena (1910-1914) e Victorino de la Plaza (1914-1916).

Perfeita continuidade houve, pois, na continuidade das bases econômicas do poder[44].

De qualquer forma, porém, a vitória de Yrigoyen não apenas refletiu as modificações que lá estavam a ocorrer na sociedade[45] como influiu sobre as relações da Argentina com o Brasil, ao tempo em que o curso da guerra na Europa, deflagrada em 1914, concorria igualmente para provocar a desintegração do Pacto do ABC e aviventar as tensões na Bacia do Prata. *Vis-à-vis* dessa conflagração, a Argentina manteve-se irredutivelmente neutra, apesar do afundamento de dois dos seus navios mercantes — *Toro* e *Monte Protegido* — e do incidente com o ministro plenipotenciário da Alemanha em Buenos Aires, conde von Luxburg, que, segundo correspondência interceptada pelos EUA, recomendara fossem afundados sem deixar vestígio (*spurlos versenkt*) alguns pequenos vapores argentinos a caminho da Europa e qualificava seu ministro das Relações Exteriores, Honório Pueyredón, como "notório imbecil"[46]. Mas nem o comportamento arrogante do Conde von Luxburg nem as resoluções do Congresso, que, em consequência, reclamaram o rompimento de relações, compeliram Yrigoyen a romper as relações com a Alemanha, iniciativa que, conforme percebia, contrariava os interesses econômicos, comerciais e políticos da Argentina. Pelo contrário, em maio de 1917, quando a guerra submarina atingia o auge, ele convocou as nações hispano-americanas para que estabelecessem uma política comum de neutralidade, mas a ideia da reunião, à qual 16 governos aderiram, não se concretizou, interpretada por muitos como um ato hostil aos EUA. Também o Chile conservou-se neutro, porém o Brasil rompeu relações com a Alemanha e não apenas revogou a neutralidade como lhe declarou guerra e permitiu a utilização de seus portos pela esquadra dos EUA, medida esta estendida posteriormente às frotas da Grã-Bretanha, França e Itália, ordenou o sequestro de cerca de 70 navios mercantes alemães (a canhoneira *Eber* autoafundou-se na Bahia[47]), mandou aviadores para treinamento na Grã-Bretanha e enviou à França 100 cirurgiões que prestaram assistência médica aos feridos nos campos de batalha. Os EUA valeram-se dessa oportunidade, com a interrupção do intercâmbio com a Europa, para dominar-lhe completamente o comércio exterior, tornando-se também seu principal fornecedor de manufaturados, ao mesmo tempo que tratavam de suplantar os investimentos da Grã-Bretanha em sua economia. De fato, depois da guerra mundial, a penetração dos EUA no Brasil foi um contínuo processo de expulsão e de ocupação das posições europeias, principalmente britânicas[48]. Fato semelhante ocorreu na Argentina, com a diferença de que os EUA não apenas com ela competiam no mercado mundial de alimentos, sobretudo no Brasil, como também pouco lhe compravam, bloqueando-lhe as exportações com a aplicação de tarifas proibitivas, regulamentações sanitárias, que atingiram, primeiramente, as lãs, depois o couro e, sucessivamente, as carnes, o linho, o milho etc.[49].

Dentro de tal contexto, as discrepâncias entre o Brasil e a Argentina passaram a refletir, em larga medida, a competição entre as grandes potências — EUA e Grã-Bretanha — com as quais aqueles dois países mantinham estreitas conexões comerciais. O Brasil dependia, substancialmente, do mercado norte-americano para suas exportações de café e cacau, enquanto a Argentina vendia à Europa, sobretudo à Grã-Bretanha, carne, lã, algodão, trigo e outros cereais. Não havia, naturalmente, razões objetivas para que os dois países competissem, nem quanto aos produtos nem quanto aos mercados de exportação. Mas, se suas economias não só não competiam como, pelo contrário, se complementavam, o alinhamento comercial dos dois países — do Brasil, com os EUA, e da Argentina, com a Grã-Bretanha — constituiu um fator de contradições políticas na Bacia do Prata. Os produtos de exportação da Argentina, tais como o trigo e outros cereais, eram similares a alguns norte-americanos e esta circunstância, que permitiu a ela permanecer como reduto do capital europeu na América do Sul, transformou-a em alvo de fortes pressões, que se refletiram em suas relações com o Brasil. E os EUA não só tratavam de expandir sua hegemonia, avançando sobre o território econômico ocupado pela Grã-Bretanha, como também buscavam superar a Argentina como competidor, nos mercados de cereais, um dos quais era o Brasil, que se sentia isolado em meio dos demais países sul-americanos. Esta percepção de isolamento, cerco e singularidade do Brasil, dado que, primeiramente, fora monarquia e seu idioma era português, em um continente em que os demais Estados eram repúblicas e o povos falavam espanhol, pesou fortemente não apenas para que ele tivesse prevenções contra a Argentina e se aproximasse mais dos EUA como para alimentar a suspicácia contra a sua política exterior e seu papel no continente[50]. "Ficamos sós na América Latina" — Ronald de Carvalho, no Itamaraty, reconheceu, ao avaliar, em 1927, as possibilidades de um conflito entre o Brasil e a Argentina, constatando que,

> "enquanto isso acontece, somos apresentados, no país platino, como asseclas do imperialismo norte-americano; e assim nos consideram no Paraguai, que reclama territórios brasileiros como seus, a Bolívia que nos acoima de ladrões do Acre, o Peru e a Colômbia, que não escondem sua má vontade contra a nossa diplomacia, taxando-a de cavilosa e matreira; finalmente o Uruguai, que, nos livros de suas escolas, deixa o Brasil ser tratado de país inóspito, composto de aventureiros e covardes"[51].

O sentimento dominante tanto no Brasil quanto na Argentina, nas elites como no povo, era o da rivalidade. Mas o processo de industrialização, que se acelerou nos dois países, a partir da guerra mundial de 1914-1918, possibilitou o desenvolvimento de outras contradições, a fomentarem tendências favoráveis à aproximação ou ao conflito, segundo as mudanças ocorridas, internamente, em suas situações políticas e/ou em suas relações com os EUA. Isto significou que as tendências para a cooperação ou o conflito se acentuavam ou se arrefeciam, conforme as afinidades ou os antagonismos dos grupos detentores do poder nos dois Estados, em função de suas políticas internas ou posições ideológicas, manipuladas, em larga medida, pelos interesses de terceiras potências diferentes. Como Arturo Frondizi ponderou, entre Argentina e Brasil, em distintas épocas da história, ocorreram fricções que no passado responderam à política dos centros coloniais e foram posteriormente alentadas pelas potências imperialistas que lutavam entre si por um predomínio[52]. Seria, entretanto, errôneo supor que a Argentina e o Brasil fossem agentes passivos dos interesses quer da Grã-Bretanha quer dos EUA. Ambos — Argentina e Brasil — realizaram políticas de equilíbrio de poder, procurando também valer-se das alianças econômicas — ou com a Grã-Bretanha ou com os EUA — em função de suas próprias conveniências de hegemonia no plano das relações com os demais países da Bacia do Prata, isto é, Uruguai, Paraguai e Bolívia.

Os EUA, suplantando a Grã-Bretanha, já então emergiam como potência dominante na América do Sul, principalmente na Argentina e no Brasil, onde o movimento operário crescia, em consequência do esforço de industrialização que esses países empreenderam, a fim de substituir importações de bens de consumo, suspensas ou restringidas pela guerra mundial. Ao mesmo tempo, o impacto da Revolução Bolchevique constituiu outro fator de exacerbação das contradições sociais e políticas, em meio da onda de greves gerais que entre 1917 e 1919 abalaram tanto o Brasil quanto a Argentina, bem como o Chile e outros países da América do Sul. No Brasil, a agitação, ao serenar nas fábricas, passou para os quartéis. Em 1922 e em 1924 os militares, na maior parte tenentes, rebelaram-se contra o governo federal. Não se pode dizer que tivessem essa ou aquela ideologia, nem mesmo que democratas consequentes fossem. Alguns admiravam Benito Mussolini, líder do movimento fascista, que assumira o poder na Itália. Outros proclamavam-se socialistas ou adeririam, posteriormente, ao movimento comunista. De qualquer forma, eles exprimiram a revolta das classes médias e das camadas mais baixas da população, assim como ocorrera na Argentina com a vitória da UCR, elegendo Hipólito Yrigoyen, em 1916, e Marcelo T. Alvear, em 1922. Contudo, a escolha de Marcelo T. Alvear, homem ligado por sua linhagem, haveres e relações sociais a famílias nimiamente conservadoras, visou a aplacar o descontentamento da oligarquia rural e ele, com efeito, rompeu, depois de vitorioso, todos os compromissos com o eleitorado de Buenos Aires, provocando a cisão da UCR em duas facções antagônicas — yrigoyenistas ou personalista e alvearista ou antipersonalista — o que o levou a apoiar-se mais e mais no Partido Conservador. Alvear só não mudou a política exterior da Argentina, pois necessitava de manter o clima de desconfiança *vis-à-vis* do Brasil, a fim de ter um pretexto para encapar os enormes créditos que pretendia pedir ao Congresso para remodelar o Exército e a Marinha. Por esta razão rechaçou a proposta do Itamaraty, no sentido de que a Argentina, o Brasil e o Chile se reunissem em Valparaiso, com o objetivo de assentar as bases sobre seus respectivos armamentos, alegando que ela iria ferir a susceptibilidade das "*naciones hermanas*", dado que se baseava no "*falso prejuício*" de que na América do Sul havia grandes e pequenos Estados[53]. Em realidade, o propósito da Argentina foi preservar seu direito de armar-se, livremente, tanto que Alvear logo pediu ao Congresso, em fins de 1923, créditos da ordem de um bilhão de pesos, montante fantástico, equivalente (em moeda brasileira, ao câmbio da época) a três milhões e quinhentos mil contos de réis, conforme denúncia de Lisandro de la Torre, líder do Partido Democrata Progressista, publicada em *La Nación*[54]. Sua intenção consistia em manter a paz armada, posto que, mesmo momentaneamente afastada a hipótese de guerra, os políticos e militares argentinos não a desprezavam, servindo-se dela para aumentar seu Exército e, consequentemente, sua influência sobre os demais Estados hispano-americanos. Com efeito, Alvear conseguiu que o Congresso aprovasse, em sessão secreta, a lei que o autorizava a aplicar cerca de 75 milhões de pesos-ouro, o equivalente a 529.000 contos[55], na modelação da Marinha de guerra, com a incorporação de três cruzadores ligeiros, seis *destroyers*, seis submarinos, artilharia antiaérea, estações radiotelegráficas e grande cópia de material fluvial, entre outros petrechos bélicos[56].

Tais despesas certamente concorreram para agravar as dificuldades econômicas e financeiras pela qual a Argentina passava. O maior mercado para suas exportações de carne, a Grã-Bretanha, restringira-se, dia a dia, na medida em que a lei do preço mínimo assustara os frigoríficos, e estes começaram a abastecer-se no Canadá, Austrália, Nova Zelândia e outras colônias. Também, pobre de minérios, dispondo apenas de limitado lençol de petróleo, a Argentina estava adstrita às explorações agropecuárias e a sofrer considerável concorrência das indústrias brasileiras, sem que a pudesse vencer, a não ser que se transformasse em grande empório comercial, segundo Ronald de Carvalho analisou, acrescentando que, por esta razão, os argentinos tentaram em 1922 aproveitar a força hidráulica dos saltos do Iguaçu, de acordo com o Brasil, condômino daquelas águas, arrebatar depois ao Paraguai o salto de Apipé, no Rio Paraná, e se voltaram para as minas riquíssimas de estanho, cobre e chumbo da Bolívia[57]. A indigência de ferro e do carvão constituía também um grande *handcap* da Argentina, e daí o temor existente no Brasil de que ela se sentisse tentada a buscar tais elementos nos países vizinhos, para o que pretextos históricos não faltariam[58]. Esta situação ainda mais piorou, após o colapso da Bolsa de New York, em 1929, que gerou profunda crise do sistema capitalista e estremeceu praticamente todos os governos da América Latina, onde, nos anos subsequentes, fortes abalos políticos se seguiram e se encadearam, com golpes de Estado e revoluções a reajustarem as estruturas de poder. Em 6 de setembro de 1930, depois de meio século de estabilidade institucional e predomínio do poder civil, o general José F. Uriburu desfechou vitoriosamente um golpe de Estado na Argentina e derrubou o governo do presidente Hipólito Yrigoyen, eleito pela UCR para um segundo mandato em 1928. Menos de um mês depois, em 3 de outubro, uma revolução, com o apoio civil e militar, irrompeu em vários estados do Brasil, sob a liderança de Getúlio Vargas, governador do Rio Grande do Sul, e destruiu a ordem constitucional, implantada após a

Proclamação da República, em 1889, e cuja estabilidade a restauração do poder civil, em 1894, assegurara por quase 40 anos. Uriburu convocou eleições, em 1931, e passou o poder ao general Agustín P. Justo, sufragado por uma coligação. Concordância que os conservadores dominaram e com a qual passaram a dirigir a Argentina, sem prejuízo dos aspectos formais da mecânica democrático-representativa. Vargas manteve-se no governo do Brasil.

A Argentina e o Brasil, entretanto, estavam empenhados em disputa de caráter comercial. A Argentina, para proteger os produtores da zona de Misiones, primeiro suprimira e depois submetera a um regime de contingentes as importações de erva-mate[59], procedentes do Brasil, embora absorvesse anualmente muitas mil toneladas anuais e só produzisse 20% do consumo doméstico[60]. Também tomara igual medida contra o arroz e alguns outros produtos. Conquanto até se dispusesse a conversar sobre a possibilidade de uma abolição recíproca das barreiras alfandegárias, o Brasil, que comprava mais da Argentina do que lhe vendia, inclinou-se entretanto pela retaliação, com a tributação do trigo argentino, dado que os EUA já acenavam com a probabilidade de oferecer avultado crédito para a compra do produto norte-americano. E a situação afigurou-se delicada para os dois países. "Que faremos da nossa erva e dos nossos ervais se perdermos o mercado argentino?" — o embaixador do Brasil perguntou. Mas ele próprio, em seguida, inquiriu: "Donde tirará a Argentina erva para o almoço de seus habitantes, especialmente trabalhadores, se recusar os 75 milhões confessados e os mais 100 milhões reais de quilos que o Brasil anualmente oferece?" Segundo ele, o melhor aliado do Brasil, naquelas divergências era o povo argentino, cujos estadistas haviam de pressentir "os maus efeitos da política, cujo resultado fosse o encarecimento da vida de um grande número, em proveito de meia dúzia de especuladores"[61]. A erva-mate, que constituíra um dos fatores da Guerra da Tríplice Aliança (1864-1870)[62], continuava como dos mais importantes itens na pauta das exportações brasileiras para os países da Bacia do Prata, mas o governo de Getúlio Vargas optou pela retaliação e, ao aceitar trocar café brasileiro, do qual havia superprodução e excesso de *stock*, pelo trigo norte-americano, limitou as importações de trigo da Argentina. Este golpe afetou-lhe seriamente o comércio exterior, feriu-lhe o nervo mais sensível, dado que só no ano de 1930, no valor de suas exportações para o Brasil, que alcançou o montante de 28.276.710

pesos-ouro, o trigo em grão e a farinha de trigo representaram a elevada soma de 25.932.151 pesos-ouro, o que equivaleu à sua quase totalidade[63]. Realmente, o comércio do trigo e sua farinha, que compunham juntamente com a carne os principais itens de sua pauta de exportação, apresentara extraordinário dinamismo, desde 1880, e sua participação relativa alcançou em alguns anos mais de 95% de suas vendas ao Brasil, sendo responsável pelos saldos favoráveis que a Argentina desde então obtinha[64]. "Durante muitos anos este comércio superou 90% das trocas e, em 1909, atingiu o máximo de 96,05%, donde se percebe a importância do intercâmbio para a Argentina" — o economista argentino Antônio Moniz Barreto salientou[65]. E Homero Baptista Magalhães, a ressaltar que o trigo e sua farinha constituíam o eixo do intercâmbio argentino-brasileiro pela importância dos valores que o movimento de compra-venda mobilizava, demonstrou que, devido à proximidade geográfica, o mercado do trigo no Brasil convertera-se em monopólio natural em favor da Argentina[66]. De fato, o mercado interno do trigo, no Brasil, tornara-se um prolongamento do mercado interno da Argentina, cuja média anual das exportações de grão e farinha para aquele país duplicara, praticamente, ao saltar de 282.024 toneladas, entre 1916 e 1920, para 577.507, entre 1926 e 1930[67].

O aumento da população e a melhoria do seu nível de vida, acarretando o incremento do consumo de trigo e frutas frescas, tornavam o mercado no Brasil cada vez mais importante para as exportações argentinas, que em 1930 chegaram a representar quase 7% do total das importações daquele país[68]. "*El rasgo más notable es, sin embargo, que el Brasil es mejor cliente de la Argentina que esta de aquél*" — Homero Baptista Magalhães ressaltou[69]. E, em face de tais circunstâncias, alternativa não restou ao embaixador da Argentina, Antônio Mora y Araujo, senão solicitar ao governo brasileiro que reduzisse os efeitos da medida, "*acordando además un porcentaje para la importación de harina de trigo, cuya proibición total arruinaria a muchos molineros*" de seu país[70]. As restrições impostas ao trigo, porém, estenderam-se a outros produtos — batatas e manteiga — mediante a elevação das tarifas aduaneiras, e o embaixador Antônio Mora y Araujo, considerando o "*el hecho de que el mercado del Brasil haya quedado seriamente disminuido para la exportación argentina (...), a causa de la operación de câmbio de café e trigo con los EUA*", apelou novamente para que o governo brasileiro removesse tais dificuldades, "*a fin de encauzar las corrientes comerciales entre uno y otro país en molde de una justa reciprocidad y sin desatender las exigencias de la economia interna de cada um de ellos*"[71]. O ministro das Relações Exteriores, Afrânio de Melo Franco, alegou, então, que a Argentina não apenas limitara as importações de erva-mate, medida considerada pelos produtores brasileiros "particularmente desfavorável aos seus interesses", como também suspendera a de laranjas, durante o principal período da safra no Brasil, entre 1º de junho e 1º de outubro de 1931[72]. E, sem desconhecer os motivos que levaram o governo argentino a proteger a produção nacional, declarou que a derrogação dessas e de outras medidas, que restringiam as exportações brasileiras para a Argentina, constituíam "uma preliminar essencial para qualquer entendimento sobre o intercâmbio comercial" dos dois países.

À Argentina não convinha agravar as controvérsias comerciais com o Brasil nem que elas se transformassem em problemas políticos, sobretudo, naquela conjuntura, quando, ao que tudo indicava, o Chile pretendia atacá-la de surpresa, através da Patagônia, enviando tropas sobre Zapala, na direção de Neuquén, e outras sobre os Rios Mayo e Senguer, com o objetivo de capturar a Bahia Blanca e Comodoro Rivadavia, onde as jazidas de petróleo se localizavam[73]. O plano, detectado em 1929 pelos serviços de inteligência da Alemanha, o presidente Paul von Hindenburg mandou comunicar a Yrigoyen, através do general Severo Toranzo, e o ataque que aliás um general alemão, Hans Kundt, comandaria, não se realizou por diversas razões, sobretudo porque, com o vazamento do plano, o Chile perdera a vantagem da surpresa. A ameaça, porém, persistiu, e à Argentina não convinha que suas discrepâncias políticas e suas controvérsias comerciais com o Brasil persistissem, por temer um confronto com o Chile, quando este inesperadamente mostrou suas simpatias pela Bolívia, auxiliando-a contra o Paraguai, na guerra do Chaco (1932-1935), a ponto de permitir que oficiais da reserva se engajassem em suas tropas[74], e arrastou o Peru para semelhante posição, esboçando formar o Bloco do Pacífico para intervir no conflito[75]. Conforme o general brasileiro Waldomiro Castilho de Lima, inspetor do 1º Grupo de Regiões Militares, reportou ao Conselho Superior de Guerra, esse "Bloco do Pacífico — Bolívia, Chile e Peru — e os interesses ali representados por vultosos capitais norte-americanos e que terão rendas fabulosas quando estiverem estabelecidos os transportes convenientes para o petróleo" eram antagônicos aos do Prata e certamente ofereceriam "certas restrições à expansão argentina após a guerra"[76]. Àquele tempo, instável também se apresentava, internamente, a situação na Argentina. Políticos vinculados à UCR, do ex-presidente Hipólito Yrigoyen, deposto em 1930, e alguns militares conspiravam e pediam à Bolívia que lhes fornecesse recursos e armamentos, com a promessa de a apoiar, se vitoriosos, na guerra contra o Paraguai[77]. Destarte, diante de tais ameaças tanto externas quanto internas, alternativa não restou à Argentina senão buscar acomodação com o Brasil, temendo que ele também se unisse ao Chile para a atacar e a compelisse a combater em duas frentes[78]. Não foi por outro motivo que, em meados de 1932, o ministro de Relações Exteriores da Argentina, Carlos Saavedra Lamas, encaminhou ao chanceler brasileiro Afrânio de Melo Franco a nota confidencial n. 4, na qual propôs um Tratado Antibélico de Não Agressão e Conciliação, na América do Sul. No ano seguinte, 1933, o presidente Agustín P. Justo, entrando pela Foz do Iguaçu, fez em uma visita de Estado ao Rio de Janeiro, não obstante a polícia fazer abortar, poucos dias antes, uma conspiração contra seu governo, de cuja articulação exilados brasileiros e uruguaios participavam, e que deveria eclodir durante sua permanência no Brasil[79]. Mas o governo de Justo estava bastante forte. E a viagem revestiu-se da maior importância para os entendimentos entre a Argentina e o Brasil. O presidente Justo, no Rio de Janeiro, recebeu efusivas homenagens, inclusive a patente de general do Exército brasileiro, e assinou com o presidente Getúlio Vargas vários convênios, que abrangeram até o intercâmbio cultural e turístico, bem como acordos e tratados, entre os quais o Tratado de Comércio e Navegação e um protocolo adicional, que solucionaram o impasse em torno dos negócios de trigo e da erva-mate. O que mais repercutiu, juntamente com o apelo dos dois presidentes para que o Paraguai e a Bolívia cessassem a guerra no Chaco, foi o Tratado Antibélico de Não Agressão e de Conciliação, firmado em 10 de outubro de 1933 pela Argentina e pelo Brasil bem como por mais quatro Estados latino-americanos — Chile (com ressalvas), México, Paraguai e Uruguai[80]. Na oportunidade, o chanceler Afrânio de Melo Franco ressaltou que "A Argentina e o Brasil estão, por suas condições naturais, fadados a uma aproximação cada vez maior, a uma união mais estreita, porque entre os dois países nenhum motivo de separação existe no presente, nem pode surgir no futuro"[81].

Por sua vez, o chanceler Carlos Saavedra Lamas, concordando com a percepção de que "nenhum motivo de separação" existia ou existiria, no futuro, entre os dois países, acentuou que a união entre a Argentina e o Brasil, com o Tratado Antibélico, não fazia senão "reproduzir pela terceira vez a aliança engendrada sob o Império, para combater a tirania, e repetida depois para realizar novas lutas contra o despotismo"[82].

Ele evocou assim os entendimentos entre o Brasil e as províncias de Entre-Rios e Corrientes, que sob o comando do general Urquiza derrubaram a ditadura do governador de Buenos Aires, Juan Manoel Rosas, e constituíram, após a vitória em 1852, a Confederação Argentina, bem como o Tratado da Tríplice Aliança (Argentina, Brasil e Uruguai), assinado, em 1865, contra o Paraguai, então governado pelo marechal Francisco Solano López. E aduziu que "a transfusão dos ideais democráticos", através dos contatos nos acampamentos de batalha, "uniformizou as duas nações no regime fecundo da federação, da república e da democracia". Obviamente, nem a Argentina nem o Brasil eram, àquele tempo, exemplos de democracia representativa. Tampouco as formas de governo estavam a possibilitar os esforços de entendimento, como de resto nunca foram fatores determinantes das contendas, nem quando o Brasil era monarquia e a Argentina, república. O Tratado Antibélico, assinado em 10 de outubro de 1933, constituiu, sob certos aspectos, uma reedição do Tratado de Não Agressão, Consulta e Arbitragem, conhecido com Tratado do ABC, ao condenar as guerras de agressão bem como estabelecer que as questões territoriais entre as partes contratantes não deviam ser resolvidas pela violência, a solução ou divergências que entre elas surgissem deviam ser obtidas através dos princípios pacíficos do direito internacional[83]. Seu sentido foi o mesmo de assentar a base de cooperação das grandes repúblicas do Sul e de "*juramento solene de no recurrir a la violencia, promesa leal de no realizar la agresión, y compromiso definitivo de seguir procedimientos conciliatorios*", conforme Saavedra Lamas ressaltou, a condenar não somente a "*beligerancia guerra*", mas também a "*beligerancia económica*", ou seja, "*la lucha aduanera*"[84].

A manobra diplomática da Argentina, ao propor ao Brasil o Tratado Antibélico, surtiu efeito ao afastar a ameaça imediata de um conflito. O Chile recuou, conteve seus aparentes propósitos de atacar a Argentina e/ou intervir militarmente em favor da Bolívia, bem como reatou as relações diplomáticas com o Paraguai. Contudo, não obstante o alto nível de inteligência e de cordialidade, em que, verdadeiramente, os dois países se empenhavam para conservar suas relações, as suspeitas recíprocas não se desvaneceram. O diplomata Orlando Leite Ribeiro, em Buenos Aires, escreveu diretamente a Vargas, acusando o chanceler Saavedra Lamas de abusar da confiança do Brasil, após envolver-lhe o nome na "aventura" do Tratado Antibélico proposto pela Argentina, e de tentar indispô-lo com o Chile, "seu único e possível amigo"[85]. Aliás, segundo o embaixador do Chile em Buenos Aires, com cuja opinião Leite Ribeiro concordava, a cordialidade entre a Argentina e o Brasil fora alcançada às custas do sacrifício do seu país, excluído das negociações[86]. Àquela altura, final de 1934, Vargas já se inquietava com a questão do Chaco, a complicar-se cada vez mais, a tomar, segundo sua expressão, "rumo obscuro" e a complicar-se cada vez mais[87]. A Argentina nem sequer disfarçava seu apoio ao Paraguai, a provê-lo com todos os recursos, e acumulava tropas na fronteira com a Bolívia, em cujo território já ocupara alguns fortins e, conforme seu ministro da Guerra, general Manuel Rodriguez defendia, seu propósito talvez fosse anexá-la, como parte desgarrada do vice-reino do Rio da Prata[88].

Os militares brasileiros sempre desconfiaram de que o governo de Buenos Aires tivesse tal propósito[89]. O general Olímpio da Silveira, no relatório sobre a situação do Brasil em face da Guerra do Chaco, acentuou que "a Argentina nunca se pode conformar com o desmembramento do vice-reino do Rio da Prata" e que "seus esforços, por mais de uma vez, conjugaram-se tenazmente na recomposição política do vasto território, do Acre à Terra do Fogo, do paralelo 9° ao paralelo 55° da latitude sul", havendo para tanto tirado vantagem da situação mediterrânea do Paraguai e da Bolívia, bem como do "determinismo geográfico" da Bacia do Prata, rota natural desses países para o Atlântico e cujo controle ela detinha"[90]. Ao Estado-Maior do Exército, no Brasil, afigurou-se que a Argentina, depois de vincular o Paraguai à sua influência, o que conseguira a partir de 1904, voltara suas vistas para a Bolívia, que o Chile, por outro lado, procurava também atrair para a órbita do Pacífico. Ao irromper a Guerra do Chaco, a aliança informal entre a Argentina e o Paraguai tornou-se, porém, inevitável, razão pela qual não lhe agradou que o Brasil se declarasse neutro *vis-à-vis* do conflito e não tratasse de impedir o livre trânsito fluvial ou terrestre para a Bolívia. O que a Argentina aparentemente pretendia era asfixiar a Bolívia, enquanto ela auxiliava francamente o Paraguai, não apenas lhe assegurando as comunicações através Rio da Prata como até mesmo lhe fornecendo armamentos, que a sua comissão de compras adquiria[91].

A situação do Paraguai, em virtude de suas íntimas vinculações com a Argentina, implicava, naturalmente, sérias ameaças, das quais o governo brasileiro tinha consciência. Ao presidente Getúlio Vargas preocupava o fato de que o presidente Eusebio Ayala, não sabendo o que e fazer com um Exército de 70.000 homens nem como ocupar essa tropa mobilizada, quando a guerra terminasse, temia que um general triunfante e soldados descontentes, ao regressarem a Assunção, pudessem levar à derrocada o poder civil. Daí por que seu receio de que o Paraguai procurasse criar, na fronteira de Mato Grosso, qualquer incidente que envolvesse o Brasil e a Argentina no conflito. Este receio de Vargas os militares brasileiros compartiam. O general Olímpio da Silveira, chefe do Estado-Maior do Exército, observou, citando o adido militar do Brasil em Assunção, que, se qualquer conflito com o Brasil, naquela conjuntura, era contrário ao interesse da Argentina, o Paraguai, por outro lado, não media as consequências nem pesava as oportunidades e, para conseguir seus objetivos, sempre esperara que, a começar pela guerra entre aqueles dois países, uma conflagração continental sobreviesse[92]. "Se um ato de loucura paraguaia nos obrigasse a uma reação local imediata, que degenerasse em conflito armado, seria difícil para a Argentina abandonar seu protegido" — o general Olímpio da Silveira aduziu[93]. Esta possibilidade não se afigurava remota. Várias denúncias chegaram ao Estado-Maior do Exército de que elementos paraguaios preparavam, na região de Corumbá, um assalto a Puerto Suarez, na Bolívia, com a violação do território brasileiro, a fim de tirar-lhe o único ponto que lhe restava para o comércio através da Estrada de Ferro Noroeste do Brasil. Segundo a opinião do general Olímpio da Silveira, um incidente de fronteira poderia então surgir de um momento a outro, "pois a animosidade contra o Brasil existe sempre, em estado latente, na raça guarani" e disso dava prova a desconfiança com que receberam no Chaco o adido militar brasileiro, que, "apesar de ouvir palavras amáveis, sempre esteve guardado à vista"[94]. De fato, tanto o Paraguai quanto a Argentina trataram os adidos militares do Brasil, que aparentemente se inclinava para a Bolívia, com "visível desconfiança", a colocá-los em situação de verdadeiro constrangimento, sem lhes permitir visitar a zona conflagrada ou acompanhar suas manobras militares[95]. Se bem que, apesar das divergências *vis-à-vis* da guerra no Chaco, as relações entre o Brasil e a Argentina sensivelmente melhorassem desde a visita do presidente Justo ao Rio de Janeiro, os desdobramentos de tal situação eram realmente imprevisíveis, o que induziu Vargas a sondar, através de Oswaldo Aranha, embaixador em Washington, a possibilidade de obter armamentos nos EUA, tais como artilharia e unidades para a defesa da costa, um ou dois cruzadores, submarinos e uma ou duas canhoneiras para o Rio Paraguai. E, ao assinalar então que a política do Brasil era de "cordial amizade" com a Argentina, advertiu: "Devemos mantê-la, mas precisamos tomar precauções militares"[96].

## NOTAS

1. Despacho n. 146, Legação da República Francesa na Argentina. a) Thibaut, Buenos Aires, 17/11/1909, pp. 77-79.
2. Ibid. Ofício do Foreign Office ao Secretário do Almirantado, Foreign Office, 2/4/1909. PRO-FO 368/267, File 034933.
3. Telegrama de Philander Knox, Washington, 9/3/1909, a Wilson, Legação dos EUA em Buenos Aires; Telegrama, Portela ao ministro das Relações Exteriores y Culto, Washington, 8/2/1910. AGN-A Sección Documentación Donada — Archivo de Victorino de la Plaza — Relaciones Exteriores — Honduras 1913, Equador etc. — Legajo 7.4/5/10.
4. Despacho n. 146, Legação da República Francesa na Argentina, a) Thibaut, Buenos Aires, 17/11/1909. AD-MAE-F — Argentine — Nouvelle Série, pp. 77-79. Peterson, 1970, p. 330.
5. Peterson, 1970, p. 331.
6. Id., ibid., p. 331.
7. O *Zollverein* (união aduaneira), ao desmantelar as barreiras comerciais, permitiu a ulterior unificação econômica e política da Alemanha, empreendida pelo Príncipe Otto von Bismarck em 1871.
8. Carta de Roque Sáenz Peña a Vicente Caseros, presidente do Partido Autonomista Nacional, Roma, 5/6/1908. AGN-A — Archivo Roque Sáenz Peña, Legajo 7.22/2/17.
9. Ibid.
10. Ibid.
11. Despacho n. 141, Legação da República Francesa no Rio de Janeiro a Raymond Poincaré, presidente do Conselho e ministro das Relações Exteriores,

Petrópolis, 7/10/1912. AD-MAE-F Brésil — Nouvelle Série — Politique Etrangère — Dossier Genéral, vol. 22, pp. 117-119.

12. Scenna, 1975, p. 297.
13. Cárcano, 1943, pp. 274-279.
14. Id., ibid., pp. 281-282.
15. Id., ibid., pp. 283-284. Vide também Lins, 1965, pp. 461-462. Scenna, 1975, p. 298.
16. Cárcano, 1943, pp. 284-286. Scenna, 1975, pp. 298-299.
17. Cárcano, 1943, p. 284.
18. Id., Ibid., pp. 285-286. Vide também Scenna, 1975, pp. 298-299.
19. Cárcano, 1943, p. 285.
20. Moniz de Aragão, 1967, pp. 10-15.
21. Ministério das Relações Exteriores — *Protocolos entre o Brasil e a Bolívia firmados em 3 de setembro de 1925* (edição reservada), Rio de Janeiro, Imprensa Nacional, 1926, p. 20.
22. A previsão da Madeira-Mamoré encontrava-se na cláusula IX do Tratado de 1867, que já sedimentara o princípio de atrair a Bolívia para o lado do Atlântico e, por conseguinte, para a órbita do Brasil, e foi mantida pelo Tratado de Petrópolis, de 1903, e pelo Tratado de Ligação Ferroviária de 1838 e pelo Tratado de Roboré, de 1858. Vide Teixeira Soares, 1972, pp. 222-227.
23. Carta de Domício da Gama a João Pandiá Calógeras (minuta), Washington, 23/11/1911. AIHGB — CDG, L. 648, P. 2.
24. Carta de Domício da Gama ao presidente Hermes da Fonseca, Washington, 29/12/1911. AIHGB — CDG, L.
25. Ibid.
26. Ibid.
27. Apud Melo Franco, 2. v., 1973, p. 671. Entre 1912 e 1913, ocorreu nos EUA um problema que se tornou conhecido como a “questão do truste do café”. Para receber um adiantamento de US$ 75 milhões, o governo de São Paulo entregou 7 milhões de sacas de café a comerciantes europeus, que as repassaram a um sindicato de banqueiros para sua distribuição no mercado norte-americano, por meio de um comitê de valorização, do qual um comerciante norte-americano, Herman Sielken, participava. Esse comitê monopolizou o controle da distribuição e tratou de valorizar o café, suscitando processos do governo norte-americano com base na lei antitruste. A questão, posteriormente, teve solução amigável, porque aos EUA não interessava alimentar um atrito com o Brasil, quando já enfrentava dificuldades com o México e a perspectiva de guerra na Europa se delineava. Vide Cervo & Bueno, 1992, pp. 186-187.
28. O National City Bank em 1915 instalou-se na Argentina e concedeu-lhe um empréstimo de US$ 15 milhões, o equivalente na época a US$ 3 milhões, enquanto os capitais norte-americanos compravam frigoríficos, obtinham a con-

cessão para estabelecer o telégrafo sem fio entre Buenos Aires e Nova York e faziam outros investimentos. Despatch n. 290, secret, Reginald. Tower to Ed. Grey, Buenos Aires, 13th/10/1915. PRO-FO 371-2240.

29. Despatch n. 123, R. Tower to E. Grey, Buenos Aires, 4/5/1915. Ibid.
30. Circular n. 1, confidencial, 15/5/1914, Ministério das Relações Exteriores do Chile a todas as missões no exterior, apud Barros, 1970, p. 614.
31. Link, 1960, p. 105.
32. Sobre a mediação do grupo ABC, vide Peterson, 1970, p. 303-306.
33. Barros, 1970, p. 615.
34. Despacho n. 1.533, Reginald Tower para Edward Grey, Buenos Aires, 2/6/1915. PRO-FO 371-2239. Despacho n. 290, secreto, Tower para Grey, Buenos Aires, 13/10/1915. PRO-FO 371-2240.
35. Comunicação do ministro das Finanças ao ministro de Negócios Estrangeiros da França (Direção de Negócios Políticos e Comerciais — América, 1º Bureau), n. 7166D, Paris, 31/8/191%. Brésil — Nouvelle Série — Politique Etrangère Dossier Général, vol. 22, pp. 163-164. AD-MAE-F.
36. Scenna, 1975, p. 300.
37. Barros, 1970, p. 617.
38. Id., ibid., p. 617.
39. Despacho n. 74, M. Des Portes de la Fosse, ministro plenipotenciário da República Francesa no Peru, a M. Aristide Briand, presidente do Conselho de ministro e ministro dos Negócios Estrangeiros, Lima, 21/11/1916. Brésil — Nouvelle Série — Politique Etrangère — Dossier Général. Vol. 22.
40. Ofício n. 731, embaixador José de Paula Rodrigues Alves para o chanceler Lauro Müller, Buenos Aires, 20/1/1914. AHI-MDB 206/3/4. Relatório Reservado sobre a Política Exterior do Brasil e Países da América do Sul, organizado por ordem de sua excelência o senhor ministro das Relações Exteriores pelo 1º oficial da Secretaria de Estado — Ronald de Carvalho (do Gabinete do ministro), Rio de Janeiro, 1927. AA.
41. Ibid.
42. Ibid.
43. Whitaker, 1956, p. 75.
44. Rouquié, 1981, p. 139.
45. Despacho n. 105, da Legação da República Francesa na Argentina a Aristide Briand, presidente do Conselho de ministro e ministro dos Negócios Estrangeiros, Buenos Aires, 19/11/1916; Despacho n. 74, M. Des Portes de la Fosse, ministro plenipotenciário da República Francesa no Peru, a M. Aristide Briand, presidente do Conselho de ministro e ministro dos Negócios Estrangeiros, Lima, 21/11/1916. Brésil — Nouvelle Série — Politique Etrangère — Dossier Général, vol. 22.
46. Dozer, 1974, p. 498.

47. Sobre o tema, vide Araujo, José Goes de — "A Canhoneira Eber" in *Revista do Instituto Geográfico e Histórico da Bahia*, n. 94, IGHB, Salvador — Bahia, 1998, pp. 117-138.
48. Normano, 1939, p. 291.
49. Peterson, 1970, pp. 393-398.
50. "A política do Império, principalmente a de D. Pedro II, embora sempre se orientasse pela retidão e pela prudência, criou, como era natural, profundas suspicácias em torno de nosso papel no continente. Éramos então os mais fortes militarmente, os mais organizados administrativamente, os mais ricos, os mais conceituados entre todos os nossos vizinhos. Éramos, pela fatalidade das circunstâncias, o fiel da balança. Meio século de paz interna, de governo estável, de florescimento econômico, de habilidade política elevaram o Brasil à posição de única potência sul-americana". Relatório Reservado sobre a Política Exterior do Brasil e Países da América do Sul, organizado por ordem de sua excelência o senhor ministro das Relações Exteriores e pelo 1° oficial da Secretaria de Estado — Ronald de Carvalho (do Gabinete do ministro), Rio de Janeiro, 1927. AA.
51. Ibid.
52. Frondizi, 1955, p. L.
53. *La Nación*, 1/11/1923, apud Relatório Reservado sobre a Política Exterior do Brasil e Países da América do Sul, organizado por ordem de sua excelência o senhor ministro das Relações Exteriores e pelo 1° oficial da Secretaria de Estado — Ronald de Carvalho (do Gabinete do ministro), Rio de Janeiro, 1927. AA.
54. Ibid.
55. Esse montante equivalia e 165 milhões de pesos-papel, ou 529.000 contos, em moeda brasileira, conferindo-se ao peso papel o valor de 3$600 réis. Ibid.
56. Ibid.
57. Ibid.
58. Estudos apresentados ao Conselho Superior de Guerra pelo general Waldomiro Castilho de Lima, Inspetoria do 1° Grupo de Regiões Militares, reservado, primeira parte. AN-APGPAGM-AP.51, cx. 5, doc. 1.
59. A evolução do protecionismo na Argentina culminou com o decreto de 31 de dezembro de 1930, pelo qual se proibiu temporariamente a importação de erva e a submeteu para o futuro a um regime de contingentes, regulamentado pelo decreto de 14 de março de 1931, complementado pelo de 13 de abril do mesmo ano, que estabeleceu a exigência de certas características físico-químicas para as ervas importadas. "El protecionismo, siguiendo la moda norteamericana, asumía un aspecto sanitario". Magalhães, 1945, p. 55.
60. Ofício n. 102, Embaixada do Brasil em Buenos Aires (assinatura ilegível) ao chanceler Afrânio de Melo Franco, Buenos Aires, 21/4/1931. AHI — lata 636, maço 9743.
61. Ibid.

62. Vide Moniz Bandeira, 1998, pp. 110-112.
63. Nota do embaixador da Argentina no Brasil, Antônio Mora y Araujo, ao chanceler Afrânio de Melo Franco, Rio de Janeiro, 15/9/1931. AHI — Lata 636, maço 9743.
64. Magalhães, 1945, p. 36. Moniz Barreto, 1982, p. 150.
65. Id., ibid., p. 140.
66. *"Además de su importancia numérica, presenta el mercado brasileño otras características que lo hacen particularmente interesante para la Argentina. En primer término, la proximidad geográfica afianza la permanencia y seguridad de un grande mercado para el trigo argentino, poniendolo a cubierto, en un mercado libre, de competencias apreciables. Luego, el ensablamiento entre el comercio exportador argentino y la industria molinera brasileña, circunstâncias estas dos que equiparan este gran mercado a una prolongación del mercado interno argentino, con todas as ventajas conseguintes, como por ejemplo la adaptación de su técnica molinera a los trigos argentinos.* Magalhães, 1945, pp. 39-46.
67. *Anuarios Estadísticos del Comercio Exterior de la República Argentina (1886/1930)*, Buenos Aires, Dirección general de Estadística da la Nación. Apud Moniz Barreto, 1982, pp. 140-141.
68. Magalhães, 1945, p. 35.
69. Id., ibid., p. 35.
70. Nota n. 84, Antônio Mora y Araujo ao ministro das Relações Exteriores Afrânio de Melo Franco, Rio de Janeiro, 15/9/1951, AHI — lata 636, maço 9743.
71. Nota n. 88, Antônio Mora y Araujo ao ministro das Relações Exteriores Afrânio de Melo Franco, Rio de Janeiro, 19/9/1951. AHI — lata 636, maço 9743.
72. Nota EC/58/8 (42) (41) 4211, Afrânio de Melo Franco a Antônio Mora y Araujo, Rio de Janeiro, 30/9/1931. AHI — lata 636, maço 9743.
73. Scenna, 1981, pp. 157-158.
74. Circular n. 907, confidencial, MRE às Missões Diplomáticas Brasileiras, a) M. de A. (Moniz de Aragão), Rio de Janeiro, 28/8/1934. AHI — Guerra do Chaco — 9(31).(43)5. AEMA.
75. Ofício n. 107, índice: "Situação do Brasil em face da Guerra do Chaco", secreto, general Olympio da Silveira, Chefe do Estado-Maior do Exército, ao general Olímpio da Silveira, Chefe do Estado-Maior do Exército, Rio de Janeiro. 27/11/1934. AN-AP51(7)-APPAGM.
76. "Situação Atual do Brasil como Potência Militar Sul-Americana". Estudos apresentados ao Conselho Superior de Guerra pelo general de Divisão Waldomiro Castilho de Lima, Inspetoria do 1° Grupo de Regiões Militares, reservado, s/d (provavelmente 1934-1935), AN-AP51(5) — HPPAGM.

77. Ofício n. 237, Lafaiete de Carvalho e Silva ao chanceler Afrânio de Melo Franco, Buenos Aires, 2/7/1933; Ofício n. 304, reservado, Embaixada do Brasil no Uruguai (s/a) ao chanceler Melo Franco, Montevidéu, 3/10/1933. AHI — lata 164, maços 2717 a 2722.
78. Ofício n. 107, secreto, 27/11/1934, da 2ª Seção do Estado-Maior do Exército, cópia. AN — APPAGM — AP51 (7).
79. Ofício n. 304, reservado, da Embaixada do Brasil em Montevidéu ao chanceler Afrânio de Melo Franco, Montevidéu, 3/10/1933. AHI — lata 164, maços 2717 a 2722.
80. Atos Internacionais firmados por ocasião da visita ao Brasil do Excelentíssimo Senhor general Agustín P. Justo, presidente da Nação Argentina, Rio de Janeiro, Tipografia do Jornal do Comércio, Rodrigues & C., 1933.
81. Discurso do ministro Melo Franco, proferido no Palácio do Itamaraty, em 10/10/1933. Ibid., pp. 15 e 16.
82. Discursos do ministro Saavedra Lamas, proferido no Palácio do Itamaraty, em 10/10/1933, Ibid., pp. 28.
83. Tratado Antibélico de Não Agressão e de Conciliação, Art. I e II, ibid., pp. 39-42.
84. Discursos do ministro Saavedra Lamas, proferido no Palácio do Itamaraty, em 10/10/1933, Ibid., pp. 31-33.
85. Carta de Orlando Leite Ribeiro a Getúlio Vargas, Buenos Aires, 15/09/1934 — CPDOC-GV 34.09.15/1.
86. Ibid.
87. Carta de Getúlio Vargas a Oswaldo Aranha, Rio de Janeiro, 24/12/1934 — CPDOC-GV 34/12/24/1.
88. Ibid.
89. Ofício n. 107, índice: "Situação do Brasil em face da Guerra do Chaco", secreto, general Olympio da Silveira, Chefe do Estado-Maior do Exército, ao general Olímpio da Silveira, Chefe do Estado-Maior do Exército, Rio de Janeiro. 27/11/1934. AN-AP51(7)-APPAGM.
90. Ibid.
91. Ibid.
92. Ofício n. 107, índice: "Situação do Brasil em face da Guerra do Chaco", secreto, general Olympio da Silveira, Chefe do Estado-Maior do Exército, ao general Olímpio da Silveira, Chefe do Estado-Maior do Exército, Rio de Janeiro. 27/11/1934. AN-AP51(7)-APPAGM.
93. Ibid.
94. Ibid.
95. Carta de Getúlio Vargas a Oswaldo Aranha, Rio de Janeiro, 24/12/1934 — CPDOC-GV 34/12/24/1.
96. Ibid.

# Capítulo V

O DECLÍNIO DA SUPREMACIA BRASILEIRA NA BACIA DO PRATA • A PREDOMINÂNCIA DA ARGENTINA • O DOMÍNIO DA ARGENTINA SOBRE O PARAGUAI • O AVANÇO SOBRE A BOLÍVIA • OS TEMORES DO BRASIL • A ESTRADA MADEIRA-MAMORÉ • OS INTERESSES DA ARGENTINA NO CHACO • O INÍCIO DOS CONFLITOS • A QUESTÃO DO PETRÓLEO E A GUERRA DO CHACO

A desvantagem econômica, política e estratégica do Brasil, na região da Bacia do Prata, ainda no início dos anos 30, era enorme. O Brasil perdera a supremacia militar, especialmente no seu poder naval, enquanto a Argentina, com a maior extensão de vias férreas por habitante que, em valor absoluto de quilômetros, só perdia para os EUA, Alemanha, Grã-Bretanha, França e Áustria, possuía uma esquadra bem aparelhada e constituía incontestavelmente a maior potência naval da América do Sul, assenhoreando-se, na região do Prata, de todos os canais profundos, pelos quais as grandes embarcações trafegavam, provenientes do Atlântico ou dos Rios Paraguai, Paraná e Uruguai, em demanda de Buenos Aires[1]. A Argentina exercia sobre o Rio da Prata, que constituía sua rota comercial, por excelência, verdadeiro domínio, que se estendia ao Banco Inglês e às Ilhas das Flores, suas chaves de entrada. O exercício do condomínio de suas águas, por parte do Uruguai, não passava de "simples ficção jurídica", sem base na realidade[2]. Os Rios Paraguai, Paraná e Uruguai estavam, igualmente, sob o controle da Argentina, dado que o Brasil não possuía nenhuma base naval importante na região, e seus navios mercantes perderam a concorrência para os daquele país, já senhores de toda a Bacia do Prata. Segundo a percepção do diplomata brasileiro Ronald de Carvalho, 1° oficial do gabinete do chanceler Octávio Mangabeira, o Paraguai, em 1927, era uma "verdadeira província" ou uma espécie de "feudo" da Argentina, a ela atrelado pelo Tratado de Comércio de 1916, que estatuíra um regime de franquias e sanções alfandegárias, a permitir o livre comércio entre os dois países[3]. Também nos meios militares brasileiros, o Paraguai era percebido como um "prolongamento geográfico e econômico" da Argentina[4], à qual o Tratado de Comércio de 1917 o atrelou. Os grupos econômicos, sediados em Buenos Aires e que também possuíam grandes interesses na Bolívia, onde adquiriram considerável faixa de suas melhores terras[5], espraiaram de tal modo seu domínio que o Chaco ficou de fato sob controle da Argentina, apesar de que, após a Guerra da Tríplice Aliança, o Brasil impedisse que o Paraguai lhe cedesse *de jure* a soberania sobre a região. A firma Casado & Cia., além das atividades ligadas à produção e comercialização de tanino, dedicara-se à criação de gado. Fundada por volta de 1886, quando Carlos Casado passara de Buenos Aires para Assunção e comprara no Chaco 3.000 léguas de terra, expandira tanto suas operações que, no início dos anos 30, possuía cerca de 134 km de estrada de ferro dentro de sua propriedade[6]. A Soc. Puerto Peñasco, a Soc. Indústrias de Quebracho e outras, bem como todas as empresas empenhadas na extração do mate, pertenciam totalmente a capitais da Argentina, cuja sucursal do Banco de La Nación, em Assunção, apresentava um movimento financeiro maior do que o de todos os bancos estrangeiros reunidos[7].

O Brasil não se conformava, naturalmente, com a completa perda de influência sobre o Paraguai, que se tornara eventual aliado da Argentina, quer na paz quer na guerra, dada sua sujeição aos caprichos de Buenos Aires e aos compromissos onerosos que o prendiam aos seus banqueiros. Por esta razão, acompanhou com profunda suspicácia o impulso dado pela Argentina ao seu plano de comunicações com a Bolívia, mediante a ligação direta Buenos Aires—La Paz, e a construção de duas transversais ferroviárias do Chaco Meridional: Embarcación-Formosa e Metan Resistencia. Segundo a percepção do governo brasileiro, ela, predominando já sobre o Paraguai, voltara suas vistas para a Bolívia, e, depois de 1904, a política do Chile a atraía para o Pacífico. O temor do Estado-Maior do Exército, bem como do Ministério das Relações Exteriores, era de que a Argentina, por dispor de importantes recursos (petróleo, gado e cereais), boa organização econômica e constituindo, na América do Sul, "potência de primeira grandeza", com "superioridade militar terrestre, marítima e aérea" sobre o Brasil, tentasse absorver a Bolívia, além do Uruguai e do Paraguai, e assim recompor as fronteiras do vice-reino do

Rio da Prata[8]. E o alarme ainda mais aumentou quando o governo de Buenos Aires conseguiu que o de La Paz firmasse o Protocolo Carrillo-Gutierrez, que lhe dava a concessão para o prolongamento ferroviário de Yucuiba e Santa Cruz de la Sierra, com a facilidade de construir ramais transversais para o Chaco e Puerto Suarez[9]. O Itamaraty tratou então de frustrar sua aprovação, uma vez que, se efetivada, impediria qualquer prolongamento da rede ferroviária brasileira através daquela região. O Protocolo Gutierrez-Carrillo com a Argentina contrapunha-se, por conseguinte, aos compromissos oriundos do Tratado de Petrópolis, de 17 de novembro de 1903, pelo qual, a resolver com a Bolívia o litígio sobre o Acre, o Brasil se obrigava a construir em seu próprio território, por si ou por uma empresa particular, uma ferrovia desde o Porto de Santo Antônio, no Rio Madeira, até Guajará-Mirim, no Mamoré, com um ramal, que, passando por Vila Murtinho ou outro ponto próximo (estado de Mato Grosso), chegasse à Villa Bella (Bolívia), na confluência com o Beni[10]. Esta ferrovia não só visava a desviar para o Atlântico, através do Madeira, todo o comércio das regiões do Beni, Madre de Dios e Orton, na Bolívia, e facilitar a ligação com La Paz, como tinha igualmente o objetivo de reduzir e eliminar a dependência em relação aos rios da Bacia do Prata, que tornava bastante vulneráveis o transporte de mercadorias e as comunicações com os estados de Mato Grosso, Goiás, parte de São Paulo e Paraná, no Oeste do Brasil. Sua construção, já tentada desde 1874 pelo coronel norte-americano George Earl Church, começou oficialmente em 1907, e as obras — a extensão dos trilhos por 364 km até Guajará-Mirim — só terminaram cinco anos depois, em 1912, a um custo de milhares de mortos, vitimados pela malária, flechas, feras e outras adversidades das selvas. O ramal até Villa Bella não foi estendido porque entrementes a Bolívia, em consequência da queda do preço da borracha no mercado internacional, manifestou ao Brasil interesse na modificação do seu traçado, objeto então de três protocolos (1901, 1912 e 1925), que malograram levando os dois países a, em 25 de dezembro de 1928, celebrarem o Tratado de Limites e Comunicações Ferroviárias. E qualquer avanço na execução do projeto não houve. Pelo contrário. O projeto, conforme o protocolo de 1925 fixara, visava à ligação Corumbá—Santa Cruz de la Sierra, substituído fora por outro, de importância econômica inferior, ao mesmo tempo em que impunha à Bolívia o compromisso de executar "um plano de construções ferroviárias", tão difuso quanto irrealizável, porquanto ela não dispunha dos recursos necessários à consecução de semelhante empreendimento[11].

De qualquer forma, até o início dos anos 30, o Brasil não concretizara a ligação Corumbá—Santa Cruz de la Sierra, propiciando à Bolívia efetiva saída para o Atlântico e libertando-a da dependência em relação ao Rio da Prata e ao porto de Buenos Aires, conforme o espírito do Tratado de Petrópolis, de 1903. Por meio deste Tratado, o Brasil também lhe concedera o triângulo de terras ao norte da Bahia Negra e outras saídas para o Paraguai, Mandioré, Gaiba e Uberaba, o que lhe compensou a perda de Puerto Pacheco (Bahia Negra), conquistado, em 1888, pelo Estado paraguaio, a assenhorear-se de toda a margem daquele rio. Contudo quando em 1928 as refregas por causa do Chaco recomeçaram e tropas do Paraguai acometeram o Fortim Vanguardia, a Bolívia também perdeu esse triângulo de terras, ao sul do Fortim Coimbra, com o que ainda mais recalcada foi na sua mediterraneidade. O Chile, que lhe arrebatara durante a guerra de 1879-83 o litoral do Pacífico, a ela assegurara, com o Tratado de Paz de 1904, o trânsito ferroviário, através do deserto de Atacama já sob sua jurisdição. Esta franquia, porém, não podia reparar a mutilação do território nem as frustrações daí decorrentes. Destarte, sem o litoral do Pacífico, não mais dispondo igualmente de acesso à Bacia do Prata e ainda impossibilitada de alcançar o Atlântico, por via ferroviária, a Bolívia, em meio de forte depressão econômica desencadeada pela crise de 1929, decidiu recuperar a passagem através da Bacia do Prata dado que considerava parte do seu território a margem direita do Rio Paraguai, onde os paraguaios, a avançarem por toda a zona ribeirinha, pertencente ao departamento de Tarija, próxima do Fortim Olimpo e quase em contacto com o departamento de Chuquisaca, construíram quatro portos — Pinasco, Casado, Sastre e Guarany[12]. Ela se julgava mais bem armada, mais forte, militarmente, que o vizinho com o qual disputava o território, e, conforme as palavras do embaixador Antônio Salum-Flecha, *"desengañada de sus anteriores tentativas diplomáticas para obtener una salida sobre el Rio Paraguay, inició una nueva política como medio efectivo de incorporar el Chaco a sus domínios consistentes en una penetración pacifica"*.[13]

Esta política o presidente Daniel Salamanca (1931-1935) se dispôs a executar com determinação quando assumiu, em 1931, o governo da Bolívia, e propôs ao Estado-Maior do Exército que elaborasse um plano para "penetração pacífica", ocupação militar e exploração do Chaco[14]. Seu propósito era "prestar maior atenção" a esta questão, devido não só à honra como ao *"supremo interés del porvenir de Bolivia, tanto para asegurar sus territórios del sudeste, constantemente usurpados, como para abrirse una salida al Plata".*[15]

O agravamento do conflito tornou-se assim inevitável. A Bolívia, em meados de 1931, tomou a iniciativa de suspender novamente as relações diplomáticas com o Paraguai[16]. Poucos meses depois, em setembro, tropas bolivianas, com ordem de ocupar os lugares providos de água, tomaram o posto avançado paraguaio Masamaklay, rebatizado de Água Rica. E as refregas recresceram e se generalizaram, em 1932, quando o regimento Lanza, sob o comando do major Oscar Moscoso, capturou o Fortim Antônio Carlos López, na verdade um rancho que albergava insignificante guarnição de um cabo e cinco soldados[17], à margem da laguna Pitiantuta, ou Chuquisaca, cuja importância consistia no fato de constituir o único reservatório de água em muitas léguas ao longo da região. A Guerra do Chaco formalmente começara.

O jornalista brasileiro Lindolfo Collor, que logo após a revolução de 1930 fora o primeiro ministro do Trabalho do governo de Getúlio Vargas (1930-1945), escreveu, naquela época, um artigo para *La Prensa*, de Buenos Aires, no qual assinalava que a guerra no Chaco não se ajustava de nenhum modo ao conceito de *bellum*, pois se distinguia de todas as outras guerras, na medida em que, juridicamente, não teve começo e, militarmente, não teria fim[18]. Segundo ele, a guerra, "latente ou implícita", sempre fora o elemento primordial de civilização, um *status* social, no Chaco, onde o latifúndio teve e ainda tinha um "*fulgor jamás sobrepasado o siquiera alcanzado*" em qualquer região do mundo[19]. Com efeito, o Chaco, palavra aparentemente de origem quíchua, compreendia vasta planície encravada na mesopotâmia da Bacia do Prata, ao centro-sul do continente, e dividida, dada a sua extensão, em três regiões: Chaco Boreal, Chaco Central e Chaco Austral. A disputa pelo seu domínio começara nos meados do século XIX, quando Juan de la Cruz Benavente, encarregado de negócios da Bolívia em Buenos Aires, protestou contra a celebração do Tratado de Navegação e Limites de 15 da de julho de 1852, pelo qual a Confederação Argentina reconheceu a soberania do Paraguai sobre o rio do mesmo nome, "de costa a costa", até sua confluência com o Paraná[20]. Desdobramento maior não houve. O Tratado de

Navegação e Limites de 15 de julho de 1852, aliás, nem ratificado foi, e a questão somente se reacendeu em 1866, com a publicação do Tratado da Tríplice Aliança (Brasil, Argentina e Uruguai). Na ocasião, o governo da Bolívia manifestou estranheza ante o fato de que os Aliados, ao decidirem sobre a expropriação do território do Estado paraguaio, incluíssem na retalhadura "*gran porción del território boliviano*", destinando à Argentina extensa região ocidental do Rio Paraguai (Gran Chaco) e ao Brasil, na sua margem direita, o trecho compreendido entre a Bahia Negra e o Jaurú[21]. Os três Aliados trataram então de ressalvar, através de cartas e notas reversais, os direitos da Bolívia, cujo apoio o ministro das Relações Exteriores do Paraguai, José Berges, solicitara, acenando-lhe com a oportunidade de "recuperar seus territórios e direitos usurpados pelo Brasil"[22]. O general Mariano Melgarejo, que governava o país naquela época, inclinou-se, a princípio, a atender ao apelo e ofereceu ao marechal Francisco Solano López uma "coluna de 12.000 bolivianos"[23]. A ação diplomática do Brasil, enviando a Sucre como ministro plenipotenciário o conselheiro Felipe Lopes Neto, neutralizou-o e levou-o a firmar o Tratado de 27 de março de 1867, pelo qual a Bolívia perdeu a margem direita do Rio Paraguai e larga faixa de terra entre a foz do Beni e o Javari[24], embora não o impedisse de permitir, sem obstáculos, a constante passagem de armamentos para o marechal Francisco Solano López[25].

A disputa em torno do Chaco, no entanto, agravou-se depois de terminada a guerra contra o Paraguai. O governo de Buenos Aires, escorado no Tratado da Tríplice Aliança, reclamou a posse de toda a margem esquerda do Rio Paraná até o Iguaçu, e de toda a riba ocidental do Rio Paraguai, até a Bahia Negra, em frente ao Fortim Coimbra, i.e., todo o território do Chaco, havendo suas tropas ocupado já a Villa Ocidental. O governo imperial não lhe reconheceu a pretensão, a pretexto de resguardar os direitos da Bolívia. Só admitiu o alargamento de sua fronteira, à margem ocidental do Rio Paraguai, até o Pilcomayo. Não lhe convinha que a Argentina dilatasse ainda mais seu território nem que o Brasil tivesse com ela duas fronteiras, o que ocorreria se seu domínio se estendesse pela margem direita do Rio Paraguai, acima do Pilcomayo. Diante de tais circunstâncias, o governo de Buenos Aires, com Domingo Sarmiento como presidente da República e Carlos Tejedor no Ministério das Relações Exteriores, declarou então todo o Chaco província da Argentina, tendo Villa Ocidental como sua capital, e passou a exigir que as tropas brasileiras se retirassem de Assunção. O governo imperial, com os conservadores à frente e o Visconde de Rio Branco, José Maria da Silva Paranhos, na presidência do Conselho de ministros, reagiu, por outro lado, endurecendo sua posição, e assinou a paz em separado com o Paraguai, com o que rompeu, virtualmente, o Tratado da Tríplice Aliança. O conflito armado só não irrompeu porque, naquelas circunstâncias, nem o Brasil nem a Argentina estavam em condições de arcar com seus custos, ainda mais sem os recursos da Grã-Bretanha, cujos vastos e crescentes interesses na região do Prata sérios danos, certamente, sofreriam. Assim, o general Bartolomé Mitre, com as credenciais de plenipotenciário, viajou ao Rio de Janeiro, em 1872, e restaurou o clima favorável ao prosseguimento das negociações. Posteriormente, em 1875, o próprio Carlos Tejedor, como plenipotenciário do governo de Nicolás Avellaneda, continuou o trabalho e, através de sigilosa combinação com o representante do Paraguai, Jaime Sosa, procurou manter a Villa Ocidental sob a soberania da Argentina, em troca do perdão da dívida de guerra. Mas a diplomacia do Brasil, informada sobre o acordo, atuou rapidamente e, a manipular o governo do Paraguai, forçou a rejeição dos tratados de paz e de limites que Tejedor e Sosa haviam firmado. O entendimento só foi alcançado em 1876, quando Bernardo de Yrigoyen, substituto de Tejedor, aquiesceu em fixar, no Rio Pilcomayo, a linha de fronteira da Argentina, submetendo a questão de Villa Occidental à arbitragem do presidente dos EUA, Rutherford Hayes. Esta foi a grande vitória da diplomacia brasileira e o grande erro da Argentina, aceitando submeter aquele território, o Chaco Boreal, ao arbitramento, apesar de ser um dos Estados vitoriosos na guerra contra o Paraguai[26]. E assim ela perdeu a questão. A decisão, anunciada em 1878, favoreceu o Paraguai e Villa Ocidental, com a retirada da Argentina, passou a chamar-se Villa Hayes, em homenagem ao presidente dos EUA, que lhe deu o ganho de causa. E o Brasil obteve outro triunfo, ao conseguir demarcar, conforme sua conveniência geopolítica, as fronteiras do Paraguai com a Argentina, que incorporou o Chaco Austral, ao sul do Rio Bermejo, e o Chaco Central, situado entre o Bermejo e o Rio Pilcomayo, mas não pôde assenhorear-se, igualmente, do Chaco Boreal ou Gran Chaco, com cerca de 297.938 km$^2$, o equivalente a três quintas partes do território total do Paraguai[27].

A Bolívia que, embora pedisse, nem fora ouvida pelos Aliados[28], não tivera, até então, nem condições nem meios de forçar a consideração de seus reclamos, confusa e inconsequentemente formulados. Durante a Guerra da Tríplice Aliança nem sequer protestara quando os exércitos, quer do marechal Francisco Solano López quer dos Aliados, atravessaram o Rio Paraguai e, alcançando sua margem direita, penetraram o Chaco. A partir de 1878, porém, a Bolívia, com a economia estagnada devido ao esgotamento das minas de prata, abismou-se em uma sequência de graves problemas como a seca, a fome, a peste e outros, decorrentes do fortíssimo terremoto que nos fins de 1877 devastara seus portos na costa do Pacífico (Tocopilla, Antofagasta, Cobija), localizados entre Taltal, ao norte do Chile, e Arica, no sul do Peru[29]. A derrota na Guerra do Pacífico (1879-1883), travada, juntamente com o Peru, contra o Chile, engravesceu-lhe mais ainda a situação, ao transformá-la em um país mediterrâneo e, o que mais asfixiante se afigurava, sem sequer uma saída para a Bacia do Prata. Em realidade, a Bolívia não tanto se beneficiara com o *boom* dos nitratos, quando entre 1866 e 1879 explorava juntamente com o Chile as jazidas de salitre, e os portos de Tocopilla, Antofagasta e Cobija, perdidos durante a Guerra do Pacífico, pouco lhe serviram, dado que ela não dispunha de grandes excedentes para exportação. Mas o fato foi que seu interesse no Chaco e em obter uma saída para o Rio Paraguai recresceu, a partir de 1879, depois do laudo arbitral do presidente Hayes e coincidentemente com a ocupação da costa do Pacífico pelo Chile. Naquele ano, o presidente Narciso Campero, em carta ao Imperador Pedro II, pleiteou a devolução das margens do Alto Paraguai, cedidas ao Brasil por Melgarejo, sob o argumento de que o Tratado de 1867 contrariava os "*claros desígnios de la Providencia*", ao impedir que a população da Bolívia tivesse acesso ao rio e privá-la, assim, de "*un órgano respiratorio que le ha concedido la voluntad del Supremo Hacedor*"[30]. Ao mesmo tempo, ele determinou que Antônio Quijano, seu ministro em Buenos Aires, viajasse para Assunção como plenipotenciário, a fim de negociar um acordo que garantisse à Bolívia o domínio sobre a margem direita do Paraguai, ao sul da Bahia Negra. Quijano e José Segundo Decoud, ministro das Relações Exteriores do Paraguai, em 15 de outubro de 1879, firmaram então um tratado pelo qual se transferia para a Bolívia mais da metade do Chaco. O Tratado Quijarro-Decoud aprovado não foi pelo Paraguai, da mesma forma que dois outros mais — Tamayo-Aceval (1887) e Ichazo-Benitez (1894)[31] — celebrados até o final do século X1X[32].

Como os dois países nenhum entendimento alcançassem e a construção pela Bolívia, no Chaco, dos fortins Ballivian e Guachalla quase desencadeasse uma guerra, a Argentina, sob o governo de José Figueroa Alcorta e tendo Estanislau S. Zeballos como ministro das Relações Exteriores, ofereceu os bons ofícios em busca de uma solução amigável para o litígio, no qual a controvérsia não se cingia apenas ao valor dos títulos, mas também à forma de os julgar, não sendo possível conciliar as opiniões nem sobre a competência da Audiência de Charcas, da qual a Bolívia se pretendia herdeira nem sobre o princípio do *uti possidetis*. A Bolívia apegava-se ao *uti possidetis juris*, que se afigurava uma aberração jurídica para o Paraguai, que só o admitia como *uti possidetis de facto*, baseado na linha do direito romano, pois o acréscimo do *juris* desvirtuava o clássico instituto da posse, invalidando a finalidade prática que o justificava[33]. Esta apreciação coincidia com a que o Brasil sempre sustentara, pois o *uti possidetis juris*, conforme o Paraguai argumentava, fora uma invenção da Colômbia, que nem chegara a firmar-se nem fora jamais aplicado nas questões de limites entre os países americanos, cuja independência conquistaram depois de 1810. Tal divergência tinha seu fundamento na própria realidade do Chaco, que constituía uma zona marginal do Rio Paraguai, muito afastada, portanto, dos centros de população da Bolívia, que nada ou quase nada podia invocar em seu benefício, a não ser direitos históricos, pois não pudera estabelecer naquela região mais do que fortins, ou seja, meros acampamentos militares[34]. O Chaco, na realidade, não se integrava ao sistema produtivo da Bolívia. Bem distante estava dos seus centros econômicos e políticos, localizados no Altiplano, onde as populações se concentravam, e lá a presença da Bolívia somente se podia perceber através daquelas pequenas guarnições militares, algumas das quais, sediadas à margem do Pilcomayo, contavam com menos de 350 soldados, para uma população de menos de 5.000 habitantes. Na longínqua região de Chiquitos, com cerca de 10.000 habitantes, menos de 250 soldados compunham a guarnição[35]. A Bolívia, que apenas alegava a condição de sucessora da Audiência de Charcas para reivindicar o Chaco, não aceitava, no entanto, qualquer fórmula de paz que não lhe contemplasse a pretensão de obter uma saída para o Atlântico, entre a Bahia Negra e o Pilcomayo, através do Rio Paraguai, e não podia entregar a questão à arbitragem, porquanto sabia que, com base nos títulos de posse, ela corria o risco de perder tudo o que pleiteava.

O Paraguai, porém, apresentava em seu favor vários estabelecimentos, que durante o período colonial surgiram e desapareceram no Chaco, além do Forte Borbon, construído por ordem das autoridades de Assunção, em 1792, na margem direita do Rio Paraguai e ainda remanescente com o nome de Forte Olympo. Este parecia o único título claro em toda a questão, e a Bolívia não podia contestar a alegação de que várias povoações desde então estabelecidas no Chaco dependiam da jurisdição da cidade de Assunção, ao sul da qual se situavam. Destarte, se não contestava este fato, a Bolívia não podia negar que a zona intermédia estava na mesma situação, i.e., subordinada à capital do Paraguai, e tinha de aceitar a realidade histórica com todas as suas consequências. Irrefutável afigurava-se que, baseado na posse, o Paraguai tinha mais direitos que a Bolívia sobre o Chaco desde a fronteira com a Argentina até um ponto ao norte do Forte Olympo. A posse, na margem do Rio Paraguai terra a dentro não favorecia, contudo, o governo de Assunção, pois a ocupação por grandes empresas que exploravam o tanino, missões evangélicas e colônias menonistas canadenses ou russas, mesmo que assumisse caráter estável, era muito recente[36]. De qualquer forma, a justificar suas pretensões sobre a margem direita do Rio Paraguai, desde o Pilcomayo até Forte Olympo, os títulos apresentados pelo governo de Assunção tinham muito mais força. Contudo, uma vez que só se admitia como válida a posse de um território se ela já efetiva fosse antes da independência, pesava em favor da Bolívia o fato de que ela se proclamara Estado soberano em 1825, enquanto a emancipação do Paraguai, ainda que *de facto* acontecesse em 1810, somente foi reconhecida *de jure* em 1842[37].

Diante desse impasse, em 12 de janeiro de 1907, os plenipotenciários da Bolívia, Cláudio Pinilla, e do Paraguai, Adolfo R. Soler, firmaram então um protocolo em que as partes contratantes se comprometiam a não ignorar nem avançar no Chaco as possessões existentes até aquela data e entregavam a questão à arbitragem do presidente da Argentina, O entendimento, contudo, não evoluiu, por vários motivos, entre os quais, principalmente, a renúncia do presidente Figueroa Alcorta, em virtude de grave incidente diplomático com a Bolívia, que julgava o protocolo atentatório à sua soberania. Confiança, naturalmente, não havia na isenção da Argentina. Segundo se informara, o próprio chanceler Estanislau S. Zeballos era grande concessionário de terras no Chaco, as quais adjudicadas lhe foram pelo governo do Paraguai[38]. E na Argentina havia quem alimentasse a esperança de que ela talvez ainda pudesse incorporar aquela região, o que a salvaria de muitos problemas no futuro e lhe asseguraria a jurisdição sobre o Rio Paraguai, a contrabalançar a expansão do Brasil em Mato Grosso. "*Los EUA llevan su jurisdicción alli donde existen intereses de su nacionalidad*" — assim um documento encaminhado ao chanceler Victorino de la Plaza, por volta de 1810, argumentava em favor da "reincorporação" do Chaco pela Argentina, acentuando que "*El mal llamado Chaco Paraguaio solo ha sido poblado por capitales argentinos, espoliados por los políticos de Asunción, y basta mirar el mapa para ver que él forma continuación al norte del território argentino, sin solucción de continuidad al norte del Pilcomayo*"[39].

De acordo com o mesmo documento, desde que "*los dueños*" e los "*centros de población*" no Chaco eram argentinos, seu território devia ser incorporado à Argentina, para o que bastava estacionar navios de guerra em frente a Villa Hayes, Concepción e Puerto Casado, aproveitando que uma revolta dos marinheiros debilitara a armada brasileira (1910)[40].

O chanceler, depois presidente (1914-1916), Victorino de la Plaza evidentemente não acolheu semelhante sugestão. Mas fato era que, enquanto a Bolívia se emaranhava em controvérsias jurídicas e diplomáticas, defendendo, para respaldar seus reclamos, o *uti possidetis juris* rechaçado pelo Paraguai, pois o aditivo *juris* contradizia o princípio do *uti possidetis*, que, na linha do direito romano, só se podia configurar *de facto*, a Argentina na realidade ocupara economicamente o Chaco[41], embora os EUA até 1918 também ali houvessem investido um montante superior a US$ 1 milhão[42]. Argentinas eram, na sua grande maioria, as estâncias para a criação de gado e as empresas dedicadas à venda de terras e à produção de tanino. Elas operaram grandes somas de capital, empregaram cerca de 20.000 trabalhadores, possuíam mais de 200 km de vias férreas para o transporte do quebracho, dispunham de numerosos portos à margem do Rio Paraguai, e os navios de cabotagem argentinos, na maior parte pertencentes à Companhia Mihanovich, monopolizavam o trânsito fluvial[43]. A produção mensal de tanino das quatro empresas argentinas e uma norte-americana, que se assentava sobre vastas propriedades de terra[44], chegara a 8.000 toneladas no início dos anos 30. Entre essas empresas, a da família Casado & Cia. destacava-se, pois seu domínio chegara a estender-se por cerca de 3.000 a 4.000 léguas quadradas ou, segundo outra medida, por mais de 4 milhões de hectares, sendo posteriormente reduzido com a divisão em lotes coloniais, para venda às famílias menonitas, canadenses ou russas[45]. Conforme o jornalista Lindolfo Collor assinalou, em nenhuma parte, dentro do sistema econômico capitalista, uma propriedade existira com 300 léguas quadradas[46]. Somente no Chaco. Na avaliação do Itamaraty para essa como para as demais empresas argentinas, era da maior relevância que o Chaco continuasse sob o domínio do Paraguai, uma vez que, mesmo se reconhecidos fossem seus direitos pela Bolívia, logo se faria sentir a diferença entre o tratamento que encontravam em Assunção, onde obtinham grandes facilidades e vantagens, e o que haveriam de receber, possivelmente mais restrito, em La Paz[47]. O prestígio e a influência de Carlos Casado Ltda. eram enormes no Paraguai. Esta firma vinculava importantes interesses comerciais de Assunção e Buenos Aires e, desde Puerto Casado, onde, de forma intermitente os filhos do pioneiro Carlos Casado residiam, até Buenos Aires, onde advogados, genros e outros parentes, surgidos do tronco principal, colaboravam, estendia-se um elo, do qual outros argentinos ligados aos centros do poder também participavam. Por este motivo, quando o conflito armado com a Bolívia irrompeu, o governo de Buenos Aires não lhes podia deixar de refletir os interesses, respaldando o Paraguai, sobretudo depois que o general Agustín P. Justo, cunhado de Carlos Casado, assumira a presidência da Argentina (1932-1938)[48] e nomeara seu ministro das Relações Exteriores o antigo advogado daquela empresa proprietária de vasta extensão de terras no Chaco, Carlos Saavedra Lamas[49].

Fatores vários e complexos evidentemente entrançaram-se e concorreram para a eclosão da guerra no Chaco, que praticamente principiou quando, em 1923, o Paraguai assaltou o Fortim Vanguardia, da Bolívia, e a Bolívia, em seguida, capturou o Fortim Boquerón, do Paraguai. O propósito da Bolívia não consistiu em conquistar territórios despovoados, dos quais, aliás, não carecia. A saída para o mar, sim, sempre constituíra sua constante preocupação, desde que se tornara país mediterrâneo, em meio de desertos, separado do Pacífico pelos territórios que o Chile lhe tomara. Esta pretensão, por si só não justificava, porém, os custos de uma guerra contra o Paraguai, pois eram mais altos do que ela gastaria para ligar o Altiplano à Baía de Cáceres. Aliás, da ordem de apenas £ 200.000 anuais, o comércio de importação e exportação de Santa Cruz de la Sierra, o departamento mais interessado na saída pelo Rio Paraguai, não compensava os investimentos no conflito. Destarte, o problema consistia no fato de que a Standard Oil começara a exploração do petróleo, mas o transporte para os portos do Pacífico afigurava-se difícil e custoso, devido aos aclives dos Andes. Seu escoamento, portanto, dependia de que a Bolívia obtivesse acesso ao Atlântico, através da Bacia do Prata, razão pela qual o Chaco cortado pelo Rio Paraguai e seus afluentes adquiria enorme valor para Bolívia, como país mediterrâneo, pois lhe permitiria alcançar, fundamentalmente para o departamento de Santa Cruz de la Sierra, uma saída entre a Bahia Negra e o Pilcomayo. A necessidade de obter uma saída para o mar conjugou-se com a suposição de que um vasto lençol de petróleo existia no Chaco e alimentou a ambição dos dirigentes tanto da Bolívia quanto do Paraguai e da Argentina. E este constituiu o mais importante fator do conflito, pois como o embaixador José Joaquim de Lima e Silva Moniz de Aragão, então secretário-geral do Itamaraty, ressaltou, o petróleo operava prodígios, ditava a política internacional de grandes potências, "assentou e derrubou governos, abalou uma dinastia, criou fabulosas fortunas" e contava "entre os seus servidores estadistas dos mais notáveis"[50]. O próprio *The Times*, de Londres, chegara a escrever em 1921, quando a Grã-Bretanha intensificava a competição com os EUA pelo controle mundial das jazidas de petróleo, que lá se havia formado "*a conception of oil as power*"[51]. De fato, àquele tempo, a Standard Oil of New Jersey e outras companhias internacionais voltaram-se para a América Latina, onde supunham existir 1/3 das reservas mundiais de petróleo. O Chaco, porém, não existia para elas. Só passou a despertar interesse depois que empregados da Standard Oil, segundo constou, foram encontrados naquelas paragens e falou-se em petróleo. Até então as pesquisas realizadas na Bolívia pareciam assegurar a existência de extensos lençóis petrolíferos, mas junto ao Lago Titicaca, departamento de Cochabamba, em uma curva que, desde os limites com o Peru, aos 13° de latitude, segue de Oeste para Leste, com certa inclinação para o Sul, até alcançar o meridiano 63, onde, formando ângulo, tomava a direção Norte-Sul e atravessava por fim a fronteira da Argentina. De acordo com os dados oficiais, as jazidas compreendiam uma área de 240.000 km$^2$. Improvável não era, portanto, que lençóis de petróleo houvesse a Leste do meridiano 63, na zona disputada, o que só custosas pesquisas, para as quais US$ 1 milhão se afiguravam modesta quantia, poderiam provar. Mas, uma vez que o Paraguai ocupava a maior parte do Chaco, não foi lá, provavelmente, onde as empresas, a serviço da Bolívia, realizaram suas sondagens. Por esta razão, *inter alia*, o Itamaraty, ainda que admitisse que o petróleo constituísse um dos fatores do conflito, não cria que a Standard Oil (sobre a qual as suspeitas recaíam) e a Royal Dutch, que se debatiam em crise e limitavam a produção, fossem comprometer em uma guerra difícil vultosos capitais, apenas com a esperança de encontrar algumas jazidas, além das linhas paraguaias. A Standard Oil, o embaixador Moniz de Aragão, como secretário-geral do Itamaraty, argumentou que não tomaria uma "atitude desesperada", sem haver esgotado seus recursos em Assunção, só porque fora menos feliz na Argentina, que lhe recusara a permissão para construir dois oleodutos através do seu território, e receava que ela influísse sobre o Paraguai[52].

O transporte do petróleo consistia, porém, na outra vertente da questão, porquanto se imaginava que, no caso de haver jazidas, quer no Chaco quer na Bolívia propriamente dita, ao longo do meridiano 63, as estações terminais dos oleodutos deveriam situar-se na margem direita do Rio Paraguai. Embora, em 1928, presidente Eusebio Ayala, bem como, depois, o ministro das Relações Exteriores, Rogelio Ibarra, pretendessem liquidar a questão do Chaco por meio da concessão à Bolívia de um corredor de saída com um porto em Villa Hayes[53], o Paraguai, consciente do apoio da Argentina, que dominava inteiramente sua política exterior[54], insistia em obter pelo máximo suas pretensões e nada se dispunha a ceder. Aliás ele não podia resignar àquela região — o Chaco Boreal ou Gran Chaco — que se revestia de fundamental importância para a sua economia. Um terço da renda nacional do Paraguai proviera, em 1932, de seu solo, onde metade do rebanho bovino existente no país se encontrava e por onde grande parte do total de suas linhas férreas se estendia, para o transporte do quebracho até os portos de Pinasco, Casado, Sastre, Palma Chica, Puerto Maria, Guarany e Mihanovich. Com a perda do Chaco Boreal o Paraguai ficaria reduzido a uma insignificante mesopotâmia, com pouco menos de 160.000 km$^2$ [55]. Por tais motivos, *inter alia*, o Paraguai não podia renunciar ao Chaco, onde se esperava que também petróleo houvesse, tal como se explorava, mais adiante, no território da Bolívia.

Embora a descoberta de jazidas de petróleo, na Bolívia, ocorresse antes do século XX e muitos empresários recebessem concessões para o explorar, a operação dos primeiros poços, na Bacia do Bermejo, só realmente começou por volta de 1925, depois que a Standard Oil of New

Jersey comprara as áreas adjuntas aos empresários norte-americanos Richmond Levering, de Nova York (1 milhão de hectares) e de William e Spruille Braden (2 milhões de hectares)[56]. A produção, que fora de 424 $m^3$ em 1925, subira para 4.386 $m^3$, em 1929, quando os poços de Camiri e Sanandita já estavam em funcionamento, com a extração, respectivamente, de 942 $m^3$ e 2.690 $m^3$ de óleo[57]. A Standard Oil, até aquela data encontrara petróleo em nove poços dos 21 perfurados, e a Bolívia solicitou à Argentina autorização para construir em seu território, dois oleodutos, um dos quais desde Mirtle, à margem do Berrnejo, até a estação ferroviária de Embarcación, e o outro, o principal, partindo da Yacuiba até o porto de Formosa, Santa Fé ou Campana, sobre o Rio Paraná[58]. O presidente Hipólito Yrigoyen não a concedeu e suspeita houve de que tal negativa se deveu à influência da Royal Dutch-Shell e dos interesses britânicos, prevalecentes em Buenos Aires. Entretanto, o que efetivamente a determinou, segundo se pôde estabelecer, foi a política que o general Enrique Mosconi, presidente da Yacimentos Petrolíferos Fiscales (YPF), tratava de desenvolver, visando à completa nacionalização do petróleo na Argentina[59].

A atitude da Argentina, por conseguinte, não deixara à Bolívia alternativa senão tentar obter, pelas armas, uma saída através do Chaco, no Rio Paraguai, sobretudo quando o presidente Daniel Salamanca e as autoridades militares também imaginaram que ela seria capaz de abastecer o mundo em petróleo e superar seu atraso econômico. A crença amplamente difundida no Paraguai também era de que além da linha dos *hitos* existia petróleo[60]. Mas a Leste do meridiano 63, uma zona disputada do Chaco Boreal, nada indicava, conquanto improvável não fosse a existência de petróleo, como no Paraguai se imaginava. A Standard Oil sabia que diminuto era o fundamento, se realmente havia, para tal esperança e considerava mesmo "improvável" encontrá-lo em qualquer quantidade comercial a leste da linha dos *hitos* (marcos), onde ela só possuía as concessões conhecidas como n. 10, 11, 12, 118, Lagonillas, e os trabalhos foram abandonados ou materialmente reduzidos[61]. Cerca de 21 poços, perfurados dentro do território da Bolívia, próximos à linha de separação da área litigiosa, não produziam mais que 1.000 b/d e estavam tão espalhados que se tornava antieconômico os reunir em uma única localidade. A Standard Oil, de acordo com as informações prestadas pelo seu representante na Argentina, Robert Wells, a Spruille Braden, chefe da

Delegação dos EUA à Conferência de Paz em Buenos Aires, investira muitos capitais nas suas explorações, ao sudoeste da Bolívia; mas a única a apresentar rendimentos era a localizada na zona do Bermejo, onde a produção alcançava 2.000 b/d[62]. Por isto, diante de resultados tão insatisfatórios, as instruções, emitidas desde 1931, foram no sentido de cessar as perfurações, realizando-se a última em 1932. Assim, com uma produção de apenas 3.000 b/d, lucrativa não se afigurava a construção de *pipe lines* para levar o petróleo até o Rio Paraguai ou mais ao sul, através da Argentina, aos mercados de Santa Fé, Rosario e Buenos Aires[63]. O problema do petróleo, como fator que, em 1932, contribuiu para desencadeamento das hostilidades, merecia no entanto atenção, pois o presidente Daniel Salamanca não confiava nos dados da Standard Oil, supunha que mais petróleo havia do que ela informava, e considerava que no caso das jazidas existentes, quer no Chaco quer ao longo do meridiano 63, dentro do território da Bolívia propriamente dita, as estações terminais dos oleodutos situadas deveriam ser à margem direita do Rio Paraguai. O próprio presidente Eusebio Ayala, já em 1928, propusera liquidar a questão do Chaco por meio de concessão à Bolívia de um corredor de saída com um porto em Villa Hayes, sobre o Rio Paraguai[64]. Conforme o embaixador José Joaquim de Lima e Silva Moniz de Aragão, então secretário-geral do Itamaraty salientou, a "ideia fixa" dos bolivianos, desde que perderam os portos do Pacífico, era sair da angustiosa situação em que se achavam obtendo uma saída para o mar[65]. Mas o diplomata brasileiro Orlando Leite Ribeiro, servindo em Buenos Aires, informou ao general Pedro Aurélio de Góes Monteiro, chefe do Estado-Maior do Exército brasileiro, que a Argentina via "com pavor" a saída da Bolívia pelo Rio Paraguai, dado que inundaria o mercado com petróleo, "matando sua recente indústria de Comodoro Rivadavia"[66]. A observar que o "vasto lençol do subsolo petrolífero do Chaco" se estendia mais para o lado da Bolívia e o que nas proximidades do Rio Paraguai existia já era argentino, ele acentuou que "A questão do petróleo é o que mais interessa à Argentina e daí o fato de que ela não tenha nunca apoiado a pretensão justa da Bolívia em obter uma saída ao rio".[67]

Um documento interno do Exército brasileiro, encaminhado ao Conselho Superior de Guerra pelo general Waldomiro Castilho de Lima, chefe da Inspetoria do 1º Grupo de Regiões Militares, apoiou-se, aparentemente, nas informações transmitidas por Orlando Leite Ribeiro ao general Góes Monteiro e concluiu também que a questão do petróleo existente no Chaco, cujos lençóis se encontravam na cordilheira Charaguá, preocupava seriamente a Argentina, que aí percebia uma concorrência comercial, capaz de destruir a produção de Comodoro Rivadavia, província de Chubut, na Patagônia[68], onde as jazidas de petróleo foram descobertas em 1907, levando o então presidente da Argentina, José Figueroa Alcorta, a transformar a área, de acordo com a Lei de Terras da República de 1903, em reserva nacional, na qual proibiu concessões privadas, ao longo de 200.000 ha, i.e., 25 km em todas as direções. Em 1909, ele decidiu dar cauteloso apoio à emergente indústria do petróleo, ao solicitar ao Congresso a aprovação de recursos, da ordem de 200.000 pesos, por modo que o Estado pudesse assumir a sua produção, porém o Senado, com a Lei 7.059, de 1910, reduziu a reserva a 5.000 ha em torno de Comodoro Rivadavia[69]. Abertos então foram aos investimentos 195.000 ha da reserva de 1907 e o grande número de concessões requeridas, cerca de 109, a abrangerem Neuquén, Chubut e Santa Cruz — três dos cinco territórios que formavam a Patagônia — mostrou a necessidade de impedir que a Standard Oil e outras companhias estrangeiras se apossassem das melhores áreas. O presidente Roque Sáenz Peña (1910-1914), ao suceder Figueroa Alcorta, adotou uma política ainda mais rígida. Anulou as concessões pelas companhias particulares obtidas e ainda não exploradas, alargou as reservas do Estado para 160.000 ha em Chubut, bem como criou a primeira companhia estatal de petróleo do mundo, a Dirección General de Explotación de Petroleo de Comodoro Rivadavia, cuja produção, entre 1916 e 1919, cresceu cerca de 45%, ao alcançar 188.111 $m^3$ [70]. Essa companhia, ao final do governo do presidente Hipólito Yrigoyen (1916-1922), foi reorganizada (1922), sob o nome de Yacimientos Petrolíferos Fiscales (YPF), e sua direção entregue ao general Enrique Mosconi, possibilitando-lhe promover "*una de las más profundas campañas nacionalistas que ha visto la Argentina*"[71], com o objetivo de "*argentinizar*", na medida do possível, tanto a produção quanto a distribuição de petróleo e paralisar a penetração da Standard Oil no Norte do país[72]. Como diretor do Serviço de Aeronáutica do Exército, ele tivera uma experiência altamente negativa e constrangedora com essa empresa, quando certa vez necessitara de gasolina para os aviões de guerra, e ela se recusou a entregá-la, sem pagamento prévio. Segundo o próprio Mosconi, de seu espírito patriótico, profundamente ferido, brotou então a decisão de lutar contra o predomínio dos grandes monopólios sobre o mercado argentino[73]. Com efeito, a Standard Oil, que dominava, através da West India Oil Company (WICO), cerca de 80% do comércio nacional de gasolina e desfrutara, em Buenos Aires, do monopólio absoluto do mercado[74], começara a adquirir, naquela época, i.e., entre 1922 e 1923, concessões nas províncias de Salta e Jujuy, onde, por volta de 1870, explorações particulares esporadicamente se realizaram, sem maior êxito[75]. Mosconi manifestava a seu respeito opinião bastante negativa. Julgava que os norte-americanos, como "*nuevos ricos*", não reconheciam limitações, para a consecução dos seus propósitos, e suas reações chegavam até "*el desconocimiento y atropello de la soberania de otros pueblos*"[76]. E procurou, consequentemente, contrapor-se à expansão da Standard Oil. Ele queria que a América do Sul alcançasse a "independência integral" e formasse assim um "conjunto étnico, econômico, social e político", que se contrapusesse à "influência da América do Norte" e equilibrasse a "ação até hoje preponderante da influência europeia"[77]. Sob sua direção, a YPF firmou com a empresa soviética Iuyamtorg[78], empresa que servia de fachada para espionagem e as operações encobertas da OGPU[79], instalada em Buenos Aires desde 1926, um contrato para a compra de 268.750 m$^3$ de gasolina, a um custo de 11 centavos por litro, abaixo da cotação internacional, em troca de produtos agrícolas da Argentina[80]. Esta iniciativa afetou os lucros das companhias estrangeiras, sobretudo norte-americanas, e alarmou os EUA, levando as forças mais conservadoras da Argentina a acusar a Iuyamtorg de "agir tendenciosamente, sob o rótulo comercial", e exercer "atividades dissolventes e subversivas na ordem política e social e perturbadoras na ordem econômica, com o uso do *dumping*"[81].

Mosconi contou com o apoio do presidente Marcelo T. Alvear (1923-1928), que, também eleito pelo UCR, fortaleceu seus planos, mediante a implementação de política ainda mais agressivamente nacionalista, visando a consolidar e expandir a Yacimientos Petrolíferos Fiscales. Esta companhia estatal, por volta de 1929, já respondia por 234 milhões de litros de gasolina, contra 126 milhões produzidos pelas corporações estrangeiras, dos 700 milhões consumidos na Argentina, que, além de possuir consideráveis reservas de petróleo, tornara-se um dos maiores e mais lucrativos mercados de derivados, em plena expansão e superando a própria França. No início de 1920, ela passara a ocupar o sexto lugar entre os maiores importadores de gasolina refinada e o sétimo, de lubrificantes, devido às suas importações de automóveis, que a colocaram na liderança absoluta do *ranking*, na América do Sul, com um contingente da ordem de 310.805 veículos, mais do que o dobro registrado no Brasil, então a ocupar o segundo lugar[82]. Evidentemente, a YPF tinha interesse em preservar esse mercado e a ameaça da Standard Oil era a que mais assustava. Não foi, por conseguinte, devido à influência da Royal Dutch Shell e sim para defender a prevalência da YPF, enquanto empreendimento do Estado que, no seu segundo mandato, o presidente Hipólito Yrigoyen (1929-1930) não permitiu à Bolívia construir, com financiamento da Standard Oil, os dois oleodutos, que atravessariam seu território, até Formosa, Rosário ou Zárate (Buenos Aires), sobre o Rio Paraná. Eles absolutamente não convinham aos seus interesses. Se localizados no campo de ação do Paraguai, este país passaria a dispor de grandes quantidades de petróleo, as quais seria difícil evitar que passassem para a Argentina. No caso, porém, de serem os oleodutos estendidos no território da Bolívia, a Argentina teria de entender-se com o governo de La Paz e também com a Standard Oil, a empresa com maiores probabilidades de assumir seu controle, a fim de obter facilidades, se necessitasse do seu abastecimento[83].

## NOTAS

1. Relatório Reservado sobre a Política Externa do Brasil e dos países da América do Sul, organizado por ordem do ministro de Estado das Relações Exteriores pelo 1º oficial da Secretaria de Estado. Ronald de Carvalho, do Gabinete do ministro, Rio de Janeiro, 1927 — AHI.
2. Ibid.
3. Ibid.
4. "Situação atual do Brasil como potência militar sul-americana" — Relatório apresentado ao Conselho Superior de Guerra pelo general de Divisão Waldomiro Castilho de Lima, reservado, Inspetoria do 1º Grupo de Regiões Militares, s/d (provavelmente 1934) — AP51(5) — AN — APPAGM.
5. Relatório Reservado sobre a Política Externa do Brasil e dos países da América do Sul, organizado por ordem do ministro de Estado das Relações Exteriores pelo 1º oficial da Secretaria de Estado, Ronald de Carvalho, do Gabinete do ministro, Rio de Janeiro, 1927 — AHI.

6. Carta de Orlando Leite Ribeiro, 1º Secretário da Legação brasileira, ao general Pedro Aurélio de Goes Monteiro, Chefe do Estado-Maior do Exército, confidencial, Buenos Aires, 16/1/1934 — AP51(7) — AN — APPAGM. Carlos Casado morreu em 1899 e seu filho, José Casado Sastre, ampliou ainda mais a companhia. Estabelecida já a sede em Puerto Casado, ele construiu Puerto Sastre e 250 km de ferrovia, em bitola estreita, adentrando o Paraguai. Vide Warren, 1985, pp. 210 e 211.
7. Carta de Orlando Leite Ribeiro ao general Goes Monteiro, confidencial, Buenos Aires, 16.1.1934 — AP51(7) — AN — APPAGM.
8. "Situação atual do Brasil como potência militar sul-americana" — Relatório apresentado ao Conselho Superior de Guerra pelo general de Divisão Waldomiro Castilho de Lima, reservado, Inspetoria do 1º Grupo de Regiões Militares, s/d (provavelmente 1934) — AP51(5) — AN — APPAGM.
9. "Situação do Brasil em face da Guerra do Chaco", Ofício n. 107, secreto, 2ª Seção da Secretaria do Estado-Maior do Exército ao ministro da Guerra, Rio de Janeiro, 27/11/1934. AP51(7) — AN — APPAGM.
10 Ministério das Relações Exteriores — Protocolo entre o Brasil e a Bolívia firmados a 3 de setembro de 1925, edição reservada, Rio de Janeiro, Imprensa Nacional, 1926, pp. 18 e 24.
11. Guilherme, 1959, pp. 42, 43, 328 e 329.
12. Vide artigo de Aniceto Solares publicado em El País, Sucre, 1926, apud. Osório, 1973, pp. 102 e 102.
13. Salum-Flech, 1972, p. 127.
14. Klein, 1968, p. 157; Antezana Villagran, 1981, pp. 16 a 18, 23 a 27.
15. Daniel Salamanca — *Documentos para una historia de la Guerra del Chaco*, apud Querejazu Calvo, 1981, p. 37.
16. Nota, Luis F. Guachalla, ministro da Bolívia em Assunção, a Gerónimo Zubizarreta, ministro das Relações Exteriores do Paraguai, Asunción, 21/6/1931; Ofício n. 853, Zubizarreta a Guachalla, Asunción, 23/6/1931; Nota, Guachalla a Zubizarreta, Asunción, 29/6/1931; Ofício, Zubizarreta a Guachalla, 1/7/1931; Nota, Guachalla a Zubizarreta, 2/7/1931. In Zubizarreta, 1974, pp. 216 a 219. Benitez, 1972, p. 371.
17. O cabo Libório talvez tenha sido o único morto na refrega. Os soldados conseguiram escapar, protegidos pela semiescuridão.
18. Lindolfo Collor — "La Facies Económica del Chaco", *La Prensa*, 12/3/1933.
19. Id., Ibid.
20. Nota, Juan de la C. Benavente ao ministro dos Negócios Estrangeiros da Confederação Argentina, Buenos Aires, 22/8/1852. In Loza, 1936, pp. 12 a 22.
21. Nota, José Raimundo Taborga, ministro de Relações Exteriores de Bolívia, ao ministro dos Negócios Estrangeiros da Argentina, Laja, 6/7/1866. In Loza, 1936, pp. 28 e 29.

22. Carta, José Berges Aniceto Arze, Asunción, 31/1/1865. Copiador de Cartas Oficiais, AVRB-SM-BN — 1-22-12-2. Lobo, Eulália Maria Lahmeyer — "A importância Estratégica e Econômica da Província de Santa Cruz de la Sierra durante a Guerra da Tríplice Aliança" — *Boletim de História*, n. 6, Centro de Estudos de História, Rio de Janeiro, p. 16.
23. Carta, Mariano Melgarejo a Francisco Solano López, Sucre, 3/8/1866. Apud Teixeira Soares, 1975, pp. 214 a 215. Vide também Quell, 1973, p. 233.
24. Cunha, 1975, pp. 128 a 135. Teixeira Soares, 1975, p. 224.
25. Vide Moniz Bandeira, 1985, pp. 255 e 256.
26. *"La historia y la geografia asignan todo el Chaco a la Argentina y solo el error de haberlo sometido al arbitrage causó el actual transtorno (...) La incorporación del Chaco Boreal a la Argentina salva para esta muchos problemas en el porvenir y asegura la jurisdición en el Rio Paraguay contravalanzando la expansión de Brasil que en breve tendrá ferrocarril directo à Rio de Janeiro". "El Chaco Boreal paraguayo y su incorporación a la Argentina"*, s/d. e s/a. AGN-A — Archivo Victorino de la Plaza. Legajo 7.4/5/10.
27. *"Nunca el vencedor habia aceptado arbitrages con el vencido. Chile con el Peru por Tacna e Arica y el Brasil con el Paraguay por el Norte del Rio Apa, que ocupaba el Paraguay, no aceptaron jamás arbitrage con el vencido, sobre terrenos ocupados por el vencedor, solo la Argentina sometió al arbitrage la cuestión del Chaco con el Paraguay. Los EUA, influidos por el Brasil, fallaron en 1878, reconociendo al Paraguay los territorios desde el Pilcomayo y la Argentina, que lo ocupaba, los evacuó, saliendo suas fuerzas de Villa Occidental que el Paraguay bautizó con el nombre de Villa Hayes por llamarse asi el presidente de los EUA que fué árbitro"*. Ibid.
28. Benitez, 1972, p. 311.
29. Amayo, 1988, pp. 167 a 169.
30. Apud Querejazu Calvo, 1981, p. 1.
31. O Tratado de 1887 foi firmado pelo Enviado Extraordinário e ministro plenipotenciário da Bolívia, Isaac Tamayo, com Benjamin Aceval, ministro das Relações Exteriores do Paraguai. O de 1894 coube ao enviado extraordinário e ministro plenipotenciário da Bolívia, Telmo Ichazo, negociar e firmar com o então ministro das Relações Exteriores do Paraguai, Gregório Benitez.
32. Vide — Salum Flecha, 1972, pp. 70 a 72, 84 a 90. Benitez, 1972, pp. 314, 315, 319, 320, 333 e 334.
33. Circular n. 907 para as Missões Diplomáticas Brasileiras, confidencial, a) M. de A. (iniciais do embaixador José Joaquim de Lima Silva Moniz de Aragão, Secretário Geral), Rio de Janeiro, 22/8/1934. AHI — Guerra do Chaco — 9(31).(43)5. AEMA.
34. Ibid.

35. Osório, 1973, pp. 104 e 105. "O Chaco, e nele, particularmente, a zona marginal do Rio Paraguai, acha-se muito afastado dos centros de população bolivianos, nada ou quase nada podendo a Bolívia invocar em seu benefício, a contentar-se com a posse exclusiva como base de suas reivindicações. Hoje mesmo, dispondo de recursos apreciáveis, a República do Altiplano, em toda a região, não consegue estabelecer mais do que fortins, os quais nem sempre passam de meros acampamentos". Circular n. 907, confidencial, MRE às Missões Diplomáticas Brasileiras, a) M. de A. (Moniz de Aragão), Rio de Janeiro, 22/8/1934, AHI — Guerra do Chaco — 9(31).(43)5. AEMA.
36. Ibid.
37. O Paraguai estava separado do vice-reino do Rio da Prata, sem vínculos reais de subordinação política, desde 1811, mas a declaração de independência, em que se baseou o seu reconhecimento como Estado soberano, pelo Brasil, antes de qualquer outra nação, só ocorreu em 1842.
38. Osório, 1973, p. 5. Barrero U., 1979, p. 323.
39. "El Chaco Boreal Paraguayo — Su Incorporación a la Argentina", s/d e s/a. AVP-AGN-A Legajo 7.4/5/10.
40. Ibid.
41. Sobre a questão de limites entre a Argentina, Bolívia e Paraguai na região do Chaco vide Quesada, 1918, pp. 863 e 873.
42. Palmério, 1984, p. 74.
43. Circular n. 907, confidencial, Ministério das Relações Exteriores às Missões Diplomáticas Brasileiras, a) M. de A. (iniciais do embaixador José Joaquim de Lima Silva Moniz de Aragão, Secretário Geral), Rio de Janeiro, 22/8/1934. AHI — Guerra do Chaco — 9(31).(43)5. AEMA.
44. Ibid.
45. Collor, Lindolfo — "La Facies Económica del Chaco", *La Prensa*, 12/3/1933.
46. Id., Ibid. Warren, 1985, pp. 210 e 211. Seiferheld, 1983, p. 123. Palmério, 1984, p. 74.
47. Circular n. 907, confidencial, MRE às Missões Diplomáticas Brasileiras, a) M. de A. (Moniz de Aragão), Rio de Janeiro, 28/8/1934. AHI — Guerra do Chaco — 9(31).(43)5. AEMA.
48. Ibid.
49. Querejazu Calvo, 1981, p. 185. Palmério, 1984, p. 74.
50. Circular n. 907, confidencial, MRE às Missões Diplomáticas Brasileiras, a) M. de A. (Moniz de Aragão), Rio de Janeiro, 28/8/1934. AHI — Guerra do Chaco — 9(31).(43)5. AEMA.
51. *The Times*, 29/4/1921, p. 11, apud Solberg, 1979, p. 52.
52. Circular n. 907, confidencial, MRE às Missões Diplomáticas Brasileiras, a) M. de A. (Moniz de Aragão), Rio de Janeiro, 28/8/1934. AHI — Guerra do Chaco — 9(31).(43)5. AEMA.

53. Ibid.
54. Ofício n. 193, confidencial, embaixador R. de Lima e Silva ao chanceler Afrânio de Melo Franco, Washington, 29/7/1931. Ministério/NP/9/9 (31), (43) 5/ confidencial/ 1932. Anexo 1. AEMA.
55. Circular n. 907, confidencial, MRE às Missões Diplomáticas Brasileiras, a) M. de A. (Moniz de Aragão), Rio de Janeiro, 28/8/1934. AHI — Guerra do Chaco — 9(31).(43)5. AEMA.
56. Klein, 1969, pp. 77. Seiferheld. 1983, pp. 456 a 458.
57. Id., Ibid., pp. 457 e 458.
58. Id. Ibid., p. 472.
59. Id., Ibid., pp. 472 e 473. Frondizi, 1955, p. 239.
60. Despatch n. 208, strictly confidential, Delegation of the USA — Peace Conference, Spruille Braden to the Secretary of State, Buenos Aires, 2/7/1936. Enclosure n. 1 — *Memorandum* of conversation with Mr. Robert Wells, head of Standard Oil of New Jersey interests in Argentina and Bolivia. NA-724. 34119/521 — L/D.
61. Ibid.
62. Ibid.
63. Ibid.
64. Circular n. 907, confidencial, MRE às Missões Diplomáticas Brasileiras, a) M. de A. (Moniz de Aragão), Rio de Janeiro, 22/8/1934. AHI — Guerra do Chaco — 9(31).(43)5. AEMA.
65. Ibid.
66. Carta, confidencial, Orlando Leite Ribeiro ao general Goes Monteiro, Chefe do Estado-Maior do Exército, Buenos Aires, 16/1/1934. AP51 (7) — AN — APPAGM.
67. Ibid.
68. "Situação do Brasil como Potência Militar Sul-Americana" — Estudos Apresentados ao Conselho Superior de Guerra pelo general Waldomiro Castilho de Lima, Chefe da Inspetoria do 1° Grupo de Regiões Militares, Reservado, s/d, provavelmente 1934. AP51(5) — AN — APPAGM.
69. Solberg, 1979, pp. 13-14.
70. Id., Ibid., pp. 37 e 38.
71. Larra, 1957, pp. 67 e 68.
72. Id., 1957, pp. 52 e 91.
73. Frondizi, 1955, p. 154.
74. Solberg, 1979, pp. 48 e 49.
75. Seiferheld, 1983, p. 472. Solberg, 1979, p. 7.
76. Apud Larra, 1957, pp. 67 e 68.
77. Mosconi, Enrique. *Petróleo Argentino*, apud Frondizi, 1955, p. 156.
78. Vide Sudoplatov, 1994, p. 76.

79. OGPU significa *Obedinennoe gosudarstvennoe upravlenie*, ou seja, Administração Unificada da Política do Estado, que funcionava como serviço de inteligência e polícia secreta, encarregada das operações de sabotagem, terrorismo e assassinatos.
80. Solberg, 1979, pp. 136-138. Rouquié, 1981, pp. 212-213.
81. *El Mundo*, Buenos Aires, 18/8/1932, anexo ao Ofício n. 341, embaixador Lafayette de Carvalho e Silva ao chanceler Afrânio de Melo Franco, Buenos Aires, 27/8/1932. AHI, lata 145, maço 2714.
82. Solberg, 1979, pp 55-56 e 123. Em 1930, seu contributo representou 57,9% do total da produção nacional e, embora caísse para 37,5% em 1934, ele continuou acima dos 40%, nos anos subsequentes, até superar os 60%, a partir de 1946, enquanto a participação das companhias estrangeiras, da ordem de 42,1% em 1930 subiu para 62,5% em 1934, quando começou a declinar até cair para menos de 40% a partir de 1940. Frondizi, 1955, p. 368.
83. Circular n. 908, confidencial, às Missões Diplomáticas Brasileiras, a) Moniz de Aragão, 9(031).(43)5. AEMA.

# Capítulo VI

O *RUSH* DO PETRÓLEO NA AMÉRICA DO SUL • YRIGOYEN, A NACIONALIZAÇÃO DO PETRÓLEO NA ARGENTINA E O GOLPE DE ESTADO DE URIBURU • OS INTERESSES PETROLÍFEROS NA GUERRA DO CHACO • O JOGO DA STANDARD OIL ENTRE A BOLÍVIA E O PARAGUAI • A INDÚSTRIA ARMAMENTISTA E A GUERRA DO CHACO • O PETRÓLEO NO IMAGINÁRIO DA ÉPOCA • A CONFERÊNCIA DE PAZ

Em face de problemas internos nos EUA, da explosão do nacionalismo no México e da difícil competição com os interesses britânicos no Oriente Médio, a Standard Oil of New Jersey e outras companhias norte-americanas, desde o início dos anos 20, concentraram seus interesses na América do Sul, onde os investimentos na pesquisa e lavra do petróleo saltaram de US$ 67 milhões para US$ 476 milhões, no final da década[1]. A participação da América do Sul no total dos investimentos dos EUA na exploração do petróleo aumentou de 17%, em 1919, para 34%, em 1929[2], havendo a Standard Oil adquirido concessões na Colômbia, Venezuela, Peru, Brasil, Bolívia e Argentina. A Royal Dutch Shell, cuja subsidiária, a Anglo-Mexican Petroleum Production Co. já estava a reduzir, no México, suas operações; só obteve maior sucesso na Venezuela, ao descobrir (1922), em torno do Lago Maracaibo, grandes reservas de petróleo, que transformaram aquele país, com uma produção de 139 milhões de barris em 1929, no maior produtor mundial, superado apenas pelos EUA[3]. Inevitável se tornava, portanto, que, naquelas circunstâncias, os tentáculos da Standard Oil of New Jersey, principalmente, ou da Royal Dutch Shell fossem percebidos, com ou sem real fundamento, por trás de vários acontecimentos políticos, a removerem obstáculos à satisfação dos seus interesses.

Indícios houve — e fortes — de que aquelas companhias concorreram, direta ou indiretamente, para que o general José F. Uriburu, em

6 de setembro de 1930, desfechasse um golpe de Estado, derrubando o governo do presidente Hipólito Yrigoyen, que se dispunha a nacionalizar toda a produção de petróleo na Argentina e firmara um contrato com a firma soviética Iuyamtorg, para a compra de gasolina por preço abaixo da cotação no mercado mundial[4]. De qualquer modo, não restou a menor dúvida de que ele recebeu o apoio dos governadores de Salta, Joaquin Corvalán, e de Jujuy, Benjamín Villafañe, bem como de outras províncias do interior, contrários à estatização do petróleo, por temerem a ascendência de Buenos Aires através da YPF, e interessados em fazer maiores concessões à Standard Oil, na esperança de que ela pudesse promover o progresso da região. A antiga contradição, ainda latente, entre os interesses do Estado unitário argentino, representados pela consolidação da YPF e pela política de crescente estatização do petróleo, e as tendências federalistas das províncias, empenhadas em manter a sua autonomia e conservar o controle das concessões, uma vez mais aflorou e contribuiu para a derrocada do regime constitucional. Conforme Arturo Frondizi ressaltou, desde que se produziu em 6 de setembro de 1930, o golpe de Uriburu "*fué caracterizado como un golpe petrolero, y aúnque los acontecimientos históricos responden a causas complejas, es de toda evidencia que la política, decidida por el radicalismo, fué un de los factores predomininantes*", na medida em que vinha a impedir a nacionalização das jazidas e sua exploração exclusiva pelo Estado, levando ao desaparecimento as empresas privadas e impedindo o acesso dos interesses estrangeiros às reservas argentinas[5]. O cientista político francês Alain Rouquié também observou, alguns anos depois, que o problema do petróleo constituiu um dos aspectos do conflito entre Yrigoyen e a oligarquia, encontrando-se os "interesses petrolíferos amplamente representados" entre os conspiradores e no seio do governo provisório[6]. O historiador norte-americano Carl E. Solberg também constatou que muitos dos ministros de Uriburu serviam às companhias estrangeiras como consultores jurídicos e admitiu que bem podia ser verdade que elas utilizassem o suborno ou outros meios para lançar os militares contra Yrigoyen[7]. De fato, o primeiro ministro do Interior no governo Uriburu (1930-1932) foi Matias Sanchez Sorondo, consultor jurídico da Standard Oil, o ministro da Educação Pública, Ernesto Padilha, tinha vinculações com a WICO, subsidiária da Standard Oil, e vários outros, como Ernesto Bosh (Relações Exteriores), Octavio S. Pico (Obras Públicas) e Horácio Becas Varela (Agricultura) foram ou

ainda eram empregados de companhias petrolíferas da Grã-Bretanha[8]. As personalidades vinculadas ao petróleo efetivamente gravitaram em torno do governo de Uriburu, como dos posteriores[9].

No caso da Guerra do Chaco, a versão mais difundida e generalizada foi a de que a Standard Oil of New Jersey e a Royal Dutch Shell instrumentalizaram a Bolívia e o Paraguai, para que disputassem, pelas armas, a posse das jazidas de petróleo porventura existentes naquela região.[10] Em outras palavras, o que prevaleceu foi a percepção esquemática e simplista de que aquele conflito refletiu, sobretudo, a competição entre duas potências imperialistas, os EUA e a Grã-Bretanha, representadas, respectivamente, pela Standard Oil e Royal Dutch Shell. Efetivamente, as empresas norte-americanas e britânicas, com o apoio de seus governos, promoveram durante os anos 20 o *rush* do petróleo, lutando para apropriar-se das reservas existentes tanto na América Latina como em outras partes do mundo. Os EUA, sobretudo, estavam preocupados desde 1925 com o esgotamento do seu próprio petróleo, e o governo de Washington orientara as empresas norte-americanas no sentido de que se apropriassem das reservas em toda parte do mundo, principalmente na América Latina, e as mantivessem sem explorar. Destarte, desde que a Conferência de Não Agressão (1931) em Washington se realizara, muitas suspicácias se levantaram de que os EUA estariam a favorecer a Bolívia, devido aos interesses e as atividades da WICO, subsidiária da Standard Oil, lá desenvolvidas, conquanto eles exercessem forte influência no Paraguai[11]. Evidente se afigurava que, caso a Bolívia conquistasse o Chaco e obtivesse um porto sobre o Rio Paraguai, a Standard Oil seria beneficiada e esta constituía, indubitavelmente, a base da inimizade e da desconfiança contra os EUA, predominantes no Paraguai[12]. Segundo o diplomata britânico Tottenham-Smith, a opinião pública, no Paraguai, estava geralmente convencida de que a Standard Oil exercia pressão sobre o governo dos EUA, a fim de obter fundos, armas e toda espécie de assistência para a Bolívia[13]. E o que mais contribuiu para solidificar tal convicção foi o discurso do senador norte-americano, por Louisiana, Huye Pierce Long, pronunciado em 30 de maio de 1934 e no qual acusou a Standard Oil e outros interesses a ela associados de promover a guerra e prover fundos à Bolívia, com o propósito de arrebatar o Chaco ao Paraguai[14]. Estas alegações, entretanto, não se confirmaram. O próprio embaixador Spruille Braden, representante dos EUA à Conferência da Paz em Buenos Aires, reconheceu que, não obstante exageros ou prejuízos da Bolívia, a Standard Oil não manejara inteligentemente as relações com o seu governo, como alguns fatos evidenciaram[15]. Logo depois de iniciado o conflito, ela começara a desmantelar uma de suas refinarias, a fim de removê-la para a Argentina, quando o governo boliviano descobriu e a forçou a repor os equipamentos e recomeçar a refinação do petróleo. Em outro momento crítico, ela avisou o governo boliviano de que os poços haviam cessado de produzir e que não mais teria gasolina disponível. No entanto, tão pronto o presidente Daniel Salamanca ameaçou nacionalizar seus campos e refinarias, a Standard Oil anunciou que a produção continuaria tão grande como sempre. Por fim, quando a Bolívia, ao concentrar sua força aérea em Puerto Suarez para o defender de um provável ataque do Paraguai, necessitou de gasolina de aviação, a Standard Oil só se dispôs a fornecer qualquer quota, mediante pagamento à vista, por um preço duas vezes mais alto do que o de qualquer outro competidor e, mesmo assim, entregue em Corumbá, no Brasil[16]. Aliás, a falta de gasolina suficiente foi permanente obstáculo à mobilidade do Exército boliviano, que muitas vezes teve de abastecer-se no Peru, conforme o historiador paraguaio Alfredo M. Seiferheld constatou, assinalando que "*la Standard Oil no jugó límpio con Bolívia*"[17]. Na verdade, durante a guerra, ela fornecera combustível, em proporções e preços equivalentes, tanto à Bolívia quanto ao Paraguai[18]. E, pior ainda, descobriu-se, posteriormente, que também ocultara do governo de la Paz a exploração de vários poços, a fim de sonegar impostos, bem como evitar o pagamento de *royalties*, e desde 1925-1926 até 1935, bombeara, através de um oleoduto clandestino, que cruzava o Rio Bermejo, cerca de 9,1 milhões de barris de petróleo para a Argentina[19]. Seu comportamento foi tão contrário e hostil aos interesses da Bolívia que nem o embaixador Spruille Braden, representante dos EUA na Conferência de Paz de Buenos Aires[20], pôde deixar de criticá-la, em algumas oportunidades, inclusive em ofícios do Departamento de Estado[21]. E a opinião pública, naquele país, voltou-se tão fortemente contra ela que tornou inevitável e irreversível o confisco de suas propriedades, como fez o coronel David Toro, após derrubar o presidente José Luis Tejada Sorzano (1935-1936) e assumir o poder, em 1937. Entretanto, não só por causa do seu procedimento, não é provável que a Standard Oil houvesse levado a Bolívia a uma guerra difícil, comprometendo vultosos capitais, quer para conquistar uma saída para a Bacia do Prata quer com a esperança de encontrar petróleo no Chaco paraguaio, onde ela já sabia não existir em quantidade comercial, conforme os conhecimentos geológicos da época, sem antes esgotar todos os recursos políticos em Assunção.

Quanto à Royal Deutch Shell, nada se soube que comprovasse ou, ao menos, indicasse qualquer influência sua quer sobre a eclosão quer sobre o desenvolvimento do conflito no Chaco. A acusação, amplamente difundida pela esquerda, de que ela estava a disputar com a Standard Oil as jazidas de petróleo porventura existentes no Chaco Boreal deve-se, sobretudo, à posição assumida pela Argentina, onde os interesses da Grã-Bretanha predominavam[22]. Esta circunstância, entretanto, não autorizava semelhante conjectura. Interesses da Grã-Bretanha também havia na Bolívia, à qual a companhia Vicker Armstrong vendera armamentos e, em 1933, solicitou a interferência do Foreign Office junto ao governo do Chile, no sentido de que permitisse a passagem de um carregamento, no valor de £ 300.000, pelo porto de Arica[23]. A Grã-Bretanha, na verdade, exportara grandes quantidades de armas, munições e outros petrechos de guerra, inclusive aeroplanos, tanto para a Bolívia quanto para o Paraguai, entre 1932 e 1935[24]. De modo geral, as indústrias de material bélico não só da Grã-Bretanha e dos EUA como também da Alemanha, França, Bélgica, Tchecoslováquia, Espanha e Suíça realizaram com aqueles dois países beligerantes vultosos negócios, financiados por grandes bancos europeus e norte-americanos, entre os quais o Midland Bank, o Banque de Paris et Pays-Bas e o Chemical Bank and Trust Co.[25] Sem dúvida, interesse elas tiveram na deflagração da Guerra do Chaco, a primeira a empregar de forma exclusiva a tração mecânica, a utilizar amplamente o aeroplano e a demonstrar o valor da pistola-metralhadora[26]. E a Alemanha, entre as grandes potências, foi a que melhor aproveitou suas lições, ao avaliar a importância do reconhecimento aéreo, da surpresa, das manobras de limpeza, do uso maciço dos tanques, da infantaria motorizada, das unidades técnicas e do conceito de nação em armas[27]. Seus marechais, inclusive Erwin Rommel, assimilaram a experiência do general José Felix Estigarríbia, que, com o retorno à manobra genuína na guerra, teve como objetivo tomar Charaguá, seguir por Lagunillas até Monteagudo, invadir o departamento de Santa Cruz de la Sierra e, finalmente, alcançar Camiri, capturando a refinaria de petróleo, responsável pelo suprimento do *fuel* à Bolívia[28]. E, aí, o curso da guerra mudou. Conforme o diplomata brasileiro Joaquim Palmério salientou, quando o presidente Eusebio Ayala e o comandante em chefe José Estigarríbia consideraram pela primeira vez a possibilidade de conquistar os campos de petróleo da Standard Oil, a Liga das Nações suspendeu o embargo de armas à Bolívia, o soldado boliviano subitamente se tornou imbatível, e o Exército paraguaio sofreu os primeiros reveses depois de dois anos de luta[29]. As tropas do Paraguai pararam.

A questão do petróleo, evidentemente, assumiu fundamental importância, como fator da Guerra do Chaco, porém mais no plano do imaginário político da época do que da realidade econômica. O presidente Daniel Salamanca, ao decidir "pisar forte" no Chaco, presumia que a Bolívia dispunha de reservas de petróleo suficientes para abastecer o mundo e arrancá-la do subdesenvolvimento, e só necessitava do acesso ao Oceano Atlântico, através do Rio Paraguai e do Estuário do Prata. O presidente Eusebio Ayala, do Paraguai, supunha, igualmente, que a Bolívia possuía oito milhões de hectares, "*de los más ricos terrenos petrolíferos*", onde a "*inmensidad de la riqueza del subsuelo*" faria "*de la zona uno de los más grandes centros de producción del mundo*"[30]. Sua esperança era conquistar esta zona, o que possibilitaria ao Paraguai ressarcir-se dos custos da guerra, segundo ele próprio confessou, a afirmar que "*Nuestra frontera natural y histórica llega al Parapeti, cordillera Chiriguanos y Pilcomayo. Si la victoria no nos asegura esta frontera, se originará un hondo malestar en el país (...) La posesión de la zona del petróleo nos servirá además para recuperar nuestras pérdidas y levantar el país de la prostración en que habia de quedar*"[31].

Esta crença, a de que o subsolo da Bolívia, na região do Rio Parapeti, lindeira do Chaco Boreal, e adjacências, escondia imensos depósitos de petróleo influenciou também os dirigentes da Argentina e concorreu para que ela respaldasse o Paraguai, sob o disfarce do que denominou de *neutralidade benévola*. Este comportamento, durante o conflito e no curso da Conferência de Paz realizada em Buenos Aires (1935-1938), não obedeceu, certamente, às prováveis ambições da Royal Deutch Shell, apesar de que com elas pudesse coincidir, mas sim aos reais interesses da YPF, já a responder por 37,5% (835.565 m$^3$) da produção nacional contra uma participação de 62,5% (1,4 milhão de m$^3$) das companhias particulares, entre as quais a Standard Oil of New Jersey que aparecia como sua principal concorrente[32]. Ao que tudo indicava, os militares nacionalistas, que, não obstante a queda do general Mosconi, ainda influíam no governo de Buenos Aires, temiam que a Standard Oil, com a posse de enormes reservas na Bolívia, segundo imaginavam, alcançasse a saída para o Estuário do Prata através do Rio Paraguai, e terminasse por esmagar a YPF, a ponto de excluí-la até mesmo da exploração das jazidas existentes em Salta, Jujuy, Mendoza e em outras províncias da própria Argentina. Por esta razão, o governo do general Agustín P. Justo, embora tratasse de assegurar os investimentos britânicos e se opusesse ao monopólio estatal do petróleo, resistiu, tanto quanto pôde, à demanda de concessões da Standard Oil, escorada por poderosos políticos de Salta, como Robustiano Patrón Costas, que se tornara um dos árbitros do regime[33]. Naquelas condições, portanto, à Argentina absolutamente não convinha a vitória da Bolívia, pois desviaria do seu território as atividades relacionadas com a indústria do petróleo, se ela viesse a conquistar um litoral apropriado. Por outro lado, em face da completa dependência e subordinação da economia do Paraguai à Argentina[34], reforçada por toda espécie de cooperação durante a guerra, inevitável tornar-se-ia a concentração de acordos, mediante os quais toda a produção de petróleo da região de Parapeti, na Bolívia, e a que viesse a ocorrer no Chaco Boreal, cairia em poder da YPF. Não sem razão todos perceberam, como o coronel Francisco Barrero V., que o "objetivo estratégico" da Argentina e do Paraguai só podia ser a destruição da máquina militar da Bolívia, tendo por "meta econômica" o Chaco e o petróleo[35]. E, se esta questão já se tornara, durante a guerra, cada vez mais importante, ela assumiu uma significação ainda maior, como fator de negociação diplomática, após a instalação da Conferência de Paz em Buenos Aires, com a cessação das hostilidades, em junho de 1935.

A crença de que o petróleo existia, em quantidade comercial, a leste da linha de *hitos*, no Chaco Boreal, continuou a orientar a resistência tanto da Bolívia quanto do Paraguai à conclusão de um acordo, não obstante as informações prestadas pela Standard Oil e transmitidas pelo embaixador norte-americano Spruille Braden, sobre os resultados negativos de suas pesquisas[36]. Ainda em 1937, o Paraguai conseguiu interessar o governo francês, que encaminhou a questão à Compagnie Française de Pétrole, que, obtendo a cooperação financeira do Banque Lazare e do Banque de Paris e des Pays-Bas, organizou uma pequena missão com o objetivo de pesquisar não somente petróleo, mas também outras fontes de recursos econômicos naquele país[37]. A Bolívia protestou, alegando que as explorações se realizariam dentro da região do Chaco boliviano, mais próxima à linha intermediária do setor ocidental e, por conseguinte, dentro da área de separação, que os exércitos assinalaram[38]. E, como a opção dada à companhia francesa fora por seis meses, o embaixador Spruille Braden desconfiou de que o Paraguai estava a deixar que o prazo decorresse, pois sua intransigência e teimosia em manter a ocupação militar da linha ocidental decorriam não da instabilidade política interna e sim da convicção de que grande riqueza de petróleo ali existia[39]. Perigo havia de que a guerra se reacendesse. A Bolívia continuava a armar-se. O Paraguai também. No início de 1937, iniciara entendimentos para comprar na Itália cerca de 40 a 50 aeroplanos, com financiamento do Banco Germânico, no valor total de US$ 1,5 milhão, com taxa de juro de 7 ou 8% ao mês, a ser pago em dois anos[40]. Porém, na opinião do embaixador Spruille Braden, quem mais obstaculizou o processo de paz foi o chanceler Carlos Saavedra Lamas, que intentou postergar qualquer acordo territorial até que pudesse assegurar ao máximo a influência da Argentina sobre o Paraguai e a Bolívia[41]. E não teve êxito. O acordo sobre transporte, firmado em 25 de fevereiro de 1938, entre os governos de La Paz e do Rio de Janeiro, objetivando à construção de ferrovia para ligar Santa Cruz de la Sierra (Bolívia) a Corumbá (Brasil), mediante a utilização de £ 1 milhão pendentes desde o Tratado de Petrópolis (1904), influiu provavelmente para a concertação do Tratado de Paz de 1938[42]. Ele proporcionaria à Bolívia melhor enlace com o Rio Paraguai e abriria o mercado brasileiro ao petróleo da região do Rio Parapeti e adjacências, com o que a velha aspiração de Saavedra Lamas de adquirir para a Argentina seu exclusivo controle se frustrou[43]. A possibilidade de que a YPF viesse a explorar os campos petrolíferos ao norte de Santa Cruz de la Sierra, invadindo a área da Standard Oil, chegou a entrar nos seus entendimentos com o presidente da Bolívia, o coronel David Toro, vinculado ao acordo para a construção, pela Argentina, da ferrovia Yacuiba—Santa Cruz de la Sierra[44], concluído somente em 1941. Esta ferrovia, com visível caráter estratégico, interessava à Argentina, porque com ela esperava incorporar a Bolívia, ou pelo menos, o oriente boliviano, ao sistema econômico e, quiçá, político, do Rio da Prata, ao afastá-la do sistema do Pacífico. E o chanceler do Paraguai, Carlos Zubizarreta, não escondeu sua desconfiança, ao ver que Saavedra Lamas o abandonava[45]. Ele percebera claramente que a Bolívia lograra interessar não só a Argentina como também o Brasil, fazendo-lhes promessas de concessões petrolíferas, que resultaram em acordos para a construção da ferrovia[46]. Com efeito, ambas as ferrovias — a que o Brasil construiria, de Corumbá a Santa Cruz de la Sierra, e a projetada pela Argentina, de Santa Cruz de la Sierra a Yacuiba — passariam pelos campos de petróleo, de modo que os tratados firmados pelos dois países com a Bolívia tacitamente reconheceram a legalidade da desapropriação das reservas da Standard Oil, apesar das pressões contrárias dos EUA.

Os interesses econômicos e, sobretudo, a questão do petróleo não constituíram, porém, o único fator a determinar o comportamento da Argentina, tanto ao favorecer o Paraguai, durante o conflito, quanto no decurso da Conferência de Paz. Também considerações militares e geopolíticas, de ordem estratégica, contribuíram para que ela sustentasse o Paraguai a qualquer custo. Independentemente do problema dos oleodutos, a presença da Bolívia no Chaco, ao sul da Bahia Negra, não convinha à Argentina, dentro de seu plano de operações, na hipótese de uma guerra contra o Brasil, a qual se estendesse ao sudoeste de Mato Grosso[47]. Séria ameaça configurar-se-ia para as suas forças ter, à retaguarda, o território de um país como a Bolívia em cuja solidariedade política e militar não podia confiar[48]. Efetivamente, no seu *Plan de Operaciones Máximo*, o Estado-Maior do Exército argentino previa uma guerra, na qual, com efetivos da ordem de 260.000 homens, teria de enfrentar forças não só do Brasil (290.000 homens) como também do Chile (170.000 homens), Uruguai (40.000 homens), Bolívia (42.000 homens) e Paraguai (18.000 homens), um total de 560.000[49]. O Chaco e as províncias de Salta e Jujuy certamente seriam o teatro de operações, onde as forças do Paraguai e da Bolívia atuariam em combinação. Não era, porém, o Brasil e sim o Chile que se configurava como o "principal inimigo" da Argentina, segundo a percepção do seu *Estado-Mayor General*[50]. O Brasil não sentia necessidade de expansão territorial nem havia na Argentina regiões "*que pudieran ser objetivo especial de su codicia*", salvo a província de Misiones, cuja anexação, ao permitir-lhe o domínio de uma das portas de saída do Paraguai, possibilitar-lhe-ia aumentar consideravelmente a influência sobre este país[51]. Por outro lado, embora acentuasse que uma guerra promovida pelo Brasil provavelmente não assumiria "*los caracteres de odio e de tenacidad*", o *Estado-Mayor General*, em seu *Plan de Operaciones Máximo*, manifestava receio quanto à influência de outros países, "*con intereses más arraigados y más graves*", como era o caso do Chile

> *"y, por sobre todos, de los EUA, que por sus incontenidas y poco disimuladas actividades imperialistas, no han dejado en la Argentina — por su situación, sus fuentes de riquezas y su capacidad de progreso — la valla suda-*

*mericana más seria para la facil consecución de sus ambiciones, y que, para anularnos con manos ajenas no habrán de trepidar en acumular, estimular y ayudar enemigos en contra nuestra"*[52].

As tropas do Paraguai, por outro lado, haviam atingido a linha Murillo—Charagua ou Vanguardia—Salinas San José, visando a alcançar Santa Cruz de la Sierra e a cortar as ligações entre o Oriente boliviano e os centros populosos do Altiplano, através das rodovias Cochabamba—Santa Cruz de la Sierra (cerca de 700 km) e Cochabamba à confluência dos Rios Chimoré—Ichillo (247 km). Se este objetivo se concretizasse, todo o polígono compreendido pelos rios Paraguai—Pilcomayo—Mamoré-Guaporé cairia sob a influência militar e, quiçá, política e jurídica do governo de Assunção, o que embaraçaria a execução do plano de comunicações previsto no Tratado de Natal, firmado pelo Brasil com a Bolívia, em 25 de dezembro de 1928.

Este não constituía, por certo, o único problema. Outros — e mais graves — igualmente adviriam para o Brasil. Caso chegassem a Santa Cruz de la Sierra, além de abrir o vale do Amazonas à infiltração da Argentina, as tropas do Paraguai, orientadas para objetivos econômicos, desceriam inevitavelmente o Rio Mamoré e apossar-se-iam, na região de Cochabamba, das grandes reservas petrolíferas, que todos criam ali existir[53]. O perigo maior consistia, portanto, na perspectiva de que o Paraguai intentasse então incorporar à sua soberania todo o oriente boliviano, para o que condições favoráveis existiam. Segundo o relatório do capitão Aluízio Pinheiro Ferreira, inspetor do Exército brasileiro na fronteira Mamoré—Guaporé, a população civil de Santa Cruz de la Sierra não mostrava qualquer alarme ante a possibilidade de que os paraguaios avançassem até lá[54]. Pelo contrário, os *cruzeños* ou bolivianos do Oriente identificavam-se muito mais com eles, devido às suas origens étnicas e culturais, do que com os *collas*, os bolivianos do Altiplano. Muitas vezes, contra o domínio político de La Paz já se haviam em armas levantado, pretendendo que Santa Cruz de la Sierra se incorporasse à Argentina, como uma de suas províncias. A última dessas reuniões fora abafada pelas tropas do general Hans Kundt, ex-comandante em chefe do Exército boliviano em operações no Chaco[55]. E o Paraguai naturalmente estava a aviventar os ressentimentos e estimular a tendência de Santa Cruz de La Sierra à secessão, a acenar aos índios com a prometida propriedade das terras que estes julgavam pertencer-lhes e "que lhes foram espoliadas pelos brancos", inclusive os brasileiros na zona fronteiriça, do Madeira à Bahia Negra[56]. No relatório apresentado ao Conselho Superior de Guerra, o general Waldomiro Castilho de Lima, inspetor do 1º Grupo de Regiões Militares, a observar que tal propaganda se baseava no *aprismo*[57], "espécie de comunismo adaptado às condições daquela região", acentuou que a independência de Santa Cruz de la Sierra e El Beni era "altamente prejudicial" ao Brasil, ao qual poderia trazer consequências fáceis de prever, dado que suas fronteiras, distantes e despovoadas, estariam expostas a toda sorte de saques e depredações, que poderiam desencadear hostilidades, motivadas pela reivindicação de territórios no Acre e de saída para o Amazonas[58]. Segundo ainda salientou, a independência de Santa Cruz de la Sierra e de El Beni, desmembrando-se da Bolívia, seria assim, do ponto de vista militar, "um perigo maior para a Amazônia", porque o novo Estado "seria fatalmente" ligado ao Paraguai e, portanto, ao "principal inimigo provável" do Brasil: Argentina[59]. Por isso, diante de uma perspectiva que poderia forçar o Brasil a envolver-se no conflito para enfrentar a Argentina, o presidente Vargas, a pretexto de retribuir a visita do presidente Justo, viajou a Buenos Aires, em 1935, no momento em que o grupo de mediadores — composto pelos representantes dos EUA, Brasil, Argentina, Chile, Peru e Uruguai — lá se reunia, visando a encontrar solução para a guerra no Chaco. Casual não foi a coincidência. O que Vargas pretendeu foi intervir energicamente nas negociações e, mediante entendimento direto com Justo, compelir o Paraguai e a Bolívia a cessarem as hostilidades, retirando-lhes qualquer respaldo. Sem dúvida alguma, a concertação entre os dois presidentes e sua interferência nas negociações concorreram, decisivamente, para que os dois beligerantes, já exaustos e em situação desastrosa depois de dois anos de guerra, concordassem com a assinatura do protocolo de 12 de junho de 1935, que determinou o imediato cessar-fogo e convocou a Conferência de Paz, instalada em Buenos Aires. E o temor, por Vargas atribuído ao governo de Assunção, logo se concretizou. Um militar triunfante, o coronel Rafael Franco, à frente de soldados descontentes, voltou-se contra o poder civil e derrubou o presidente Eusebio Ayala, chefe do Partido Liberal, destruindo, em 17 de fevereiro de 1936, o regime democrático-representativo, assentado na Constituição de 1870.

A ameaça de que o conflito armado se reacendesse no Chaco e, aí, levasse a Argentina e o Brasil a um confronto direto diminuiu depois do encontro dos presidentes Vargas e Justo, em Buenos Aires. Porém não desapareceu. Vargas continuou a empenhar-se na aquisição de armamentos e conversou, pessoalmente, com o presidente dos EUA, Franklin D. Roosevelt, quando este visitou o Brasil em 1936. A Argentina, informada então de que o governo norte-americano arrendaria seis *destroyers*, protestou fortemente, e tratou de evitar que a operação se concretizasse, a fim de manter a superioridade naval sobre o Brasil. Vargas ressentiu-se, e as desconfianças quanto à futura política exterior daquele país se reanimaram, sobretudo porque, àquela mesma época, o governo de Buenos Aires encomendara à Grã-Bretanha a construção de varias unidades para sua Marinha de guerra[60]. O real objetivo da Argentina era ampliar e manter acentuada superioridade naval na América do Sul, mas os Estados-Maiores do Exército e da Marinha, no Brasil, demonstraram desassossego e tomaram várias medidas de alerta e de defesa nas fronteiras do Rio Grande do Sul e do Mato Grosso. Entretanto, na Conferência de Paz de Buenos Aires, o chanceler da Argentina, Carlos Saavedra Lamas, obstaculizava de tal modo as negociações que o embaixador brasileiro José de Paula Rodrigues Alves, chefe da delegação do Brasil, ironizou, ao dizer que ele incentivara as hostilidades para obter o Prêmio Nobel da Paz, que lhe fora conferido. Segundo a opinião do embaixador dos EUA, Spruille Braden, Saavedra Lamas procurava aproveitar sua influência na Conferência de Paz, por modo que o Paraguai obtivesse com a redação do Tratado o que suas tropas não conseguiram na batalha: a zona da Bolívia onde comprovadamente existia petróleo. Aliás, ele propusera, inclusive, um plano para o desmembramento daquele país[61] e suspeita houve de que influenciara o confisco das propriedades da Standard Oil, em 1937, pelo governo do coronel David Toro (1936-1937), o que naturalmente possibilitara a conclusão de um acordo com a Argentina[62], vinculado à exploração do petróleo boliviano, para a construção de uma ferrovia entre Santa Cruz de la Sierra e Yacuiba, na Argentina. Este constituía o fundo da questão. O Brasil contra-atacou, ao propor a construção de outra ferrovia, ligando Santa Cruz de la Sierra a Corumbá, no estado de Mato Grosso. Mas receava que o controle pela Argentina das comunicações entre Santa Cruz de la Sierra e Yacuiba, ao mesmo tempo que o Paraguai se propunha a construir também uma ferrovia na direção do ocidente, prendesse a Bolívia de tal forma que mais cedo ou mais tarde provocasse a secessão do oriente boliviano. E a tal o Brasil opor-se-ia, indo até mesmo à guerra, se necessário[63]. Seria, para ele *casus belli*, pois não permitiria o desmembramento de qualquer parte da Bolívia, cujo estatuto territorial considerava "definitivo e não passível de quaisquer modificações", na parte em que estava jurídica e formalmente definido, admitido ou reconhecido[64]. Em documento secreto, dirigido ao ministro da Guerra, o general Pedro Aurélio de Góes Monteiro, chefe do Estado-Maior do Exército brasileiro, ressaltou, aliás, que era de "capital importância" para o Brasil, que, "em hipótese alguma", os limites territoriais do Paraguai, no Chaco, ultrapassassem o Rio Negro ou Otuquis para o Norte, a fim de não envolver a parte da margem direita do Rio Paraguai, pertencente ao estado de Mato Grosso[65]. Não sem razão, ele julgou que os fortins erigidos ao nordeste do Rio Negro ou Otuquis poderiam constituir, em futuro próximo, novo limite "insidiosamente preparado pelo Paraguai para reivindicações do território por ele abrangido, como se atingido fosse no período de operações ofensivas"[66]. E o embaixador José de Paula Rodrigues Alves, chefe da Delegação do Brasil à Conferência de Paz, reagiu, energicamente, quando o chefe da Delegação do Paraguai, Gerónimo Zubizarreta, propôs a anexação ao seu território do triângulo de terra, que, situado à margem do Rio Paraguai, o Brasil cedera à Bolívia, em 1904, e constituía, segundo o então chanceler Oswaldo Aranha "a única alegação nossa para justificar a incorporação do Acre, sempre apontada como ato de imperialismo do Brasil"[67]. Essa proposta, se aceita e a cessão se concretizasse, invalidaria o Tratado de Petrópolis e por esta razão Aranha percebeu que se tratava de manobra, possivelmente insinuada por Saavedra Lamas, com o propósito de separar o Brasil da Bolívia, onde uma tendência em favor da recuperação do Acre ressurgia e propiciava as bases para uma aproximação da Argentina[68]. Saavedra Lamas, no entanto, não resistiu às pressões contrárias à sua presença como ministro das Relações Exteriores da Argentina e presidente da Conferência de Paz, realizada em Buenos Aires. O novo presidente da Argentina, Roberto Ortiz (1938-1940)[69], substituiu-o por José Luis Cantillo. E a Conferência de Paz, que, na opinião de Aranha, até não passara de uma "querela pessoal", uma "competição de chanceleres", mais do que um esforço real para a terminação da contenda do Chaco, alcançou, finalmente, um desfecho, com o Tratado de Paz, Amizade e Limites, que o Paraguai e a Bolívia assinaram em 21 de julho de 1938. Contudo, nenhum dos dois países realizou, efetivamente, seus objetivos. Nem o Paraguai conseguiu capturar a zona do petróleo, no Rio Parapeti e adjacências, nem a Bolívia pôde expandir seu território até as margens do Rio Paraguai, onde obteve apenas um porto franco e o livre trânsito para suas mercadorias. Assim, os grandes vencedores, na guerra entre o Paraguai e a Bolívia, foram o Brasil e a Argentina. Ao firmarem os tratados de vinculação ferroviária — Santa Cruz de la Sierra—Corumbá e Santa Cruz de la Sierra—Yacuiba — estes dois países receberam enormes concessões para explorar um petróleo, que, conforme se comprovou, jamais em grande quantidade comercial apareceu.

## NOTAS

1. Solberg, 1979, p. 54.
2. Id., ibid., p. 54.
3. Id., ibid., p. 55. Yergin, 1993, pp. 232 e 233.
4. Solberg, 1979, p. 211. Larra, 1957, pp. 124 a 133. Rouquié, 1981, p. 214.
5. Frondizi, 1955, p. 268.
6. Rouquié, 1981, p. 214, p. 214.
7. Solberg, 1979, p. 154.
8. Id., ibid., pp. 154 e 211. Rouquié, 1981, pp. 214 e 215. Frondizi, 1955, pp. 270 a 271.
9. Frondizi, 1955, pp. 270-271.
10. Id., ibid., pp. 389-391. Klein, 1969, p. 153.
11. Annual Report — 1931 — Doc. A3353/3353/33, confidential, Tottenham-Smith to John Simon Asunción, 30/4/1932. Paraguay — Chaco — 1933 — PRO-FO371-15852.
12. Annual Report — 1932 — 16269, confidential, Tottenham-Smith to John Simon, Asunción, 29/3/1933 — Paraguai — Chaco, 1933 — A6093/1143/33. PRO-FO371 — 16586.
13. Id., ibid., pp. 389-391. Klein, 1969, p. 153.
14. Vide íntegra do discurso in Seiferheld, 1983, pp. 498 a 501. Frondizi, 1955, p. 390.
15. Despatch N. 464 — strictly confidential, Delegation o USA — Peace Conference, Spruille Braden to the Secretary of State, Buenos Aires, 22/7/1937. NA — File 724.34119/9/
16. Ibid. Sobre o tema vide Seiferheld, 1983. pp. 462 a 472. Klein, 1967, p. 229. Klein, 1969, p. 153. Warren, 1949, p. 294.
17. Seiferheld, 1983, p. 486.
18. Id., ibid., pp. 464 e 465.

19. Id., ibid., pp. 466 a 470. Warren, 1949, p. 294. Klein, 1969, pp. 217 e 218.
20. Spruille Braden fora quem, juntamente com seu pai, transferira algumas das concessões de petróleo que ela explorava.
21. Despatch N. 464, strictly confidential — Delegation of USA — Peace Conference, Spruille Braden to the Secretary of State, Buenos Aires, 22/7/1937. NA — File 724.34119/9. — *"A seu debido tiempo, el presidente del Directorio de Standard Oil de New Jersey me invitó a almorzar con él y sus directores (...) Después de alguna conversación general mi anfitrión, con considerable profanidad se soltó contra los 'desonestos bolivianos que habian robado sus propiedades' (de la Standard Oil). Le respondí que estaba totalmente equivocado y que era la propia Standard Oil quien habia estado en falta en todo el negócio. En una forma más bién beligerante me pidió que le explicara. Le proporcioné todos los hechos y quando terminé de hacerlo, él se volvió al abogado de la Standard Oil, que estaba presente e le dijo: '¿Es esto verdad?' La confirmación del abogado de mi historia resultó en mayor profanidad, esta vez dirigida a su propia plana mayor"*. Braden, 1971, pp. 26 e 7.
22. "... Ao citar Saavedra Lamas, é evidente que Spruille Braden reconhece nele — o que vale dizer na Argentina — um inimigo da Standard Oil. Isso significa que Saavedra Lamas é um agente do inimigo real: a Royal Dutch Shell, que se aliou à Argentina no apoio oferecido ao Paraguai". Chiavenato, 1979, p. 115. A lógica é extremamente simplista. Esquemática. Sobre o tema, vide Seiferheld, 1983, pp. 458 a 462. Klein, 1969, pp. 153 e 194.
23. Despatch N. 23, R. Noswosthy to Sir John Simon, La Paz, 9/2/1933; carta de Vickey Armstrong ao Foreign Office, Londres, 14/2/1933. PRO-FO371-16545.
24. Despatch N. 1362, Atherton, US Embassy, to the Secretary of State, London, 12/4/1935; Despatches N. 223 3 224, US Legation in Asunción, 10/5/1935, Chronological Records — Chaco Dispute — April 1st., 1935 to August 1st, 1935, p. 17. NA — File 724.34119/103 1/2.
25. Letters from Midlank Bank to Foreign Office, 1/10/1932 e 19/12/1932, PRO-FO371-1580. Despatch N. 105, R. H. Tollenham-Smith, Britsh Legation in Asunción, to H. G. Chilton, Britsh Embassy in Buenos Aires, Asunción, 22/11/1933. PRO-FO527 — 24.
26. Zook, 1962, p. 23.
27. Id., ibid.
28. Estigarríbia, 1950, p. 195.
29. Palmeiro, 1973, p. 76.
30. *Memorandum*, Eusébio Ayala a Vicente Rivali, embaixador em Buenos Aires, Asunción, 12/9/1934; apud Pastore, 1972, p. 395. Querejazu Calvo, 1981, p. 439. *"En el Paraguay ya no cabian dudas acerca de la actitud de la Standard Oil, más aún con la presunción — que los hechos posteriores demostraron erra-*

*da — de que el Chaco albergaba un reservatorio fabuloso en riqueza petrolera". Seiferheld, 1983, p. 508. "La Standard Oil sabia entre tanto lo que los bolivianos iban a descubrir solo 30 años después: que los yacimientos disputados eran escasamente importantes. En consecuencia, no mostró mayor entusiasmo com los aprestos bolivianos".* René Zavaleta Mercado — "Bolívia: Crescimiento de la Idea Nacional", *Cuadernos de la Revista Casa de las Américas*, La Habana, Cuba, 1967, apud Gonzáles Quintanilla, 1977, p. 30.

31. *Memorandum*, Ayala a Vicente Rivarola, Asunción, 12/9/1934, apud Querejazu Calvo, 1981, p. 439. Vide também Seiferheld, 1983, p. 509.
32. Solberg, 1979. p. 174. Seiferheld, 1983, p. 479.
33. Solberg, 1979, pp. 159 e 161.
34. Annual Report 1932 — 14249 confidential, Tottenham-Smith to John Simon, Asunción, 29/3/1933. PRO-FO16586 — Paraguay Chaco 1933 A6093/1143/33.
35. Barrero U., 1979, p. 285.
36. Despatch N. 208, strictly confidential, Spruille Braden to the Secretary of State — Delegation of USA — Peace Conference — Buenos Aires, 2/7/1936. NA 724.34119/521 LD. Braden, 1971, p. 31.
37. Despatch N. 594, strictly confideniial, Braden to the Secretary of State — Delegation of USA — Peace Conference, Buenos Aires, 28/12/1937. NA-274. 34119/1158 LH.
38. Nota de Protesto de la Delegación Boliviana — Enclosure N. 1 to Despatch N. 607, Braden to the Secretary of State, Delegation of USA — Peace Conference, Buenos Aires, 10/1/1938. NA-724.34119/1173 LH.
39. Despatch N. 594, strictly confidential, Braden to the Secretary of State — Delegation of USA — Peace Conference, Buenos Aires, 28/12/1937. NA-724.34119/1158 LH.
40. Despatch N. 458, strictly confidential, Leslie E. Reed, 1rs Secretary, to the Secretary of State, Legation of USA in Montevideo, 21/1/1937. NA-724-34119/757 LH.
41. Braden, 1971, p. 91.
42. Só em 23 de julho de 1964, com a assinatura, em La Paz, do Protocolo Adicional ao Tratado de 1938 sobre a Ligação Ferroviária, o Brasil finalmente entregou à administração da Bolívia o trecho da ferrovia Corumbá—Santa Cruz de la Sierra, situado no território boliviano, e recebeu quitação do compromisso, que assumira com o Tratado de Petrópolis e que o Tratado de 25 de dezembro de 1928 modificara. Ao negociar a entrega da ferrovia, os representantes brasileiros consideraram a importância geopolítica da região por ela servida. *Relatório do Ministério das Relações Exteriores*, apresentado ao presidente da República, marechal Humberto de Alencar Castelo Branco, pelo ministro das Relações Exteriores, Vasco Leitão da Cunha — 1964 — Seção de Publicações da Divisão de Documentação do MRE, pp. 24 e 25.

43. Zook, 1962, p. 382.
44. Despatch n. 464, strictly confidential, Braden to the Secretary of State, Buenos Aires, 22/7/1937. NA-File 724.34119/9.
45. *Memorandum*, Carlos Zubizarreta, Paraguayan Delegate. Enclosure to the Despatch of Oct. 7th, 1937, Buenos Aires. NA-724.34119/1081 LH.
46. Id., Ibid.
47. Circular N. 908, confidencial, MRE às Missões Diplomáticas Brasileiras, a) M. de A. (Moniz de Aragão), Secretário Geral, Rio de Janeiro, 22/8/1934. AHI — Guerra do Chaco — 9(31).(43)5. AEMA.
48. Ibid.
49. Ministério de Guerra — Estado Mayor General del Ejército — Bases para el "Plan de Operaciones Máximo" — 1933-1934, secreto, Anexo a la Orden Secreta N. 66 — Ejemplar 1: Jefe. Plan de Operaciones Máximo — Variante A — Frontera Noreste — Zonas de Concentración — 1933-1934. a) general de Brigada Ramón Molina, Jefe del Estado Mayor del Ejército. Aprobado: general de División Tomás Martinez, Inspector General del Ejército. AN-AP51(9)-APPAGM.
50. Ibid.
51. Ibid.
52. Ibid.
53. Relatório — inspetoria dos CC/EE da fronteira Mamoré—Guaporé, a) Capitão Aluízio Pinheiro Ferreira, Inspetor — Comandante da 8ª Região Militar, 26 de janeiro de 1935. Índice: "Presta informações sobre as prováveis consequências da Guerra do Chaco nas relações brasileiro-bolivianas pela bacia amazônica". AN-AP51(7) — APPAGM.
54. Ibid.
55. Ibid.
56. Ibid.
57. Referência à Aliança Popular Revolucionária Americana — APRA, movimento de esquerda liderado no Peru por Victor Haya de la Torre.
58. "Situação Atual do Brasil como Potência Militar Sul-Americana" — Estudos apresentados ao Conselho Superior de Guerra pelo general de divisão Waldomiro Castilho de Lima, Inspetor do 1º Grupo de Regiões Militares, Reservado, s/d (provavelmente 1934-1935). AN-AP51(5)APPAGM.
59. Relatório — Inspetoria dos CC/EE da fronteira Mamoré-Guaporé, a) Capitão Aluízio Pinheiro Ferreira, Inspetor — Comandante da 8ª Região Militar, 26 de janeiro de 1935. Índice: "Presta informações sobre as prováveis consequências da Guerra do Chaco nas relações brasileiro-bolivianas pela bacia amazônica". AN-AP51(7) — APPAGM.
60. Despatch N. 372, Subject: Rumor regarding supposed intention of Argentina to attack Brazil. R. M. Scotten, Counselor of Embassy, to the Secretary of State. Rio de Janeiro, 3/4/1938. NA-732.35/59 L/JPS.

61. *I-EUA y la Paz del Chaco — II-EE.UU y la Carta de Belmontte* (Memórias del Jefe de la Delegação Americana Spruille Braden. Capítulos XIX, XX y XXV. Tradução, Introdução e Comentários de Victor Andrade V., *Cuadernos de Hoy*, n. 6, La Paz, 1982, p. 43.
62. Braden, Spruille — "Diplomáticos y Demagogos" — *Memorias sobre la Conferencia de Paz del Chaco* (Versión castellana de los principales capítulos), New York, 1971, p. 21. *"El Gobierno norte-americano tenia razones para creer que la Argentina habia jugado un papel importante en la expropiación de los bienes de la Standard Oil llevado a cabo por el Gobierno boliviano el 13 de marzo de 1937... Después de la guerra, se celebraron negociaciones en Buenos Aires para una concesión petrolífera. Como contrapartida, la Argentina protegeria a Bolívia del Paraguay. La expropiación a la Standard Oil tuvo lugar no mucho después y luego breve lapso se firmó um acuerdo entre la Argentina y Bolívia que preveia la participación argentina en el desarrollo de los yacimientos bolivianos, como asi mismo la exportación de petróleo boliviano a la Argentina. (Cordell) Hull y Summer Welles estaban enfurecidos, particularmente no mucho antes el canciller boliviano Enrique Finot habia dicho al ministro norte-americano R. Heenry Norwel que 'Bolívia debe hacerle el juego al imperialismo argentino para obter un arreglo aceptable en el Chaco"*. Escudé, 1992, pp. 246 e 247.
63. Despatch n. 464, strictly confidential, Delegation of USA — Peace Conference, Spruille Braden to the Secretary of State, Buenos Aires, 22/7/1937. NA — File 724.34119/9.
64. Nota n. 11, embaixador Mario de Pimentel Brandão, Secretário Geral, a Alberto Ostria Gutierrez, Enviado Extraordinário e ministro plenipotenciário da Bolívia, Rio de Janeiro, 25/2/1938. AHI — Guerra do Chaco — Conferência de Paz.
65. Ofício n. 49, secreto, 2ª Seção, general de divisão Pedro Aurélio de Gois Monteiro, Chefe do Estado-Maior do Exército, ao ministro da Guerra, Rio de Janeiro, 4/6/1938. AHI — Guerra do Chaco — Conferência de Paz.
66. Ibid.
67. Carta de Oswaldo Aranha a Getúlio Vargas, abril de 1938, CPDOC — FGV — 04 380405/2.
68. Ibid.
69. O presidente Ortiz, em 1940, licenciou-se, por motivo de doença, sendo substituído à frente do governo pelo vice-presidente, Ramón S. Castilho. Em 1942, impossibilitado de reassumir, renunciou e, em 1943, os militares derrubaram o presidente com um golpe de Estado.

# Capítulo VII

A COMPETIÇÃO MILITAR ENTRE BRASIL E ARGENTINA • O CASO DOS *DESTROYERS* • O TRATADO DE 1941 ENTRE O BRASIL E A ARGENTINA PARA FORMAR UMA UNIÃO ADUANEIRA • O GOLPE DE 1943 NA ARGENTINA • AMEAÇAS DOS EUA A BUENOS AIRES • OS INTERESSES DA GRÃ-BRETANHA E DO BRASIL NA ARGENTINA • OS REGIMES POLÍTICOS NO BRASIL E NA ARGENTINA

Apesar de terminada a Guerra do Chaco e da cordialidade com a Argentina, o temor de um conflito, exigindo ação militar do Brasil, não se dissipou, inclusive por causa da situação internacional que se tornava cada vez mais crítica na Europa. O presidente Getúlio Vargas continuou a empenhar-se na aquisição de armamentos e conversou pessoalmente sobre o assunto com o presidente dos EUA, Franklin D. Roosevelt, quando este visitou o Brasil em 1936. A Argentina, ao saber então do arrendamento de seis *destroyers* pelo governo norte-americano ao Brasil, em 1937, reagiu energicamente e tratou de impedir a realização do negócio. Esta atitude provocou profundo ressentimento no governo de Vargas e aviventou as desconfianças quanto à sua futura política exterior, sobretudo porque ela encomendara à Grã-Bretanha, à mesma época, a construção de várias unidades para a sua Marinha de Guerra.[1]

A questão com a Argentina por causa dos *destroyers* irrompeu no momento em que a crise política interna, no Brasil, agravara-se, em face da campanha pela sucessão do presidente da República, e muito provavelmente influenciou as Forças Armadas na preparação do golpe de Estado, que o próprio Getúlio Vargas executou em 10 de novembro de 1937, restaurando seu poder discricionário, com o fechamento do Congresso e a ab-rogação da Constituição de 1934. Assim, tanto o Exército quanto a Marinha aproveitaram, naquelas circunstâncias, o episódio com a Argentina a fim de obterem da ditadura que sustentavam mais créditos para armamentos. O Brasil, além de construir, com material comprado aos EUA, três *destroyers* nos estaleiros do Rio de Janeiro, assinou um contrato com a Armstrong Vickers, da Grã-Bretanha, para a aquisição de mais seis. A Marinha conseguiu, outrossim, recursos para a compra de grande número de aviões fabricados nos EUA, metralhadoras na Dinamarca e canhões da Krupp na Alemanha, juntamente com o Exército, que ainda investigava a possibilidade de comprar cerca de 300 tanques de guerra em qualquer país.

Não obstante as suspicácias militares, o Brasil, entretanto, tinha crescentes interesses na Argentina, onde Roberto M. Ortiz, da União Cívica Radical (antipersonalista, ou seja, anti-irigoyenista) substituíra o general Agustín P. Justo na presidência da República (1938). Ela se configurava, cada vez mais, como importante parceiro comercial, escoadouro natural para seus produtos agrícolas e manufaturas. Em 1939, a Argentina comprara do Brasil mercadorias no valor de 71,6 milhões de pesos, o equivalente a 6% de suas importações, e lhe vendera cerca de 60,6 milhões de pesos, ou seja, destinara-lhe 4,3% de suas exportações, segundo o governo de Buenos Aires anunciou[2]. O Brasil queria, entretanto, vender-lhe ainda mais, sobretudo tecidos de algodão, em virtude, principalmente, de que a eclosão da guerra lhe fechara os mercados da Europa. E a indústria têxtil brasileira, que dispunha de abundante provisão de matéria-prima e já ocupava o quinto lugar no mundo[3], estava com grande excedente de produção. Assim, em meados de 1940, uma missão comercial do Brasil, integrada pelos representantes do Centro Industrial de Fiação e Tecelagem e do Sindicato das Indústrias de Tecidos do estado de São Paulo[4], viajou para Buenos Aires, com o objetivo de estudar as possibilidades de desenvolver a exportação de tecidos de algodão para o mercado argentino[5]. Essa missão encontrou boa receptividade, havendo o ministro da Fazenda da Argentina, Frederico Pinedo, mostrado disposição de ampliar o comércio entre os dois países, mediante, sobretudo, as compras de ferro, borracha e madeiras, estas últimas antes importadas dos EUA, o que possibilitaria sanar o déficit do Brasil[6].

Entrementes, as delegações do Brasil e da Argentina à Segunda Reunião de Consulta dos ministros das Relações Exteriores das Repúblicas Americanas, chefiadas, respectivamente, por Maurício Nabuco e Leopoldo Melo, encontraram-se em Havana e chegaram à conclusão de que havia possibilidade de entendimentos bilaterais para a venda imediata de excedentes exportáveis de um país ao outro, com equivalentes vantagens recíprocas[7]. Uma declaração foi assinada pelos chefes das delegações e, em face de tal inteligência, o ministro da Fazenda da Argentina, Frederico Pinedo, viajou ao Rio de Janeiro, à frente de uma delegação de técnicos, e lá se reuniu com Artur de Sousa Costa, ministro da Fazenda do Brasil, iniciando as negociações que prosseguiram, nos meses subsequentes. A delegação brasileira, de acordo com as instruções do chanceler Oswaldo Aranha, pautou-se pelo princípio de que seria "de toda a conveniência, e de benefícios mútuos, a harmonização das duas economias, em lugar da luta em que estão empenhadas, no esforço de se tornarem totalmente independentes"[8]. O Brasil dispunha-se a conceder facilidades à importação de produtos agrícolas argentinos, em troca de facilidades compensadoras para os seus produtos agrícolas e industriais, mas só poderia considerar a revogação das medidas legislativas ou governamentais que tomou, relativas à mistura de farinhas panificáveis, afetando as importações do trigo argentino, se fossem anuladas, em suas causas e todos os seus efeitos, as medidas tomadas anteriormente pelo governo de Buenos Aires e das quais resultaram ou podiam resultar a diminuição das exportações brasileiras de erva-mate, fumo, arroz, laranjas, madeiras, tecidos, ferro ou outros produtos industriais. Nessas instruções, Oswaldo Aranha ponderou que as concessões seriam válidas apenas durante a duração da guerra, "a menos que, desde já, concluam ambos os países um acordo, aberto aos demais países limítrofes, que assegure a todos condições especiais, garantidoras, quanto possível, da manutenção do intercâmbio comercial, após a terminação das hostilidades"[9].

A sugestão de Oswaldo Aranha, no sentido de que ambos os países concluíssem um acordo, aberto aos demais países limítrofes, que assegurasse a todos garantias de continuação do comércio após o término da guerra, teve desdobramento. O ministro da Fazenda da Argentina, Frederico Pinedo, manifestou-se favoravelmente à proposta, declarando que não seria "*contrario al programa más ambicioso que puedan concibir nuestros amigos brasileros*" e que sempre havia acreditado que "*seria un ideal acercar-se a una unión aduanera — abierta, desde luego, a los demás paises limítrofes*"[10]. Segundo sua opinião,

> *"En vez de tener en el Brasil y Argentina industrias paralelas que están produciendo a costos elevados en dos mercados distintos y practicamente cerrados, hubiéramos podido llegar a una provechosa división de esfuerzo industrial entre ambas naciones. El Brasil, por ejemplo, hubiese podido establecer su industria de elaboración del caucho para abastecer su propio mercado y al nuestro: allí producirás más y aqui consumiríamos a costo más bajo. Y en reciprocidad, la Argentina podría haber enviado al Brasil un valor igual de artículos para cuya producción estamos en mejores condiciones"*[11].

A posição tomada pelo ministro Frederico Pinedo foi altamente construtiva. Ele entendeu que não bastava alcançar um equilíbrio com as cifras do comércio bilateral. "*Hay que ir más lejos y no solo pensar en el intercambio de alimentos y materias primas sino también de artículos manufacturados*" — escreveu a René Berger, chefe da delegação argentina[12]. Decerto, naquelas circunstâncias, um acordo convinha aos dois países com o objetivo de harmonizar suas economias. Argentina receava que a guerra na Europa lhe atingisse a economia, e a ela interessava, sobretudo, aumentar as exportações de trigo para o Brasil, induzindo-o a reduzir sua mistura com outras farinhas sucedâneas (mandioca, milho e arroz) na fabricação do pão, medida que fora adotada não apenas para diminuir o saldo negativo na balança comercial como também por haver o governo de Buenos Aires iniciado uma política de autossuficiência com respeito à erva-mate, arroz, fumo, alguns dos seus produtos de exportação. Por outro lado, ao Brasil interessava vender à Argentina, onde a indústria têxtil era incipiente[13], maiores quantidades de tecidos de algodão, cujas exportações, no valor de quase 150.000 contos anualmente, representavam "com afeito grande auxílio, tanto aos produtores de algodão, que perderam em consequência da guerra seus principais mercados, sem possibilidade de os substituir, como aos industriais, em luta contra a superprodução"[14]. Também fornecer ferro, madeiras, borracha e outros produtos, dos quais tinha superprodução ou estava em condições de produzir em maior escala, bem como aumentar as vendas de café, o que era possível dado que a Argentina consumia mais do que o dobro da quantidade importada do Brasil e também adotava a política de autorizar o uso de sucedâneo. O fomento de tais exportações possibilitaria assim eliminar o saldo negativo do Brasil e estabelecer o equilíbrio na balança comercial com a Argentina.

Convergência de interesses, portanto, havia e as negociações avançaram em torno de três projetos, sendo o primeiro relacionado à instalação de indústrias não existentes em qualquer dos dois países, com a garantia de isenção de direitos alfandegários pelo prazo de dez anos, a contar da data em que o convênio fosse assinado. Suas disposições visavam a "estabelecer, em forma progressiva, o início de um intercâmbio livre entre os dois países, a fim de se chegar à formação de uma união aduaneira, aberta aos demais países americanos ou apenas aos limítrofes"[15]. Sobre o tamanho da união aduaneira nada ficou assentado, embora a tendência das delegações do Brasil e da Argentina fosse no sentido de que as suas vantagens só deviam ser concedidas aos países limítrofes. De qualquer modo, a ideia principal desse projeto, "claramente enunciada no seu preâmbulo, é a de lançar as bases de uma futura união aduaneira na América do Sul, na qual, certamente, o Brasil e a República Argentina desempenhariam papel de grande importância"[16]. O segundo projeto tratava da abertura de créditos, nos dois países, para a compra de excedentes de produção, possibilitando o descongestionamento de alguns estoques de mercadorias porventura em excesso de produção; e o terceiro previa a redução gradual do emprego de misturas ou sucedâneos dos gêneros de alimentação, principalmente café e trigo, que um país importava do outro, de modo a assegurar que eles fossem entregues ao consumo de acordo com os tipos e as especificações do país de origem, a partir de janeiro de 1941. Somente um ano depois, entretanto, os dois países completaram as negociações, manifestando, através do tratado firmado em 21 de novembro de 1941 pelo ministro Oswaldo Aranha (Brasil) e Enrique Ruiz-Guiñazú (Argentina), "o propósito de conseguir — estabelecer em forma progressiva um regime de intercâmbio livre, que permita chegar a uma união aduaneira (...), aberta à adesão dos países limítrofes, o que não seria obstáculo a qualquer amplo programa de reconstrução econômica que, sob a base da redução ou eliminação de direitos e outras preferências comerciais, viesse a desenvolver o comércio internacional, baseado no princípio multilateral e incondicional da nação mais favorecida"[17].

O Japão, poucas semanas depois, em 7 de dezembro de 1941 bombardeou a base norte-americana em Pearl Harbor, e deu ao presidente Franklin D. Roosevelt o pretexto de que necessitava para vencer as tendências isolacionistas e envolver os EUA, diretamente, na guerra contra o Eixo, "como uma cruzada, com o lema de que é a América que irá libertar a Europa do jugo alemão"[18]. Vargas telegrafou-lhe para expressar sua solidariedade, e imaginou que assim afastara o perigo de que o Brasil também tivesse de entrar no conflito[19]. E, apesar da insistência de Oswaldo Aranha, ministro das Relações Exteriores, no sentido de que o Brasil rompesse relações com as potências do Eixo, ele resistiu o quanto pôde, pois sabia que os países da América Central e do Caribe, ao tomarem tal atitude, não o fizeram "espontaneamente" e sim "coagidos" pela pressão norte-americana[20]. Esta recalcitrância de Vargas resultava não só de inclinações pessoais, porquanto estava "apreensivo" com o fato de que os norte-americanos queriam arrastar o Brasil a uma guerra que lhe parecia inútil, como de outros fatores relacionados com a política interna e externa do seu governo. De um lado, o ministro da Guerra, general Eurico Gaspar Dutra, e outros oficiais do Alto Comando do Exército simpatizavam com o nazi-fascismo e ameaçavam renunciar aos seus postos, opondo-se ao rompimento de relações com as potências do Eixo, sob a alegação de que os EUA ainda não haviam cumprido a promessa de enviar material bélico e que as Forças Armadas brasileiras não estavam aparelhadas para defender o território nacional, em caso de ataque decorrente de seu envolvimento na guerra. Por outro lado, a Argentina, da mesma forma que o Chile, contrapunha-se à política dos EUA, e Vargas não a queria constranger ou que o Brasil dela se afastasse, uma vez que considerava a amizade entre os dois países "parte integrante de um programa de governo"[21].

Vargas persistiu nessa posição, ainda durante a Terceira Reunião de Consulta dos Chanceleres Americanos, que se realizou no Rio de Janeiro (15 a 28 de janeiro de 1942), convocada pelos EUA com o objetivo de forçar os Estados americanos, em nome da solidariedade continental, a romperem relações com as potências do Eixo, por causa do ataque do Japão a Pearl Harbor, uma vez que os chefes militares brasileiros se manifestaram contrários a que o governo apoiasse uma decisão inaceitável pela Argentina e provocasse o estremecimento entre os dois países[22]. Contudo, o Brasil, não só por depender do mercado norte-americano para o escoamento da produção de café, ainda sustentáculo de sua economia, como pela sua posição estratégica no Atlântico Sul, não podia deixar de acompanhar os EUA. Vargas já autorizara os EUA a instalar bases militares ao longo do litoral do Brasil, depois que Roosevelt lhe assegurara, por volta de 27 de agosto de 1941, o crédito de US$ 20 milhões para que uma empresa estatal (Companhia Siderúrgica Nacional), criada então pelo governo brasileiro, construísse em Volta Redonda (estado do Rio de Janeiro) o maior complexo siderúrgico da América Latina. E a ele alternativa não restou senão ceder ao apelo pessoal de Roosevelt, adensado pelo compromisso de atender às suas demandas (prioridade para a fabricação dos equipamentos da siderúrgica e fornecimento imediato do material bélico), bem como pelas ameaças indiretas do embaixador Sumner Welles, subsecretário do Departamento de Estado, ao dizer-lhe que os EUA cortariam todos os recursos da Argentina e provocariam a queda do governo de Buenos Aires, se ela não os acompanhasse na guerra[23]. Diante de tal situação, Vargas, após mostrar aos chefes militares e ao seu ministério as vantagens ou as consequências que da atitude do Brasil adviriam, e vencer as resistências, autorizou o chanceler Oswaldo Aranha a encerrar a III Reunião de Consulta dos Chanceleres Americanos, anunciando o rompimento das relações do Brasil com as potências do Eixo[24]. Como represália, os submarinos da Alemanha e da Itália começaram a atacar navios brasileiros e, entre fevereiro e agosto de 1942, afundaram cerca de 20, o que compeliu o governo Vargas, diante do clamor público, a abandonar a neutralidade e formalizar o estado de beligerância contra aqueles dois países[25]. Esta decisão separou o Brasil, politicamente, da Argentina, e a sequência dos acontecimentos inviabilizou qualquer tentativa no sentido de constituir a união aduaneira e estendê-la aos países limítrofes na América do Sul.

A Argentina, porém, não estava em condições de declarar guerra, nem sequer de romper relações com as potências do Eixo. Tinha outras razões e ainda mais fortes para obstinar-se na posição de não apoiar qualquer ato de beligerância ou pré-beligerância e manter a mais estrita neutralidade em face da conflagração mundial. A maior parte de suas exportações destinava-se aos países da Europa, principalmente à Grã-Bretanha, também interessada em não a envolver na guerra, a fim de que pudesse continuar a receber os suprimentos de *foodstuffs*, carne e cereais, que lhe eram indispensáveis, sem o risco de que submarinos alemães ou italianos, em represália, torpedeassem os navios de bandeira argentina. O interesse da Grã-Bretanha, naquelas circunstâncias, convergia, portanto, com o do inimigo, a Alemanha, que também mantinha fortes conexões econômicas com a Argentina e não as queria perder, isolando-se completamente de toda a América Latina.

Tal fato possibilitou que a Argentina recalcitrasse e resistisse às pressões dos EUA, que se dispunham não só a recusar-lhe qualquer auxílio como a aplicar-lhe sanções econômicas e financeiras[26], a fim de impedir fraturas no sistema pan-americano e submetê-la à sua hegemonia, liquidando o último reduto ainda sob forte influência da Europa nas Américas. Esta política do governo norte-americano partiu da suposição de que, negando armamentos à Argentina e cedendo-os em grande quantidade ao Brasil, sob a forma de *land-lease*, poderiam induzir as Forças Armadas daquele país a pressionarem Ramón S. Castillo, que substituíra interinamente Roberto M. Ortiz[27] na presidência da República, a modificar radicalmente sua política exterior, ou a darem um golpe de Estado[28]. Porém, os *policy-makers* do Departamento de Estado, ao tentarem impor sua verdade com intolerante zelo puritano, não avaliaram que tamanha pressão, longe de alcançar o resultado que pretendiam, estavam a reforçar ainda mais as tendências nacionalistas na Argentina. O presidente Ramón S. Castillo mostrou-se até mesmo inclinado a unir francamente a Argentina às potências do Eixo, em caso extremo, para enfrentar um *ultimatum* dos EUA[29].

O fortalecimento militar do Brasil, que os EUA promoviam e alardeavam, era também um meio de intimidar a Argentina e acuá-la, por constranger suas Forças Armadas, cada vez mais inquietas e alarmadas ante a falta de material bélico. Assim, a contrastar com a incapacidade da Grã-Bretanha de prover às necessidades, inclusive militares, da Argentina, no momento em que a Alemanha, igualmente, já necessitava de toda a sua produção para a guerra na Europa, a rivalidade comercial e a coação política dos EUA aviventaram a frustração das Forças Armadas, exacerbaram-lhes o nacionalismo e deterioraram a posição dos conservadores, a deterem o poder, desde 1930, através de paródias eleitorais. E as pressões externas e contraditórias, tanto no sentido de compelir a Argentina a romper relações com o Eixo e participar do conflito quanto para a manter na posição de neutralidade, associadas aos interesses internos e a entrelaçarem-se com as disputas políticas e a ameaça de agitação social, criaram as condições para que as Forças Armadas, receando o crescente fortalecimento militar do Brasil com armamentos fornecidos pelos EUA, derrubassem o presidente Ramón S. Castillo, mas não para modificar a política exterior da Argentina, conforme as expectativas dos EUA[30].

De 3 para 4 de junho de 1943, 10.000 soldados do Campo de Mayo e as guarnições de Liniers marcharam sobre Buenos Aires. Castillo e alguns dos seus ministros refugiaram-se a bordo do caça-minas *Drumond*, fundeado no Rio da Prata. O general Arturo Rawson assumiu a presidência da República, dando esperança de promover uma política favorável aos Aliados[31]. Não conseguiu, entretanto, manter-se no posto mais do que dois dias. O general Pedro Pablo Ramírez, apoiado pelo GOU (Grupo de Oficiales Unidos), a corrente do Exército nacionalista favorável à manutenção da neutralidade, e pela Marinha, substituiu-o. Também não se sustentou muito tempo no governo. Em 24 de fevereiro de 1944, foi forçado a renunciar quando rompeu as relações da Argentina com as potências do Eixo, alegando que sofria fortes pressões dos EUA e do Brasil[32], após o fracasso da tentativa de obter armamentos da Alemanha. O general Edelmiro Farrel sucedeu-o, porém o poder ainda mais se concentrou nas mãos do coronel Juan Domingo Perón, que passou a acumular, juntamente com a Secretaria do Trabalho, o Ministério da Guerra e a vice-presidência da República.

O Departamento de Estado atribuiu a queda de Ramírez a uma conspiração da camarilha militar favorável ao Eixo e optou pela política de não reconhecimento do novo governo, acusando a Argentina de haver patrocinado, em dezembro de 1943, o golpe de Estado contra o presidente Enrique Peñaranda, na Bolívia, e de pretender expandir a sua influência sobre o Chile, Peru, Uruguai e Paraguai. E a partir daí os EUA intensificaram as pressões econômicas e políticas sobre a Argentina e pretenderam que o Brasil e a Grã-Bretanha as reforçassem. Já em fevereiro de 1944, no exato momento em que Ramírez caíra do governo, o rumor de que navios norte-americanos e brasileiros entravam pelo Rio da Prata espalhara-se em Buenos Aires[33], talvez difundido pelo FBI, com o objetivo de intimidar os militares e influir no rumo dos acontecimentos. Com efeito, algumas semanas depois, a esquadra do Atlântico Sul, composta de navios norte-americanos e brasileiros e sob o comando do almirante Jonas H. Ingram, aproximou-se da Argentina, a pretexto de uma visita a Montevidéu, que Roosevelt insistira em manter, apesar do forte apelo de Vargas para que ordenasse seu cancelamento[34]. O desígnio do almirante Ingram, no entanto, não era apenas fazer uma demonstração de força, a fim de intimidar Buenos Aires, e sim promover o bloqueio do Rio da Prata, o que certamente precipitaria o conflito armado, forçando o Brasil a invadir a Argentina. O secretário de Estado, Cordel Hull, já fizera essa proposta, e o próprio Roosevelt, com a perspectiva de uma intervenção militar na Argentina, determinara que o Munitions Assignment Board entregasse rapidamente ao Brasil grandes quantidades de armas e munições, bem como equipamentos para duas ou três divisões de regimentos motorizados, de modo que ele pudesse concentrar poderosas forças no Rio Grande do Sul[35]. Mas sem o apoio do Brasil e a aquiescência da Grã-Bretanha tornava-se difícil para os EUA a realização do bloqueio, com a consequente intervenção armada na Argentina. O embaixador do Brasil em Washington, Carlos Martins, sabia que nem Vargas nem Oswaldo Aranha, seu ministro das Relações Exteriores, concordariam com qualquer iniciativa para antagonizar aquele país[36]. O Brasil não desejava aparecer como o *catspaw*, uma espécie de títere dos EUA[37]. E a Grã-Bretanha também se opunha tanto à intervenção armada quanto às sanções econômicas. Seu ministro das Relações Exteriores, Lord Halifax, considerava que a primeira medida contrariava a política de boa vizinhança, que o governo de Roosevelt tratara de implementar na América Latina. E a segunda prejudicaria os esforços de guerra[38].

A exceder-se talvez nas instruções que tinha, o almirante Ingram pretendera, porém, arremeter contra Buenos Aires, julgando que a poderia facilmente destruir, com 200 aviões transportados pela sua esquadra[39]. E conversou sobre o assunto com o general Pedro Aurélio de Góes Monteiro, representante do Brasil no Inter-American Emergency Advisory Comittee for Political Defense, que funcionava em Montevidéu. A sugestão era de que o Brasil devia preparar-se para combater na Bacia do Prata e não enviar tropas à África ou à Europa, pois a Argentina poderia valer-se da oportunidade para o acatar[40], conforme um plano que o embaixador em Buenos Aires já transmitira diretamente a Vargas, em outubro de 1943[41]. Seu objetivo, ao que tudo indicava, era articular uma ação conjunta do Brasil com os EUA, e desencadear a guerra na Bacia do Prata. O general Pedro Aurélio de Góes Monteiro consultou então o Itamaraty e recomendou a adoção de um plano, elaborado em 3 de outubro de 1940, para a invasão da Argentina, ou de uma variante, tendo sempre por base a "rapidez", caso conviesse tomar aquela iniciativa[42]. Segundo ele, o governo brasileiro devia construir, no Sul, depósitos e bases de operações, para as forças aéreas e mecanizadas, favorecer a instalação, em Santa Catarina ou em Montevidéu, de bases navais para os EUA, bem como prever a mudança da corrente de transportes, projetada pela Força Expedicionária Brasileira, da África ou da Europa para a banda oriental do Rio da Prata[43]. Góes Monteiro não cria que a Argentina iniciasse a agressão, mas considerava necessário que o Brasil tomasse medidas acauteladoras para o futuro, por admitir a possibilidade de ter de intervir na Bacia do Prata, de acordo com os EUA[44]. Aquelas medidas, por ele preconizadas, refletiam os entendimentos que mantivera com o almirante Ingram em Montevidéu. Porém Vargas, informado por Oswaldo Aranha, empreendeu gestões junto a Roosevelt, após o que o comandante das Forças Navais no Atlântico Sul recebeu novas instruções e a ameaça de guerra naquela região esmaeceu[45].

De qualquer forma, a possibilidade de utilizar-se a Força Aérea Brasileira para devastar Buenos Aires, segundo documentos a que o embaixador Carlos Martins tivera acesso em Washington, entrou nas cogitações de alguns chefes militares do Pentágono[46]. O adido militar norte-americano e o general Brett, no Rio de Janeiro, chegaram também à conclusão de que "Buenos Aires poderia ser destruída, e a Argentina forçada a ajoelhar-se à intervenção aberta do governo dos EUA"[47], mediante táticas empregadas pela Alemanha durante a guerra civil na Espanha (1936-1939). O plano consistia em recrutar jovens aventureiros norte-americanos — muitos dos quais pilotos de primeira classe — que estavam dispostos a servir sob uma bandeira estrangeira, no caso do Brasil, e fornecer-lhes, para o ataque a Buenos Aires, mais aviões e bombas do que os alemães tiveram na Espanha[48]. Ao transmitir tais informações ao Foreign Office, o diplomata britânico R. H. Hadow, servindo em Washington, observou que a Argentina não constituía para o Brasil a ameaça armada que a propaganda fazia parecer[49]. Essa propaganda visava, naturalmente, a fomentar o clima de desconfiança e a criar condições para a deflagração da guerra entre os dois países. Mas Vargas, apesar de todas as pressões, continuou firme na posição de não hostilizar a Argentina e nem sequer consentiu que Aranha formulasse uma nota contra o reconhecimento do governo Farrel, a ser divulgada simultaneamente com uma outra de Cordel Hull[50]. A opinião de Vargas era de que o Brasil não devia atritar-se com outros países (especialmente, Argentina), e graças à sua atitude o conflito armado não se estendeu à Bacia do Prata, embora ele entendesse que a solidariedade com os EUA não significava uma "posição de emergência", imposta pela guerra[51]. Na sessão inaugural da Comissão Militar Mista Brasil-EUA, em outubro de 1944, Vargas desmentiu os rumores de que o Brasil pretendia repudiar a aliança com os EUA e aliar-se à Argentina. Mas ao comentar que a City, o centro financeiro de Londres, impedia o Foreign Office de apoiar sanções contra a Argentina, ele considerou natural que a Grã-Bretanha tratasse de defender seus enormes interesses naquele país[52].

De fato, a Grã-Bretanha detinha mais da metade dos investimentos estrangeiros na Argentina, ou seja, US$ 1,4 bilhão de um total aproximado de US$ 2,3 bilhões, e seus capitais controlavam a produção e a exportação de importantes matérias-primas, tais como iodin e tanino, através da Florestal Land, Timber and Railway[53]. Também a Grã-Bretanha continuava como seu maior cliente comercial. Em 1940, quando os efeitos da guerra na Europa já se faziam sentir, ela absorvera 364% das exportações argentinas e a Europa continental 24,4%, enquanto os EUA ficaram apenas com 17,5%[54]. E, em menos de três meses depois do golpe militar de 1943, firmara com o governo de Ramírez um convênio, o maior de toda a história, para a compra de 1,5 bilhão de toneladas de carne, até outubro de 1944[55]. A Argentina respondia então por 1/3 do seu consumo de carne, sendo 29% em conserva e 40% em carcaça, 70% de linhaça e 14% de trigo[56]. Destarte, por depender largamente dos suprimentos daquele país, onde possuía consideráveis investimentos e cujo mercado precisava conservar para o pós-guerra[57], a Grã-Bretanha não podia admitir e muito menos compactuar com quaisquer sanções contra o governo militar da Argentina, que se lhe afiguravam como operações de uma guerra econômica contra ela própria. Quando o embaixador norte-americano em Buenos Aires, Norman Armour, sugeriu, de acordo com a orientação do Departamento de Estado, que a Grã-Bretanha cortasse as importações de carne da Argentina, o embaixador daquele país, *sir* Daniel Kelly, respondeu que as sanções contra o governo de Buenos Aires, além de não se coadunarem com a política de boa vizinhança de Roosevelt, não atrairiam as simpatias da América espanhola para os EUA, especialmente quando ditaduras também havia no Peru e no Brasil[58]. O Foreign Office não via os movimentos militares na Argentina e na Bolívia como clara ameaça de introdução do nazismo e do fascismo naqueles países, mas, antes, como a emergência, em forma aguda, do nacionalismo, "que era endêmico e, às vezes, epidêmico em todos ou quase todos os países da América Latina"[59]. Segundo a percepção dos *policy-makers* britânicos, quando Hull e o Departamento de Estado, bem como outros setores da administração norte-americana referiam-se à Argentina ou à Bolívia com os qualificativos de fascista, o que talvez eles temessem, realmente, não era a ação da

Alemanha e da Itália e sim o julgamento de todos os países da América Latina contra a influência dos EUA[60], com a admiração pelas "atitudes de independente" de Buenos Aires a espraiar o nacionalismo através do continente[61].

Também o Brasil, da mesma forma que a Grã-Bretanha, não podia endossar a política dos EUA *vis-à-vis* da Argentina, por motivos tanto econômicos quanto políticos. O intercâmbio comercial entre os dois países assumia tal importância que os tornava cada vez mais interdependentes, a ocuparem o terceiro ou quarto lugar em suas respectivas pautas de exportações e importações. A Argentina, a vender anualmente ao Brasil cerca de um milhão de toneladas de trigo, respondia por mais de 90% de suas necessidades daquele cereal. Por sua vez, o Brasil destinara, em 1942, cerca de 13% de suas exportações à Argentina, que já era o seu terceiro maior fornecedor e se tornava assim o seu terceiro maior cliente, abaixo apenas dos EUA e da Grã-Bretanha[62], comprando-lhe cada vez mais, além de tecidos de algodão e rayon, diversas outras manufaturas. Os convênios comerciais, que acompanharam o Tratado de 1941, contribuíram para que o Brasil, em 1944, já suplantasse a Grã-Bretanha como fornecedor de manufaturas à Argentina[63]. Era evidente, por conseguinte, que o bloqueio do Rio da Prata e uma intervenção militar na Argentina prejudicariam os seus interesses. E o Brasil, por outro lado, não queria também contribuir para criar um precedente, que, no futuro, pudesse ser utilizado contra ele próprio[64]. Aliás, clima não havia nas Forças Armadas para qualquer política frontalmente hostil à Argentina, apesar da doutrina que a apontava como o principal adversário do Brasil na América do Sul. E o próprio embaixador dos EUA no Rio de Janeiro, Jefferson Caffery, assinalou a presença de simpatizantes da Argentina entre os oficiais brasileiros em serviço nos quartéis da fronteira, quando informou ao Departamento de Estado, em agosto de 1944, que havia tensões e possibilidades de conflito naquela região[65]. Assim, não obstante as intrigas, ânimo de guerra não havia nem na Argentina nem no Brasil. Pouco tempo depois que a esquadra comandada pelo almirante Ingram estivera no Rio da Prata, ameaçando Buenos Aires, o general Carlos von der Beck, chefe do Estado-Maior do Exército argentino, convidou o embaixador José de Paula Rodrigues Alves para mostrar a disposição de suas tropas, ao longo da fronteira, onde a proporção de soldados era de um argentino para cinco brasileiros e os oficiais das duas nações conviviam em camaradagem[66]. E quando o embaixador Rodrigues Alves faleceu, menos de dois meses depois, o governo de Farrel prestou-lhe todas as honras e homenagens — inclusive colocando o seu mais novo cruzador — *La Argentina* — para transportar o corpo de volta ao Rio de Janeiro. A aceitação dessas honras e homenagens pelo Brasil entibiou o então alinhamento com a política de não reconhecer o regime instalado na Argentina, imposta pelos EUA às repúblicas do continente[67]. Oswaldo Aranha favoreceu, também, o reconhecimento da junta militar de La Paz e ameaçou os EUA de o fazer, unilateralmente, arguindo que eles procederam desse modo, sem consultar as outras repúblicas, no caso do golpe de El Salvador[68], embora se opusesse a que Vargas aceitasse o convite de Perón para um encontro[69]. No entanto, Oswaldo Aranha era o membro do governo brasileiro que mais confiança inspirava aos EUA e sua renúncia ao Ministério das Relações Exteriores inquietou-os ainda mais quanto aos rumos da política exterior do Brasil, levando o embaixador Caffery a dirigir a Vargas um *memorandum*, com as interpretações do acontecimento, que a imprensa norte-americana publicara, a fim de provocar um esclarecimento sobre os seguintes pontos: 1) Vargas afastava-se dos EUA por influência do Exército; 2) a ruptura com Aranha ameaçava a estabilidade do Estado Novo; 3) a renúncia significava um *reapprochement* com a Argentina[70].

A informação de que o Exército argentino homenagearia o Exército brasileiro preocupara profundamente Caffery, que quis saber de Vargas se tal passo constituiria um entendimento entre os militares dos dois países. Conquanto o Itamaraty[71] comunicasse ao Departamento de Estado que o Brasil continuaria solidário com os EUA[72], as suas apreensões, todavia, não careciam de fundamento. As homenagens do Exército argentino ao Exército brasileiro estiveram realmente no programa e elas ocorreriam durante as comemorações da data nacional do Brasil, em 7 de setembro de 1944[73]. E a ordem para o fechamento da Sociedade de Amigos da América, causa da renúncia de Aranha, partira, sem o conhecimento de Vargas, do general Eurico Gaspar Dutra, ministro da Guerra, e que, como antigo simpatizante da Alemanha nazista, poderia inclinar o Brasil mais para o lado da Argentina, se isto lhe conviesse, conforme também se admitia no Foreign Office[74]. O próprio Estado-Maior do Exército brasileiro chegou a criticar a Junta Interamericana de Defesa por discriminar a Argentina, observando que o pan-americanismo se transformara em instrumento, não de unidade, mas de "desentendimento" continental[75]. De qualquer modo, porém, o Brasil não pretendia mudar sua política exterior, sobretudo no momento em que já se visualizava próximo o fim da guerra contra o Eixo. O que ele cuidava, sim, era de manter em bom nível a inteligência com a Argentina e evitar um conflito armado totalmente contrário aos seus interesses tanto econômicos quanto políticos. Se bem que suas políticas exteriores *vis-à-vis* da guerra na Europa e das potências do Eixo discrepassem, condicionadas por necessidades e dependências em relação a terceiros mercados diferentes, a Argentina e o Brasil, na verdade, não tinham, objetivamente, razões para o conflito. Se suas economias mais se complementavam do que competiam, os regimes políticos em ambos os países, quer pelo conteúdo social, quer pela matriz ideológica, também convergiam e historicamente se identificavam. O golpe militar de 1943 abatera a predominância da oligarquia agroexportadora na direção da Argentina e Perón, cuja força crescia, tratava de organizar um sistema de poder, similar àquele que Vargas articulara no Brasil, após a revolução de 1930, ao entretecer, como alicerce, a aliança dos militares com os trabalhadores e as classes médias urbanas, em torno de um projeto de industrialização e de desenvolvimento nacional. Os dois países, por conseguinte, estavam sob ditaduras de caráter bonapartista e nacionalista, sustentadas pelo aparelho burocrático-militar e, devido à influência da época, modeladas em algumas teorias nazi-fascistas, embora se diferenciassem, em seus objetivos econômicos e sociais, daquelas que Benito Mussolini e Adolf Hitler instalaram na Itália e na Alemanha. O regime, que os EUA queriam derrocar na Argentina, apresentava, portanto, as mesmas semelhanças e características do que vigorava no Brasil, com o seu suporte político, militar e moral. Farrel não ocultava sua admiração por Vargas e pelo Brasil[76]. Perón, também. O Estado Novo afigurava-se-lhes como exemplo[77]. Por outro lado, Vargas, como homem nascido e criado na fronteira (São Borja) da Argentina, compreendia claramente a necessidade da boa vizinhança, entendendo que o Brasil, embora aliado e amigo dos EUA, era a ela unido pela geografia e assim os dois países estavam destinados a coexistir até o fim dos tempos. Por isto o embaixador Ramón J. Cárcano, representante do governo de Buenos Aires no Rio de Janeiro até 1937, tinha razão ao afirmar que, enquanto Vargas fosse presidente, o Brasil não tomaria qualquer atitude agressiva contra a Argentina[78].

## NOTAS

1. R. M. Scotten, Conselheiro da Embaixada dos EUA no Rio de Janeiro, ao secretário de Estado, assunto: Rumor Regarding Supposed Intention of Argentina to Attack Brazil, Rio de Janeiro, 4/3/1938 — File 711 — N.A. — 35/59 L/JPS F.
2. Ofício n. 682, do embaixador José de Paula Rodrigues Alves ao chanceler Oswaldo Aranha, Buenos Aires, 23/11/1939. AHI — lata 1018, maços 17248 a 17257.
3. Magalhães, 1945, p. 90.
4. Vicente Galiez e Firmo Dutra foram pelo Centro Industrial de Fiação e Tecelagem, enquanto José Ermírio de Moraes, José Matarazzo Sobrinho e Octavio Pulpo Nogueira representaram o Sindicato das Indústrias de Tecidos do Estado de São Paulo.
5. Telegrama n. 80, da Secretaria de Estado para a Embaixada do Brasil em Buenos Aires, 14/6/1940. AHI — lata 1820, maços 17306 a 17322.
6. Telegrama n. 136, da Embaixada em Buenos Aires (José de Paula Rodrigues Alves) para a Secretaria de Estado, 17-17/7/1940. AHI — lata 1018, maços 17248 a 17257.
7. Resolução sobre o aumento do intercâmbio argentino-brasileiro, nas exportações de certos produtos de um país ao outro. Havana, 31/7/1940, a) Maurício Nabuco e Leopoldo Melo. AHI — lata 1018, maços 17248 a 17257.
8. Instruções, s/d — AHI — lata 1018, maços 17248 a 17257. Ofício, Oswaldo Aranha ao presidente da República, Rio de Janeiro, 27/9/1940. AHI — lata 1820, maços 17306 a 17322.
9. Ibid.
10. Carta do ministro Frederico Pinedo a Don René Berger, Buenos Aires, 12/9/1940, anexa ao *memorandum* do chefe da Divisão Econômica e Comercial (assinatura ilegível) para o secretário-geral do Itamaraty, reservado, Rio de Janeiro, 30/9/1940.
11. Ibid.
12. Ibid.
13. Relatório ao ministro de Estado sobre as recentes negociações brasileiro-argentinas e as recomendações de 6 de outubro. Reservado, Rio de Janeiro, 22/11/1940, a) ilegível, chefe da Divisão Econômica e Comercial. AHI — lata 2128, maço 38013.
14. Conferência Econômica Brasil-Argentina — Relatório apresentado pela Delegação Brasileira ao Excelentíssimo Senhor ministro da Fazenda — Conselho Federal de Comércio Exterior, novembro de 1940. AHI — lata 2128, maço 38013.
15. Relatório ao ministro de Estado sobre as recentes negociações brasileiro-argentinas e as recomendações de 6 de outubro. Reservado, Rio de Janeiro,

22/11/1940, a) ilegível, chefe da Divisão Econômica e Comercial. AHI — lata 2128, maço 38013.

16. Ibid.
17. Preâmbulo do Tratado sobre Livre Intercâmbio, Buenos Aires, 21/11/1941, AHMRE-B, DAI, República Argentina, ficha n. 58.
18. Carta de Carlos Martins, embaixador do Brasil em Washington, a Getúlio Vargas, Washington, 18/6/1940, doc. 97, vol. 33. AGV.
19. Vargas, 1995, p. 441.
20. Id., Ibid., p. 452.
21. Id., Ibid., p. 454.
22. Peterson, 1970, p. 475. Rapoport, 1980, pp. 103-104; Humphreys, 1981, vol. I, 1939-1942, pp. 165-181.
23. Vargas, 1995, pp. 454 e 458.
24. A fim de não romper a unidade continental, a III Reunião de Consulta apenas aprovou a recomendação do rompimento de relações com as potências do Eixo. Sobre o tema, vide Moniz Bandeira, 1995, pp. 40 a 43.
25. A declaração de guerra à Alemanha e à Itália, sem incluir o Japão, que não atacara nenhum de seus navios, visou a demonstrar que o Brasil só tomara esta decisão porque sofrera uma agressão direta daqueles dois países e não por solidariedade com os EUA.
26. Vargas, 1995, p. 458.
27. O presidente Roberto M. Ortiz, que estava enfermo, faleceu alguns meses depois, em começo de julho de 1942.
28. Potash, 1984, pp. 245-248.
29. Id., Ibid., pp. 245-248.
30. Potash, 1984, pp. 244, 245, 316 a 321. Ofício n. 404/920.(22) (41), embaixador Carlos Martins a Aranha, Washington, 8/6/1943, lata 1616, maços 3488 a 3490, AHI.
31. Telegrama DPD/134/601. 3(41), confidencial, Embaixada do Brasil em Montevidéu, a) Batista Lusardo, 7/7/6/1943, 14hs30, lata 1616, maços 34.889 a 34.890, AHI.
32. Potash, 1984, pp. 315-316.
33. Carta, confidencial, n. 6, Rodrigues Alves a Vargas, Buenos Aires, 24/2/1944, AGV, doc. 40, vol. 43.
34. *Memorandum*, confidencial, Góes Monteiro, representante do Brasil na Comissão Consultiva de Emergência para a Defesa Política do Continente, a Aranha, Montevidéu, 18/3/1944, AGV, doc. 47, vol. 43. Telegrama n. 16, confidencial, Góes Monteiro ao Itamaraty, 9/3/1944, AGV, doc. 51, vol. 43. Telegrama n. 137, secreto, British Embassy para Viscount Halifax, Rio de Janeiro, 14/3/1944, File A1672, PRO-FO 371 37842. Telegrama n. 6, Carlos

Martins, embaixador do Brasil em Washington, a Vargas, Washington, 9/3/1944, AGV, doc. 49, vol. 43.

35. Telegrama n. 3, confidencial, Martins a Vargas, Washington, 11/1/1944, AGV, doc. 6, vol. 43. Hull, vol. II, 1948, pp. 1390-1391.
36. Telegrama n. 21, secreto, *sir* Noel Charles ao Foreign Office, Rio de Janeiro, 13/1/1944, File AS318, PRO-FO 371 37698.
37. Ibid.
38. Minuta do Lord Halifax, Telegrama do Foreign Office para Washington, Londres, 15/1/1944, File 294, PRO-FO 371 37698.
39. Despacho n. 35, pessoal e secreto, Noel Charles a *sir* David Scott, Rio de Janeiro, 17/2/1944, File AS1499, PRO-FO 371 37842.
40. Coutinho, 1956, pp. 400-401.
41. Telegrama, secreto, Jefferson Caffery a Cordell Hull, Rio de Janeiro, 25/10/1943, N.A., File 723.35/113 PS/CF.
42. Telegrama, Góes Monteiro ao Itamaraty, Montevidéu, 13/3/1944 AGV, doc. 51, vol. 43.
43. Ibid.
44. *Memorandum* de Góes Monteiro a Oswaldo Aranha, Montevidéu, 8/3/1944, AGV, doc. 47, vol. 43.
45. Coutinho, 1956, 400-401.
46. Despacho Ref. G. 390, Top Secret, R. H. Hadow a J. V. Perowne (South American Department), Washington, 29/12/1944, File AS396, PRO-FO 371 44684. *Memorandum* de Cordell Hull, julho de 1944, contrário ao reconhecimento do governo do general Farrel. Relatório da Censura — Conversa telefônica entre Phillip Chalmers (Washington) e Jefferson Caffery (Rio de Janeiro), 27/7/1944 (examinado) e 25/7/1944, AGV, doc. 52, vol. 44.
47. Ibid.
48. Ibid.
49. Ibid.
50. *Memorandum* de Cordell Hull, julho de 1944, contrário ao reconhecimento do governo do general Farrel. Relatório da Censura — Conversa telefônica entre Phillip Chalmers (Washington) e Jefferson Caffery (Rio de Janeiro), 27/7/1944 (examinado) e 25/7/1944, AGV, doc. 52, vol. 44.
51. Carta de Vargas a Góes Monteiro, Petrópolis, 12/4/1944, AGV, doc. 4, vol. 44.
52. Ata da Sessão Inaugural dos Trabalhos da Comissão Militar Mista Brasil-EUA, designada para estudar medidas assecuratórias da defesa permanente do continente americano, em 10/10/1944, secreto, AGV, doc. 24, vol. 45. Vargas presidiu a sessão, que se realizou na sala de despachos do Palácio do Catete.
53. Ricardo Setaro, "Some Real Trouble in South America", in *Harpers*, edição de março de 1944, pp. 377-384, File AS 1752, PRO-FO 371 37717.

54. Ibid.
55. Peterson, 1970, p. 498.
56. Telegrama n. 468, Foreign Office para a Embaixada Britânica em Washington, Londres, 19/1/1944, 2:45 PM, File AS419, PRO-FO 371 37698. Telegrama n. 144, secret, Foreign Office para a Embaixada Britânica em Washington, Londres, 7/2/1944, 11:30 PM, File AS333, PRO-FO 371 37698. Humphreys, Volume II, 1982, pp. 158-159.
57. Carta de R. H. Hadow a J.V. Perowne, South American Department, Foreign Office, Washington, 28/9/1945, PRO-FO 371 44689 X/M 07236.
58. Telegrama n. 14, *sir* Daniel Kelly ao Foreign Office, Buenos Aires, 7/1/1944, File A191, PRO-FO 371 37698.
59. Minuta de P. Mason, 14/1/1944, File AS130, PRO-FO 371 37698. Minuta do Lord Halifax, Telegrama do Foreign Office a Washington, 15/1/1944, 12:25 PM, File 294, PRO-FO 371 37698. Inclose Minute — Conversa com Mr. Boham e C. B. Jerram, 22 de dezembro, anexada à carta de D. Kelly a J. V. Perowne, do Foreign Office, de 27/12/1943, File AS271, PRO-FO 371 37698.
60. Ibid.
61. Inclose Minute — Conversa com Mr. Boham e C. B. Jerram, 22 de dezembro, anexado à carta de D. Kelly a J. V. Perowne, do Foreign Office, de 27/12/1943, File AS271, PRO-FO 371 37698.
62. Magalhães, 1945, pp 92-93, 97-98, 130-131.
63. C. H. Davies a P. B. Hunt, Board of Trade, "Draft Report on Economic and Commercial Conditions in Brazil", enviado pelo conselheiro no Rio de Janeiro, PRO-FO 371 68169. Anexo n. 1 ao Despacho n. 2960, intitulado "Basic Political Report on Argentina", secret, R. Kenneth Oakley, 2, secretário da Embaixada dos EUA, ao secretário de Estado, Buenos Aires, 9/9/1947, N.A. 835 00/9-947.
64. Telegrama n. 21, secreto, *sir* Noel Charles, Embaixada britânica, ao Foreign Office, notas manuscritas marginais, Rio de Janeiro, 13/1/1944, File AS318, PRO-FO 371 37698.
65. "Tension on Brazil-Argentine Border", Departement of State Division of Brazilian Affairs, 05/08/1944, a) Randolph Harrison, N.A., File 731.35/7-2744.
66. Carta do embaixador Rodrigues Alves a Vargas, n. 12, confidencial, Buenos Aires, 24.03.1944, AGV, doc. 59, vol. 43.
67. Despacho n. 147, confidencial, D. Kelly para Mr. Eden, Buenos Aires, 17/05/1944, File AS2948, PRO-FO 371 37723.
68. Despacho n. 17815, Caffery ao secretário de Estado, Rio de Janeiro, 16/09/1944, N.A., File 832.00/9-1644.
69. "Letter from Aranha Regarding United States Foreign Policy", Department of State, Office of American Republic Affairs, Strictly Confidential, 31/05/1944, a) Laurence Duggan, N.A., File 832.00/5-3144 CS/MAH; Incoming Telegram

2772, Caffery ao Departamento de Estado, Rio de Janeiro, 3/8/1944, N.A., File 732.35/8-344.

70. *Memorandum* da Embaixada dos EUA, 10/7/1944, AGV, doc. 24B, vol. 44.
71. Ibid.
72. Instrução do Itamaraty para a Embaixada do Brasil em Washington, Rio de Janeiro, 5/9/1944, AGV, doc. 5, vol. 45.
73. Carta de Julio Cesar Vieira a Getúlio Vargas, Buenos Aires, 25/7/1944, AGV, doc. 54, vol. 44.
74. Extract from letter from Sir D. Gainer of 13/10/1944, File AS5664, PRO-FO 371 37842.
75. Estado-Maior do Exército, 1. S/Chefia, 2. Seção, "Síntese das Informações Recebidas sobre os Diversos Países Sul-Americanos, Inglaterra, Espanha e Portugal", Rio de Janeiro, 8/1/1945, CPDOC-GV 01.11/1.
76. Carneiro, 1978, vol. 2, p. 280.
77. Id., ibid., p. 303.
78. Scenna, 1975, p. 319.

# Capítulo VIII

A ABERTURA DEMOCRÁTICA NO BRASIL E NA ARGENTINA EM 1945 • A MANIFESTAÇÃO OPERÁRIA DE 17 DE OUTUBRO DE 1945 • A POLÍTICA DO EMBAIXADOR SPRUILLE BRADEN E AS PRESSÕES DOS EUA SOBRE O BRASIL E A ARGENTINA • A CONSOLIDAÇÃO DE PERÓN NO PODER E A QUEDA DE VARGAS • OS REGIMES POLÍTICOS NO BRASIL E NA ARGENTINA A PARTIR DE 1946

A política dos EUA de não reconhecer nem aceitar que as demais repúblicas do continente reconhecessem o governo de Farrel constituía então o único obstáculo para que o Brasil se aproximasse ainda mais da Argentina. O general Orlando Pellufo, ministro das Relações Exteriores da Argentina, responsabilizou nominalmente Cordel Hull pelas manobras que visavam a separar os dois países[1] e Perón, ministro da Guerra, acusou as "forças estranhas" de quererem perturbar as suas relações[2]. O próprio Aranha era extremamente crítico àquela política de sanções econômicas e pressão real contra a Argentina, em que o Departamento de Estado intransigentemente persistia, uma vez que ela "alienava a amizade do seu povo" e podia envolver o Brasil em uma guerra na região[3]. Em setembro de 1944, o embaixador Carlos Martins, considerado em Washington um *pet* de Hull, já se mostrava também bastante inquieto com a sua política, que estava a afetar o comércio e os interesses do Brasil[4], e o acusou de se refugiar em "fanfarronadas" e "tentativas de derrubar" o regime instalado pelos militares na Argentina, a fim de não admitir o erro de suas táticas[5]. A política de Hull efetivamente não alcançara o objetivo de vergar o governo militar instalado em Buenos Aires. Chile, Bolívia e Paraguai reconheceram-no e assim romperam a frente única intentada pelos EUA para o isolar. As sanções econômicas — desde o congelamento das reservas de ouro da Argentina, da ordem de US$ 400 milhões, à proibição de que navios norte-americanos aportassem em Buenos Aires — fracassaram, porquanto a Grã-Bretanha se recusara a colaborar com a sua aplicação. E as ameaças militares *et hoc genus omne* não produziram resultados. Elas dependiam do Brasil, que se negava a tomar atitudes inamistosas contra a Argentina[6] e se limitava a dar ao Uruguai e ao Chile garantias de segurança contra qualquer invasão[7].

Destarte, no início de 1945, quase ao término da guerra na Europa, os EUA, onde Edward R. Stettinius substituíra Cordel Hull no Departamento de Estado, trataram de concluir um *agreement* com a Argentina. E o governo de Farrel, em 27 de março, quando as tropas do Exército Vermelho já combatiam nas proximidades de Berlim, declarou guerra à agonizante Alemanha nazista, uma das condições, *inter alia*, para seu reconhecimento pelos demais Estados americanos, viabilizando o retorno da Argentina à comunidade continental, com a assinatura da Ata de Chapultepec, e sua participação na Conferência de Paz, em San Francisco (Califórnia). A Argentina entrara então em uma fase de normalização constitucional, ao mesmo tempo em que o Brasil igualmente se redemocratizava. E essa sincronia dos acontecimentos nos dois países não resultava tanto das pressões internas quanto, sobretudo, da conjuntura internacional e da influência direta dos EUA. Desde 1943, Roosevelt empenhava-se no sentido de que todos os seus aliados, especialmente o Brasil, normalizassem suas instituições, a fim de que, "no exemplo a ser dado tanto aos vencidos como a algumas nações associadas não continentais", não houvesse "pontos vulneráveis" que enfraquecessem ou permitissem a contestação da "autoridade moral" do todo, "essencial" aos compromissos de paz[8]. Ele se preparava, naturalmente, para o confronto com a URSS, onde Joseph Stalin modelara um regime totalitário de esquerda,* e aos EUA, em tais circunstâncias, não conviria sentar-se à mesa das negociações, após uma guerra travada em nome da liberdade, tendo outras ditaduras como aliadas. Assim, a atender um dos requisitos impostos pelos EUA para o seu reconhecimento, o governo de Farrel anunciou, em 9 de fevereiro de 1945, que a Argentina alcançara a fase de pré-organização eleitoral,

---

* Sobre a pertinência ou não de aplicar-se à URSS o conceito de totalitarismo, ver "Para uma crítica da categoria do totalitarismo", de Domenico Losardo, in *Crítica Marxista*, vol. 17, Revan. (*N. do E.*)

o que a conduziria a restaurar, segundo ele, o funcionamento do regime democrático e a normalidade constitucional. Entre outras medidas, como a criação de um Tribunal Eleitoral e a devolução da autonomia às universidades, convocou eleições para a presidência da República, marcadas para fevereiro de 1946, e derrogou o estado de sítio, que vigorava desde o governo de Ramón S. Castillo. As entidades sindicais começaram então a campanha e um setor do Partido Radical convidou Perón para ser o seu candidato à presidência da República. À mesma época, em 16 de fevereiro, o secretário de Estado, Edward R. Stettinius, viajou ao Rio de Janeiro para acertar com Vargas, especificamente, o estabelecimento das relações entre o Brasil e a URSS e, seis dias depois, a imprensa derrubou a censura. Vítima da contradição em que caíra, ao mandar tropas lutarem na Itália em favor da democracia, Vargas, após a vitória dos Aliados, não mais podia manter no Brasil a ditadura. Se ele não tomasse a iniciativa de acabar com o Estado Novo, a Força Expedicionária Brasileira fá-lo-ia, ao regressar da Europa. E os EUA, embora garantissem que não interviriam, esperavam que as "transformações" se fizessem "pacificamente" e resultassem em um governo "livre e mais democrático"[9]. Daí por que, duas semanas depois de Farrel, também Vargas, ao assinar, em 28 de fevereiro, a Lei Complementar n. 9, reconheceu que já havia no Brasil condições para o funcionamento dos órgãos representativos, previstos pela Constituição de 1937. E promulgou, em seguida, a Lei Eleitoral, autorizando a criação e o funcionamento dos partidos políticos e fixando em 2 de dezembro daquele ano a data das eleições para a presidência da República, Congresso, governos estaduais e Assembleias Legislativas. Após o estabelecimento de relações diplomáticas com a URSS, intermediado por Stettinius, Vargas concedeu ainda anistia a todos os presos políticos, entre os quais o capitão Luís Carlos Prestes, o líder comunista que dirigira a sublevação de 1935.

A abertura democrática, que, a partir de fevereiro de 1945, ocorrera, simultaneamente, na Argentina e no Brasil, não aliviou, antes engravesceu as suas contradições internas e externas. As elites liberais-conservadoras, vinculadas, em larga medida, aos interesses do complexo agroexportador, trataram de recuperar a direção do Estado, da qual foram alijadas em ambos os países. O que lhes importava, na verdade, não era propriamente restabelecer a forma democrática de governo e normalizar o funcionamento das instituições, mas suprimir o conteúdo nacional e popular do poder que tanto Farrel-Perón quanto Vargas, bem ou mal, representavam. Por outro lado, a predominância das tendências nacionalistas, nos dois países, colidia com as políticas que os EUA se empenhavam em propagar, contrárias a qualquer controle sobre o comércio, o câmbio e a livre circulação de capitais e mercadorias, ou seja, à prevalência do Estado como fator de desenvolvimento econômico. E, a fim de a quebrantar, eles precisavam influir na condução do processo político. O falecimento de Roosevelt, em abril de 1945, facilitou o revigoramento de tal determinação e precipitou os acontecimentos. E os interesses internos e externos, ao convergirem, entrançaram-se e produziram fortes turbulências, com o objetivo de alijar principalmente Perón, cuja força já sobrepujava a de Farrel, bem como Vargas, dos governos da Argentina e do Brasil, não pela via eleitoral, uma vez que temiam sua vitória e a legitimação do que eles representavam, mas pela via do golpe de Estado. O apelo contra o nazi-fascismo, com o qual a imagem de ambos os governos, em maior ou menor grau, identificava-se, serviu para mobilizar a oposição e envolver estudantes, intelectuais, profissionais liberais, quer democratas quer socialistas e comunistas. Apenas Luís Carlos Prestes, secretário-geral do Partido Comunista do Brasil, apoiou Vargas e, divergindo de Rodolfo Ghioldi, secretário-geral do Partido Comunista da Argentina, defendeu Perón dos ataques do embaixador dos EUA, Spruille Braden[10], que desde sua chegada a Buenos Aires começara a instigar abertamente a oposição ao regime lá instalado pelos militares. A interpretação de Spruille Braden era a de que o golpe de Estado de 1943, imediatamente após as derrotas da Alemanha em Stalingrado e no norte da África, não fora mero acidente, mas resultara de uma decisão dos assessores nazistas, que julgaram então necessária a captura do poder na Argentina, com o propósito de conservar uma base para a guerra ideológica, quando a conflagração terminasse na Europa[11]. E ele cria que fora "eleito pela Providência para derrocar o regime de Farrel-Perón", conforme o embaixador da Grã-Bretanha, *sir* David Kelly, observou[12]. Esse fator — *pluribus unun* — acentuou naturalmente a agressividade do seu estilo e sua interferência no processo político argentino foi tão acintosa que o levou a um confronto direto com Perón, cuja "eliminação", na verdade, ele colimava, como um "passo adiante" para que seus princípios e métodos de governo fossem "extirpados" e uma "democracia razoavelmente efetiva" existisse na Argentina[13]. Isto se lhe antojava como "imperativo de segurança" dos EUA, e daí todo seu esforço para destruir o governo de Farrel-Perón. Como o historiador norte-americano Joseph A. Page salientou, "a oposição tinha vida própria, mas recebeu grandes estímulos de Braden, enquanto ele esteve presente em Buenos Aires"[14]. E os estímulos não foram apenas morais e ideológicos, mas também financeiros *et alter*. Ao que se sabia, em Buenos Aires, Braden distribuíra, através da Embaixada americana, cerca de US$ 10 milhões para propaganda contra o governo, provocando o "clima de intranquilidade" na Argentina[15]. Talvez algum exagero houvesse na quantia ou ela incluísse contribuições particulares de firmas norte-americanas, porém, seguramente, os EUA, entre janeiro de 1943 e setembro de 1945, gastaram mais de US$ 1 milhão, para subsidiar a imprensa, rádio e cinema na Argentina[16]. E o First National Bank of Boston concedeu um empréstimo de dois milhões de pesos ao jornal *La Razón*, falido, com o objetivo de que ele pudesse continuar a campanha contra o governo de Farrel-Perón[17]. Também, ao que tudo indica, o próprio Braden envolveu-se diretamente na conspiração para sublevar a Marinha e uma parte do Exército, sob o comando do general Arthur Rawson, após a realização da Marcha da Constituição e da Liberdade, quando milhares de pessoas desfilaram pelas ruas de Buenos Aires, exigindo a transferência do poder para a Suprema Corte[18]. Dias depois, 24 de setembro, o levante malogrou em Córdoba e o governo restabeleceu o estado de sítio. Mas a inquietação contagiou os oficiais da guarnição do Campo de Mayo e a crise recresceu, quando a atriz Eva Duarte, amante de Perón, obteve a nomeação de Oscar Niccolini, que segundo diziam tivera um caso amoroso com sua mãe[19], para a direção dos Correios e Telégrafos, órgão que controlava as rádios, o cinema e outros meios de comunicação, em detrimento do tenente-coronel Francisco Rocco. O general Eduardo Avalos, comandante da tropa, assumiu o descontentamento e, com a ameaça de marchar sobre Buenos Aires, coagiu Farrel a impor a renúncia de Perón, alvo de todas as pressões internas e externas, aos cargos de vice-presidente, ministro da Guerra e secretário do Trabalho. E conseguiu seu objetivo.

Um dia depois, o embaixador brasileiro em Buenos Aires, João Batista Lusardo, recebeu um convite para conversar secretamente com Perón, já despojado dos cargos e sob ameaça de prisão, e oferecer-lhe asilo político no Brasil. O almirante Alberto Tessaire e o jornalista Caffaro Rossi, que promoveram o encontro, defendiam essa alternativa. No entanto, a disposição de Perón, com o apoio de Evita, era permanecer na

Argentina, e lá ser preso, pois julgava que esse era o único caminho para "libertar" o povo, conforme declarou ao embaixador Batista Lusardo. E este, ao manifestar solidariedade, disse-lhe que, se Perón tinha a convicção de que precisava "ser preso para libertar a Argentina, então que a prisão venha imediatamente"[20]. Essa conversa entremostrou que Perón, com a influência que adquirira sobre a *Confederación General de los Trabajadores* (CGT), já planejara uma mobilização da classe operária para respaldá-lo, e contava com a oportunidade de ser preso, a fim de dar uma demonstração de força popular, ao perceber que, naquela situação, o Exército argentino não tinha condições de sustentar o poder pela força das armas, pois, como Charles Talleyrand, ministro dos Negócios Estrangeiros de França de Napoleão Bonaparte, dissera, "*on peut tout faire avec les bayonnetes excepté s'y asseoir*". De fato, Perón, já em fins de 1944, comunicara a Caio Júlio César Vieira, representante pessoal de Vargas, que ele e os generais Farrel e Pellufo, bem como os demais líderes, haviam chegado à conclusão de que não existia outra solução interna para a Argentina preservar o prestígio do Exército perante a nação senão a de convocar o povo para as eleições, porque, conforme textualmente declarou, estava certo "de que um regime constitucional na Argentina será muito mais forte do que o atual governo, principalmente porque será a melhor maneira de estarmos preparados para enfrentar as dificuldades que gradualmente irão surgir para o meu país, quando se aproximar o fim da guerra"[21].

Com esta percepção, Perón, diante da proximidade das eleições para a presidência da Argentina, tratou de emergir como o único dos chefes militares, cujo prestígio político não se assentava na boca dos canhões e desbordava a zona de segurança dos quartéis. Era o que podia salvar o prestígio do Exército, aliá-lo aos trabalhadores, e derrotar a oligarquia rural. E, consciente ou inconscientemente, Farrel fez-lhe o jogo. Determinou sua prisão, na ilha de Martin Garcia, sob custódia da Marinha. Cinco dias depois, porém, a notícia de que Perón estava enfermo contribuiu, juntamente com a convocação da greve geral pela CGT, para comover e motivar ainda mais a classe trabalhadora, que se lançou às ruas. Em 17 de outubro, milhares de trabalhadores, mobilizados pelo coronel Domingo Mercante, com o auxílio de líderes sindicais e, segundo algumas fontes, a colaboração de Evita, saíram dos subúrbios e de outras localidades, próximas a La Plata, e avançaram para o centro de Buenos Aires. Fábricas, lojas e até os serviços de trem começaram então a paralisar, espontaneamente, suas atividades, a liberarem os trabalhadores, que assim encorparam cada vez mais as multidões, por onde elas evoluíam, até concentrar-se em frente da Casa Rosada e adjacências. A Marinha e o Exército tornaram-se impotentes ante a força da arma que aquela massa, calculada em pelo menos 300.000 pessoas, representava, a clamar pela libertação de Perón. O presidente Farrel e o ministro da Marinha, almirante Vernengo Lima, bem como o general Avalos e todo o Campo de Mayo tiveram de ceder e recuar. Perón emergiu, naquele momento, como o homem que tinha condições de conservar o poder em mãos do Exército e o conciliar com a classe trabalhadora, evitando a dissensão e a guerra civil na Argentina. Libertado, ele então assumiu de fato a plenitude do governo e, alguns meses depois, venceria as eleições para a presidência da República.

Os EUA e não apenas a política de Braden sofreram contundente derrota na Argentina, ao aproveitarem a restauração das liberdades para intervir em seu processo político e até mesmo intentar decidir, inclusive por métodos não democráticos, quem a devia ou não governar. A "ação drástica" e as "medidas fortes", propostas por Braden contra um governo cuja existência os EUA, segundo ele, não podiam "tolerar" no hemisfério, não alcançaram seu objetivo, que era a "eliminação" de Perón[22]. Entretanto, essa diretriz, que ele conseguira impor antes mesmo de ascender ao posto de secretário-assistente do Departamento de Estado, no auge do confronto com Perón (setembro de 1945), não se aplicava apenas à Argentina, uma vez que correspondia efetivamente aos interesses dos EUA, empenhados, após a guerra, em erradicar quaisquer tendências nacionalistas, ou de direita ou de esquerda, para criar um clima de segurança favorável à expansão dos seus investimentos. Com a morte de Roosevelt e o fim da grande conflagração mundial, a política de boa vizinhança igualmente terminara.

Apesar da participação do Brasil no esforço de guerra contra o Eixo, o governo de Vargas, cujas tendências nacionalistas Roosevelt aceitara, devido ao imperativo das circunstâncias e em outra conjuntura histórica, não se compatibilizava com as políticas liberais que os EUA tratavam de disseminar. Além do mais, seus entendimentos com Perón, através do embaixador João Batista Lusardo, fomentavam a suspeita de que os dois viessem a concertar um pacto de sustentação recíproca, formando outro eixo político no Cone Sul. O Departamento de Estado tinha conhecimento da "íntima cooperação" entre os dois governos, a qual decorria do fato de estarem a enfrentar "problemas similares de maneiras similares"[23], conforme palavras de Horácio Quijano, colaborador de Perón e seu futuro vice-presidente. Sem dúvida alguma, forte afinidade havia entre os governos de Vargas e Perón. E, apesar das diferenças, a situação política no Brasil também apresentava, àquele tempo, certa similaridade com a da Argentina. Os dois candidatos à presidência da República, o general Eurico Dutra, representante das forças políticas do Estado Novo, e o brigadeiro Eduardo Gomes, da oposição liberal, tinham igualmente chances de vencer as eleições para a presidência da República, mas os líderes sindicais, com o apoio de Luís Carlos Prestes e do PCB, promoveram um movimento para que Vargas, que governava havia 15 anos, continuasse no poder até o final dos trabalhos da Assembleia Nacional Constituinte. A oposição, integrada na União Democrática Nacional (UDN), começou então a reclamar, como na Argentina, a transferência do poder para o Supremo Tribunal Federal, pois a suspeita era de que Vargas pretendia desfechar outro golpe de Estado, como o fizera em 1937, em meio da campanha eleitoral.

Em setembro, quando a ativa participação de Braden concorria para aguçar a crise na Argentina, o embaixador dos EUA no Rio de Janeiro, Adolf Berle Jr., concluiu que também o processo de normalização institucional do Brasil precisava de uma intervenção em favor da democracia, tal como os interesses norte-americanos a entendiam. Os chefes de serviço do Departamento de Estado, dada a cordialidade das relações com o Brasil, desaconselharam a iniciativa[24], mas Braden a aprovou, ao passar pelo Rio de Janeiro, procedente de Buenos Aires, com destino a Washington, onde assumiria o cargo de secretário-assistente do Departamento de Estado[25]. Assim, em 29 de setembro, Berle Jr. fez um discurso, em que não somente reclamava a realização das eleições na data prevista (2 de dezembro), como condenava a proposta de convocação da Constituinte com Vargas no governo. O pronunciamento, evidentemente, causou forte impacto na opinião pública, com os líderes da oposição, já previamente informados, a aplaudi-lo, enquanto trabalhistas e comunistas protestavam contra aquela ingerência aberta e frontal nos assuntos internos do Brasil. O próprio Vargas, perante cerca de 100.000 pessoas, que, no dia 3 de outubro, desfilaram pelas ruas do Rio de Janeiro a gritar "Queremos

Getúlio", respondeu que "Não preciso buscar exemplo nem lições no estrangeiro. Possuímos os princípios de democracia nas nossas tradições de democracia política, étnica e social"[26].

Dois dias depois, o Departamento de Estado comunicou ao Itamaraty que dois encouraçados e várias unidades menores, procedentes do Pacífico, aportariam no Rio de Janeiro, por volta de 29 de novembro. E o embaixador Carlos Martins, em Washington, advertiu o governo norte-americano de que a visita daquela frota, às vésperas das eleições de 2 de dezembro, "produziria péssimos efeitos em todos os meios brasileiros, (...) tanto mais quanto a situação na América do Sul não era de molde a aceitar facilmente semelhante coincidência"[27]. Coincidência possivelmente não era. Os acontecimentos no Brasil e na Argentina encadeavam-se como elos inseparáveis de um mesmo processo e reciprocamente se realimentavam. De um lado, a política exterior dos EUA, visando a impedir a formação de um eixo nacionalista contrário à consecução de seus objetivos econômicos e de hegemonia sobre o continente, não só favorecia como entrelaçava-se e confundia-se com a oposição interna em ambos os países. Do outro, assim como Perón tomara Vargas por modelo, Vargas, aparentemente, começava a animar-se com a experiência de Perón. Era muito provável que, a fim de conservar-se por mais algum tempo no governo e influir nos trabalhos da Constituinte, ele pretendesse realmente repetir no Rio de Janeiro o feito de Perón em Buenos Aires, quando recuperou o poder com a mobilização da massa trabalhadora. De qualquer modo, o temor de que os episódios da Argentina se reproduzissem no Brasil levou o ministro da Guerra, general Góes Monteiro, que fora simpatizante da Alemanha nazista e depois estreitara seus vínculos com os EUA, a precipitar, *sponte* sua ou não, o desfecho da crise[28]. Em 29 de outubro, doze dias depois da vitória de Perón, ele executou o plano de "defesa da ordem contra a ação subversiva" — a Diretiva I — e movimentou tanques, canhões e metralhadoras sem que oficiais e soldados soubessem qual o objetivo, compelindo Vargas a renunciar. O governo passou para as mãos do presidente do Supremo Tribunal Federal até as eleições.

O golpe militar de 29 de outubro não visou a assegurar a restauração da democracia política, já em curso, e sim a evitar sua ampliação social, devido à crescente participação da massa trabalhadora no movimento queremista ("Queremos Getúlio"), promovido pelos líderes sindicais, trabalhistas e comunistas, em favor da Constituinte com Vargas. Seu objetivo, portanto, não foi defender e sim impedir a mudança qualitativa do *status quo* vigente no Estado Novo. O poder *de facto* e, depois, *de jure* continuou em mãos das Forças Armadas, mais exatamente, dos mesmos generais, como Eurico Dutra e Pedro Aurélio de Góes Monteiro, que implantaram, sustentaram e acabaram a chamada ditadura de Vargas, quando lhes conveio. O general Dutra, cujo nome o Partido Social-Democrático, formado pelos chefes políticos do Estado Novo, indicara, venceu a eleição para a Presidência da República, uma vez que o próprio Vargas, embora a princípio relutasse, o apoiou, juntamente com o Partido Trabalhista Brasileiro, a fim de derrotar o brigadeiro Eduardo Gomes, candidato da oposição liberal, a União Democrática Nacional. E a Assembleia Constituinte, a normalizar o funcionamento formal das instituições, aprovou, em 1946, uma nova Constituição. Contudo, as leis repressivas do Estado Novo, como a Lei de Segurança Nacional, a Lei de Greve e a Lei de Imprensa, não foram derrogadas. E as liberdades políticas, conquistadas em 1945, foram novamente restringidas, dentro do invólucro democrático-representativo. Dutra compôs, com a participação dos liberais e conservadores da UDN, adversários de Vargas, um governo chamado de "união nacional" e desfechou dura repressão contra a classe trabalhadora, sob o pretexto de combater o comunismo. Fechou a Confederação dos Trabalhadores do Brasil, interveio em 143 sindicatos, hostilizou o PTB, que Vargas liderava, e conseguiu, na Justiça, proscrição do Partido Comunista, o que resultou, em 1948, na cassação dos mandatos dos seus parlamentares.

A bipolarização da política internacional e o clima da guerra fria influenciaram o comportamento interno e externo do governo brasileiro e seu caráter reacionário exacerbou-se a tal ponto que o impeliu, em 1947, a cortar, sem graves motivos, as relações diplomáticas com a URSS, estabelecidas por Vargas, já ao fim da guerra na Europa. Conforme Perón transmitira ao general Higínio Morínigo, presidente do Paraguai, os EUA estavam então a pressionar a Argentina e os demais países da América Latina para que tomassem idêntica atitude[29]. E, como nunca em tempos de paz sua influência no Brasil fora tão grande quanto naquela época[30], a informação parecia bastante verossímil. Entretanto, a decisão do presidente Dutra de romper com Moscou não obedeceu à diretriz do Departamento de Estado[31]. Na verdade, consequentemente com a proscrição do PCB, o incoercível anticomunismo de Dutra e de outros militares, não por serem democratas, mas, sim, antigos simpatizantes do nazi-fascismo, bem como a solidariedade política e ideológica da UDN, responsável pelo Ministério das Relações Exteriores, com os interesses econômicos norte-americanos conjugaram-se e compeliram o Brasil a exceder os EUA na guerra fria. Ao comentar o episódio, o embaixador da Grã-Bretanha no Rio de Janeiro, Neville Butler, qualificou como "típica de uma potência de segunda classe" a política exterior do Brasil, que, "sem força (ou vontade) de permanecer fora do campo magnético dos EUA", satisfez um "impulso para a independência de ação" por meio daquela truculência" com a URSS[32]. E o governo de Dutra, dentro da moldura constitucional, restringiu assim os avanços democráticos, tanto na política externa quanto na política interna, alcançados durante os estertores do Estado Novo, e assegurou um ambiente de estabilidade e segurança para os investimentos estrangeiros, tal como os EUA desejavam.

Diferentemente do Brasil, a Argentina continuou a enfrentar agudas tensões internas e externas, devido à constante interferência dos EUA na evolução do seu processo político, em contraposição às suas tendências econômicas e sociais, bem como aos interesses da Grã-Bretanha, que lá prevaleciam. Braden, como secretário-assistente e responsável pela política do Departamento de Estado para a América Latina, persistiu no propósito de abater Perón e intentou ainda impedir sua eleição, que se afigurava inevitável depois dos acontecimentos de 17 de outubro, pois nunca admitira que ele permanecesse no governo da Argentina, sequer (ou muito menos) como presidente constitucional, legitimado pelo voto popular. Em fevereiro de 1946, às vésperas do pleito, o governo norte-americano publicou o *Blue Book on Argentina*[33], apresentando documentos sobre as vinculações de Perón e do GOU (Grupo de Oficiales Unidos)[34] com a Alemanha nazista, a fim de o desacreditar, influir no eleitorado contra sua candidatura e obstaculizar antecipadamente a aceitação internacional de sua vitória, caso ele se elegesse. Segundo o diplomata britânico J. V. Perowne, chefe do Departamento da América do Sul do Foreign Office, o objetivo do livro conformava-se com todo o esforço de Braden para "domesticar" a Argentina, trazê-la para "o lucro da concepção de hemisfério privado" e, ao estabelecer destarte o domínio dos EUA sobre "o constante rebelde, o mais rico e mais poderoso país sul-americano, o amigo da Grã-Bretanha", reafirmar seu controle sobre o "resto do rebanho latino-americano"[35].

A campanha contra a suposta influência nazista na Argentina, revigorada com o lançamento do *Blue Book*, encapava, na realidade, a guerra econômica que os EUA ainda promoviam na Argentina, por modo a coagi-la a confiscar os investimentos alemães, tal como os outros países o fizeram, e os erradicar de toda a América Latina. O regime de Perón recalcitrava em atender a essa imposição, consubstanciada nos compromissos da Ata de Chapultepec, inclusive porque os investimentos alemães, em volume e valor consideráveis, estavam associados, em larga medida, a interesses argentinos, desde antes da guerra na Europa, e as decisões da Suprema Corte dificultavam a sua liquidação[36]. No entanto, sem que a Grã-Bretanha colaborasse, os EUA, por mais que se empenhassem, não tinham condições efetivas para derrocar o regime de Perón e extirpar da Argentina os investimentos alemães. E ela não se dispunha a fazê-lo. Braden pressionara-a no sentido de que suspendesse o fornecimento de carvão e petróleo à Argentina, com o que ele calculava paralisar-lhe a economia e arruinar seu governo. Porém, sem carne, milho, trigo, linhaça, lã e outros produtos da Argentina, a economia da Europa, especialmente da Grã-Bretanha, era a que sofreria severas consequências, com a possibilidade de que sérios distúrbios ou algo pior ocorressem[37]. E os EUA já haviam demonstrado sua incapacidade real de fornecer os suprimentos de carne, que prometiam como compensação para que a Grã-Bretanha não assinasse os contratos com a Argentina.

A imprensa de Londres, já em 1944, manifestara abertamente a suspeita de que o desejo de estender sua influência até o Cabo Horn, mais do que o de derrotar Hitler, era o que movia os EUA, em sua ação contra a Argentina[38]. O discurso com que o primeiro-ministro Winston Churchill, por pressão pessoal de Roosevelt, advertira o governo de Farrel-Perón, não só fora minimizado pelos jornais como sofrera duras críticas, inclusive dos círculos econômicos e financeiros da Grã-Bretanha[39]. Como o diplomata britânico R. H. Hadow, em Washington, comentou, "a carta de Braden é jogada, em grande parte, às custas da Grã-Bretanha e da Europa"[40]. De fato, o Foreign Office percebeu que os EUA não desejavam apenas "isolar e humilhar" a Argentina, fomentando a confusão na política interna, mas, igualmente, debilitar a própria posição da Grã-Bretanha naquele país[41], então o mais rico mercado de exportação do hemisfério sul, por modo que o seu comércio o passasse a dominar e pudesse garantir os 60 milhões de empregos, que constituíam a principal preocupação dos políticos norte-americanos, ao fim da guerra mundial[42]. Esta percepção, além dos outros fatores, inibiu o Foreign Office de colaborar com o Departamento de Estado no esforço de destruir Perón. Pelo contrário, com uma política realista, seu objetivo consistiu em contar com a boa vontade do povo e do governo da Argentina, o que possibilitaria maximizar as exportações de alimentos para a Europa, desenvolver o mercado interno para as mercadorias da Grã-Bretanha e assegurar um tratamento favorável aos seus investimentos, sobretudo às ferrovias, cujos contratos de exploração estavam prestes a expirar[43].

Esta política gerou convicção, generalizada em Buenos Aires, de que os interesses britânicos estavam a sustentar o retorno de Perón ao poder, através da eleição[44], embora aparentemente ele não dispusesse de muitos recursos para sua campanha[45]. Contudo, mais do que qualquer respaldo material dos interesses britânicos, se houve, a ingerência norte-americana na Argentina, tentando influir nos rumos do seu processo político, foi o que realmente contribuiu para impulsionar a candidatura de Perón. A "ação drástica" e as "medidas fortes", preconizadas por Braden, mostraram-se mais uma vez contraproducentes. Ao empenhar oficialmente o prestígio do governo norte-americano na campanha eleitoral da Argentina, com o lançamento do *Blue Book*, Braden, cuja pessoa se identificara e se confundira com a oposição interna desde sua estada em Buenos Aires, criou uma situação em que o povo teve de escolher "ou Braden ou Perón". E levou os EUA a sofrerem desmoralizante derrota diplomática. Em 24 de fevereiro de 1946, Perón, candidato do Partido Laborista, da Junta Coordenadora da União Cívica Radical (uma dissidência do Partido Radical) e de outras agremiações, venceu a eleição, considerada a "mais livre e mais limpa" de toda a história da Argentina[46], com 1.527.231 votos, ou seja, 56% do total (2.734.386), contra José P. Tamborini, da União Democrática, que obteve 1.207.155 votos, ou seja, 44%[47]. E, em 4 de junho de 1946, assumiu, legal e legitimamente, a presidência da República, pela vontade da maioria absoluta do povo, manifestada através do sufrágio universal.

A Argentina assim normalizou o funcionamento de suas instituições políticas, conforme os princípios democráticos, ante o que se esvaeceram os argumentos de Braden, para justificar as pressões e a coerção contra o governo de Perón. Entretanto, desde o começo, Perón dominou, com a maioria do seu partido, as duas casas do Congresso e tratou de estender sua influência à Suprema Corte de Justiça, que constituía um reduto da oposição e frequentemente obstaculizava a aplicação de novas leis, declarando-as inconstitucionais. Em 1947, mediante um processo político movido pelo Congresso, ele conseguiu o expurgo dos juízes recalcitrantes e a esmagadora vitória do seu partido, nas eleições legislativas de 1948, possibilitou a emenda da Constituição de 1853, por modo a permitir a eleição direta (até então era através do Colégio Eleitoral, como nos EUA) e a reeleição do presidente da República, bem como aprofundar a intervenção do Estado na economia, ao entregar-lhe o monopólio do comércio exterior, dos minerais, de quase todas as fontes de energia e dos serviços públicos.

## NOTAS

1. Carta de Julio Cezar Vieira a Getúlio Vargas, Buenos Aires, 22/9/1944. AGV, doc. 554, vol. 44.
2. Ibid.
3. Telegrama n. 51, secreto, Noel Charles ao Foreign Office, Rio de Janeiro. 27/1/1944, File AS759, PRO-FO 371 37859. Entrevista de Aranha ao representante da Time Life, encaminhado ao Departamento de Estado a Philip O. Chalmers, Esquire, Acting Chief, Division of Brazilian Affairs, Department of State. Washington, Rio de Janeiro, 1/11/1944, N.A., File 832.00/11-144 CS/D. Incoming Telegram, Department of State, n. 39330, 2/11/1944, resumindo a entrevista de Aranha, a) Donnely, N.A. File 832.00/11-244 CS/MAH. Telegram Top Secret, Washington to Foreign Office, 5/4/1945, PRO-FO 371 44685.
4. Despacho, Top Secret, R. H. Hadow, da Embaixada britânica em Washington, para Neville, do Foreign Office, Washington, 14/9/1944, File AS5019, PRO-FO 371 37717.
5. Despacho, Top Secret, R. H. Hadow, da Embaixada britânica em Washington, para Neville, do Foreign Office, Washington, 14/9/1944, File AS5019, PRO-FO 371 37717.
6. *Memorandum* of conversation, Department of State, Joaquim Fernandez, ministro das Relações Exteriores do Chile, Claude G. Bowers, embaixador americano no Chile, Cordell Hull, secretário de Estado, Laurence Duggan, Adviser on Political Relations, 20/9/1943, N.A. File 711.25/278. Nota pessoal confi-

dencial, a) Oliver H. Bonham-Carter, do Ministry of Information, a J. V. Perowne, do Foreign Office, Londres, 20/1/1944, File AS663, PRO-FO 371 37723. Office *Memorandum* Secret, Mr. Spahel a Mr. Braddock, 29/5/1946, N.A., File 732.35/5-2946. Carta (129/146/46, D. St. Clair Gainer, Embaixada britânica no Rio de Janeiro, para R. H. Hadow, Embaixada britânica em Washington, Rio de Janeiro, 26/6/1946, File AS4646, PRO-FO 371 51865.

7. Telegrama, secreto, Mr. Hull, Departamento de Estado, para o embaixador, Rio de Janeiro, Washington, 8/7/1944, N.A., File 733.35/7-844. Ambassy (Uruguay) to Department of State, secret, Montevideo, 12/7/1944, N.A. File 733.35/7-1144. Telegrama, secreto, Santiago para Washington, Departamento de Estado, 28/7/1944, N.A., File 725.35/2844.
8. Telegrama n. 46, confidencial e urgente, Embaixada do México ao presidente Vargas, México, 29/30/4/1943, 19:00 h, a) Carlos de Lima Cavalcanti, sobre a entrevista do presidente Roosevelt com o presidente Camacho, AGV, doc. 65, vol. 44.
9. Nota, sem data, da Embaixada americana, sobre a atitude dos EUA em relação às eleições brasileiras, AGV, doc. 35, vol. 46.
10. Despacho n. 4299, confidencial, Rio de Janeiro, "Conflict of Brazilian an Argentine Doctrine", de Vinton Chapin, primeiro-secretário da Embaixada, N.A., File 835.00/2-2046. Discurso de Prestes em comício de 7/2/1946, anexo ao Despacho 4335, de Vinton Chapin ao secretário de Estado, Rio de Janeiro, 28/2/1946, N.A., File 832.00B/2-2846 CS/LF.
11. Telegrama, Spruille Braden para o secretário de Estado, Buenos Aires, 17/7/1945, N.A., File 855.00/7-1745 BMB.
12. Humphreys, op. cit., vol. 2., p. 198.
13. *Memorandum* for the Staff Commitee, top secret, a) Nelson A. Rockefeller, Assistent Secretary do Departamento de Estado, 17/7/1945, N.A. File 835.00/7-1745.
14. Joseph A. Page, 1984, tomo I, p. 134.
15. Telegrama, Cabot ao secretário de Estado, Top Secret, Buenos Aires, 27/9/1945, N.A., File 835.00/9-2745.
16. Macdonald, C. A. "The Politics of Intervention: The United States and Argentina, 1941-1946", in *Journal of Latin American Studies*, vol. 12, Part 2, novembro, 1980, p. 371.
17. Telegrama, Cabot ao secretário de Estado, Top Secret, Buenos Aires 27/9/1945, N.A., File 835.00/9-2745.
18. Page, 1984, tomo I, pp. 132-135.
19. Barnes, 1978, p. 39. Main, 1996, p. 71. Nicholas Fraser e Marysa Navarro negam que houvesse um caso amoroso entre Oscar Niccolini e Juana Duarte, a mãe de Evita. Vide Fraser & Navarro, 1997, pp. 31-53.
20. Carneiro, 1978, vol. 2, pp. 290-291.

21. Relatório de Caio Júlio César Vieira ao presidente Getúlio Vargas, Rio de Janeiro, 1º de janeiro de 1945. AMRE-B — 600 (41) — Assuntos Políticos — 1942-1965.
22. Telegrama n. 2066, 4/9/1945, 10:00 PM. Telegrama, Top Secret, NIACT 2306, para o Departamento de Estado, Buenos Aires, 27/9/1945, N.A., File 835.00/9-2745.
23. Telegrama n. 2397, secreto, Cabot para o secretário de Estado, Buenos Aires, 2/10/1945, 11:00 AM, N.A., File 835.00/10-345.
24. Telegrama, embaixador Carlos Martins ao Chanceler Leão Veloso, Washington, 6/10/1945, AGV, doc. 27E, vol. 47.
25. Ibid.
26. Telegrama, Veloso a Martins, Rio de Janeiro, 5-6/10/1945, AGV, doc. 27C, vol. 47.
27. Telegrama, Martins a Veloso, Washington, 5/10/1945, AGV, doc. 27D, vol. 47.
28. Sobre o assunto, vide Coutinho, 1967, pp. 432-461.
29. Telegrama, secreto, Warren ao secretário de Estado, Asunción, 18/11/1947, N.A., File 734.35/11-1847.
30. Neville Butler a Clement Atlee, Rio de Janeiro, 15/1/1948, Annual Report on Brazil for 1947, PRO-FO 371 68166.
31. Telegrama da Delegação Brasileira na ONU ao Itamaraty (embaixador Oswaldo Aranha ao embaixador Raul Fernandez), New York, 18/10/1947, MRE, 1938-1949, AOA. Carta de Franck Roberts, British Ambassador in Moscow para Michael Wright, do Foreign Office, Moscow, 17/10/1947, File 5932, PRO-FO 371 61197.
32. Neville Butler a Clement Atlee, Rio de Janeiro, 15/1/1948, Annual Report on Brazil for 1947, PRO-FO 371 68166.
33. Consultation among the American Republics with respect to Argentine situation. *Memorandum* of the United States Government, Washington-DC, fevereiro de 1946, N.A., File 835. 00/2-2146.
34. O GOU era uma *logia* militar que se supunha de caráter nazi-fascista.
35. Minuta de 19/2/1946, J. V. Perowne, do South American Department, File AS961, PRO-FO 371 51809.
36. *Memorandum*, Top Secret, para o secretário de Estado George C. Marshal, 24/1/1947, N.A., File 711.35/1-2447. Informe, Top Secret, de George Messersmith, Buenos Aires, 10/12/1946, N.A., File 711.35/1-2447.
37. Carta de R. H. Hadow, Embaixada britânica em Washington, a J. V. Perowne, Departamento da América do Sul, Foreign Office, Washington, 28/9/1945, PROFO 371 44689 X/M 07236. Também C. F. Humphreys, 1982, vol. 2., p. 159.

38. "The British position in Relation to Argentina", secret, confidential File, 16/8/1944, N.A., 735.41/8-1644.
39. Ibid.
40. Carta de R. H. Hadow, Embaixada britânica em Washington, a J. V. Perowne, Departamento da América do Sul, Foreign Office, Washington, 28/9/1945, PRO-FO 371 44689 X/M 07236. Também C. F. Humphreys, 1982, vol. 2., p. 159.
41. Foreign Office minute, South American Department para o Foreign Office, a) J.V. Perowne, 2/2/1946, File 698, PRO-FO 371 51801.
42. Ibid. Carta de R. H. Hadow, Embaixada da Grã-Bretanha em Washington, a J. V. Perowne, Washington, 31/10/1945, Suplement — "Argentina: Britsh Capital", by R. H. Hadow, 27/10/1945- File AS 5807, PRO-FO 371 44690.
43. Ibid. Carta de R. H. Hadow, Embaixada britânica em Washington, a J. V. Perowne, Washington, 31/10/1945, Suplement, "Argentina: Britsh Capital", by R. H. Hadow, 27/10/1945, File AS 5807, PRO-FO 371 44690.
44. Telegrama n. 122, secreto, D. Kelly para o Foreign Office, Buenos Aires, 1/2/1946, 3:24 PM, File AS697, PRO-FO 371 51801. Rapoport, 1980, p. 255.
45. J. Page, 1984, tomo I, p. 171.
46. Whitaker, 1956, p. 172. Potash, 1984, vol. 2, p. 73.
47. Page, 1984, tomo I, p. 180. Potash, 1984, vol. 2, p. 74. Whitaker, 1956, p. 171.

# Capítulo IX

BASES SOCIAIS DOS GOVERNOS DE DUTRA E PERÓN • O PLANO DE INDUSTRIALIZAÇÃO E A *TERCEIRA POSIÇÃO* DA ARGENTINA • O FIASCO DA POLÍTICA DE BRADEN • AS RELAÇÕES BRASIL-ARGENTINA • OS INTERESSES COMERCIAIS DO BRASIL • A QUESTÃO DO TRIGO • A POLÍTICA LATINO-AMERICANA DE PERÓN • O FIM DA HEGEMONIA BRITÂNICA NA ARGENTINA

O regime político vigente na Argentina, desde 1946, continuou a seguir, mesmo depois de aprovada a Constituição de 1949, o modelo republicano, federal, democrático e representativo, tal como a lei fundamental de 1853 (emendada em 1860) estabelecera. E, do ponto de vista jurídico-institucional, não se diferenciava, em suas linhas gerais de garantia de direitos e de organização e funcionamento dos poderes, do que também começou a vigorar no Brasil, à mesma época. Entretanto, da mesma forma que o governo de Dutra, o de Perón tornou-se igualmente repressivo, talvez em maior grau, devido ao seu tempo de duração (até 1955) e à intensidade da oposição interna e externa, que sempre enfrentara. A dessemelhança consistiu em seus suportes sociais e nos objetivos econômicos. O governo de Dutra reconciliou as elites econômicas e políticas do Estado Novo e da oposição em um bloco de caráter liberal-conservador, ao mesmo tempo que, a pretexto de combater o comunismo e o queremismo (trabalhismo), reprimia o movimento sindical e os que lutavam pela nacionalização do petróleo, a fim de criar um ambiente de garantia e de segurança para os investimentos estrangeiros, interessados, segundo denúncia de Vargas, em assenhorear-se das empresas estatais, como a Companhia Siderúrgica Nacional e a Vale do Rio Doce[1]. O governo de Perón, pelo contrário, consolidou a aliança entre o movimento sindical e o Exército, como fatores reais de poder, com o objetivo de instalar um regime de garantia do trabalho e promover o desenvolvimento industrial da Argentina, e por isto não só coagiu as classes dirigentes, mas também todos os que a ele se opunham, estendendo o raio de perseguição aos jornais e às universidades, tanto aos alunos como aos professores. Como o historiador norte-americano Arthur P. Whitaker observou, "o regime de Perón pode ser melhor definido dizendo-se que é a tirania de uma maioria sobre uma minoria, sob formas democráticas"[2]. Ou, segundo Carlos Ibarguren definiu o governo de Juan Manuel Rosas (1829-1852), símbolo do nacionalismo argentino no século XIX, "a tirania não foi só de um homem, mas de um poderosíssimo partido popular e, dentro deste, da plebe urbana e rural que constituía a sua massa"[3].

O conteúdo popular do regime de Perón, que a extraordinária influência de Evita, como sua esposa, ressaltou, a ponto de tornar-se ela própria também líder dos descamisados, bem como o caráter nacionalista de seus objetivos econômicos concorreram para condicionar a política interna e externa da Argentina, dentro daquela conjuntura de guerra fria. Ao contrário do que ocorreu no Brasil, Perón não só não proscreveu o Partido Comunista da Argentina, que se alinhava com as elites econômicas e políticas na oposição ao governo, como estabeleceu relações diplomáticas com a URSS, no dia imediato ao de sua ascensão à presidência da República, não obstante ser anticomunista e antigo simpatizante do nazi-fascismo, como Eurico Dutra. Também defendeu para a Argentina, naquele cenário de confrontação bipolar dos centros de poder internacional, que os EUA e a URSS constituíam, uma *terceira posição* que se inspirava em sua própria doutrina, posteriormente denominada *justicialista*, contrária tanto ao capitalismo quanto ao comunismo por serem os abusos do primeiro a causa do aparecimento do segundo[4]. Essa *terceira posição* significava, no plano internacional, o não alinhamento na guerra fria, a equidistância entre os "dois imperialismos", embora Perón reiteradas vezes afirmasse que, no caso de conflito armado com a URSS, a Argentina ficaria ao lado dos EUA[5].

O programa de Perón para a industrialização da Argentina, consubstanciado no Plano Quinquenal (1947), não lhe dava, aliás, senão essa alternativa, mesmo em tempos de paz. Ao término da Segunda Guerra Mundial, a Argentina dispunha de um saldo comercial da ordem de US$ 1,5 bilhão, não só na moeda norte-americana, mas, sobretudo, em libras esterlinas. Três anos depois, em 1948, o governo Perón já esgotara essas reservas em divisas, inclusive com a compra de armamentos e das ferrovias pertencentes à Grã-Bretanha, por um preço muito acima do que elas valiam no mercado. O mesmo fizera o governo Dutra, no mesmo período, com as toneladas de ouro acumuladas pelo Brasil durante a guerra, ao esbanjá-las com importações de supérfluos, devido ao liberalismo de sua política econômica, e outros gastos, como a compra das ferrovias até então também de propriedade dos capitais britânicos. No entanto, devido às concessões arrancadas aos EUA ao tempo de Vargas, o Brasil iniciara a primeira operação em grande escala da indústria pesada na América Latina, com o funcionamento, desde 1946, do complexo siderúrgico de Volta Redonda, que assentaria e consolidaria os alicerces do seu desenvolvimento econômico. A Argentina, não. E seu intenso esforço de industrialização exigia importações inadiáveis de grandes quantidades de bens de capital, insumos básicos e manufaturas, que a Grã-Bretanha, o maior cliente de suas exportações, não tinha condições para atender plenamente, devido à sua própria crise econômica e financeira. Perón, diante de tal situação, tratou de estabelecer convênios econômicos, comerciais e financeiros com o Paraguai, Bolívia, Chile, Peru e Equador, para a venda de produtos argentinos em troca de matérias-primas, tais como estanho, chumbo, antimônio, borracha, salitre, enxofre, cobre e ferro. Simultaneamente, procurou aproximar-se dos EUA e insistiu no estreitamento dos vínculos entre a Argentina e o Brasil, que fora o seu terceiro maior fornecedor em 1947 (em 1946, fora o segundo), ao vender-lhe grandes quantidades de manufaturados, tais como o aço produzido pela siderúrgica de Volta Redonda, para a modernização de suas ferrovias e a construção do gasoduto, ligando Buenos Aires a Comodoro Rivadavia.

A política de Braden, àquele tempo, já se revelara um fiasco. O embaixador norte-americano George S. Messersmith, designado para servir em Buenos Aires quando Perón assumiu a presidência da República, percebera que, se o governo de Washington não normalizasse urgentemente suas relações com a Argentina, ela, com o orgulho nacional ferido e impelida pelos ressentimentos, poderia empreender ações violentas contra os interesses dos EUA e chegar a um entendimento mais estreito com a URSS, o que levaria o sistema interamericano a desintegrar-se[6]. Segundo expôs em *memorandum* para o general George C. Marshal, substituto de James Byrnes no cargo de secretário de Estado, a atitude "inflexível e irrealista" de Braden tornava "impossível" qualquer composição com a Argentina[7]. Por outro lado, as pressões, dentro dos EUA, no sentido de forçar o presidente Harry S. Truman a afrouxar e a modificar a política do Departamento de Estado *vis-à-vis* da Argentina, recrudesceram, tanto por causa dos interesses comerciais e financeiros, que se sentiam prejudicados e desejavam voltar a competir, sem restrições, no mercado daquele país, quanto por motivos estratégicos, em face do agravamento das tensões internacionais e do perigo de guerra com a URSS. No Congresso, os senadores Tom Connaly e Arthur H. Vandenberg, juntamente com outros, criticaram o debilitamento da solidariedade continental, provocado pela desastrada política de Braden, no momento em que o comunismo se empenhava na expansão de sua influência. Os Departamentos da Guerra e da Marinha, que estavam inconformados com aquela "idiotice de políticos" e se dispunham a acabar o *imbroglio* com a Argentina, por meio do diálogo direto entre militares da linha de tiro[8], pressionaram também o presidente Harry Truman no sentido de que normalizasse as relações com o governo de Perón, de modo que pudessem coordenar com todos os países os planos de defesa do hemisfério. A posição de Braden tornou-se, assim, insustentável e ele renunciou ao cargo de secretário-assistente do Departamento de Estado, em meados de 1947. Norman Armour, antes embaixador em Buenos Aires, substituiu-o e, de acordo com a nova orientação de Truman e de Marshal, procurou melhorar as relações com a Argentina, o que o próprio Perón também facilitara, ao demonstrar "*definite performance and good faith*"[9] no cumprimento das obrigações assumidas na Ata de Chapultepec, com a desapropriação de 68 empresas sob o controle alemão, número que Braden considerara insuficiente, O interesse de Truman foi o de manter relações "razoavelmente amistosas" com Perón, a fim de que a Argentina se integrasse plenamente no sistema interamericano e os EUA pudessem iniciar as conversações sobre o Tratado de Segurança e Assistência Recíproca, a ser firmado no Rio de Janeiro, em 1948. Conforme o general Carlos von der Beck, antigo chefe do Estado-Maior da Argentina, percebera, os militares passaram a dirigir a política exterior dos EUA. E a mudança na sua orientação *vis-à-vis* da Argentina obedeceu, sobretudo, às razões estratégicas[10].

Entretanto, a forte coerção que o Departamento de Estado até então exercera sobre o governo de Perón contribuíra, indireta e, às vezes, diretamente, para fomentar tensões entre o Brasil e a Argentina. Luís Carlos

Prestes, secretário-geral do PCB, ao criticar Rodolfo Ghioldi, secretário-geral do PCA, por sua oposição a Perón, acusou o Departamento de Estado de tentar impedir que o Brasil vendesse pneumáticos à Argentina e denunciou a publicação do *Blue Book* como "manobra capitalista" para provocar a guerra entre os dois países[11]. Esta perspectiva pareceu real. A União Democrática Nacional, através do Congresso e de alguns jornais, vinculados a poderosos grupos econômicos, promoveram intensa campanha contra Perón, alentando intrigas e desconfianças, que apontavam a Argentina como um perigo e instigavam o Brasil a acometê-la, preventivamente, antes de que ela tomasse a iniciativa de deflagrar a guerra. Talvez certos interesses estrangeiros, tanto econômicos quanto políticos, estivessem a insuflar essa campanha, com o objetivo de encorajar o Brasil a concorrer, militarmente, para a derrocada do governo de Perón, uma vez que não a conseguiram apenas com as pressões do Departamento de Estado e o concurso da oposição interna na Argentina. De qualquer modo, entre 1945 e 1949, diversos informes sobre supostas intenções agressivas de Perón, oriundos de diversas fontes, chegaram frequentemente ao conhecimento do governo brasileiro. O próprio presidente do Uruguai, Luís Batlle Berres, chamou o embaixador José Carlos de Macedo Soares, em 1948, a fim de transmitir-lhe a notícia de que a Argentina se preparava para atacar o Brasil e absorver o Paraguai[12]. O Brasil, entretanto, não cria em ataque direto da Argentina contra seu território ou contra o Paraguai e o Uruguai. O que receava, sim, era a ocorrência de distúrbios que levassem ao poder, naqueles dois países da Bacia do Prata, militares favoráveis à formação de uma confederação com a Argentina, visando à reconstituição das fronteiras do antigo vice-reino do Rio da Prata, propósito este atribuído a Perón. Por isto, embora declarasse estrita neutralidade, o governo Dutra, e também o do Uruguai, não só teve simpatia como, tudo indica, favoreceu, em 1947, a rebelião contra o presidente do Paraguai, general Higínio Morínigo, que contava com o apoio de Perón[13]. Apesar da rivalidade, o Brasil sempre procurou evitar o confronto com a Argentina. Mesmo quando as pressões do Departamento de Estado se intensificaram e o *Blue Book* apareceu, ele deixou claro que não se enredaria em uma contenda com um vizinho, com o qual mantinha importantes relações econômicas pelos *beaux yeux* dos EUA, da mesma forma que não se desaviria com os EUA por sua causa[14]. O propósito do Brasil era conservar "relações amistosas" com os dois países, o que um diplomata norte-americano considerou "incompreensível política" e a qualificou de "cooperação com Perón", uma vez que suas exportações de manufaturados para a Argentina continuaram, mesmo quando o Departamento de Estado ainda persistia em aplicar-lhe sanções[15]. Em janeiro de 1947, enquanto o general Cesar Obino, chefe do Estado-Maior do Exército, criticava a Argentina e lhe atribuía um plano para invadir o Brasil, o próprio presidente Dutra concedeu uma audiência ao embaixador norteamericano, William Pawley, cujo objetivo era justamente conhecer sua opinião, e reiterou que a política do Brasil *vis-à-vis* daquele país não se modificara. O Brasil continuava a insistir em que a Argentina participasse da Ata de Chapultepec e se opunha a toda tentativa para a excluir da "família americana", o que julgava "impossível e indesejável"[16]. Ele então anunciou que pretendia encontrar-se com Perón na inauguração da ponte entre Uruguaiana (Brasil) e Paso de los Libres (Argentina).

A posição de Dutra não só correspondia aos interesses comerciais do Brasil como também refletia a tendência dominante nas Forças Armadas, contrária à discriminação da Argentina, embora pequena elite de oficiais pudesse desejar alguma espécie de conflito na Bacia do Prata, e muitos, sobretudo entre os que lutaram na Itália, não simpatizassem com Perón, por se alinharem política e ideologicamente com os EUA. A resistência ao predomínio dos EUA, que não conseguiram reter algumas bases militares no Brasil, conforme desejaram[17], estava subjacente naquela política de não isolar a Argentina, uma vez que, dentro das Forças Armadas, forte tendência antiamericana sempre houve e se manifestava tanto pela esquerda quanto pela direita nacionalistas. O próprio Dutra, ao tempo em que exercera o cargo de ministro da Guerra no governo de Vargas, fora, a princípio, favorável à "política do ABC", ou seja, à formação de um bloco econômico, político e militar, integrado pela Argentina, Brasil e Chile, em contraposição ao pan-americanismo e à "política de boa vizinhança" do presidente Roosevelt, que Oswaldo Aranha, ministro das Relações Exteriores, defendia[18]. Depois, uma vez que seu principal propósito era reequipar e modernizar as Forças Armadas, ele se acomodou à aliança com os EUA e possivelmente defendeu duras medidas contra a Argentina, em cujos portos os submarinos alemães se reabasteciam, quando começaram a torpedear os navios brasileiros no Oceano Atlântico. De qualquer forma, ao assumir a presidência da República, sua intenção segundo parecia fora manter relações cordiais com a Argentina, tanto que reconduziu João Batista Lusardo, amigo de Vargas e de Perón, ao posto de embaixador em Buenos Aires, onde ele servira até o golpe militar de 29 de outubro de 1945.

No entanto, João Neves da Fontoura, que assumira o Ministério das Relações Exteriores e era profundamente adverso a Perón, tratou de conduzir a política do Itamaraty "diretamente em harmonia" com os EUA[19], o que inibiu o Brasil de aproximar-se da Argentina. E esta tendência se acentuou ainda mais, ao término de 1946, quando a União Democrática Nacional, a fim de ampliar a base parlamentar do presidente Dutra, começou a participar do governo, em coalizão com o Partido Social-Democrático, e indicou o jurista Raul Fernandes, extremamente anti-Vargas e pró-EUA, para substituir João Neves da Fontoura, demitido do Ministério das Relações Exteriores. A política interna no Brasil assim se projetou, diretamente, sobre sua política exterior e as relações com a Argentina tornaram-se ainda mais frias e mesmo tensas. Fernandes, além de conseguir o afastamento de Lusardo da Embaixada em Buenos Aires e o substituir pelo embaixador Ciro de Freitas Vale e depois pelo general Milton de Freitas Almeida, passou a obstaculizar as iniciativas de cooperação entre os dois países, opondo-se, inclusive, a que o governo do Rio Grande do Sul recebesse um empréstimo, oferecido por Perón e com o qual Dutra concordara, para financiar a eletrificação do Estado, sob a alegação de que era "algo que chocava o patriotismo brasileiro"[20]. A proposta da Argentina para aproveitar, juntamente com o Brasil, os recursos hídricos das cataratas do Iguaçu também não encontrou receptividade no Itamaraty[21]. E Dutra não aceitou a proposta de Perón para uma conferência, o que limitou o encontro entre os dois, em 1947, às formalidades protocolares da inauguração da ponte entre Uruguaiana e Paso de los Libres. Essa animosidade política e ideológica contra o governo Perón concorreu para alimentar divergências comerciais — e com elas se realimentou — que surgiram entre os dois países. Como o Brasil, ao negociar, em fim de 1946, um convênio para a compra de 1,2 milhão de toneladas de trigo, não aceitara fixar o preço de cada 100 kg em 35 pesos, calculando que as cotações no mercado cairiam, o que não ocorreu, a Argentina, com a política monopolista de comércio exterior, aumentou-o, depois, para 40, 45 e, finalmente, não fornecia aquele produto a qualquer país por menos de 60 pesos[22]. O governo Perón cobrava, naturalmente, um valor maior do que a própria alta que houve no mercado. Sua política era impedir a deterioração dos preços de intercâmbio dos produtos agrícolas e matérias-primas em relação aos manufaturados, cujas importações custavam cada vez mais caras para a Argentina, como também para o Brasil e os demais países da América Latina. Essa constituiu uma diretriz geral de sua política de comércio exterior, adotada igualmente nas vendas à Administração da Cooperação Europeia, que manipulava recursos do Plano Marshall. E a Argentina podia sustentá-la, dado que a procura do trigo no mercado mundial era até então bem maior do que a oferta. Trinta e quatro nações estavam a disputar seu produto. E, em tais circunstâncias, ela não tinha porque reduzir o preço do trigo para o Brasil, que se recusara a fixá-lo no convênio, conquanto fosse seu maior cliente.

Perón igualmente se ressentia da política do Itamaraty, sempre esquivo a qualquer acordo mais amplo com a Argentina, conforme ele pleiteava. Os atritos assim evoluíram e, em 1948, ele tirou o Brasil do grupo dos países favorecidos pelo sistema preferencial de trocas. Entretanto, o Brasil, que fora, em 1947, o maior fornecedor da Argentina, vendia-lhe cada vez mais, além de fios e tecidos de algodão, vários outros insumos e manufaturados, tais como borracha, pneus, madeiras, ferro-gusa e aço, ao mesmo tempo que constituía, praticamente, uma extensão do seu mercado interno, para o escoamento de sua produção de trigo, não somente devido à proximidade geográfica, mas, também, ao fato de que o grupo Bunge & Born (argentino) lá controlava a maioria dos moinhos. E esta forte interdependência econômica e comercial impôs um entendimento. Alguns dias depois da decisão de Perón, o chanceler Juan Bramuglia, procedente da Conferência de Bogotá, passou quatro dias no Rio de Janeiro, onde acertou com o chanceler Fernandes não apenas a negociação de um acordo de pagamentos do Brasil com a Argentina, para o restabelecimento de sua posição preferencial, como a criação de uma comissão incumbida de estudar o tráfico internacional na ponte entre Uruguaiana e Paso de los Libres e o projeto para a construção conjunta de uma usina hidrelétrica na Foz do Iguaçu[23].

Cerca de dois meses depois, Brasil e Argentina restabeleceram o acordo de pagamentos e, em outubro, firmaram novo convênio constituindo o cruzeiro (moeda brasileira na época) como base de suas transações comerciais e determinando a utilização apenas de navios das duas nacionalidades para o transporte de mercadorias em seu intercâmbio bilateral, o que desagradou tanto à Grã-Bretanha quanto aos EUA[24]. Entretanto, em meados de 1948, as colheitas nos EUA, Canadá e Europa produziram enormes excedentes de trigo e provocaram a queda de sua cotação no mercado mundial. A Administração de Cooperação Europeia mandou avisar ao governo de Perón que aceitasse os preços de mercado, acabando a política comercial monopolista, se quisesse continuar a vender seu trigo. E dos US$ 155,6 milhões do Plano Marshall, que a Administração de Cooperação Europeia gastou na América Latina, apenas escassos US$ 3 milhões foram aplicados em contratos de compra na Argentina[25]. Os EUA já então promoviam um *dumping* no mercado mundial, com a venda dos excedentes de trigo por "preço abaixo do seu mercado interno"[26], sitiando economicamente o governo de Perón, cujas reservas em divisas estavam praticamente esgotadas e seus estoques daquele produto, ao acumularem-se por falta de escoamento, tendiam a apodrecer no porto de Buenos Aires. O embaixador norte-americano em Buenos Aires, James Bruce, empenhou-se, por outro lado, no sentido de superar os obstáculos ao aumento das exportações dos EUA para a Argentina, para o que se criou, em maio de 1949, uma comissão conjunta, que estudaria diversas medidas, entre as quais a elaboração de moderno tratado comercial, em substituição ao de 1853, já obsoleto[27].

À mesma época, a imprensa do Rio de Janeiro e de São Paulo, coadjuvada, no Congresso, pela União Democrática Nacional, desencadeou no Brasil violenta campanha não apenas contra o comércio com a Argentina, particularmente as compras de trigo, mas também contra o governo de Perón, acusando-o, da mesma forma que em 1946, de preparar-se militarmente para atacar o Brasil, com propósitos de expansão e de hegemonia sobre a América Latina. Em relatório reservado ao Diretório Nacional da União Democrática Nacional, o deputado Arnon de Mello condenou as exportações do Brasil para a Argentina, consideradas por ele da "maior gravidade", dado que aumentavam o poder de Perón[28], e apregoou a guerra entre os dois países. O Brasil — Arnon de Mello justificou — tinha a "vantagem" da industrialização, do território extenso, dos acidentes geográficos, da experiência da guerra moderna, da capacidade de resistência, da população três vezes maior e "*la victoire va toujours aux gros bataillons*"[29]. E, segundo sua opinião, não podia proceder como a Grã-Bretanha, "que apoiou Hitler de 1932 a 1939, como ajudamos hoje inadvertidamente o esforço de guerra de Perón"[30]. O jornalista Mário Martins, também da União Democrática Nacional, publicou, por sua vez, um livro contra Perón, com mais ou menos o mesmo teor do relatório de Arnon de Mello, combatendo, igualmente, o comércio com a Argentina por julgá-lo "desvantajoso" para o Brasil[31]. Essa campanha, que mais pareceu a ação de um *lobby*, persistiu, pelo menos, até 1950 e serviu objetivamente aos interesses dos EUA, em seu esforço para inibir o comércio com a Argentina.

A Administração Truman, porém, já se aproximava mais e mais da Argentina. Enviara a Buenos Aires importante missão militar, a primeira desde o término da guerra na Europa, já se dispunha a ceder-lhe armamentos e não cria que a Argentina pretendesse agredir qualquer dos seus vizinhos. Esta não era, efetivamente, a intenção de Perón. Seu projeto consistia em organizar uma comunidade econômica e política, a partir de uma união aduaneira, formada inicialmente pelos países da Bacia do Prata, inclusive o Brasil, com o Chile, Bolívia e Peru, a qual comandaria, como um consórcio, o mercado mundial de matérias-primas, tais como ferro, óleo, estanho, cobre, bórax, a possuir ainda o monopólio de iodine e tanino, 40% dos insumos básicos para a indústria química e farmacêutica, 85% da exportação de linhaça, 70% de milho e 23% de algodão[32]. Essa comunidade econômica, com tanto peso político, poderia evoluir para a constituição de uma espécie de terceiro bloco, estendendo-se, quiçá, à Espanha, Portugal e mesmo França, e funcionaria como mediador entre os EUA e a URSS[33]. Perón, evidentemente, queria que a Argentina ultrapassasse o Brasil como poder militar, e alcançasse a supremacia sobre a América do Sul, em contraponto com o México, na América Central, conforme a perspectiva dos seus teóricos de geopolítica[34]. Era possível, portanto, que ele estivesse a influenciar movimentos nacionalistas, civis e militares, a fim de promover em países da América do Sul a emergência de governos favoráveis aos seus objetivos estratégicos. O presidente Rafael Gonzáles Videla responsabilizou a Argentina pelo complô militar descoberto no Chile e que resultou na prisão, ao fim de 1948, de vários oficiais, inclusive do ex-presidente, general Carlos Ibañez del Campo. A Argentina, a projetar a imagem de *troublemaker* na América do Sul[35], foi também acusada de apoiar levantes no Peru, Venezuela e Paraguai, embora as evidências não aparecessem.

No entanto, a tática de Perón era a de ganhar simpatia e respeito e não antagonizar ou agredir os países vizinhos. Por isso sua política exterior, ao defender a *terceira posição* entre o comunismo e o capitalismo, passou a fazer intensa propaganda do *justicialismo* e do regime trabalhista na Argentina, cujas embaixadas, desde 1946, contaram sempre com a presença de um adido sindical, ao mesmo tempo que se orientou para o estreitamento dos vínculos de comércio com os países da América do Sul, inclusive com a concessão de generosos empréstimos, como foi oferecido ao Brasil para a eletrificação do Rio Grande do Sul. A Argentina assinou importante tratado com o Chile (1946), que não foi ratificado, depois com a Bolívia (1947), bem como um convênio de curto termo com a Venezuela, para a troca de carne por petróleo. Porém as negociações com o Equador e o Peru não avançaram. E o Uruguai evitou até mesmo iniciar os entendimentos sobre um tratado, talvez por causa do Brasil e da oposição interna, apesar das conversações reservadas que Perón e o presidente Luís Batlle Berres tiveram, em fevereiro de 1948. Também no Paraguai, com o qual a Argentina, depois da guerra civil naquele país (1947), criara uma comissão para estudar o estabelecimento de uma união aduaneira, a situação não evoluiu favoravelmente ao projeto de Perón. O Brasil protestou, inclusive contra o envio de missão militar argentina a Assunção. O presidente Higínio Morínigo, simpático à união aduaneira, embora de forma gradual, replicou que a Argentina não tinha desígnios imperialistas. Mas foi convenientemente derrubado, em agosto de 1948, e refugiou-se em Buenos Aires, onde recebeu a proteção de Perón. Seu substituto, Natalício Gonzales, contrário a uma política extremamente pró-Argentina, não se manteve no governo senão alguns meses. No começo de 1949, seus correligionários do Partido Colorado logo o destituíram da presidência da República, talvez estimulados ou mesmo auxiliados por Buenos Aires[36]. O Brasil, naturalmente, tratou de conter a ofensiva diplomática de Perón, mediante visita de Dutra a alguns países da América do Sul, mantendo conversações, sobretudo, com o Chile, Bolívia e Uruguai. Sem a cooperação do Brasil, portanto, a Argentina não conseguiria, consistentemente, qualquer apoio na Bacia do Prata para a viabilização do seu projeto de mercado comum. E suas políticas exteriores estavam a divergir, profundamente, como demonstraram, tanto na Conferência do Rio de Janeiro (1947), quando se celebrou o Tratado Interamericano de Assistência Recíproca (TIAR), quanto na Conferência de Bogotá (1948), para a criação da Organização dos Estados Americanos (OEA). Enquanto o Brasil acompanhou os EUA, em quase todas as questões, a Argentina recalcitrou e somente aderiu àqueles dois instrumentos do pan-americanismo, que se contrapunham aos seus objetivos de formar o Bloco Austral com base na união aduaneira dos países do Cone Sul, a fim de não se isolar no continente. Entretanto, por não se conformar com o reordenamento internacional do pós-guerra e a bipolarização política e ideológica entre dois centros de poder, a diretriz de Perón, situado dentro do sistema capitalista, sempre fora a de obstar a liderança dos EUA, embora declarasse que colocaria a Argentina ao seu lado, caso o conflito armado com a URSS se desencadeasse, pois a terceira posição era uma política para tempos de paz[37]. De qualquer forma, não obstante ser membro da ONU, a Argentina não se filiara ao Banco Internacional de Reconstrução e Desenvolvimento (BIRD), ao Fundo Monetário Internacional (FMI) ou à Organização da ONU para a Alimentação e Agricultura (FAO), nem ratificara o Acordo Geral sobre Tarifas e Comércio (GATT). Ela não aceitou submeter-se a qualquer obrigação internacional.

A rivalidade da Argentina, conforme a percepção de Perón, não era propriamente com o Brasil e sim com os EUA, aos quais ela pretendia arrebatar a supremacia sobre a América Latina. A partir de 1948, porém, sua situação financeira começou a mostrar-se bastante insatisfatória. Carecia de financiamentos externos, que só os EUA tinham condições de conceder. E essa situação se agravou ainda mais em 1950. Com a queda da produção agropecuária e, em consequência, das exportações de carne e cereais, aguda depressão se abateu a economia argentina, acarretando o racionamento de combustíveis e de alimentos, inflação e desemprego, bem como, devido à crise cambial, o atraso nas importações de bens de capital para indústrias básicas. O governo de Buenos Aires, que desde 1948 já se tornara mais conciliatório com os EUA, começou a aceitar suas condições, a fim de receber ajuda financeira. Tomou várias medidas por modo a melhorar o clima para os investimentos estrangeiros, como a liquidação dos motivos de queixa da Swift International e da Pan American, e o Congresso, dominado pela maioria do Partido Justicialista, ratificou o Tratado Interamericano de Assistência Recíproca. E os EUA, em 1950, começaram a suplantar a Grã-Bretanha, como principal cliente da Argentina, absorvendo cerca de 26% do total de suas exportações, em 1952, enquanto mantinham o primeiro lugar como fornecedor da Argentina, reconquistado antes da guerra de 1939-1945[38]. Por outro lado, os investimentos norte-americanos, pela primeira vez, superaram os britânicos na Argentina, que caiu em completa dependência dos EUA, dependência maior que a do Brasil, porque nem sequer conseguira implantar uma forte indústria pesada. A política de Perón, conforme diplomatas britânicos em 1945 previram, concorreu, paradoxalmente, para produzir aquela situação[39]. Com o fim do predomínio da oligarquia rural, afastada da direção do Estado pelo golpe militar de 1943, o programa de industrialização da Argentina, ao fomentar a demanda de bens de capital e insumos e prejudicar a produção agropecuária, esgarçou os vínculos de dependência em relação à Grã-Bretanha, o principal mercado de consumo para as suas exportações, e a levou a ajoelhar-se ante os EUA, que não necessitavam de carne e cereais para o abastecimento de seu mercado interno.

## NOTAS

1. Discurso de Getúlio Vargas, pronunciado no Senado, 3/7/1945, in Vargas, 1950, p. 257.
2. Whitaker, 1956, p. 162.
3. Carlos Ibarguren, 1930, p. 319.
4. Page, 1984, pp. 231-236.
5. Incoming Telegram, Cabot ao secretário de Estado, Buenos Aires, 1/5/1946, N. A., secret, File 711.35/5-146.
6. Informe, Top Secret, George S. Messersmith ao secretário de Estado, Buenos Aires, 10/12/1946, N.A., File 711.35/1-2447.
7. *Memorandum* para o secretário de Estado George Marshal, Top Secret File, 24/1/1947, N.A., File 711.35/1-2447.
8. Carta de Hadow a Perowne South American Department, Foreign Office, Washington, 28/9/1945, PRO-RO 371 44689 X/M 07236.
9. Telegrama n. 134, Top Secret, George Messersmith, embaixador na Argentina, ao secretário de Estado, Buenos Aires, 7/2/1947, 4:00 PM, N.A. File 835.00/2-747. *Memorandum* of Conversation, 31/3/1947, the President, assinado por Dean Acheson, Senator Arthur Vandenberg and Tom Connally, Acting Secretary of State Dean Acheson and Argentine Ambassador Oscar Invanissevich, N.A., File 711.35/3-3147. Peterson, 1970, pp. 515-522.
10. Despacho de Messersmith para o secretário de Estado, secreto, Buenos Aires, 2/7/146, N.A., File 711.35/7-246. H. F. Peterson, 1970, pp. 519-521, 523-524.
11. Discurso de Luís Carlos Prestes em comício de 7/2/1946, anexo ao Despacho 4336, de Vinton Chapin ao secretário de Estado, Rio de Janeiro, 28/2/1946, N.A., File 832.00B/2-2846 CS/LF.

12. Incoming Telegram n. 299, Ellis Grigg, embaixador no Uruguai, ao secretário de Estado, Montevidéu, 31/7/1948, N.A., File 733.35/7-3148.
13. Outgoing Telegram, confidencial, Marshal, do Departamento de Estado, para a Embaixada americana em Assunção, 2/8/1947, 4:00 PM, N.A., File 834.00/8-1347. Telegrama n. 454, da Embaixada americana em Assunção ao secretário de Estado, Assunção, 14/8/1947, 4:00 PM, N.A., File 834.00/8.1347. Incoming Telegram, confidencial, da Embaixada americana em Buenos Aires para o Departamento de Estado, Buenos Aires, 14/8/1947, N.A., File 834.00/8-1447.
14. Carta (129/1146/46) de D. St. Clair Gainer, Embaixada britânica no Rio de Janeiro, para R. H. Hadow, Embaixada britânica em Washington, Rio de Janeiro, 26/7/1946, PRO-FO 371 51865, File AS 4646.
15. Office *Memorandum*, secret, Mr. Spaelh a Mr. Braddock, 29/5/1946, N.A., File 732.35/5-2946.
16. Despacho n. 4, D. Gainer para E. Bevin, Rio de Janeiro, 7/1/1947, PRO-FO 371 61157. Com Perón na inauguração da ponte entre Uruguaiana (Brasil) e Paso de los Libres (Argentina).
17. Minuta 9/4/1946, PRO-FO 371, File AS 1922. Despacho n. 101, David Gainer a Ernest Bevin, Rio de Janeiro, 18/4/1946.
18. Telegrama, Embaixada dos EUA para o Departamento de Estado, 22/3/1944, Record Group 59, N.A., 832.00/455. "Anti-Vargas Maneuvers in Brazil", Office of American Affairs, 30/6/1944, Department of State, Foreign Activity Correlation, FC, Mr. Lyon, A-B, Mr. Berle, N.A., 832.00/6-2344 CS/LEB.
19. Carta, João Neves da Fontoura para Batista Lusardo, Rio de Janeiro, 15/7/1946, Carneiro, 1978. vol. 2, pp. 317-318.
20. Carneiro, 1978, vol. 2, pp. 311-312.
21. Despacho, N. Butler para Ernest Bevin, Rio de Janeiro, 11/5/1948, PRO-FO 371 61171.
22. Ibid.
23. Ibid.
24. Despacho, Butler para E. Bevin, Rio de Janeiro, 23/7/1948, PRO-FO 371 61171. Despacho, *sir* N. Butler para E. Bevin, Rio de Janeiro, 26/10/1948, Ibid.
25. Peterson, 1970, pp. 543-544.
26. Mário Martins, 1950, p. 284.
27. Peterson, 1970, pp. 541-544.
28. Mello, Arnon de — "Situação Político-Militar da Argentina e suas relações com o Brasil" (Relatório Reservado, apresentado ao Diretório Nacional da UDN pelo representante de Alagoas, Arnon de Mello), 1949, p. 62.
29. Ibid., p. 70.
30. Ibid., p. 66.

31. Ibid., pp. 61-66.
32. Carta de Góes Monteiro a Getúlio Vargas, Buenos Aires, 28/5/1944, AGV, doc. 15, vol. 44.
33. "Argentine Ambitions in South America", Sumário elaborado por H. Livermore, Top Secret, e submetido a R. Cecil, South American Department, Foreign Office, 15/2/1949, 34228, PRO-FO 371 74309.
34. Ibid.
35. "Supply of Arms to Argentina — Her Hole as a Trouble-Maker in South America", secret, documento anexo ao Sumário de H. Livermore, PRO-FO 371 74309 34228.
36. "Argentine Ambitions in South America", Top Secret, PRO-FO 371 74309 34228.
37. Despacho n. 331, secreto, Ambassy of the United States of America, Buenos Aires, 28/4/1948, a) Guy W. Ray, Counselor of Ambassy, N.A., File 711.35/4-2848.
38. Peterson, 1970, pp. 545-547. Page, 1984, tomo 1, p. 273.
39. Rapoport, 1980, pp. 211-213.

# Capítulo X

AS DIFICULDADES DO PLANO QUINQUENAL • AS RELAÇÕES DA ARGENTINA COM OS EUA • APOIO DE PERÓN À VOLTA DE VARGAS; O PACTO ABC • A MORTE DE EVA PERÓN E A INSTABILIDADE POLÍTICA NA ARGENTINA • PERÓN E A PROPOSTA PARA A UNIÃO ECONÔMICA ENTRE ARGENTINA, BRASIL E CHILE • O PACTO ABC • O SUICÍDIO DE VARGAS E O FIM DO GOVERNO DE PERÓN

Perón estava consciente, naquelas circunstâncias, de que a Argentina, sozinha, não mais podia conservar sua relativa autonomia em face dos EUA nem tinha força para aglutinar outros países e ampliar seu espaço econômico na América do Sul. Além do mais, sem a cooperação do Brasil, a Argentina, igualmente, não poderia concretizar os projetos para o aproveitamento hidrelétrico das cataratas do Iguaçu e também de Salto Grande, onde Perón planejava construir, a 430 km de Buenos Aires e 350 km de Rosário, a maior represa da América do Sul, com capacidade de produzir 2,5 bilhões de Kw por ano. E ele percebia a importância de que os dois países ajustassem, primeiramente, seus interesses e só depois iniciassem as conversações com o Paraguai e o Uruguai, condôminos daquelas águas[1]. Essa constituía, aliás, uma de suas principais metas, dada a imensa necessidade de energia que o programa de industrialização da Argentina provocara, forçando-a a gastar, em apenas oito anos, cerca de US$ 500 milhões com a compra de combustíveis.

A expectativa de Perón era de que o Brasil modificasse a orientação de sua política exterior, com o retorno de Getúlio Vargas à presidência da República, através das eleições que se realizariam ainda em 1950. Os dois compartilhavam a mesma doutrina, segundo a qual o combate ao comunismo exigia, antes de tudo, a erradicação de suas causas, a pobreza e a miséria, as extremas desigualdades sociais, geradas pelo capitalismo, em regimes de democracia liberal. E, conquanto a tendência de Vargas, àquela época, fosse a de seguir a linha do Partido Trabalhista na Grã-Bretanha e a dos governos social-democratas da Escandinávia[2], ele simpatizava com Perón e a "revolução política e econômica, a revisão dos valores, a justiça social" do regime implantado na Argentina[3]. Os dois também se mantiveram sempre em contacto, através de emissários, entre os quais o ex-embaixador João Batista Lusardo e, sobretudo, o deputado João Goulart, cuja liderança estava a emergir no PTB. E, ao prever dificuldades em conseguir dos EUA o tipo e o grau de cooperação compatíveis com as necessidades do desenvolvimento econômico do Brasil, Vargas provavelmente excogitou a possibilidade de uma *entente* com a Argentina, a fim de avigorar seu poder de pressão, e acolheu, em princípio, a sugestão de Perón no sentido de que os dois países viessem a coordenar a defesa do Atlântico Sul e formar com o Chile uma união aduaneira, que depois se estenderia a toda a América do Sul.

De qualquer modo, Perón deu à candidatura de Vargas todo o respaldo, inclusive, segundo algumas fontes, financeiro[4], mas, em todo caso, moral e político, através dos jornais de Buenos Aires, como *La Época*, por ele controlados[5]. Este fato foi largamente explorado no Brasil pela UDN e pela imprensa conservadora, que apresentavam Perón como permanente ameaça ao Brasil, revivendo, *con los descamisados*, as coortes de Adolf Hitler e de Benito Mussolini. O próprio chefe do Gabinete Militar do presidente Dutra, general Newton Cavalcanti, acusou-o de financiar a campanha de Vargas, o que causou um incidente diplomático com a Argentina[6]. No entanto, nem o governo de Dutra nem a UDN conseguiram evitar que Vargas, como candidato do PTB, vencesse a eleição com quase 50% dos votos válidos (3,8 milhões). E Perón ofereceu-lhe ainda apoio logístico para que ele instalasse o governo no Rio Grande do Sul, como o general Newton Estilac Leal, líder da corrente nacionalista do Exército, pretendeu, quando a UDN e os militares a ela vinculados intentaram impedir sua posse na presidência da República[7].

Conforme o secretário de Estado, Dean Acheson, observara, em *Memorandum* ao presidente Truman, Vargas advogava então uma orientação "socialista" e definidamente "nacionalista", o que o levaria a opor-se às políticas que os EUA tentavam propagar no campo do comércio internacional. O embaixador da Grã-Bretanha, Neville Butler, também percebera que o Brasil, com Vargas no governo, não seria "dócil adepto" dos planos econômicos e militares dos EUA para a América Latina, cujas aspirações ele estava decidido a interpretar, e procuraria seriamente conter sua influência ou a ela contrapor a da Europa, mas não trataria de estreitar, por enquanto, relações com a Argentina, por modo a inquietar os governos de Washington e de Londres[8]. Com efeito, apesar de que o relacionamento com Washington ainda continuasse, em sua política exterior Vargas, desde os primeiros meses de sua administração, empenhou-se no sentido de compensar a dependência do Brasil em relação aos EUA, buscando na Europa mercados para suas exportações, sobretudo de café, e novas fontes que lhe fornecessem equipamentos e tecnologia[9]. E apenas timidamente se voltou para a Argentina, que desde 1949 exportava mais para o Brasil do que para qualquer país da Europa, exceto a Grã-Bretanha. Assim, conquanto hesitasse, Vargas autorizou a importação de carnes da Argentina, visando, aparentemente, a amortizar obrigação ou compromisso, e outra vez nomeou João Batista Lusardo para o posto de embaixador em Buenos Aires, a pedido do próprio Perón, que oferecia ao Brasil, naquele momento, suprimentos de trigo mais barato[10]. A aproximação entre o Brasil e a Argentina, nos dois primeiros anos de sua administração, foi mais comercial do que política, e Vargas não teve condições de avançar além de tais limites, em virtude das "prevenções da política interna", e por isto mais uma vez se esquivou de atender ao convite de Perón para um encontro[11].

A situação política interna evoluíra, diferentemente, nos dois países e, sem dúvida, influía nas decisões de política externa. Perón continuava a exercer, com seu carisma, grande liderança popular e, dentro da moldura constitucional de um regime democrático-representativo, implantara, praticamente, uma ditadura na Argentina. Contava com o apoio dos sindicatos e da poderosa CGT, que contrabalançavam o poder das Forças Armadas, e não só dominava a maioria nas duas casas do Congresso e a suprema Corte de Justiça, através do Partido Justicialista, como também controlava a grande parte dos jornais de Buenos Aires. E esta soma de poderes lhe dava maior liberdade de conduzir, pessoalmente, a política exterior da Argentina, uma vez que nenhuma outra força interna dispunha de meios para contestar ou, pelo menos, resistir às suas decisões. No Brasil, após a restauração do regime constitucional, nenhum chefe de governo, isoladamente, adquiriu tamanha autoridade. Dutra formara, mediante a coalizão do PSD com a UDN, ampla e esmagadora maioria no Congresso, a congregar 258 parlamentares de um total de 320, dos quais ainda excluiria 15 da oposição, ao proscrever, por meio do Poder Judiciário, o PCB, que recebera 10% dos votos nas eleições de 1945. No entanto, jamais teve prestígio popular. Elegera-se graças ao apoio de Vargas, e o candidato à sua sucessão na presidência da República, Cristiano Machado, apresentado pelo PSD, sofreu fragorosa derrota nas eleições de 1950, obtendo apenas cerca de 21% dos votos válidos (1,6 milhão). Por sua vez, Vargas, conquanto sempre conservasse, mesmo no ostracismo em que vivera após o fim do Estado Novo, enorme liderança popular, não possuía força equivalente à de Perón, dado que a classe trabalhadora não alcançara no Brasil o mesmo nível de organização dos sindicatos na Argentina. E, a enfrentar violenta e implacável oposição da UDN, que influía sobre importante segmento das Forças Armadas, ele precisou promover uma aliança entre o PTB, o PSD e o PSP, depois de eleito presidente em 1950, para constituir o governo e formar a maioria no Congresso. As condições de funcionamento do regime democrático-representativo no Brasil não permitiam, portanto, que Vargas tomasse, pessoalmente, decisões de política externa de tal magnitude e que implicavam radical inflexão de suas diretrizes, como a de formar uma união aduaneira ou firmar um pacto militar com a Argentina, a qual ainda era percebida, sobretudo sob o governo de Perón, como a principal ameaça ao Brasil. Por esta razão, aliás, o Exército concentrava na fronteira do Rio Grande do Sul três de suas sete Divisões de Infantaria e três Divisões de Cavalaria, enquanto mantinha apenas um batalhão e poucos destacamentos ao longo de toda a Amazônia, nos limites com o Peru, Colômbia e Venezuela[12].

A situação na Argentina, por outro lado, começava a revelar acentuada tendência para a instabilidade. Ainda que pudesse apresentar uma série de importantes realizações de caráter social, tais como a construção de moradias para os trabalhadores e para os funcionários públicos civis e militares, novas escolas e hospitais, orfanatos e asilos para os velhos, grandes piscinas públicas etc., além de obras de irrigação, de dragagem e o gasoduto da Patagônia para Buenos Aires[13], o governo de Perón já sofria abalos provocados pela depressão econômica, a evoluir para crise política, e intensificara a repressão contra seus adversários, inclusive os comunistas. O Uruguai convertera-se, assim, em reduto dos exilados políticos, que com o apoio moral dos EUA[14] utilizavam as rádios locais para atacar Perón e fomentar a oposição na Argentina[15]. As relações entre os dois países tornaram-se bastante tensas. E as autoridades de Montevidéu receavam que a Argentina lhe invadisse o território, ou para distrair a opinião pública, em face das dificuldades econômicas, ou na eventualidade de um conflito mundial, como consequência da guerra na Coreia, que eclodira em 1950[16].

Tais temores aumentaram no curso de 1951, quando a tensão nervosa na Argentina recresceu, em meio da agitação nas universidades, desencadeada pelo desaparecimento do estudante Ernesto Bravo. O descontentamento igualmente se manifestou nas Forças Armadas, ante a anunciada candidatura de Evita à vice-presidência da República, na chapa de Perón, que disputaria a reeleição, conforme a Constituição de 1949 permitia. O governo, em abril daquele ano, dominou uma conspiração. Porém alguns oficiais, solidários com a oposição, não desistiram de derrubar Perón pelas armas, antes mesmo da realização do pleito. Em junho, o governo anunciou a descoberta de outro complô militar, bem como de uma conspiração comunista[17]. E Perón e Evita, apreensivos com a própria segurança, já então mantinham um avião em estado de prontidão, dia e noite, prevendo a necessidade de terem de fugir. Eles realmente não mais confiavam na lealdade das Forças Armadas e circularam em Buenos Aires rumores de que pretendiam armar os sindicatos para enfrentar qualquer tentativa de golpe militar[18]. A tentativa finalmente ocorreu, em 28 de setembro, dirigida pelo general Benjamín Menéndez, que também contava com o apoio de líderes políticos do Partido Radical, como Arturo Frondizi. E fracassou. Os pilotos da aviação naval, envolvidos na conjura, voaram para o Uruguai e lá se asilaram. Perón decretou o estado de guerra interna, em todo o país, com o que restringiu as liberdades políticas e perseguiu ainda mais a oposição. Não consentiu, contudo, que Evita, juntamente com a CGT, armasse os sindicatos e organizasse milícias, como ela intentara, embora bastante enferma, ao perceber que, dali por diante, o governo só poderia contar com os trabalhadores para sua sustentação[19]. As eleições realizaram-se, destarte, dentro de um clima de emoções, agravado pela revelação da enfermidade de Evita. Perón obteve 65% dos votos, derrotando Ricardo Balbín, do Partido Radical, e os candidatos das demais organizações políticas, impedidas de formarem uma coligação, como aconteceu em 1945. E o Partido Justicialista conquistou quase a totalidade das cadeiras na Câmara dos deputados e no Senado. Evita, entretanto, não sobreviveu muito tempo. Faleceu aos 33 anos, em 26 de julho de 1952, pouco mais de um mês após a inauguração do segundo mandato presidencial de Perón. E com o seu desaparecimento, a tendência revolucionária e nacionalista do regime, que ela exprimira, mais do que o próprio marido, e impulsara, começou também a esvanecer-se, em meio da crise econômica.

Acossado pela inflação, pelo aumento do desemprego e pela crise do balanço de pagamentos, Perón, apesar de insatisfeito com o material bélico recebido após a ratificação do TIAR (Tratado Interamericano de Assistência Recíproca)[20], alternativa não teve senão buscar maiores entendimentos com os EUA, cuja presidência o general Dwight D. Eisenhower, eleito pelo Partido Republicano, assumira em começo de 1953. Através de vários canais, inclusive, oficialmente, por meio do embaixador norte-americano em Buenos Aires, Albert Nufer, manifestou ao Departamento de Estado sua disposição de melhorar o relacionamento entre a Argentina e os EUA[21], o que significava, em outras palavras, tomar medidas que criassem uma atmosfera favorável aos investimentos estrangeiros. Nem os serviços de inteligência dos EUA nem o Departamento de Estado, entretanto, confiavam nos seus propósitos. Entendiam que ele usava aquelas declarações amistosas como tática, por modo a jogar os EUA contra a URSS, um contra o outro, ou simplesmente quisesse obter cooperação sem modificar qualquer de suas políticas[22]. Sem que Perón realizasse mudanças concretas, por conseguinte, os EUA não lhe dariam ajuda substancial, quer militar quer econômica, e uma de suas exigências era a de que a Argentina cessasse a divulgação do *justicialismo*, através das embaixadas e dos adidos sindicais, que o Departamento de Estado percebia como propaganda de linha comunista, e abandonasse a *terceira posição* na sua política exterior, fazendo "oposição inequívoca" ao comunismo e aos desígnios da URSS[23].

Perón, entretanto, não desistira de formar uma união aduaneira na América Latina, a partir do estabelecimento de um eixo entre a Argentina, Brasil e Chile. E as condições políticas afiguraram-se-lhe maduras para tal empreendimento. Vargas, dois anos havia, estava a governar o Brasil. E o general Carlos Ibañez del Campo, também nacionalista, antioligarca e favorável ao Pacto ABC e à união aduaneira, elegeu-se, em fins de 1952, presidente do Chile, cargo que ocupara entre 1927 e 1931. A seu convite, Perón pretendeu então visitar Santiago e, antes de marcar a viagem, cobrou de Vargas uma definição. Solicitou-lhe, através do embaixador Batista Lusardo, que o liberasse do compromisso de assinar o acordo primeiramente com o Brasil, a fim de que o pudesse fazer logo com o Chile[24]. Vargas mais uma vez manifestou-se favorável ao entendimento entre os três países e autorizou Perón a iniciar as conversações com o presidente Ibañez, ressaltando, porém, que não se tratava de uma "palavra oficial" e sim de um "consentimento preliminar, reservado", pois só depois, a depender dos resultados das negociações com o Chile, poderia formalizar o assunto[25]. A formação militar de Perón, com forte acento de machismo latino-americano, e as condições peculiares em que exercia um poder quase discricionário na Argentina, entorpeciam, no entanto, sua sensibilidade para a situação interna nos outros países, onde não bastava aos chefes de governo, como ele supunha, "*ponerse los pantalones y jugarse una carta decisiva frente a la política internacional mundial, a su pueblo, a su Parlamento y a los intereses que habia que vencer*"[26]. Como Joseph A. Page observou, seu "gênio para a condução política" parecia abandoná-lo quando lhe tocava atuar nos assuntos do continente, pois não estava disposto a trabalhar dentro de uma "estratégia coerente, paciente e inteligente", para implementar o conceito de unidade por meio de políticas e programas específicos, preferindo confiar em seu instinto[27]. E daí a série de desacertos que cometeu.

Antes de viajar para o encontro com o presidente Ibañez, em fevereiro de 1953, Perón concedeu entrevista a um jornal de Santiago — *La Nación* — em que propôs a "unidade total e não pela metade", a unidade "completa e imediata" entre a Argentina e o Chile, acentuando que a "simples integração econômica" não seria "suficientemente forte"[28]. Em outras palavras, insinuou que estava disposto a aceitar a incorporação do Chile à Argentina. Tal declaração levantou uma onda de protestos em Santiago, não obstante seu desmentido e os esclarecimentos de Ibañez, e quase provocou o cancelamento de sua viagem. Outrossim, pouco tempo depois, ele incorreu em outro erro de avaliação. Ao firmar com Ibañez a Ata de Santiago, como primeiro passo para a integração entre a Argentina e o Chile, Perón defendeu o restabelecimento do Pacto ABC e adiantou que o Brasil aceitaria aquela proposta, olvidando que Vargas dera apenas um consentimento preliminar e reservado[29]. Seu pronunciamento causou forte impacto. Na condição de ministro das Relações Exteriores,

João Neves da Fontoura, que sempre tivera forte desapreço por Perón, declarou à imprensa, sem consultar Vargas, que o Brasil não estava interessado em pactos e ninguém podia falar em seu nome[30]. E Vargas só não o demitiu, imediatamente, a fim de não desencadear uma crise política. Mas, por intermédio do jornalista Geraldo Rocha, diretor de *O Mundo* (Rio de Janeiro), enviou a Perón uma carta, na qual expôs as dificuldades para concertar o entendimento entre a Argentina, Brasil e Chile, conforme anteriormente combinaram. Perón respondeu que seu "desejo mais fervoroso" era chegar a um acordo com o Brasil, igual ao que firmara com o Chile, sobre "bases leais, sinceras, justas e honradas"[31]. Lamentou, entretanto, que a união dos três países não houvesse começado, em 1951, conquanto compreendesse a "difícil situação política", que impedira Vargas de realizar esse projeto, e reafirmou a disposição, bem como a de Ibañez, de celebrar a qualquer momento o acordo com o Brasil, uma vez que percebiam a "necessidade de unirmo-nos, diante de um futuro incerto", e estavam "persuadidos de que o ano 2000 nos encontrará unidos ou dominados"[32].

Segundo a opinião do próprio Batista Lusardo, a Argentina, cuja diplomacia não tinha "alianças fortes a cuidar", olhava friamente em todos os sentidos, para obter onde melhor pudesse o que pensava ser de seu interesse. Por esta razão, Perón fazia amizade com quem levasse em sua bagagem eleitoral um programa "de nacionalização antinorte-americana e promessas semelhantes de bem-estar popular", apregoando "a unidade econômica continental, ou melhor, a formação de uma confederação latino-americana, na qual, evidentemente, os EUA da América terão de ficar à parte"[33]. Por sua vez, Vargas provavelmente alimentara em Perõn a esperança de que o Brasil aceitaria participar de uma *entente* com a Argentina e o Chile, não tanto porque pretendesse orientar sua política exterior nessa direção, mas porque tinha o propósito de abrir perspectivas internacionais que lhe aumentassem o poder de barganha e espicaçassem os EUA, com os quais já enfrentava crescentes dificuldades. Na realidade, Vargas estava consciente dos obstáculos internos e externos a qualquer entendimento mais profundo, quer econômico quer político, com a Argentina justicialista e por isto nunca o intentou efetivar. Perón manifestara o desejo de comparecer à solenidade de sua posse na presidência do Brasil, e Vargas, delicadamente, fez-lhe saber que o preferia receber quando já estivesse no governo; porém, posteriormente, continuou a eludir todas as propostas para qualquer encontro com ele. Os contatos entre os dois sempre se realizaram através de intermediários, à margem dos canais diplomáticos, e mesmo Batista Lusardo, cuja nomeação para representar o Brasil em Buenos Aires o Senado quase não aprovara, atuou mais como amigo pessoal de ambos do que como embaixador, uma vez que geralmente não seguia as instruções do Itamaraty nem o informava de tudo, como no caso da proposta para a concertação do Pacto ABC. Nem podia fazê-lo. Ele sabia que Vargas reconduzira João Neves da Fontoura, ex-ministro das Relações Exteriores no governo Dutra, ao Itamaraty, a fim de dissipar suspeitas e tranquilizar os conservadores, pois ele sempre fora radicalmente adverso a Perón. João Neves da Fontoura, por outro lado, nunca se conformou com a nomeação de Batista Lusardo para o cargo de embaixador em Buenos Aires, por não confiar em que ele defendesse os interesses do Brasil "contra o programa peronista" de converter a Argentina em força continental e, com absorção dos demais países, formar um bloco para enfrentar os EUA[34]. E quando Perón e Ibañez firmaram a Ata de Santiago, em 2 de fevereiro de 1953, João Neves da Fontoura, igualmente sem qualquer consulta a Vargas, declarou que era "chegado o momento de paralisar a tentativa desagregadora do pan-americanismo, por uma reiteração estrepitosa de fidelidade ao nosso passado, assim como aos compromissos das nossas assinaturas solenes em instrumentos como a Carta de Bogotá"[35].

Vargas, três meses depois, exonerou-o. Mas o substituiu pelo jurista Vicente Rao, para quem a oposição do Brasil ao peronismo deveria "proceder da consciência de que a atual política exterior argentina tende a romper o equilíbrio de forças do continente"[36]. Era evidente, portanto, que ele não tencionava efetivar qualquer entendimento com Perón, dado que ao Ministério das Relações Exteriores caberia a tarefa de negociar e formalizar os atos internacionais, se bem que fosse do estilo político de Vargas utilizar conservadores na execução de reformas, por modo a não perder o controle sobre o seu desenvolvimento e não assustar as classes dirigentes.

No entanto, a posição de Vicente Rao, bem como a de João Neves da Fontoura, não só refletia a percepção do Itamaraty como coincidia com a do setor dominante das Forças Armadas, contrário a entendimentos econômicos, políticos e militares, fora dos marcos do sistema pan-americano, com a chamada Nova Argentina. O próprio general Góes Monteiro, que exercera a chefia do Estado-Maior das Forças Armadas até dezembro de 1952 e fora a Buenos Aires conversar sobre o Atlântico Sul, cujo plano de defesa e segurança Perón queria coordenar com o Brasil, não só se manifestou contrário a iniciativas militares que não se inserissem na órbita do acordo comum com os EUA, como se opôs à formação do bloco sul-americano, porquanto "importaria numa negação da OEA"[37]. E Vargas não mais tinha condições de mudar tal diretriz. A tentativa de vencer resistências internas e externas por meio da conciliação e do compromisso, com o que sua política assumia um caráter ambíguo e sinuoso, contribuíra para que a corrente nacionalista e adversa à predominância norte-americana perdesse o controle sobre o Exército. Embora se recusasse, como Perón, a enviar tropas para a guerra na Coreia (1950-1953), Vargas, diante da expectativa de obter cooperação para seus projetos de desenvolvimento econômico, admitira que João Neves da Fontoura, em 1952, concertasse com os EUA um acordo militar, ao qual parecia que não fora plenamente favorável, posto que o PTB obstruiu e votou contra a sua ratificação pelo Congresso. Por ser adverso a esse acordo, negociado sem a sua anuência, o general Newton Estilac Leal renunciara ao cargo de ministro da Guerra, o que possibilitou a perseguição dos oficiais nacionalistas e sua substituição em quase todos os postos de comando pelos adeptos da Cruzada Democrática (facção militar vinculada à UDN), vitoriosa também na eleição para a presidência do Clube Militar, com a candidatura do general Alcides Etchegoyen, defensor de uma "estreita colaboração militar e econômica com os EUA em defesa do Hemisfério Ocidental e de medidas enérgicas contra os comunistas no Brasil"[38]. E esses oficiais da Cruzada Democrática, liderados pelos inimigos políticos de Vargas, devotavam profunda aversão ideológica a Perón, por causa, sobretudo, de suas ligações com o movimento sindical, que se lhes afigurava como algo equivalente ao comunismo.

Com seus esforços para propagar o *justicialismo*, por todo e qualquer meio, até mesmo através das emissões em ondas curtas do Serviço internacional Radiofônico Argentino (SIRA) e da criação de uma central sindical latino-americana — *Agrupación de los Trabajadores Latino Americanos Sindicalistas* (ATLAS) — sob sua orientação, a política exterior de Perón revestiu-se de caráter ideológico, assustando as elites conservadoras e intranquilizando não apenas o Brasil mas também o Uruguai, o Peru e o próprio Chile, ao fomentar e robustecer a suspicácia de que ele tratava de exportar o modelo econômico e social da Argentina, bem como estabelecer sua hegemonia sobre o continente. Por esta razão, apenas o Paraguai, dependente do porto de Buenos Aires, o Equador, a Nicarágua, sob a ditadura de Anastacio Somoza, e a Bolívia, em 1954, aderiram à Ata de Santiago e firmaram com a Argentina acordos que visavam à união econômica. Mas a própria Ata de Santiago não saíra tão ampla como Perón desejava[39]. Quando visitou Buenos Aires, em julho de 1953, para assinar o Tratado de Complementação Econômica, prevendo redução de tarifas aduaneiras, incremento do comércio e a criação de um conselho misto para estudar planos e projetos de integração, Ibañez ainda não havia tomado medidas indispensáveis à sua negociação, devido às resistências existentes no Chile, onde as Forças Armadas receavam perder a ajuda militar dos EUA. O Chile rejeitou então a minuta proposta por Perón, forçando a modificação da Ata de Santiago, à qual o Uruguai se recusou a aderir, por várias razões, inclusive porque continuava a enfrentar dificuldades com a Argentina, que cerrara suas fronteiras, a fim de evitar o contato dos turistas com os exilados em Montevidéu, e interrompera praticamente o intercâmbio tradicional entre os dois países. O Peru igualmente não anuiu a essa iniciativa de Perón e seu presidente, general Manuel Odria (1948-1956), aceitou o convite (feito por Fontoura ainda ao tempo em que era chanceler) para visitar o Brasil, o que veio a ocorrer em agosto de 1953.

Esse fato — consequência de um ardil de Fontoura, que também mandara transmitir igual convite a Ibañez, sem qualquer instrução de Vargas — irritou profundamente Perón e infundiu-lhe a desconfiança de que o Itamaraty estava a articular o eixo Rio de Janeiro-Lima, com o objetivo de contrapor-se à aproximação entre Buenos Aires e Santiago do Chile. Vários outros motivos ele também tinha para decepção com a política de Vargas. Nunca recebera convite para visitar o Brasil e o encontro entre os dois, várias vezes postergado, não se realizara até então. O Brasil assinara o Acordo Militar com os EUA, cuja política endossara na IV Reunião de Consulta dos Chanceleres Americanos (Washington, 1951), e não respondera à proposta da Argentina para a defesa conjunta do Atlântico Sul. O convênio comercial entre os dois países, em março de 1952, esbarrara igualmente em diversas dificuldades — algumas das quais por culpa da Argentina, que pedia ao Brasil US$ 120 por tonelada de trigo, quando vendera à Índia por US$ 70, levando o próprio Perón, aborrecido, a sugerir o adiamento das negociações. De fato, indícios não havia de que o Brasil se inclinasse a modificar sua diretriz de política exterior e estabelecer uma aliança com a Argentina. Fontoura, desde que assumira o Ministério das Relações Exteriores, sempre fora hostil às suas posições e propostas e Vicente Rao, que o substituiu, manteve a mesma orientação. Destarte, Perón, ou por não ter mais esperança de contar com o apoio do Brasil para formar a união econômica ou talvez para o forçar a uma definição, relatou, durante uma conferência na Escola Nacional de Guerra, pronunciada em 11 de novembro de 1953, todos os entendimentos que tivera com Vargas para a concertação do pacto entre Argentina, Brasil e Chile. E, ao criticar-lhe o estilo conciliatório de condução política, acusou o Itamaraty de atuar como "instituição supergovernamental", insistir na "política imperial de zonas de influência" e obstaculizar a "verdadeira união" entre aqueles países[40], que, segundo ele, não tinham, isoladamente, unidade econômica, mas, "*unidos conforman quizá en el momento actual la unidad económica más extraordinaria del mundo entero, todo esto para el futuro, porque toda esa imensa disponibilidad constituye su reserva. Estos son los países reservas del mundo*"[41].

Perón estava convencido de que o futuro dos povos dependeria da magnitude de suas reservas de alimentos e de matérias-primas. E entendia que, uma vez efetivada a união entre a Argentina, Brasil e Chile, os demais países sul-americanos, sem meios para formarem, juntos ou separados, outro agrupamento, cairiam na sua órbita[42]. Esta sua ideia ele já expressara, em 1950, para um grupo de estudantes de Minas Gerais e de São Paulo, evocando a clarividência do Barão do Rio Branco, o primeiro que tentou estabelecer, em 1907, o Pacto ABC, e afirmou que, "no futuro, ou formaremos aquela unidade econômica, a qual, separados, não podemos alcançar, ou nos tornaremos instrumentos de paixões imperialistas de um dos dois grupos"[43].

Os dois grupos, a que aludia, eram a URSS e os EUA, em face dos quais ele advogava a *terceira posição*, com a constituição na América Latina de um bloco independente, que gravitaria em torno do eixo Argentina-Brasil-Chile. O Ministério da Defesa Nacional publicou o texto completo da conferência, em edição reservada, com exemplares numerados e registrado o nome dos destinatários, porém, ou por intermédio dos serviços de inteligência dos EUA, de acordo com a versão de Perón[44], ou porque ele assim o quisera, conforme o diplomata Orlando Leite Ribeiro supôs[45], o fato e que uma cópia caiu em mãos dos exilados argentinos em Montevidéu, e eles se incumbiram de a passar para a oposição no Brasil. De qualquer forma, intencionalmente ou não, Perón forneceu a munição de que os adversários de Vargas precisavam, pois já intensificavam a campanha para o derrubar e lhe atribuíam o propósito de instaurar no Brasil uma república sindicalista, segundo o protótipo existente na Argentina. Esta suspeita serviu para que os militares, em fevereiro de 1954, exigissem de Vargas o afastamento de João Goulart do cargo de ministro do Trabalho. E, cerca de um mês depois, o jornalista Carlos Lacerda, da UDN, publicou no diário *Tribuna da Imprensa* o texto da conferência de Perón, como prova da denúncia, que assumiu o caráter de escândalo. A UDN, no Congresso, e a imprensa conservadora, a ela vinculada, formaram um coro e, apresentando os entendimentos de Vargas com Perón como "traição nacional"[46], acusaram os dois de conspirarem "contra o ideal do pan-americanismo e a realidade da boa vizinhança, tradicionais no hemisfério"[47], por tentarem fazer o Pacto ABC e resistirem aos EUA. O encarregado de negócios da Argentina, Fernando Torquato Isninsausti, procurou negar a autenticidade do documento, qualificando-o como apócrifo[48], mas João Neves da Fontoura, que era diretor da Ultragás (subsidiária da Standard Oil), adensou a campanha, com seu depoimento, no qual não só confirmou os entendimentos sobre o Pacto ABC como acusou Vargas de o demitir do Ministério das Relações Exteriores, a fim de desobstruir o caminho para a sua consecução[49].

Perón talvez não avaliasse o impacto que a sua conferência causaria. E assim cometeu mais outro desacerto em sua política exterior, ao concorrer para debilitar a posição do único aliado com que, bem ou mal, podia contar no Brasil. Àquela época, entretanto, ele se empenhava em melhorar o relacionamento da Argentina com os EUA e mais e mais cedia às exigências econômicas. Facilitara aos investimentos estrangeiros as remessas de lucros para o exterior e o repatriamento do capital, ao mesmo tempo que negociava com a Standard Oil of New Jersey, a Standard Oil of California, a Royal Dutsch Shell e a Atlas-Dresser contratos para a exploração do petróleo na Argentina, o que provocou enérgica oposição do Partido Radical, liderado por Arturo Frondizi. Vargas, pelo contrário, regulamentara os investimentos estrangeiros, a fim de coibir as excessivas remessas de lucros para o exterior, encarecera a importação de bens de capital, visando a proteger e a expandir este setor da indústria nacional, bem como instituíra o monopólio estatal do petróleo e tratava de fazer o mesmo com a produção de energia elétrica. Suas medidas colidiam, como Dean Acheson previra[50], com as políticas que os EUA tratavam de propagar no campo do comércio internacional. E sem meios para conter a oposição interna, cuja propaganda contagiara as Forças Armadas, Vargas, para não ter de renunciar ou ser deposto, suicidou-se, em 24 de agosto de 1954, denunciando a "campanha subterrânea" dos grupos internacionais, que se aliaram aos grupos nacionais "revoltados contra o regime de garantia do trabalho", e a "violenta pressão" sobre a economia brasileira, para o obrigar a ceder. Perón não resistiu no governo mais do que um ano. Apesar de que, com a política de abertura ao capital estrangeiro, conseguisse desacelerar a inflação, reerguer o salário real e, melhorando o balanço de pagamentos, estimular as atividades econômicas, a situação política na Argentina se deteriorara a tal ponto que o compeliu renunciar à presidência da República, em 19 de setembro de 1955, e refugiar-se na canhoneira *Paraguai*, após quatro dias de sangrenta rebelião conjunta da Marinha e do Exército.

## NOTAS

1. Carneiro, 1978, pp. 439 e 445.
2. Carta de Labouchere, Embaixada britânica em Buenos Aires, para Robin Cecil, American Department, restricted, Buenos Aires, 19/10/1950, PRO-FO 371 81161 XC/A 034393.
3. Carneiro, 1978, p. 412.
4. Carta de G. Labouchere a Fordham, American Department, confidencial, Buenos Aires, 28/7/1950. Carta de Butler a R. Cecil, American Department, Rio de Janeiro, 4/8/1950. Embaixada britânica ao Foreign Office, confidencial, Rio de Janeiro, 11/8/1950, PRO-FO 371 81107 XC/A 034393. Despacho da Embaixada britância ao Foreign Office, confidencial, Buenos Aires, 19/8/1950. Despacho da Embaixada britânica ao Foreign Office, restrito, Buenos Aires, 19/10/1950, PRO-FO 371 81161 XC/A 034393. Page, 1984, vol. 2, pp. 22-24.
5. Ibid.

6. Embaixada britânica ao Foreign Office, confidencial, Rio de Janeiro, 11/8/1950, PROF-FO 371 81107 XC/A 034393. Despacho da Embaixada britânica ao Foreign Office, restrito, Buenos Aires, 19/10/1950, PRO-FO 371 81161 SC/A 034393.
7. Carneiro, 1978, vol. 2, pp. 358-359 e 429. Coutinho, 1967, p. 524.
8. *Memorandum* for the President, Subject: Effect in Brazil of Argentine Developments and Signifiance to Brazilian-American Relations of Possible Election of Vargas to Presidency, confidencial, Department of State, Washington, 1/5/1950, H.S.T.L. — Papers of H.S.T. President's — Secretary's File (PSF). Despacho n. 154, Butler a Morrison, Rio de Janeiro, 4/7/1951, Seção 1, PRO-FO 371 90363.
9. Ibid.
10. Ibid.
11. Carneiro, 1978, vol. 2, pp. 410, 442-444.
12. Secret Report on the Brazilian Army for 1949 — Military Attaché on this Embassy, G. P. Youg, Chargé d'Affaires, British Embassy in Rio de Janeiro, to Hector McNeil, 12/1/1950, PRO-FO 371 81288.
13. Argentina — Labour Attaché's general Report n. 37 — Background Report for 1949, Buenos Aires, janeiro de 1950, PRO-FO 371 81243.
14. Despacho n. 38, D. F. Hildyard, Embaixada britânica em Montevidéu, a H. Morrison, Montevidéu, 13/7/1951, PRO-FO 371 91082.
15. Despacho n. 65, D. F. Hildyard, Embaixada britânica em Montevidéu, a H. Morrison, Montevidéu, 13/7/1951 — PRO-FO 371 91082.
16. Despacho, Embaixada britânica a Ernest Bevin, Buenos Aires, 6/7/1950, a) John Balfour, PRO-FO 371 81163, Argentina, L.A. 1950. *Memorandum*, Military Attaché a J. Balfour, Buenos Aires, 26/6/1950, PRO-FO 371 81163.
17. Despacho n. 139, Henry B. Mack a Herbert Morrison, Buenos Aires, 16/6/1951. Despacho n. 145, Henry Mack a M. Morrison, Buenos Aires, 23/6/1951, PRO-FO 371 90467.
18. Despacho n. 145, Henry Mack a H. Morrison, Buenos Aires, 23/6/1951, PRO-FO 371 90467.
19. Page, 1984, vol. 1, pp. 295 e 296.
20. Despacho n. 7, confidencial, John Balfour a Bevin, Buenos Aires, 18/1/1951, PRO-FO 371 90525.
21. Page, 1984, vol. 2, pp. 27-36. H. F. Peterson, 1970, pp. 544-558. Confidencial 18135, "Argentina: Annual Review for 1950", de J. Balfour a Mr. Bevin, Buenos Aires, 10/1/1951, PRO-FO 371 90466.
22. Page, 1984, vol. 2, pp. 24-26. Memorandum for the President — Subject: "Current Sattus of U.S. Argentine Relations", secret security information, 5/3/1953, a) Walter B. Smith — E. L.

23. *Memorandum* for the President — Subject: "Current Status of U.S. Argentine Relations", secret security information, 5/3/1953, a) Walter B. Smith — E. L. 24 Carneiro, 1978, vol. 2, pp. 432-437.
25. Id., ibid., p. 434.
26. Juan Domingo Perón, *La Política Internacional Argentina* (Discurso pronunciado en la Escuela Superior de Guerra en diciembre de 1953), Cuadernos de la Resistencia Argentina, 1954 — AGV — Pasta de 1953. Esse discurso foi publicado posteriormente in Perón, 1973, pp. 77-89.
27. Page, 1984, vol. 2, p. 20.
28. Olavarria Bravo, 1962, tomo II, pp. 165-213.
29. Carneiro, 1978, vol. 2, p. 434.
30. Fontoura, 1957, p. 15.
31. Carta de Perón a Vargas, Buenos Aires, 6/3/1953 — AGV — Pasta de 1953. Perón, 1973, p. 87.
32. Ibid.
33. Ofício n. 36/900.1(41) — secreto — embaixador Batista Lusardo ao ministro João Neves da Fontoura, Buenos Aires, 28/1/1953, AHMRE-B, secreto, A-K, Ofícios Secretos — 1950/57.
34. Carta de João Neves da Fontoura a Getúlio Vargas, Rio de Janeiro, 21/6/1951 — AGV — Pasta de 1951; Fontoura, 1957, p. 39.
35. Fontoura, 1957, p. 13.
36. *Memorandum* de Vicente Rao, ministro das Relações Exteriores, para o presidente Vargas, julho de 1953, ACPL.
37. Coutinho, 1967, p. 523.
38. *Diário Carioca*, Rio de Janeiro, 24/4/1952, apud Sodré, 1968, p. 330.
39. Perón, 1973, p. 87. Olavarria Bravo, 1962, pp. 165-213.
40. Perón, 1973, p. 85.
41. Id., ibid., p. 83
42. Id., ibid., p. 84.
43. Despacho da Embaixada britânica ao Foreign Office, confidencial, Buenos Aires, 28/7/1950, PRO-FO 371 81107 XC/A 034393.
44. Perón, 1973, p. 77.
45. Carta de Orlando Leite Ribeiro a Vargas, Buenos Aires, 30/3/1954 — AGV — Pasta de 1953.
46. Carneiro, 1978, vol. 2, p. 403 e 404.
47. Id., ibid, p. 403-404.
48. Nota de Fernando Torquato Isninsausti, Encarregado de Negócios da Embaixada Argentina, Rio de Janeiro, 13/3/1954, AGV, Pasta de 1953.
49. Entrevista de João Neves da Fontoura, in *O Globo*, Rio de Janeiro, 3/4/1954, e *Correio da Manhã*, Rio de Janeiro, 6/4/1954.
50. *Memorandum*, Acheson a Truman, Departamento de Estado, Washington, 1/5/1950 — H.S.T.L. — Papers of HST President's Secretary's File (PSF).

# Capítulo XI

A ALIANÇA DAS FORÇAS ANTI-VARGAS E ANTI-PERÓN • A REVOLUÇÃO LIBERTADORA NA ARGENTINA E A ELEIÇÃO DE KUBITSCHEK-GOULART NO BRASIL • A CARTA BRANDI • A POLÍTICA DE ARAMBURU • O PERONISMO NA AMÉRICA LATINA • QUEDA DE PÉREZ JIMÉNEZ NA VENEZUELA • ELEIÇÕES NA ARGENTINA • FRONDIZI E KUBITSCHEK E AS RELAÇÕES BRASIL-ARGENTINA

A violenta reação popular que o suicídio de Vargas desencadeara e o receio de provocar a cisão nas Forças Armadas inibiram os oficiais da Cruzada Democrática de implantarem no Brasil uma ditadura, o estado de exceção, conforme o jornalista Carlos Lacerda apregoava, e o vice-presidente da República, João Café Filho, assumiu o governo, de acordo com os preceitos da Constituição, embora organizasse o ministério com os políticos da UDN. Em tais condições, com o Congresso a funcionar e as liberdades públicas em vigência, os liberal-conservadores não puderam reverter a obra econômica e social de Vargas, inclusive porque a maioria das Forças Armadas defendia o processo de industrialização, mas atenderam, na medida em que puderam, às exigências dos EUA, com os quais negociaram o Acordo do Trigo, permitindo-lhes aumentar sua participação nas importações daquele produto pelo Brasil de 9% em 1955 para 38% em 1956, enquanto a da Argentina cairia de 91% para 62% no mesmo período[1]. Esta era também uma forma de criar ainda maiores dificuldades para o regime de Perón, uma vez que a UDN sempre fora solidária e, sem dúvida alguma, cooperara com a oposição na Argentina. O próprio Carlos Lacerda, posteriormente, aludiu ao "esforço de milhares de brasileiros para ajudar os argentinos a se libertarem de Perón — esforço que também foi feito, ou principalmente o foi, pelo próprio Brasil, pois a volta de Perón ou do peronismo é uma ameaça direta ao nosso país"[2].

O regime de Perón já àquela época esbarrondava, ao perder sua razão histórica de existir, transformado, como Harold F. Peterson observou, em um "caracol vazio"[3]. A liberalização da economia, sob crescente predominância dos EUA, não era compatível com aquele invólucro estatizante e a retórica nacionalista, que Perón ainda mantinha. E aí, onde ele fracassara, Vargas vencera. O desenvolvimento industrial do Brasil alcançara um nível que não mais permitia retrocesso, ao gerar e fortalecer interesses nacionais diferentes e contraditórios com as políticas liberais que os EUA se esforçavam para propagar. Cerca de 15 dias após a derrubada de Perón, quando a Revolução Libertadora começava a desmontar o regime nacionalista na Argentina, o PSD e o PTB elegeram Juscelino Kubitschek e João Goulart para a presidência e vice-presidência do Brasil.

A perspectiva de que aquelas forças políticas, reerguendo a bandeira Vargas, retomassem o poder no Rio de Janeiro alarmou o governo Provisório, instalado em Buenos Aires sob o comando, primeiro, do general Eduardo Lonardi e, logo em seguida, do general Pedro E. Aramburu, que se inclinava para uma política de maior entendimento com o Brasil. E os militares argentinos foram responsáveis, de alguma forma, pela divulgação de informes, segundo os quais Goulart, realizando negócios de madeira com Perón, comprara armas para organizar milícias operárias no Brasil. Carlos Lacerda, eleito deputado federal pela UDN, publicou vários documentos, inclusive telegramas cifrados do Itamaraty e uma carta atribuída ao deputado peronista Antonio Brandi, para provar aquelas transações. E o objetivo de tal denúncia, às vésperas do pleito, foi induzir as Forças Armadas a implantarem no Brasil um governo semelhante ao existente na Argentina ou, pelo menos, favorecer a candidatura do general Juarez Távora, com o jurista Milton Campos para a vice-presidência, que a UDN apoiava[4]. A manobra, no entanto, fracassou, como todas as outras intentadas pela UDN para não acatar o resultado das urnas. Uma comissão de Inquérito Policial-Militar, presidida pelo general Emílio Maurell Filho, comprovou que a carta atribuída ao deputado peronista Antônio Brandi fora falsificada por dois estelionatários argentinos — Mestre Cordeiro e Malfussi[5]. E o Exército, sob o comando do general Henrique Teixeira Lott, ministro da Guerra, interveio na crise política, fomentada pela UDN com a cumplicidade do presidente João Café Filho, não para impedir e sim para manter a legalidade e assegurar a posse de Kubitschek e Goulart na presidência e na vice-presidência do Brasil. Lacerda, que fugira para o exterior e lá vivera durante vários meses, tentou ainda demonstrar que, "se a carta Brandi era falsa", ele se enganara "precisamente porque tinha todas as possibilidades de ser verdadeira"[6] e publicou outros documentos, que Alberto Gainza Paz, proprietário de *La Prensa*, de Buenos Aires, lhe enviara, obtidos seguramente de fontes militares argentinas[7]. Eram fotocópias de um processo da *Comisión Nacional de Investigaciones*, com o timbre da Vice-Presidencia de la Nación, sobre transações de madeiras efetuadas por Goulart com o governo de Perón, a fim de obter recursos financeiros para a campanha de Vargas em 1950[8]. A chanceleria Argentina declarou os documentos "absolutamente falsos", e o presidente Aramburu, bem como o vice-presidente, o almirante Isaac Rojas negaram, posteriormente, sua autenticidade[9].

Carlos Lacerda, diante de tais desmentidos, acusou o governo argentino de contribuir "para a vitória do peronismo no Brasil, para o triunfo de um agente de Perón" e, o que era "pior", para "retardar no Brasil um processo de libertação semelhante ao que se desenvolveu na Argentina", graças ao sacrifício de homens como Gainza Paz, a quem ele escrevia, e "à solidariedade internacional que, para honra nossa, não faltou ao nobre povo argentino"[10]. Assim ele cobrou a colaboração prestada à conspiração contra Perón, pois seu objetivo era ainda provocar um golpe de Estado e implantar no Brasil a ditadura militar.

De qualquer forma, o episódio não teve maiores consequências sobre as relações entre o Brasil e a Argentina, que se tornaram cada vez mais fluidas, ao desaparecerem, com a queda de Perón, suas discrepâncias na política internacional. A Argentina, sob o governo Provisório, ratificou a Carta da OEA e o Tratado de Bretton Woods, bem como aderiu ao Fundo Monetário Internacional, ao Banco Internacional de Reconstrução e Desenvolvimento, o que Perón nunca fizera, além de tomar iniciativas necessárias à multilateralização do comércio, conforme os EUA defendiam. E, a fim de integrar-se efetivamente no sistema de segurança do hemisfério ocidental, ela propôs, em agosto de 1956, e o Brasil aceitou a realização de uma conferência, juntamente com os outros países da Bacia do Prata, visando a ajustar e coordenar as medidas de defesa do Atlântico Sul, dentro dos marcos do TIAR e das recomendações da JID. O presidente

Aramburu firmou então uma série de acordos de cooperação militar com os EUA, mediante os quais a Argentina aceitou o funcionamento permanente de uma missão militar norte-americana, no âmbito do Ministério da Defesa, com o objetivo de coordenar a uniformização dos armamentos a serem utilizados na defesa do hemisfério, e as esquadras de ambos os países passaram a realizar manobras conjuntas no Atlântico Sul. A Argentina também recebeu créditos para a compra de equipamento naval e adquiriu um porta-aviões, da mesma forma que o Brasil, e mais alguns *destroyers* e submarinos, em desuso nos EUA. E o almirante Isaac Rojas, muito entusiasmado, propôs a formação de um pacto militar no Atlântico Sul, no estilo da OTAN, com o que o Brasil não concordou, talvez para evitar maiores envolvimentos com a África do Sul. De qualquer modo, a influência da Grã-Bretanha praticamente desapareceu na Argentina, que assim se inseriu entre os domínios dos EUA. E o governo da Revolução Libertadora, completados os ajustes econômicos e políticos, tratou de restabelecer a normalidade institucional, apesar da relutância de alguns setores das Forças Armadas.

Em começos de 1957, Aramburu anunciou a data máxima (20 de junho de 1958), não mais das eleições, mas da efetiva passagem do poder aos que fossem eleitos, ao mesmo tempo em que se manifestava a favor da livre iniciativa e contrário a qualquer intervenção do Estado na economia. Sua opinião, modelada pelo mais puro liberalismo, era a de que "o consumidor deve aprender a defender a si mesmo", conforme se expressou, publicamente, em Trelew, com repercussões negativas para o governo da Revolução Libertadora[11]. Além do inamovível propósito de não entregar o poder a um sucessor de "ideologia antirrevolucionária", seu objetivo fora ainda promover, durante aquele ano, a prorrogação dos contratos de trabalho, a supressão do subsídio da carne e consequente liberação dos preços, bem como o aumento do custo do pão, a liberação dos aluguéis e, sobretudo, o congelamento dos salários, como forma de combater a inflação[12]. Tais medidas, entretanto, acentuaram ainda mais a impopularidade da Revolução Libertadora, possibilitando a vitória do candidato de oposição, que viesse a receber o apoio de Perón. E esta foi uma das mais agudas contradições em que a Argentina começava a debater-se. As Forças Armadas, em nome da tal Revolução Libertadora, tratavam de desmontar, com a implantação do liberalismo econômico, tudo o que de popular e nacional havia no regime de Perón e, ao mesmo tempo, pretendiam instituir a democracia sem a sua influência e a participação do peronismo. Em tais circunstâncias, o funcionamento de uma democracia, com a exclusão do peronismo, tornou-se inviável, porquanto a influência de Perón, cuja liderança continuava a arrastar grande maioria da massa trabalhadora, só tendia a crescer. Em 1957, portanto, o espectro de uma comoção revolucionária, desencadeada pelos peronistas, e o perigo de outro golpe militar ameaçavam o projeto de Aramburu, que cedia ou talvez intimamente comungasse com o chamado "gorilato", a corrente de militares favoráveis à pura e simples ditadura. Seu governo, frequentemente, anunciava haver sufocado alguma tentativa de levante militar, impedido uma conspiração ou desbaratado um plano subversivo.

Perón não cessara, evidentemente, suas atividades políticas e continuou a articular-se e a dirigir o movimento justicialista, embora o governo da Revolução Libertadora desenvolvesse intensos esforços não só para afastá-lo de perto da Argentina, mas para expulsá-lo do continente. Primeiro, Aramburu, mediante forte pressão, conseguira que Alfredo Stroessner o levasse a abandonar o Paraguai, onde se exilara desde sua queda. Depois, voltou-se sobre o ditador Marcos Pérez Jiménez, que o acolhera na Venezuela. E, em 27 de janeiro de 1957, anunciou a descoberta e a neutralização de "mais um outro plano peronista", orientado desde Caracas e comandado por elementos que atravessariam as fronteiras do Chile, Brasil, Paraguai, Bolívia e Uruguai, visando a estabelecer o "caos interno" e a provocar a guerra civil na Argentina[13]. O plano era idêntico ao que fora divulgado, havia algum tempo, a partir de Montevidéu e, incluindo a aliança do peronismo com o comunismo e uma facção nacionalista do Exército, apresentava todas as características de uma farsa, cujo objetivo consistiria em justificar as pressões sobre a Venezuela para que expelisse Perón do seu território. Por isto, embora reconhecesse que o governo de Aramburu poderia sofrer "tentativas de deposição violenta" por parte de uma "coligação comuno-peronista" ou dos nacionalistas e descontentes do Exército, o embaixador do Brasil em Buenos Aires, João Carlos Muniz, alertou o chanceler José Carlos de Macedo Soares no sentido de que tivesse "certa precaução" ao interpretar o comunicado oficial sobre a descoberta daquele plano de subversão[14].

Com efeito, não se podia aferir a veracidade daquelas informações. Porém tivessem ou não fundamento, o governo da Argentina intensificou as atividades de inteligência e prosseguiu com a campanha contra o peronismo nos demais países do continente. Pouco tempo depois de divulgar a notícia sobre o complô, que Perón articularia a partir de Caracas, anunciou a existência de "comandos peronistas" no Brasil. O subsecretário de Relações Exteriores, Garcia Arias, e o major Roberto Shaw, chefe do Serviço de Coordenação e Enlace da Chancelaria argentina (serviço encarregado das questões de segurança), entregaram ao embaixador João Carlos Muniz uma série de cartas, sobretudo de Perón, e vários outros documentos, que não só envolviam os asilados no Brasil com a prática de ilícitos penais (falsificação de moedas) como comprometiam personalidades e governos de alguns países da América do Sul[15]. O interesse da Argentina era manter com o Brasil as "melhores relações possíveis"[16]. Mas, ao revelar a existência de um "permanente complô peronista de âmbito continental e com o bafejo de alguns governos da América", o que o governo de Aramburu pretendeu foi induzir o Brasil a cercear quaisquer atividades políticas que os asilados no seu território pudessem desenvolver. Isto, ao que parece, conseguiu. Conquanto se afigurasse ao embaixador João Carlos Muniz que a atuação dos elementos peronistas no Brasil era menor do que em outros países da América do Sul, como Venezuela, Uruguai, Bolívia, Chile e Paraguai, ele recomendou as "medidas cabíveis" para contê-la[17]. E o governo Kubitschek tratou de evitar que esse problema, falso ou verdadeiro, viesse a gerar desentendimento entre o Brasil e a Argentina, devido tanto à importância das relações entre os dois países quanto por motivo de política interna, uma vez que serviria de pretexto à oposição, sobretudo dentro das Forças Armadas, para combatê-lo.

As pressões sobre a Venezuela, entretanto, não alcançaram êxito. O embaixador da Argentina, general Carlos S. Toranzo Montero, solicitou audiência a Marcos Pérez Jiménez, a fim de mostrar-lhe cópias fotostáticas das cartas e outros documentos, atribuídos a Perón, provando que não só ele se ufanava de contar com o apoio das autoridades da Venezuela (presidente, ministro das Relações Interiores e chefe da Segurança Nacional) como também dava instruções ao seu "chefe de grupo" no Paraguai para que se entendesse com o presidente da República, general Alfredo Stroessner[18]. Ele alegou que as atividades políticas de Perón aumentavam a cada momento, visando a impedir as próximas eleições na Argentina, mediante greves, atentados, desordens etc., e por isto pretendia que o governo da Venezuela, como se fosse por sua própria iniciativa, expulsasse-o do seu território. Caso não o fizesse, com urgência, a Argentina apresentaria uma nota de protesto e caminharia para o rompimento de relações diplomáticas[19]. A Venezuela, porém, não cedeu. Não porque Pérez Jiménez manifestasse especial amizade por Perón, o que nunca fez, tanto que se recusara a encontrar-se com ele em Caracas, depois de conceder-lhe asilo político, mas porque o governo da chamada Revolução Libertadora, que se autoconcebia como instrumento de implantação da democracia liberal, passara desde o começo a tratá-lo com desprezo e a hostilizá-lo, por considerá-lo também um ditador. Além do mais, atender à exigência da Argentina, dentro daquelas circunstâncias, feria o orgulho nacional da Venezuela. Daí por que Pérez Jiménez não recebeu Toranzo Montero e, ao mesmo tempo que tomava a iniciativa de romper as relações diplomáticas com a Argentina, decidiu declará-lo *persona non grata*. Alegou que Toranzo Montero expressa e deliberadamente se negara a comparecer aos atos de celebração da Semana da Pátria, ofendendo a dignidade nacional do país, tivera atitudes desrespeitosas para com as autoridades venezuelanas e que havia "fundados indícios de que na sede da representação diplomática da República Argentina se vinham tramando sucessivamente atentados contra a vida de refugiados políticos(...)"[20].

Não obstante o exagero das informações sobre o complô e a forte suspeita de que os documentos, cujas cópias fotostáticas Toranzo Montero possuía, fossem falsificados, dúvida não havia de que Perón continuava a comandar o movimento justicialista, a partir de Caracas, e a resistência às políticas da chamada Revolução Libertadora. Mas era igualmente possível que o governo Provisório da Argentina tudo fizesse para o eliminar, fisicamente, por meio de atentados que seu serviço secreto organizava, conforme a acusação da Venezuela. A Embaixada da Argentina em Caracas estava a cargo não de um diplomata e sim de um general altamente vinculado ao "gorilato". E, em 25 de maio de 1957, cerca de pouco mais de um mês antes do agravamento das tensões entre os governos de Caracas e Buenos Aires, a explosão de uma bomba destruíra completamente o automóvel de Perón, cujo prestígio voltava a crescer, em consequência das vicissitudes com que a classe trabalhadora se defrontava, o que inevitavelmente influiria sobre o andamento e o resultado do processo eleitoral na Argentina. Àquele tempo, a candidatura de Arturo Frondizi à Presidência da República estava a emergir, com o apoio de poderosa facção (denominada Intransigência) da União Cívica Radical (UCR). Ele era percebido como um líder de "tendência populista", que defendia a manutenção da linha política do ex-presidente Hipólito Yrigoyen, bem como de certa complacência com os peronistas e a pacificação da Argentina[21]. Se recebesse os votos dos peronistas, venceria certamente as eleições. E, embora Aramburu resistisse às pressões e se recusasse a intervir diretamente nos partidos políticos para impedir a candidatura de Frondizi, os comandantes das Forças Armadas queriam evitar sua vitória e impedir que um "peronismo sem Perón" se instalasse na Casa Rosada[22]. O problema consistia em como fazê-lo, porquanto Aramburu e outros comandantes das Forças Armadas, que derrubaram Perón em nome da democracia, desejavam promover eleições sem fraudes, isto é, livres e limpas. Assim, para que a chamada Revolução Libertadora salvasse o eleitor de si mesmo e alcançasse plenamente seus objetivos, outra solução não havia senão aquela recomendada por Bertolt Brecht aos comunistas da Alemanha Oriental, depois do levante de Berlim, em 17 de junho de 1953: se o povo perdera, por sua própria culpa, a confiança no governo, mais simples não seria que o governo dissolvesse o povo e elegesse um outro?[23].

Em janeiro de 1958, Aramburu pensou, por um momento, que obtivera uma grande vitória, quando a ditadura de Pérez Jiménez esbarrondou-se, e Perón fugiu da Venezuela para a República Dominicana, onde o generalíssimo Rafael Trujillo concedeu-lhe asilo. Com efeito, a interrupção das relações diplomáticas com a Argentina, bem como com o Chile, concorrera para tais acontecimentos. O general Rômulo Fernandez, chefe do Estado-Maior Geral do governo de Pérez Jiménez, entregara-lhe um *memorandum*, com data de 8 de janeiro de 1958, no qual analisava a situação interna do país e criticava não só o asilo dado a Perón e a outros peronistas, entre os quais Patrício Kelly, como a atuação do ministro do Interior, Laureano Vallenilla Lanz, nos incidentes com aqueles dois países[24]. Em consequência, foi preso e deportado, mas o coronel Jesus Pérez Morales, chefe da II Seção do Estado-Maior e que preparara o documento, substituiu-o. Assim, ao aprofundar-se a crise, Pérez Jiménez, sem contar com respaldo militar, não dispôs de meios para resistir à insurreição popular, que derrocou sua ditadura. Possivelmente, houve alguma influência do general Toranzo Montero sobre seus colegas venezuelanos, e a conjuntura favoreceu-o, pois, ademais do rompimento com a Argentina e o Chile, as relações diplomáticas da Venezuela com o Uruguai e Costa Rica estavam suspensas, e com o México, Peru e Canadá, ameaçadas, devido às tensões. De qualquer modo, o governo da chamada Revolução Libertadora regozijou-se com a queda de Pérez Jiménez e emitiu uma nota, na qual, "associando-se ao sentimento tão espontâneo e fraternalmente exteriorizado" por parte da população de Buenos Aires, onde ocorreram grandes manifestações, afirmou ver "com agrado" o advento do novo governo da Venezuela[25]. O almirante Isaac Rojas, vice-presidente da Argentina, enviou telegrama de felicitações ao seu "velho amigo", o contra-almirante Wolfgang Larrazábal, que residira em Buenos Aires, como adido naval, e assumira a presidência da Junta de governo em Caracas[26]. E o fato de ter Perón de sair da Venezuela, afastando-se do continente para uma ilha no Caribe, completou a vitória e o júbilo de Aramburu.

Entretanto, poucos meses depois, Frondizi, candidato da União Cívica Radical Intransigente (UCRI), uma das duas alas em que a antiga UCR se dividira, elegeu-se presidente da Argentina, com os votos dos peronistas (cujo partido fora proscrito), da mesma maneira que Kubitschek vencera no Brasil, com o mesmo suporte político-partidário que sustentara Vargas, dois anos antes. Seu programa de governo, assim como o de Kubitschek, dava prioridade ao esforço de industrialização, considerado fundamental para o desenvolvimento econômico da Argentina, que estabeleceu um nível de inteligência com o Brasil jamais alcançado, embora mantivessem estreitas relações comerciais. Em 1958, a Argentina era o terceiro maior cliente do Brasil, cujo mercado para seus produtos de exportação também se apresentava como um dos quatro mais importantes[27], e o intercâmbio alcançava a média de US$ 100 milhões, em cada sentido, através de um sistema de troca, em que algumas poucas mercadorias predominavam, e os dois países, sem necessidade de utilizar divisas, faziam pagamentos e acertavam as contas por meio de moeda-convênio.

O entendimento entre Frondizi e Kubitschek deu, entretanto, uma dimensão política maior ao relacionamento da Argentina com o Brasil. Quando Kubitschek, defrontando-se com a oposição dos EUA ao seu programa econômico, promoveu a Operação Pan-Americana (OPA), de modo a pressionar a administração do presidente Dwight Eisenhower, mediante a mobilização dos demais países latino-americanos, a tomar uma atitude de maior cooperação com o desenvolvimento continental, Frondizi, a quem ele consultara, deu-lhe todo o respaldo. Afirmou, inclusive, compreender também a necessidade de acordos de complementação entre a Argentina e o Brasil, que passaram a defender, nas conferências pan-americanas, a mesma doutrina de que o maior perigo para a segurança do hemisfério, mais do que a ameaça de potências extracontinentais, estava no subdesenvolvimento. Frondizi, quando visitou os EUA, em 1959, referiu-se expressamente à OPA, cuja formulação pelo presidente Kubitschek sintetizava a "aspiração de progresso" de toda a América Latina e merecia "o mais decidido apoio" da Argentina[28]. Esse clima de compreensão, com a Argentina e o Brasil tratando de harmonizar suas políticas exteriores, foi o que possibilitou, àquele tempo, a criação do Banco Interamericano de Desenvolvimento (BID) e da Associação Latino-Americana de Livre Comércio (ALALC).

Contudo, ainda nem completara um ano no exercício da presidência, que assumira em 1º de maio de 1958, e Frondizi estava a atravessar forte turbulência, que ameaçava a estabilidade do seu governo. Em janeiro de 1959, a mais completa greve geral daqueles últimos anos paralisou a Argentina, como reação ao rigoroso plano de estabilização monetária, recomendado pelo FMI, e cujas medidas, tais como compressão dos salários, liberação dos preços, desvalorização do peso etc., só teriam êxito se Frondizi entrasse em negociações diretas com Perón e conseguisse a necessária paz social. Esta era a opinião de Rogelio Frigelio, secretário para as Relações Socioeconômicas da Presidência da República, que desejava integrar o peronismo na política argentina, por julgar que uma série de "pequenas crises internas" provocaria a desestabilização não apenas da Argentina, mas também de todo o continente[29]. Os militares, porém, pensavam de forma diferente. Frondizi fora advertido pelos adversários de Frigelio de que eles não aceitariam que o governo continuasse com uma "política dúbia" de contentar ora peronistas, ora antiperonistas, ou seja, de "fazer com que a mão direita ignore o que faz a mão esquerda"[30]. E impuseram-lhe a nomeação de Álvaro Alzogaray, devoto do liberalismo econômico e dos capitais estrangeiros, para o Ministério da Economia, cerceando-lhe o poder de decisão. As Forças Armadas realmente não entendiam que a "almejada paz social" dependesse de qualquer tentativa de acordo com Perón e reclamavam a prisão dos dirigentes peronistas. Não obstante, houve entendimentos clandestinos entre Frondizi e Perón, através de emissário que viajou para Ciudad Trujillo (República Dominicana), onde ele se encontrava, enquanto o presidente em exercício, José Maria Guido (Frondizi estava nos EUA) decidia mobilizar militarmente os serviços públicos, deixar que a greve prosseguisse em outros setores sem fazer qualquer concessão, prender os dirigentes peronistas e estudar a possibilidade de pôr o Partido Comunista na ilegalidade[31]. O informe de que Frondizi firmara um pacto com Perón continuou, todavia, a circular nos meios militares, que entre fins de março e princípio de abril de 1959 passaram efetivamente a articular o golpe de Estado. E, ao celebrar-se o quarto aniversário da chamada Revolução Libertadora, em 16 de junho, alguns oficiais de alta patente tentaram levantar as Forças Armadas contra Frondizi, exigindo uma investigação a fundo do pacto político com Perón, o afastamento da administração de todos os elementos ligados a Rogelio Frigelio e do coronel Manuel Reimúndez, subsecretário do Exército, suspeito de coordenar a formação de um bloco nacionalista-peronista, semelhante ao que o general Eduardo Lonardi pretendera nos primeiros momentos da chamada Revolução Libertadora. Alguns setores militares e políticos trataram de encontrar uma solução aparentemente constitucional para a derrubada de Frondizi, compelindo o Congresso, incapaz de resistir, a aprovar uma lei especial, que permitiria a um dos ministros militares assumir o governo, em caso de renúncia ou impedimento do presidente da República[32]. A falta de consenso, porém, impediu que o golpe de Estado se consumasse e destarte as contradições entre os militares e o governo de Frondizi persistiram e se aguçaram, o que se refletiu na política exterior da Argentina e nas suas relações com os demais países da América Latina.

## NOTAS

1. Magalhães, 1960, pp. 144-148. O acordo consistia na troca de 500.000 t de trigo por monazita e, negociado pelo governo de Café Filho, foi assinado em 16/11/1955 pelo presidente em exercício Nereu Ramos. O presidente Juscelino Kubitschek, em 31/12/1956, firmou mais um Acordo do Trigo.
2. Lacerda, 1957, pp. 37-40.
3. Peterson, 1970, p. 559.
4. Moneta, "Argentine Foreign Policy in the Cold War", in Siracusa & Barclay, 1977, pp. 113-115.
5. Sobre o assunto Lacerda, 1957 pp. 37-40.
6. Id., ibid., p. 44.

7. Carta de Carlos Lacerda ao jornalista Alberto Gainza Paes, Lisboa, 27/8/1956, ACL, Biblioteca da UnB.
8. Documentos anexados à carta de Alberto Gainza Paes a Carlos Lacerda, Buenos Aires, 20/7/1956, ACL, Biblioteca da UnB.
9. Comunicado de Prensa, Ministério de Relaciones Exteriores y Culto de la Argentina, Buenos Aires, 16/8/1956. Carta do general Pedro Aramburu a Armindo Doutel de Andrade, Buenos Aires, 16/8/1956. Carta do almirante Isaac Rojas a Doutel de Andrade, Buenos Aires, 16/8/1956, ADA.
10. Carta de Carlos Lacerda a Gainza Paes, Lisboa, 27/8/1956, ACL, Biblioteca da UnB.
11. Ofício 156/600 (41), secreto, embaixador João Carlos Muniz ao chanceler José Carlos de Macedo Soares, Buenos Aires, 28/2/1957, AHMRE-B, secretos, A-K, Ofícios recebidos, 1950/57.
12. Ibid.
13. Ibid.
14. Ibid.
15. Ofício n. 277/600 (41), secreto, embaixador João Carlos Muniz ao chanceler José Carlos de Macedo Soares, AHMRE-B, secretos, A-K, Ofícios recebidos, 1950/57.
16. Ofício n. 266, secreto, embaixador Oscar Pires do Rio a Macedo Soares, Caracas, 3/7/1957, AHMRE-B, secretos, A-K, Ofícios recebidos, 1950/57.
17. Ofício n. 277/600 (41), Secreto, embaixador João Carlos Muniz a Macedo Soares, Buenos Aires, 20/7/1957, AHMRE-B, Secretos, A-K, Ofícios recebidos, 1950/57.
18. Ofício n. 226, secreto, embaixador Oscar Pires do Rio ao chanceler José Carlos de Macedo Soares, Caracas, 03/07/1957, AHMRE-B, secretos, A-K, Ofícios recebidos, 1950/57.
19. Ibid.
20. Ofício n. 234, secreto, embaixador Oscar Pires do Rio ao chanceler José Carlos de Macedo Soares, Caracas, 08/7/1957, AHMRE-B, secretos, A-K, Ofícios recebidos, 1950/57.
21. Ofício n. 156/600(41), secreto, embaixador João Carlos Muniz ao chanceler José Carlos de Macedo Soares, Buenos Aires, 28/02/1957, AHMRE-B, secretos, A-K, 1950/57.
22. Ibid.
23. "Die Lösung", in Brecht, Bertolt — *Gesammnelte Werk*, Frankfurt a. M., hrsg. vom Suhrkamp Verlag in Zusammenarbeit mit Elisabeth Hauptmann, Band X, p. 1009.
24. Telegrama, secreto, G/DPC/DPo/960.3, embaixador Aguinaldo Bolitreau Fragoso ao Itamaraty, Buenos Aires, 12-13/01/1959, AHMRE-B, A-W, CTs recebidos e expedidos, 1959.

25. Telegrama, secreto, urgente, DPo/600(41), Mário Gibson Barbosa ao Itamaraty, Buenos Aires, 21-21/01/1959, AHMRE-B, A-W, Cts recebidos e expedidos, 1959. *Memorando*, Narto Lanza para o secretário-geral, 08/02/1962, AHMRE-B, Circulares, Despachos, secreto, Avisos, presidência da República Memorandum, Pareceres, 1961-1962.
26. Telegrama, secreto, urgente, DPo/600(41), Mário Gibson Barbosa ao Itamaraty, Buenos Aires, 21-21/01/1959, AHMRE-B,A-W, CTs recebidos e expedidos, 1959.
27. Relatório, secreto, Política Externa da Argentina, embaixador João Carlos Muniz para o Ministério das Relações Exteriores, março de 1958, AHMRE-B 600. (41), Argentina, Assuntos Políticos, 1942/65.
28. Ibid.
29. Ibid.
30. Ibid.
31. Ibid.
32. Telegrama, secreto, urgente, DPo/600.(41), embaixador Aguinaldo Boulitreau Fragoso ao Itamaraty, Buenos Aires, 19-20/06/1959, AHMRE-B, A-W, Cts recebidos e expedidos, 1959.

# Capítulo XII

AS RELAÇÕES ENTRE PARAGUAI E ARGENTINA • APOIO DOS "GORILAS" ÀS GUERRILHAS CONTRA STROESSENER • O PORTO NO ATLÂNTICO COMO OBJETIVO DE STROESSNER • AINDA O PETRÓLEO DO CHACO • INTERESSES DO BRASIL NO PARAGUAI E AS RELAÇÕES COM A ARGENTINA • VITÓRIA DOS BLANCOS NO URUGUAI APÓS 95 ANOS • O PARAGUAI CONTRA A ARGENTINA NA OEA.

Em outubro de 1958, um indivíduo chamado Américo José Perez Gris revelou à polícia do Paraguai a existência de um complô de amplas proporções, visando a eliminar não só Arturo Frondizi, quando de sua visita oficial a Assunção, como também o próprio general Alfredo Stroessner. E informou, ao mesmo tempo, que autoridades militares da Argentina estavam a promover o contrabando de armas, através da fronteira entre os dois países, para os militantes da oposição ao domínio do Partido Colorado[1]. A divulgação do depoimento causou forte impacto em Buenos Aires, bem como em Assunção, onde a visita de Frondizi ocorreu em "ambiente carregado de animosidade e exasperação", pois os membros do governo paraguaio manifestaram "franca hostilidade" não propriamente a ele, mas à Argentina, contra a qual Stroessner, ao saudá-lo, não hesitou em fazer veladas insinuações[2]. Na verdade, Stroessner, homem habitualmente comedido e controlado, passou a demonstrar "inusitado estado de exasperação e temor", causado pela possibilidade de que os asilados políticos na Argentina, onde livremente agiam e circulavam, estivessem articulados com outros importantes movimentos revolucionários dentro do território do Paraguai[3]. Evidências também havia, aumentando-lhe ainda mais as apreensões, de que realmente as autoridades militares daquele país, integrantes do chamado "grupo dos gorilas", facilitavam ou eram coniventes com o contrabando de armas através da fronteira para os inimigos do seu regime[4]. Elas apoiavam todos os esforços da oposição, visando a derrubá-lo, não porque devotassem tanto amor à democracia ou porque Stroessner ainda mantivesse presumíveis contactos com Perón ou os peronistas e sim porque o Paraguai, desde que sua ditadura se instalara, tendia cada vez mais a gravitar na órbita do Brasil. Com efeito, esta inflexão começara a partir de 4 de maio de 1954, quando Stroessner, quatro dias antes de mais uma visita de Perón a Assunção, destituiu o presidente Frederico Chaves, cuja política favorável à união econômica com a Argentina, por levar o Paraguai até mesmo a aderir à Ata de Santiago, constituíra sem dúvida o principal fator de sua queda[5].

O golpe de Estado contara muito provavelmente com o beneplácito ou o apoio das mesmas forças econômicas, políticas e militares, que colaboraram com a organização do complô contra Perón, na Argentina, e fomentaram também a campanha contra Vargas no Brasil, onde Stroessner cursara a Escola de Comando e Estado-Maior do Exército, no Rio de Janeiro, e estabelecera um bom relacionamento com oficiais brasileiros. Mas o que ele buscou, ao assumir o poder, foi construir uma alternativa que ligasse o Paraguai, através, por exemplo, de uma rodovia, a outro porto no Atlântico, e o libertasse da secular servidão imposta por Buenos Aires. Para tanto ele não hesitou em jogar com a carta do Brasil, cujo processo de industrialização, tomando vigoroso impulso, contrastava com a relativa estagnação econômica da Argentina e modificava fundamentalmente a correlação na América do Sul. O Paraguai, já em 1956, conseguira um porto franco no Brasil, o de Paranaguá, e pouco tempo depois começou a construção da Ponte da Amizade sobre o Rio Paraná, ligando Foz do Iguaçu (Brasil) a Puerto Stroessner e à Rodovia Coronel Oviedo, até Assunção. E Stroessner passou a alegar, contra qualquer proposta de democratização do país, que o Brasil exigia sua permanência no poder como condição para executar aquelas obras, a fim de evitar a possibilidade de ascensão do Partido Liberal, mais favorável à Argentina[6]. Tal argumento Efraim Cardoso, um dos chefes do Partido Liberal, chegara a ouvir do ministro do Interior, Edgard Ynsfrán, como explicação para o fracasso de uma iniciativa da Nunciatura Apostólica, com o objetivo de pacificar politicamente o Paraguai. Talvez fosse verdade. De qualquer forma, a fim de demonstrar tanto aos seus opositores internos quanto aos países limítrofes que contava com o beneplácito e o apoio do Brasil, Stroessner tratou sempre de citá-lo em seus discursos e frequentemente lhe solicitava, através dos adidos militares, que fizesse no Paraguai exibições de força e poderio bélico[7]. Na verdade, o que ele pretendera fora especular com o espírito da rivalidade existente sobretudo nos meios militares tanto do Brasil quanto da Argentina. E chegou a aludir à possibilidade de guerra entre esses dois países, afirmando que os paraguaios mostrariam seu valor ao lado dos brasileiros, quando percebeu que o "grupo dos gorilas" respaldava a conspiração contra seu governo[8].

O encarregado de negócios do Brasil em Assunção, José Jobim, considerou que, embora raiasse à "insânia", tal assertiva fora feita sem rebuço perante dois oficiais brasileiros, como resultado, "não de simples irritação de momento", mas de uma "reflexão anterior", pois Stroessner logo agregara que não "pavonizariam" o Paraguai, uma clara referência à batalha de Pavón (1861), em que as forças de Buenos Aires, sob o comando do general Bartolomé Mitre, derrotaram as de Justo José de Urquiza e impuseram sua hegemonia sobre toda a Argentina[9]. Decerto, Stroessner empenhou-se em alimentar certo tipo de nacionalismo, especificamente antiargentino, através, sobretudo, do "revisionismo histórico", que consistiu na reabilitação das figuras de José Gaspar Rodrigues de Francia, Carlos Antonio e Francisco Solano López, ditadores do Paraguai no século XIX. O governo brasileiro, porém, acompanhou com bastante cautela a evolução dos acontecimentos no Paraguai. O ministro-conselheiro José Jobim ponderou que Stroessner sempre tratara de "jogar brasileiros contra argentinos" e que, portanto, qualquer manifestação do Brasil se lhe afigurava "extremamente delicada", naquela conjuntura política, em que a estabilidade do Paraguai mais do que nunca estava ameaçada[10]. De fato, as tensões aumentavam de tal modo que o chanceler Raúl Sapena Pastor, preocupado com a evolução do caso entre os círculos políticos e militares da Argentina e suas prováveis consequências sobre a situação interna do Paraguai, aventou a possibilidade de que o presidente do Brasil, Juscelino Kubitschek, com uma visita a Buenos Aires programada, entrasse em entendimentos com Frondizi, a fim de aplainar as dificuldades e resolver a crise entre os dois países. No dia seguinte, o próprio Stroessner, pessoalmente, convocou ao Palácio os adidos militares e comunicou-lhes que enviaria ao Rio de Janeiro um agente confidencial, com a missão de solicitar a mediação de Kubitschek[11]. Na mesma ocasião, ele voltou a pedir que o Brasil fizesse demonstrações do poderio militar, especificamente de aviões a jato, e salientou que contava com a sua solidariedade em qualquer que fosse a circunstância[12].

A tática de Stroessner consistiu em jogar com imagens de prestígio e aparência de apoio, uma vez que a amizade com o Brasil constituía o fundamento da política exterior do Paraguai, onde o Partido Colorado, fomentando internamente o nacionalismo contra a supremacia de Buenos Aires, a ela recorria como esteio para eventuais pressões quer contra a Argentina quer até mesmo contra os EUA. Mas o fato de que Stroessner então pretendera valer-se da mediação de Kubitschek indicava que o Brasil não apenas estava a desenvolver excelente relacionamento com a Argentina como também não se dispunha a correr o risco de uma guerra para sustentar o *status quo* no Paraguai. O próprio ministro-conselheiro José Jobim percebeu que talvez fosse aquele o momento oportuno para que o Brasil, sem desapontar Stroessner e o Partido Colorado, satisfizesse tanto seus interesses permanentes quanto os do Paraguai e igualmente os da Argentina[13]. Isto significava, no seu entendimento, que, mesmo sem qualquer solicitação de bons ofícios, conviria ao Brasil empreender prontamente uma ação diplomática, em nível menos elevado, com o objetivo de alertar o governo de Assunção para os riscos que uma política de atritos comportava e de convencer o governo de Buenos Aires que o Brasil não instigava o Paraguai, sendo seu real interesse estabelecer um clima de confiança mútua para a tranquilidade daqueles três países da Bacia do Prata[14].

A viagem de Kubitschek a Buenos Aires não se efetivou. Não obstante, devido, quiçá, a gestões diplomáticas e ao fato de não desejar Frondizi motivo de fricções com o Brasil, as autoridades da Argentina passaram a exercer sobre as atividades subversivas de grupos do Partido Liberal maior vigilância, mas não tão severa quanto se supôs no primeiro momento[15]. A passagem de guerrilheiros e o contrabando de armas para o território do Paraguai prosseguiram com o apoio de militares argentinos, contrários às políticas interna e externa de Frondizi, o qual nem sequer tinha condições de exercer maior controle sobre eles. E Stroessner, por sua vez, continuou a buscar suporte nas Forças Armadas brasileiras, convidando altas patentes para participarem de solenidades e festejos militares no Paraguai, o que levou o embaixador Euclydes Zenóbio da Costa a recomendar que a conveniência da aceitação de tais convites fosse "cuidadosamente examinada", conforme as instruções do Itamaraty, no sentido de que se mantivesse "posição discreta e prudente" em matéria de apoio ao seu governo[16]. Os adidos militares brasileiros receberam até mesmo um convite para acompanhá-lo em uma viagem de inspeção ao Chaco, durante a qual, ao sobrevoar os trabalhos de perfuração de um poço petrolífero, Stroessner comentou que a população da Bolívia, ali na fronteira, manifestava certo sentimento separatista e que ao Paraguai cabia incentivá-lo[17]. Àquela época, ainda perdurava a crença de que expressivas reservas de petróleo existissem em todo o Chaco. E algumas companhias, entre as quais a Pegasa-Petróleo Guarany S.A., subsidiária da empresa brasileira Fiduciária Fluminense S.A., obtiveram grandes concessões no Paraguai, mas a maior parte dos 6 milhões de hectares, consignados à Pure Oil Co., estendia-se ao longo da fronteira com a Bolívia, entre o Rio Pilcomayo e o Norte. Esta companhia, cuja presidência Henry Holland assumiria após renunciar ao cargo de subsecretário para os Assuntos Interamericanos do Departamento de Estado[18], perfurava poços em busca de petróleo, em quatro pontos distintos, e tais trabalhos determinaram a construção, naquela zona, de uma rede rodoviária com cerca de 600 km de extensão orientada para a fronteira com a Bolívia, a menos de 100 km por onde o oleoduto Cochabamba—Santa Cruz de la Sierra passava, até encontrar-se com o oleoduto argentino, que começava em Yacuiba. A esta rede de estradas ligar-se-ia a rodovia Trans-Chaco, cujo caráter "precipuamente militar" o embaixador do Brasil, Euclydes Zenóbio da Costa, observou, salientando que para sua construção, supervisionada diretamente pela Missão Militar dos EUA, o Exército norte-americano contribuíra com US$ 1 milhão[19].

Os EUA tratavam então de ampliar sua penetração no Paraguai. Através do Banco de Desenvolvimento Econômico Agropecuário, que se instalara com recursos do Banco Internacional de Reconstrução e Desenvolvimento (BIRD) e de outras instituições internacionais, eles se preparavam para controlar o conjunto da economia agro-pastoril daquele país, que se encontrava, segundo expressão do embaixador Zenóbio da Costa, "sob a intervenção do FMI", cujas recomendações a Embaixada Americana apoiava[20]. Como consequência da aplicação de tais recomendações, contidas em um Plano de Estabilização Econômica, a economia do Paraguai se submetera a pesados sacrifícios e não podia expandir-se senão na medida em que os EUA lhe concedessem créditos. A despeito de que o custo de vida houvesse subido e continuasse a subir — os salários estavam praticamente congelados desde 1956 —, Stroessner, confiando no seu êxito para obter diretamente do governo norte-americano (Development Loan Fund) ou do Banco Internacional de Reconstrução e Desenvolvimento novos créditos e empréstimos, proclamou que o Plano de Estabilização Econômica somente se mantinha porque o país, com uma dívida de US$ 23 milhões, contava com um poder estável capaz de impedir as greves e adequar os interesses privados às necessidades nacionais[21]. Entretanto, o Brasil, onde Kubitschek se rebelara e rompera os entendimentos com o FMI (10/6/1959), contemplava com bastante desconforto e contrariedade aquela inquietante presença dos EUA no Paraguai. A maior industrialização da carne, estimulada pelo FMI, já provocara, como resultado, a proibição, ainda que temporária, da exportação de gado em pé para o Brasil a qual constituía o principal item da lista do Paraguai, constante do Convênio de Comércio Fronteiriço entre os dois países, assinada em 1956. E como não dispunha de gado em pé para exportar (exportar oficialmente, porque, como contrabando, grandes quantidades — em torno de 50.000 cabeças — continuavam a passar pela fronteira), o Paraguai não mais podia manter comércio satisfatório com o Brasil. Segundo o embaixador Zenóbio da Costa, o FMI temia o "bom funcionamento" do Convênio de Comércio Fronteiriço, razão pela qual, embora analisasse pormenorizadamente a economia do país, em relatório confidencial, não lhe fizera qualquer menção e jamais aludira à possibilidade de que o Paraguai viesse a incrementar seu intercâmbio com o Brasil[22]. Evidentemente, havia setores na administração paraguaia, localizados, sobretudo, no Banco Central e em alguns outros redutos, sob influência argentina, que pretendiam anular o Convênio de Comércio Fronteiriço com o Brasil. Eles operavam, ao que tudo indicava, sem o conhecimento de Stroessner[23], mas as pressões chegaram no ponto em que, a despeito do Tratado Geral do Comércio e Investimentos de 1956, o governo de Assunção contestou ao Brasil o direito de invocar a cláusula de nação mais favorecida, discriminando-o, com o objetivo de garantir a posição preponderante que a Argentina e os EUA ocupavam no Paraguai[24].

Entretanto, o adido militar da Argentina em Assunção cria que o Brasil e EUA estavam empenhados na construção da rodovia Trans-Chaco, que se revestia de alta importância militar, uma vez que se vinculava à da rodovia Coronel Oviedo-Puerto Stroessner, com o objetivo de colocar o Paraguai a serviço de seus interesses econômicos e militares[25]. E o que ainda mais aumentou a suspicácia foi o fato de que o governo paraguaio atribuíra a tarefa de realizar o levantamento da fronteira sobre o Rio Pilcomayo à companhia Pegasa Petróleo Guarani S.A., detentora, como a Pure Oil Co., de grande concessão petrolífera no Chaco e pertencente a um grupo brasileiro, havendo ela fotografado ampla faixa do território da Argentina[26]. Na verdade, porém, o Brasil não tinha os mesmos objetivos que os EUA nem os mesmos interesses do Paraguai, ainda que Stroessner sempre tratasse de envolver as Forças Armadas brasileiras, a fim de parecer que sua política, longe de ser unilateral, contava com o respaldo do governo Kubitschek e que este estaria disposto a sustentá-lo no poder, inclusive militarmente, em qualquer emergência[27]. A situação afigurou-se bastante delicada, pois importava sérios e variados riscos. Stroessner manifestara o interesse em anexar territórios da Bolívia[28]. E o Brasil opor-se-ia a qualquer iniciativa que ele viesse a tomar para a consecução de tal propósito. Entretanto, não lhe convinha, absolutamente, abandoná-lo. E, apesar de que estivesse a manter excelente relacionamento com a Argentina, não podia aceitar que ela enviasse um grupo de agentes com a missão de fomentar o movimento revolucionário na Bolívia, segundo informe recebido pelo Itamaraty[29], ou continuasse a respaldar, inclusive com o fornecimento de petrechos bélicos, os exilados que defendiam a luta armada no Paraguai.

Esta ameaça se configurou ainda mais grave no final de 1959. Conquanto, as principais forças de oposição — o Partido Febrerista e o Partido Liberal — fossem oficialmente contrárias à utilização da violência para derrocar a ditadura de Stroessner, por temerem que o fracasso de qualquer intentona servisse como pretexto para o recrudescimento da repressão, os dissidentes, aliados aos comunistas na Frente Unida de Liberación Nacional e no Movimiento 14 de Mayo e em outras organizações, preparavam incursões armadas e a implantação de guerrilhas no interior do Paraguai, com o apoio não só da Argentina como também de Cuba, a quem Arnaldo Valdevin, um dos seus dirigentes, recorrera[30]. Informações havia de que um grupo de aproximadamente 60 homens já se internara na região de Triunfo, com o objetivo de alcançar a localidade de San Juan de Nepomuceno. E Stroessner, temendo um ataque às áreas de Oliva e Alberdi, em frente à província argentina de Formosa, e que os guerrilheiros empregassem armamentos mais modernos, recorreu ao auxílio do Brasil, para onde enviou dois oficiais do Estado-Maior, com a missão de obter pronta entrega de três aviões do Paraguai, em reparação nas oficinas da Força Aérea Brasileira, e adquirir 50 bazookas e munições, a fim de assegurar a manutenção da ordem. De acordo com seu informe, os rebeldes, ligados intimamente aos comunistas, recebiam o suporte de Cuba, Venezuela, Uruguai e Argentina. E a campanha de descrédito promovida contra seu governo pela imprensa e pelas rádios de Buenos Aires poderia criar no povo um clima emocional e provocar incidentes, levando o Paraguai ao rompimento de relações diplomáticas com a Argentina, que aí não mais teria qualquer constrangimento em conceder aberto apoio aos rebeldes, a ela tradicionalmente vinculados, tanto do ponto de vista econômico, quanto político.

Stroessner julgou assim que convinha ao Brasil auxiliá-lo, posto que seria também contrário aos seus interesses que os liberais chegassem ao poder no Paraguai[31]. E desse modo continuou a especular com a rivalidade entre a Argentina e o Brasil, a cujos interesses procurou vincular seu destino, sempre que pôde, reafirmando que os adversários do Partido Colorado, os liberais em particular, se assumissem o governo, cederiam a todas as imposições de Buenos Aires[32]. De certo modo, ele tinha razão. O Brasil não podia abandonar Stroessner, apesar de que muitas vezes desconfiasse de sua política e nem sempre se dispusesse a aprová-la. Mas, por outro lado, não desejava concorrer para o engravescimento dos atritos entre o Paraguai e a Argentina, com a qual estava a desenvolver excelentes relações. Diante de tal situação, o chanceler Horácio Lafer decidiu viajar para Assunção, com aparente objetivo de prestigiar e fortalecer Stroessner. Antes, porém, instruiu a Embaixada do Brasil em Buenos Aires no sentido de que transmitisse a Diógenes Taboada, ministro das Relações Exteriores do governo Frondizi, sua preocupação com as notícias da imprensa, que atribuíam "injustamente" à Argentina a influência nas sublevações ocorridas no Paraguai, e consultasse-o se poderia transmitir ao governo desse país, durante a visita, os seguintes pontos:

1º) a Argentina e o Brasil reafirmariam o princípio de não intervenção;

2º) comprometiam-se a reprimir, dentro das respectivas fronteiras, quaisquer movimentos subversivos destinados a eclodir em outro país, naquele caso, o Paraguai;

3º) manteriam estrita vigilância nas suas fronteiras para evitar lutas armadas e transgressões fronteiriças;

4º) e manifestavam o desejo de que o Paraguai procurasse aplicar os princípios estabelecidos na Declaração de Santiago[33].

O chanceler Diógenes Taboada respondeu que relacionamento entre Buenos Aires e Assunção estava a normalizar-se, conforme o próprio chanceler paraguaio Raúl Sapena Pastor declarara, e que Horácio Lafer poderia desmentir quaisquer notícias sobre possível rivalidade entre a Argentina e o Brasil, dado o "perfeito entendimento" a que os dois países haviam chegado. Diante de tais condições, ele julgava desnecessária uma declaração conjunta, que poderia ser mal interpretada, ponderando que lhe resultaria bastante difícil, naquele momento, afastar-se de Buenos Aires para ir a Foz do Iguaçu encontrar-se com Lafer, cuja viagem a Assunção seria, aliás, bem vista pelo governo argentino[34]. Porém, ao mesmo tempo que realizava a *démarche* junto à Argentina, manifestando o interesse de que o governo Frondizi mantivesse vigilância nas fronteiras e tomasse medidas adequadas para impedir a organização de movimentos para subverter ou mesmo perturbar a ordem no Paraguai, o Brasil resolveu, de qualquer forma, atender à solicitação de Stroessner e lhe forneceu 50 bazookas e 300 granadas, bem como lhe entregou três aviões novos, com armamento completo, em vez dos três velhos aparelhos paraguaios, em reparação nas oficinas da Força Aérea Brasileira[35].

Apesar do elevado nível de inteligência e confiança que estabelecera com o Brasil, o governo de Frondizi não tinha qualquer condição de dar-lhe garantia sobre o Paraguai, uma vez que nem sequer o controle hierárquico, debilitado desde o golpe contra Perón, funcionava nas Forças Armadas da Argentina. O general Carlos S. Toranzo Montero, que fora embaixador na Venezuela, continuava a exercer o posto de comandante em chefe do Exército, não obstante, três meses depois que o assumira, durante a crise de junho de 1959, haver desafiado, com um movimento de insubordinação e o levante de várias unidades, a autoridade do secretário do Exército, general Elbio Anaya, e do próprio presidente da República. E, como também cria que a Pátria Argentina não era filha da política senão da espada, julgava que o Exército, cuja missão consistia em combater qualquer movimento inspirado pelo comunismo, do qual considerava o peronismo o prelúdio, não devia obedecer ao presidente constitucional e sim mantê-lo sob severa vigilância, a fim de impedir que ele se afastasse dos objetivos da chamada Revolução Libertadora[36]. Inspirado por tal doutrina, Toranzo Montero, sem dúvida, não acataria qualquer orientação eventualmente favorável a Stroessner, de quem se apresentava como adversário declarado. E, durante o período em que ele ocupou o posto de comandante em chefe do Exército foi que a Argentina intensificou o apoio militar às atividades conspiratórias contra o governo não apenas do Paraguai, como também da Bolívia[37].

Com efeito, em março de 1960, na Bolívia, o governo do MNR, inquieto havia alguns meses com a aproximação entre militares argentinos e peruanos[38], anunciou a descoberta de uma conspiração da Falange Socialista Boliviana (organização de direita, apesar do nome) e do Partido de Unión Republicana Socialista, o qual previa a invasão do território da Bolívia por grupos armados, procedentes de países vizinhos, desde Yacuiba, Riberalta e fronteira do Peru[39]. Alguns elementos trazidos da Argentina, através do Rio Paraguai, ou recrutados no Brasil, sob o comando do coronel Jorge Antezana, utilizaram a cidade de Corumbá, em Mato Grosso, como ponto de partida da marcha sobre Santa Cruz de la Sierra. E, conforme a denúncia, tais incursões, com o objetivo de derrocar o regime do MNR, recebiam tanto o apoio e a assistência do Exército e da Marinha da Argentina quanto das Forças Armadas do Peru, cujo presidente, Manuel Prado, aprovara todo o plano, preocupado com os avanços do comunismo na Bolívia[40]. A revolução de 1952 possibilitara, efetivamente, a ascensão da esquerda na Bolívia, onde, com a dissolução do exército regular, as milícias, sobretudo camponesas, tornaram-se o sustentáculo do poder que o MNR até então mantinha. Contudo, o processo de radicalização, impulsionado pelo Partido Obrero Revolucionario (POR), trotskista e com forte influência sobre os mineiros, bem como pela esquerda do MNR, não se aprofundou. Perdera o ímpeto e estagnara, por diversas razões, após a reforma agrária e a nacionalização das minas de estanho[41]. Victor Paz Estensoro, principal líder do MNR e, entre 1952 e 1956, presidente da República, tratara de contê-lo, utilizando as próprias milícias camponesas para coibir os mineiros e defender a ordem. Seu sucessor, Herman Siles Suazo (1956-1960), recorrera aos mesmos métodos e assim os governos do MNR asseguraram certa estabilidade à Bolívia, onde nenhum golpe de Estado ocorrera, enquanto o Exército regular não se reconstituíra. Entretanto, Paz Estensoro firmara, em 1954, a Ata de Santiago, conduzindo a Bolívia à união aduaneira com a Argentina, e outra vez, ao disputar a presidência da República, nas eleições de 1960, estaria a receber subvenções de agentes de Perón, juntamente com seu candidato a vice, Juan Lechín Oquendo, o incontestável líder dos mineiros[42]. Este informe já constituía motivo suficiente para que os militares argentinos, de acordo com a doutrina do general Toranzo Montero, intentassem articular a subversão da ordem na Bolívia, cujo governo, ao descobrir tais planos, revelou-os, provavelmente com o propósito de promover a coesão do país e unificar o MNR.

A motivação, que induzia os militares argentinos a patrocinarem atentados contra os regimes políticos estabelecidos nos países vizinhos, não era apenas ideológica, ou seja, não era porque se opusessem ao peronismo e o percebessem como o prelúdio do comunismo, de acordo com a teoria do general Toranzo Montero. Stroessner, apesar de que concedera asilo a Perón, jamais revelara qualquer inclinação pelo justicialismo ou, menos ainda, tolerara o comunismo ou outras tendências de esquerda, contra as quais movia incessante e dura repressão. Os comunistas e outros militantes de esquerda, como os febreristas, atuavam, sim, dentro das organizações às quais as autoridades militares argentinas forneciam armas e davam vários tipos de apoio, com a suposição de que elas os expulsariam, uma vez vitoriosas, derrubado Stroessner[43]. E a diferenciação ideológica somente começou a explicitar-se, de modo mais agudo, a partir de dezembro de 1959, depois de uma tentativa de invasão do Paraguai. O padre Ramón Talavera, a organizar a Cruzada Cristã Paraguaia, acusou a União Nacional Paraguaia, formada por militantes dos partidos Liberal e Febrerista e cuja sede fora transferida para Buenos Aires, de seguir uma linha de esquerda, embora ela não pretendesse alterar a estrutura econômica e social do Paraguai, e o general Rafael Franco, febrerista e responsável pelo seu comando geral, viesse a repudiar a aliança proposta pela Frente Unida de Liberación Nacional, sob o controle do Partido Comunista[44]. Esta dissidência provocou, segundo pareceu, certo retraimento da Argentina, mas o movimento contra a ditadura de Stroessner não só prosseguiu como ampliou, internacionalmente, sua base de apoio. De um lado, sobretudo o Movimiento 14 de Mayo, formado por dissidentes dos partidos liberais e febreristas, favoráveis à luta armada, continuou a receber armas e munições, cujo fornecimento os comandantes das unidades militares estabelecidas na fronteira da Argentina não puderam cessar, por completo, em virtude de antigas e estreitas vinculações com os seus militantes. Do outro, a Bolívia, após a vitória de Paz Estensoro, passou a dar apoio ao movimento, visando a derrubar Stroessner pela via insurrecional, e Cuba, segundo os informes, tratou de conceder-lhe maior auxílio, inclusive em dinheiro, porquanto tendia cada vez mais a projetar sobre todo o continente sua própria revolução, na mesma medida em que os EUA se empenhavam para a isolar e destruir.

A adesão da Bolívia determinou a modificação da data anteriormente fixada — 14 de maio de 1960 — para a invasão do Paraguai, de modo a permitir maior concentração de forças na fronteira entre aqueles dois países e assegurar o êxito do ataque de surpresa a ser desfechado, naquela região, não apenas pelo Movimiento 14 de Mayo como também pela União Nacional Paraguaia, em sequência às incursões que realizariam, ao sul, a partir da fronteira da Argentina. Os revolucionários dispunham de 600 pistolas automáticas Halcón, granadas e outros petrechos bélicos, adquiridos de contrabandistas por cidadãos argentinos e pelo governo de Cuba, através do qual a URSS estaria a financiar o movimento[45]. Tais recursos, que Fidel Castro repassava para os revolucionários paraguaios, alcançaram o montante de US$ 350.000, segundo alta autoridade militar do serviço secreto argentino informara ao general Cipriano Oliveira, ministro da Guerra do Uruguai[46]. Também, àquela mesma época, cerca de 200 jovens, com idades entre 20 e 30 anos e pertencentes ao Movimiento 14 de Mayo, iniciavam operações de guerrilha nas matas e serras do sudoeste de Assunção e da zona do Alto Paraná, a 300 km da capital, sem que as tropas do Exército conseguissem cercá-los, conquanto a população local não os apoiasse[47]. E mais 150 revolucionários, em Colônia do Sacramento, aguardavam a vez de partir com destino ao Paraguai, onde se incorporariam às lutas clandestinas.

Assim, em virtude do envolvimento de Cuba, ao mesmo tempo que a Argentina, com a adesão da Bolívia e a complacência do Uruguai, apertava o cerco em torno do Paraguai, a situação agravou-se, no primeiro semestre de 1960, configurando uma das mais sérias ameaças ao regime de Stroessner. E o Brasil redobrou os esforços para o defender. Alertou as guarnições militares, sediadas na fronteira com o Paraguai, no sentido de que exercessem permanente vigilância e impedissem que os revolucionários utilizassem seu território para travessia ou concentração de forças. E, ademais de transmitir ao governo de Assunção todas as informações, comunicou aos governos de Montevidéu, La Paz e, sobretudo, Buenos Aires que tinha conhecimento das articulações revolucionárias, instando-os a que tomassem as medidas "essenciais e indispensáveis", a fim de evitar que paraguaios refugiados abusassem do direito de asilo e recorressem ao uso da força para combater regimes constitucionais (assim o governo de Stroessner se apresentava), porquanto tal procedimento contrariava o espírito e a letra das recomendações aprovadas pela V Reunião de Chanceleres Americanos[48].

O fato de que Montevidéu se tornara uma das principais bases de coordenação do movimento contra a ditadura de Stroessner, da mesma forma que La Paz, colocou o Uruguai diante de uma situação bastante delicada. O Conselho Nacional de Governo, onde os blancos herreristas[49] e ruralistas, muitos dos quais possuíam terras no Paraguai, predominavam, não hostilizava e não empreenderia qualquer ação contra o regime de Stroessner, com o qual estimulava até mesmo um bom relacionamento, embora a maioria da opinião pública (colorados blancos não herreristas, comunistas e socialistas) a ele fosse contrária. Porém, não só não dispunha de meios para coibir as atividades dos exilados paraguaios como também não tinha disposição para fazê-lo, certo de que enfrentaria enorme oposição interna[50]. O Uruguai também adotara como a regra mais importante de sua política exterior — só raras vezes alterada, a exemplo de quando se opôs ao governo de Perón — conservar a mais estrita neutralidade *vis-à-vis* dos interesses do Brasil e da Argentina. E não lhe convinha, portanto, tomar medidas, favorecendo qualquer desses dois países, no que lhe parecia uma disputa pelo mercado do Paraguai. Na verdade, como forte sintoma de que grave crise de poder começava a afetar o Uruguai, o Partido Nacional (blanco), em 1959, vencera pela primeira vez as eleições, ao derrotar seu tradicional adversário, o Partido Colorado, que então exercia o governo havia 95 anos e do qual o Brasil sempre fora visto como aliado, desde 1864, quando lá interveio militarmente e assim assegurou a vitória da sublevação do general Venâncio Flores[51]. Vários generais excogitaram a possibilidade de não entregar o poder aos blancos e só não deram o golpe de Estado, devido à oposição de Luís Batlle Berres, presidente do Conselho Nacional de Governo[52]. O Brasil, cujas atenções se concentravam sobre o Paraguai e a Bolívia, não se preocupou com a mudança na política interna do Uruguai, onde a Argentina, aproveitando a oportunidade, começou a desenvolver agressivo e incansável trabalho de aproximação e penetração, de modo a atraí-lo para sua órbita, submetê-lo à sua hegemonia e compensar a redução que sofrera seu predomínio sobre outros países da região[53].

Efetivamente, a quase total dependência da Bolívia em relação ao porto de Buenos Aires tendia a diminuir e mesmo a desaparecer. Os presidentes Victor Paz Estensoro e João Café Filho haviam já inaugurado, em janeiro de 1956, o último trecho da estrada de ferro entre Santa Cruz de la Sierra e Corumbá, no estado do Mato Grosso, com 650 km, abrindo à Bolívia a possibilidade de acesso a um porto na Bacia Amazônica e a outro no Rio Paraguai, em lugar que permitia a ligação com a rede ferroviária brasileira. E só a ponte sobre o Rio Grande faltava para terminar. Por outro lado, uma vez completada a vinculação rodoviária entre Assunção e o porto de Paranaguá, com a construção da Rodovia Coronel Oviedo e da Ponte da Amizade, na Foz de Iguaçu, o Paraguai poderia alcançar o Atlântico e respirar por outro pulmão, ou seja, importar e exportar seus produtos através de uma rota mais curta e, consequentemente, mais rápida do que a dos Rios Paraguai e Prata, o que causaria sérios prejuízos aos negócios portuários de Buenos Aires. O Brasil, competindo com a Argentina, tinha evidentemente o objetivo de conquistar o domínio sobre o mercado do Paraguai. Mas o que realmente Stroessner pretendia não era entregar o Paraguai ao Brasil e sim libertá-lo do predomínio da Argentina. E daí por que — e não por causa do caráter ditatorial do seu governo — o respaldo e mesmo o estímulo que os círculos não só militares como também econômicos de Buenos Aires davam aos movimentos para o derrubar. O governo Frondizi, em face da situação interna da Argentina, tinha naturalmente certas dificuldades para coibir a atuação dos exilados políticos, conforme o próprio embaixador do Paraguai em Buenos Aires reconhecera[54]. Mas, em realidade, não lhe convinha fazê-lo. E ele somente começou a preocupar-se mais com o problema, em meados de 1960, como resultado não da nota de protesto, em que Stroessner enumerava todos os atos hostis que as autoridades argentinas, naqueles últimos dois anos, praticaram contra ele, e sim da resolução contrária à Argentina, aprovada pelo Congresso do Paraguai, cuja disposição de levar o assunto ao conhecimento da OEA, como de fato o fez[55], assustara Frondizi.

Naquela oportunidade, abordado pelo encarregado de negócios do Brasil, Luiz Leivas Bastian Pinto, o embaixador Luiz Santiago Sanz, da Chancelaria argentina, assegurou que as Forças Armadas estavam a esforçar-se para exercer severa vigilância ao longo da extensa fronteira de

1.200 km, inclusive com o emprego de aviões a jato e sob direta e constante vigilância do Estado-Maior, sendo propósito do governo reforçá-la e, provavelmente, estendê-la ao Chaco. Conforme afirmou, o governo argentino não tinha qualquer interesse em apoiar os revolucionários paraguaios, muitos dos quais, sobretudo os mais ativos, eram comunistas, e que sua lealdade e cooperação com o governo brasileiro "eram fator conhecido na intimidade das respectivas Chancelarias, porém, não de outros órgãos" do Estado e da opinião pública, em geral, onde muitos ainda consideravam o Paraguai "zona de fricção"[56].

Ao Brasil também não interessava que a apresentação da queixa à OEA agravasse internacionalmente o atrito entre a Argentina e o Paraguai, cujo território, em junho, mais de 50 revolucionários invadiram, atravessando o Rio Paraná, ao norte do povoado de San Rafael, procedentes de Misiones. Ele ficaria em "posição delicada", pois o Paraguai, caso insistisse em obter-lhe o apoio, poderia forçá-lo a uma definição, o que não lhe convinha, em virtude do "excelente clima" nas suas relações com a Argentina[57]. A aliança com Stroessner era muito valiosa para o Brasil. Contudo, o elevado nível de entendimento, que alcançara com a Argentina, afigurava-se-lhe extremamente importante, sobretudo quando reivindicava dos EUA, mediante a Operação Pan-Americana, maior atenção para as necessidades de desenvolvimento da América Latina, levando-os a dialogar com todos os estados da região, enquanto conjunto, como se um bloco fosse, e não com cada um, separadamente, como até então eles fizeram. Por isto o Brasil se empenhou no sentido de persuadir o Paraguai a não formular a denúncia contra a Argentina perante o Conselho da OEA. Seu argumento, ao realizar gestões para que as relações entre os dois países, mediante negociações bilaterais, pudessem melhorar, consistiu basicamente em explicar que a liberdade de atuação dos exilados paraguaios decorria de fatores de política interna da Argentina, que cerceavam o exercício do poder civil, e que Frondizi não se solidarizava com as incursões armadas por eles empreendidas[58]. Stroessner, ao acolher as gestões do Brasil, acentuou que o governo da Argentina tinha a peremptória obrigação de fazer cessar as atividades revolucionárias em seu território e que, se realmente não estava em condições de reprimir, não devia conduzir-se com arrogância, como que pretendesse impor a lei do mais forte, rechaçando todas as acusações, sem sequer intentar a mínima explicação[59]. E reiterou o propósito de comunicar os fatos ao Conselho da OEA, embora em caráter meramente informativo, sem solicitar qualquer medida que obrigasse aquele órgão a uma decisão e, por conseguinte, compelisse o Brasil a ter de votar contra ou a favor da Argentina.

O fato de que a liberdade de ação desfrutada pelos exilados paraguaios decorria de fatores da política interna da Argentina não inocentava inteiramente o governo Frondizi, mas era real. As Forças Armadas argentinas não disfarçavam a decisão de não se submeter ao mando do presidente da República, que só permaneceria como presidente se elas mandassem na República, e este conflito entre o poder legalmente constituído, o poder *de jure*, e os que constituíam o poder *de facto*, fraturando a vontade nacional da Argentina, transparecia na sua política exterior. Assim, a despeito de todas as promessas e garantias de Frondizi, as autoridades locais continuavam a fechar os olhos às "atividades subversivas" dos exilados paraguaios[60], de modo que, ao gozarem de sua "benevolência quase ostensiva"[61], a Frente Unida de Liberación Nacional e o Movimiento 14 de Mayo não só puderam formar como ainda manter diversos campos de treinamento nas proximidades da fronteira com o Paraguai[62]. Stroessner, por sua vez, estendeu o raio da repressão além dos limites do país e suas forças — particularmente as milícias do Partido Colorado — chegaram algumas vezes a violar a fronteira do Brasil, cruzando o Rio Paraná, com o objetivo de sequestrar refugiados e, ao seviciá-los, colher informações sobre suposta articulação de movimento revolucionário na Foz do Iguaçu[63]. O Brasil sempre protestou. Mas, em várias ocasiões, as autoridades paraguaias contaram com a conivência de policiais brasileiros, que trabalhavam em localidades da fronteira e recebiam suborno ou lhes procuravam satisfazer os interesses políticos, por estarem envolvidos em negócios de contrabando entre os dois países[64]. Essas violações do território aumentaram na medida em que um número cada vez maior de refugiados paraguaios, atravessando Puerto Iguazú (ex-Puerto Aguirre), fronteiro a Puerto Meira, começou a transitar clandestinamente entre a Argentina, onde cerca de 300.000 a 400.000 viviam, e o Brasil, a fim de estabelecer contactos políticos. Conforme se supôs, o governo Stroessner pretendia levar o Brasil a reforçar o patrulhamento da fronteira, pois os guerrilheiros da Frente Unida de Liberación Nacional e do Movimiento 14 de Mayo também passaram a utilizar o mesmo trajeto para se infiltrarem no Paraguai, para burlar assim a vigilância e esconder sua verdadeira procedência, evitando que as pressões sobre a Argentina se renovassem.

Com efeito, em novembro de 1960, uma coluna de 40 a 50 guerrilheiros, armada e preparada na província de Misiones, na área de confluência dos Rios Paraná e Iguaçu, atravessou o Brasil, em pequenos grupos de dois ou três indivíduos e, após contornar a cidade de Foz de Iguaçu, penetrou no Paraguai, onde, alcançando Hernandarias, atacou uma patrulha do 1º Regimento de Cavalaria, cerca de 20 km a montante da ponte internacional, a ser inaugurada, e capturou a localidade de Nñu. O tenente Moisés Galeano Bueno morreu em ação e dois membros da Seccional Colorada, Raúl Oviedo e Moisés Villalbar; foram executados[65]. Entretanto, ao contrário de como procedeu, nos meses de maio e junho, após a invasão de uma coluna de 100 homens sob o comando do major Silvio Rotela, na região de Tavay, Stroessner evitou dar maior divulgação aos acontecimentos em Hernandarias e Nñu, pois admitir que os guerrilheiros entraram no Paraguai, procedentes do Brasil, acarretaria internamente desprestígio para seu governo[66]. Na sua opinião, foram as autoridades argentinas que escolheram esse trajeto, de forma a encobrir a verdadeira origem da coluna e neutralizar as acusações de que elas eram coniventes com tais operações[67]. De acordo com notícias veiculadas em Buenos Aires, os revolucionários paraguaios pretendiam implantar novo foco de guerrilha na área contígua ao Brasil e, reorganizando suas forças, criar dois exércitos, um dos quais destinado a cortar as vias de abastecimento do Paraguai. De qualquer modo, embora um oficial paraguaio da 5ª Região Militar informasse ao tenente Ivan da Costa e Silva que cerca de 200 a 250 guerrilheiros estariam a operar nos departamentos de Alto Paraná e Caaguazu, o movimento revolucionário não evoluiu[68]. A pequena coluna de 40 a 50 combatentes, cujo objetivo seria provavelmente atuar entre Hernandarias e Itaquari, não teve êxito. Pouco tempo depois, as tropas do governo paraguaio aniquilaram-na. E a radicalização da revolução em Cuba, ao agravar-se o conflito com os EUA, assustou as autoridades militares da Argentina, sobretudo quando Fidel Castro proclamou seu caráter socialista e esmagou a invasão de Playa Girón, que a CIA organizara e dirigira (abril de 1961). Elas a partir de então esfriaram o apoio às guerrilhas no Paraguai, por temerem que os comunistas e castristas se assenhoreassem do poder, caso a oposição liberal triunfasse, e promovessem o advento de nova Cuba na mesopotâmia da Bacia do Prata. Por isto, o governo argentino começou a considerar; "realisticamente", a ditadura de Stroessner como um "mal necessário"[69]. Promoveu modificação quase total na oficialidade em serviço na fronteira, sobretudo em Posadas, a fim de afastar os militares comprometidos com os guerrilheiros, e a polícia ocupou um campo de treinamento, em Corrientes, onde apreendeu armamentos, quase todos de procedência argentina, fornecidos ao Movimiento 14 de Mayo por oficiais das Forças Armadas. Ainda assim, apesar de que o governo argentino realmente passara a controlar mais de perto a atuação dos exilados, a Frente Unida de Liberación Nacional, de orientação comunista, continuou, ainda, a dispor de um campo na região de El-Dorado (Misiones), fronteira ao porto paraguaio de Carlos Antonio López (Departamento de Itapuia)[70], do qual o próprio Stroessner havia muito tinha conhecimento[71]. Mas não conseguiu mantê-lo por longo tempo.

## NOTAS

1. Ofício n. 178, secreto, ministro-conselheiro José Jobim ao chanceler Francisco Negrão de Lima, Assunção, 31/10/1958, AHMRE-B, secreto, A-K, Ofícios recebidos, 1959/59.
2. Ibid.
3. Ibid.
4. Ibid.
5. Garcia Lupo, 1989, pp. 135-146. Menezes, 1987, pp. 46-56. Consultar também Seiferheld, 1987.
6. Ofício n. 178, secreto, José Jobim ao chanceler Negrão de Lima, Assunção, 31/10/1958, AHMRE-B, secretos, A-K, Ofícios recebidos, 1959/59.
7. Ibid.
8. Ibid.
9. Em 11 de setembro de 1852, os unitários, sob a liderança de Valentin Alsina, levantaram a cidade de Buenos Aires, segregando-a da Confederação Argentina. Esta separação perdurou até 1859, quando perderam a batalha de Cepeda para as tropas de Justo José de Urquiza, então presidente da Confederação Argentina. Os unitários, entretanto, jamais se conformaram com a derrota. Outra vez então se insurgiram, quase dois anos depois, e sob o comando do general Bartolomé Mitre enfrentaram, em 17 de setembro de 1861, as forças da Confederação argentina. A batalha ocorreu no campo de Pavón, mas, desta vez, Urquiza abandonou a peleja antes que as armas decidissem seu resultado. Sobre o tema, vide Moniz Bandeira, L. A., 1998, pp. 151, 152, 217-219.

10. Ofício n. 178, secreto, Jobim a Negrão de Lima, Assunção, 31/10/1958, AHMRE-B, secretos, A-K, Ofícios recebidos, 1958/59.
11. Ofício n. 184, secreto, Jobim ao embaixador Antônio Mendes Vianna, ministro de Estado das Relações Exteriores, Assunção, 6/11/1958, AHMRF-B, secretos, A-K, Ofícios recebidos, 1958/59.
12. Id., ibid.
13. Id., ibid.
14. Id., ibid.
15. Ofício n. 82/600.(43), secreto, embaixador Euclydes Zenóbio da Costa ao chanceler Negrão de Lima, Assunção, 18/3/1959, AHMRE-B, secretos, A-K, Ofícios recebidos, 1958/59.
16. Telegrama recebido da Embaixada em Assunção, 3-4/6/1959, secreto, DPo/600.(43), AHMRE-B, A-W, CTs recebidos e expedidos, 1959.
17. Ofício n. 151, secreto, Zenóbio da Costa a Negrão de Lima, Assunção, 10/06/1959, AHMRE-B, secretos, A-K, Ofícios recebidos, 1950/59.
18. A Fundação da Pure Oil Co. ocorrera em Washington em 30 de agosto de 1957, um mês antes de obter a concessão de 6 milhões de hectares no Chaco paraguaio. Seu capital era de US$ 10.000, tinha a cidade de Chicago como sede das assembleias de acionistas e podia guardar todos os livros de contabilidade e outros documentos no estado de Delaware. Nenhum dos diretores estava obrigado a responder pessoalmente pelas suas dívidas. Pastore, 1972, pp. 442, 445 e 500.
19. Ofício n. 18/663.63(43), secreto, chanceler Negrão de Lima ao brigadeiro Henrique Fleiuss, presidente do Conselho Nacional de Petróleo, AHMRE-B, Correspondência expedida (Notas, Ofícios, Memorandos), 1958/60. Ofício n. 274, secreto, Zenóbio da Costa ao chanceler Horácio Lafer, Assunção, 1º/09/1959, AHMRE-B, secretos, A-K, Ofícios recebidos, 1958/59.
20. Ofício n. 275/650(43), secreto, Zenóbio da Costa a Lafer, Assunção, 1º/09/1959, AHMRE-B, secretos, A-K, Ofícios recebidos, 1958/59.
21. Ibid.
22. Ibid.
23. *Memorandum* para o presidente da Seção Brasileira da Comissão Mista Permanente Brasil-Paraguai, assinado por Luiz Orlando Gelio, assessor da Comissão Mista Plena, sobre conversações com Hermes Troche e o secretário Rodrigues Lopez, da Seção Paraguaia da Comissão Mista Plena, anexo ao Ofício n. 151/600.(43)/10/6/1959, AHMRE-B, secretos, A-K, Ofícios recebidos, 1959/59.
24. Ofício n. 275, secreto, Zenóbio da Costa a Lafer, Assunção, 1º/9/1959, AHMRE-B, secretos, A-K, Ofícios recebidos, 1958/59.
25. Ofício n. 274, secreto, Zenóbio da Costa a Lafer, Assunção, 1º/9/1959.
26. Ibid.

27. Ofício n. 151, secreto, Zenóbio da Costa a Negrão de Lima, Assunção, 10/6/1959,
28. Ministério das Relações Exteriores à Embaixada em La Paz, Secreto, n. DPo/CAB/64, Rio de Janeiro, 11.09.1959, AHMRE-B, Correspondência expedida (Memorandos, Notas, Ofícios etc.), 1958/60.
29. Ibid.
30. Carta-telegrama n. 154, recebido, secreto, DPo/600.(43), Embaixada em Assunção (Euclydes Zenóbio da Costa) ao Itamaraty 3-9/10/1959, AHMREB, CTs recebidos e expedidos, A-W, 1959.
31. Telegramas recebidos da Embaixada em Assunção, secretos, n. 293, 19-20/12/1959, 7h30; n. 297, 19-20/12/1959, 17:15h; n. 298, 20-21/12/1959, 18h; n. 299, 21-22/12/1959, 10h; n. 302, 21-22/12/1959, 17h; n. 303, 22-23/12/1959, 18h45. Telegramas expedidos, MRE para a Embaixada em Assunção, n. 192, 19/12/1959, 17h30; n. 193, 19-12/1959, 18h15; n. 203, 27-12/1959, 20h30, AHMREB, CTs recebidos e expedidos, A-W, 1959.
32. Ofício n. 39, secreto, Zenóbio da Costa a Lafer, Assunção, 12/2/1960, AHMRE-B, Ofícios Recebidos, 1958/59.
33. Telegrama expedido n. 321, secreto, urgente, Ministério das Relações Exteriores para a Embaixada do Brasil em Buenos Aires, 21/12/1959, AHMRE-B, CTs recebidos e expedidos, A-W, 1959.
34. Telegrama recebido n. 455, Embaixada do Brasil em Buenos Aires (Luiz Leivas Bastian Pinto) a Lafer, Buenos Aires, 22-23/12/1959.
35. Telegramas expedidos, MRE para a Embaixada em Assunção, secretos, n. 203, 27-12/1959, 20h30; n. 204, 30/12/1959.
36. Potash, 1984, vol. II (1945-1962), pp. 428-434.
37. Ofício n. 444/600.1(00), secreto, Carlos S. Gomes Pereira, encarregado de Negócios, ao chanceler Afonso Arinos de Melo Franco, Assunção, 26/7/1961, AHMRE-B, Ofícios recebidos, secretos, A-L, 1960/62.
38. Ofício n. 3/953(20), secreto, Manuel A. Pimentel Brandão, encarregado de Negócios, a Lafer, La Paz, 2/1/1960. Ibid.
39. Ofício n. 184/601.3(31), secreto, Pimentel Brandão a Lafer, La Paz, 9/3/1960.
40. Ibid.
41. Sobre o tema, vide Moniz Bandeira, L. A., 1998, pp. 105-118.
42. Ofício n. 184/601.3(31), secreto, Pimentel Brandão a Lafer, La Paz, 9/3/1960. AHMRE-B, Ofícios recebidos, secretos, A-L, 1960/62.
43. Instruções à Embaixada do Brasil em Buenos Aires, embaixador Fernando Ramos de Alencar, secretário-geral do MRE, ao ministro Luiz Leivas Bastian Pinto, encarregado de Negócios, secreto, urgente, DPo/41/600(433), AHMRE-B, secretos, Correspondência expedida (Memorandos, Notas, Ofícios etc.), 1958/60.

44. Ofício n. 237, secreto, urgente, Embaixada do Brasil em Montevidéu a Lafer, 17/06/1960, AHMRE-B, Ofícios recebidos, secretos, M-P, 1960/62.
45. Instruções à Embaixada em La Paz, DPo/41/600(433), secreto, urgente, Fernando Ramos de Alencar, secretário-geral, a Manoel Antônio Pimentel Brandão, encarregado de Negócios, 14/05/1960; Instruções à Embaixada em Buenos Aires, DPo/41/600(433), secreto, urgente, Ramos de Alencar a Bastian Pinto, encarregado de Negócios, 14/5/1960; Instruções à Embaixada em Havana, secreto, DPC/31 /920.(42)(24h), Ramos de Alencar a Vasco Leitão da Cunha, embaixador do Brasil, 30/7/1960, AHMRE-B, secretos, Correspondência expedida (Memorandos, Notas, Ofícios etc.) 1958/60.
46. Ofício n. 212, secreto, urgente, embaixador do Brasil em Montevidéu a Lafer, 10/6/1960, AHMRE-B, Ofícios recebidos, secretos, M-P, 1960/62.
47. Ofício n. 237, recebido, secreto, urgente, Embaixada do Brasil em Montevidéu a Lafer, 17/6/1960.
48. Instruções às Embaixadas em Buenos Aires e La Paz, secreto, urgente, DPo/41/600(433), Ramos de Alencar, secretário-geral, a Bastian Pinto e Pimentel Brandão, 14/5/1960; Ofício n. 21, Ramos de Alencar à Embaixada em Montevidéu, 19/5/1960, AHMREB, Secretos, Correspondência expedida (Memorandos, Notas, Ofícios etc.), 1958/60.
49. Seguidores de Luiz Alberto de Herrera, líder de uma ala do Partido Nacional (blanco) e que lutara como voluntário na Guerra do Chaco sob a bandeira do Paraguai. Falecido em 1959.
50. Ofício n. 212, secreto, urgente, Embaixada em Montevidéu a Lafer, 10/6/1960, AHMRE-B, Ofícios recebidos, secretos, 1960/62.
51. Quando a sublevação colorada irrompeu no Uruguai, no primeiro semestre de 1863, o governo imperial, que ainda enfrentava grave crise, que o levou ao rompimento de relações diplomáticas e à beira da guerra com a Grã-Bretanha, preferiu, a princípio, manter-se oficialmente neutro, enquanto Venâncio Flores, a quem apoiara em 1854, empreendia, com auxílio da Argentina, a luta contra o governo blanco de Bernardo Berro. Como centenas de brasileiros, somando quase 2.000, aumentavam cada vez mais as forças de Flores e recebiam armas, munições e dinheiro de influentes líderes políticos do Rio Grande do Sul, o gabinete de Zacarias de Góes e Vasconcelos, no começo de 1864, enviou ao Estado Oriental, em missão extraordinária, o conselheiro José Antonio Saraiva, acompanhado pelo almirante Tamandaré, com uma poderosa esquadra, a fim de exigir reparação aos agravos, ao mesmo tempo em que o marechal-de-campo João Propício Mena Barreto concentrava tropas na fronteira para proceder à intervenção. A invasão do Uruguai serviu então como pretexto para que Francisco Solano Lopez, ditador do Paraguai, invadisse o Brasil e precipitasse a Guerra da Tríplice Aliança. Sobre o tema, ver Moniz Bandeira, 1985, pp. 227-235. Os blancos, ao longo de 95 anos, só parcial e

esporadicamente obtiveram maioria no Conselho Nacional de Administração (1926) e nas Câmaras (1934). Para maior compreensão do que econômica e politicamente a derrota dos colorados, em 1959, significou, ver Lopez Chirico, 1985, pp. 112-118.

52. Siazaro, Gitli et al., 1987, pp. 38-39.
53. Ofício 28, secreto, Embaixada do Brasil em Montevidéu a Lafer, 21/1/1960; Ofício 56, encaminhando *Memorandum* sobre a política exterior do Brasil no Uruguai, secreto, Embaixada do Brasil em Montevidéu a Lafer, 27/1/1961; Ofício n. 377, Secreto, Embaixada em Montevidéu a Lafer, 15/6/1961, AHMRE-B, Ofícios secretos, M-P, 1960/62.
54. Telegrama n. 262, recebido, secreto, urgente, DPo/600.(43), Embaixada do Brasil em Buenos Aires (Luiz Leivas Bastian Pinto) ao Itamaraty, 15-15/5/1960, 16:45h, AHMRE-B, secretos, A-K, CTs recebidos e expedidos, 1960/61.
55. Ibid.
56. Telegrama n. 357, recebido, secreto, DPo/920.(41)(43), 601.3(43), Embaixada em Buenos Aires (Luiz Leivas Bastian Pinto), 23/6/1960, 16h.
57. *Memorandum* para o chefe da Divisão Política, Secreto, DPo/164/920.(43) (41), De Carlos A. Bernardes Buenos, 10/6/1960, AHMRE-B, Secretos, Correspondência expedida (Memorandos, Notas, Ofícios etc.), 1958/60.
58. Ibid.
59. *Memorandum*, Respuesta del Gobierno del Paraguay a la gestión promovida por el Exmo. Embajador del Brasil em la audiencia del 17 de Junio de 1960, con entrega de un Aide-Moire, Anexo 1 ao Ofício n. 162/920.(41)(43), Zenóbio da Costa a Lafer, Assunção, 23 de junho de 1960, AHMRE-B, secretos, A-K, Ofícios recebidos, 1958/59.
60. Ofício n. 398/930.1(43)(42), Zenóbio da Costa a Lafer, Assunção, 9/12/1961.
61. Ofício n. 444/600.1(00), Carlos S. Gomes Pereira, Encarregado de Negócios, a Afonso Arinos de Melo Franco, Assunção, 26/7/1961, AHMRE-B, secretos, A-L, Ofícios recebidos, 1960/62.
62. Ibid.
63. Em 10 de setembro de 1960, cerca de 30 a 50 milicianos do Partido Colorado, dirigidos por um tal coronel Prates, saíram de Puerto Embalse e, a cruzar em canoas o Rio Paraná, aportaram na margem brasileira, próximo de Porto Belo, onde sequestraram quatro homens e uma mulher, todos de nacionalidade paraguaia, e os conduziram, amarrados, para o território do Paraguai. Ofício n. 257/930.1(42)(43), Zenóbio da Costa a Lafer, Assunção, 19/09/1960, encaminhando cópia do relatório apresentado ao comandante da 5ª Região Militar pelo tenente-coronel Duque Estrada, comandante do 1º Batalhão de Fronteira, sediado em Foz do Iguaçu, sobre incidente ocorrido no dia 10/9/1960, na localidade da fronteira de Porto Belo, secreto; Ofício n. 332/601.34(43)(41),

Zenóbio da Costa a Lafer, encaminhando relatório do Adido Militar, coronel Isaac Nahon, e outros funcionários da Embaixada sobre a questão dos exilados paraguaios em Foz do Iguaçu, Assunção, 4/1/1960, AHMRE-B, secretos, A-K, Ofícios recebidos, 1958/59.

64. Ibid. No Natal de 1960, oito paraguaios asilaram-se no Brasil, cruzando a fronteira na altura do município de Amambay, estado de Mato Grosso. Um cabo do Exército brasileiro, subornado pela Polícia do Paraguai, prendeu-os, levou-os à fronteira e os recambiou para que fossem assassinados.
65. Ofícios n. 363, 376, 398 e 418/930.1(42)(43), secretos, Zenóbio da Costa a Lafer, Assunção, 24/11/1960; ministro-conselheiro Carlos Sette Gomes Pereira a Lafer, Assunção, 30/11/1960; Zenóbio da Costa a Lafer, Assunção, 9/12/1960; Zenóbio da Costa ao ministro de Estado interino, embaixador Edmundo Barbosa da Silva, AHMRE-B, secretos, A-K, Ofícios recebidos, 1958/60.
66. Ibid.
67. Ofício n. 398/930.1(43)(42), secreto, Zenóbio da Costa a Lafer, Assunção, 9/12/1960.
68. Ofício n. 376, secreto, Carlos Sette Gomes Pereira a Lafer, Assunção, 30/11/1960.
69. Ofício n. 300, secreto, embaixador Aguinaldo Boulitreau Fragoso ao Chanceler Afonso Arinos de Melo Franco, Buenos Aires, 13/7/1961, AHMREB, secretos, Ofícios recebidos, A-L, 1960/62.
70. Ofício n. 444/600.1(00), secreto, Carlos Sette Gomes Pereira a Melo Franco, Assunção, 26/7/1961, Ofício n. 398/930.1(43)(42), secreto, Zenóbio da Costa a Lafer, Assunção, 9/12/1960, AHMRE-B, secretos, Ofícios recebidos, 1958/1960.
71. Ibid.

# Capítulo XIII

A POLÍTICA EXTERNA INDEPENDENTE DO BRASIL • FRONDIZI, QUADROS E OS ACORDOS DE URUGUAIANA • A QUESTÃO DE CUBA E A MUTAÇÃO DA ESTRATÉGIA DE SEGURANÇA • A ALIANÇA PARA O PROGRESSO • A CRISE NO EQUADOR E O LITÍGIO COMO PERU • QUEDA DE VELASCO IBARRA E ASCENSÃO DE AROSEMENA • A AÇÃO DA CIA NO EQUADOR E NA ARGENTINA • O PAPEL DA JID

A Argentina, ao que tudo indicou, parou efetivamente de incentivar os esforços para subverter o regime de Stroessner, e Frondizi realizou mais uma viagem a Assunção, a fim de melhorar as relações com o Paraguai. Condições havia. Como sucessor de Kubitschek na presidência do Brasil (1961), Jânio Quadros manifestara-se contrário às ditaduras no continente, provocando a retração de Stroessner[1]. Sua declaração de que não seria traída a causa da liberdade na América tivera, porém, cunho apenas retórico, para efeitos internos de propaganda política. Quadros, objetivamente, não podia nem mesmo desejava tomar qualquer iniciativa contra a ditadura de Stroessner, não só porque não interessava ao Brasil como também porque, invocando os princípios de soberania e autodeterminação dos povos, recusava o apoio, que os EUA pediam, para intervir em Cuba. E esta posição assinalava a independência com que definia o caráter da política exterior do Brasil sob seu governo. Na verdade, conquanto eleito com o apoio da UDN, Quadros percebera que a consciência popular, aguçada pelo impulso da industrialização e pelos interesses nacionais que as necessidades do desenvolvimento econômico modelavam, não mais admitia a subordinação do Brasil aos ditames dos EUA. Durante a campanha para a presidência da República, ele fizera uma viagem a Cuba (abril de 1960), onde Fidel Castro começara a erradicar os investimentos norte-americanos e inflectia cada vez mais para a esquerda, e seu propósito consistiu em produzir "muito mais um acontecimento de política interna brasileira do que de política externa continental", conforme, posteriormente, seu próprio ministro das Relações Exteriores, Afonso Arinos de Melo Franco, salientou[2]. Mas, desde então, Quadros fixara as diretrizes de uma política externa independente de Washington e que se assemelhavam às da *terceira posição*, preconizada por Perón, constituindo seu *point d'honneur* a defesa da autodeterminação e da não intervenção em Cuba.

O Brasil começou assim a conduzir sua política exterior com maior autonomia, o que não só explicitou como, ao inclená-lo para o neutralismo, engravesceu as divergências com os EUA, subjacentes na OPA[3]. Com efeito, o mérito de Kubitschek, ao promover a OPA e tentar obter a coesão da América Latina, fora, de acordo com a opinião de Afonso Arinos de Melo Franco, o de "formalizar os novos aspectos da política continental em termos políticos e não técnicos (como CEPAL) e forçar orientações governativas, inclusive dos EUA"[4], que lançaram, como resposta, o programa da Aliança para o Progresso. Ela representara, precisamente, um protesto contra a desigualdade de condições econômicas no hemisfério, uma advertência pública quanto ao perigo latente, uma vez que a América Latina, devido ao seu estado de subdesenvolvimento, poderia aproximar-se dos países comunistas[5]. Quadros percebera, porém, que a OPA não tivera suficiente eficácia para alcançar seus objetivos, porque a América Latina perdia a capacidade de negociação, na medida em que se colocava *a priori* e incondicionalmente ao lado do Ocidente, na guerra fria, confiando apenas em critérios da razão e em sentimentos de generosidade. E a independência com que tratou de conduzir a política exterior do Brasil exprimiu, portanto, uma transformação qualitativa, a consciência da necessidade de não comprometer-se com a prévia tomada de posições, ao sinalizar com a possibilidade de evoluir francamente para o neutralismo *vis-à-vis* do conflito Leste-Oeste, caso não viesse a contar com a devida cooperação dos EUA para o seu desenvolvimento econômico.

A aliança com a Argentina, por modo a consolidar a unidade dos países da América do Sul, tornou-se fundamental, naquelas circunstâncias. E pouco mais de um mês depois de inaugurar sua administração, Quadros autorizou o Itamaraty a iniciar gestões para que ele tivesse um encontro com Frondizi. A iniciativa, no entanto, começou a defrontar-se com resistências dentro da Casa Rosada e do Palácio San Martin. Embora não fosse fácil com clareza perceber as razões pelas quais o entusiasmo com a perspectiva do encontro entre os dois presidentes decrescera, pareceu ao embaixador do Brasil em Buenos Aires, Aguinaldo Boulitreau Fragoso, que alguns círculos da Chancelaria não aceitavam a existência de uma agenda prévia e que outros veriam com desagrado Frondizi mais uma vez cruzar a fronteira, dado que Kubitschek não cumprira várias promessas de retribuir as visitas que ele e Aramburu fizeram ao Brasil[6]. Além do mais, certos setores das Forças Armadas, cujas relações com Frondizi se tornavam cada vez mais tensas, não escondiam suas restrições ao encontro, desconfiados de que se vinculasse ao caso de Cuba, no qual a Argentina acabara de intervir, fazendo gestões conciliatórias[7]. E o fato de que o Brasil parecia inclinar-se para o neutralismo afro-asiático, devido ao estilo teatral e aos objetivos publicitários de Quadros, alarmara-os ainda mais. O almirante Gastón C. Clement, secretário da Marinha, sugerira a Frondizi a postergação do encontro, até que a situação se aclarasse, a fim de evitar "*nuevas y serias comociones internas en el país*", uma vez que a política exterior de Quadros se lhe afigurava como um "*franco viraje a la izquierda, comunista o procomunista*"[8].

Conforme o depoimento de Frondizi, também a Embaixada americana em Buenos Aires desconfiou dos objetivos do encontro e manifestou-se contrária à sua realização, pois os EUA temiam a aliança entre a Argentina e o Brasil, que "significaria não apenas a soma de dois países e sim a multiplicação de forças e de potencialidades"[9].

O entendimento entre esses dois maiores países do Cone Sul multiplicaria realmente sua capacidade de negociação, porque, aumentando ainda mais o potencial de que dispunham, eles poderiam formar outro polo de atração, em torno do qual o Paraguai, Uruguai e Bolívia agregar-se-iam, e contrapor-se à tradicional política norte-americana de balcanização da América Latina. O Chile talvez resistisse, inicialmente, devido aos litígios com a Argentina. Frondizi era muito detestado em Santiago, mormente depois da visita que realizara à Antártida e que fora considerada como afronta em Santiago[10]. E a notícia de que Quadros o encontraria, divulgada logo depois que assumira a presidência da República, provocara ciúmes e levara o governo do presidente Jorge

Alessandri a temer que o Brasil passasse a apoiar as pretensões da Argentina e abandonasse sua política de tradicional aproximação com o Chile, "entregando-o assim ao seu próprio destino, entre vizinhos hostis e mal-intencionados"[11]. Não obstante, mais cedo ou mais tarde, a necessidade de equacionar e enfrentar os problemas de desenvolvimento, comum a toda a América Latina, induziria o Chile, para não ficar isolado e enfraquecer-se, a formar ao lado da Argentina e do Brasil e completar finalmente o ABC, o famoso eixo que o Barão do Rio Branco, na primeira década do século XX, imaginara e Perón, nos anos 50, tentara restabelecer com Vargas e Ibañez.

Esta perspectiva certamente não convinha aos interesses dos EUA, sobretudo em uma conjuntura em que as tendências nacionalistas no Brasil se robusteciam e condicionavam sua política exterior. Provavelmente por essa razão, Frondizi, com o objetivo de tranquilizar o governo de Washington, escreveu uma carta ao presidente Kennedy, na qual, após referir-se aos antigos laços de amizade entre a Argentina e os EUA, e os motivos que o levaram a estreitar a colaboração entre os dois países, descreveu em detalhes a situação econômica da América Latina e advertiu-o para os perigos que advinham do subdesenvolvimento[12]. Essa iniciativa constituiu uma preparação de terreno para o encontro com Quadros e talvez também visasse a influir sobre as negociações econômicas e financeiras em curso entre o Brasil e os EUA e às quais a Argentina estava a opor resistência, conforme o Departamento de Estado observara[13]. A interpretação fora a de que Frondizi receava que o Brasil obtivesse substancial auxílio, no momento em que promovia uma política exterior independente, enquanto a Argentina se vira na contingência de seguir estrita e rigorosamente as diretrizes internacionais dos EUA para conseguir assistência financeira[14]. Tais informações e comentários de autoridades do Departamento de Estado para o encarregado de negócios do Brasil, ministro Carlos Alfredo Bernardes, tinham quiçá o objetivo de provocar suspicácias, visto que os EUA sempre especularam com a rivalidade entre a Argentina e o Brasil. Entretanto, quaisquer que fossem as intenções dos EUA, o encontro se realizou. No dia 20 de abril de 1961, cerca de dois meses e meio após a inauguração do seu governo, Quadros viajou para Uruguaiana, fronteira do Brasil, ligada por uma ponte a Paso de los Libres, na Argentina, onde se reuniu com Frondizi. Durante três dias, os dois presidentes conversaram sobre as relações bilaterais entre a Argentina e o Brasil, bem como sobre os problemas da América Latina *vis-à-vis* dos EUA, e concordaram em afastar as desconfianças que os dois países reciprocamente alimentavam, e superar a antiga rivalidade, por um esforço comum de cooperação[15]. Comprometeram-se então a retirar as tropas estacionadas nas suas fronteiras e decidiram criar um sistema permanente de consulta, com a designação de um oficial do Exército brasileiro, que deveria ficar em Buenos Aires, encarregado de manter contacto semanal com a presidência da Argentina. Os dois presidentes entenderam igualmente que a Argentina e o Brasil não mais deviam competir para influenciar os países vizinhos, como o Paraguai, Uruguai, Bolívia e Chile, e sim coordenarem esforços para os desenvolver. Frondizi, porém, não aceitou a formação de um bloco neutralista no Cone Sul, conforme Quadros sugerira, pois sua opinião era no sentido de que a Argentina e o Brasil deviam resistir aos EUA, sem deles se afastar[16]. Quanto ao incremento do comércio, de acordo com sua opinião, a cooperação entre a Argentina e o Brasil devia partir do princípio de que ambos estavam em rápido processo de industrialização e ofereciam mercados com crescente capacidade aquisitiva para absorver reciprocamente manufaturas produzidas nos dois países. Seu principal interesse não consistia somente na venda de cereais ao mercado brasileiro, mas, também, de produtos industrializados da Argentina, que estava a executar um plano de desenvolvimento para autoabastecer-se de petróleo e, com a instalação de grandes fábricas, quintuplicar a produção de automotores e borracha sintética, assim como duplicar a produção de aço. Não podia aceitar, portanto, que o Brasil continuasse a comprar apenas matérias-primas, grãos sobretudo da Argentina e a vender-lhe manufaturados de aço, tais como veículos, maquinaria e material ferroviário[17]. Frondizi ponderou que a Argentina, havia um século, mantinha esse tipo de intercâmbio com a Grã-Bretanha e não estava disposta a substituir uma dependência pela outra. E Quadros anuiu aos seus argumentos, o que resultou na fixação do princípio de que o intercâmbio entre as repúblicas latino-americanas devia buscar a diversificação e enriquecimento, bem como repelir qualquer intuito de perpetuar a desigualdade entre elas[18].

Quadros e Frondizi acompanharam diretamente a elaboração dos textos da Convenção de Amizade e Consulta e da Declaração de Uruguaiana. O primeiro, assinado pelos chanceleres Afonso Arinos de Melo Franco, do Brasil, e Diógenes Taboada, da Argentina, instituía um sistema permanente de consulta e informações, defendia maior integração entre a Argentina e o Brasil nos campos econômico, financeiro, judiciário e cultural, prometia legislação para permitir a livre circulação aos nacionais dos dois países e terminava por facultar a outros Estados latino-americanos a adesão a esse protocolo. A Declaração de Uruguaiana, firmada pelos dois chefes de Estado, estabelecia a ação comum do Brasil e da Argentina na solução dos problemas internacionais; a preservação por ambos da democracia e da liberdade em benefício do desenvolvimento nacional de cada um; a repulsa tanto à interferência de poderes extracontinentais na América Latina quanto à intervenção na soberania das nações; a necessidade de ação conjunta continental em defesa da estabilidade política e social dos países da América; por fim, o reconhecimento de que o esforço nacional era inerente ao desenvolvimento, o que implicava a defesa dos recursos básicos[19].

As terríveis tensões entre Frondizi e as Forças Armadas, que o mantinham sob tutela, transpareceram, então, quando ele aprovou o texto definitivo de uma cláusula da Convenção de Amizade e Consulta, sobre a qual antes houvera alguma controvérsia, e o ministro Diógenes Taboada inesperadamente lhe perguntou: "O presidente não vai consultar?". Conforme o depoimento de Afonso Arinos de Melo Franco, após um segundo de perplexidade, Frondizi, sorrindo, retrucou: "Mas consultar a quem?"[20]. Ele sabia, evidentemente, que Taboada se referira às Forças Armadas, das quais alguns oficiais superiores acompanharam sua comitiva e estavam sempre presentes na sede dos encontros, embora não participassem diretamente das conversações. E aquela situação fora tão humilhante e constrangedora que Quadros, a quem o incidente com Taboada parecera "muito grave", comentou, depois, com Afonso Arinos de Melo Franco, que "um presidente não deveria nunca submeter-se a isso"[21]. De fato Frondizi submetera-se à tutela das Forças Armadas, se bem que intentasse resistir e atuar com alguma autonomia, sobretudo na política externa, como aconteceu, ao assinar o Convênio de Uruguaiana. Este acordo causou forte reação em Buenos Aires. A oposição acusou Frondizi de colocar a Argentina a reboque do Brasil e o Senado procrastinou *ad eternum* sua ratificação[22]. Os militares argentinos temiam que Quadros viesse a adotar posições extremas nas questões internacionais e preocupava-os, fundamentalmente, a defesa que ele fazia da autodeterminação e da não intervenção em Cuba.

Em Santiago do Chile, porém, não houve chileno que não visse o pacto argentino-brasileiro com enorme apreensão e não o atribuísse a um plano dos dois países, visando à formação de um bloco político e ao estabelecimento de uma hegemonia dual, altamente perigosa para o resto da América Latina[23]. O próprio presidente Jorge Alessandri, na ocasião, expressou ao embaixador do Brasil, Fernando Ramos de Alencar, "palavras repassadas de surpresa, alarma e profunda decepção"[24]. E quando Frondizi, pouco tempo depois visitou o Chile, o presidente Jorge Alessandri também lhe expressou a preocupação com o estabelecimento de blocos políticos, pois julgava que prejudicariam a unidade do continente[25]. Frondizi argumentou que uma frente comum dos países de maior peso na América Latina não deixaria de produzir resultados benéficos do ponto de vista estritamente político[26]. Em realidade, porém, a Argentina tinha cada vez menos condições para articular e formar qualquer bloco político, juntamente com o Chile e o Brasil, a fim de sustentar uma espécie de neutralismo potencial e pressionar os EUA a cooperarem com o desenvolvimento da América Latina. Alessandri, do mesmo modo que Quadros em Uruguaiana, observara que os militares, especialmente os do Exército e os da Aeronáutica, responsáveis por tantas crises de governo, mantinham Frondizi em "estado de permanente vigilância"[27]. Até a Marinha de guerra, a mais disciplinada das três armas, mandara a Viña del Mar, por sua própria conta, i.e., à revelia de Frondizi, um observador seu, o comandante Ledesma, com a incumbência de fiscalizá-lo[28]. Esse fato foi revelado ao subsecretário do Ministério das Relações Exteriores do Chile, Carlos Valenzuela Montenegro, pelo secretário-geral do Ministério das Relações Exteriores da Argentina, embaixador Oscar Camilión, ao notar a presença daquele oficial no recinto da conferência. Por essa razão, Frondizi, com a compreensão de Alessandri, evitou o exame da delicada questão dos protocolos de limites e navegação nos canais do sul, em tramitação nos congressos de ambos os países, para não ferir a suscetibilidade das Forças Armadas e constituir a "causa determinante da derrocada do regime legal na Argentina"[29]. A Declaração de Vina del Mar, firmada pelos dois presidentes, referiu-se, entretanto, à existência de uma "perspectiva sul-americana", que podia não ser coincidente com a dos EUA, em todos os casos e circunstâncias, *vis-à-vis* dos problemas do Caribe, e alinhou o Chile com a Argentina e o Brasil, de modo que pudessem opinar e influir sobre os rumos a serem seguidos, em face dos problemas do continente e do mundo[30].

Assim, conquanto o clima de desconfiança ainda persistisse por algum tempo, o Chile, tendo como chanceler um jovem representante do Partido Radical, Carlos Martinez Sotomayor, tratou de acercar-se tanto da Argentina quanto do Brasil, com uma política exterior, que o chanceler Carlos Martinez Sotomayor denominou de "pacifismo ativo", apoiando incondicionalmente os princípios de não intervenção e de autodeterminação dos povos[31]. A sustentação desses princípios, que implicava a defesa de Cuba contra a intervenção dos EUA, já se tornava, porém, cada vez mais um problema de política interna, não só na Argentina, como também no Brasil. A UDN, embora participasse do governo Quadros, desencadeara, sob a liderança de Carlos Lacerda, violenta campanha contra as diretrizes da política externa independente. Afonso Arinos de Melo Franco, membro daquele partido, o qual ele próprio qualificaria, posteriormente, como "militarista e conservador"[32], ressaltou em suas memórias que, como ministro das Relações Exteriores do governo Quadros, foi entre os seus correligionários que encontrou a "mais cruel incompreensão", enquanto os trabalhistas, adversários do governo, nunca lhe regatearam apoio[33]. Conforme seu depoimento, foi Carlos Lacerda "quem mais contribuiu para incutir no meio militar" a ideia de que a chamada política externa independente "facilitava a implantação do comunismo no Brasil", e esta campanha teve o respaldo de certos grupos econômicos, que receavam uma política externa considerada "infundadamente como esquerdista", e da "imprensa beneficiada pelas agências norte-americanas"[34]. Realmente, sobretudo depois do fracasso da invasão de Cuba (Baía dos Porcos), organizada pela CIA e iniciada em 16 de abril de 1961, quatro dias antes do encontro de Quadros com Frondizi, os EUA intensificaram as pressões, tratando inclusive de influenciar a política interna, tanto no Brasil quanto na Argentina, a fim de compelir seus governos a concordarem com uma intervenção direta contra o regime de Fidel Castro, sob o manto legal da OEA[35]. No Brasil, o embaixador John Moors Cabot, que já servira na Argentina e tivera ativa participação na luta contra Perón, criticou abertamente a política externa independente do Brasil, em obediência a instruções do Departamento de Estado, o que provocou um incidente diplomático, pois Quadros, em público, repeliu-o, e ele foi removido do Rio de Janeiro. Por sua vez, como o cientista político francês Alain Rouquié observou, o embaixador Roy Rubottom, na Argentina, também "fez caso omisso da reserva diplomática e do princípio de não intervenção", imiscuindo-se até na luta entre facções militares, o que levou Frondizi a solicitar ao presidente John Kennedy sua transferência de Buenos Aires[36]. Entretanto, de acordo com Rouquié, a missão militar norte-americana e alguns serviços da Embaixada seguiram adiante, mais discretamente por certo, com a política de Rubottom[37]. O mesmo aconteceu no Brasil, onde Afonso Arinos de Melo Franco apontou a "infiltração da propaganda norte-americana da guerra fria no meio dos oficiais superiores das Forças Armadas" como um dos fatores da oposição à política exterior do governo de Quadros[38].

Sem dúvida alguma, através das missões militares e da JID, os EUA exerciam sobre as Forças Armadas da América Latina considerável influência política e ideológica, espessada pela assistência material, e a utilizaram, direta e/ou indiretamente, em suas tentativas de compelir a Argentina e o Brasil a concordarem com a intervenção em Cuba. De qualquer forma, a política do presidente John Kennedy (1961-1963) para a América Latina, sobretudo no afã de recuperar o prestígio dos EUA após o fiasco da Baía dos Porcos, ativou e favoreceu esse instrumento de pressão. Conquanto Kennedy adotasse, como um dos pressupostos da Aliança para o Progresso, a diretriz de não reconhecer governos que resultassem de golpes de Estado ou revoluções e não obedecessem às normas do regime democrático-representativo, ou seja, não realizassem eleições livres e periódicas, foi durante sua administração que os EUA mais incentivaram as Forças Armadas, percebidas como a organização social mais estável e modernizadora, a participarem da política interna em seus respectivos países, através de ações cívicas e da contrainsurreição, a pretexto de impulsionar o desenvolvimento econômico e social e conter o avanço interior do comunismo. O papel de polícia atribuído aos militares latino-americanos, pelo Departamento de Defesa dos EUA, complementou a mutação da estratégia de segurança do hemisfério, até então baseada na hipótese de uma "agressão extracontinental", em estratégia de contrainsurreição, que apontava como principal ameaça o "inimigo interno" e deveria ser, portanto, mais dinâmica, tanto terapêutica quanto profilática, visando a derrotar a subversão, onde quer que ela se manifestasse, e a impedir que surgissem no continente outros regimes como o de Fidel Castro. Destarte, mesmo que os oficiais norte-americanos, em serviço nas missões militares e na JID, se abstivessem de incitar seus colegas da Argentina e do Brasil, ou de outros países, a se oporem à defesa da autodeterminação e da não intervenção em Cuba, a própria doutrina da contrainsurreição, na medida em que considerava a subversão, o "inimigo interno", principal ameaça à segurança nacional, contrapunha as Forças Armadas, na América Latina, aos seus respectivos governos, cuja política exterior lhes parecesse acumpliciada ou tolerante com o avanço do comunismo.

A contradição entre essas doutrinas — ação cívica e contra-insurreição — e os compromissos legalistas da Aliança para o Progresso aguçou-se no curso de 1961. Em 18 de agosto de 1961, após a reunião do CIES, em que os EUA oficializaram a Aliança para o Progresso, Frondizi recebeu em Buenos Aires, secretamente, o comandante Ernesto Che Guevara, ministro da Indústria de Cuba, com o propósito de insistir no oferecimento dos bons ofícios da Argentina para mediar o conflito entre Washington e Havana. Não conseguiu, porém, conservar o segredo, e a notícia, ao propalar-se, indignou a oficialidade que quase se insurgiu para depor o governo[39]. Quatro dias depois, em 22 de agosto, Quadros, publicamente, recebeu Guevara em Brasília e o condecorou com a Ordem do Cruzeiro do Sul. Ao contrário de Frondizi, ele contava com o "decidido apoio, sem receio nem interesses" das Forças Armadas[40], apesar das restrições que parte destas faziam à política exterior, mas seu ato assumiu o caráter de provocação e irritou muitos oficiais superiores que devolveram suas comendas, como demonstração de protesto. Dois dias depois, o marechal Odílio Denys, ministro da Guerra, submeteu previamente a Quadros a nota a ser lida nas comemorações do Dia do Soldado e na qual condicionava o respeito à autodeterminação dos povos — defendida pelo Brasil como princípio irrestrito do direito internacional — à realização de eleições livres e periódicas e condenava "qualquer forma de intervenção ideológica e subversão política", que constituíam os requisitos para a aplicação contra Cuba das penalidades jurídicas e políticas do sistema interamericano. O texto cobrava também observância dos compromissos com as nações "democráticas e cristãs", reproduzindo, exatamente, a diretriz que os EUA tentaram compelir o Brasil a aceitar, após o fracasso da invasão da Baía dos Porcos[41].

Na noite do mesmo dia, 24 de agosto de 1961, Carlos Lacerda, governador do estado da Guanabara[42], compareceu à televisão para denunciar que Quadros articulava um golpe de Estado, levando-o assim a renunciar à presidência do Brasil, na manhã seguinte, com o objetivo de criar um impasse institucional e coagir o Congresso a outorgar-lhe a soma dos poderes legislativos, uma vez que os ministros militares — marechal Odílio Denys (Guerra), almirante Sílvio Heck (Marinha) e brigadeiro Gabriel Grun Moss (Aeronáutica) — pertencentes à ala conservadora das Forças Armadas, haveriam de preferir seu retorno ao cargo a permitir que João Goulart, como vice-presidente, assumisse o governo[43]. A manobra fracassou. O governador Leonel Brizola levantou o Rio Grande do Sul, e o III Exército, o mais poderoso do Brasil, com ele se alinhou na defesa da legalidade e da posse de Goulart na presidência da República. E, aí, as contradições da política norte-americana, entre a doutrina de segurança, que considerava como principal ameaça o "inimigo interno", e os compromissos legalistas da Aliança para o Progresso evidenciaram-se. O presidente Kennedy sofreu pressões para intervir e evitar que Goulart assumisse o governo, mas não as aceitou[44]. E, segundo o depoimento do almirante Sílvio Heck, ministro da Marinha, enquanto informes extraoficiais da CIA e do Pentágono, bem como a comunidade empresarial norte-americana no Brasil, instigavam os militares a consumarem o *coup d'État*, impedindo, de qualquer modo, a posse de Goulart, devido às suas supostas vinculações com o comunismo, outras notícias alertavam para o fato de que, caso a ruptura da ordem constitucional acontecesse, a administração de Kennedy suspenderia o apoio financeiro ao Brasil, de acordo com os compromissos da Carta de Punta del Este, que instituíra a Aliança para o Progresso[45]. Destarte, sem apoio popular e com as Forças Armadas profundamente cindidas, os ministros militares, receando também não obterem o reconhecimento dos EUA, aceitaram uma solução negociada, mediante a qual Goulart assumiu a presidência do Brasil, mas dentro de um regime parlamentarista, implantado durante a crise pelo Congresso.

A renúncia de Quadros e a subsequente tentativa de golpe militar contra a ascensão de Goulart ao governo constituíram não apenas um fenômeno interno do Brasil, porém a primeira manifestação mais espetacular de uma crise continental, que começava a estremecer os regimes democráticos, nos países da América Latina, onde o conflito entre Cuba e os EUA tornava-se, igualmente, um problema de política nacional, exprimindo e, ao mesmo tempo, aguçando suas próprias contradições sociais. Àquela época, assim como na Argentina e no Brasil, a situação também se configurou instável no Equador e começou a evoluir para um confronto social, que o litígio fronteiriço com o Peru e a questão de Cuba, como fatores de fermentação política, poderiam precipitar. O embaixador do Brasil em Quito, José Jobim, percebeu que existiam no Equador condições propícias para a eclosão de uma revolução, como ocorrera na Bolívia e em Cuba. A massa do povo equatoriano, composta de índios, cujo *status* social era o de pária, vivia em "níveis de pauperismo aterradores" e, sem qualquer perspectiva de progresso, não encontraria saída para sua miséria "fora da subversão social", uma vez que a elite demonstrava "impermeabilidade" para compreender que uma situação como aquela não mais podia manter-se[46]. Segundo o embaixador José Jobim, se o comunismo ali triunfasse, a URSS passaria a dominar o arquipélago dos Galápagos e a ameaçar o Canal do Panamá, bem como parte da costa do Pacífico, cercar a América Latina, dado que já exercia influência sobre Cuba, no Atlântico, o que tornava este perigo mais grave do que nunca[47].

Um incidente, provocado por simpatizantes de Fidel Castro, nas fraldas do Pichincha, perto de Quito, delatou aos serviços secretos, já informados sobre contrabando de armas através dos portos de Esmeralda e San Lorenzo, a existência de grupos que faziam exercícios militares e se adestravam, provavelmente com financiamento de Cuba, para atividades de guerrilha, combates de rua, manejo de armas portáteis e emprego de explosivos[48]. E a oportunidade para a deflagração do movimento revolucionário ainda se apresentava mais favorável, diante da crescente possibilidade de um conflito armado com o Peru, uma vez que o Equador denunciara, unilateralmente, o Protocolo do Rio de Janeiro, de 1942, por considerá-lo inexequível e, em seguida, nulo, depois que um levantamento aerofotogramétrico, realizado pela Força Aérea dos EUA, descobrira um terceiro sistema fluvial, o Rio Cenepa, e evidenciara, portanto, que era inexistente o *divortium aquarum* dos rios Zamora e Santiago, pelos quais passaria a linha de fronteira entre os dois países.

A proclamação da nulidade do Protocolo do Rio de Janeiro não só desencadeara uma corrida armamentista com o Peru, que a repelira, como também provocara tensões com os EUA, Brasil, Argentina, Chile, compelindo-os a emitirem, na condição de garantes, uma declaração contrária à tese do presidente do Equador, José Maria Velasco Ybarra, segundo a qual era permitido a um país denunciar, unilateralmente, um documento internacional, perfeito e acabado. Cuba foi o único Estado, nas Américas, a justificar e a defender essa tese, e Velasco Ybarra, em contrapartida, endureceu a oposição à política dos EUA e passou cada vez mais a escorar-se, internamente, na esquerda, cujas pressões recresceram, a fim de o forçar a cumprir a promessa de promover a reforma agrária. Em decorrência, a propaganda em favor da distribuição de terras agitou os índios, muitos dos quais possuíam armas, fornecidas, segundo os informes, por agentes de Cuba. E as contradições internas e externas do Equador exacerbaram-se, destarte, em meio de aguda crise econômica e financeira, que ameaçava paralisar o próprio Estado, que nem sequer possuía recursos para o pagamento do funcionalismo. As reservas monetárias caíram de US$ 39 milhões para US$ 18 milhões, e o déficit fiscal saltou de 297 milhões para 590 milhões de sucres[49]. Àquela altura, meados de 1961, talvez Velasco Ybarra, que as Forças Armadas anteriormente derrubaram duas vezes do governo, desejasse valer-se do caos e proclamar-se ditador, conforme a sua incoercível vocação[50]. E ele utilizou a campanha contra o Protocolo do Rio de Janeiro com o objetivo de intimidar seus adversários políticos, apontando como traidores da pátria os que discordavam de sua atitude. Mas a oposição ao governo avolumou-se. Muitos consideraram criminosa a decisão de declarar nulo o Protocolo do Rio de Janeiro, visto que podia conduzir a uma guerra contra o Peru, sem que o Equador estivesse, moral e militarmente, preparado. E, em tais circunstâncias, temeu-se pela sua preservação como Estado soberano e independente[51].

Este era um problema que preocupava o Brasil, pois a Colômbia, respaldando o Equador na questão de limites, procurava atraí-lo para sua órbita, a fim de enfraquecer o Peru, na região da Amazônia. Deste modo, ela poderia absorvê-lo, conforme sua aspiração, e assumir a liderança do noroeste da América do Sul. O Brasil não se opunha à integração econômica e cultural da Colômbia, Venezuela e Equador, mas não aceitaria que tal processo visasse à reconstituição política da Grã-Colômbia, em que o vice-reino da Nova Granada se transformara, quando Simón Bolívar libertara aquelas colônias do domínio da Espanha, em 1819[52]. Esta ressurgência inevitavelmente estimularia, mais cedo ou mais tarde, tentativas para reconstituir o vice-reino do Rio da Prata, o que seria "inadmissível" para o Brasil, cuja política exterior sempre tivera como pedra angular a manutenção do *status quo* territorial da América do Sul[53]. De qualquer forma, o Brasil, de acordo com a opinião do embaixador José Jobim, tinha direito e vital interesse em evitar que tanto o Peru quanto a Colômbia crescessem e se fortalecessem a expensas do paulatino desmembramento do Equador, modificando assim o equilíbrio de forças no

Pacífico, onde o Chile já não mais contava como força militar, e gerando intranquilidade no continente[54]. Também não convinha ao Brasil que o castrismo viesse a prevalecer no Equador e, por esta razão, *inter alia*, seu esforço consistiu em obrigá-lo a aceitar a linha de fronteira, tal como fora estabelecida pelo Protocolo do Rio de Janeiro.

Diante de tal situação, as Forças Armadas do Equador, preocupadas com os rumos dos acontecimentos, exigiram de Velasco Ybarra uma definição contra o comunismo. E ele teve de recuar. Obrigou seus ministros de Estado a declararem "inoportuna" e condenarem a viagem a Moscou do vice-presidente Carlos Julio Arosemena Monroy, que se recusara a suspendê-la e já participava de várias conspirações para assumir ele próprio a chefia do governo[55]. Velasco Ybarra também arrefeceu a defesa da não intervenção em Cuba, cuja interferência nos assuntos internos do Equador a imprensa começara a denunciar, acusando seu cônsul em Guaiaquil, Adolfo Marti, de estar diretamente envolvido em um plano para assassinar várias personalidades políticas, entre as quais o próprio Velasco Ybarra[56]. Muito provavelmente esse plano fora engendrado pela CIA, uma vez que seus agentes se empenhavam para provocar a ruptura das relações entre o Equador e Cuba[57]. Não era crível que o governo de Havana pretendesse eliminar, exatamente, o presidente de um país, que resistia às pressões dos EUA para o isolar e o destruir, e ainda mais corresse o risco de permitir que um funcionário do seu serviço consular participasse de atos de terrorismo individual. Em todo caso, o cônsul Adolfo Marti retirou-se imediatamente de Guaiaquil, sem sequer dar satisfação à polícia, e esse episódio comprometeu a já precária situação do embaixador Rodriguez Salveira[58], cuja expulsão o Partido Social-Democrata e o Partido Conservador estavam a reclamar. Contudo, o recuo de Velasco Ybarra, atacando o comunismo e arrefecendo a defesa da não intervenção em Cuba, não amenizou a crise política, antes a engravesceu. A esquerda inflectiu para a oposição, passou a realizar, no curso do segundo semestre de 1961, grandes manifestações contra o governo, e uma rebelião popular, deflagrada a partir de um ato da Federação dos Estudantes Universitários do Equador (FEUE), sacudiu a cidade de Cuenca, capital da Província de Aguay, durante vários dias, apesar da intervenção do Exército e da decretação da Lei Marcial. Impressionado com o espraiamento da onda de violência e com o crescimento da liderança de Arosemena Monroy, que se lhe afiguravam como evidente avanço do comunismo, o general Victor Aulestia, chefe do Estado-Maior das Forças Armadas, tratou de aplicar então o dispositivo de segurança contra a subversão da ordem. Mas a agitação alastrou-se a outras cidades e atingiu o ápice, quando Velasco Ybarra, depois de arrostar em Cuenca a onda de protestos, viajou para Guaiaquil e, no momento em que se dirigia ao aeroporto, a fim de tomar o avião e regressar a Quito, defrontou-se com centenas de estudantes, que irromperam no caminho e lhe interceptaram o automóvel, com a intenção de atacá-lo. Entre ordenar aos soldados que abrissem passagem a bala ou regressar à cidade, ele preferiu a segunda alternativa e se recolheu à base militar. A massa, entretanto, não se conteve. Estudantes, operários e outros elementos do povo lançaram-se contra os edifícios públicos, em Guaiaquil, como alguns dias antes acontecera em Cuenca. E as Forças Armadas, de acordo com o dispositivo de segurança anticomunista, intervieram e dispersaram as multidões, a rajadas de metralhadoras. Vários estudantes e trabalhadores, alguns mortos, feridos outros, tombaram também em Quito. E, assim, o sangue derramado comoveu e revoltou todo o país. Os partidos de oposição concentraram-se em torno de Arosemena Monroy, que acusou Velasco Ybarra de rasgar de fato a Constituição e, na condição de vice-presidente da República e presidente do Congresso, avocou para si a autoridade do governo. Os comandantes das Forças Armadas, com os quais ele se incompatibilizara em virtude da viagem a Moscou e de suas relações com a esquerda, emitiram uma proclamação, condenando sua "insólita atitude" e declarando completo apoio a Velasco Ybarra, ao mesmo tempo em que tomaram diversas medidas de segurança, inclusive contra a liberdade de imprensa[59].

O governo, por um instante, pareceu triunfar. Velasco Ybarra, que finalmente retornara a Quito, passou toda a tarde do dia 6 de novembro a visitar as unidades militares, e seu diretor-geral de Segurança prendeu Arosemena Monroy, quando ele e outros parlamentares se retiravam do Palácio Legislativo. O Batalhão Chimborazo, com quartel em Quito, rebelou-se, então, por considerar tal medida inconstitucional. E o conflito irrompeu, demonstrando a fratura das Forças Armadas, o que levou o Alto Comando, após estabelecer um cessar-fogo, a entregar o poder ao presidente da Suprema Corte de Justiça, Camilo Gallego Toledo, sob a alegação de que, se Velasco Ybarra violara a Constituição, Arosemena Monroy também o fizera e, portanto, nenhum dos dois poderia ficar à frente do governo. Esta fórmula visava a encapar um golpe de Estado, preservando formalmente os aspectos legais da sucessão, de maneira a evitar que a administração de Kennedy suspendesse a ajuda econômica, ou seja, dois empréstimos, que totalizavam US$ 9,7 milhões, recém-concedidos ao Equador[60]. Contudo, a Federação dos Estudantes Universitários do Equador, a Central dos Trabalhadores Equatorianos, a União Revolucionária da Juventude Equatoriana e os partidos de esquerda, com respaldo de vários setores das próprias Forças Armadas, não aceitaram a entrega do poder ao presidente da Suprema Corte de Justiça, Camilo Gallego Toledo, e passaram a exigir o respeito à Constituição, i.e., a ascensão de Arosemena Monroy ao governo, o que, naquele contexto, significaria igualmente um golpe de Estado, porquanto Velasco Ybarra não renunciara. Apenas se refugiara na Embaixada do México, juntamente com a família, salientando que continuava como presidente da República e não pedira asilo. Aí, naturalmente, uma situação inusitada e controversa configurou-se. Porém de um modo ou de outro, Arosemena Monroy, que fora conduzido à Base Aérea, retornou livre ao Palácio Legislativo, onde a unanimidade dos congressistas aprovou moção investindo-o imediatamente no cargo de presidente do Equador. E, assim, a dualidade de poderes estabeleceu-se, e a perspectiva de iminente guerra civil delineou-se. Com efeito, enquanto tropas e tanques do Exército cercavam o Palácio Legislativo, tinha-se como certo, na manhã do dia 8 de novembro, que forças do norte, bem como parte do Batalhão Chimborazo, estacionado no oriente, avançariam sobre Quito. No entanto, o que decidiu, rapidamente, o desfecho da contenda foi a posição da Aeronáutica. No momento em que seus aviões atacaram os tanques, postados em torno do Palácio Legislativo, evidenciou-se que ela se alinhara com Arosemena, o que levou Camilo Gallego Toledo a renunciar formalmente à presidência da República, solucionando o impasse político e militar.

A evolução dos acontecimentos no Equador, não obstante as especificidades nacionais, apresentou, sob alguns aspectos, certa similitude com os sucessos que, cerca de dois meses antes, abalaram o Brasil, a partir da renúncia de Quadros à presidência da República. Empenhada em favor da ruptura de relações com Cuba, a CIA fomentara a agitação no Equador, sem saber se sua direção ou o Departamento de Estado queriam ou não a queda de Velasco Ybarra e correndo o risco de que o poder resvalasse para as mãos de Arosemena Monroy[61], cujas ligações com a esquerda o tornavam tão indesejável para os interesses e objetivos dos EUA quanto

Goulart o fora no Brasil. E quando a crise política se aprofundou, levando o Poder Legislativo ao confronto com os comandantes militares, que intentavam impedir a ascensão do vice-presidente à chefia do governo, coube à esquerda lançar-se às ruas para defender a legalidade e exigir o respeito à Constituição, como acontecera no Brasil. Destarte, subversão não houve, mas, sim, inversão de papéis, o que provocou, naturalmente, a divisão das Forças Armadas. E o desfecho não só não correspondeu como contrariou os objetivos de enfraquecer a defesa de Cuba, colimados pela CIA e pelo Pentágono.

Quando a vitória do movimento popular ocorreu no Equador, o encarregado de negócios do Brasil, Lindolfo Leopoldo Collor, observou que era "flagrante a dívida contraída pelo atual governo do Dr. Arosemena com a conspiração castrista e a rebelião esquerdista, que ajudaram a levá-lo ao poder, a preço de sangue"[62]. E os EUA não poderiam deixar de reconhecê-lo. O Brasil também, tanto que a Embaixada em Quito recebeu instruções de manter normalmente os contactos com as novas autoridades, como se a mudança do presidente da República houvesse resultado das normas constitucionais. Efetivamente, o novo governo do Equador argumentava que a sucessão presidencial ocorrera dentro dos marcos da legalidade, em que o vice-presidente tivera de assumir o poder, como consequência de um movimento popular e militar, que se desencadeara, visando a restaurar a Constituição, violada por Velasco Ybarra[63]. Arosemena Monroy cercara-se, assim, de uma "ideologia legalista"[64], mas o diplomata brasileiro logo avaliou que seu governo não tinha maiores possibilidades de êxito do que o anterior[65]. Ele herdara, segundo Collor, "uma estrutura feudal, um país de riqueza agropecuária presa das flutuações dos preços internacionais, uma sociedade cheia de preconceitos contra a maioria da população de origem indígena, um sistema de trabalho semiescravo, uma história responsável pela psicologia amargurada e descrente do povo"[66], tornando o Equador um "exemplo de processo econômico e social", que parecia "feito sob receita para ilustrar uma ocasional perfeição de análise marxista"[67]. Entretanto, mesmo em tais circunstâncias, Arosemena Monroy tratara de organizar o governo, a partir de uma coalizão pluripartidária, o que não impediu a continuação dos conflitos entre a esquerda e a direita, principalmente em torno da questão de Cuba.

Algo parecido no Brasil acontecera, após a renúncia de Quadros e a implantação do parlamentarismo, quando Goulart assumiu a presidência da República, na condição de chefe de Estado, e coube ao deputado Tancredo Neves, do PSD, organizar como primeiro-ministro um gabinete de coalizão pluripartidário. Mesmo assim a tendência para a radicalização política acentuou-se. À parte dos fatores intrínsecos às lutas sociais, particularmente em uma conjuntura de aguçamento da crise econômica, o fato de que o Brasil manteve o curso independente de sua política exterior, defendendo o direito de Cuba à autodeterminação, concorreu, *inter alia*, para que a agitação prosseguisse e cada vez mais abalasse a estabilidade das instituições. Este fenômeno afetou quase todos os países da América Latina em que o regime democrático funcionava. Seus governos, condicionados por interesses nacionais e sujeitos a pressões populares, recalcitraram em adotar medidas contra Cuba e por isto sofreram todo tipo de pressão dos EUA. Os agentes da CIA instrumentalizaram tanto as forças da direita quanto da própria esquerda, nas quais se infiltraram, e não recusaram qualquer meio ilícito ou mesmo criminoso para atingir seus fins, ou seja, fazê-los mudar de posição ou derrubá-los. O Peru rompera relações com Cuba, como resultado, em grande parte, de uma operação da CIA, que promovera uma incursão de exilados cubanos contra a sua Embaixada em Lima e introduzira entre documentos autênticos diversos outros, inclusive uma lista de pessoas supostamente estipendiadas pelo governo de Havana, forjados pela Technical Services Division (TSD)[68]. Episódio semelhante agitara a Argentina, em setembro de 1961, cerca de um mês após a visita clandestina de Che Guevara a Buenos Aires. O cônsul de Cuba, Vitalio de la Torre, solicitou asilo, e a Frente Democrática Cubana divulgou, em seguida, grande quantidade de documentos, como se ele a tivesse subtraído da Embaixada. Consistia em correspondência diplomática, com instruções confidenciais, atribuídas a Carlos Olivares, ministro (interino) das Relações Exteriores do governo de Havana, para o encarregado de negócios, Guillermo León Antich, no sentido de que promovesse infiltrações e sabotagem em todos os setores — Forças Armadas, imprensa, indústria etc. — da Argentina[69]. Frondizi, que viajara para os EUA a fim de falar perante a Assembleia Geral da ONU, soube do escândalo ao chegar a Nova York, após uma escala no Rio de Janeiro, onde conferenciara com Goulart, e ambos, em comunicado conjunto, reafirmaram os termos da Declaração de Uruguaiana e do Convênio de Amizade e Consulta. Logo percebeu que se tratava de uma provocação, quiçá preparada pelos militares argentinos, conforme deduzira da leitura dos textos[70], com o objetivo de criar-lhe maiores dificuldades e forçar a Argentina a romper relações diplomáticas com Cuba. Ele quase cedeu. Telefonou para o presidente do Chile, Jorge Alessandri, propondo-lhe, no seu nome e no de Rômulo Betencourt, o rompimento imediato e simultâneo das relações diplomáticas com Cuba. Alessandri, no entanto, alegou questão de princípio, bem como falta de justificativa, e recusou-se a tomar tal iniciativa[71]. Na mesma ocasião, Frondizi, que talvez estivesse a manobrar para resistir às pressões tanto externas, inclusive de Rômulo Betencourt[72], quanto internas, das próprias Forças Armadas, chamou Afonso Arinos de Melo Franco, nomeado por Goulart chefe da delegação do Brasil na ONU. E, durante longa conversa no Waldorf Astoria, manifestou sérias preocupações com a "ameaça militarista" na América Latina, dizendo-lhe, claramente, que "tinha a impressão de que ia ser deposto", por meio de um golpe de Estado, e que também o Brasil seguiria a Argentina nesse mesmo caminho[73].

De fato, a JID constituía uma Internacional Militar e, sob a influência direta do Pentágono, tratava de implementar, a qualquer custo, a estratégia de contrainsurreição, dentro da nova dimensão militar da política de segurança continental, o que tornava necessária a remoção de todos os obstáculos à eliminação do regime revolucionário em Cuba, considerado "base para comunizar a América Latina". E Fidel Castro, conforme Frondizi observou, não percebera que, com a "sua demagogia provocadora", levaria os países do continente à ditadura[74]. Depois que ele proclamara haver feito uma "revolução socialista" (16 de abril de 1961), o nervosismo dos militares, no Pentágono e nos países da América Latina, aumentou, fortalecendo a tendência dos que defendiam a intervenção coletiva contra Cuba, mediante a aplicação do TIAR, tal como os EUA ardentemente desejavam, para compensar o fracasso da invasão da Baía dos Porcos. Se os governos democraticamente constituídos continuassem a repulsar tal medida, eles recorreriam aos golpes de Estado, como consequência inelutável da conversão da estratégia de segurança continental, que se voltara para o combate ao inimigo interno, modelada pelo conceito de guerra antissubversiva. Assim, Frondizi e Goulart estavam ameaçados e somente se manteriam no poder, enquanto Kennedy fizesse prevalecer a diretriz de prestigiar a democracia representativa, ameaçando não reconhecer governos oriundos de pronunciamentos militares nem conceder assistência financeira a regimes ditatoriais.

Em tais circunstâncias, a concertação entre a Argentina e o Brasil, que alarmara o embaixador Adlai Stevenson, chefe da delegação norte-americana na ONU[75], representou uma dificuldade ainda maior para o empreendimento de qualquer ação armada contra Cuba, sob o manto da OEA, ou mesmo de outras sanções coletivas, uma vez que a oposição partia dos dois maiores países do hemisfério sul, onde o regime democrático funcionava. A Argentina, entretanto, afigurava-se bastante debilitada e, consequentemente, vulnerável, devido às suas dissensões internas. Apesar da superação da crise, provocada pela visita de Guevara a Buenos Aires, Frondizi não se refizera do desgaste que, cada vez mais, sofria nos meios militares. E dificilmente ele teria condições de resistir às pressões das Forças Armadas, favoráveis à ruptura das relações diplomáticas com Cuba, se elas se convencessem, por equívoco ou mesmo conveniência dos peritos, da autenticidade da correspondência confidencial atribuída a Carlos Olivares. Nesse caso, outros países latino-americanos, como a Colômbia e o Equador, acompanhariam a Argentina, o que concorreria para isolar o Brasil, deixando-o em uma posição bastante delicada, praticamente sem condições de recalcitrar e defender o direito de Cuba à autodeterminação. O próprio chanceler Miguel Angel Cárcano declarou ao embaixador Aguinaldo Boulitreau Fragoso que, se os documentos divulgados pela Frente Democrática Cubana fossem autênticos, a Argentina tomaria drásticas medidas e procuraria obter o apoio do Brasil[76].

Esse era o objetivo que os EUA colimavam. Oito países latino-americanos já haviam rompido relações com Cuba. A Colômbia estava prestes a fazê-lo. Também o Equador, ainda sob o governo de Velasco Ybarra, que a CIA procurava induzir a tomar a mesma atitude, manipulando uma onda de greves e atribuindo toda a responsabilidade aos comunistas e aos agentes de Fidel Castro. A Venezuela acabara de expulsar, como *persona non grata*, o embaixador de Cuba em Caracas, Luís Orlando Rodriguez[77]. E, conforme Richard Goodwin, assessor da Casa Branca, admitiu, o governo norte-americano "acolheria com agrado a decisão voluntária" da Argentina de romper relações com Cuba, porque esta medida reforçaria sua tese de que o problema cubano era continental e não bilateral, facilitando o empreendimento de uma ação coletiva[78]. Esta proposta, inspirada aparentemente pelo Departamento de Estado, já estava em gestação na Chancelaria da Colômbia, que defendia uma ação conjunta dos Estados do continente como forma de impedir fraturas no sistema interamericano[79].

Embora Frondizi realmente não quisesse o rompimento das relações com Cuba, por considerá-lo prematuro e estar convicto de que os documentos foram forjados com o intuito de criar dificuldades ao seu governo[80], o Brasil receou que ele cedesse e, para evitar que a Argentina tomasse essa decisão, o chanceler Francisco Clementino de San Tiago Dantas instruiu o embaixador em Buenos Aires, Aguinaldo Boulitreau Fragoso, no sentido de que expressasse claramente ao chanceler Miguel Angel Cárcano a apreensão com que o governo brasileiro via a possibilidade de uma "atitude tão radical", que poderia enfraquecer a atuação diplomática, visando a reconduzir Cuba aos princípios do sistema interamericano, "sem ameaça à integridade de sua soberania"[81]. Seu argumento consistiu em que a ruptura de relações por parte de um Estado teria o efeito imediato de o impedir, daí por diante, de participar das gestões diplomáticas e que o isolamento de Cuba, dificultando a solução do problema dentro do sistema interamericano, contribuiria para situá-lo na esfera exclusiva dos EUA e da URSS, com a qual, em consequência, o governo Fidel Castro reforçaria suas ligações[82]. O temor do Brasil foi de que a guerra fria se irradiasse dentro do continente e sua margem de relativa autonomia internacional ainda mais se estreitasse, devido à dinâmica do conflito bipolar, que impulsionaria a radicalização da política interna. Conforme percebeu, uma intervenção armada para derrocar o regime revolucionário em Cuba, mesmo legalizada pela OEA, constituiria perigoso precedente, na medida em que implicava grave ameaça à soberania nacional de todos os Estados da América Latina. E por esta razão, arrostando frontalmente a política dos EUA, o Brasil estendeu as gestões a outros países, como Colômbia e Venezuela, com o objetivo de evitar que rompessem relações com Cuba, cujo isolamento diminuiria a possibilidade de encontrar-se uma solução pacífica e construtiva para o caso, dentro do sistema interamericano[83]. Não alcançou grande êxito. A Colômbia, favorável a uma Reunião de Consulta dos Chanceleres da OEA e à aplicação do TIAR, bem como a Venezuela, que desejava ação imediata[84], romperam as relações com Cuba. A Argentina, não. Conforme o embaixador Boulitreau Fragoso previu, sua Chancelaria comportou-se com o máximo cuidado, "mesmo estando sob pressão de determinados grupos"[85]. E as autoridades navais, com base no laudo da comissão de peritos, comprovaram que a correspondência atribuída a Carlos Olivares com instruções subversivas era apócrifa e que os outros papéis apenas continham assuntos de rotina, sem maior importância[86]. O ardil assemelhava-se ao utilizado no Peru, a fim de compelir o governo do presidente Manoel Prado a romper relações com Cuba. Portanto, segundo todas as evidências, a documentação, que a Frente Democrática Cubana divulgara, não fora forjada pelos militares argentinos, conforme Frondizi, inicialmente, supusera, mas pela Technical Service Division (TSD) da CIA.

## NOTAS

1. Ofício n. 300, Bolitreau Fragoso a Melo Franco, Buenos Aires, 13/07/1961, AHMRE-B, secretos, ofícios recebidos, A-L, 1960/62.
2. Melo Franco, 1968, p. 79.
3. Id., ibid., p. 60; Moniz Bandeira, 1989, pp. 57, 58 e 59.
4. Melo Franco, 1968, p. 79.
5. Pronunciamentos de Kubitschek na Pontifícia Universidade Católica e na Escola Superior de Guerra, *Correio da Manhã*, Rio de Janeiro, 30/10/1958, 27/11/1958 e 28/11/1958, última página.
6. Telegrama n. 130, secreto, recebido, DPo/920.(42)(41), da Embaixada em Buenos Aires, 29-29/03/1961, AHMRE-B, Secretos, CTs recebidos e expedidos, 1960/61.
7. Ibid.
8. Lanús, 1982, p. 291.
9. Entrevista do ex-presidente Arturo Frondizi ao autor, Buenos Aires, 12/06/1975.
10. Telegrama n. 39, DPo/920.(42)(41), secreto, urgente, recebido, da Embaixada em Santiago (Rubens Ferreira de Melo), 30-30/03/1961, AHMRE-B, Telegramas-CTs, recebidos e expedidos, Q-N, 1960/61.
11. Ibid.
12. Telegrama n. 236/DPo/DAm/920.(22)(20), secreto, recebido, da Embaixada em Washington (ministro Carlos Alfredo Bernardes, encarregado de negócios), AHMRE-B, secretos, CTs recebidos e expedidos, Q-W, 1960/61.
13. Ibid.
14. Ibid.
15. Entrevista do ex-presidente Arturo Frondizi ao autor, Buenos Aires, 12/6/1975.
16. Ibid.
17. Ibid.
18. Ibid.

19. Melo Franco, 1968, p. 154.
20. Ibid., p. 154.
21. Ibid., p. 154.
22. Lanús, 1982, pp. 291-296; Conil Paz & Ferrari, 1966, p. 203. Postash, 1984, pp. 451-452. Rouquié, 1981, vol. II, pp. 182-183.
23. Ofício n. 14/920.(42)(00), confidencial, embaixador Fernando Ramos de Alencar a San Tiago Dantas, Santiago, 03/01/1962, AHMRE-B, Santiago, ofícios recebidos, 1960/63.
24. Ibid.
25. Ofício n. 389/920.(41)(32), confidencial, Fernando Ramos de Alencar a San Tiago Dantas, Santiago, 14/9/1961.
26. Ibid.
27. Ibid.
28. Ibid.
29. Ibid.
30. Ibid.
31 Ofício n. 14/920.(42)(00), Confidencial, Ramos de Alencar a San Tiago Dantas, Santiago, 03/01/1962.
32. Melo Franco, 1968, p. 78.
33. Id., Ibid., p. 54.
34. Id., ibid., p. 54 e 98.
35. Id., ibid., p. 94.
36. Rouquié, 1981, vol. II, pp. 181-185.
37. Id., ibid., p. 181.
38. Melo Franco, 1968, p. 98.
39. Rouquié, 1981, pp. 181 e segs.; Potash, 1984, 1945-1962, pp. 452 e 456.
40. Melo Franco, 1968, p. 131.
41. Moniz Bandeira, 1961, pp. 53-54. Estudo reeditado in Moniz Bandeira, 1979, pp. 49-50. Maiores detalhes sobre a renúncia de Quadros também in Moniz Bandeira, 1989, pp. 51-64.
42. Quando o Distrito Federal foi transferido para Brasília, a cidade do Rio de Janeiro transformou-se em estado da Guanabara, até os anos 70, quando se tornou capital do estado do Rio de Janeiro.
43. Quadros e Melo Franco, 1967, vol. VI, pp. 236 e 246. "Jânio Quadros renunciou para voltar na crista da onda, com o povo, e tornar-se ditador. Mas nós, ministros militares, tínhamos os nossos receios. Seu erro foi ter renunciado sem antes ter conversado conosco. Ele queria João Goulart como vice-presidente, porque sabia que as Forças Armadas não lhe dariam posse." Entrevista do almirante Sílvio Heck ao autor, Rio de Janeiro, 11/11/1976.
44. Essa revelação foi feita pelo secretário de Estado, Dean Rusk, ao chanceler San Tiago Dantas, durante a reunião de Consulta de Punta del Este, em entrevista

de Renato Archer, vice-ministro das Relações Exteriores durante o governo Parlamentarista de João Goulart, ao autor. Delegados brasileiros à Conferência de Punta del Este também reproduziram essa conversação para o autor

45. Ibid.
46. Ofício n. 191/600.1(00), secreto, embaixador José Jobim a Afonso Arinos de Melo Franco, Quito, 28/06/1961, AHMRE-B, ofícios recebidos, secretos, Q-W, 1960/62.
47. Ibid.
48. Ibid. Anexo I, Atividades comunistas no Equador, AHMRE-13, 600.1(00), Comunismo, Respostas às circulares n. 3951 e 3991, Universo, 1961/62.
49. Carta-telegrama n. 47, secreto, recebido, Embaixada em Quito (José Jobim), 6-15/6/1961, AHMRE-B, 600(34), situação política, Equador, 1958/66.
50. Carta-telegrama n. 85, secreto, recebido, Embaixada em Quito (José Jobim), 21-25/10/1960.
51. Ibid.
52. Em 1739, o governo de Madri concedeu relativa autonomia à região de Nova Granada e ali estabeleceu um vice-reino, que compreendia quase todo o atual território da Colômbia, Venezuela, Equador e Panamá. Em 1819, com a derrota definitiva das forças de Espanha, Simón Bolívar formou a Grã-Colômbia. Depois de sua morte, Venezuela e Equador, respectivamente em 1829 e 1830, se separaram, e as províncias restantes constituíram a República de Nova Granada, em 1831.
53. Instruções, G/DPo/5/921-1(42)(34), secreto, Lafer a Jobim, Rio de Janeiro, 12/02/1960, AHMRE-B, secretos, correspondência expedida (Memorandos, Notas, Ofícios etc.), 1958/60.
54. Ofício n. 265/920.(42)(34), secreto, Jobim a Afonso Arinos, Quito, 12/08/1961, AHMRE-B, ofícios recebidos, secretos, Q-W, 1960/62.
55. Carta-telegrama n. 47, secreto, recebido, Embaixada em Quito (José Jobim), 6-15/6/1961, AHMRE-B, 600(34), situação política, Equador, Secreto, 1958/66; Ofício n. 184, secreto, recebido, Jobim a Afonso Arinos, Quito, 26/6/1961, AHMRE-B, ofícios recebidos, secretos, Q-W, 1960/62.
56. Ofício n. 163, secreto, recebido, Jobim a Afonso Arinos, Quito, 08/06/1961, AHMRE-B, 600(34), situação política, Equador, 1958/66.
57. Agee, 1975, pp. 163 e 174.
58. Ofício n. 163, secreto, recebido, Jobim a Afonso Arinos, Quito, 8/6/1961, AHMRE-B, 600(34), situação política, Equador, 1958/66.
59. Ofício n. 353, secreto, recebido, Lindolfo Leopoldo Collor, Encarregado de Negócios, ao chanceler Francisco Clementino de San Tiago Dantas, Quito, 15/11/1961, AHMRE-B, 600(34), situação política, Equador, 1958/66.
60. Agee, 1975, p. 177.
61. Id., ibid., pp. 173-174.

62. Ofício n. 353, secreto, recebido, Lindolfo Leopoldo Collor a San Tiago Dantas, Quito, 15/11/1961, AHMRE-B, 600(34), Situação Política, Equador, 1958/66.
63. Telegrama n. 189, secreto, recebido, Embaixada em Quito (Lindolfo Leopoldo Collor), 11-13/11/1961.
64. Ofício n. 353, secreto, recebido, Collor a San Tiago Dantas, Quito, 15/11/1961.
65. Ibid.
66. Ibid.
67. Ibid.
68. Agee, 1975, pp. 122-123.
69. Cópia dos documentos AHMRE-B 600.(24h), situação política, Cuba, 1961.
70. Melo Franco, 1968, p. 185.
71. Telegrama n. 72, DPo/604.(04), secreto, urgente, da Delegação do Brasil junto à XVI Sessão da Assembleia Geral da ONU, a) embaixador Afonso Arinos de Melo Franco, New York, 08/10/1961, 19:30h, AHMRE-B, Secreto, consulados diversos no interior e exterior, telegramas recebidos e expedidos, 1961/61.
72. Ibid.
73. Id., ibid., p. 155.
74. Id., ibid., p. 155.
75. Lanús, 1982, p. 256.
76. Telegrama n. 496, secreto, recebido, DPo/600.1(41), da Embaixada em Buenos Aires, a) Aguinaldo Boulitreau Fragoso, 3-3/10/1961, 19h45; Telegrama n. 216, secreto, recebido, DPo/920.(41) (24h), da Embaixada em Bogotá, a) Álvaro Teixeira Soares, 11-11/10/1961, 13h, AHMRE-B, secretos, CTs recebidos e expedidos, A-K, 1960/61.
77. Sobre o rompimento de relações entre Venezuela e Cuba, Portillo, 1981, pp. 66 a 74.
78. Telegrama n. 707, secreto, recebido, DPo/920.(41) (24h), da Embaixada em Washington, a) Roberto de Oliveira Campos, 14-16/10/1961, 20h, AHMREB, secretos, CTs recebidos e expedidos, Q-W, 1960/61.
79. Telegrama n. 213, secreto, urgente, recebido, DPo/920.(41) (24h), da Embaixada em Bogotá, a) Álvaro Teixeira Soares, 9-10/10/1961, 18h30, AHMREB, Secretos, CTs recebidos e expedidos, A-K, 1960/61.
80. Telegrama n. 682, secreto, recebido, DPo/920.(41) (24h), da Embaixada em Washington, a) Roberto de Oliveira Campos, 5-6/10/1961, AHMRE-B, Secretos, CTs recebidos e expedidos, Q-W, 1960/61.
81. Ibid. telegrama da Embaixada em Washington, secreto, urgente, expedido, G/DPo/920.(41)(24), a) Exteriores, 4/10/1961.
82. Telegrama à Embaixada em Bogotá, secreto, urgentíssimo, DPo/920.(41)(24h), a) Exteriores, 9/10/1961; telegrama à Embaixada em Havana, Secreto,

DPo/920(45) (24h) a) exteriores, 6/11/1961, AHMRE-B, secretos, CTs recebidos e expedidos, A-K, 1960/61.

83. Telegrama n. 129, secreto, urgente, recebido, DAC/600.(24h), da Embaixada em Caracas, a) Antonio Correa do Lago, 6-6/11/1961.
84. Telegrama n. 242, secreto, recebido, DPo/600.(24h), da Embaixada em Bogotá, a) Álvaro Teixeira Soares, 31/10-1º/11/1961, 14h.
85. Telegrama n. 498, secreto, urgente, recebido, DPo/600.1(41), da Embaixada em Buenos Aires, a) Aguinaldo Boulitreau Fragoso, 5-5/10/1961.
86. Telegrama n. 231, secreto, recebido, DPo/920.(41)(24h), da Embaixada em Bogotá, a) Álvaro Teixeira Soares, 20-21/10/1961.

# Capítulo XIV

GUERRA FRIA NA AMÉRICA LATINA • *OPERACION CONO SUR* • NEUTRALISMO POTENCIAL DE FRONDIZI • REAFIRMAÇÃO DOS ACORDOS DE URUGUAIANA • A VIII REUNIÃO DE CONSULTA E A EXPULSÃO DE CUBA DA OEA • OS MILITARES E O ROMPIMENTO DA ARGENTINA COM CUBA • A QUEDA DE FRONDIZI • A POSIÇÃO DE KENNEDY E O GOLPE DE ESTADO NA ARGENTINA

Nem a Argentina nem o Brasil, quando se opunham à intervenção armada e a outras sanções contra o regime revolucionário de Cuba, pretendiam, obviamente, favorecer a URSS e a expansão do comunismo na América Latina. Não tinham motivo para fazê-lo. Como países capitalistas em via de desenvolvimento, seus interesses econômicos, comerciais e financeiros concentravam-se, sobretudo, nas grandes democracias do Ocidente. O próprio Perón, que fora precursor do neutralismo, tivera de salientar que a terceira posição por ele defendida constituía uma política para os tempos de paz e que, em caso de deflagração da guerra contra a URSS, a Argentina alinhar-se-ia imediatamente com os EUA. Os fatores geopolíticos e o radical antagonismo ideológico entre as duas grandes potências, como centros do poder mundial, não deixavam, aliás, outra opção nem à Argentina nem ao Brasil, naquele contexto de confrontação bipolar, em que a guerra fria se processava. Entretanto, nenhum compromisso jurídico vinculava-os incondicionalmente à defesa dos EUA, na hipótese de um conflito armado com a URSS. Na realidade, se bem que pertencessem ao Ocidente, a Argentina e o Brasil não participavam do Bloco Ocidental. Nenhum dos dois, como, de resto, nenhum país da América Latina, integrava a OTAN. E o TIAR não os obrigava senão à defesa do hemisfério em casos de agressões que viessem a ocorrer dentro do seu território ou em sua faixa de segurança. Os compromissos diplomáticos que mantinham com os EUA não foram, portanto, firmados com o líder do Bloco Ocidental e sim com o país do hemisfério.

Esta distinção nem todos percebiam[1]. Talvez até mesmo desaparecesse, em caso de agravamento da crise mundial. De qualquer forma, convinha ao Brasil, assim como à Argentina, mantê-la e precisá-la[2], de modo que pudessem dispor da mais ampla mobilidade diplomática, ao romperem com a concepção maniqueísta (luta do bem contra o mal) da política internacional. A continuidade e o aprofundamento dos Acordos de Uruguaiana, como forma de multiplicar a capacidade de negociação, tornavam-se, por conseguinte, fundamentais para os dois países. De acordo com a versão de Frondizi, Quadros lhe sugerira, quando se encontraram em Uruguaiana, que a Argentina e o Brasil formassem um bloco neutralista no Cone Sul, a fim de resistir aos EUA. E ele não concordou[3]. No entanto, depois, o próprio Frondizi, aparentemente, teve a intenção de promover a *Operacion Cono Sur*, destinada a constituir, na América do Sul, um polo de atração, que contrarrestasse a gravitação e a influência do Caribe na atenção dos EUA. A impressão que ele deixou nos EUA[4], após visitar Nova York (setembro-outubro de 1961) para falar na Assembleia Geral da ONU, foi a de que estava seguindo cada vez mais a orientação do embaixador Arnaldo Musich, "pretendendo preencher o vácuo neutralista deixado pelo presidente Jânio Quadros"[5].

Frondizi certamente se convencera do pouco alcance político da Operação Pan-americana e de sua inconsequência prática, dado que a América Latina, sem capacidade de negociação, permanecia na condição de simples postulante de recursos. Frondizi, durante sua administração, conseguira atrair para a Argentina um volume recorde de capitais estrangeiros, cerca de US$ 369 milhões, o que lhe possibilitou concretizar implantação do primeiro complexo siderúrgico integrado (projeto elaborado pelos militares na década de 1940), expandir a produção das indústrias química e farmacêutica, elevar a fabricação de automóveis de 3.715 unidades, em 1958, para 78.6 em 1962, e atingir seu objetivo de tornar o país quase autossuficiente em petróleo com a produção nacional a suprir 90% de suas necessidades[6]. O resultado do plano de estabilização, entretanto, foi negativo. A Argentina não conseguiu equilibrar o balanço de pagamentos nem diminuir os déficits orçamentários. A inflação baixou, mas o salário real dos trabalhadores industriais caiu 25,8% e, conquanto a ação da

CGT limitasse a eficácia do congelamento, a elevação posteriormente obtida nos anos de 1960 e 1961 não pôde restabelecer os níveis anteriores do poder aquisitivo[7]. A participação dos salários no produto nacional declinou de 43,3%, 1958, para 39,9%, em 1961, um dos níveis mais baixos do pós-guerra, enquanto operava a transferência de renda dos trabalhadores para as empresas, acelerando o processo de concentração do capital e a desnacionalização da economia[8]. Por outro lado, a Argentina, que denunciara, em consequência dos acordos com os EUA, os convênios bilaterais de intercâmbio, em moedas inconversíveis, não conseguia assegurar, no comércio multilateral, mercados suficientes para as suas exportações, de modo a atender às necessidades cambiais geradas pelo ritmo crescente das importações. Assim, após seis anos de persistente e rígida política monetária imposta pelo Fundo Monetário Internacional e pelas agências financeiras dos EUA, a Argentina, em 1962, debatia-se com os mesmos problemas, sem superar a tendência à estagnação, manifestada nos últimos anos do governo Perón. Seu produto bruto *per capita*, que crescera a uma taxa anual cumulativa de 2,8%, ligeiramente inferior à do Brasil, da ordem de 3,4%, entre 1945 e 1950, decaíra para -0,2%, entre 1950 e 1955, e 0,1%, entre 1955 e 1960, quando Aramburu e Frondizi perseveraram nas medidas de estabilização, ao passo que a do Brasil, recalcitrante em submeter-se às normas do Fundo Monetário Internacional, atingira 2 e 3,0% nos mesmos quinquênios[9].

Destarte, diante do gradual fechamento do mercado europeu e sem perspectiva de aumentar as exportações para o mercado norte-americano, a Argentina começou a exercitar, da mesma forma que o Brasil, uma espécie de neutralismo potencial, sinalizando a possibilidade de evoluir para o neutralismo positivo, tal como o praticado pelo Egito, Índia e outros países da África e da Ásia, caso os EUA não cooperassem com o seu desenvolvimento econômico, como contrapartida à solidariedade no confronto com a URSS[10]. Os Acordos de Uruguaiana, alcançados por Quadros e Frondizi em 1961, constituíram a pedra angular dessa variante de neutralismo, uma vez que a aliança com o Brasil propiciava à Argentina o necessário suporte externo para que pudesse ensaiar, com a questão de Cuba, uma política de relativo descomprometimento na guerra fria, mantendo certa independência e equidistância crítica no conflito ideológico e militar entre os EUA e a URSS[11]. Este intuito transparecera quando Frondizi, ao passar em setembro de 1961 pelo Rio de Janeiro, não só reafirmou com o presidente João Goulart os termos da Declaração e do Convênio de Uruguaiana, como convidou o chanceler San Tiago Dantas a visitar a Argentina, a fim de que os entendimentos prosseguissem com o chanceler Miguel Angel Cárcano[12]. E esses dois chanceleres, pouco tempo depois, assentaram em Buenos Aires um mecanismo destinado a tornar o "mais amplo e ágil possível" o sistema de consultas. Em declaração conjunta, ressaltaram a "profunda amizade" e a "extensão da solidariedade" entre os dois governos, bem como a consciência "de que a ação coordenada é a melhor garantia da crescente importância internacional do Brasil e da Argentina e da execução de uma política na qual os dois países do sul do continente façam ouvir seus pontos de vista próprios quando do tratamento de qualquer problema mundial"[13].

A continuidade da concertação com o Brasil, naquele momento, inquietou mais os militares na Argentina do que o encontro de Uruguaiana com Jânio Quadros, por considerarem Frondizi e, sobretudo, Goulart, cuja amizade com Perón constituía um agravante, comunistas ou protocomunistas, que faziam um conluio para proteger Cuba. A ação coordenada, que os dois países se comprometeram a empreender, para fazer ouvir seus pontos de vista, não agradou igualmente aos EUA, porquanto a influência do Brasil, onde o nacionalismo se manifestava mais forte, inclusive nas Forças Armadas, avigorava a resistência da Argentina aos seus desígnios. De fato, não obstante todas as pressões internas e externas, que a ambiguidade do comportamento e as vacilações de Frondizi refletiram, a Argentina, durante a VIII Reunião de Consulta dos Chanceleres Americanos, em Punta del Este (22 a 31/1/1962), permaneceu ao lado do Brasil, cuja proposta de finlandização, ou seja, a neutralização de Cuba, o Chile apoiou, por julgá-la o mais positivo contributo para a solução do problema, conforme a opinião do seu chanceler, Carlos Martinez Sotomayor[14]. Da mesma forma que o México, Chile, Equador e Bolívia o fizeram, ela também se absteve, não votando em favor da expulsão de Cuba da OEA. Os chanceleres Miguel Angel Cárcano e San Tiago Dantas, conquanto reconhecessem a incompatibilidade entre o regime de Cuba e o sistema americano, fundamentaram sua posição na intangibilidade da norma jurídica, ao entenderem que a Reunião dos Chanceleres, como órgão de consulta, não podia arrogar-se a condição de juiz, árbitro e perito do caráter democrático deste ou daquele regime, nem tinha faculdade para excluir qualquer dos seus membros, em afronta ao princípio da soberania nacional, o que poderia constituir perigoso precedente para as demais nações do hemisfério, na medida em que abria o caminho para a intervenção estrangeira, sob o signo do consentimento coletivo[15].

Os EUA, contudo, impuseram sua vontade. Por 14 votos, aqueles dos Estados mais débeis e vulneráveis, expulsaram Cuba da OEA. E, se não contaram com o voto da Argentina, em virtude da firmeza do chanceler Miguel Angel Cárcano, receberam a solidariedade de suas Forças Armadas. Enquanto o delegado argentino, à mesma época, votava a favor da exclusão de Cuba da JID, o Exército, a Marinha e a Aeronáutica, em Buenos Aires, encresparam-se contra o governo de Frondizi, ao conhecerem a posição que a Argentina assumira na Reunião de Punta del Este. E o chanceler Miguel Angel Cárcano não escondeu sua desilusão, ao ver as Forças Armadas, às quais cabia a custódia da soberania argentina, criticarem-no exatamente por defender esse princípio, como uma questão de dignidade nacional[16]. Mas, como Alain Rouquié salientou, as Forças Armadas na Argentina tornaram-se antinacionalistas e julgavam a ação governamental "em nome da defesa do Ocidente", passando a antepor a luta contra o comunismo e a solidariedade com a potência "líder do mundo livre" à defesa da independência nacional e do industrialismo[17]. Por isto, Frondizi, acossado para romper as relações diplomáticas com Cuba, denunciou, em discurso no Paraná (Argentina), a "conspiração mundial dos elementos reacionários", que se opunham à libertação e ao desenvolvimento dos povos na América Latina, porque preferiam mantê-los na sua condição colonial[18]. E a prova de que essa conspiração respondia a um "comando unificado" era o fato de que seus argumentos se repetiam em diferentes latitudes. Certos órgãos da imprensa argentina, segundo Frondizi, acusavam seu governo de ser instrumento da diplomacia brasileira. Alguns diários no Brasil acusavam o governo de Goulart de marchar ao vaivém da diplomacia argentina[19]. Não era o povo norte-americano — ele ressalvou — o motor dessa "conspiração internacional" contra o desenvolvimento e a soberania da América Latina, mas certos "interesses agressivos", os monopólios, cuja ameaça à liberdade e à democracia nos EUA Eisenhower denunciara em sua mensagem de despedida como presidente da República[20]. Era uma alusão ao complexo industrial-militar dos EUA. Entretanto, ao contrário de Eisenhower, Frondizi não ousou explicitamente mencioná-lo.

Seu apelo ao povo, no discurso do Paraná, não obteve qualquer resposta. Na verdade, Frondizi negara todo o seu passado e toda a sua pregação anti-imperialista, ao executar uma política econômica liberal, de acordo com o rigoroso plano de estabilização recomendado pelo FMI, firmara contratos para a exploração de petróleo com empresas estrangeiras, o que ele antes combatera, e capitulara diante de todas as imposições das Forças Armadas, das quais se tornara virtualmente um prisioneiro. Em vez de mandar nos militares, como presidente da República, Frondizi passou a obedecer-lhes, razão pela qual perdera seu respeito e se desmoralizara. Somente na política exterior pretendera ainda resguardar, talvez por amor-próprio, sua autoridade. Em 8 de fevereiro de 1962, após o discurso no Paraná, decretou, entretanto, a ruptura das relações diplomáticas entre Argentina e Cuba, contradizendo a posição que assumira, poucos dias antes, na VIII Reunião de Consulta dos Chanceleres Americanos em Punta del Este. E Miguel Angel Cárcano pediu ao embaixador da Argentina em Brasília, Carlos Manuel Muñiz, para informar a San Tiago Dantas que em Buenos Aires ocorrera um "verdadeiro golpe de Estado", desfechado pelos chefes das Forças Armadas, com o apoio de todos os partidos da oposição, da imprensa e do Pentágono, "que estava por trás de tudo"[21]. Segundo acrescentou, Frondizi cedera, para que pudesse manter-se como chefe do governo, pois considerava o recuo o mal menor, que o povo decerto compreenderia e que poderia politicamente fortalecê-lo, ajudando até mesmo seu partido, a UCRI, a ganhar as eleições nas províncias, marcadas para março de 1962[22]. A necessidade de alcançar significativa vitória contra os peronistas, nessas eleições, afigurou-se-lhe como o principal problema para o governo argentino, cuja atuação o desenvolvimento da situação interna do país cada vez mais passaria a determinar, dali por diante. Entretanto, ao revelar que a Chancelaria argentina "estava ferida com essa intromissão indébita dos militares norte-americanos", o embaixador Carlos Manuel Muñiz mostrou-se "extremamente preocupado" com a possibilidade de que eles se sentissem "fortalecidos" com os resultados obtidos em Buenos Aires, e a ação do Pentágono se estendesse a outros países latino-americanos, inclusive o Brasil[23].

A Chancelaria brasileira percebeu que a crise desencadeada na Argentina em decorrência do seu voto na reunião de Punta del Este representara mais um episódio da guerra fria ou da luta pelo poder entre Frondizi e as Forças Armadas, aguçando-se cada vez mais, na medida em que as eleições de março se aproximavam. O desempenho da delegação argentina, sob a chefia de Miguel Angel Cárcano, alcançara, aparentemente, grande ressonância popular, o que pressagiava bons resultados eleitorais, uma vez que possibilitaria ao governo de Frondizi recuperar-se, de algum modo, do desgaste provocado pela política de estabilização monetária. E talvez por isso as Forças Armadas estivessem dispostas a derrocá-lo antes do pleito ou a forçá-lo a reconsiderar a posição da Argentina, levando-o ao suicídio político. No entanto, as raízes mais profundas da crise estavam não só na política interna, nas manobras do grupo integracionista (favorável à integração do peronismo na política nacional) de Rogelio Frigelio, no temor da volta de Perón e no desejo de liquidar politicamente o governo de Frondizi antes das eleições de março, como também na suspicácia dos chefes militares em relação a uma política externa, por eles considerada neutralista e a reboque da diplomacia brasileira[24]. Em *memorandum* secreto ao embaixador Carlos Alfredo Bernardes, secretário-geral do Itamaraty, a Embaixada do Brasil em Buenos Aires informou que o alinhamento da Argentina com o Brasil sofrera crescente oposição nas Forças Armadas, as quais aumentaram a "vigilância e a autêntica curatela militar" sobre os passos de Frondizi na política internacional, desde a celebração do Convênio de Uruguaiana[25]. Segundo o *memorandum*, um dos objetivos do grupo dos "gorilas" era tornar "letra morta" os Acordos de Uruguaiana, i.e., "desfazer a aliança brasileiro-argentina, reaproximar a Argentina dos EUA, enfraquecer a posição do Brasil, isolando-o na América do Sul, e restabelecer a tradicional política de prestígio e poder junto ao Paraguai e à Bolívia"[26].

A VIII Reunião dos Chanceleres Americanos, em Punta del Este, ofereceu a oportunidade e a abstenção da Argentina, que não votando a favor da expulsão de Cuba da OEA, constituiu o pretexto para que, pela segunda vez em seis meses, os militares argentinos se alçassem contra Frondizi. E ele sacrificou à sua permanência no cargo os princípios jurídicos, que Cárcano, dias antes, defendera. Assim, com essa atitude, o que lhe restara da idoneidade se esvaiu. Sua destituição da presidência da República tornou-se uma questão de tempo. Frondizi não evitou o golpe de Estado, que Oscar Camilión, subsecretário da Chancelaria argentina e considerado por San Tiago Dantas "o melhor e mais competente diplomata" da Conferência de Punta del Este, já estava a prenunciar[27]. Apenas o adiou, por mais algumas semanas, até que as eleições em 18 de maio se realizassem. Os resultados, contudo, não lhe foram favoráveis. Como o próprio Frondizi pressentira[28], sobretudo depois que recuara da posição assumida em Punta del Este e rompera as relações com Cuba, a Frente Justicialista derrotou, esmagadoramente, a UCRI. Elegeu os governadores de 10 das 14 províncias da Argentina, inclusive Buenos Aires.

Com o espectro do peronismo ressurrecto, as Forças Armadas alarmaram-se e novamente se insurgiram contra Frondizi, que mais uma vez se submeteu a elas. Aceitou desrespeitar o processo democrático e violar a legalidade, ao tomar a "atitude infeliz", conforme a expressão do embaixador Boulitreau Fragoso[29], de decretar a intervenção em seis províncias — Buenos Aires, Chaco, Santiago del Estero, Rio Negro e Tucumán — das dez onde os peronistas triunfaram. E, em consequência de tantas marchas e contramarchas, acabou em "verdadeira solidão política"[30], impossibilitado de compor um gabinete de coalizão nacional, que incorporasse os setores de oposição ligados à chamada Revolução Libertadora, e sem conseguir impor-se como árbitro entre os peronistas e as Forças Armadas, cuja confiança nunca merecera. Por isso o general Raul Alejandro Poggi, comandante em chefe do Exército, com o apoio da Aeronáutica e da Marinha, resolveu afastá-lo definitivamente do governo, no qual já não passava de simples ornamento[31]. E os esforços do embaixador norte-americano, Robert McClintock, intervindo abertamente na crise, não o conseguiram salvar[32]. Algumas versões, que circularam em Buenos Aires, atribuíram a queda de Frondizi a uma conspiração, incentivada pelo Pentágono, como ele próprio antevira, durante a conversa com Afonso Arinos de Melo Franco no Waldorf Astoria (setembro de 1961), e denunciara, implicitamente, no discurso de Corrientes (Paraná). O motivo seria romper a frente formada entre o Brasil e a Argentina, que, juntos, quase conseguiram impedir a expulsão de Cuba da OEA, em Punta del Este, e/ou socavar a Aliança para o Progresso e afrontar o presidente Kennedy, cuja política muitos militares, no Pentágono, julgavam demasiadamente branda[33]. Esta percepção o embaixador brasileiro em Buenos Aires, Aguinaldo Boulitreau Fragoso, transmitiu, com muita clareza, ao afirmar que "a cerrada oposição da direita a uma política externa considerada neutralizante e a reboque da diplomacia brasileira está na crista da onda que tragou o ex-presidente, representando uma das causas principais do seu calvário político"[34].

Conforme salientou, o rompimento das relações diplomáticas entre a Argentina e Cuba, após a Conferência de Punta del Este, "representou o princípio do fim deste processo gradual de decomposição"[35]. O embaixador argentino Oscar Camilión confirmou, por sua vez, que a pressão exercida pelos militares para que Frondizi tomasse tal decisão "foi muito incentivada pelo Pentágono" e acentuou que, conquanto os EUA posteriormente se abstivessem de encorajar o golpe de Estado, não se podia "deixar de vincular este episódio ao outro"[36]. Ezequiel Raggio, em seu estudo sobre *Formacion del Estado Militar en la Argentina*, negou a "suposta bicefalia" da administração norte-americana, pois, segundo ele, seria insustentável que o Pentágono pudesse intervir, através de operações encobertas, sem o conhecimento do responsável pela política exterior, o secretário de Estado, e sem contar com a anuência do presidente da República[37]. Por sua vez, o professor Robert A. Potash, em sua obra sobre o Exército e a política na Argentina, argumentou que nunca apareceram provas para sustentar a acusação geral nem para a outra acusação mais concreta, segundo a qual militares norte-americanos destacados em Buenos Aires instaram seus colegas argentinos a destituírem Frondizi[38]. O que se pode estabelecer — afirmou — foi o "denodado esforço" do embaixador McClintock para evitar a derrubada de Frondizi[39].

Em verdade, porém, o fato é que as necessidades de segurança, conforme percebidas pelos militares, nem sempre se conformaram e muitas vezes colidiram com as conveniências políticas e as ações diplomáticas. O Departamento de Guerra e o Departamento de Marinha norte-americanos, desde a Segunda Guerra Mundial, não dependeram, no mais das vezes, do Departamento de Estado para promover a cooperação com as repúblicas da América Latina. Ainda antes de terminar o conflito com o Japão, os militares, nos EUA, iniciaram estudos para uniformizar equipamentos, organizar e adestrar os Exércitos do hemisfério e a JID, mesmo sem diretrizes explícitas, recomendara que se garantisse o sistema de defesa continental[40]. Por isto, a política do Departamento de Estado contra o regime de Perón, em 1946, não agradou ao Departamento de Guerra e ao Departamento de Marinha, onde alguns oficiais até mesmo ameaçaram tomar a iniciativa de estabelecer diretamente o diálogo com seus colegas argentinos. Estas pressões, *inter alia*, concorreram para que Truman, a partir de 1947, melhorasse o relacionamento dos EUA com a Argentina, com o objetivo de influenciar suas Forças Armadas, abafando quaisquer tendências neutralistas, em caso de futura guerra, conforme *memorandum* do diplomata Henry Kearbonne ao Departamento de Estado, datado de 20 de janeiro de 1948. Já em 1950, inúmeros instrutores norte-americanos se espalhavam pelas academias militares da Argentina[41] e os EUA conseguiram assim conquistar, ideologicamente, suas Forças Armadas, que saltaram do mais exacerbado nacionalismo dos anos 40 para o mais radical antinacionalismo dos anos 50 e 60, como suas atitudes evidenciaram, desde o golpe contra Perón até o rompimento de relações diplomáticas com Cuba. Os militares norte-americanos e agentes dos serviços de inteligência tinham, portanto, todas as condições para encorajar a deposição de Frondizi, por julgarem que sua permanência no governo, sobretudo após a ascensão de Goulart à presidência do Brasil, não se compatibilizava com a segurança continental e a implementação da estratégia de contra-insurreição, voltada para a ameaça do inimigo interno. Assim eles também procederam, quando Jânio Quadros renunciou à Presidência do Brasil, como o almirante Sílvio Heck, então ministro da Marinha confirmou, ao admitir haver recebido informes, naturalmente verbais, de fontes do Pentágono e da CIA, estimulando a consumação do golpe de Estado.

A ambiguidade na política exterior dos EUA refletiu a contradição entre a nova dimensão militar da estratégia de segurança continental, orientada, prioritariamente, para o combate ao inimigo interno e a ameaça de subversão, e os pressupostos constitucionais da democracia representativa, que Kennedy se propunha a defender. Como acontecera no Brasil, o receio de dificuldades com os EUA, em virtude dos compromissos legalistas da Aliança para o Progresso, inibiu a ação das Forças Armadas na Argentina. Elas evitaram tomar abertamente o poder, com a formação de uma junta militar, como o general Poggi até mesmo pretendera, e substituíram Frondizi por José Maria Guido, presidente do Senado e primeiro na linha de sucessão, de modo a preservar, pelo menos, os aspectos formais do regime constitucional. Mesmo assim, os EUA ficaram em posição bastante delicada para reconhecer o novo governo, uma vez que tal atitude poderia encorajar golpes de Estado também no Peru, Equador e República Dominicana, onde Kennedy sabia que os militares conspiravam[42]. O presidente da Venezuela, Rômulo Betencourt, alarmou-se com a deposição de Frondizi e telegrafou a Kennedy, bem como a outros chefes de Estado, a manifestar suas apreensões quanto ao futuro da Aliança para o Progresso. Retirou, ao mesmo tempo, todo o pessoal diplomático da Embaixada em Buenos Aires e estabeleceu a Doutrina Betencourt, pela qual a Venezuela não reconheceria governos oriundos de golpes de Estado. O México também emitiu uma declaração contrária à anulação do pleito na Argentina e ao reconhecimento do seu novo governo[43], visto com reserva, desconfiança ou mesmo antipatia pelo Chile, Uruguai e Bolívia. E o próprio Kennedy, categoricamente, afirmou a Goulart, com quem conversara em Washington (4 de abril de 1962), o seu desagrado com qualquer golpe que ameaçasse as instituições na Argentina e propôs que os EUA e o Brasil concertassem uma linha de ação comum, contrária a qualquer solução de força e de favorecimento da legalidade democrática[44]. Mas se ele condenasse, publicamente, a destituição de Frondizi, como Rômulo Betencourt o fizera, poderia tornar-se difícil para os EUA exercer influência sobre a direção do novo governo da Argentina, segundo a opinião do seu assessor Arthur Schlesinger Jr.[45] Além do mais, Schlesinger ainda argumentou, golpes militares poderiam ser bem acolhidos, em certas circunstâncias, como em el Salvador, no passado, e talvez em Cuba, no futuro[46]. Assim, dada a incerteza da situação, Schlesinger aconselhou-o a agir com cautela, deixando que a desaprovação ao golpe militar se evidenciasse através da demora em restabelecer as relações normais com a Argentina[47]. Mas, enquanto os EUA relutavam em reconhecer o governo de José Maria Guido, por "escrúpulo em endossar, aos olhos do continente, um regime ditatorial, militarista, oriundo de um golpe de força e, portanto, em flagrante contradição com a Aliança para o Progresso"[48], a URSS apressou-se em fazê-lo, juntamente com todos os demais países do Bloco Socialista, embora soubesse que ele lhe seria adverso, talvez até mesmo para conservar abertas suas missões diplomáticas.

O governo brasileiro, por sua vez, acompanhou com "grande apreensão" o estabelecimento virtual de uma ditadura militar na Argentina, encoberta por um "simulacro de legalidade"[49]. Tinha motivos para crer que as forças predominantes não vissem "com bons olhos" a política de aproximação com o Brasil, como concebida nos Acordos de Uruguaiana, e receou "dias difíceis para a colaboração fraterna entre os dois países", conquanto admitisse que seria forçado a manter "relações corretas" com seus novos dirigentes, caso a situação lá se normalizasse[50]. Efetivamente, o Brasil jamais desenvolvera tão estreita cooperação com a Argentina, em política exterior, como aconteceu ao tempo de Frondizi, com o qual tanto Kubitschek quanto Quadros e depois Goulart tiveram a maior afinidade e consonância de pontos de vista sobre a devida posição internacional dos dois países e aos seus verdadeiros interesses e destinos nacionais[51]. E esse processo de aproximação e coincidência, iniciado com a OPA, culminara com os Acordos de Uruguaiana, que não só possibilitavam a formação de uma comunidade de interesses no Cone Sul, a partir de sólidas e crescentes relações bilaterais, como constituíam um "multiplicador" da capacidade de negociação dos dois países, na política internacional, contrapondo-se ao tradicional esforço dos EUA no sentido de manter a balcanização da América Latina[52]. Por isso, o embaixador Boulitreau Fragoso percebeu que o golpe contra a autoridade constitucional de Frondizi, "orquestrado por interesses reacionários nacionais e estrangeiros", acarretaria, no plano bilateral, o desmoronamento, senão, pelo menos, a interrupção do espírito de Uruguaiana, "com a volta da política rotineira de suspicácia e emulação" com o Brasil e, no plano multilateral, interamericano, a "deslatinoamericanização" da política exterior da Argentina, que a levaria a adotar a "profissão de fé norte-americana" e a ser promovida, como "conquista máxima", à condição de "*key country, pivot-country*, destituída da capacidade de autodeterminar-se e com uma significação puramente instrumental"[53]. Em suma, com o governo de José Maria Guido conduzindo a Argentina para a guerra fria, não restaria pedra sobre pedra da política seguida juntamente com o Brasil. A oligarquia, vinculada às estruturas de subdesenvolvimento, carente de originalidade e disputando com o Brasil as benesses da ajuda norte-americana, via em Fidel Castro "um perigo igual, senão maior que Perón", conforme o embaixador Boulitreau Fragoso observou, acentuando que "as Forças Armadas, em íntima ligação com o Pentágono, através das missões militares, da JID, das muitas missões, comissões de compra e da ajuda militar partilham com seus colegas norte-americanos da linha dura com respeito a Cuba da opinião de que é preciso destruir o regime comunista a qualquer preço"[54].

Esta situação tornava necessário que o Brasil empreendesse uma ação diplomática flexível, com muito cuidado, a fim de reduzir eventuais choques de interesses e eliminar tensões, que porventura surgissem, uma vez que "havia setores políticos nacionais e internacionais interessados em ampliar qualquer fissura" nas suas relações com a Argentina, cuja manutenção, pelo menos em bom nível, "constituía imperativo estratégico para os dois países como para o resto da América Latina"[55].

De fato, apesar das desconfianças e suspicácias, os dois países sempre trataram de preservar boas relações diplomáticas, por várias razões, mas, sobretudo, devido à larga complementaridade de suas economias e à tradicional profundidade dos seus vínculos comerciais. Não só o Brasil constituía um mercado praticamente exclusivo para as frutas e o saldo exportável do trigo da Argentina, aos quais concedia tratamento preferencial, como a Argentina oferecia ao Brasil igual reserva para o café, cacau, madeiras e frutas (exceto laranja), também lhes propiciava licença automática de importação[56]. Tais vantagens apresentavam o inconveniente de encerrar o comércio entre os dois países em um círculo inelástico. Mas, em 1962, o embaixador Boulitreau Fragoso percebeu a Argentina como o "escoadouro virtual da crescente produção industrial" do Brasil, que devia aproveitar, dentro do mecanismo da ALALC, para averiguar quais as avenidas a serem abertas e transitadas pelas suas diversas linhas de manufaturas[57]. Por este motivo, *inter alia*, recomendou à Chancelaria brasileira, cuja atitude fora a de retrair-se e não autorizar quaisquer contactos oficiais, a aceitar como fato consumado e sem ressentimento o congelamento do espírito de Uruguaiana e não suscitar hostilidade do novo governo da Argentina, a fim de não aumentar focos de tensão[58]. Sua opinião foi favorável a que o Brasil o reconhecesse, inclusive por ser um governo constitucional e aceito como tal até mesmo pela oposição, uma vez que o art. 75 da Constituição argentina, regulamentado pela Lei de Acefalia, previa casos de destituição do presidente da República[59]. Contudo, o critério adotado pelo Itamaraty fora político e visou a evidenciar sua preocupação com um estado de coisas, que privava o Brasil da colaboração da Argentina na política internacional, atrofiaria ou aniquilaria o espírito de Uruguaiana e mesmo poderia colocar os dois países em contraposição, com a revivescência de uma rivalidade anacrônica[60]. De qualquer modo, a demora em reconhecer o novo governo instituído pelo golpe militar de 28 de março inquietou Boulitreau Fragoso. Ele sabia que o presidente José Maria Guido seria "irrestrita e totalmente afeiçoado" aos EUA, embora Kennedy igualmente demorasse em reconhecê-lo, e seria compelido a uma posição americanófila"[61], até mesmo devido à crise financeira por que a Argentina passava. Mas os efeitos seriam diferentes, sérios e duráveis no caso do Brasil. A demora em reconhecer o governo de José Maria Guido poderia precipitar a exteriorização da desconfiança ou agravar a animosidade, que nele parecia latente e que alguns setores exprimiram desde o início da crise, quando cogitaram em interpelar o novo chanceler, Bonifácio del Carril, sobre o sentido dos entendimentos de Uruguaiana. Conforme Boulitreau Fragoso ponderou que, retardando o reconhecimento do novo governo da Argentina, o Brasil jamais alcançaria o efeito político e psicológico pretendido, a menos que disposto estivesse, claramente, a adotar medidas subsequentes mais fortes, se tal atitude fosse conveniente[62]. E não era.

## NOTAS

1. Carta do embaixador João Augusto de Araújo Castro ao chanceler San Tiago Dantas Tóquio, 19/9/1961, AN-ASTD AP47(11), Pac. 01.
2. Ibid.
3. Entrevista de Frondizi ao autor, Buenos Aires, 12/6/1975.
4. Ofício n. 368/920 (42)(41), secreto, Boulitreau Fragoso a San Tiago Dantas, Buenos Aires, 16/6/1962, AHMRE-B, ofícios, recebidos, secretos, A-L, 1960/62.
5. Telegrama n. 682, secreto, recebido, DPo/920.(41)(24h), da Embaixada em Washington, a) Roberto de Oliveira Campos, 5-6/10/1961, 22:30h, AHMRE-B, Secretos, CTs-Telegramas, recebidos e expedidos, Q-W, 1960/61.
6. Wynia, 1978, p. 91.
7. Id., ibid., pp. 99-102. Niosi, 1974, pp. 58-59.
8. Wynia, 1978, p. 99.
9. Viana, 1967, pp. 91-92.
10. Ofício n. 368/920(42)(41), Boulitreau Fragoso a San Tiago Dantas, Buenos Aires, 16/6/1962, AHMRE-B, Secreto, ofícios recebidos, A-L, 1960/62.
11. Ibid.
12. Telegrama à Embaixada em Bogotá, G/DPo/430.1(42)(41), secreto, expedido, a) Exteriores, 16/10/1961, AHMRE-B, Secretos, CTs telegramas, recebidos e expedidos, A-K, 1960/61.
13. Declaração San Tiago Dantas-Cárcano, Dantas, 1962, pp. 38-41.
14. Ofício n. 457/921.1(32)(20), Confidencial, Ramos de Alencar a San Tiago Dantas, Santiago, 13/11/1961; Ofício n. 14/920.(42)(00), Confidencial, Ramos de Alencar a San Tiago Dantas, Santiago, 3/2/1962. Entrevista do ex-chanceler Carlos Martinez Sotomayor ao autor, Brasília, 20/1/1993.

15. Discurso pronunciado pelo ministro San Tiago Dantas, na Câmara dos Deputados, Brasília, 7/2/1962, Ministério das Relações Exteriores, *O Brasil em Punta del Este*, 1962, pp. 73-106.
16. Lanús, 1982, p. 268.
17. Rouquié, 1981, vol. II, pp. 189-191.
18. Discurso de Arturo Frondizi na cidade do Paraná, Argentina, em 3/2/1962, ministro das Relações Exteriores, *O Brasil em Punta del Este*, 1962, pp. 133 a 141.
19. Id., ibid., p. 133-141. *Scenna*, 1970, p. 245.
20. Discurso de Arturo Frondizi na cidade do Paraná, Argentina, em 3/2/1962, ministro das Relações Exteriores, *O Brasil em Punta del Este*, 1962, pp. 133 a 141.
21. *Memorandum*, Secreto, SG/600.(41), embaixador Carlos Alfredo Bernardes ao ministro de Estado, AHMRE-B, circulares, despachos, CE secreto, avisos, Pres. da Rep., memorandos, pareceres, 1961/62.
22. Ibid.
23. Ibid.
24. *Memorandum*, Secreto, n. 600.(41), Narto Lanza, 2º secretário, ao secretário geral, embaixador Carlos Alfredo Bernardes, 8/2/1962. Ibid.
25. Ibid.
26. Ibid.
27. Barbosa, 1992, pp. 75-77.
28. *Memorandum*, secreto, Mário Gibson Barbosa a San Tiago Dantas, 25/4/1962, AHMRE-B, circulares, despachos, CE secreto, avisos, Presidência da República, memorandos, pareceres, 1960/62.
29. Telegrama n. 222, DAM/600(41), secreto, recebido, em Embaixada de Buenos Aires, a) Aguinaldo Boulitreau Fragoso, 29-29/3/1962, AHMRE-B, 600.(41), assuntos políticos, Argentina, 1942/65.
30. Ibid.
31. Sobre a queda de Frondizi, importante estudo, bastante documentado, Kraternik, 1987, pp. 38-58.
32. Potash, 1984, vol II (1945-1962), pp. 490-491.
33. Scenna, 1975, pp. 356-362.
34. Ofício n. 368/920(42)(41), Boulitreau Fragoso a San Tiago Dantas, Buenos Aires, 16/6/1962, AHMRE-B, secreto, ofícios recebidos, A-L, 1960/62.
35. Ibid.
36. *Memorandum*, Secreto, Mário Gibson Barbosa a San Tiago Dantas, 25.4.1962, AHMRE-B, Circulares, Despachos, CE secreto, avisos, presidência da República, memorandos, pareceres, 1961/62.
37. Raggio, 1986, pp. 77-81.
38. Potash, 1984, vol II (1945-1962), pp. 490-491.

39. Id., ibid., pp. 490-491.
40. Peterson, 1970, p. 530.
41. Despacho n. 7, Confidencial, John Balfour a Bevin, Buenos Aires, 18/01/1951, PRO-FO, 371 90525.
42. *Memorandum* for the President, Subject: "Attitude Toward the Argentine Situation", The White House, Washington, 30/3/1962, JFKL.
43. Ofício n. 218/600(41), secreto, urgente, México, 28/4/1962, AHMRE-B, Secreto, Ofícios Recebidos, L-W, 1960/62.
44. Telegrama DAS-430(42)(22), secreto, recebido, da Embaixada em Washington, a) Roberto de Oliveira Campos, 3-4/4/1962, AHMRE-B, Secretos, T-W, CTs telegramas recebidos e expedidos, 1962/63.
45. *Memorandum* for the President, Subject: "Attitude Toward the Argentine Situation", The White House, Washington, 30/3/1962, JFKL.
46. Ibid.
47. Ibid.
48. Ofício n. 257, secreto, recebido, Boulitreau Fragoso para San Tiago Dantas, Buenos Aires, 30/4/1963, AHMRE-B, 600(41), Argentina, Assuntos Políticos, 1942/65.
49. Telegrama-Circular n. 4250 expedido para as Missões Diplomáticas nas Américas, menos no Canadá, Argentina e Cuba, secreto, urgente, DAM/600.(41), a) Exteriores, 2/4/1962, AHMRE-B 600.(41), Argentina, assuntos políticos, 1942/65.
50. Ibid.
51. Ofício n. 368/920(42)(41), Boulitreau Fragoso a San Tiago Dantas, Buenos Aires, 16/6/1962, AHMRE-B, secreto, ofícios recebidos, A-L, 1960/62.
52. Entrevista do ex-presidente Frondizi ao autor. Entrevista do embaixador Oscar Camilión ao autor, Buenos Aires, junho de 1975.
53. Ofício n. 368/920(42)(41), Boulitreau Fragoso a San Tiago Dantas, Buenos Aires, 16/6/1962, AHMRE-B, secreto, ofícios recebidos, A-L, 1960/62.
54. Ibid.
55. Ibid.
56. Ibid.
57. Ibid.
58. Ibid.
59. Telegrama n. 222, DAM/600(41), secreto, recebido, a) Boulitreau Fragoso, 30-30/3/1962, AHMRE-B 600(41), Argentina, Assuntos Políticos, 1942/65.
60. Ofício n. 257/600.(41), secreto, recebido, Boulitreau Fragoso a San Tiago Dantas, Buenos Aires, 30/4/1962, AHMRE-B, secreto, ofícios recebidos, AL, 1960/62.
61. Ibid.
62. Ibid.

# Capítulo XV

CUBA E OS EUA • OS GOLPES MILITARES NA AMÉRICA LATINA COMO FENÔMENO DA GUERRA FRIA • AS DOUTRINAS DE CONTRAINSURREIÇÃO E AÇÃO CÍVICA • A SITUAÇÃO ECONÔMICA NO PERU, BOLÍVIA, EQUADOR E COLÔMBIA • AS GUERRILHAS • A LUTA ARMADA NA VENEZUELA • A CRISE POLÍTICA NA ARGENTINA E O CONFLITO ENTRE OS *AZULES* E *COLORADOS*

A obsessão com que os EUA, tanto através do Departamento de Estado quanto do Pentágono e da CIA, trataram de isolar Cuba e aplicar-lhe sanções coletivas, inclusive militares, constituiu cada vez mais a maior ameaça ao funcionamento do regime democrático nos países da América Latina. A Conferência de Punta del Este, culminando uma série de esforços para os compelir a se submeterem à sua vontade, não concorreu apenas para a ruptura da legalidade na Argentina. Agravou igualmente a crise política no Equador, onde os conflitos entre a esquerda e a direita, com atos de terrorismo e manifestações de rua, prosseguiam, e provocou o rompimento da coalizão pluripartidária, formada em torno do presidente Arosemena Monroy[1]. O Partido Social-Cristão, da mesma forma que o Partido Conservador, abandonou o governo, a manifestar-se contra a posição assumida pelo chanceler Francisco Acosta Yépez, que era um dos seus membros e se abstivera de votar a expulsão de Cuba da OEA[2]. E o fato de que a Argentina rompera com Cuba, em consequência da pressão militar sobre Frondizi, começou a gerar boatos de que as Forças Armadas equatorianas exigiriam igual medida de Arosemena Monroy, contra o qual a CIA executava ações políticas e operações de propaganda, por modo que todo o seu suporte partidário se esvaísse e só o apoio da extrema-esquerda lhe restasse[3]. Esta era a tática para possibilitar o golpe de Estado. Com efeito, as Forças Armadas, atingidas pelo escândalo da chatarra, a compra de material bélico sucateado, por US$ 1 milhão, aos EUA, estavam dispostas a defender-se, levantando a bandeira anticomunista e anticastrista, como já se evidenciara, quando os oficiais da guarnição militar de Cuenca, sob as ordens do coronel Aurélio Naranjo, enviaram mensagem ao presidente da República, na qual lhe concediam 72 horas para romper com Cuba e demitir o ministro do Trabalho[4]. Estes fatos ocorreram entre 21 e 28 de março de 1962, ao mesmo tempo em que o governo de Frondizi esbarrondava na Argentina. Conforme Philip Agee revelou[5], os agentes da CIA, e os oficiais do Pentágono, que serviam na Missão de Assistência Militar, também procuraram vergar o Equador, por meio da manipulação dos movimentos políticos domésticos e da instrumentalização de suas próprias Forças Armadas. E conseguiram submetê-lo à vontade dos EUA, suprindo o revés diplomático do Departamento de Estado em Punta del Este. Em maio, Arosemena Monroy capitulou e rompeu, finalmente, as relações com Cuba, forçado pelos militares equatorianos[6].

A tendência para a intervenção das Forças Armadas no processo político, àquela época, não decorreu apenas de fatores endógenos, inerentes aos países da América Latina. Constituiu muito mais um fenômeno de política internacional continental do que de política nacional argentina, equatoriana, brasileira etc., uma vez que determinada fora, em larga medida, pela mutação que os EUA, a partir do início dos anos 60, promoveram na estratégia de segurança do hemisfério, redefinindo as ameaças, com prioridade para o inimigo interno, e difundindo as doutrinas de contrainsurreição e da ação cívica, através da Junta Interamericana de Defesa (JID). Tanto isto é certo que a manifestação das Forças Armadas visou, sobretudo, a ditar decisões diplomáticas, a modificar diretrizes de política exterior, e ocorreu, geralmente, nos países cujos governos se recusavam a romper relações com Cuba. E daí o surto militarista, com a propagação dos golpes de Estado, que tinham como principal fonte de inspiração a JID. Logo após a reunião de Punta del Este, enquanto a crise atingia o ápice na Argentina e a situação no Equador deteriorava-se, os militares peruanos, em serviço na JID, procuraram os representantes chilenos e os convidaram "para fazer no Chile o que eles pretendiam no Peru"[7]. O governo chileno, que se abstivera, como a Argentina, Brasil e Equador, na votação para expulsar Cuba da OEA, foi notificado, e o informante do embaixador brasileiro Ilmar Pena Marinho manifestou-lhe a impressão de que, se o candidato da oposição à presidência da República, Victor Haya de la Torre, líder da Aliança Popular Revolucionária (APRA), triunfasse, o golpe militar no Peru ocorreria, quiçá até mesmo antes que as eleições se realizassem[8]. Pouco tempo depois, o ministro da Guerra do Peru pronunciou-se contra o apoio de Kennedy à "convivência pradismo-aprismo", ou seja, entre os partidários do presidente Manuel Prado e os militantes da APRA, declarando que não desejava, ali, uma "repetição da influência norte-americana", como aquela havida nos resultados de Punta del Este, cuja "segunda consequência" fora o "estímulo indireto" dado aos militares para que anulassem praticamente a Constituição da Argentina, em virtude da vitória do peronismo[9]. Seu propósito foi evitar que a vitória da candidatura de Haya de la Torre na eleição para a presidência da República pudesse provocar nos militares peruanos uma reação semelhante à dos seus colegas argentinos, quando derrubaram Frondizi, depois que o obrigaram a intervir nas províncias onde o peronismo vencera.

Algo semelhante ocorreu realmente no Peru. Quando o Tribunal Eleitoral proclamou a vitória de Haya de la Torre, as Forças Armadas, articuladas pelo general Juan Bossio Collas, comandante do Centro de Instrução Militar, destituíram o presidente Manuel Prado, em 17 de julho de 1962, e anularam o resultado das eleições. O governo de Kennedy suspendeu a ajuda de US$ 81 milhões, dos quais o Peru já recebera US$ 9 milhões, concedidos dentro do programa da Aliança para o Progresso, embora várias companhias norte-americanas, com investimentos em erva-mate, mandassem telegramas de felicitações à junta militar[10]. O governo do México, mostrando igualmente desagrado com aquele golpe de Estado, chamou seu embaixador para consulta, e a Venezuela igualmente se manifestou disposta a convocar uma reunião da OEA para discutir a situação no Peru e o reconhecimento da junta militar. Com isto o Brasil não concordou. Também desaprovou o golpe de Estado, demorando em reconhecer a junta militar. Mas, quando o fez, criticou a tendência de se pretender transferir para a OEA a responsabilidade por atos como o de manter ou não relações com determinados governos, que competiam a cada Estado decidir, exclusivamente, na esfera da soberania nacional. Não admitiu e se opôs, destarte, a "quaisquer iniciativas, mesmo bem-intencionadas", que pudessem "transformar a OEA em instrumento de intervenção"[11], embora compreendesse a preocupação com o que estava a acontecer em diversos países do hemisfério e que invariavelmente resultava no estabelecimento de regimes de exceção, em detrimento do sistema democrático-representativo.

O Brasil manteve uma postura coerente com a que assumira *vis-à-vis* do problema de Cuba. Se admitisse a intervenção da OEA, em quaisquer circunstâncias ou sob que pretexto fosse, estaria a permitir que grave precedente se criasse, ameaçando a soberania nacional e o direito à autodeterminação de todos os povos da América Latina. O desígnio dos EUA, que a Venezuela parecia refletir, era, aliás, tornar a OEA um poder supranacional, com a limitação da soberania dos Estados-membros, salvo a própria, tanto assim que jamais aceitaram a multilateralização da Doutrina Monroe, reservando para si, com exclusividade, o direito de interpretá-la, unilateral e casuisticamente, bem como de aplicá-la *ex-post-facto* e sempre em função de seus interesses ou eventuais objetivos políticos. O desafio de Cuba, que provocou profunda fratura no sistema interamericano, assustara-os, máxime quando as maiores nações da América Latina — Brasil, Argentina, México e Chile — onde o regime democrático, bem ou mal, funcionava, lideraram em Punta del Este a resistência ao seu *dictate*. Nenhum secretário de Estado podia mais proclamar, como Richard Olney o fizera em 1895, que os EUA eram "*practically sovereign on this continent*" e que podiam impor seu *fiat* como lei a todas as repúblicas[12]. E procuraram recuperar e robustecer seu predomínio, de qualquer forma, ou por pressões diplomáticas ou outros meios, sobretudo através das próprias Forças Armadas dos Estados latino-americanos, utilizando-as para os vergar e reduzir à obediência que os recalcitravam. E condições houve.

Conforme o embaixador norte-americano em Lima, William D. Pawley, percebera, já em agosto de 1945, que o estabelecimento de missões militares no Peru e em outras repúblicas latino-americanas não só possibilitava influir para limitar o tamanho de suas Forças Armadas "ao necessário à manutenção da ordem civil", como também possibilitava "influenciar fortemente" as atitudes e a política dos governos em favor dos EUA[13]. De acordo com sua opinião, a influência da antiga missão militar da França no Peru era ainda considerável, àquele tempo, e por ali se estendera aos campos político, econômico e cultural, e o mesmo se podia observar na Argentina, onde a influência da antiga missão militar da Alemanha contribuíra notavelmente para a sua orientação pró-Eixo e anti-EUA, durante a Segunda Guerra Mundial[14]. Efetivamente, a razão estava com o embaixador William D. Pawley. Demonstrou-o o fato de que, sob pressões dos militares, tanto a Argentina quanto o Equador romperam relações com Cuba, rendendo-se ao desígnio dos EUA. Não era de surpreender, portanto, que a junta militar do Peru anunciasse que manteria relações com todos os países, exceto com os do Bloco Soviético e Cuba, o que significava uma radical postura de alinhamento com os EUA, a despeito do retraimento inicial do Departamento de Estado[15]. Decerto, os militares não desfecharam o golpe de Estado com tal objetivo, porquanto o próprio presidente Prado já se incumbira de romper as relações com Cuba. Contudo, eles atuaram em função da nova estratégia de segurança continental, autorizados e encorajados pela doutrina da ação cívica, que a JID estabelecera através da Resolução XLVII, de dezembro de 1960, propondo às Forças Armadas, por considerá-las o grupo profissional mais estável e modernizador da América Latina, maior participação "no desenvolvimento econômico e social das nações". E seu propósito consistiu em impedir, quer por meio da repressão (encarceramento de centenas de trabalhadores, camponeses, líderes políticos e estudantes), quer por meio de certas mudanças (criação do Instituto Nacional de Planificación, reforma agrária em La Convención-Cuzco), que um foco de guerrilha, instalado no sul pelo militante trotskista Hugo Blanco, viesse a impulsar em todo o país um levante camponês[16].

Essa preocupação surgira no Centro de Altos Estúdios Militares, a partir das análises sobre a situação econômica e social no Peru[17]. E tinha fundamento. Com uma classe dominante extremamente rica, uma classe média que apenas começava a criar forma e imensa população indígena, povoando o campo na mais incrível miséria, a mascar folhas de coca e muitas vezes a comer terra para sobreviver, o Peru apresentava uma estrutura social completamente distorcida, semelhante à do Equador, e oferecia um ambiente favorável à expansão do comunismo. O embaixador brasileiro em Lima, Orlando Leite Ribeiro, chegara a dizer que, naquelas condições, compreendia por que o povo peruano ou mesmo a burguesia apedrejaram o vice-presidente dos EUA, Richard Nixon em 1958[18]. E, diante de tal situação, a Revolução Cubana e o conflito ideológico entre a China e a URSS contribuíram, entre outros fatores, para que algumas tendências ainda mais à esquerda se desenvolvessem, contestando as linhas percebidas como conservadoras ou reformistas tanto da APRA quanto do Partido Comunista, e aderissem à violência revolucionária e à via insurrecional, tal como Fidel Castro e Mao Zedong defendiam[19]. Assim, sob a liderança de Luis de la Puente Uzeda, nasceu no Peru o Movimiento de Izquierda Revolucionaria (MIR), como dissidência da APRA, da mesma forma que uma cisão da Acción Democrática formara na Venezuela outra organização, também denominada MIR, e passara à luta armada contra o governo de Rômulo Betencourt.

Este fenômeno, estimulado pelo exemplo da vitoriosa guerrilha de Sierra Maestra ou mesmo apoiado materialmente pelos governos de Havana e Pequim, atingiu quase todos os países da América Latina. As Forças Armadas da Argentina, quando começaram a reprimir seriamente as atividades contra o regime de Stroessner, em 1961, desbarataram em Corrientes um campo para o treinamento de guerrilheiros e, segundo os informes, a presença de comunistas e castristas aumentava nos grupos revolucionários, que os Partidos Liberal e Febrerista mantinham[20]. O serviço secreto da Argentina também detectara a existência de centros de treinamento de guerrilheiros dentro do território da Bolívia, nas localidades de Cochabamba, Oruro, Desaguadero e Villazón, bem como na zona entre Santa Cruz de la Sierra e Corumbá (Brasil), mantidos por uma organização castrista, o Movimiento de Liberación Nacional, cujos dirigentes eram José Morales Guillén e Ernesto Ayala Mercado, este presidente da Câmara dos Deputados e um dos líderes da ala esquerda (de tendência trotskista) do MNR[21]. A Bolívia afigurava-se como um dos países onde havia maiores probabilidades de uma insurreição armada[22], segundo a avaliação de uma equipe interdepartamental do *Special Group* (CI), incumbido pelo governo norte-americano da missão de percorrer a América Latina e realizar análises estratégicas sobre a situação de vários países[23]. Os outros foram a Guatemala, onde também um militante trotskista, Marco Antonio Yon Sosa, começara a promover uma revolta rural, e o Equador, onde Forças Armadas, em abril de 1962, liquidaram um foco de guerrilha, próximo à pequena cidade de Santo Domingo de los Colorados, e prenderam cerca de 45 revolucionários (entre os quais a brasileira, Abigail Pereira Nunes[24]), estudantes na sua maioria, e dissidentes do Partido Comunista[25], que precipitaram a luta armada depois que os oficiais da guarnição militar de Cuenca se sublevaram e exigiram que Arosemena Monroy rompesse as relações diplomáticas com Cuba.

Com efeito, Fidel Castro começara a instigar e a sustentar a preparação de guerrilhas em outros países do continente não porque, pura e simplesmente, pretendesse exportar a revolução, com o objetivo de espraiar o socialismo, e sim como forma de contra-atacar e combater os governos que cedessem às pressões dos EUA e passassem a hostilizá-lo. Esta política, ainda que forte dose de messianismo comportasse e fugisse muitas vezes a qualquer controle, constituiu, fundamentalmente, desesperada tentativa de romper o crescente bloqueio econômico e político imposto a Cuba, mediante incentivo e apoio à via insurrecional, a fim de possibilitar rápido surgimento de outro ou outros regimes revolucionários na América Latina. Fidel Castro não tratava de servir aos interesses da URSS. Pelo contrário, estava a criar-lhe imensos embaraços ao seu relacionamento com os EUA, ao fomentar um processo de radicalização que a ela absolutamente não convinha, e a favorecer a China no conflito ideológico, contribuindo para promover e consolidar o maior cisma até então havido no movimento comunista internacional. Na verdade, Fidel Castro jamais confiara realmente em que a URSS se dispusesse a defender Cuba contra qualquer agressão, a ponto de travar uma guerra com os EUA. E o aprofundamento da cisão nos partidos comunistas que obedecessem às diretrizes de Moscou e defendessem o caminho pacífico para o socialismo tornara-se necessário, de modo que Cuba pudesse impulsionar, internacionalmente, a revolução e garantir a solidariedade de algum ou alguns países da América Latina. A tática de Fidel Castro consistiu assim em revidar o cerco político e diplomático contra seu regime, treinando revolucionários e armando formações de esquerda, que dissentiram de partidos reformistas, como a APRA, no Peru, e a Acción Democratica, na Venezuela, ou mesmo de partidos comunistas, para que acometessem os governos considerados inimigos e subservientes aos EUA. O governo de Bogotá, liberal com tendência predominantemente conservadora, recebera o informe de que Cuba fornecera aos comunistas e castristas cerca de US$ 60.000, somente no primeiro semestre de 1961, e estaria a enviar-lhes grandes quantidades de armas pessoais e ligeiras, cujo contrabando as Forças Armadas não conseguiram acabar, uma vez que a repressão maciça, na qual elas insistiam, custaria muito caro, diante do vasto litoral do país[26]. Outros informes indicavam a presença de técnicos em guerrilhas em Sumapaiz, Quindio e Valle[27], orientando algumas organizações, entre as quais o Movimiento Obrero, Estudiantil y Campesino (MOEC), que mantiveram durante algum tempo certas regiões, principalmente a de Marquetalia, como "repúblicas independentes"[28]. Mas o fato foi que a violência recresceu na Colômbia, depois que o presidente Alberto Lleras Camargo tomou a iniciativa de propor a convocação da Reunião de Consulta dos Chanceleres Americanos, com o objetivo de votar sanções contra Cuba onde a luta de guerrilhas, e se entrelaçou com a atividade dos bandoleiros, fenômeno crônico, havia alguns anos.

A situação configurou-se ainda mais grave na Venezuela, que na conferência de Punta del Este votara a favor das sanções contra Cuba, com a qual rompera relações, em final de 1961. Lá, devido, sobretudo, a fatores internos, o processo de radicalização já se delineara, nitidamente, a partir de abril de 1960, quando uma dissidência da Acción Democratica, o partido do presidente Rômulo Betencourt, constituiu o Movimiento de Izquierda Revolucionaria, sob a liderança de Domingo Alberto Rangel, defendendo a via da insurreição para a tomada do poder e a transformação da sociedade. Mas foi no curso de 1962 que a violência se intensificou, com o estímulo de Cuba. O MIR e o Partido Comunista, que aderira à luta armada, não somente desencadearam audaciosas operações de guerrilha, frequentes desordens e atos de terrorismo, em Caracas e em outras cidades, como inspiraram ou mesmo dirigiram duas rebeliões militares, a do Batalhão de Infantaria da Marinha, sediado em Carúpano, e a da base naval de Puerto Cabello. O presidente Betencourt, ainda que empenhado em afirmar o regime democrático e demonstrar que sem cercear as liberdades podia governar, não teve alternativa senão decretar a suspensão das garantias constitucionais e do funcionamento legal daqueles dois partidos, cujo objetivo, aparentemente, era criar tal situação de intranquilidade que provocasse golpe de Estado e, em consequência, a formação de um clima próprio à insurreição popular[29]. Essa tática correspondia à opinião de Che Guevara, segundo a qual onde um governo, de certa forma, instituíra-se através da consulta popular, fraudulenta ou não, e ao menos mantivesse a capa da legalidade constitucional, a implantação da guerrilha tornava-se impossível, uma vez que as possibilidades da luta legal não se haviam esgotado[30].

Certos setores da extrema-direita também imaginavam, entretanto, que a ação das Fuerzas Armadas de Liberación Nacional (FALN), organizadas pelo MIR e pelo Partido Comunista, ser-lhe-ia, em última instância, favorável, porquanto poderia precipitar o golpe de Estado, na medida em que as Forças Armadas se convencessem da impossibilidade de manter a ordem pública dentro do regime constitucional[31]. O embaixador brasileiro em Caracas, Antonio Correa do Lago, informou ao Itamaraty, àquele tempo, de que havia "numerosos" e "fortes" indícios de conluio entre as "duas extremas" (direita e esquerda) e de que "elementos reacionários estariam financiando" as Fuerzas Armadas de Liberación Nacional, com o "objetivo comum" de derrocar o presidente Betencourt, sabotar as eleições convocadas para 1963 e impedir a consolidação do regime democrático[32]. Segundo ele, os "reacionários exacerbados com a possível extradição" do antigo ditador Pérez Jiménez estariam a financiar aquela organização, na expectativa de que o Exército viesse a tomar o poder e, em seguida, neutralizasse as forças da extrema-esquerda revolucionária[33]; uma das evidências daquele "estranho conluio", em que a extrema-direita reacionária e a extrema-esquerda revolucionária uniam-se e visavam a servir-se uma da outra para os seus próprios fins, foi o fato de que as primeiras notícias da ida do navio-motor *Anzoátegui*, sequestrado pelas FALN, para as águas territoriais do Brasil, apareceram, simultaneamente, nos jornais *El Mundo* e *El Clarin*, que representavam aquelas duas tendências[34].

Diante da ameaça da extrema-esquerda, empenhada em promover uma insurreição popular, e do perigo, embora remoto, de um golpe militar da extrema-direita, Betencourt procurou manter uma linha de política externa, que visava, essencialmente, a consolidar sua posição na política interna, como presidente constitucional. E daí sua estreita cooperação com os EUA *vis-à-vis* do problema de Cuba; sua tese de que os princípios contidos no preâmbulo da carta da OEA deviam constituir objeto de tratado, de sorte que o respeito aos direitos humanos e a observância da democracia representativa fossem requisitos essenciais para a participação no sistema interamericano; sua atitude de frieza em face das ditaduras no Haiti, Nicarágua e Paraguai; a Doutrina Betencourt e a consequente suspensão das relações com a Argentina e o Peru, quando as Forças Armadas desses países derrubaram governos constitucionais[35]. Betencourt esforçou-se para conduzir, coerentemente, a política interna e externa da Venezuela, cujo alinhamento com os EUA, no entanto, não decorrera dos atritos com Cuba nem da ameaça revolucionária da extrema-esquerda, antes, pelo contrário, constituíra uma de suas causas. Como Julio Portillo salientou, "*era evidente que los factores económicos de Venezuela, que ayudan a fijar en forma determinante la política exterior del pais, sirvie-*

*ron aquí de portavoces de los clamores norteamericanos*"[36] quando a Câmara dos Representantes, em Washington, exigiu ações enérgicas contra Cuba, em virtude do acordo comercial firmado por Fidel Castro com a URSS, e Betencourt começou a inflectir em favor dos EUA, levando seu partido, a Acción Democratica, de esquerda moderada, a dividir-se e a dar origem, em abril de 1960, ao MIR[37].

De qualquer forma, o fato de que Betencourt acompanhara, desde o primeiro momento, a política dos EUA contra Cuba permitiu-lhe conservar, naquelas circunstâncias, um regime tão democrático quanto possível. Embora a propaganda e as ações do MIR e do Partido Comunista não conseguissem mobilizar a massa rural nem alcançar maior sucesso entre os operários, em nenhum outro país da América Latina a possibilidade de subversão da ordem afigurou-se tão iminente e real como na Venezuela. E as Forças Armadas não excederam a suas funções constitucionais, a pretexto de enfrentar a guerra revolucionária. Golpe de Estado, a despeito de todas as provocações, não houve. Nem lá nem na Colômbia, onde as "repúblicas independentes" ainda inexpugnáveis continuavam. O mesmo não aconteceu em outros países da América do Sul, cujos governos recalcitravam e resistiram a aplicar sanções contra Cuba. As pressões dos EUA, ao conjugarem-se, ali, com as forças internas da direita, contribuíram, devido às ações encobertas da CIA, para o aguçamento das lutas sociais e converteram os militares no principal fator de desestabilização e subversão dos regimes constitucionais, na mais grave ameaça ao funcionamento e à própria sobrevivência da democracia representativa. E assim o surto do militarismo tornou-se, por muito tempo, um fenômeno incoercível. O presidente Arosemena Monroy não mais conseguiu estabilizar a situação para governar o Equador, depois que os militares o humilharam, compelindo-o a romper relações com Cuba. Em agosto de 1962, salvou-se por apenas um voto (41 contra 40) de um processo de *impeachmnent*, considerado uma tentativa "de golpe de Estado civil"[38]. Mas, cerca de onze meses depois, as Forças Armadas finalmente o derrubaram, substituindo-o por uma junta militar, que se dispôs a realizar, de acordo com a doutrina da ação cívica, algumas reformas de que o país necessitava, ao mesmo tempo que desencadeava enérgica repressão contra os partidos e movimentos de esquerda.

A situação também não se estabilizou na Argentina. A politização dos militares, para a qual a doutrina da ação cívica ainda mais contribuíra, terminou por dividi-los e levou o país à beira de uma guerra civil. Menos de um mês depois da queda de Frondizi, o general Raul Poggi, apoiado por parte do Exército e, principalmente, pela Marinha, colocou tropas e tanques nas ruas de Buenos Aires, disposto a formar uma junta militar, isto é, instituir uma ditadura aberta, franca, sem salvar as aparências. Contra ele o general Enrique Rauch se insurgiu, não porque discordasse da proscrição do peronismo, dissentisse quanto à recusa em dar posse aos governadores e deputados eleitos em março ou vacilasse a respeito da mudança na orientação da política interna e externa de Frondizi, mas simplesmente porque desejava manter José Maria Guido como presidente, conservar aquele simulacro de governo civil, disfarçando o poder único dos militares. E conseguiu-o. O embaixador brasileiro Aguinaldo Boulitreau Fragoso então supôs que o general Rauch teria sido "inspirado, apoiado, encorajado, direta ou indiretamente pelos EUA", porque estes não poderiam assistir "de braços cruzados" a derrocada do governo Guido, 48 horas depois de havê-lo reconhecido, e "sacramentar a ditadura disfarçada, a fim de evitar males possivelmente maiores e trazer a Argentina ao aprisco da Aliança para o Progresso"[39]. Entretanto, a contenção da impaciência e da revolta do general Poggi não superou o problema, que consistia na extrema precariedade da posição de Guido como presidente da República e que a divisão das Forças Armadas alimentava. Seu governo, débil, devido inclusive à própria falta de legitimidade, mostrava-se incapaz de sustar a grave crise econômica, bem como enfrentar o perigo de conturbação da ordem social, e somente se manteria se continuasse a fazer tudo que os militares quisessem. Por isso, o governo dos EUA, conforme o ministro-conselheiro da Embaixada norte-americana em Buenos Aires revelou a um diplomata brasileiro, continuou a preocupar-se com a possibilidade de que ocorresse na Argentina um golpe militar de direita, não apenas por entender que não representaria a expectativa de melhor solução para a crise econômica, mas, sobretudo, porque poderia acarretar, em futuro próximo novo golpe, mas de esquerda[40]. Tal temor recomendava, portanto, a manutenção de Guido na presidência da República, como etapa de transição até o restabelecimento do regime constitucional, não obstante o "fundamento ilegal" e o "caráter não democrático" de seu governo[41].

Não obstante a experiência negativa do plano de estabilização monetária, aplicado por Frondizi, Guido dispôs-se ainda a executar, com o aval do FMI, mais dois choques econômicos, que afetaram seriamente a indústria, transferindo renda para o setor agropecuário, isto é, para a oligarquia rural, solidária com os interesses do capital financeiro. A instrumentalização de medidas restritivas do crédito prejudicaram, principalmente, as pequenas e médias empresas, sobre as quais se assentava importante núcleo manufatureiro da Argentina, ao impossibilitar-lhes o acesso aos financiamentos bancários, uma vez que os grupos oligopólicos não só dispunham de mais recursos próprios para o capital de giro como conseguiam maior capitalização do excedente econômico, mediante o incremento da produtividade. A antinomia entre os interesses do setor agroexportador e as necessidades da indústria, que não se resolvera, antes aguçara-se, durante o governo Perón, recrudesceu então com a disputa pelos escassos recursos disponíveis, dentro de um quadro de estagnação econômica, em que os sindicatos, fortemente organizados e conduzidos pela CGT, reagiam, por seu lado, e estorvavam a eficácia do congelamento salarial. A consequência foi o prolongamento das tensões sociais, que debilitaram o Estado e empeceram a formulação de uma vontade nacional, à medida que nenhum setor das classes dominantes tinha força bastante para firmar sua hegemonia, senão pela violência, e estabelecer o consenso, a fim de implementar um projeto consequente de desenvolvimento econômico, a longo prazo. A turbulência das Forças Armadas, cujas facções sempre se digladiavam, refletia, sobre o pano de fundo da resistência sindical e da oposição peronista, os impasses sociais da Argentina, o círculo vicioso em que ela se empegara, com a estagnação econômica e a instabilidade político-institucional reciprocamente a se realimentarem. E o declínio do seu PIB *per capita* continuou, com um índice de 0,3%, entre 1961 e 1963, enquanto *azules* (legalistas) e *colorados* do Exército duelavam nos quartéis e nas ruas de Buenos Aires.

Os acontecimentos ulteriores demonstraram que a avaliação do governo norte-americano, quanto à possibilidade de que a direita militar, a chamada linha dura, intentasse outra vez um *putsch*, estava correta. O apoio que o embaixador dos EUA, pessoalmente, assegurou a Guido[42] não impediu que pouco mais de um mês depois, em 8 de agosto de 1962, o general Frederico Toranzo Montero, comandante do IV Corpo de Exército (Salta)[43] iniciasse em Jujuy uma sedição e, autoproclamando-se comandante em chefe do Exército, encorajasse os "gorilas"[44] a renovarem seus esforços para instituir na Argentina uma "verdadeira ditadura militar"[45]. E os dois bandos novamente se defrontaram, nas ruas de Buenos Aires, onde durante quatro dias combateram, até que os *azules*, com base no Campo de Mayo e sob o comando do general Juan Carlos Onganía, conseguiram, dado o apoio da Força Aérea, a rendição dos *colorados*, contra os quais a resistência passiva, adesão proforma ou simulada dos suboficiais também funcionou[46]. Este epílogo, embora não agradasse à Marinha nem à imprensa vinculada aos interesses da oligarquia, contou com simpatia da opinião pública, uma vez que os *azules*, agrupando nacionalistas de todos os matizes, alguns simpatizantes de Perón, outros de Frondizi, além de numerosos oficiais sem afinidades políticas, os civilistas, advogavam a antecipação das eleições para a presidência da República, a fim de restaurar a normalidade constitucional. Por outro lado, a derrota dos colorados, que eram os maiores adversários da política de não alinhamento e dos acordos de Uruguaiana, pareceu propiciar uma oportunidade para que a Argentina se reaproximasse do Brasil, na condução da política exterior, ao acarretar a queda de Bonifácio del Carril e sua substituição no cargo de ministro das Relações Exteriores, pelo ex-embaixador em Brasília, Carlos Manuel Muñiz, vinculado a Frondizi.

## NOTAS

1. Ofício n. 36/600.(34), secreto, Lindolfo Leopoldo Collor, encarregado de Negócios, a San Tiago Dantas, Quito, 2/2/1962, AHMRE-B, 600(34), Equador, situação política, secreto, 1958/66.
2. Agee, 1975, pp. 192-193.
3. Id., ibid., p. 194.
4. Id., ibid., p. 197. Ofício n. 103/600 (34), secreto, recebido, Collor ao chanceler (interino) Renato Archer, Quito, 2/4/1962, AHMRE-B, 600 (34), Equador, Situação Política, Secreto, 1958/66.
5. Id., ibid, pp. 198-210.
6. Id., ibid., p. 210.
7. Telegrama n. 149, 18:00h, secreto, recebido, DEA/DAM/600.(35), da Delegação do Brasil na OEA, a) embaixador Ilmar Pena Marinho, Washington, 5-6/4/1962, AHMRE-B, 600.(35), Peru, situação política, secreto, 1957/66.
8. Ibid.
9. Carta-telegrama n. 42, Secreto, DAM/DAS/600.35, da Embaixada em Lima, a) embaixador Orlando Leite Ribeiro, 22/3-3/2/4/1962, AHMRE-R, CTs-Telegramas, recebidos e expedidos, secreto, H-L, 1962/63.

10. Telegrama n. 94, 23:45h, DAM/600.(35), secreto, urgente, da Embaixada em Lima, a) Guy Marie de Castro Brandão, 20-21/7/1962; Carta-telegrama n. 85, DAM/600.(35), da Embaixada em Lima, a) Guy Brandão.
11. Telegrama n. 219, secreto, urgentíssimo, expedido, do Gabinete no Rio de Janeiro para o Gabinete em Brasília, em 14/8/1962, AHMRE-B, 600.(35), Peru, situação política, secreto, 1957/66.
12. Connel-Smith, 1966, pp. 45-46.
13. Despacho n. 108, secreto, William D. Pawley ao secretário de Estado, Lima, Peru, 10/8/1945, Copy Enclosure Despatch n. 108, Pawley ao secretário de Estado, Rio de Janeiro, 12/8/1946, NA, File 810.20 Defense 28-1246 CS/V.
14. Ibid.
15. Telegrama n. 99/DAM/600.(35), secreto, recebido, da Embaixada em Lima (Guy Brandão), 4-25/7/1962, AHMRE-B, CTs telegramas, recebidos e expedidos, secreto, H-L, 1962/63.
16. Cotler, J., "A Structural-Historical Approach to the Breakdown of Democratic Institutions: Peru", in Linz & Stephan, 1984, pp. 194-196.
17. Id., ibid., pp. 192-193.
18. Ofício n. 279, Secreto, Recebido, Orlando Leite Ribeiro a Afonso Arinos, Lima, 28/6/1961, AHMRE-B, 600.1(00), comunismo, resposta às Circulares 3951 e 3991, Universo 1961/62.
19. Sobre o tema, vide Cotler, "La Mecanica de la Dominación Interna y del Cambio Social en el Peru", Serie Mesas Redondas y Conferencias n. 6, Instituto de Estudios Peruanos, enero de 1967, pp. 58 a 61.
20. Relatório n. 276/600.1(00), (Atividades Comunistas), Embaixada do Brasil em Buenos Aires para o Ministério das Relações Exteriores, 5/07/1961, Anexo único, AHMRE-B, 600.1(00), comunismo, resposta às circulares n. 3951 e 3991, Universo, 1961/62.
21. Ofício n. 274-600.(31), Secreto, embaixador Manuel Antônio Pimentel Brandão a Afonso Arinos, La Paz, 23/5/1961.
22. Agee, 1975, pp. 214-215.
23. O *Special Group* fora criado por sugestão do general Maxwel Taylor, para conduzir a política de *counterinsurgency*. Sua função consistia em instruir funcionários e militares graduados sobre as características da área onde deveriam atuar, o governo e a população, o *status* do programa de contrainsurgência no país, bem como outros principais problemas confrontados pela embaixada ou missão dos EUA. Com este objetivo, o governo norte-americano fundou em Fort Bragg (North Carolina) uma escola de *counterinsurgency*, onde até diplomatas e funcionários do Departamento de Estado faziam cursos. Ryan, 1998, pp. 23-24.
24. Ela era filha do conhecido dirigente comunista Adão Pereira Nunes.
25. Agee, 1975, pp. 201-205.

26. Ofício n. 200, Secreto, embaixador Lucilio Haddock Lobo a Afonso Arinos, Bogotá, 5/7/1961, AHMRE-B — 600.1(00). Comunismo, resposta às circulares 3951 e 3991, Universo, 1961/62.
27. Ibid.
28. A "república independente" da Marquetalia só foi destruída pelo Exército, poucos anos depois, durante o governo do presidente Guillermo León Valencia (1962-66) e seu comandante, famoso como Tiro Fijo, fugiu para local ignorado.
29. Ofício n. 100, Confidencial, embaixador Antonio Correa do Lago a San Tiago Dantas, Caracas, 11/5/1962, AHMRE-B, 600.(45), Venezuela, situação política Interna, 1951/62.
30. Ernesto Che Guevara, *A Guerra de Guerrilhas*, Edições Futuro, Rio de Janeiro, 1961, p. 18.
31. Ofício n. 84, secreto, urgente, embaixador Antonio Correa do Lago ao chanceler Hermes Lima, Caracas, 7/3/1963, AHMRE-B, 600.(45), Venezuela, Situação Política, 1957/63.
32. Telegrama n. 19, DAC/600.(45), secreto, urgente, recebido, da embaixada em Caracas, a) Antonio Correa do Lago, 16-17/02/1963.
33. Ibid.
34. Ibid.
35. Ofício n. 84, secreto, urgente, Corrêa do Lago a Afonso Arinos de Melo Franco, Caracas, 07/03/1963.
36. Portillo, 1981, p. 41.
37. Id., ibid., p. 42.
38. Ofício n. 254/600.(34), secreto, embaixador Sylvio R. de Carvalho a San Tiago Dantas, Quito, 30/8/1962, AHMRE-B, secreto, ofícios, Q-W, 1960/65.
39. Ofício n. 287, secreto, Boulitreau Fragoso a San Tiago Dantas, Buenos Aires, 11/5/1962, AHMRE-B, 600.(41), Argentina, assuntos políticos, 1942/65.
40. Telegrama n. 465, DAS/600.(41), Secreto, recebido, da embaixada em Buenos Aires, a) Mario Tancredo Borges da Fonseca, 3/7/1962.
41. Ibid.
42. Ibid.
43. Ele era irmão do outro general, Carlos S. Toranzo Montero, que fora embaixador na Venezuela e adversário de Frondizi.
44. Assim eram chamados os militares contrários a Perón.
45. Rouquié, 1981, vol. II, p. 206.
46. Ofício n. 258, Secreto, O. J. Corbett Jr., cônsul-adjunto do Brasil em Buenos Aires, ao chanceler Hermes Lima, Buenos Aires, 24/9/1962, AHMRE-B, 600.(41), Argentina, assuntos políticos, 1942/65.

## Capítulo XVI

A OPOSIÇÃO DE GOULART AO COLÉGIO INTERAMERICANO DE DEFESA • O APOIO DA ARGENTINA AO BLOQUEIO DE CUBA E À FORÇA POLICIAL INTERAMERICANA • ENTENDIMENTOS ENTRE A ARGENTINA E OS EUA • A SITUAÇÃO DO CHILE E A REAPROXIMAÇÃO DO BRASIL COM O CHILE • VISITA DE GOULART AO CHILE • A MORTE DE KENNEDY • O GOLPE DE ESTADO NO BRASIL E A QUEDA DE GOULART

A vitória dos *azules* evitou que os colorados instalassem o poder militar *de facto* e adiassem *sine die* as eleições. Mas não fora definitiva nem estabelecera uma linha intangível entre as duas facções, a ponto de permitir que a política exterior da Argentina se reorientasse e coincidisse outra vez com a do Brasil. O interesse dos EUA, cuja advertência de que não reconheceriam uma ditadura aberta de direita concorrera para a rendição dos *colorados*, consistiu em manter a subserviência militante da Argentina à sua estratégia latino-americana, como contrapeso à política independente do Brasil, que se afirmava, inclusive, no campo militar. Quando Goulart, em abril de 1962, visitara Washington, Kennedy explicou-lhe que os programas de assistência militar dos EUA, dando ênfase à segurança interna e à ação cívica, teriam como objetivo fundamental encorajar as Forças Armadas da América Latina a que se dedicassem elas próprias às tarefas de manter a segurança contra a "subversão inspirada pelo castro-comunismo, contribuir para a defesa coletiva de acordo com suas capacidades e promover o desenvolvimento econômico e social"[1]. Esta era, evidentemente, uma forma de interferência, de induzir o comportamento de outras Forças Armadas, com o que Goulart não concordou, ao insistir, polidamente, em que a cooperação entre os Estados não dava a nenhum deles o direito de atuar no domínio reservado à soberania nacional, pois o princípio de não intervenção era o que tornava possível o convívio internacional[2]. Por esta mesma razão, quando Kennedy, atendendo a sugestão de Lesseps Morrison, embaixador dos EUA na OEA, decidiu inaugurar, em 1962, o Colégio Interamericano de Defesa, o Brasil se opôs e energicamente protestou.

O Itamaraty, em *memorandum* ao Departamento de Estado, argumentou que o governo norte-americano tomou "indevidamente" a proposta da JID, formulada na Resolução XLI de 1959, uma vez que ela não tinha poderes senão para sugerir o novo organismo, cuja criação, em realidade, dependia de acordo entre os Estados americanos, sujeita à aprovação dos respectivos congressos[3]. Assim, se a maioria do Conselho da OEA diversamente pensasse, o Brasil não poderia reconhecer a criação do Colégio, ainda mais porque, ao contrário do que seu projeto de estatuto previa, as questões internas de ordem econômica, social e política não podiam constituir objeto de estudo e orientação "senão no plano estritamente nacional, sob pena de ficar franqueado a um órgão internacional o exame de matéria pertinente à soberania do Estado no terreno prático"[4]. Seu entendimento era o de que as avaliações, na esfera da JID ou de qualquer outro organismo ou colégio de caráter internacional deviam ficar circunscritas aos aspectos externos, "sob pena de intromissão", cujas consequências, ao longo do tempo, poderiam tornar-se "deploráveis"[5]. E por este motivo a Resolução LVII de 1962, em que a JID propôs a realização de um estudo da guerrilha e da contraguerrilha, provocou duro protesto, porquanto o Brasil via "com o maior desagrado" e repelia "de forma categórica qualquer tentativa de credenciar-se um organismo internacional, civil ou militar, para investigar e qualificar fato relacionado com a sua ordem interna" fosse qual fosse a repercussão que tecnicamente se lhe atribuísse sobre a segurança externa[6]. De acordo com o *memorandum* do Itamaraty, "toda internacionalização das Forças Armadas, extravasando dos limites de uma política de aproximação e simpatia, constituiria grave ameaça" ao processo de consolidação de democracia no hemisfério. E os mesmos argumentos, levantados contra a forma de criação e os objetivos do Colégio Interamericano de Defesa valiam igualmente contra a Comissão Consultiva Especial de Segurança, que só poderia ter um caráter consultivo, e capacitada não estava para empreender estudos e investigações relacionadas com a segurança interna dos Estados, pois, se o fizesse, converter-se-ia facilmente em "instrumento de intervenção" e, em vez de contribuir para a defesa do hemisfério, estaria a concorrer para a desconfiança mútua e a desinteligência[7].

Outros países, entre os quais o México, compartilharam a mesma preocupação. Mas a Argentina continuou a apoiar os EUA, e suas profundas discrepâncias com o Brasil, na política internacional, evidenciaram-se, pouco depois da derrota dos *colorados*, quando Kennedy ordenou o bloqueio de Cuba, a fim de compelir a URSS a desmontar as bases de mísseis balísticos lá instaladas. Durante a crise, que eclodiu em outubro de 1962, a Argentina adotou uma posição diametralmente oposta à do Brasil. Em resposta à carta de Kennedy, o presidente José Maria Guido prometeu, imediatamente, que cooperaria com todas as medidas necessárias e não só determinou à Armada que enviasse ao Caribe dois *destroyers* — *Rosales e Espora* — para participar do bloqueio a Cuba, como autorizou a Aeronáutica a mandar uma esquadrilha de três aviões, com a missão de patrulha, busca e salvamento[8]. O chanceler Carlos Manuel Muñiz, no dia 5 de novembro, anunciou também que, cumprindo a Resolução III da IV Reunião de Consulta dos chanceleres, o Exército argentino procederia à instrução de uma brigada, com o objetivo de colaborar na manutenção da paz continental, caso fosse necessário[9]. Ao contrário de Guido, Goulart reiterou, em carta a Kennedy, que a defesa do princípio de autodeterminação dos povos, em sua máxima amplitude, tornara-se o "ponto crucial" da política exterior do Brasil e que, por conseguinte, repugnava profundamente à consciência do povo brasileiro "qualquer forma de intervenção em um Estado americano inspirada na alegação de incompatibilidade com o seu regime político, para lhe impor a prática do sistema representativo por meios coercitivos externos, que lhe tiram o cunho democrático e a validade"[10].

Embora cordial, a carta, foi bastante dura. Além de demonstrar o caráter antidemocrático e até mesmo totalitário da política exterior dos EUA, ao tentar impor formas de governos "por meios coercitivos externos" e em franca violação da soberania nacional de outros Estados, Goulart manifestou a "apreensão e a insatisfação" do povo brasileiro com o modo pelo qual os EUA pleitearam e alcançaram, no Conselho da OEA, a decisão de aprovar o bloqueio, sem que se realizasse ou, pelo menos, se deliberasse uma investigação *in loco* e sem que se houvesse tentado conseguir, através de uma negociação, o desarmamento de Cuba, com a garantia recíproca de não invasão, como o Brasil propusera em Punta del Este[11]. Aproveitou ainda a oportunidade para expressar seus receios sobre o futuro imediato da OEA, devido à tendência de transformá-la em um "bloco ideológico intransigente, em que, entretanto, os regimes de exceção de caráter reacionário encontram o tratamento mais benigno"[12]. E também criticou, na mesma carta, a "aplicação abusiva da Resolução II de Punta del Este", que não outorgava à OEA o direito de "encomendar investigações sobre a situação interna de nenhum país", bem como a criação do Colégio Interamericano de Defesa, inaugurado no dia 12 de outubro (dez dias antes da carta), por julgar que seus efeitos poderiam ser negativos, se, a título de segurança interna, passasse a estudar "questões da competência privativa dos Estados", sobre as quais convinha que os militares recebessem uma formação e orientação puramente nacionais[13].

De qualquer forma, não obstante considerar que Kennedy provocara, "sem necessidade", o risco de uma guerra nuclear[14], Goulart instruiu o embaixador do Brasil junto à OEA, Ilmar Pena Marinho, no sentido de que aprovasse o bloqueio naval e a inspeção dos navios que se dirigissem a Cuba, mas recomendou a modificação da proposta norte-americana, exigindo que antes de qualquer ação militar observadores da ONU comprovassem que o arsenal soviético realmente existia e de lá não fora retirado. E, a pedido do embaixador norte-americano em Brasília, Lincoln Gordon, enviou a Havana o general Albino Silva, chefe da Casa Militar da presidência, com a missão de transmitir pessoalmente a Fidel Castro a posição do Brasil, contrária à instalação de mísseis soviéticos no hemisfério, por significarem um risco para sua segurança e para a própria paz mundial, embora compreendesse a necessidade de que Cuba possuísse, em seu território, armamentos defensivos[15].

Apesar dessa tentativa de estabelecer com Kennedy algum termo de inteligência, sem abdicar-se da defesa dos princípios da autodeterminação e da soberania nacional, o Brasil e os EUA, devido às incoercíveis pressões de política interna[16], estavam, entretanto, em franca dissensão. E a Argentina procurou aproveitar a brecha entre os dois países, com a pretensão de assumir o papel de *key country* e transmitir as diretrizes estratégicas do Pentágono na América do Sul. Assim, mesmo depois de superada a crise, com a remoção dos mísseis pela URSS, mediante o compromisso dos EUA de não invadir Cuba e remover igualmente foguetes da Turquia, o chanceler Carlos Manuel Muñiz continuou a articular, em

Washington, a criação de uma "força policial interamericana", a exemplo da que estava a operar no Congo, sob a bandeira da ONU, e que seria integrada, inicialmente, por tropas dos EUA, Argentina, República Dominicana, Colômbia, Venezuela e Peru[17]. Não se tratava de uma força policial, com a tarefa de patrulhar o mar do Caribe e interceptar as comunicações entre Cuba e o resto do continente, conforme a princípio se propalou. O que já se discutia no Pentágono e no Departamento de Estado era a formação de uma força militar interamericana, que os EUA pretendiam organizar, havia muito tempo, mas não desejavam fazê-lo, apoiados tão somente em Estados pequenos, como Guatemala, El Salvador e República Dominicana[18]. De fato, nos primeiros dias de outubro de 1961, por inspiração do Pentágono, os ministros de Defesa das seis repúblicas centro-americanas estiveram reunidos, sigilosamente, na cidade da Guatemala, com o propósito de estabelecer um pacto anticomunista, mediante a criação de uma junta regional de defesa ou a transformação da Organização dos Estados Centro-Americanos (ODECA) em algo semelhante à OTAN[19]. No entanto, quando posteriormente passou a contar com a incondicional solidariedade da Argentina, pareceu aos EUA que ela poderia tomar a iniciativa de apresentar a proposta ao Conselho da OEA, sem que eles assumissem a responsabilidade, e viabilizar, com o apoio imediato da Venezuela, Colômbia e Peru, um projeto muito mais amplo, envolvendo também a América do Sul[20].

De acordo com informações colhidas pelo general Armando Noronha, adido militar junto à Embaixada do Brasil em Washington, os governos de Kennedy e Guido já estavam a considerar a possibilidade de constituir uma brigada na Argentina, com efetivo de 5.000 a 10.000 homens, para reprimir movimentos revolucionários que viessem a eclodir no continente[21]. Esta ideia de criar inicialmente uma força conjunta dos dois países, com finalidade semelhante à da OTAN, desenvolvera-se a partir da participação simbólica da Marinha de Guerra argentina no bloqueio de Cuba, e altas patentes militares de Buenos Aires, inclusive o comandante em chefe do Exército, o general Juan Carlos Ongania, viajaram a Washington a fim de negociar as bases de cooperação com as Forças Armadas dos EUA[22]. O governo de Goulart constituía a principal preocupação de Kennedy, que reunira em 11 de dezembro de 1962, ou seja, menos de um mês depois do término do bloqueio de Cuba, o Comitê Executivo do Conselho de Segurança Nacional para examinar a "ameaça comunista" no Brasil. E foi naquela oportunidade que ele provavelmente tomou a decisão de suspender todo e qualquer financiamento ao governo Goulart, com a intenção de precipitar os acontecimentos, uma vez que nos dias subsequentes (12 e 13 de dezembro) Kennedy não só declarara à imprensa que o Brasil estava em bancarrota, a fim de provocar-lhe efeitos desastrosos para os créditos externos, como dissera a Juscelino Kubitschek e a Alberto Lleras Camargo, ex-presidente da Colômbia, que considerava sua situação mais grave que a de Cuba, da máxima prioridade e que, em todo caso, devia deteriorar-se[23]. Não se tratava de mera previsão. Kennedy tinha certeza do que falava, porque os EUA já empenhavam seus esforços para engravescer a crise econômica e desestabilizar a situação social e política no Brasil, quer através do bloqueio dos créditos quer através de *covert actions* e *spoiling actions*, promovidas pela CIA. E a força militar interamericana poderia servir para a eventual necessidade de uma intervenção, caso Goulart, recuperando a plenitude dos poderes como presidente da República, através do plebiscito a realizar-se em 1º de janeiro de 1963, inflectisse realmente para a esquerda.

Esta possibilidade estava subjacente nos entendimentos entre os EUA e a Argentina para formação da brigada antissubversiva, capacitada a intervir em qualquer parte, com os mais modernos equipamentos fornecidos pelo Pentágono a título de doação[24]. E em tais circunstâncias, com a Argentina veladamente a ameaçá-lo, disposta a desempenhar na América do Sul o papel de *key-country* dos EUA, o Brasil buscou revitalizar a antiga aliança informal, que sempre mantivera com o Chile, cuja política exterior, orientada pelo "pacifismo ativo", refletia, aliás, a correlação de forças na política interna do Chile. Alessandri, homem de formação conservadora, não hesitaria em alinhar o Chile, incondicionalmente, aos EUA, se pudesse agir em função de suas tendências pessoais. Entretanto, percebia claramente que pelo menos a parte politizada da opinião pública estava dividida com relação ao problema de Cuba e que ele, como presidente da República, devia considerar todos os interesses em jogo, todas as perspectivas e todos os aspectos que uma decisão poderia acarretar para o futuro do país, sem esquecer as repercussões de caráter interno que dela resultassem, a fim de não criar novas dificuldades para a convivência nacional[25]. Não ousava, destarte, hostilizar a Frente Reunida de Acción Popular (FRAP), que os Partidos Socialista e Comunista constituíram e que, depois de perder as eleições de 1958 por escassíssima diferença de 27.000 votos, apresentava-se em condições de fazer o senador Salvador Allende (socialista), no pleito de 1964, o próximo presidente da República[26]. Esta perspectiva assustava, naturalmente, as forças conservadoras, e daí por que Alessandri, contemporizando na política internacional, nomeara Carlos Martinez Sotomayor, membro do Partido Radical (de tendência social-democrata), para o Ministério das Relações Exteriores, de modo que ele pudesse promover uma diplomacia mais atuante, mais condizente com a opinião pública e, por conseguinte, com maiores possibilidades de influir nos resultados eleitorais. Seu propósito fora o de evitar que novas grandes dissensões, como qualquer atitude contra a soberania e o direito de Cuba à autodeterminação decerto produziria, desgastassem ainda mais a popularidade do governo, desencadeassem a agitação e levassem o Chile ao caos econômico e social. O "pacifismo ativo" do Chile, conforme o embaixador brasileiro Fernando Ramos de Alencar salientou, parecia aplicar-se, em primeiro lugar, à política interna e, em função desta, à sua política exterior[27].

Logo após a investidura de Kennedy na presidência dos EUA, Alessandri escrevera-lhe uma carta pessoal, relatando-lhe os problemas econômicos, sociais e políticos, que afligiam o Chile e que condicionavam a linha de política exterior de seu governo[28], mas não admitiu sequer discutir a posição do Chile em face de Cuba, a pretexto de equacionar seus problemas econômicos, quando a missão norte-americana, sob a chefia de Richard Goodwin, visitou Santiago, cerca de um mês depois da conferência de Punta del Este. Entretanto, Kennedy, que se investia no papel de paladino do regime democrático-representativo, tinha enormes dificuldades em aceitar as consequências do seu funcionamento em outros países, ou seja, em tolerar que outros governantes não pudessem acompanhar incondicionalmente as diretrizes dos EUA em todas as questões internacionais, em virtude da oposição da opinião pública e das forças políticas internas. O problema fundamental, portanto, não era, na América Latina, a ameaça de subversão e sim a ameaça da própria democracia, cujo real funcionamento tendia cada vez mais a contrariar os interesses econômicos e objetivos políticos dos EUA. Destarte, o que preocupava o governo norte-americano era a possibilidade de que a esquerda viesse a eleger o presidente do Chile, em 1964, porém, nem mesmo assim ele se mostrava disposto a cooperar com Alessandri para superar as dificuldades financeiras decorrentes do desequilíbrio orçamentário e do saldo negativo do balanço de pagamentos. Os EUA, segundo seu próprio embaixador em Santiago, não pretendiam fornecer recursos, indefinidamente, a outros países, sem antes certificar-se de sua real destinação, mediante o estabelecimento de controle, ou seja, não desejavam "encher qualquer recipiente antes de verificar se ele tem fundo"[29].

Com as importações a alcançarem, em 1961, o montante de US$ 650 milhões (sem contar aí o contrabando e o dispêndio dos turistas), o Chile defrontava-se com uma crise econômica e financeira, que se configurava cada vez mais grave. Tivera um déficit, no comércio exterior, da ordem de US$ 300 milhões. Suas reservas cambiais, em fevereiro de 1962, não passaram de US$ 60 milhões e Alessandri necessitava de US$ 260 milhões (dos quais somente negociara US$ 140 milhões), a fim de executar o programa de governo, no correr daquele ano[30]. No entanto, da mesma forma que a Argentina, que somente depois do rompimento de relações com Cuba conseguira US$ 150 milhões da Aliança para o Progresso[31], o Chile igualmente não podia esperar substancial apoio dos EUA, que insistiam em recomendar o mesmo receituário ortodoxo do FMI e do Banco Interamericano de Reconstrução e Desenvolvimento, i.e., buscar investimentos privados, comprimir gastos etc., sem considerar a possibilidade de que as pressões sociais acumuladas no correr do tempo viessem a explodir. E o que ainda mais engravescia as dificuldades no seu relacionamento com os EUA era a atitude de altas personalidades da Administração Kennedy e do Congresso norte-americano, bem como da imprensa (sobretudo *Newsweek*) dos EUA, ao abordarem, publicamente, os problemas do Chile[32]. Até parecia que os norte-americanos desejavam que a crise se aprofundasse também no Chile, como no Brasil, de modo a provocar um golpe de Estado. O segundo-secretário da Embaixada norte-americana em Santiago, Lawrence B. Elsbernd, chegou a ponto de aconselhar a um capitalista francês a não investir capitais no Chile, por considerar que a vitória da esquerda, nas eleições de 1964, estava praticamente certa. E acrescentou que, particularmente, era também contrário a que o governo norte-americano lhe concedesse empréstimos, pois todos os recursos iriam cair em "um saco sem fundo"[33]. Esta opinião, como se fosse orquestrada, era a mesma que os norte-americanos, sobretudo Kennedy, emitiam sobre o Brasil e talvez tivesse como objetivo desacreditar não apenas um governo trabalhista, como o de Goulart, ou um governo liberal-conservador, como o de Alessandri, mas desmoralizar o próprio poder civil nesses dois países a fim de justificar perante a opinião pública o apoio aos golpes de Estado pelas Forças Armadas, que a doutrina da ação cívica concebia como a instituição mais estável e modernizadora, capaz de empreender as reformas necessárias e evitar o espraiamento do comunismo na América Latina.

Diante de tal situação, sobretudo depois da deserção da Argentina, alternativa não restou tanto ao Chile quanto ao Brasil senão se reaproximarem e restabelecerem o velho arco diplomático, ou seja, revitalizarem a antiga aliança informal, que os dois países sempre mantiveram. Por este motivo, Alessandri, atendendo à gestão do chanceler Carlos Martinez Sotomayor, tomou a iniciativa de convidar Goulart para que fizesse uma visita oficial ao Chile, com o intuito também de aproveitar o acontecimento para efeitos de política interna e neutralizar o avanço da FRAP, cujos órgãos de imprensa sempre estavam a enaltecer a posição do Brasil na política internacional[34]. Essa visita, a primeira de um chefe de Estado brasileiro ao Chile, realizou-se, finalmente, em 22 de abril de 1963. E Goulart recebeu a maior homenagem prestada a um chefe de Estado estrangeiro em Santiago, onde declarou, após criticar, na entrevista à imprensa, a criação da Comissão Consultiva Especial de Segurança da OEA, que, quando a pobreza e a enfermidade afligiam grande parte da América Latina, não bastava "cantar hinos de louvor à democracia", mas, sim, resolver as "legítimas aspirações" dos seus povos aflitos.[35]

A viagem de Goulart ao Chile ocorreu no momento em que o embaixador Ilmar Pena Marinho, por instrução sua, votava no Conselho da OEA contra o Estatuto da Comissão Especial de Segurança, não permitindo, pela primeira vez depois de Punta del Este, que a maioria conseguisse dois terços, o que significou a ampliação da "área de rebeldia" contra as decisões "pré-fabricadas no Departamento de Estado"[36]. De fato, tanto no Brasil quanto nos demais países da América Latina, a consciência de que não mais convinha formarem "um mero conjunto coral, uma retaguarda incaracterística, um simples fundo de quadro", amadurecera, conforme em 1958 Kubitschek proclamara[37]. Os EUA não mais podiam conduzi-los como um rebanho submisso, sem vontade própria, no mesmo estilo com que os trataram durante a administração do presidente Dwight Eisenhower, quando o secretário de Estado, John Foster Dulles, convocava os embaixadores latino-americanos não para discutir e sim para comunicar as decisões que o Departamento de Estado tomava em nome do continente[38]. Kennedy defrontou-se com enormes resistências, na medida em que se empenhava para implementar suas diretrizes de segurança na América Latina. A criação do Colégio Interamericano de Defesa, pela JID, não ocorreu com facilidade. O presidente João Goulart opôs-se firmemente a essa iniciativa patrocinada pelos EUA, apesar de que ela recebesse apoio de alguns setores das Forças Armadas brasileiras[39]. Temia que o Colégio viesse a transformar-se, conforme expressão do embaixador Ilmar Pena Marinho, chefe da delegação junto à OEA, em uma "academia de golpes de Estado", susceptível de desencadear, na América Latina, uma luta de consequências imprevisíveis entre o poder civil e o poder militar[40]. A própria Venezuela, preocupada com os acontecimentos na Argentina (o golpe militar contra Frondizi), mudara de posição e votara contra aquela iniciativa, após realizar gestões junto a Kennedy, com o objetivo de convencê-lo de sua "inoportunidade"[41]. O governo de Rômulo Betencourt considerou que os EUA cometiam grave erro, ao fortalecer os militares em detrimento da institucionalização do poder civil e que a politização das Forças Armadas em tão elevado grau viesse a constituir, futuramente, sério problema para a América Latina[42]. Este mesmo receio o embaixador Pena Marinho manifestou ao chefe da delegação dos EUA na OEA, advertindo-o de que o Brasil considerava de "grande perigo para a paz da América não só qualquer tendência de militarização da OEA como qualquer prurido de politização da JID", através do Colégio a ser instalado[43].

Mesmo dentro dos EUA, porém, não havia consenso na consecução de sua política de segurança para a América Latina. Embora a extrema-direita, parte da opinião pública e o Congresso criticassem a "inércia estratégica" da Administração Kennedy e exigissem o endurecimento das medidas contra Cuba, o clima continuou desfavorável à ajuda militar aos países da América Latina e para tanto os golpes de Estado na Argentina e no Peru muito contribuíram[44]. As críticas a esse programa dos EUA atingiam, particularmente, a utilização imprópria do material bélico, destinado à segurança externa, na segurança interna; a violação do teto fixado pelo Congresso para a ajuda militar à América Latina, sob a forma de *grants*, através de outras dotações orçamentárias do Pentágono, consignadas à instrução de oficiais na luta antissubversiva; e a possibilidade de conflitos entre o pessoal das embaixadas norte-americanas e as missões militares na América Latina. E daí porque o senador Wayne Morse, apesar de pertencer ao Partido Democrata, manifestou seu inconformismo com a política de Kennedy e enviou requerimento de informações ao secretário de Estado Dean Rusk[45]. Tais dificuldades, tanto externas quanto internas, concorreram para acentuar a ambiguidade com que Kennedy orientou a política dos EUA *vis-à-vis* da América Latina. Ao que tudo indicava, ele não daria sua anuência, pelo menos naquele momento, ao estabelecimento de pactos militares relativos à área do Caribe, conforme alguns países da América Central pretendiam, conquanto publicamente não os desencorajasse e assim mantivesse no ar a ameaça[46]. Por isto a criação de um Conselho Interamericano de Defesa, visando a instituir, nos moldes da OTAN, uma aliança militar entre os EUA e os países da América Latina, ainda também não passara de simples intenção, esboçada por algum governo da América Central, quiçá de El Salvador, e alimentada pela Argentina, sob inspiração do Pentágono[47]. Ela constituía antiga aspiração dos militares norte-americanos, cuja concretização Perón e seu chanceler Atílio Bramuglia, juntamente com o governo mexicano, conseguiram evitar, em 1948, durante a Conferência Interamericana de Bogotá[48]. E curiosamente estava a ressurgir, através das próprias Forças Armadas da Argentina, que começaram a defendê-la, talvez à revelia de Frondizi, desde 1961, quando se realizou em Buenos Aires um ciclo de conferências sobre guerra contrarrevolucionária[49]. Sem dúvida alguma, o Comando Militar do Caribe, cuja sede os EUA instalaram na zona do Canal do Panamá, e seus estabelecimentos escolares, onde militares de toda a América Latina então estudavam, constituíam, em larga medida, um órgão regional de defesa. No entanto, ao que parecia, Kennedy não se mostrou disposto a empenhar-se para vencer os obstáculos e instituir, com a criação de tal conselho militar, o Estado-Maior das Américas, uma espécie de super-Estado, conforme a expressão utilizada, em 1948, pelo embaixador Pascual La Rosa, subsecretário de Relações Exteriores da Argentina[50]. Mesmo contra o regime de Fidel Castro seu ânimo para adotar medidas militares esmorecera, depois dos entendimentos a que chegara com Nikita Kruschov, primeiro-ministro da URSS, durante a crise dos mísseis, em outubro-novembro de 1962. Antes de partir para Costa Rica, onde se encontraria, em março de 1963, com os presidentes dos Estados centro-americanos, ele tratara de pedir-lhes que não dessem ênfase à questão de Cuba, mas, sim, à solução dos problemas econômicos[51]. O presidente da Costa Rica, Francisco Orlich, a quem Kennedy telegrafara, serviu como intermediário e, juntamente com seu chanceler, Daniel Aduber Quiroz, conseguiu, após trabalho hábil e paciente, abrandar as medidas de caráter militar, que seus colegas preconizavam contra o governo de Havana[52]. Kennedy considerava então que a impopularidade de Cuba constituiria o melhor meio de enfrentar o "perigo de infiltração comunista e fidelista" no continente[53]. E, assim, a ideia do Conselho Interamericano de Defesa, embora já se tornasse permanente, não evoluía, o que concorreu para corroborar, sobretudo na extrema-direita e mesmo no Congresso dos EUA, a suspeita de que Kennedy e seus mais íntimos conselheiros estavam a reviver Yalta e Potsdam[54], ou seja, estavam com Kruschov a redividir o mundo em esferas de influência, tal como Franklin D. Roosevelt e Joseph Stalin o fizeram durante a Segunda Guerra Mundial.

As discrepâncias entre o Pentágono e o Departamento de Estado, a refletirem as contradições de interesses nos EUA, constituíram o fator decisivo da instabilidade institucional, que começou a afetar, àquela época, a maior parte dos países da América Latina, com o estabelecimento do círculo vicioso eleições-golpe militar-eleições. Em julho de 1963, as Forças Armadas do Equador finalmente depuseram Arosemena Monroy e instituíram uma Junta Militar, encarregada de reprimir a esquerda e executar reformas, entre as quais agrária, fiscal e administrativa, antes de promover, no prazo de dois anos, novas eleições. No Peru, entretanto, a Junta Militar, já em 1963, teve de realizar novas eleições, possibilitando, com seu respaldo, a vitória de Fernando Belaúnde Terry, apesar de que o general Juan Bossio, o principal articulador do golpe de Estado de 1962, e outros oficiais se opusessem à reconstitucionalização do país[55]. Do mesmo modo, na Argentina, a derrota, ainda que não definitiva, dos setores golpistas das Forças Armadas, os *colorados*, permitiu que o governo de José Maria Guido convocasse, também para 1963, eleições gerais, sob o sistema proporcional, o que gerava a necessidade de alianças partidárias, uma vez que 51% dos sufrágios nenhuma força política, isoladamente, conseguiriam capitalizar. E aí a influência dos interesses norte-americanos, com suas contradições, transpareceu, nitidamente, na evolução do processo político.

A principal coligação, que deveria envolver a UCRI, o justicialismo e a democracia cristã, só poderia formar-se à base de algumas coincidências mínimas, porém, mesmo assim, a elaboração de um programa comum defrontava-se com a dificuldade de conciliar posições conflitantes sobre vários problemas, tais como os contratos petrolíferos firmados por Frondizi, as negociações com o Fundo Monetário Internacional, política de estabilização monetária ou inflacionário-desenvolvimentista, com planejamento estatal etc. A escolha do candidato à presidência da República, a ser lançado pela frente, representava outra dificuldade, pois também implicava sérios problemas. Se o nome fosse partidário, ou seja, se saísse da UCRI, as Forças Armadas provavelmente interviriam ou para impedir o desenvolvimento de uma candidatura que se lhes afigurasse suscetível de acarretar eleitoralmente um desenlace populista ou, *ex-post-facto*, para tutelar o novo governo, senão para impedir sua inauguração. A alternativa seria a apresentação de um candidato extrapartidário, com o *placet* do governo norte-americano. Esta, segundo o embaixador do Brasil, Boulitreau Fragoso, parecia constituir a "grande manobra" do Pentágono, a favorecer uma solução de cúpula que, impossibilitando qualquer influência popular, mantivesse, internamente, o *status quo*, e, no plano exterior, a política de "subserviência militante" à estratégia latino-americana dos EUA, como "contrapeso" à política independente do Brasil[56]. O objetivo dessa manobra consistiu em evitar que o processo eleitoral ou tivesse um remate populista, com possibilidade de retorno ao *status quo* e seus inevitáveis reflexos sobre a política exterior da Argentina, ou abortasse, em consequência, mediante a implantação de uma ditadura militar aberta, de direita, contrária ao espírito da Aliança para o Progresso, coordenada pelo Departamento de Estado. Essa manobra, portanto, seria, conforme o embaixador Boulitreau Fragoso, uma "fórmula transacional" entre as duas agências norte-americanas de política exterior — o Pentágono e o Departamento de Estado — e buscava conciliar seus elementos, através de uma solução que atendesse, simultaneamente, aos seus objetivos, através da preservação das estruturas internas e externas, revestidas de uma encadernação jurídico-formal de democracia representativa[57]. Ela, no entanto, fracassou, inviabilizando as articulações para o lançamento da candidatura do general Juan Carlos Ongania, líder dos militares *azules*. E Arturo Illia, um moderado de centro-esquerda, cuja campanha, com ênfase nas críticas às imposições do FMI e aos contratos petrolíferos assinados pela administração de Frondizi, assumira um caráter nacionalista, ganhou as eleições, como candidato da União Cívica Radical do Povo (UCRP), curiosamente o único aliado civil com que os militares da linha dura, os *colorados*, haviam contado. E aos *azules*, que dominavam o

Exército, não houve alternativa, naquelas condições internas e externas, senão assegurar-lhe a ascensão ao governo da Argentina.

O empenho de Kennedy em preservar, ainda que aparentemente, o invólucro democrático-representativo dos regimes políticos nos países latino-americanos visou a criar condições morais que justificassem a continuidade da campanha não apenas contra Cuba como também contra qualquer revolução social que viesse a ocorrer no continente. Entretanto, não significava que ele e seus colaboradores, os homens da Nova Fronteira, tivessem preconceitos contra golpes de Estado ou mesmo contra assassinatos e outros atos de terrorismo. Eles, aliás, não tinham preconceitos nem mesmo contra assassinatos e outras ações de terrorismo[58]. Foi durante sua administração que os EUA começaram a recorrer mais amplamente ao terrorismo, sob todas as modalidades, como instrumento de política exterior, ao mesmo tempo em que preparavam os grupos especiais de contrainsurreição (CI ou Green Berets), com treinamento em táticas militares e paramilitares, bem como em técnicas de guerrilhas, para intervir nos diversos países, inclusive no Brasil. Com efeito, desde, pelo menos, julho de 1963, os EUA começaram a estudar vários planos de emergência, denominados *Brother Sam*, a fim de intervir militarmente contra o governo de Goulart, diante da possibilidade de que ele, como consequência da pressão econômica, envesgasse para a esquerda, não propriamente comunista e sim sob a forma do autoritarismo ultranacionalista, algo no modelo de Vargas ou Perón, conforme a CIA avaliara[59]. Em 10 de outubro, à mesma época em que o Grupo Especial do Conselho de Segurança Nacional dos EUA autorizara novas operações de sabotagem em Cuba, os soldados do 1° Batalhão da Polícia do Exército brasileiro, sob o comando do major Ary Abrahão Ellis, vasculharam um sítio em Jacarepaguá (Rio de Janeiro), perto de uma propriedade de Goulart, e descobriram 10 metralhadoras Thompson, calibre 45, 20 carregadores, 72 caixas de cartuchos Remington Kleanbore 45, 10 granadas Federal Blast Dispersion Tear Gas (CN) e um radiotransmissor-receptor portátil motorola, marcado com o símbolo do programa Ponto IV (mãos apertadas), da Embaixada dos EUA[60]. As investigações evidenciaram a existência de uma trama para a eliminação de Goulart e de seus filhos, bem como de muitos políticos e generais favoráveis ao governo[61].

A CIA decerto também estava por trás do complô. Entretanto, cerca de 40 dias depois, foi Kennedy quem sucumbiu, tornando-se ele próprio, como previra, alvo também do terrorismo. E o governo de Goulart não sobreviveu mais do que quatro meses. Um golpe de Estado, em 1 de abril de 1964, derrubou-o, com apoio aberto dos EUA, que começaram a desencadear a Operação Brother Sam, a fim de intervir militarmente no Brasil, se necessário fosse. Uma força-tarefa norte-americana, incluindo o porta-aviões *Forrestal*, recebeu ordem de rumar para o Atlântico Sul. E, caso a guerra civil irrompesse no Brasil, a Argentina solicitaria a intervenção da OEA, conforme o general Leopoldo Suarez, ministro da Defesa, comunicou a Washington, após conferência com o presidente Arturo Illia e o ministro das Relações Exteriores, Miguel Angel Zavala Ortiz[62]. Evidentemente, ela se dispunha a invadir o Brasil, e essa perspectiva fora a que levara suas Forças Armadas a autorizarem a construção de rodovias, com recursos da Agência Interamericana de Desenvolvimento, nas Províncias de Entre Rios e Corrientes, limítrofes do Rio Grande do Sul, ao mesmo tempo que multiplicavam as guarnições existentes naquela região[63]. Seria provavelmente o primeiro ensaio de uma força interamericana permanente, de acordo com os planos do Pentágono.

## NOTAS

1. "Visit of President Goulart" (Washington PGV D.C., April 1962), Confidential, D-2/5, March 26, 1962, JFKL.
2. "O Brasil na OEA durante o atual governo", s/d. AN-ASTD-AP 47(36), pac. 01.
3. *Memorandum*, criação do Colégio Interamericano de Defesa e da Comissão Consultiva Especial de Segurança, 1962, cópia. AN-ASTD-AP 47(40), pac. 05.
4. Ibid.
5. Ibid.
6. Ibid.
7. Ibid.
8. Lanús, 1982, pp. 92-100.
9. Id., ibid., p. 92-100.
10. Carta do presidente Goulart ao presidente Kennedy, Brasília, 24/10/1962, Secreto MRE/SSE/124/920.(42)(22), Cópia. Anexo único, AHMRE-B, 600.(24h), Situação Política — Outubro de 1962. Uma cópia da carta bem como a minuta elaborada por San Tiago Dantas encontram-se em AN-ASTD-AP 47(36)

pac. 03. As anotações iniciais, do próprio punho de Goulart, estão na DJG, com o autor.

11. Carta de Goulart a Kennedy, ibid.
12. Carta do presidente Goulart ao presidente Kennedy, Brasília, 24/10/1962, Secreto MRE/SSE/124/920.(42)(22), Cópia. Anexo único, AHMRE-B, 600. (24h), Situação Política — outubro de 1962.
13. Ibid.
14. Ibid.
15. Sobre o bloqueio de Cuba e a posição do Brasil vide Moniz Bandeira, 1998, pp. 458-465.
16. A respeito da interferência dos EUA na política interna do Brasil consultar Bandeira, 1973 (1ª ed.), pp. 419-475; Moniz Bandeira, 1977 (1ª. ed.), pp. 64-139; Black, 1977, pp. 39, 69-72, 162-178; Leacock, "JFK, Business and Brazil", in *Hispanic-American Historical Review*, 59 (4), November, 1979, pp. 647-667.
17. Telegrama n. 45, Secreto, DEA/DAM/DAC/961, da Delegação do Brasil junto à OEA, a) embaixador Ilmar Pena Marinho, Washington, 23/1/1963, 15h30, AHMRE-B, 961, OEA, 1953-1966.
18. Telegrama n. 46, Secreto, DEA/DAM/DAC/961, da Delegação do Brasil junto à OEA, a) Ilmar Pena Marinho, Washington, 24/1/1963, 16h30. Ibid.
19. Telegrama n. 158, secreto, da Embaixada do Brasil em Caracas, a) Correa do Lago, 12/10/1961, AHMRE-B, 600.1(00), comunismo (00)(44), 1948/66.
20. Telegrama n. 46, Secreto, DEA/DAM/DAC/961, da Delegação do Brasil junto à OEA, a) Pena Marinho, Washington, 24/1/1963, 16h30, AHMRE-B, 961, OEA, 1955/66.
21. Telegrama n. 46, Secreto, DEA/DAM/DAC/961, da Delegação do Brasil junto à OEA, a) Pena Marinho, Washington, 22/2/1963, 20h30.
22. Ibid.
23. *Public Papers of the President of the United States*, John F. Kennedy, 1962 (January 1 to December 31) US Government Printing Office, p. 871; *Memorandum* of Conversation, December 13, 1962, NKL-76-96, JFKL.
24. Os EUA também buscaram a adesão do Brasil, cujo representante na JID, refletindo a posição de parte dos militares brasileiros, manifestou-se favorável à criação dessa força internacional. Contudo, o Alto-Comando das Forças Armadas rechaçou a proposta, por unanimidade, em reunião da qual participaram os comandantes dos quatro Exércitos — generais Osvino Ferreira Alves (I), Pery Constant Beviláqua (II), Jair Dantas Ribeiro (III) e Humberto Castelo Branco (IV). *Diário de Notícias*, Rio de Janeiro, 22/2/1963.
25. Discurso do presidente Jorge Alessandri pronunciado em 31 de dezembro de 1961, Ofício n. 81/812(22) (32), Confidencial, Ramos de Alencar a San Tiago

Dantas, Santiago, 21/2/1962, AHMRE-B, Ofícios Recebidos, Santiago, 1960/63.

26. Ofício n. 14/920.(42)(00), Confidencial, Ramos de Alencar a San Tiago Dantas, Santiago, 3/1/1962; Ofício n. 81/812 (22)(32), Confidencial, Ramos de Alencar a San Tiago Dantas, Santiago, 21.2.1962.
27. Ofício n. 14/920.(42)(00), Confidencial, Ramos de Alencar a San Tiago Dantas, Santiago, 3/1/1962.
28. Ofício n. 81/812 (22)(32), Confidencial, Ramos de Alencar a San Tiago Dantas, Santiago, 21/2/1962.
29. Ofício n. 81/812 (22)(32), Confidencial, Ramos de Alencar a San Tiago Dantas, Santiago, 21/2/1962, AHMRE-B, Ofícios Recebidos, Santiago, 1960/63.
30. Ibid.
31. Agee, 1975, p. 194.
32. Ofício n. 457/921.1(32)(20), Confidencial, Ramos de Alencar a San Tiago Dantas, Santiago, 13/11/1961, AHMRE-B, Ofícios Recebidos, Santiago, 1960/63.
33. Ofício n. 118/650.30(00)(32), Confidencial, Ramos de Alencar a San Tiago Dantas, Santiago, 30/3/1962, anexo 1. *La Tercera*, Santiago, 27/3/1962. *Las Noticias de Ultima Hora*, Santiago, 27/3/1962.
34. Ofício n. 155/430.(42)(32), Confidencial, Ramos de Alencar ao chanceler Hermes Lima, Santiago, 26/3/1963.
35. *Diário de Notícias*, Rio de Janeiro, 24/4/1963.
36. Telegrama n. 182/DEA/DOA/961, Confidencial, da delegação do Brasil junto à OEA, a) Ilmar Pena Marinho, Washington, 23-23/4/1963, AHMRE-B, 961, Organização dos Estados Americanos, 1961/63.
37. Discurso do presidente Juscelino Kubitschek em 20/06/1950, in *Correio da Manhã*, Rio de Janeiro, 21/6/1958, p. 1.
38. Segundo Ernani do Amaral Peixoto, que fora embaixador do Brasil em Washington, Dulles entrava na sala da conferência, não apertava a mão de ninguém, transmitia aos diplomatas a resolução e saía da mesma forma, a fazer apenas um aceno com a cabeça e sem ouvir qualquer opinião. Entrevista de Amaral Peixoto ao autor, Rio de Janeiro, 1971. Vide Moniz Bandeira, L. A., 1973, pp. 377-378.
39. O representante do Brasil na JID aprovou o estatuto do Colégio mesmo antes da leitura, e o general Orlando Ramagem, adido militar em Washington, opôs-se à posição do Itamaraty, dizendo que obedecia às instruções do Estado-Maior das Forças Armadas.
40. Telegrama n. 303, Confidencial, DEA/620.6(20), Recebido da delegação do Brasil junto à OEA, a) Ilmar Pena Marinho, Washington, 23-25/6/1962, 11h, AHMRE-B, Junta Interamericana de Defesa, América, 1961/65.

41. Telegrama n. 139, DEA/620.6(20), Secreto, da delegação do Brasil, junto à OEA, a) Ilmar Pena Marinho, Washington, 30-30/3/1962, 10h; Telegrama n. 161, DEA/620.6(20), secreto, da delegação do Brasil, junto à OEA, a) Ilmar Pena Marinho, Washington, 16-16/4/1962, 12h30, AHMRE-B, 620.(00), Defesa Militar, 1950/66.
42. Ibid.
43. Telegrama n. 303, DEA/620.6(20), Confidencial, delegação do Brasil junto à OEA, a) Pena Marinho, Washington, 23-25/6/1962, 11h, AHMRE-B, JID, América, 1961/65.
44. Telegrama n. 469, DEA/DAC/961, Confidencial, da delegação do Brasil junto à OEA, a) Pena Marinho, Washington, 28-28/9/1962, 15h30, AHMRE-B, 961, OEA, 1961/63; telegrama n. 590, secreto, da embaixada em Washington, a) Miguel Álvaro Ozório de Almeida, 10-13/8/1962, AHMRE-B, secreto, CTs — telegramas, recebidos e expedidos, T-W, 1962/63.
45. Ibid.
46. Telegrama n. 469, DEA/DAC/961, Confidencial, da delegação do Brasil junto à OEA, a) Pena Marinho, Washington, 28-28/9/1962, AHMRE-B, 961, OEA, 1961/63.
47. Ofício n. 57, Confidencial, Jorge Latour, embaixador do Brasil no Panamá, ao chanceler Hermes Lima, Panamá, 19.2.1963; Carta-telegrama n. 6, DEA/DAC/960, confidencial, expedida para o embaixador em Tegucigalpa, a) Exteriores, 7/3/1963, AHMRE-B- 960, Relações Interamericanas, 1942/63.
48. Lanús, 1982, pp. 145, 161 e 162; Gordon Connel-Smith, 1966, p. 132.
49. Telegrama n. 316, DPo/620.6(30), secreto, urgente, a) embaixador Justino Alves Bastos, Assunção, 18/10/1961, 16h03, AHMRE-B, 620.6(00), Defesa Militar, 1950/66.
50. Lanús, 1982, p. 161.
51. Carta-telegrama n. 58, DAC/DAS/960, confidencial, expedida para a Embaixada do México, a) Exteriores, 25/3/1963, AHMRE-B, 960, Relações Interamericanas, 1942/63.
52. Ibid.
53. Ibid.
54. Ofício n. 57, Confidencial, Jorge Latour, embaixador do Brasil no Panamá, ao chanceler Hermes Lima, Panamá, 19/2/1963, AHMRE-B, 960, Relações Interamericanas, 1942/63.
55. O general Juan Bossio era o comandante do Centro de Altos Estudos Militares e, depois do golpe de Estado, que derrubou o presidente Manoel Prado e anulou o resultado das eleições de 1962, tornou-se ministro do governo e da Polícia. Apareceu morto em novembro de 1963. Ao que tudo indicava, cometera suicídio. Carta-telegrama n. 149, DAM/600.(35), Secreto, Urgente, da Embai-

xada em Lima, a) Walder Lima Sarmanho, 12/18/11/1963, AHMRE-B, CTs telegramas, recebidos e expedidos, Secreto, H-L, 1962/63.

56. Telegrama n. 54, DAM/600(41), secreto, Urgente, da embaixada em Buenos Aires, a) Boulitreau Fragoso, 14-14/2/1963, AHMRE-B, 600.(41), Assuntos Políticos, 1942/65.

57. Ibid.

58. A CIA fornecera todos os armamentos-rifles, pistolas e metralhadoras — aos dissidentes que tencionavam, na República Dominicana, assassinar o ditador Rafael Trujillo, e a Casa Branca, bem como o Departamento de Estado, souberam, antecipadamente, do crime, cometido com êxito, em maio de 1961. Complô igual fora planejado, simultaneamente, contra o ditador do Haiti, François Duvalier, conforme o próprio embaixador Adolf Berle Jr. revelara ao chanceler Afonso Arinos, ao visitar o Brasil, em fevereiro de 1961. O plano dos EUA, para o qual Berle Jr. pedira então o apoio ou, pelo menos, o beneplácito do presidente Quadros, consistia em apresentar a invasão de Cuba como parte de um movimento mais amplo, com o objetivo de restaurar a democracia representativa nos diversos países do continente, onde quer que ditaduras existissem. Melo Franco, 1968, pp. 83-84.

59. Central Intelligence Agency, NIE 93-263: "Situation and Prospects in Brazil", 2/7/1963, JFKL.

60. Relatório do general de brigada Paulo Francisco Torres, encarregado do Inquérito Policial Militar que investigou o caso. DJG.

61. "Diante das provas colhidas (...), não poderemos fugir à hipótese de que houve maquinação contra a vida ou a incolumidade ou a segurança do presidente da República." Parecer do general Jair Dantas Ribeiro, ministro da Guerra, encaminhando o relatório das Investigações à Justiça Militar. DJG.

62. Telegrama da Embaixada americana para o Departamento de Estado, Buenos Aires, 01/04/1964, LBJL.

63. Garcia Lupo, "El ojo en el Brasil", in *Marcha*, Montevidéu, 8/3/1963, n. 1147.

## Capítulo XVII

AS FRONTEIRAS IDEOLÓGICAS E A FIP • AMEAÇA CONTRA O URUGUAI • GOLPE NA BOLÍVIA E AMEAÇA DE INTERVENÇÃO • O BRASIL E A INVASÃO DE SÃO DOMINGOS • AS GUERRILHAS NA COLÔMBIA • A ARTICULAÇÃO DO GOLPE NO URUGUAI • ENTENDIMENTOS ENTRE BRASIL E ARGENTINA • O PACTO ANDINO E A PROPOSTA DA UNIÃO ADUANEIRA ENTRE O BRASIL E A ARGENTINA

Quando deram o golpe de Estado no Brasil, em 1964, João Goulart contava com 76% da opinião pública a seu favor[1], alto índice de popularidade, apesar da intensa campanha que a oposição interna e externa promovera, com o objetivo de desestabilizar seu governo. Pesquisa realizada pelo Instituto Brasileiro de Opinião Pública e Estatística (IBOPE), entre junho e julho de 1963, mostrou o alto índice de aprovação do governo João Goulart, que oito meses antes de cair era considerado "ótimo" e "bom" por 35% da opinião pública, "regular" por 41%, enquanto apenas 19% julgavam "mau" e "péssimo"[2]. O próprio embaixador dos EUA no Brasil, Lincoln Gordon, ao comentar a Marcha da Família, com Deus, pela Liberdade, realizada no Rio de Janeiro como manifestação de apoio ao levante militar, observou que "a única nota triste foi a participação obviamente limitada das classes baixas"[3], ou seja, a ausência dos trabalhadores. O golpe de Estado no Brasil, instigado e sustentado pela comunidade dos homens de negócios e pelos proprietários de terras, constituiu nitidamente um episódio da luta de classes, refletiu, de fato, o aguçamento, tanto ao nível nacional quanto internacional, dos antagonismos sociais e políticos, que atingiram, a partir da Revolução Cubana, uma gravidade inaudita na América Latina. Os militares, que se apossaram do poder, recorreram aos métodos de guerra civil, para destruir a oposição e esmagar toda e qualquer forma de resistência. Porém, procuraram conservar, formalmente, a aparência constitucional e os aspectos da mecânica democrático-representativa, a fim de não constranger o presidente Lyndon Johnson, sucessor de Kennedy, perante a própria opinião pública nos EUA, e não o inibir de prestar toda a cooperação militar e financeira ao Brasil[4]. Assim, conquanto expurgadas as representações de esquerda trabalhistas, socialistas ou simplesmente nacionalistas (o PCB era ilegal desde 1947) pelos atos de arbítrio, o Congresso continuou a funcionar, com a UDN e os demais partidos conservadores que homologavam as decisões das Forças Armadas, sufragando o nome do general Humberto Castelo Branco para ocupar a presidência da República.

O regime de contrarrevolução permanente, em que as Forças Armadas brasileiras avocaram para si a responsabilidade direta pelo governo, respaldou-se na doutrina de que o conflito político e ideológico entre os dois polos do poder internacional — EUA e URSS — deslocara-se para o interior de cada país e assumira a forma de subversão, de luta revolucionária, dado que o desenvolvimento das armas nucleares e de sua capacidade de destruição não só superara a guerra convencional como praticamente inviabilizara a confrontação militar entre aquelas duas superpotências. Castelo Branco, partindo do princípio de que a preservação da independência pressupunha "a aceitação de certo grau de interdependência", tanto econômica quanto política e militar[5], orientou sua política exterior pelas diretrizes dos EUA e, após romper relações diplomáticas com Cuba, passou a defender a reformulação do conceito de soberania, que não mais se fundaria em limites e fronteiras geográficas dos Estados e sim no caráter político e ideológico dos regimes, de modo que os Estados americanos pudessem intervir, coletivamente, em qualquer outro, quando algum governo aceito como democrático estivesse ameaçado por movimento supostamente comunista ou de natureza semelhante. Esta doutrina, conforme sua concepção, tornava necessária a criação da FIP, uma espécie de *stand-by force*, que seria integrada por contingentes de diversas nacionalidades do continente e ficaria à disposição da OEA, pronta para intervir, em defesa das fronteiras ideológicas, onde quer que a ameaça de subversão se manifestasse.

De acordo com essa doutrina, o I Exército, sediado no Rio Grande do Sul, entrou em regime de prontidão, em várias ocasiões, com o objetivo de invadir o Uruguai e, em 24 horas, ocupar Montevidéu[6], onde grande parte do povo tinha enorme simpatia por João Goulart, cujas atividades, assim como as de Leonel Brizola e outros exilados, o governo Castelo Branco, através da Embaixada e do Consulado-Geral do Brasil em Montevidéu, passara acompanhar "com profunda preocupação"[7 e 8]. Uma das vezes ocorreu entre fins de outubro e começo de novembro de 1964. Um membro do governo uruguaio revelou ao embaixador Manoel Pio Corrêa Jr. a preocupação existente no seio dos dois partidos tradicionais, o Nacional (Blanco) e o Colorado, com a possibilidade de que os comunistas intentassem tornar os sindicatos força predominante dentro do próprio Estado e compelir a Assembleia Nacional a aprovar um orçamento insensato, de modo a provocar o caos financeiro e político, que lhes possibilitasse a tomada do poder[9]. Segundo essa mesma fonte, na medida em que, diariamente, o mal-estar crescia no Uruguai, a ideia da reforma constitucional para restaurar a unidade e a autoridade do Executivo estava a amadurecer, e as Forças Armadas tinham cada vez mais a convicção da necessidade de agir, antes que fosse tarde, mas não dispunham de prestígio político para fazê-lo. Essa informação levou o embaixador Pio Corrêa a prever a possibilidade de que setores civis e militares dentro do próprio governo viessem a solicitar o auxílio do Brasil, quando a crise se precipitasse, e por isto recomendou que o I Exército estivesse antecipadamente preparado, com todos os elementos para a intervenção, pois, em qualquer caso, a situação estaria fluida e em poucas horas poderia decidir-se, devido à pequena extensão do Uruguai[10]. O problema consistia em conhecer a atitude da Argentina. Porém, pouco tempo depois, seu embaixador em Montevidéu procurou Pio Corrêa e lhe declarou que, diante de tal perspectiva, o Brasil e a Argentina deviam estar "prontos para agir de concerto", ou seja, intervir conjuntamente no Uruguai, onde ele receava repercussões dos acontecimentos na Bolívia[11].

Naqueles dias (5 e 6 de novembro de 1964), um golpe de Estado na Bolívia, o primeiro depois de doze anos de relativa estabilidade sob o predomínio do MNR, derrubou Victor Paz Estensoro, em meio da turbulência desencadeada pela sua tentativa de conquistar mais um mandato (1964-68) como presidente da República, quiçá por meio de fraude eleitoral. Diversos fatores, entre os quais as guerrilhas deflagradas, na região do Alto-Paraguá, antes mesmo de sua posse (6 de agosto), haviam provocado a desestabilização. E, em fim de outubro, o clima de tensão política atingira o ponto crítico, com a deflagração, em La Paz e nos centros mineiros, de um movimento insurrecional, levando o general Ovando Candia, comandante em chefe das Forças Armadas, a assumir o governo, em nome de uma Junta Militar, enquanto Victor Paz Estensoro fugia para Lima. A disputa pelo poder entre os mineiros, sob a liderança de Juan Lechín, os camponeses, leais a Paz Estensoro, e os militares, comandados pelos generais Ovando Candia e René Barrientos, vice-presidente da República, aguçou-se então de tal forma que, em Washington, o secretário de Estado Assistente, Thomas Mann, telefonou ao embaixador do Brasil, general Juracy Magalhães, para manifestar-lhe a grande preocupação com que os EUA, em posição de expectativa, acompanhavam a evolução dos acontecimentos na Bolívia. Ele chegou a expressar a confiança em que o governo Castelo Branco agiria a fim de evitar que a Bolívia se abismasse no caos, o que seria contrário aos interesses tanto do Brasil quanto dos EUA. No seu entender, diante de tais circunstâncias, a única alternativa para aquela confrontação de forças consistia na unidade militar que permitisse estabelecer na Bolívia um governo capaz de exercer sua autoridade, inclusive, sobre os centros mineiros. Em outras palavras, Thomas Mann, cuja ascensão, após a morte de Kennedy, favorecera a predominância da linha dura dentro do Departamento de Estado, desejava a implantação de uma ditadura militar na Bolívia. Essa era a consequência da política que o próprio Paz Estensoro executara, sobretudo a partir de seu segundo mandato (1960-64), quando tratou de rearmar o Exército, em detrimento das milícias operárias e camponesas, e seus oficiais passaram a receber formação avançada em base militar dos EUA, no Colégio Interamericano de Defesa (Panamá), onde absorveram a doutrina da ação cívica e a estratégia da contrainsurreição, com prioridade para o combate ao inimigo interno. O Exército dos EUA infiltrou-se na estrutura de comando do Exército boliviano, que então voltou à política nacional, como a força predominante no governo[12]. E o Brasil, naquelas condições, respaldou a implantação do regime militar na Bolívia, ao reconhecer, juntamente com a Argentina, o governo do general René Barrientos, cuja relativa estabilização afastara, pelo menos momentaneamente, a possibilidade de alguma intervenção militar, a pretexto de impedir que a desordem favorecesse a tomada do poder pelos comunistas ou grupos pró-comunistas, com tendências castristas.

Pouco tempo depois, em 28 de abril de 1965, os EUA, unilateralmente, decidiram invadir a República Dominicana, onde ocorrera um levante militar, sob o comando do coronel Francisco Caamaño Deno, visando a devolver o governo ao ex-presidente Juan Bosch, intelectual de esquerda, que fora eleito em 1963 e seis meses depois destituído por um golpe de Estado, sob a acusação de ter simpatia por Fidel Castro, possuir ideias comunistas ou algo equivalente. O presidente Johnson não consultara qualquer dos Estados-membros da OEA e somente depois do *fait accompli* convocou a X Reunião de Consulta dos Chanceleres Americanos, que se instalou em Washington no dia 1º de maio. Essa intervenção armada, ressuscitando a política do *big stick*, provocou duras críticas e protestos nos países da América Latina, assim como na Europa. E, durante a X Reunião de Consulta, o embaixador Ellsworth, chefe da delegação norte-americana, alegou que seu objetivo fora o de salvar vidas não só de cidadãos norte-americanos como também de outras nacionalidades, razão pela qual não houvera tempo para consultas[13]. Porém, no dia seguinte, Johnson revelou que ordenara o desembarque de *marines* na República Dominicana porque as nações americanas "não podem, não devem e não permitirão o estabelecimento de outro governo comunista" no hemisfério ocidental[14]. Em realidade, conforme a observação do politólogo norte-americano Brady Tyson, ele agira mais por medo de uma reação negativa da opinião pública nos EUA, cuja "instabilidade e imaturidade", ou seja, "seu potencial de histeria" em determinadas situações, a "paranoia do Pentágono" e o "complexo castrista" agravaram, do que com base em cálculo político, considerando-se os riscos e as ameaças à segurança nacional e ao sistema interamericano[15]. À X Reunião de Consulta, portanto, caberia apenas legalizar e legitimar a intervenção militar, mediante a multilaterização, de modo que os EUA pudessem sustentar a própria autoimagem, rebater a acusação de que cometeram uma injustificável agressão contra um pequeno país e limitar o papel da ONU nos assuntos do continente[16]. Daí por que voltaram a insistir na antiga proposta da FIP, aparelho militar da OEA, à qual transfeririam o poder de polícia regional, o *big stick*, exonerando-se do encargo de aplicar unilateralmente o corolário da Doutrina Monroe, em sua dimensão contrarrevolucionária. E prometeram que a intervenção armada na República Dominicana seria a última que eles, isoladamente, promoveriam, se as demais repúblicas partilhassem das responsabilidades e participassem das tarefas de segurança coletiva.

A invasão da República Dominicana demonstrara que os EUA não se arriscariam a ter um novo Castro em qualquer país da América Latina e que os regulamentos jurídicos e compromissos do sistema interamericano não asseguravam muita garantia contra uma "explosão de ira ou impaciência" da opinião pública norte-americana[17]. Não obstante, a Argentina e o Brasil apoiarem a proposta, com o argumento de que só assim se seria possível controlar os processos de intervenção armada e evitar que os EUA continuassem a tomar iniciativas unilaterais, sem consulta aos demais Estados americanos. Entretanto, a X Reunião de Consulta só foi convocada, *a posteriori*, para conhecer e referendar a invasão da República Dominicana, como um fato consumado, porquanto desde a VIII Reunião de Consulta (Punta del Este, 1962), quando a Argentina, Brasil e México, unidos, quase conseguiram impedir a expulsão de Cuba, a OEA já não constituía um organismo inteiramente dócil e subserviente à política do Departamento de Estado, tanto assim que a proposta para a formação da FIP não obteve o consenso. Somente após muitas dificuldades, devido à forte oposição do México, Chile, Peru, Uruguai e Equador, a X Reunião de Consulta conseguiu completar os dois terços necessários à sua aprovação, com 14 votos, em caráter temporário, restrito o seu objetivo à atuação na crise da República Dominicana, enquanto a ameaça de guerra civil lá perdurasse. A despeito da opinião pública, contrária à posição do governo Castelo Branco e das críticas de alguns jornais, o Brasil enviou então um contingente de 1.100 soldados para compor a FIP, que foi comandada por um general brasileiro, Hugo Penasco Alvim, e contou com tropas de El Salvador, Costa Rica, Nicarágua e Honduras, além dos EUA. A Argentina também se dispôs a contribuir com um regimento. O general Ignácio Avalos, secretário da Guerra, o general Juan Carlos Onganía, comandante em chefe do Exército, e o almirante Benigno Varela, comandante em chefe da Armada, defenderam firmemente a iniciativa. Contudo, poucas horas depois de remeter ao Congresso Nacional o pedido de autorização para o envio de tropas à República Dominicana, o presidente Arturo Illia solicitou a sua devolução[18]. Este recuo decorreu das divergências no seio do governo e, em larga medida, do receio ou quase certeza de que o Congresso Nacional não autorizaria sua participação na FIP, pois a Câmara dos Deputados, em 14 de maio de 1965, aprovara uma declaração condenando a intervenção militar dos EUA e reclamando a imediata retirada de suas tropas da República Dominicana. O próprio presidente Illia, aliás, fora pessoalmente contrário ao envio de soldados para o Caribe[19], posição compartilhada pela maioria da UCRP (uma das facções do Partido Radical), que o elegera e cuja tendência nacionalista o levara a não obedecer às diretrizes do FMI e a cancelar os contratos petrolíferos firmados por Arturo Frondizi com empresas norte-americanas, apesar de que o Estado-Maior das Forças Armadas temessem que os EUA, como represália, suspendessem o fornecimento de material bélico[20].

As Forças Armadas, como o rompimento de relações diplomáticas com Cuba em fevereiro de 1962 demonstrou, não estavam dispostas, entretanto, a permitir que o presidente da República orientasse e conduzisse a política exterior da Argentina, de modo que não fosse em perfeita conformidade com as diretrizes estratégicas do Pentágono, consubstanciadas nas doutrinas de segurança e contrainsurreição. Desde aquela época elas bloquearam qualquer entendimento com o Brasil, enquanto Goulart estivesse na presidência da República, devido à tendência neutralista de sua política exterior[21]. E o general Juan Carlos Ongania, comandante em chefe do Exército, impulsionou as negociações para um Acordo Militar com os EUA, havendo o general Juan Iavicoli, comandante da Brigada do Caribe, mantido conversações com o general W. A. Enermark, diretor dos Assuntos de Segurança do Hemisfério do Pentágono, depois da crise dos mísseis soviéticos em outubro-novembro de 1962. Logo depois, em fevereiro de 1963, o próprio Ongania visitou os EUA, aos quais, segundo alguns informes, oferecera a concessão de uma ou duas bases navais — Mar del Plata e Puerto Belgrano — para a defesa do Atlântico Sul[22]. Porém o Acordo Militar com os EUA só foi firmado em 10 de maio de 1964, quarenta dias depois da queda de Goulart, e já então o Brasil estava sob o controle dos setores das Forças Armadas que defendiam as mesmas doutrinas elaboradas pelo Pentágono e disseminadas através da JID. E com eles Ongania se identificou, começando a fazer pronunciamentos em favor da revisão do conceito de soberania e sua substituição pelo de fronteiras ideológicas, nos termos em que o presidente Castelo Branco e o chanceler Vasco Leitão da Cunha tratavam de promover.

As relações entre a Argentina e o Brasil voltaram assim a estreitarse. Em dezembro de 1964, a pedido do presidente Illia, Castelo Branco ordenou que se interceptasse, no Rio de Janeiro, o retorno de Perón a Buenos Aires e o devolveu a Madri. E, pouco depois da invasão da República Dominicana, Zavala Ortiz iniciou consultas, junto aos governos do Brasil, Bolívia, Uruguai e Paraguai, sobre a possibilidade de organizar uma conferência, com o objetivo de iniciar uma ação conjunta e solidária dos cinco países para a exploração multinacional e o aproveitamento coordenado e coletivo dos recursos naturais do sistema hidrográfico da Bacia do Prata, composto pelos rios Paraguai, Paraná e Uruguai, cujas águas confluíam e, formando o Rio da Prata, desembocavam no Atlântico. Ele entendia que a competição entre a Argentina e o Brasil perdera sentido e que a balcanização da região só interessava às grandes potências[23]. A ideia subjacente seria a de que a Argentina, aspirando a converter Montevidéu em seu porto natural, comandaria, como nação industrial, o processo de integração dos países da Bacia do Prata. Cerca de dois meses depois da iniciativa de Zavala Ortiz, Ongania, entre 19 e 25 de agosto de 1965, visitou o Rio de Janeiro e Brasília, onde participou das comemorações da Semana do Exército e conferenciou com o general Artur da Costa e Silva, ministro da Guerra do governo de Castelo Branco. Na oportunidade, ele, que não perdoara Illia por desistir do envio de tropas à República Dominicana, fez um pronunciamento, no qual se referiu à existência da América Militar, com "um sistema de comunicações, não apenas mecânico, senão mental"[24], e defendeu o estabelecimento de uma aliança entre os Exércitos da Argentina e do Brasil, com o propósito de constituir o núcleo de uma força interamericana e circundar os dois países com uma fronteira ideológica, como medida preventiva contra a expansão do comunismo[25]. Ao regressar a Buenos Aires, em entrevista à imprensa, voltou a insistir na "necessidade de unirmos, Brasil e Argentina, para nos resguardarmos dos perigos que nos ameaçam atualmente", e na adoção de um sistema de segurança, "com ou sem forças permanentes", cuja efetiva utilização se deveria assegurar, caso elas viessem a ser organizadas[26]. Essas declarações provocaram escândalo em Buenos Aires, bem como suspicácias e protestos em outras cidades da América Latina, particularmente em Montevidéu[27], ao corroborarem as notícias de que os dois chefes militares, Ongania e Costa e Silva, haviam concertado um pacto, não escrito, em que previam, inclusive, a necessidade de uma intervenção conjunta no Uruguai, caso sua situação se deteriorasse, e a ameaça subversiva, evidenciada pela eclosão de greves e operações de guerrilha urbana, recrescesse, em meio da comoção social e política e do caos financeiro, provocado pela insolvência do Banco da República e a quebra do Banco Transatlântico[28].

Esta advertência atingia, obviamente, todos os países da América Latina. O Peru e a Venezuela defrontavam-se ainda com o problema das guerrilhas. Também a Colômbia, onde as tensões sociais e políticas, em meio da crise econômica, tornavam-se tão perigosas que qualquer atrito, ainda que insignificante, poderia detonar uma explosão de consequências imprevisíveis. Não se podia descartar a possibilidade de que as Forças Armadas lá rompessem a ordem constitucional, derrubando o presidente Guillermo León Valencia, mas se elas não conseguissem, em tempo muito curto, dominar a situação, a Colômbia poderia abismar-se em uma terrível guerra civil, o que acarretaria a intervenção tanto do Brasil quanto dos EUA, empenhados em impedir o advento de uma Nova Cuba. Também a situação da Bolívia permanecia crítica. Grupos armados, constituídos por elementos dos mais diversos partidos, tais como o MNR (Paz Estensoro), Partido Revolucionario de la Izquierda Nacional (Juan Lechín), Partido Obrero Revolucionario (trotskista) e Partidos Comunistas, tanto da linha chinesa quanto soviética, lutavam contra o governo militar, no interior, especialmente nas regiões lindeiras com a Argentina e o Peru, enquanto a agitação continuava nos centros mineiros de Catavi, Siglo XX, Oruro e Potosi. Conforme o ex-ministro das Relações Exteriores, Julio Philipe, ouvira nos círculos oficiais, o governo da Bolívia chegou a solicitar ao Brasil e à Argentina proteção militar, que poderia incluir operações em seu território, caso os comunistas provocassem uma conflagração interna. Contudo, o general Ovando Candia, copresidente da Junta Militar, dissera que antevia dificuldades para o estabelecimento de uma força interamericana permanente e que a Bolívia não aceitaria a presença de tropas estrangeiras em seu território. Os dois chefes da junta governativa — os generais Candia e Barrientos — estavam em conflito e por isto o Brasil julgou desaconselhável não agir no plano puramente bilateral e, antes de atender ao pedido de intervenção, decidiu coordenar com a Argentina e, sobretudo, com os EUA quaisquer iniciativas que viesse a tomar.

A evolução da crise na Bolívia gerou a nota ameaçadora do ministro da Guerra brasileiro, general Artur da Costa e Silva, nota esta que também adensou as notícias sobre os entendimentos do Brasil com a Argentina para uma intervenção conjunta no Uruguai. E possibilidade havia. Desde junho de 1965, rumores sobre a iminência de um golpe de Estado, em Montevidéu, induziram o general Justino Alves Bastos, comandante do III Exército, a colocar de sobreaviso as guarnições da fronteira do Brasil[29]. Na verdade, diversas personalidades do Uruguai, insatisfeitas com a situação, estavam a buscar contacto com o general Alves Bastos e com oficiais em serviço na Embaixada do Brasil, a fim de pedir a intervenção militar[30]. Até o coronel Julio Tanco, que por quatro anos fora o chefe da Casa Militar do Conselho Nacional de Governo, recomendou-lhes que estudassem a possibilidade de auxílio aos setores não comunistas das Forças Armadas do Uruguai, porquanto a esquerda se preparava para deflagrar a revolução dentro de quatro dias. Esta ameaça evidentemente não existia. O que abalava, naquele momento, o Uruguai, como de resto a Colômbia, Bolívia e outros países da América Latina, era uma profunda crise econômica, com reflexos sociais e políticos. O Conselho Nacional de Governo, por absoluta falta de divisas, já suspendera totalmente as importações, e o Uruguai entrara em virtual estado de insolvência. Porém, o próprio embaixador Pio Corrêa julgava que a conjuntura política ainda permanecia fluida, sem elementos que pudessem acarretar a coesão de algum setor importante e levá-lo a assumir a direção dos acontecimentos. Por isto ele aconselhou ao general Alves Bastos bem como a outros oficiais que evitassem conversações com os que tramavam qualquer golpe de Estado ou pleiteavam uma intervenção militar, por modo a não se comprometerem, nem ao governo brasileiro, sem qualquer resultado[31]. Conforme previa, somente no segundo semestre de 1965, quando o esgotamento total dos recursos do tesouro e a consequente suspensão dos pagamentos ocorressem, a crise social, eclodindo, talvez gerasse fatores de polarização à esquerda e à direita.

Os rumores então propalados sobre um movimento militar de direita, visavam provavelmente a facilitar a adoção de medidas de segurança contra a esquerda, que organizava, desde 1964, a Convención Nacional de los Trabajadores (CNT) e preparava o Congreso del Pueblo, cuja realização, com representantes de 707 organizações, ocorreria em agosto[32]. Tais rumores, entretanto, tinham fundamento. A crise econômica e financeira, por volta de meados de julho, entrara em sua fase mais aguda, com o esgotamento dos recursos do tesouro e a ameaça de paralisação da máquina administrativa, e evoluía para o desenlace, em fins de agosto, sem que o embaixador Pio Corrêa vislumbrasse qualquer solução dentro do sistema democrático[33].

A fórmula que se articulava para a crise política do Uruguai implicava não só a reforma da Constituição, de modo a restabelecer o presidencialismo, liquidando o regime de colegiado, mas também algum ato de força, i.e , um golpe militar, que o ministro da Defesa general Pablo

Moratorio, propenso a aceitar o cargo de presidente da República, estava disposto a promover, caso os membros do Conselho Nacional de Governo se recusassem a renunciar, embora seu objetivo fosse chegar ao poder sem violência[34]. O Brasil aparentemente favorecia essa solução. Porém as notícias sobre seus entendimentos militares com a Argentina, para uma eventual intervenção no Uruguai, vazaram, exatamente, quando o Congreso del Pueblo se reunia. E tal ameaça foi agravada por uma carta que o general Ongania escreveu ao general Gilberto Pereyra Serrano, inspetor-geral do Exército uruguaio, exortando-o a apoiar a "*causa común de América; defender nuestro sistema de vida occidental y cristiano contra los embates del totalitarismo rojo*"[35]. Esta carta, cujo texto o próprio general Gilberto Pereyra Serrano logo encaminhou ao Conselho Nacional de Governo, provocou uma onda de protestos, ao corroborar os pronunciamentos públicos de Ongania e Costa e Silva. A Marinha retirou-se dos exercícios conjuntos, programados com unidades navais dos EUA e da Argentina. Vários coronéis, que cursavam o Instituto Militar de Estudos Superiores, pediram ao seu diretor o cancelamento das conferências sobre o tema da guerra revolucionária, a serem proferidas por um oficial argentino. O ministro da Defesa, general Pablo Moratorio, teve também de cancelar o convite ao general Justino Alves Bastos, comandante do III Exército, em consequência de uma nota, que alguns coronéis reformados encaminharam ao Conselho Nacional de governo, protestando contra aquela visita e denunciando a "série de atos inamistosos" do Brasil — violações da fronteira terrestre e do espaço aéreo, tentativa de sequestro de asilados políticos, declarações lesivas ao orgulho nacional, a exemplo das que o general Costa e Silva fizera, e as atitudes do embaixador Pio Corrêa — como parte de um plano ou de uma política deliberada, com o objetivo de criar condições para uma eventual intervenção no Uruguai[36]. E o ministro das Relações Exteriores, em nome do Conselho Nacional de Governo, emitiu comunicado, repulsando toda e qualquer atitude supostamente protetora, por parte de forças armadas estrangeiras, em relação ao Uruguai[37], cuja posição contrária à invasão da República Dominicana, meses antes, e à formação da chamada FIP — por temor de abrir um precedente contra si próprio — bem como sua resistência ao rompimento de relações diplomáticas com Cuba constituíam, juntamente com o asilo dado a Goulart, Brizola e seus companheiros, fatores de irritação para os militares tanto do Brasil quanto da Argentina.

O embaixador Pio Corrêa tratou de negar qualquer propósito de intervenção. E afirmou que a luta armada na Venezuela e no Peru (onde o MIR, sob o comando de Luis de la Puente e Guillermo Lobatón, abrira outros focos de guerrilha) representava um perigo bastante real para que o Uruguai também quisesse afastá-lo, unindo-se ao Brasil e à Argentina. Não sem motivo, no entanto, os meios políticos de Montevidéu perceberam como um estímulo às tendências intervencionistas, dominantes no Brasil e na Argentina, a resolução aprovada pela Câmara dos Deputados dos EUA, em 20 de setembro de 1965, reconhecendo como direito da Administração Johnson e dos demais governos do continente invadir qualquer outro país, onde fosse necessário afastar o comunismo do hemisfério ocidental[38]. As lutas sociais e os atentados a bomba, que se intensificavam no Uruguai, poderiam servir como pretexto para justificar a intervenção conjunta dos dois grandes vizinhos, cujos chefes militares consideravam anacrônicas as fronteiras geográficas, por entenderem que o princípio da soberania nacional passara a funcionar apenas para proteger movimentos subversivos. Essa intervenção só não se concretizou, aliás, devido quiçá a circunstâncias internas da Argentina e do Brasil. Contudo, o governo Castelo Branco continuou disposto a intervir no Uruguai, mais cedo ou mais tarde, senão militarmente, pelo menos de outra maneira que julgasse conveniente e necessária, com o objetivo de evitar seu "enfraquecimento" e sua "consequente vulnerabilidade à subversão comunista", conforme o embaixador Pio Corrêa revelara a John Horton, chefe da base da CIA em Montevidéu[39]. Com esse respaldo os políticos uruguaios, aparentemente, contavam. Segundo Martin Aguirre, diretor de *El Pais*, eles assistiam, com displicência, à agitação social, porque sabiam, intimamente, que o Brasil e a Argentina não permitiriam a instalação no Uruguai de um regime de esquerda, como o existente em Cuba. Por outro lado, no curso de 1966, a imprensa de esquerda não cessou de denunciar o risco de um golpe de Estado, que os governos do Brasil e da Argentina propiciariam, a fim de entregar o poder ao general Mario Aguerrondo, ex-chefe da polícia de Montevidéu e também apontado por Philip Agee como colaborador direto da CIA[40]. E esse risco existiu, uma vez que a situação política progressivamente se deteriorou, em virtude do prolongamento das greves, sem que o Conselho Nacional de Governo tivesse condições de exercer sua autoridade, inibido pelo processo eleitoral. Uma tentativa de golpe de Estado, pelo menos, abortou. O general Liber Seregni, comandante da Região Militar n. 2 (San José), e do general Hugo Tiboracchi, inspetor-geral do Exército, a ela se opuseram, o que possibilitou ao Partido Colorado vencer as eleições, ao mesmo tempo que o povo referendava o restabelecimento do presidencialismo, abrindo o caminho para a ditadura constitucional de Jorge Pacheco Areco[41].

A Argentina, entrementes, sofreu a intervenção de suas próprias Forças Armadas, que trataram de promover uma "revolução", tal como ocorrera no Brasil, inspiradas pela doutrina da ação cívica. Embora se afigurasse como legalista, Ongania, durante a V Reunião de Comandantes de Exércitos Americanos em West Point (1964), formulara a doutrina de que as Forças Armadas deveriam interferir no processo político, se o poder civil desbordasse por extremismos forâneos, se atentasse contra a liberdade e os direitos dos cidadãos ou se sua falta de autoridade abrisse o caminho para a violência. E esta última condição foi a que se configurou na Argentina. Embora sem reverter a tendência estrutural ao estancamento, a economia da Argentina voltara a reativar-se, com um índice relativamente alto de crescimento do PIB (8,4%), a partir de 1964, havendo o presidente Illia (1964-1966) abandonado os programas de estabilização e anulado os contratos com as companhias estrangeiras para a exploração do petróleo. Entretanto, em conflito, de um lado, com a CGT e, do outro, com a Sociedade Rural e a União Industrial Argentina, que instigavam a desobediência civil mediante o não pagamento de impostos e encargos sociais, seu governo perdera toda e qualquer capacidade de ação e de tomar iniciativas para obstar o agravamento da crise econômica e a intensa agitação sindical, o que caracterizava o vazio de poder e encorajava a subversão, segundo a percepção dos militares. Apesar de eliminado prontamente o foco guerrilheiro, implantado em Salta sob o comando de Jorge Massetti, amigo de Che Guevara, as Forças Armadas trataram então de debelar a suposta ameaça do inimigo interno, representado também pelos peronistas, cuja vitória seria inevitável, nas eleições marcadas para março de 1967, como em 1965, na renovação do Congresso Nacional, quando eles obtiveram, sob a legenda da União Popular, cerca de 30,3% dos votos contra 28,9% e da UCRP Cívica. Assim, a fim de impedir que eles conquistassem, como em 1962, os governos da maioria das províncias, inclusive Buenos Aires, a supressão do processo eleitoral, mediante um golpe de Estado afigurou-se aos militares como a melhor e a mais sedutora alternativa, uma vez convencidos da incapacidade ou impotência dos governos civis (Frondizi e Illia) para reduzir, por métodos legais e democráticos, a força dos peronistas. O governo Illia, quer se dispusesse ou não a proibir a participação da União Popular e de outras correntes peronistas no pleito de 1967, estava, portanto, condenado pelas Forças Armadas, pois se lhes antolhava que a situação da Argentina, devido à falta de autoridade, exigia sua intervenção. O embaixador norte-americano, Edwin Martin, ainda se empenhara para salvá-lo, do mesmo modo que, quatro anos antes, seu colega, Robert McKlintock, tentara impedir a derrubada de Frondizi. Não teve igualmente êxito.

Durante a madrugada de 26 para 27 de junho de 1966, os militares entraram na Casa Rosada e simplesmente expulsaram Illia, sem violência e sem que qualquer reação se esboçasse em Buenos Aires. Pelo contrário. Paradoxalmente, eles haviam recebido o estímulo dos desenvolvimentistas, liderados por Arturo Frondizi, e o apoio tácito do peronismo político e sindical, que o próprio Perón, em Madrid, teria secretamente assegurado a Ongania. E o golpe de Estado, reproduzindo com outros atores quase as mesmas cenas da queda de Frondizi (inclusive a interferência do embaixador norte-americano para evitar a ruptura da legalidade), continuou e complementou o de 1962, levando-o às últimas consequências, como resultado da antinomia entre o regime democrático-representativo e as doutrinas de segurança e contra-insurreição. Sem o fetiche do formalismo constitucional, cuja observância a política de Kennedy reclamava como um dos compromissos da Aliança para o Progresso, as Forças Armadas fecharam o Congresso Nacional e a Suprema Corte, dissolveram os partidos políticos e intervieram em todas as Províncias, promovendo o que chamaram de Revolução Argentina, de maneira mais radical do que a sua congênere — Revolução Democrática ou Redentora — Brasil. E a comédia das instituições, em que o golpe militar mal se camuflara durante as administrações civis de Frondizi, Guido e Ilha, converteu-se na instituição da comédia, quando Ongania ocupou o Sillón de Rivadavia, a cadeira presidencial, e assumiu, como autocrata, a plenitude dos poderes do Estado, *ad majorem Dei gloriani*. Este fato não agradou ao Departamento de Estado, que esperou cerca de 17 dias para reconhecer o novo governo de Buenos Aires, como forma de demonstrar sua desaprovação, principalmente por causa do fechamento do Congresso Nacional, da Suprema Corte e dos partidos políticos.

Em tais circunstâncias, o avigoramento da colaboração entre Brasil e Argentina constituiu uma consequência natural da similitude dos seus regimes, ambos com a mesma matriz ideológica (doutrinas de segurança, contrainsurreição e ação cívica, atribuindo às Forças Armadas a responsabilidade pelo desenvolvimento do país), bem como de suas políticas interna (liberalismo econômico e autoritarismo político) e externa (fronteiras ideológicas e alinhamento incondicional com o Ocidente). Este fato inquietou as capitais da América Latina, que procuraram determinar quando e de que modo os governos militares dos dois países estabeleceriam um acordo para impor sua hegemonia sobre todo o continente[42]. Segundo o diplomata Oscar Camilión, que participara da equipe de Frondizi, as relações entre a Argentina e o Brasil, qualquer que fosse o esquema dentro do qual elas evoluíssem, apresentavam tendências para, no campo econômico: 1. supressão das fronteiras econômicas nacionais; 2. coordenação da política regional de investimentos; 3. reconhecimento dos direitos dos países de mercado insuficiente à exportação para mercados mais amplos; 4. prioridade para os projetos multinacionais, especialmente aqueles localizados em países de menor desenvolvimento; 5. sacrifício de projetos que significassem duplicação de esforços e criação de instâncias supranacionais e encarregadas de assim o decidir. E no campo militar: 1. substituição do conceito de fronteiras nacionais pelo de fronteiras ideológicas; 2. limitação das funções das forças armadas nacionais à manutenção da ordem interna; 3. integração de brigadas nacionais em uma *stand-by force*; 4. limitação da modernização das Forças Armadas aos setores integrados ao esquema regional; 5. transferência da função de polícia regional à OEA e retirada, com isto, da responsabilidade de aplicação unilateral pelos EUA do corolário, em sua dimensão ideológica, da Doutrina Monroe[43].

O receio de que Brasil e Argentina, defendendo, conjuntamente, a revisão do conceito de soberania, viessem a formar um eixo autoritário e tratassem de estabelecer uma supremacia dual, tanto econômica quanto política e militar, sobre o resto da América do Sul, contribuiu para que o Chile, Venezuela, Peru e Equador, cujos governos democráticos apresentavam certa semelhança programática de corte reformista e nacionalista, assinassem, em 16 de agosto de 1966, a chamada Declaração de Bogotá, mediante a qual os cinco países, não integrantes da Bacia do Prata, manifestaram o propósito de criar, no âmbito da ALALC, um mercado sub-regional, que se cristalizaria, posteriormente (1969), no Acordo de Cartágena (Pacto Andino). Essa possibilidade de que a América do Sul se fragmentasse em blocos comerciais, com a formação de um mercado sub-regional, ao longo de toda a Cordilheira dos Andes, do Chile à Venezuela, seguindo, no Pacífico, a linha de navegação Valparaiso — El Callao — Guaiaquil — Barranquilla — La Guaira, até o Canal do Panamá, causou "muita apreensão" no Brasil[44], pois se lhe prefigurou que afetaria seus objetivos de expansão econômica no continente. O chanceler Juracy Magalhães reagiu, publicamente, condenando a "ameaça" que se delineava "contra a unidade continental e a ação da OEA e da ALALC"[45], fomentada, sobretudo, pelo Chile, sob o governo de Eduardo Frei, do Partido Democrata-Cristão. E, em fevereiro de 1967, Roberto Campos, ministro do Planejamento do governo Castelo Branco, viajou para Buenos Aires, a pretexto de participar da V Reunião do Conselho Interamericano Econômico e Social, e autorizado pelo presidente Castelo Branco propôs a Adalbert Krieger Vasena, ministro da Economia do governo Ongania, que a Argentina e o Brasil tomassem a iniciativa de formar uma união aduaneira, como um dos temas centrais da primeira Conferência Interamericana, realizada em Washington em fins de 1889. Ele argumentou "que o Brasil não estava sendo ousado nem original"[46]. E acrescentou que Simón Bolívar sonhara com a "moeda única" e a "integração econômica", como forma de elidir a dicotomia do continente. Sua fórmula, concebida "como medida preventiva contra a fragmentação do continente em blocos político-comerciais"[47], consistiu na formação de uma união aduaneira, que envolveria, separadamente, os setores siderúrgico, petroquímico e agrícola[48], se efetivaria no prazo de cinco anos (com uma redução anual de 20% nas tarifas até chegar a zero) e aberta à adesão de outros países, com diferentes calendários de integração[49]. O ministro Adalbert Krieger Vasena acolheu a ideia com simpatia, mas declarou que a Argentina teria de atravessar um período preparatório de atualização da taxa de câmbio, em face da desvalorização cambial feita pelo Brasil em fevereiro de 1967 e da reforma das tarifas alfandegárias num sentido mais liberalizante[50].

Mais ou menos à mesma época, o chanceler Juracy Magalhães anunciou que o Brasil se dispunha a construir, juntamente com a Argentina, Bolívia, Paraguai e Uruguai, países integrantes da Bacia do Prata, uma siderúrgica multinacional, em Corumbá, para o aproveitamento das jazidas de ferro de El Mutún[51]. Mas aí os obstáculos para a cooperação apareceram. Na medida em que o esforço de industrialização adquirira para a Argentina, tanto quanto para o Brasil, um significado geopolítico, como forma de alcançar a hegemonia sobre a América do Sul, o desenvolvimento de uma siderurgia nacional, devido à sua relação com o potencial bélico, tornou-se-lhe um projeto prioritário, ao qual não resignara, mesmo sem possuir reservas de ferro suficientes para alimentar a produção de aço. Daí por que o esforço de sua diplomacia, sob influência do Exército, sempre se orientara no sentido de promover maior integração com a Bolívia, como fornecedora de matérias-primas, e obter, sobretudo, a concessão das jazidas de ferro de El Mutún (40 milhões de toneladas), situadas sob o Rio Formosa, afluente do Paraguai, no Departamento de Santa Cruz de la Sierra, cerca de 30 km de Puerto Suarez e nas proximidades da fronteira com o Brasil, ao sul de Corumbá (estado de Mato Grosso). A Argentina, porém, defrontava-se com obstáculos, que dificilmente poderia transpor, sozinha, e que impediam a realização de tal empreendimento, fundamental para a sua conversão em potência siderúrgica e consolidação do seu desenvolvimento industrial. Ela carecia de recursos e as instituições financeiras internacionais, como o Banco Internacional de Reconstrução e Desenvolvimento (BIRD), não se dispunham certamente a financiar um projeto cujo beneficiário seria uma empresa estatal, Fabricaciones Militares, dominada pelo Exército, ainda mais quando seus custos se apresentavam mais altos do que a extração do minério de ferro no território brasileiro. Também a Bolívia relutava em outorgar-lhe a concessão para explorar, em larga escala, as jazidas de El Mutún. Estava a sofrer, certamente, pressões contrárias do Brasil, que alcançara, desde os meados dos anos 50, nítida vantagem industrial sobre a Argentina, cujo déficit siderúrgico pretendia continuar a suprir, por considerá-la o mercado natural para as suas exportações de aço. Esta dependência, no entanto, a Argentina não aceitava (como Frondizi o dissera a Quadros no encontro de Uruguaiana), pois, segundo percebia, a união aduaneira com o Brasil, naquelas condições, visava a reservar-lhes, como produtora de gêneros alimentícios, um destino agropecuário, incompatível com os conceitos de segurança e desenvolvimento equilibrado, defendido por importante segmento do seu Exército[52]. Em sessão da Comissão Especial Argentino-Brasileira de Coordenação, um delegado argentino gritou: "*Trigo contra acero, no*"[53]. O que a Argentina estava a buscar não era somente o equilíbrio quantitativo da balança comercial com o Brasil, mas também o equilíbrio qualitativo, por classes de produtos, o que era extremamente difícil, pois as commodities, particularmente o trigo, dominavam sua pauta de exportações[54] e sua indústria siderúrgica permanecia estacionária, consumindo em apenas um ano 1,2 milhão de toneladas de ferro, dos quais apenas 10% saíam de suas própria jazidas, enquanto a do Brasil, entre 1965 e 1968, aumentara em 50% sua capacidade de produção, dentro de um projeto integrado[55].

Se a união aduaneira parecia difícil, a aliança política e militar também já não se configurava viável. O Brasil àquela época estava a abandonar a doutrina das fronteiras ideológicas. O envio de um contingente para coadjuvar os EUA na ocupação da República Dominicana desgastara imensamente o governo Castelo Branco. Até o presidente do Congresso Nacional, deputado Francisco H. Bilac Pinto, um dos líderes da UDN e intimamente vinculado aos militares, condenara-o em veemente nota de protesto, na qual também denunciava os preparativos de uma força expedicionária para participar da guerra no Vietnã. Na realidade, as próprias Forças Armadas brasileiras se opuseram à criação da *stand-by force* multinacional, posta à disposição da OEA, para a defesa coletiva, dado que não admitiam a cessão de poderes soberanos a um órgão supranacional, com a consequente limitação de suas funções à manutenção da ordem interna e da sua capacidade bélica. E o governo Castelo Branco entendera, outrossim, que não se poderia estabelecer uma força militar, de determinado porte e capacidade de intervir em assuntos reservados à jurisdição interna do Estado-membro, apenas pela maioria de votos (dois terços da OEA), quando seu êxito dependia exatamente do consenso entre os diversos países americanos. E este consenso nem de longe existia, conforme demonstraram as consultas, feitas às outras chancelarias pelo Itamaraty[56]. Por isto, antes da II Conferência Interamericana Extraordinária, realizada no Rio de Janeiro (maio de 1966), o chanceler Vasco Leitão da Cunha obteve do secretário de Estado norte-americano, Dean Rusk, o compromisso de que não proporia, naquela oportunidade, a formação da FIP. O embaixador Lincoln Gordon ainda insistiu em que se indicasse, pelo menos, o exame do problema ao Conselho da OEA. E o presidente Castelo Branco, ao saber que o México se opunha, igualmente, a essa proposta, não concordou com a sua formulação, ao considerar que o insucesso lhe acarretaria maior desgaste político[57].

A Argentina tomou então para si a tarefa de tentar a viabilização da *stand-by force*. E o chanceler Nicanor Costa Mendez, durante a III Conferência Interamericana Extraordinária, realizada em Buenos Aires, ao mesmo tempo (fevereiro de 1967) da V Reunião do CIES, propôs a criação de um Comitê Consultivo de Defesa, como órgão permanente da OEA, o que significaria a incorporação da JID à sua estrutura política. O delegado dos EUA, Edwin Martin, apoiou-o. O chanceler brasileiro, Juracy Magalhães, que substituíra Vasco Leitão da Cunha, também, mas aconselhara Costa Mendez, extraoficialmente, a não apresentar o projeto, ao verificar que ele não tinha qualquer chance de êxito, dada a forte oposição com que se defrontaria[58]. Com efeito, o delegado do Chile, Alejandro Magnet, combateu a militarização da OEA e a transformação da Aliança para o Progresso em Santa Aliança, criticando a estratégia de segurança baseada na hipótese da agressão interna, por não serem as medidas militares "as realmente eficazes para contra-arrestar a ameaça comunista"[59]. Do mesmo modo, o delegado da Colômbia, Alfredo Vázquez Carrizosa, considerou o comitê de defesa proposto pela Argentina uma espécie de Estado-Maior das Américas, entidade supranacional incompatível com a Carta da ONU, o ponto de partida para a formação da FIP[60]. E o projeto foi rejeitado por ampla maioria (onze votos contra, seis votos a favor e três abstenções). Destarte, apesar da realização em Havana da Conferência Tricontinental (1966) e do surgimento da Organização Latino-Americana de Solidariedade (1967), com o que Cuba manifestara sua decisão de fomentar as guerrilhas no continente e criar "um, dois, três Vietnãs", conforme a palavra de ordem de Guevara, a ideia da *stand-by force*, a serviço da OEA, estertorou.

Pouco tempo depois da III Reunião do CIES, o general Artur da Costa e Silva sucedeu Castelo Branco e o Brasil anunciou, oficialmente, que a defesa das instituições nacionais contra a subversão cabia, sobretudo, às Forças Armadas de cada país, porquanto, segundo o próprio chanceler José de Magalhães Pinto declarou, a experiência dos últimos anos mostrava o "alto custo" e a precariedade de uma "solução militar" para o problema das guerrilhas, mesmo quando esforços multinacionais se conjugavam para combatê-las[61]. Não obstante admitir a hipótese de ação conjunta, frente a um "caso concreto" em que a ameaça comunista superasse as possibilidades nacionais de defesa e afetasse a própria segurança do hemisfério, o governo Costa e Silva sepultou a tese de institucionalização dos mecanismos continentais de defesa coletiva contra a subversão, por não acrescentarem eficácia aos meios de controle disponíveis e poderem até desfigurar a "imagem dos verdadeiros compromissos de solidariedade continental já obtidos"[62]. E resgatou o interesse nacional, como "fundamento permanente de uma política externa soberana", ao constatar que a controvérsia Leste-Oeste esmaecia, e o mundo tendia cada vez mais para o policentrismo[63]. Destarte, a recrudescência do nacionalismo no Brasil, revertendo as diretrizes do governo Castelo Branco, bem como na Argentina frustrou a proposta para o estabelecimento da união entre os dois países.

## NOTAS

1. Pesquisa do IBOPE (Instituto Brasileiro de Opinião e Estatística), revelada pelo professor Antônio Lavareda, da Universidade Federal de Pernambuco, in *IstoÉ Senhor*, São Paulo, Editora Três, 12 de dezembro de 1990, n. 1.108, pp. 44-46.
2. Ibid., p. 45. Segundo Lavareda, "na maioria dos casos — sete em dez capitais — no seio das classes A e B (rica e média) as opiniões favoráveis a Goulart, sobrepujavam as desfavoráveis". Nos itens "ótimo" e "bom", por exemplo, ele atingia 61% de apoio em Porto Alegre (seu lugar de origem), 43% em Curitiba e 30% em São Paulo. Neste patamar de aprovação, os menores índices estavam na Guanabara (22%) e na sua vizinha Niterói (27%), em função, certamente, da feroz oposição que era movida contra Jango pelo então governador carioca Carlos Lacerda. Como ocorria no conjunto da sociedade, vinha em primeiro lugar nesses estratos o julgamento "regular", não se configurando, portanto, a hostilidade presumida.
3. Telegrama, Lincoln Gordon a Dean Rusk, Rio de Janeiro, 02/04/1964, *National Security File*, CEP, vol. 3, LBJL.
4. Entrevista de Lincoln Gordon ao autor, Washington, setembro de 1977, também Parker, 1977, pp. 105 e 111-115. *Cuneo*, 1964, pp. 124-126.
5. Discurso de Castelo Branco no Palácio do Itamaraty, por ocasião da entrega de diplomas aos candidatos aprovados para a carreira de diplomata, em 31/7/1964, Ministério das Relações Exteriores, *A Política Exterior da Revolução Brasileira (Discursos)*, Seção de Publicações, 1968, pp. 12-13.
6. Agee, Philip, 1975, p. 157.
7. Aviso n. DAJ/AAA/DJ/SSN/65/922.31 (44) (42), 13/7/1964, secreto, Mozart Gurgel Valente Jr., chefe do gabinete do ministro das Relações Exteriores ao

general Syseno Sarmento, chefe do Gabinete do ministro dos Negócios da Guerra. AMRE-B — Circulares — Despachos — Pareceres.

8. Aviso n. G/SSN/, 9.1964, da Secretaria de Estado das Relações Exteriores ao Ministério da Guerra, Índice: Atuação da Embaixada do Brasil em Montevidéu. AMRE-B — circulares — despachos — pareceres.
9. Telegrama 433, secreto, DAM/SSN/600(44), da Embaixada do Brasil em Montevidéu, 29-30/10/1964, a) Manoel Pio Corrêa Jr. AMRE-B — 900.1 (00) Política Internacional — de (10) a (98) — 1951/66.
10. Ibid.
11. Carta-telegrama 191 — secreto, DAM /600(44), da Embaixada em Montevidéu, a) Manoel Pio Corrêa, 6-13/11/1964. Ibid.
12. Klein, 1987, pp. 297-298.
13. Connell-Smith, 1966, p. 336.
14. Id., ibid., pp. 337-338.
15. Tyson, "O sistema Interamericano depois de São Domingos", in *Política Externa Independente*, Rio de Janeiro, Editora Civilização Brasileira, Ano I n. 3 Janeiro 1966, pp. 83-108.
16. Connell-Smith, 1966, p. 341.
17. Tyson, 1966, p. 91.
18. Lanús, 1982, pp. 213-215.
19. Id., ibid, pp. 213-214.
20. Rouquié, 1981, vol. II (1943-1973), pp. 182-183. Lanús, 1982, pp. 253-268. Conil Paz, and Ferrari, 1966, pp. 203-207.
21. Lanús, 1982, pp. 208-218. Rouquié, 1981, vol. II (1943-1973), p. 227.
22. Lanús, 1982, pp. 152-159. Raggio, 1986, pp. 100-110. Scenna, 1980, pp. 275-292.
23. Entrevista de Zavala Ortiz ao autor, Buenos Aires, 18/6/1977.
24. Garcia Lupo, "Brasil y la Teoria del Satelite Privilegiado", in *Marcha*, Montevidéu, 3/9/1965.
25. Id., ibid. Garcia Lupo, "La Cortina de Humo", in *Marcha*, Montevidéu, 10/9/1965. Rouquié, 1981, vol. II (1943-1973), pp. 182-183.
26. *Correio Braziliense*, Brasília, 28/8/1965.
27. Telegrama n. 570, confidencial, Embaixada do Brasil (Manuel Pio Corrêa) para a Secretaria de Estado, 13h, Montevidéu, 8/9/65.
28. Agee, 1975, pp. 275, 387 e 389. Schilling, 1974, pp. 28-29. Rouquié, 1981, vol. II (1943-1973), p. 234. Trias, 1972, pp. 76-78.
29. Telegrama n. 365, secreto, da Embaixada em Montevidéu (Manuel Pio Corrêa) para a Secretaria de Estado, 12h30, 3-3/6/1965. AMRE-B — 900.1 (00) Política Internacional — De (10) a (98), 1951/66.
30. Ibid.
31. Ibid.

32. Sobre o tema, Gitli, 1987, p. 107. Lopez Chirico, 1985, p. 122.
33. Telegrama n. 365, secreto, da Embaixada em Montevidéu (Manuel Pio Corrêa) para a Secretaria de Estado, 12h30, 3-3/6/1965. AMRE-B — 900.1 (00) Política Internacional — De (10) a (98), 1951/66.
34. Telegrama n. 449, secreto, Embaixada do Brasil no Uruguai (Manuel Pio Corrêa) para a Secretaria de Estado, 15h, Montevidéu, 6-6/7/1965.
35. Lopez Chirico, 1985, p. 142.
36. A nota dizia que "*tal invitación a uno de los prohombres del militarismo brasileño adquiere particular significado en las actuales y graves circunstancias de nuestras relaciones con el gobierno del Brasil (...). Sabemos muy bien que compete a las altas autoridades de la República la adopción de medidas que han de conjurar los peligros que se ciernen sobre nuestro pais. Mas también creemos de absoluta lealdad hacer conocer al Mando Superior de las Fuerzas Armadas cuánto hiere nuestra sensibilidad de ciudadanos y de soldados el honor que se ha discernido al comandante del III Ejército del Brasil*". Lopez Chirico, 1985, p. 143. Também Agee, 1975, p. 387. Trias, 1973, pp. 260-264.
37. Agee, 1975, p. 387; Trias, 1972, pp. 76-77.
38. Agee, 1975, p. 389.
39. Id., ibid., pp. 360, 377 e 418.
40. Id., ibid., p. 534. Conforme a historiadora uruguaia Selva Lopez Chirico, "*pese a la reiterada aparición como cabeza visible de los movimientos golpistas (1964-1965) de un general de filiación blanca, vinculado a la policia, el Partido Colorado ostenta también sus representantes en el ramo*". Lopez Chirico, 1985, p. 137.
41. Com o falecimento, em 1967, do general Oscar Gestido, eleito presidente da República, Jorge Pacheco Areco, como vice, assumiu o governo e não só eliminou a mediação política, ao formar um ministério com representantes diretos do empresariado, como concentrou poderes, que desbordaram a área do Executivo. Seu período de governo tornou-se conhecido como o Pachecato.
42. Garcia Lupo, "Brasil y la Teoria del Satélite Privilegiado", in *Marcha*, Montevidéu, 3/9/1965. "La Cortina de Humo", in *Marcha*, Montevidéu, 10/9/1965.
43. Camilion, Oscar — "As relações entre o Brasil e Argentina no Mundo Atual", in *Revista Brasileira de Política Internacional*, Rio de Janeiro, IBRI, março/junho de 1969, Ano XII, n. 45/46, pp. 26-43.
44. Tamames, 1969, pp. 165-166.
45. Magalhães,1982, p. 207.
46. Campos, 1994, p. 749.
47. Id., ibid., p. 479.
48. Esses setores constituíam as exceções. A agricultura ficaria sujeita a regime especial. O Brasil se reservava o direito de manter proteção temporária para os produtos da petroquímica, supondo que a Argentina, detentora de jazidas de

gás natural, tivesse uma vantagem avassaladora. E a Argentina manteria um regime especial para a proteção de sua indústria siderúrgica, dada a desvantagem competitiva em relação ao Brasil. Id., ibid., pp. 749-750.

49. Entrevista de Roberto Campos ao autor, Brasília, 10/03/1990.
50. Campos, 1994, p. 750.
51. Viana Filho, 1975, p. 444.
52. Garcia Lupo, "Brasil y la Teoria del Satelite Privilegiado", in *Marcha*, Montevidéu, 3/9/1965. "El Satélite Armado", in *Marcha*, Montevidéu, 15/4/1966. "Adónde va Brasil?", in *Marcha*, Montevidéu, 29/4/1966.
53. Pio Corrêa, 1995, p. 1.003.
54. Id., ibid., p. 1.003.
55. Instituto Argentino de Estudios Estratégicos y de Relaciones Internacionales — "Argentina y Brasil — Estudio Comparativo de Alguns de sus Aspectos Fundamentales", in *Estrategia*, 5, enero-febrero, 1970, p. 77.
56. Viana Filho, 1975, pp. 433-437.
57. Id., ibid., pp. 433-437.
58. Magalhães,1982, pp. 184-185.
59. Lanús, 1982, pp. 164-165.
60. Id., ibid., pp. 165-166.
61. Conferência de Magalhães Pinto sob o título "Fundamentos da Política Exterior do Brasil", in Ministério das Relações Exteriores, Secretaria Geral Adjunta para o Planejamento Político, *Documentos de Política Externa* (de 15 de março a 15 de outubro de 1967), p. 81.
62. Ibid., p. 81.
63. Discurso de Costa e Silva, no Itamaraty, em 5/4/1967, in *Documentos de Política Externa*, pp. 11-12. Sobre o assunto, mais detalhadamente, Moniz Bandeira, 1989, pp. 163-185.

# Capítulo XVIII

O ABANDONO DAS FRONTEIRAS IDEOLÓGICAS • OS ENTENDIMENTOS PARA O TRATADO DA BACIA DO PRATA • O GOVERNO ONGANIA E A RIVALIDADE COM O BRASIL • A QUESTÃO DE ITAIPU • A POLÍTICA DE LANUSSE • O BRASIL E OS GOLPES MILITARES NA BOLÍVIA, URUGUAI E CHILE • O CERCO ESTRATÉGICO DA ARGENTINA • A VOLTA DE PERÓN E O PROJETO DE UNIÃO COM O URUGUAI

O abandono das fronteiras ideológicas, como doutrina, não significou que o Brasil toleraria, normalmente, o estabelecimento de um governo de esquerda, revolucionário, em países vizinhos, sobretudo naqueles situados dentro da região da Bacia do Prata, onde seus interesses mais se concentravam. Sob um regime autoritário, que executava uma política interna de segurança e a reprimir todo movimento de contestação, ele tenderia, incoercivelmente, a exportar a contrarrevolução, intervindo, *manu militari* ou por outro qualquer meio, além de suas fronteiras. Neste aspecto, o fato de possuir fronteiras comuns com quase todos os países (exceto Chile e Equador) da América do Sul, extenso litoral no Atlântico, defrontado com a África, uma população (a alcançar 94 milhões de habitantes em 1970) cerca de quatro vezes maior que a da Argentina (24 milhões à mesma época), imensos recursos naturais e um parque industrial desenvolvido e já consolidado, devido à sua produção siderúrgica, conferia ao Brasil fundamental importância geopolítica no hemisfério. Por esta razão, entre 1961 e 1964, os EUA se alarmaram com a possibilidade de que o governo Goulart se radicalizasse e viesse a favorecer, de alguma forma, a implantação de regimes de esquerda em países vizinhos, a permitir, inclusive, a utilização do seu território como santuário ou campo de treinamento para as atividades de guerrilhas "pró-comunistas", ao longo da

América do Sul[1]. Arthur Schlesinger, Jr., assistente especial do presidente John Kennedy, observou que "*just as the future of democracy in Asia depends considerably on the example of India, so the future of democracy in Latin America depends considerably on the example of Brazil*"[2].

A mesma percepção da alta importância estratégica do Brasil também levara o presidente Lyndon Johnson, depois de vitorioso o golpe de Estado que derrubou João Goulart, a conceder-lhe maciça ajuda militar, com a esperança de que ele desempenhasse, no continente, um papel hegemônico anticomunista, em favor dos EUA[3]. Portanto, independentemente do regime político, o Brasil ocupava, na América do Sul, uma posição de país-chave, que decorria de condições objetivas e não de escolha ou adjudicação de Washington, conforme tanto se escreveu em Buenos Aires e em outras capitais latino-americanas. Salvo o breve interregno do governo do general Humberto Castelo Branco (1964-1967), seu objetivo, entretanto, nunca fora servir como vassalo, instrumento da política de poder dos EUA, em troca de prioridade nos programas de ajuda e assistência econômica e militar. O que o Brasil sempre pretendeu, efetivamente, foi superar o *status* de poder regional e atingir o patamar de grande potência, de acordo com o destino que julgava manifesto em suas dimensões territoriais, demográficas, econômicas e geopolíticas. Essa aguda necessidade de desenvolvimento, de que as Forças Armadas se ressentiram, compelira o governo do general Artur da Costa e Silva (1967-1969) a romper com as doutrinas da interdependência, segurança coletiva e fronteiras ideológicas, restaurando "o interesse nacional como fundamento permanente de uma política externa soberana" (em linhas similares às de Quadros e Goulart), em que não fazia sentido falar em "neutralismo ou coincidências ou oposições automáticas"[4], e gerou atritos cada vez mais graves nas relações bilaterais do Brasil com os EUA. A lembrança do apoio norte-americano ao Putsch de 1964, o caráter fortemente anticomunista do regime autoritário e a abertura aos investimentos estrangeiros contribuíram, no entanto, para enevoar essa mudança na sua política exterior. O próprio governo de Costa e Silva também não teve interesse em enfatizá-la, pois, naquelas circunstâncias, a sobrevivência do regime implantado pelo movimento militar, que se autoproclamara Revolução Redentora, dependia, em larga medida, da preservação, pelo menos aparentemente, de sua unidade e continuidade. Assim, a percepção de que os EUA "elegeram" o Brasil como seu "satélite privilegiado"[5], refletindo o esquema sobre o qual as administrações de Johnson e Castelo Branco pautaram as relações entre os dois países, persistiu, gerando a teoria do subimperialismo, e condicionou, de um modo ou de outro, o comportamento do governo Ongania.

Ao defender a revisão do conceito de soberania e a criação da *stand-by force*, mediante a institucionalização da JID como órgão da OEA, a Argentina tratou de estabelecer com o Brasil um termo de entendimento, que se afigurou, em Buenos Aires, a alguns diplomatas, militares e jornalistas como de "subordinação ao país-chave" e aceitação do *status* de "satélite do satélite"[6]. Em seguida, como consequência de certo tipo de nacionalismo, ela evoluiu para o esquema bilateral com os EUA e passou a disputar o que percebia como posição de país-chave ou de satélite privilegiado, empenhando-se em demonstrar que reunia melhores condições ou, pelo menos, análogas para desempenhar o papel de intermediário de suas diretrizes estratégicas na América do Sul[7]. E a rivalidade com o Brasil, ao recrescer, transpareceu cada vez mais na institucionalização do chamado sistema da Bacia do Prata. A ideia de vincular os países da região em um esforço conjunto, visando a promover sua integração física e a organizar o aproveitamento dos seus recursos naturais, nascera na Argentina, ainda sob o governo do presidente Arturo Illia (1963-1966), que iniciara as consultas em 1965 e, um ano depois, em 2 de junho de 1966, pouco antes de sua queda, formalizara o convite ao Brasil, Uruguai, Paraguai e Bolívia para a primeira reunião a realizar-se em fevereiro de 1967, em Buenos Aires, simultaneamente com a III Conferência Interamericana Extraordinária. Embora suspeitasse de que a Argentina procurava amarrá-lo a compromissos, a fim de deter seu progresso nacional na Bacia do Prata, a pretexto de beneficiar o desenvolvimento regional harmônico e equilibrado, o Brasil apoiou a iniciativa, dado que a ela Uruguai, Paraguai e Bolívia também aderiram e não lhe convinha isolar-se[8]. Interessava-lhe, além do mais, favorecer o aperfeiçoamento da infraestrutura de transportes e comunicações da região, de modo a melhorar a articulação entre seus núcleos dinâmicos e facilitar ulterior integração econômica, na medida em que a Bacia do Prata abrangia as zonas produtivas mais importantes da América do Sul, em uma extensão contínua, desde a Grande Buenos Aires (capital e periferia) à Grande São Paulo, envolvendo os dois maiores países do continente (Argentina e Brasil), cujos mercados representavam mais da metade da ALALC e já mantinham tradicional e intenso intercâmbio. Mas o Brasil não desejava contrair obrigações que o constrangessem ou lhe restringissem a liberdade de executar projetos isolados, dentro de suas fronteiras, ou realizar empreendimentos bilaterais, como estava a fazer com o Uruguai, na Bacia da Lagoa Mirim (inclusive para a construção de rodovias e interligações de redes de energia elétrica), e com o Paraguai, para a exploração do potencial hidráulico de Sete Quedas. Sua preocupação fundamental fora, portanto, com o problema da conceituação jurídica do aproveitamento agrícola e industrial dos rios internacionais, que ele não admitia equacionar em termos incompatíveis com os seus interesses nacionais[9]. De qualquer forma, essa divergência de propósitos e interesses, a separar, principalmente, Brasil e Argentina, não impediu que os chanceleres dos cinco países aprovassem, durante a reunião de Santa Cruz de la Sierra (1968), o estatuto e a criação da Comissão Intergovernamental Coordenadora (CIC) e firmassem em Brasília (23 de abril de 1969) o Tratado da Bacia do Prata.

A Argentina utilizou a institucionalização do sistema da Bacia do Prata para mediatizar a rivalidade com o Brasil, que nascia da própria "natureza" de suas relações bilaterais, segundo a percepção dominante no governo do general Juan Carlos Onganía (1966-1970)[10]. Seu chanceler, Nicanor Costa Mendez, orientou-se pela perspectiva de reconstruir o vice-reino do Rio da Prata, sob a modalidade das fronteiras ideológicas[11]. Com a *Weltanschauung* geopolítica, ele julgava que a Argentina poderia dominar totalmente a Bacia do Prata e tornar-se a primeira potência latino-americana, se conseguisse estabelecer sua preponderância sobre o Paraguai e a Bolívia, considerados como o *heartland* do Cone Sul. Daí por que privilegiou a realização de projetos com aqueles países, bem como com o Uruguai, pois considerava mais fácil influenciar-lhes a vontade do que entender-se com o Brasil[12]. A preocupação com a guerra antissubversiva, expressada pelo plano de desenvolvimento e segurança do Estado-Maior do Exército e do Conselho Nacional de Segurança (CONASE), também levou o governo Onganía a centralizar a vinculação do país com seus vizinhos, especialmente com o Paraguai, na infraestrutura do sistema viário. No entanto, ele favoreceu somente as ligações Norte-Sul e objetou aquelas no sentido Leste-Oeste, que considerava contrárias aos "interesses geopolíticos" da Argentina, porquanto toda sua produção, assim como a do Paraguai e da Bolívia, devia escoar, quaisquer que fossem as razões de conveniência ou os custos do frete, pelo porto de Buenos Aires, e não através do Brasil[13]. Por outro lado, ao adotar o modelo de "integração para dentro", o governo Ongania se opôs à "integração energética" da Argentina com seus vizinhos da Bacia do Prata[14] e deu prioridade aos projetos totalmente exequíveis dentro do território nacional, em detrimento daqueles cuja execução dependia de entendimento com outro país. Assim, de acordo com este critério, ele paralisou os projetos de Corpus e Yaciretá-Apipé, com o Paraguai, e a construção da represa de El Chocón-Cerros Colorados, apesar da menor potência (1,1 milhão de Kw) e de estar situada a 1.100 km de Buenos Aires, teve preferência sobre a de Salto Grande, distante apenas 400 km, a ser realizada com o Uruguai e, provavelmente, com a participação do Brasil[15]. Ao mesmo tempo, devido ao interesse militar, seus esforços se concentraram na instalação da usina nuclear de Atucha, para a produção de 320 Mw, e no projeto da central de Embalse de Rio Tercero, com capacidade de 600 Mw, a 100 km de Córdoba, ambas utilizando urânio natural (minério de que a Argentina dispunha em abundância) refrigerado e moderado com água pesada.

Essa diretriz pautou a política externa da Argentina, que assumiu uma atitude extremamente defensiva *vis-à-vis* do Brasil, em virtude de sua estagnação econômica e do impasse social e político em que se debatia desde a década de 1950. Na medida em que paralisou os projetos de Corpus e Yaciretá-Apipé, bem como o de Salto Grande, o governo de Ongania se alarmou com a perspectiva de que o Brasil construísse, juntamente com o Paraguai, uma das maiores represas (quiçá a maior) do mundo, para o aproveitamento de Sete Quedas, com a potência de quase 11.000 Mw, superior ao total da capacidade então instalada em toda a Argentina, da ordem aproximada de 7.000 Mw. Como avaliava o processo de industrialização, da qual a capacidade de gerar energia constituía fator fundamental, pelas implicações geopolíticas, seu temor foi de que a construção daquela hidrelétrica (cuja localização definitiva seria Itaipu, 13 km abaixo de Sete Quedas) transformasse a região de Foz do Iguaçu em um polo de desenvolvimento, que alteraria profundamente o equilíbrio econômico e político na Bacia do Prata, em contraposição aos interesses da Argentina. E daí a ideia, elaborada durante a gestão do chanceler Nicanor Costa Mendez, de utilizar o Direito Internacional a fim de conter o Brasil[16].

Ao alegar não somente a necessidade de consulta prévia aos países ribeirinhos para a execução de obras em rios internacionais de curso sucessivo como também possíveis prejuízos à navegação e aos projetos de Corpus e Yaciretá-Apipé, o objetivo de Onganía, da mesma forma que o dos seus sucessores, foi na verdade "frear"[17] a construção de Itaipu, de modo a manter o equilíbrio negativo entre a Argentina e o Brasil e nivelar por baixo o desenvolvimento da Bacia do Prata. Entretanto, conforme o diplomata Juan Archibaldo Lanús observou, enquanto a Argentina recorria às "normas jurídicas", o Brasil despendeu seus esforços em "fazer obras"[18]. Com efeito, a construção de Itaipu culminava a escalada, que ele promovia, para o aproveitamento do Alto Paraná, onde já estava a erguer o complexo hidrelétrico de Urubupungá, integrado pelas represas de Jupiá, Ilha Solteira e Três Irmãos. Segundo o almirante Isaac Rojas, apenas essas obras, quando em pleno funcionamento, seriam suficientes para permitir que o processo de industrialização do Brasil se irradiasse, a partir de São Paulo, e se deslocasse, rapidamente, na direção do oeste e do centro-sul da Bacia do Prata. E a Argentina não acompanhou esse desenvolvimento. Embora desvalorizasse o peso em 40%, a fim de fomentar as exportações, Adalbert Krieger Vasena, no Ministério da Economia, eliminou subsídios, diminuiu as tarifas aduaneiras e suspendeu quase todos os entraves às importações de manufaturados, o que levou centenas de empresas argentinas à bancarrota e impulsionou a desnacionalização de sua economia.

A expansão econômica do Brasil, cujo PIB desde 1968 começara a crescer com taxas de 9%, 10% e 11% a.a., contrastou com a relativa estagnação da Argentina, e acarretou um desequilíbrio de poderes cada vez maior na América do Sul. Esta constituía a verdadeira essência das tensões entre os dois países em torno do projeto de Itaipu. Condicionada pela doutrina da rivalidade, a Argentina percebia a expansão econômica do Brasil, acusado pelo almirante Isaac E. Rojas de herdar a "vocação imperialista" de Portugal, como séria ameaça, a longo prazo, à sua segurança nacional[19], mas se mostrou impotente para reverter a situação, devido às graves dificuldades internas com que se defrontava. O governo Onganía, cujas políticas combinaram o nacionalismo católico e militar com o liberalismo econômico, não as conseguira equacionar. Pelo contrário, engravescera-as e possibilitara que o peronismo ainda mais se revigorasse como força política. E a Argentina, em consequência sobretudo da desastrosa política econômica de Krieger Vasena, abismou-se em profunda crise social, e o aguçamento dos conflitos atingiu o ápice, dramaticamente, quando em 1969 eclodiu o *Cordobazo*, o primeiro de uma série de levantes operários, que abalaram várias cidades, ao mesmo tempo que setores do peronismo desencadeavam operações de guerrilha urbana, promovendo assaltos a postos militares, sequestros e assassínios, entre os quais o do general Pedro Aramburu, ex-presidente da República.

Em 1970, em face do enrijecimento do impasse político, as Forças Armadas, que também se distanciavam dos EUA decepcionadas com a sua assistência militar e se voltavam para a Europa[20], decidiram substituir Ongania pelo general Roberto Levingston. Seu governo, porém, não durou mais de nove meses. Em março de 1971, o general Alejandro Lanusse, comandante em chefe do Exército, assumiu ele próprio a presidência da República, com o propósito de restaurar as instituições democráticas e normalizar seu funcionamento. Ao mesmo tempo que iniciava a liberalização do regime e estabelecia o diálogo com Perón e preparava eleições livres mediante a negociação do Grande Acordo Nacional, ele procurou também reorientar a política exterior da Argentina, de acordo com as sua necessidades nacionais, tanto econômicas quanto políticas, tratando de aproximá-la dos países do Bloco Andino, entre os quais Peru e Bolívia, que haviam inflectido para uma espécie de nacionalismo de esquerda, sob a liderança de militares, e o Chile, onde o socialista Salvador Allende, em 1970, alcançara pela via eleitoral a presidência da República, intentava a implantação do socialismo, dentro dos marcos do regime democrático-representativo. Daí por que Lanusse passou a defender o pluralismo ideológico no continente (o que o levaria a reatar as relações com Cuba) e viajou pelos países da América do Sul, começando pelo Chile, com o objetivo não só de abrir mercados para a Argentina, cujas indústrias estavam com capacidade ociosa, como de robustecer seu poder de barganha *vis-à-vis* do Brasil, por ele igualmente visitado, em março de 1972. Na oportunidade, durante o jantar que o presidente, o general Emílio Garrastazu Médici (1969-1974), lhe ofereceu, Lanusse acrescentou ao discurso, sem o conhecimento do Itamaraty, um parágrafo em que atacava o Brasil, ao queixar-se de prejuízos causados à Argentina devido à utilização do Rio Paraguai, sem consulta prévia[21]. Em tom ligeiramente agressivo, evocou o Direito como a "única alternativa válida para reger a atividade entre indivíduos, comunidade e Estados", e referiu-se diretamente à regulamentação do uso dos recursos naturais, "para evitar-se prejuízo a outro ou a outros Estados"[22]. E reafirmou que "os argentinos — os latino-americanos — não aceitamos, sob condição alguma, um destino secundário"[23]. Este trecho do discurso surpreendeu os brasileiros, e como Lanusse foi o último a falar, conforme a praxe, sendo ele hóspede, não houve possibilidade de réplica. De acordo com o depoimento de Mário Gibson Barboza, ministro das Relações Exteriores do Brasil, depois da cerimônia os dois presidentes ficaram em uma pequena sala à parte, supostamente para conversar. "Mas não houve conversa. Nada, nem uma palavra foi trocada" — Mário Gibson Barboza contou, acrescentando que aquela situação "altamente constrangedora" o levou a interromper o encontro e convidar os dois presidentes a se reunirem aos demais convidados. No dia seguinte, visivelmente constrangido e declarando que também não tivera conhecimento prévio daquele trecho introduzido no discurso, o ministro das Relações Exteriores da Argentina, Pablo Pardo, pediu desculpas a Gibson Barboza, a quem o próprio Lanusse, na hora da despedida, disse: "Chanceler, perdoe-me se eu disse alguma coisa inconveniente. Não entendo dessas coisas de diplomacia". E Gibson Barboza respondeu: "Presidente, há certas coisas que não são de diplomacia. São de ética"[24]. A Argentina, destarte, não obteve qualquer concessão do Brasil, que continuou a rejeitar a obrigatoriedade da consulta prévia para a execução de obras em rios internacionais de curso sucessivo. E os dois países, além de alguns acordos de cooperação, apenas firmaram uma declaração conjunta, reconhecendo que todos os povos tinham igual direito de ver realizado seu ideal de paz e prosperidade, de acordo com as suas respectivas instituições, o que se afigurou como adesão do Brasil ao pluralismo ideológico, apregoado pela Argentina. A realidade, entretanto, era bem diversa.

Conquanto voltasse a defender, desde o governo Costa e Silva, o princípio de não intervenção e o respeito à soberania dos povos, o Brasil, cujo regime militar passara a orientar-se pelo nacionalismo de direita, não podia admitir, em sua vizinhança, experiências de esquerda, que viessem a estimular a chamada subversão e obstaculizar, externamente, a expansão dos seus interesses econômicos. A repressão, que o governo Médici internamente intensificara contra toda e qualquer oposição ao regime militar, tendia, por conseguinte, a projetar-se sobre outros países da América do Sul, sob a forma de intervenções mais ou menos encobertas, sem apelo à justificativa doutrinária das fronteiras ideológicas. A Bolívia, onde a convocação da Assembleia Popular, em fins de 1970, parecera aos militares brasileiros uma tentativa de formação de um soviete, recebeu a primeira estocada. A Casa Militar do presidente Garrastazu Médici, chefiada pelo general João Batista Figueiredo, ofereceu aos adversários do governo do general Juan José Torres, através do ex-coronel Juan Ayoroa, dinheiro, armas, aviões e até mercenários, bem como permissão para instalar áreas de treinamento perto de Campo Grande (Mato Grosso) e em outros locais próximos da fronteira[25]. E o golpe de Estado, deflagrado, finalmente, pelo general Hugo Banzer; contou com aberto apoio logístico do Brasil, cujos aviões militares, sem ocultar as insígnias nacionais, descarregaram fuzis, metralhadoras e munições em Santa Cruz de la Sierra, enquanto tropas do II Exército, comandado pelo general Humberto Melo, estacionavam em Mato Grosso, prontas para intervir na Bolívia (onde alguns destacamentos penetraram), se necessário fosse[26]. Poucos meses depois, dezembro de 1971, o Uruguai outra vez esteve igualmente na iminência de sofrer a intervenção militar do Brasil. As tropas do III Exército, sediadas no Rio Grande do Sul, prepararam-se para o invadir, executando a Operação Trinta Horas (tempo necessário para a ocupação de todo o Uruguai), o que só não se concretizou porque o general Liber Seregni, candidato da Frente Ampla (partidos de esquerda e centro-esquerda), perdeu as eleições para os conservadores[27]. Mas os serviços de inteligência do Brasil lá continuaram a colaborar ativamente no combate às organizações de esquerda. O delegado Sérgio Fleury, da Divisão de Ordem Política e Social da Polícia de São Paulo, ajudou a organizar o esquadrão da morte para liquidar os tupamaros (militantes do Movimiento de Liberación Nacional Tupac Amaru), que realizavam espetaculares operações de guerrilha urbana[28]. E quando os militares finalmente deram, em 1973, o golpe de Estado, ultimando o processo de implantação da ditadura, o Brasil, que influíra direta ou indiretamente para esse desfecho, enviou ao Exército do Uruguai centenas de veículos, tais como caminhões e carros Volkswagen, em uma operação da ordem de US$ 815.000, enquanto a Argentina fornecia automóveis para a Polícia, bem como gasolina e querosene da Yacimientos Petrolíferos Fiscales[29].

Na mesma época, o Brasil também colaborou com os EUA na preparação do golpe de Estado contra o governo do Chile, cujo presidente, Salvador Allende, intentava a implantação do socialismo pela via democrática e constitucional. Evidências houve de que oficiais brasileiros dos serviços secretos, em conexão, possivelmente, com a CIA, participaram da conspiração, tanto que o general Orlando Geisel, ministro da Guerra no governo Garrastazu Médici, avisara ao embaixador do Paraguai que cedo o Chile cairia "em mãos dos militares"[30]. O próprio embaixador dos EUA em Santiago, Edward Korry, afirmou que o "real apoio técnico e psicológico" ao *coup d'État* "veio do governo militar do Brasil"[31]. E seu sucessor, o embaixador Nathaniel Davies, revelou que o embaixador brasileiro, Cândido da Câmara Canto, convidou-o para que conjuntamente planejassem e coordenassem os esforços no sentido de derrubar o governo de Allende[32]. Sem dúvida alguma, a cumplicidade do Brasil foi, na verdade, muito maior do que transpareceu. Além de recursos financeiros, fornecidos por empresários de São Paulo, vários carregamentos de armas e munições, entre 1972 e 1973, saíram do porto de Santos, com destino a Valparaiso, em caixas de maquinaria agrícola e de outros produtos, importados pela firma do senador Pedro Ibáñez Ojeda, a fim de abastecer a organização direitista Patria y Libertad[33]. E, com a queda do governo Allende, em 11 de setembro de 1973, o Brasil reconheceu imediatamente a Junta Militar, chefiada pelo general Augusto Pinochet. Vários aviões da Força Aérea Brasileira voaram para Santiago, transportando não só mantimentos e remédios como também assessores da Polícia Federal e oficiais das Forças Armadas, que participaram de interrogatórios e treinaram seus colegas chilenos na arte da tortura[34], enquanto o embaixador Câmara Canto coordenava as medidas de apoio às novas autoridades do país[35]. Não sem razão o presidente Richard Nixon dissera, em 1971, que "*we know that as Brazil goes, so will go the rest of that Latin American continent*"[36].

Entretanto, embora, naquelas circunstâncias, sua política e a dos EUA coincidissem, o Brasil colaborou com os golpes de Estado na Bolívia (1971), Uruguai (1973) e Chile (1973), de acordo com seus próprios interesses e objetivos, na medida em que, aspirando ao *status* de grande potência, tratava de estabelecer a hegemonia sobre a América do Sul. O caráter militar e autoritário do regime, combinado com o sucesso econômico, exacerbou-lhe o nacionalismo, não no sentido defensivo, como durante o período de Goulart, e sim no sentido ofensivo, imperialista, o que, em realidade, refletia a violência da expansão capitalista do país. E o governo Médici, a instigar esse nacionalismo de direita com os *slogans* "ninguém segura este país", "Pra frente Brasil", "Brasil potência" etc., não selecionou os meios para alcançar os fins. A ampliação do limite do mar territorial para 200 milhas, em 1970, não apenas atingiu os EUA como também afetou a Argentina, cujas rotas marítimas e aéreas ficaram sob a jurisdição do Estado brasileiro, que as poderia dificultar ou mesmo interromper, se quisesse, a qualquer momento[37]. A derrubada do regime nacionalista do general Juan José Torres, em 1971, possibilitou que o Brasil afirmasse o predomínio sobre a Bolívia e obstruísse o acesso da Argentina às jazidas de ferro de El Mutún. A celebração do Tratado de Itaipu, em 26 de abril de 1973, atrelou irreversivelmente o Paraguai à sua órbita, da qual já não mais podia afastar-se, como se evidenciou em 1966, quando a ocupação militar do Puerto Coronel Renato (Província de Guayrá), a pretexto de combater guerrilhas, compeliu o governo do general Alfredo Stroessner a retroceder em suas reivindicações territoriais e firmar a Ata das Cataratas[38]. O golpe de Estado de 27 de junho de 1973, sob a presidência de Juan Maria Bordaberry, reforçou a tendência do Uruguai para gravitar em torno do Brasil. A destruição da experiência socialista de Salvador Allende, menos de três meses depois (11 de setembro de 1973) do golpe militar no Uruguai, permitiu que o Brasil também projetasse sua influência econômica e política sobre o Chile e o impediu de formar um eixo com a Argentina, onde a vitória de Hector Cámpora (março de 1973) e sua renúncia à presidência da República, logo em seguida, abriram o caminho para a eleição do próprio Perón, que recebeu 62% dos sufrágios, doze dias depois do *Putsch* comandado pelo general Augusto Pinochet[39].

Quaisquer que fossem as suas causas (e muitas houve), a evolução dos acontecimentos militares e diplomáticos na Bolívia, Paraguai, Uruguai e Chile, durante a primeira metade dos anos 70, configurou, objetivamente, uma ampla manobra estratégica, ao acarretar, como um dos seus resultados, o isolamento político da Argentina, dentro do Cone Sul. E este isolamento ainda mais se agravou, porque o Brasil, cujo acelerado desenvolvimento industrial demandava o incremento das exportações, empenhou-se em modificar a determinação da natureza, que orientava o sistema fluvial da Bacia do Prata na direção norte-sul e, por isto, tornara o porto de Buenos Aires seu centro de gravitação[40]. A abertura de corredores de exportações, com o melhoramento e a construção de novas rodovias e ferrovias, facilitou, enormemente, as ligações entre o *hinterland* da Bacia do Prata e o litoral do Atlântico, induzindo a produção da Bolívia e do Paraguai, bem como do Uruguai e da própria Argentina (Entre Rios e Misiones), a escoar no sentido oeste-leste, sobretudo através das rotas Puerto Stroessner-Foz do Iguaçu-Paranaguá ou Paso de los Libres-Porto Alegre-Rio Grande[41]. Com isto, os portos de Santos, Paranaguá e Rio Grande, reaparelhados, modernizados e situados no Atlântico, passaram a competir, vantajosamente, com o de Buenos Aires, que estava mais distante da mesopotâmia e, como não apresentava profundidade adequada para atracação nem condições mais seguras de acesso para os grandes navios, exigia constantes balizamentos, bons pilotos e contínuas dragagens, a fim de retirar o barro depositado no Estuário do Prata pelos Rios Paraná e Uruguai[42]. A Argentina, assim, não apenas perdeu o poder de pressão sobre a Bolívia e o Paraguai como sofreu, economicamente, uma vez que os corredores de exportação para o litoral do Atlântico reduziram a importância comercial e política do porto de Buenos Aires, ao libertar aqueles países mediterrâneos, os "prisioneiros geopolíticos"[43], de sua dependência e controle.

Conquanto visasse, fundamentalmente, ao próprio desenvolvimento nacional, o que o Brasil empreendeu, por meios econômicos e diplomáticos, foi uma verdadeira guerra, restabelecendo, um século depois, a hegemonia que mantivera na Bacia do Prata, até pelo menos 1876, quando retirou as tropas de Assunção, uma vez consolidada a vitória da Tríplice Aliança. A Bolívia, o Paraguai e o Uruguai submeteram-se à sua vontade e, naquelas condições, a Argentina já não tinha potencial de força para a ela se contrapor, tanto que nem sequer conseguia obstaculizar o andamento do projeto de Itaipu. E o desequilíbrio geopolítico aprofundara-se de tal modo que, durante a X Conferência dos Exércitos Americanos, em Caracas (setembro de 1973), o general Jorge Raul Carcagno, comandante em chefe do Exército argentino, defendeu a tese de que o desenvolvimento acelerado de um país, em detrimento de seus vizinhos, constituía uma "agressão econômica" e recebeu, dias depois, a solidariedade do Senado, em Buenos Aires[44]. O ambiente na Argentina, onde a esquerda peronista dominara o governo de Cámpora (maio a outubro de 1973), já era então de viva hostilidade ao Brasil. O chanceler Juan Carlos Puig denunciou o acordo firmado no período de Lanusse pelo seu antecessor, Eduardo McLoughlin, com o chanceler Mário Gibson Barboza, segundo o qual o Brasil se comprometera não a consultar a Argentina, como ela queria, e sim a informá-la apenas, o que equivalia a mantê-la afastada de qualquer decisão. No entanto, ao contrário do que se esperava, Perón, quando substituiu Cámpora na presidência da República, promoveu uma distensão no relacionamento da Argentina com o Brasil, sempre a reafirmar que "o ano 2000 nos encontrará unidos ou dominados"[45]. De fato, ele abandonou a avaliação geopolítica e anti-integracionista do problema da Bacia do Prata, com que os governos militares, dando ênfase à rivalidade com o Brasil, paralisaram a Argentina, e, desprezando as estéreis batalhas jurídicas, a "guerra dos papéis", em torno da construção de Itaipu, tratou de "ganhar o tempo perdido", conforme sua própria expressão, por entender que o fundamental era o aproveitamento dos rios — não as normas que o deviam regulamentar — e que o país precisava expressar-se, politicamente, através de fatos e da realização de obras[46].

Assim, com o objetivo de recompor o prestígio e romper o isolamento da Argentina, Perón desencadeou uma ofensiva diplomática. Viajou a Montevidéu, pouco mais de um mês depois de ascender ao governo, assinou com o presidente Juan Maria Bordaberry o Tratado do Rio Prata, superando o litígio sobre seus limites fluviais, e gestou a ideia da união aduaneira entre a Argentina e o Uruguai, tema debatido entre os empresários dos dois países, nas jornadas que se realizaram entre fins de abril e princípios de maio daquele ano. Mas o Brasil opôs-se à união aduaneira entre o Uruguai e a Argentina, receando que ela evoluísse para uma união política, e advertiu o governo de Montevidéu no sentido de que, "em defesa da própria soberania", não aceitasse aquele oferecimento. Ao que tudo indicou, a intenção do general Ernesto Geisel (1974-1979), que sucedera o general Garrastazu Médici na presidência da República, fora intervir militarmente no Uruguai, a fim de impedir qualquer integração econômica e política com a Argentina, com a qual as relações do Brasil, por causa da represa de Itaipu, atravessavam enormes dificuldades. E a ideia da união aduaneira assim não evoluiu, embora, alguns meses depois, o senador José Antonio Allende, no Instituto Argentino de Política Exterior, sugerisse que a Argentina liderasse o estabelecimento de uma confederação com o Uruguai, Bolívia e Paraguai, argumentando que, "não sendo possível nem mesmo desejável afastar o Brasil do processo de integração, seria...) indispensável formar um bloco coeso com os quatro países da área para que, juntos, associados sob forma de confederação, possam opor-se aos desígnios brasileiros constantemente postos em prática por sua diplomacia".

Em 6 de dezembro de 1973, logo após o Uruguai, Perón visitou o Paraguai, onde firmou com o presidente Alfredo Stroessner o Tratado de Yaciretá, ao mesmo tempo em que impulsionava os projetos de Corpus e Salto Grande, até então estancados, bem como o do Paraná Médio, com a assistência técnica da URSS. Seu propósito era ainda encontrar-se com o presidente Ernesto Geisel, a fim de também negociar a construção de três outras represas binacionais — Garavi, San Pedro e Roncador — para a utilização do potencial hidrelétrico do Rio Uruguai, cujos estudos de viabilidade começaram a partir da visita de Lanusse a Brasília, em 1972[47]. Ele faleceu, entretanto, em 1º de julho de 1974, cerca de três semanas após transmitir esse desejo ao chanceler brasileiro Antonio Azeredo da Silveira, ao término da VI Conferência dos Chanceleres da Bacia do Prata, realizada em Buenos Aires. E sua viúva, Isabel Perón (seu nome verdadeiro era Maria Estela Martinez), na condição de vice-presidente da República, sucedeu-o no governo da Argentina, cujas condições internas, tanto econômicas quanto políticas, voltaram a deteriorar-se.

A inflação, que os governos de Cámpora e Perón derrubaram de 79,6%, em 1972, para pouco mais de 30%, em 1974, recresceu e alcançou a taxa de 920%, entre 1º de maio de 1975 e 30 de abril de 1976, enquanto os atos de terror e violência se intensificavam, com nítidas manifestações de uma guerra civil, em que, de um lado, as organizações para policiais — Triple A (Alianza Anticomunista Argentina) e Comando de la Organización — assassinavam militantes e líderes de esquerda e, do outro, o Ejército Revolucionario del Pueblo (de origem trotskista) e as *formaciones especiales* da Juventud Peronista (Montoneros) realizavam sequestros, atacavam quartéis e executavam ousadas operações de guerrilhas em Tucumán. Diante de tal situação, com o país cada vez mais convulsionado, o governo de Isabelita Peron, confuso e sem coesão, não pôde articular e conduzir a política exterior da Argentina, de forma coerente e eficaz, embora conservasse o embaixador Alberto J. Vignes à frente da Chancelaria. As iniciativas de Perón nem prosseguiram. Os convênios com a URSS e os demais países socialistas não se efetivaram. E o propósito de associar a Argentina ao Pacto Andino desvaneceu-se. O governo de Isabelita Perón apenas manteve a atitude de cooperação e de diálogo com o Brasil, não obstante as dificuldades que surgiram nas negociações das cotas, visando a compatibilizar os projetos de Corpus e Itaipu, e o clima de alarme ante a contínua penetração de brasileiros em terreno argentino, sobretudo na província de Misiones. A própria Isabelita Perón, segundo notícias veiculadas na época pela Casa Rosada, pretendeu também ter um encontro com o presidente Geisel, talvez para obter algum tipo de respaldo que fortalecesse sua administração[48]. No entanto, quando o Brasil assinou o Acordo Nuclear com a República Federal da Alemanha (1975) e suas controvérsias com os EUA se aguçaram, a Argentina, inclinando sua política econômica em um sentido mais favorável às multinacionais, entendeu que podia tornar-se o país-chave, *a leading nation* na América do Sul[49]. O chanceler Alberto J. Vignes procurou convencer o secretário de Estado, Henry Kissinger, a jogar o peso da diplomacia norte-americana sobre os setores financeiros, a fim de provocar ou acelerar decisões de investimento na Argentina. E passou a apoiar, incondicionalmente, sua proposta de "novo diálogo", formulada durante a Conferência de Tlatelolco (1974), quando pretendeu que os países do continente aceitassem a transformação da OEA em uma comunidade" e delegassem aos EUA o direito de falar em seu nome nos foros internacionais[50].

Essa reorientação ou desorientação da política exterior revelou o equívoco de percepção da Argentina, ao rivalizar o Brasil e avaliar suas relações com os EUA em termos de país-chave. Kissinger não atendeu ao convite de Vignes para visitar Buenos Aires. Porém, em fevereiro de 1976, viajou a Brasília, onde assinou com o chanceler Antonio Azeredo da Silveira um *Memorandum* de Entendimento (*Memorandum of Understanding*), elevando, ao nível de potência emergente, o relacionamento com o Brasil, que continuava a rechaçar seu pentagrama, ou seja, a reorganização do sistema internacional com base apenas nos acordos entre os cinco polos de poder econômico e político — EUA, URSS, Europa Ocidental, China e Japão — esquema dentro do qual propusera o "novo diálogo" com a América Latina[51]. Na época, 1976, indagado pelo deputado Thomas "Doc" Morgan, presidente do comitê de relações exteriores da House of representative, se ele estava elevando o Brasil ao *status* de potência mundial, Kissinger respondeu:

> *"Mr. Chairman, this agreement does not make Brazil a world power. Brazil has a population of 100 million, vast economic resources, a very rapid rate of economic development. Brazil is becoming a world power, and it's not*

*need our approval to become one, and its our obligation in the conduct of foreign policy to deal with realities that exist*[52]."

Kissinger, com a *Realpolitik*, percebera que o equilíbrio de poder na América do Sul já se rompera, irreversivelmente, em favor do Brasil, ao desaparecer a paridade estratégica com a Argentina, que não mais tinha condições e nada podia fazer para contrabalançar a influência econômica e política do Brasil. A percepção de que a Argentina declinava e de que sua importância internacional cada vez mais se reduzia também levou o chanceler Antonio Azeredo da Silveira[53], que fazia política de poder, não só a retrair-se em face do governo de Isabelita Perón como a endurecer a posição de não discutir o projeto de Corpus nem admitir que a Argentina participasse das decisões de Itaipu. De fato, Azeredo da Silveira já oferecera a Vignes uma cota de 112,5m para Corpus, o que o embaixador Hugo Boatti Osorio, representante da Chancelaria argentina, considerou satisfatória, mas o resto do governo de Buenos Aires não aceitou e continuou a exigir uma altura útil da queda-d'água de pelo menos 115 m[54]. Diante de tal impasse, a tática de Azeredo da Silveira consistiu em postergar quaisquer conversações, enquanto as obras de Itaipu prosseguiam, de sorte que a Argentina viesse a defrontar-se com um *fait accompli* e não tivesse como alternativa senão conformar-se e reduzir bastante a altura útil da queda-d'água de Corpus. Ele percebera que o governo de Isabelita Perón esbarrondava, ao configurar-se, com o vazio do poder, uma situação próxima do caos, que ressaltou ainda mais o processo de enfraquecimento e decadência da Argentina, cuja política exterior, desde o golpe militar de 1955, se caracterizara pela descontinuidade e inconsistência, como reflexo, em larga medida, de sua crônica instabilidade institucional. Com a derrubada de Isabelita Perón da presidência da Argentina, em 23 de março de 1976, as Forças Armadas implantaram outra vez um regime autoritário, denominado Processo de Reconstrução Nacional, e tomaram para si a tarefa de enfrentar o problema com o Brasil, que não apenas incorporara a Bolívia, o Paraguai e o Uruguai ao seu *hinterland* comercial como, além de projetar-se sobre os países da África Ocidental, já se expandia na direção do Pacífico, negociando ou firmando importantes acordos bilaterais de cooperação econômica, para a exploração de recursos naturais e execução de projetos fronteiriços e de integração física de cooperação econômica com a Bolívia, Chile, Equador, Colômbia, Venezuela e, inclusive, o Peru, do qual começara a aproximar-se, após a queda do regime nacionalista do general Juan Velasco Alvarado, em 1975.

## NOTAS

1. Stepan, 1971, p. 129.
2. *Memorandum* for the President — Subject: Brazil. Briefing Book, A. Schlesinger Jr., Washington, Mar. 31, 1962. JFKL.
3. Stepan, 1971, p. 129.
4. Discurso de Costa e Silva no Itamaraty em 5/4/1967 — Documentos de Política Externa, p. 12.
5. Garcia Lupo, R., "La Diplomacia Satellite", in *Marcha*, Montevidéu, 22/10/1965. "Brasil y la Teoria del Satelite Privilegiado", in *Marcha*, Montevidéu, 3/9/1965. Camilion, Oscar H., "As Relações entre o Brasil e a Argentina no Mundo Atual", in *Revista Brasileira de Política Internacional*, Rio de Janeiro, IBRI, p. 30.
6. Id., ibid., p. 30.
7. Camilion, O. H., "Relaciones Argentino-Brasileñas", in *Estrategia*, Buenos Aires, Instituto Argentino de Estudos Estratégicos, ano 4, março/abril 1973, n. 21, pp. 43-48.
8. Magalhães, 1982, p. 207.
9. Id., ibid., p. 207. Macdowell, Joaquim Ignacio, "A política do Brasil no Contexto do Tratado da Bacia do Prata", in *Revista Brasileira de Estudos Políticos*, Belo Horizonte, Universidade Federal de Minas Gerais, n. 37, setembro de 1973, pp. 9-21.
10. Lanús, 1982, p. 298.
11. Abel, Ernst, "As Contradições Econômicas e Políticas da Bacia do Prata", mimeo.
12. Lanús, 1982, pp. 297-302.
13. Id., ibid., pp. 297-302 e 315.
14. Id., ibid., pp. 299, 307-308.
15. Id., ibid., pp. 300-311.
16. Id., ibid., pp. 305-306.
17. Id., ibid., pp. 299, 305-306.
18. Id., ibid., p. 300.
19. Rojas, 1974, pp. 49 e 253.
20. Rouquié, 1981, vol. II (1943-1973), pp. 278-280.
21. Barboza, 1992, pp. 114-115.

22. Discurso do general Lanusse no Palácio do Itamaraty, em 13/3/1972, in *O Estado de S. Paulo*, São Paulo, 14/3/1972.
23. Ibid.
24. Barboza, 1992, pp. 115-116.
25. Garcia Lupo, R., 1973, p. 229. Lozada, 1972, pp. 402, 403, 411-414, 437-440. Schilling, 1974, pp. 65-66.
26. Garcia Lupo, R, "Bolivia — Instrumento Geopolítico en manos de Brasil", in *Noticias*, Buenos Aires, 31/5/1974. Garcia Lupo, R., 1983, p. 174.
27. Grael, 1985, pp. 11-21. O autor dessa obra, coronel Dickson N. Grael, servia no III Exército quando dos preparativos para a invasão do Uruguai. Schilling, 1974, p. 67. Roper, Christopher, "EUA y América Latina — La Política del presidente Nixon", in *Estrategia*, março/abril 1972, n. 15, pp. 33-42.
28. Caula & Silva, 1986, pp. 43-44.
29. Sanguinetti, J. M. "Anatomia da Crise — Bem Nacional o Golpe Uruguaio", in *O Estado de S. Paulo*, São Paulo, 13/6/1974, p. 24. *La Opinión*, Buenos Aires, 13/7/1973. *O Globo*, Rio de Janeiro, 25/5/1974.
30. Simon, Marlise, "The Brazilian Connection" in *The Washington Post*, 6/1/1974, p. B3. Nathaniel Davies, 1985, p. 332.
31. Korry, Edward M., "Confronting our Past in Chile", in *Los Angeles Times*, 8/3/1981, sec. 6, p. 5, cf. N. Davies, 1985, pp. 331-332.
32. Davies, 1985 p. 332.
33. Simon, Marlise, "The Brazilian Connection", in *The Washington Post*, 6/1/1974, p. B3. Rojas, R., 1974, pp. 204-205.
34. Logo depois do golpe de Estado no Chile, com o conhecimento da CIA, os serviços de inteligência do Chile, Argentina, Brasil, Paraguai e Uruguai passaram a cooperar e, em 1975, instituíram a Operação Condor, codinome dado ao acordo para o empreendimento de ações conjuntas, visando a coordenar a repressão e eliminar os adversários dos regimes ditatoriais existentes nos países do Cone Sul. Mas o raio de ação da Operação Condor não se restringiria à América Latina. A terceira fase e a mais secreta da Operação Condor, segundo o documento desclassificado pelo Defense Intelligence Agency (DIA), do Exército norte-americano, consistiu em formar equipes especiais dos países membros a fim de que viajassem por todo o mundo e executassem sanções, que incluíam até assassinatos, contra supostos terroristas ou que apoiassem suas organizações, ou seja, contra adversários políticos dos regimes militares instalados no Cone Sul. Se um adversário político ou um que apoiasse a organização política adversa estivesse na Europa, uma equipe especial da Operação Condor seria enviada para o localizar e vigiá-lo. Quando culminasse a localização e a vigilância, uma segunda equipe de Operação Condor seria enviada para aplicar a sanção efetiva contra aquele adversário. Em teoria, um país proveria de documentação falsa a equipe de assassinos, formada por agentes de um

outro país. Em Buenos Aires — onde havia exilados chilenos, uruguaios, bolivianos, brasileiros e paraguaios — vários crimes ocorreram no marco da Operação Condor, ainda antes de que ela fosse formalmente concertada e oficializada. O general Carlos Prats, que servira ao governo de Salvador Allende, foi assassinado em setembro de 1974, em Buenos Aires. Segundo os depoimentos prestados nos EUA, a bomba foi colocada pelo norte-americano Michael Townley, ex-agente tanto da DINA como da CIA. E, além de outros numerosos dissidentes dos regimes militares, também foram assassinados em Buenos Aires, em maio de 1976, dois parlamentares uruguaios, o senador Zelmar Michelini e o deputado Héctor Gutiérrez Ruiz; e o general Juan José Torres, ex-presidente da Bolívia, em junho. E em 21 de setembro do mesmo ano, Orlando Letelier, ex-embaixador do Chile, e sua secretária, Ronni Moffit, foram assassinados em plena capital dos EUA, na terceira fase da Operação Condor, no âmbito da qual os EUA facilitaram comunicações entre os chefes dos serviços de inteligência dos países do Cone Sul, conforme revelou o embaixador dos EUA no Paraguai, Robert E. White. O fato de que o Pentágono estava interessado na Operação Condor, em 1976, era relevante para a rede de comunicações que foi estabelecida e facilitada pelos EUA. O general Alejandro Fretes Davalos, chefe do Estado-Maior das Forças Armadas do Paraguai, informou ao embaixador norte-americano Robert White que todos os chefes dos serviços de inteligência dos países da América do Sul na Operação Condor se mantinham em contacto um com o outro através das instalações de comunicação dos EUA na Zona do Canal do Panamá que cobriam toda a América Latina. Essas instalações eram empregadas para coordenar as informações de inteligência nos países do Cone Sul. State Department Cable, U.S. Ambassador Robert White (Paraguay) to Secretary of State Cyrus Vance, Subject: Second Meeting with Chief of Staff re Letelier Case, October 20, 1978, Confidential. Esse telegrama foi descoberto pelo professor J. Patrice McSherry da Universidade de Long Island, e publicado pelo *New York Times*, de 6 de março de 2001. http://www.gwu.edu/-nsarchiv/mews/20010306/.

35. *Jornal do Brasil*, 18/9/1973, pp. 10 e B3. Segundo o deputado Maurílio Ferreira Lima, o presidente Allende preparava-se para denunciar, internacionalmente, a atuação de Câmara Canto em Santiago, quando eclodiu o golpe de Estado. *Veja*, São Paulo, 13/11/1985, p. 91.
36. Black, 1977, p. 55. Martins, 1972, p. 45-65.
37. Luder, 1974, p. 55.
38. Sobre o assunto vide Magalhães, 1982, pp. 201-203. Moniz Bandeira, L. A., 1987, pp. 47-49.
39. Sobre o alarme que a eleição de Cámpora provocou no Brasil, vide Hilton, 1983, pp. 27-39.

40. Ferreira, Oliveiros S., "Brasil e Argentina, a Geopolítica e a Bomba", in *O estado de S. Paulo*, São Paulo, 26/12/1976.
41. Wettstein, Germán & Campal Esteban E, "Agricultura y Geopolítica en la Cuenca del Plata", in *Crisis*, Buenos Aires, julho 1975, n. 27, pp. 3-8.
42. Id., ibid. pp. 3-8. Meira Matos, Carlos, "Duas Nações contra a Dinâmica da Disputa" in *O Estado de S. Paulo*, São Paulo, 3/12/1978, 11° caderno, p. 206. Entrevista de Zavala Ortiz ao autor.
43. Couto e Silva, 1967, p. 57.
44. Dantas, Jayme, "Coincidências Militares", in *Jornal do Brasil*, 11/11/1973.
45. Declaração reiterada pelo general Perón, durante a visita que lhe fez o chanceler brasileiro, Antonio Azeredo da Silveira, in *O Estado de S. Paulo*, São Paulo, 13/6/1974, p. 12.
46. Lanús, 1982, pp. 305-306.
47. Relatório do Ministério das Relações Exteriores, 1971/72, pp. 15-17 e 243-244. *O Estado de S. Paulo*, São Paulo, 14/3/1972, p. 15.
48. *Jornal do Brasil*, Rio de Janeiro, 25/3/1976, 1° caderno, p. 14.
49. Kahn, Heriberto, "Las Relaciones con EUA Giran en torno de la Nueva Condución Económica", in *La Opinión*, Buenos Aires, 24/6/1975.
50. Puig, 1987, p. 176.
51. *Jornal do Brasil*, Rio de Janeiro, 27/2/1974.
52. Kissinger, 2001, pp. 159-160.
53. Entrevista do ex-chanceler Antonio Azeredo da Silveira ao autor, Rio de Janeiro, 20/7/1976.
54. Lanús, 1982, pp. 309-311.

# Capítulo XIX

O GOVERNO VIDELA • A GEOPOLÍTICA NAS RELAÇÕES COM O BRASIL • A QUESTÃO DE ITAIPU E CORPUS • A DISPUTA DO CANAL DE BEAGLE E O RECUO DA ARGENTINA NA QUESTÃO DE ITAIPU • ACORDOS ENTRE VIDELA E FIGUEIREDO • A GUERRA DAS MALVINAS • A NEUTRALIDADE IMPERFEITA DO BRASIL E O APOIO À ARGENTINA • O COLAPSO DOS REGIMES MILITARES

Desde o início do seu governo, o general Jorge Rafael Videla, presidente da junta militar, demonstrou que considerava prioridade as relações da Argentina com o Brasil, com o qual se esforçaria para alcançar um termo de entendimento. Nomeou Oscar Hector Camilión, político ligado ao ex-presidente Frondizi e um dos artífices do Acordo de Uruguaiana, para o cargo de embaixador em Brasília e, além de outras medidas econômicas, reativou o funcionamento da Comissão Especial Brasil-Argentina de Comércio (CEBAC). Também não escondeu sua simpatia pela resistência do Brasil às pressões dos EUA contra o Acordo Nuclear, firmado com a República Federal da Alemanha. Contudo, o general Videla restabeleceu o critério geopolítico para o encaminhamento da cooperação na Bacia do Prata. Não iniciou a construção da represa de Yaciretá-Apipé, com o Paraguai, apesar de que tudo já estivesse preparado no princípio de 1976, e suspendeu as atividades em torno dos projetos de Garavi, San Pedro e Roncador, sobre o Rio Uruguai, argumentando que favoreciam mais ao Brasil do que à Argentina e de que não seria possível realizá-los antes de se chegar a um acordo sobre Corpus[1]. Por fim, em resposta a um pedido de esclarecimento do Itamaraty sobre os efeitos de Tratado do Rio da Prata, celebrado com o Uruguai, em 1973, no governo de Perón, questionou, implicitamente, a validade do Tratado de Paz, Amizade, Comércio e Navegação, de 7 de março de 1856, e a Convenção Fluvial, de 20 de novembro de 1857, ao assinalar que Buenos Aires não estava integrada à Confederação Argentina, quando esta firmou esses atos internacionais com o Império do Brasil[2]. Tal atitude feriu um dos nervos mais sensíveis do Itamaraty. Embora já não fosse mais vital para a Bolívia e o Paraguai, países mediterrâneos, muito menos para as comunicações do Brasil com o oeste do seu território (Goiás, Mato Grosso e parte de São Paulo), como no passado, o trânsito de navios pelo Rio da Prata ainda continuava bastante significativo. E um dos motivos, talvez o principal, pelos quais o Império do Brasil favorecera a reincorporação do estado de Buenos Aires à Confederação Argentina, da qual estivera separado entre 1852 e 1861, consistiu exatamente em tornar válidos e efetivos os tratados com ela celebrados, sob o governo do general Justo José de Urquiza, assegurando a liberdade de navegação no Rio da Prata[3].

O que a junta militar de Buenos Aires pretendeu, consciente de que a relação de poder com o Brasil, na Bacia do Prata, era desfavorável à Argentina, foi aumentar sua capacidade de negociação e, de certo modo, impor uma política de equilíbrio. Assim, durante a VIII Reunião dos chanceleres da Bacia, em Brasília (7 a 9 de dezembro de 1976), o almirante Cezar Augusto Guzetti, na qualidade de ministro das Relações Exteriores e Culto, propôs uma negociação global entre os dois países, sobre as diversas questões do seu relacionamento bilateral, entre as quais, segundo indicou, o comércio, a construção da ponte sobre o Rio Iguaçu, os transportes marítimos (fretes), a cooperação técnica, inclusive no campo nuclear, a pesca e o trigo, bem como o aproveitamento hidrelétrico dos rios Uruguai (Garavi, San Pedro e Roncador) e Paraná (Corpus e Itaipu). O chanceler brasileiro, embaixador Antonio Azeredo da Silveira, aceitou discutir todos os pontos, exceto o do aproveitamento do Rio Paraná, sob a alegação de que se tratava de uma decisão do governo e não da Chancelaria[4]. O clima para o diálogo, entretanto, não se restabeleceu. Em começo de 1977, o Itamaraty enviou nota diplomática a Buenos Aires, na qual, manifestando preocupação com a interpretação do Tratado de 1856, reclamou um pronunciamento a respeito da liberdade de navegação no Rio da Prata, a fim de que a questão ficasse "plenamente esclarecida", uma vez que as "incertezas levantadas" configuravam "uma situação cuja gravidade é tanto maior quanto se põe em dúvida o relacionamento jurídico do Brasil com a Argentina, ao comprometer o respeito a tratados vigentes, um dos princípios cardiais do Direito Internacional"[5].

Pouco tempo depois, o chanceler Azeredo da Silveira rejeitou a proposta da Argentina para formar com o Brasil e o Paraguai uma Comissão Tripartite, visando a "compatibilizar os projetos de Itaipu e Corpus". Alegou que ela tinha como pressuposto a aceitação da tese da consulta prévia. E não respondeu sobre outra sugestão, encaminhada, como alternativa, pelo embaixador Oscar Camilión, no sentido de que os dois países realizassem uma reunião bilateral de alto nível, reservada e de caráter exclusivamente técnico, após a qual convidariam o Paraguai para participar dos entendimentos[6]. Porém, quando a Chancelaria argentina, através do embaixador do Brasil em Buenos Aires, Cláudio Garcia de Souza, deu prazo de doze dias (até 30 de maio de 1977) para que o Itamaraty se definisse, Azeredo da Silveira interpretou essa atitude como intimação e passou a exigir uma resposta satisfatória à nota sobre a liberdade de navegação no Rio da Prata como condição prévia para a continuação do diálogo[7]. A notícia de que o Paraguai modificaria sua ciclagem de 50 Hertz para 60, conforme a existente no Brasil, acirrou então os ânimos da Argentina, porquanto ela perderia mais um mercado para seus produtos, caso a medida se concretizasse. E as tensões alcançaram o clímax, quando, em julho de 1977, a junta militar de Buenos Aires interditou o túnel Cuevas-Caracoles, sob a Cordilheira dos Andes, ao tráfego de caminhões pesados, que transportavam mercadorias do Brasil para o Chile. Embora a necessidade de realização de obras servisse de pretexto, o Itamaraty julgou a medida como outra forma de pressão, por causa do problema de Itaipu, e o Brasil anunciou o fechamento de suas fronteiras a 80% da frota de caminhões da Argentina[8].

As Forças Armadas, tanto no Brasil quanto na Argentina, não desejavam, contudo, que a crise evoluísse e, provavelmente, degenerasse em confrontação armada. Ambos os países já enfrentavam sérios e mais graves problemas internos e externos, dado que os regimes militares, na América Latina, passaram inclusive a sofrer fortes pressões dos EUA, onde James Earl Carter, do Partido Democrata, ascendera à presidência e adotara a defesa dos direitos humanos como um dos vetores de sua política internacional. Essa diretriz do presidente Jimmy Carter engravesceu nas Forças Armadas dos dois países os ressentimentos contra os EUA, cujo prestígio junto a elas decaíra, desde o final dos anos 60, não só em virtude do seu fracasso na Guerra do Vietnã, mas, sobretudo, devido à sua insistência em restringir-lhes as funções à defesa da ordem interna e à luta antiguerrilha, recusando-se a fornecer-lhes material pesado e tecnologicamente sofisticado[9]. Esta razão, *inter alia*, levara o Brasil a intensificar, desde 1970, a produção de material bélico, de tal modo que, em 1977, não mais do que 20% dos armamentos do seu Exército provinham do exterior, importados de diferentes países da Comunidade Econômica Europeia (CEE), tornando mínima a participação norte-americana. Ao mesmo tempo, mediante o Acordo Nuclear com a República Federal da Alemanha, o Brasil tratara de obter a transferência do ciclo completo do enriquecimento do urânio, produção do elemento combustível e reprocessamento, além da fabricação de reatores, o que lhe possibilitaria, como planejava, a construção de submarinos atômicos e, se quisesse, a confecção da própria bomba. A acirrada oposição do presidente Carter a esse projeto evidenciou, sobretudo para as Forças Armadas, que os EUA representavam o maior e mais poderoso obstáculo a que o Brasil alcançasse o *status* de grande potência. E o presidente Geisel não hesitou em denunciar o Acordo Militar com os EUA, de 1952, quando no início de 1977 o Departamento de Estado, de conformidade com a Lei de Assistência Internacional de Segurança, de 1976, encaminhou ao Congresso norte-americano um relatório sobre as violações dos direitos humanos que ocorriam no Brasil, embora ressaltasse os esforços do governo para acabar com elas. Essa áspera reação, mais que um repúdio à ingerência estrangeira em seus assuntos internos, constituiu, em realidade, uma resposta às pressões norte-americanas contra o Acordo Nuclear[10]. E, dentro desse contexto, ao Brasil não convinha manter uma frente de luta contra a Argentina, que não somente se manifestava disposta à conciliação, diante da perspectiva de um confronto armado com o Chile pelo Canal de Beagle, como coincidia na resistência aos EUA, dado que ela também não aderira ao Tratado de Não Proliferação das Armas Nucleares.

A Argentina, por sua vez, lançara em 1969 o Plano Europa, voltando-se para a CEE, em busca de armamentos mais modernos, e não só protegeu e ampliou sua própria produção, através da empresa estatal — Fabricaciones Militares — como optou pela utilização de urânio natural, refrigerado e moderado com água pesada, na usina atômica de Atucha, a fim de não depender de tecnologia estrangeira. Sua intenção era adquirir capacidade nuclear, que lhe permitisse resolver favoravelmente aos seus interesses as questões com o Brasil (Itaipu-Corpus), Chile (Canal de Beagle) e Grã-Bretanha (Malvinas/Falklands). Mas os EUA, empenhados em impedir a proliferação das armas atômicas, não admitiam, máxime na América Latina, que nem o Brasil nem a Argentina as pudessem produzir. E em 1978 suspenderam completamente a assistência militar, ainda prestada à Argentina e já reduzida pelo Congresso norte-americano, a pretexto dos crimes — torturas, homicídios, roubos, sequestros de crianças etc. — praticados como rotina de repressão, na *guerra suja* contra os montoneros e os guerrilheiros do ERP, desde o golpe de Estado de 1976.

Os problemas da Argentina, na sua política exterior, apresentavam-se, porém, muito mais graves do que os do Brasil. Ademais das pressões norte-americanas, a Argentina estava em litígio com a Grã-Bretanha em torno da soberania sobre as Ilhas Malvinas/Falklands[11] e enfrentava a ameaça do Chile, por causa do Canal de Beagle. O laudo arbitral sobre esta disputa, ratificado, em 18 de abril de 1977, pela rainha Elizabeth II, da Grã-Bretanha, entregara ao Chile as ilhas Lennox, Picton e Nueva, o que colocava a Argentina em uma posição muito mais difícil do que a construção da represa de Itaipu pelo Brasil. E ela não podia acatar essa decisão. Se ficasse com a soberania sobre aquelas ilhas, o Chile tornar-se-ia um país bioceânico, assumindo o controle da passagem entre o Pacífico e o Atlântico Sul, sobre o qual, com águas próprias em frente da embocadura do Estreito de Magalhães, ele trataria, naturalmente, de reclamar o limite de 200 milhas, a fim de apropriar-se de suas reservas pesqueiras e petrolíferas, bem como da projeção sobre a Antártida. O governo do general Augusto Pinochet, logo em seguida à divulgação do laudo, manifestara tal intenção, ao tomar a iniciativa de instalar postos de vigilância e faróis nas ilhas Ferynet, Nueva e Decei, assim como de construir também (maio-junho de 1977) um porto na Ilha de Hornos[12]. E, para enfrentar esse desafio, que envolvia a possibilidade cada vez maior de uma guerra pela posse do Canal de Beagle, o governo de Buenos Aires não podia alimentar tensões na sua retaguarda, arriscando-se, igualmente, a um conflito armado com o Brasil, cuja tendência histórica sempre fora manter uma espécie de aliança tácita com o Chile, como forma de conter a Argentina.

Tais fatores concorreram para que o Brasil e a Argentina procurassem acertar suas divergências sobre a construção das represas de Corpus e

Itaipu. Segundo na época se noticiou, os próprios militares da linha de tiro, argentinos e brasileiros, trataram de estabelecer diretamente o diálogo, através de ações diplomáticas paralelas às das Chancelarias, a fim de aliviar a crise na Bacia do Prata[13]. De qualquer forma, após o encontro entre o brigadeiro Délio Jardim de Matos, chefe do Estado-Maior da Aeronáutica, e o brigadeiro Orlando Ramón Agosti, um dos membros da junta militar de Buenos Aires, na Foz do Iguaçu (julho de 1977), o chanceler Azeredo da Silveira, acusado sempre por sua intransigência, tomou a iniciativa de propor a reabertura das negociações, por meio de uma nota ao vice-almirante Oscar A. Montes, sucessor do almirante Guzzetti na Chancelaria argentina, que respondeu, positivamente, fornecendo, inclusive, garantias sobre a liberdade de navegação no Rio da Prata[14]. A partir daí, os entendimentos para compatibilizar a construção de Itaipu, em andamento, com o projeto de Corpus progrediram favoravelmente ao Brasil, na mesma medida em que a disputa pelo Canal de Beagle se aguçava. Assim, quando já ultimava os preparativos para a guerra contra o Chile, que lhe parecia cada vez mais inevitável e iminente[15], a Argentina, entre outubro e dezembro de 1978, cedeu e aceitou que Corpus ficasse com a cota de 105 m, muito abaixo da que o próprio Azeredo da Silveira oferecera ao chanceler Alberto J. Vignes durante o governo de Maria Estela de Perón, desde que Itaipu funcionasse com 18 turbinas (o que, tecnicamente, significava a instalação de 20, como o Brasil queria), produzindo 12.600 Mw, a quantidade máxima de energia de sua capacidade[16]. E, em 19 de outubro de 1979, os dois países, juntamente com o Paraguai, firmaram o Acordo Tripartite, com o que superaram finalmente suas divergências sobre o aproveitamento hidrelétrico do Alto Paraná.

O Brasil, em 1978, já celebrara o Tratado de Cooperação Amazônica, que envolvia em um esforço comum de integração física a Bolívia, Equador, Peru, Colômbia, Venezuela, Suriname e República da Guiana e constituía um instrumento básico no processo de acercamento do Pacto Andino, visando a enlaçar, física e economicamente, os mercados do Pacífico aos centros industriais do Atlântico. E nada mais o impedia de estreitar as relações políticas com a Argentina, da qual era um dos principais parceiros comerciais, o que lhe permitiria consolidar a influência sobre a Bacia do Prata. Os dois países, onde os regimes militares sofriam as pressões dos EUA, implementavam políticas exteriores, cujas diretrizes não somente se assemelhavam como convergiam e apontavam para a cooperação. A junta militar, sob a presidência de Videla, mantivera a adesão da Argentina, decidida ao tempo da administração da Cámpora e Perón, ao Movimento dos Países Não Alinhados, com os quais as posições do Brasil, particularmente a partir do governo Geisel, quase sempre se identificavam. Outrossim, a necessidade de melhorar o balanço de pagamento e as dificuldades cada vez maiores para vender carne e grãos no mercado mundial, devido ao fechamento da CEE, levaram a Argentina a destinar mais e mais suas exportações (21,1% do total, em 1980, e cerca de 34%, em 1981) à URSS[17], enquanto desde 1978 o Eximbank lhe negava empréstimos, por violação dos direitos humanos, atendendo a uma recomendação do Departamento de Estado[18]. Por estas razões, *inter alia*, quando a URSS invadiu o Afeganistão, em dezembro de 1979, a junta militar de Buenos Aires, embora condenasse a agressão, recusou-se a participar do embargo à venda de cereais àquele país, promovido pelos EUA. Alegou que não fora previamente consultada e que a Argentina tanto não endossava decisões tomadas fora do país quanto condenava as ações econômicas como forma de pressão ou represália[19]. O Brasil, conquanto igualmente reprovasse a invasão, também não aderiu nem ao embargo de grãos nem ao boicote às Olimpíadas de Moscou (1980). E assinou com a URSS, em 1981, um acordo comercial e tecnológico, no valor de US$ 5 bilhões, pelo prazo de cinco anos[20]. Os votos desses dois países, àquele tempo, foram coincidentes em cerca de 85% das Resoluções da Assembleia Geral da ONU (o que continuou a acontecer nos anos 80), em oposição aos EUA[21], cuja atitude no caso da Polônia o Brasil também não apoiou, da mesma forma que se opôs à tentativa de intervenção na Nicarágua, quando o regime revolucionário da Frente Sandinista, instalado após a derrubada da ditadura de Anastacio Somoza (1979), inflectiu ainda mais para a esquerda.

Apesar do forte caráter anticomunista dos regimes militares, a Argentina e o Brasil, em maior ou menor grau, aproximavam-se da URSS, a fim de ampliarem, internacionalmente, sua margem de autonomia relativa, na medida em que suas relações econômicas e políticas com os EUA se tornavam cada vez mais conflitantes. Essa tendência, acentuada na segunda metade dos anos 70, inquietou o Departamento de Estado, cujas preocupações com os rumos da América do Sul recresceram, quando a Argentina e o Brasil, após firmarem o Acordo Tripartite, trataram de sepultar a rivalidade e a hipótese de conflito permanente como vetores do seu relacionamento. Com efeito, em 1980, o general João Batista Figueiredo, sucessor de Geisel na presidência do Brasil, realizou uma visita oficial a Buenos Aires (a primeira de um chefe de Estado brasileiro desde 1935), onde assinou com Videla uma série de protocolos de cooperação, inclusive na área militar, para a fabricação conjunta de aviões — o caça-bombardeiro AX e o bimotor CX — e mísseis, e no campo da energia atômica, o que permitiria aos dois países, não signatários do Tratado de Não Proliferação das Armas Nucleares, alcançarem mais rapidamente o domínio do ciclo completo de uma tecnologia de fundamental importância estratégica. Este acordo foi o que, sobretudo, alarmou o Departamento de Estado[22], porquanto a Argentina também se comprometia a fornecer 240 t de urânio ao Brasil. Outros protocolos: colocação em órbita comum de um satélite de comunicações; vários acordos de fornecimento entre a Siderbras e Fabricaciones Militares de Argentina; interconexão entre os sistemas elétricos dos dois países; acordo para eliminar a bitributação e a evasão fiscal; construção de ponte internacional sobre o Rio Iguaçu; acordo de cooperação científica e tecnológica; acordo sobre saúde animal.

Os empresários brasileiros, que acompanharam Figueiredo a Buenos Aires, promoveram com seus colegas argentinos o Encontro de Cooperação Econômica, durante o qual concretizaram ajustes de complementação automotriz, dirigidos pela Volkswagen, e várias companhias transnacionais começaram a redefinir suas estratégias de mercado para a América Latina. No entanto, ao mesmo tempo em que a ideia da união aduaneira com o Uruguai, cujo mercado o Brasil já ocupava, ressurgia para discussão em Montevidéu e Buenos Aires, a Argentina econômica mais uma vez reagiu, com desconfiança e mesmo com hostilidade, derivadas, em grande parte, da crescente oposição à política antiindustrial de José Martinez de Hoz, embaraçando os esforços de Videla e Figueiredo. Logo após o regresso de Figueiredo, o presidente da representação argentina junto ao Conselho Empresarial Brasil-Argentina, Máximo Leloir, acusou o Brasil de praticar o *dumping*, denúncia esta confirmada pelo próprio Ministério da Economia, no caso das exportações de têxteis. Muitos capitalistas brasileiros, efetivamente, avançaram ávidos sobre o mercado da Argentina, cuja indústria perdera competitividade, com alguns artigos, a exemplo do que ocorria em ramos do setor de autopeças, a custarem, em média, três vezes mais do que a produção de similar no Brasil. E Videla, após alguma relutância, aplicou uma sobretaxa de 20% aos produtos importados do Brasil, a qual somente caiu — não para os produtos submetidos a processo *anti-dumping* — dois meses depois, quando o governo Figueiredo comprometeu-se a reduzir o Imposto sobre Operações Financeiras (IOF) nas operações de câmbio para as importações de países da ALADI, da qual a Argentina era o principal sócio. Segundo Mônica Hirst salientou, "o notável desta situação é que, mesmo durante o período de aplicação da sanção tarifária, as vendas brasileiras à Argentina tiveram uma expansão de 31,5%"[23].

O Brasil aumentou cada vez mais suas exportações de manufaturados para a Argentina, em consequência da própria abertura da economia, promovida por Videla, e pôde competir, vantajosamente, com a Alemanha Ocidental, a Coreia do Sul e o Japão, devido à proximidade geográfica, que permitia baratear os fretes como importante fator de redução dos custos. E a paralisação das indústrias, considerada pela equipe de Martinez de Hoz como decorrência normal do saneamento da economia, assumiu características de catástrofe, em 1980, quando também o Banco de Intercâmbio Regional (BIR), pertencente a forte grupo econômico de Salta, Sasetru, a maior holding da Argentina, entrou em bancarrota, arrastando cerca de 20 empresas financeiras credoras à falência e dando prejuízo de US$ 7 milhões ao Banco do Brasil e de US$ 500.000 ao Banco do Estado de São Paulo[24]. No mesmo ano, como reflexo também da visita de Figueiredo a Buenos Aires e, possivelmente, do agravamento da crise que a elevação das taxas de juros pelo Federal Reserve Board acarretou para o continente, o Brasil consolidou-se, com apenas o intervalo em 1981[25], como segundo fornecedor da Argentina, de cuja pauta de importações sua participação subiu de 10,2%, em 1980, para 12,9%, em 1982, 14,8%, em 1983, e 18,1%, em 1984, praticamente a empatar com o percentual dos EUA, que nesse mesmo ano foi de 18,3%[26]. E entre 1975 e 1984, o Brasil respondeu por aproximadamente 40% das importações argentinas de manufaturados, entre os quais, aparelhos de TV, tratores, camionetas, terminais de vídeo, unidades centrais de processamento de dados, produtos químicos e barras de ferro[27]. Suas exportações para a Argentina elevaram-se de US$ 340.000, em 1978, quando Martinez de Hoz intensificou a abertura da economia, para pouco mais de US$ 1 bilhão, em 1980, e US$ 893.338, em 1981, declinando, nos dois anos seguintes, para US$ 687.716 milhões e US$ 666.799 milhões, até subir outra vez ao patamar de US$ 831.152 milhões, em 1984[28]. O Brasil, cujo comércio com a Argentina fora anteriormente deficitário, passou assim a conseguir grandes superávits, em virtude do aumento de suas vendas, para o qual os manufaturados decisivamente contribuíram, e da queda nas importações, por ter abolido o regime preferencial de que ela gozava e passar e abrir o mercado para os fornecimentos dos EUA, Canadá e França.

A expansão das exportações de manufaturados brasileiros para a Argentina ocorreu, em larga medida, devido ao fato de que o chamado Processo de Reorganização Nacional, promovido pelo golpe de Estado de 1976, retomara as mesmas diretrizes econômicas da Revolução Libertadora (1955) e da Revolução Argentina (1966), tendo como um dos objetivos desindustrializar a Argentina, de modo a liquidar a base social da CGT e do peronismo. Constou que setores das Forças Armadas, diante de repetidos insucessos desde 1955, haviam concluído que a única forma de acabar com a força dos sindicatos, que sempre se reorganizaram e ressurgiam, extinguir a agitação trabalhista e erradicar o peronismo, como fator político, seria dissolver a própria classe operaria, por meio da degradação e desmantelamento do parque industrial da Argentina. Por isto aceitaram a teoria das vantagens comparativas, segundo a qual a Argentina devia dedicar-se apenas à agricultura, exportar carne e cereais, o que podia produzir com eficiência, e importar de países industrializados as manufaturas de que necessitava. E conjugaram o autoritarismo político e o liberalismo econômico, a supressão da democracia e o apoio à livre iniciativa, a violação dos direitos humanos e a proteção ao capital estrangeiro, compelindo os trabalhadores, os pequenos empresários e os empregados públicos a pagarem pela crise com renovados sacrifício[29]. Destarte, em meio de sangrenta repressão política, a pretexto de manter a ordem e derrotar as guerrilhas, o ministro José Alfredo Martinez de Hoz, da mesma corrente doutrinária de Álvaro Alzogaray e Krieger Vasena, aplicou, de modo mais radical que todos os seus antecessores, o invariável programa de estabilização, nos termos pactuados com o FMI. Suas medidas, que contaram com a aprovação prévia e o consenso das Forças Armadas, consistiram nas mesmas medidas de choque, tais como congelamento dos salários, extinção dos subsídios, redução dos gastos públicos, privatização das empresas estatais, liberação do crédito, dos preços, dos aluguéis urbanos e arrendamentos rurais, bem como a completa abertura do mercado interno às importações, com a eliminação das tarifas alfandegárias e a valorização da taxa de câmbio. Não demoraram os resultados desse programa de liberalização econômica, cuja execução o embaixador dos EUA, Robert Hill, julgara propícia aos interesses norte-americanos e anunciara ao Departamento de Estado, cerca de um mês após o golpe militar de 1976, propondo o apoio do Eximbank e o respaldo para programar a dívida argentina[30]. Com efeito, a inflação caiu de 386%, em 1976, para 150%, em 1977, mas a Argentina cresceu apenas 1,5% e a participação dos salários na renda nacional declinou, no mesmo período, para 31%, o mais baixo nível desde 1935[31]. A junta militar, sob a orientação de Martinez de Hoz, transferiu para o setor privado, entre 1976 e 1980, cerca de 120 empresas industriais e comerciais, enquanto o Banco Nacional de Desarrollo e a Caja Nacional de Ahorro y Seguro venderam as ações de outras 207 empresas e reduziram sua participação em mais 297. E a abertura do mercado devastou, por fim, as indústrias nacionais, que não puderam competir com as mercadorias importadas do Japão e de outros países da Ásia, bem como da Europa e dos EUA, a baixo preço, e a participação da indústria no PIB na Argentina, da ordem de quase 30% em 1974, decaiu para 25%, em 1980[32], enquanto a dívida externa saltava de US$ 7,8 bilhões, em 1975, para cerca de US$ 27,1 bilhões, em 1980[33]. Esse endividamento, sustentando as reservas monetárias que possibilitavam a abertura da economia, servira tão somente para estimular formas de consumo suntuário, importações de supérfluos e de artigos que a própria Argentina produzia, bem como para financiar viagens turísticas ao exterior. O incremento da acumulação de capital, através da compressão dos salários, não significou, porém, a ampliação dos investimentos produtivos, que alimentassem novo ciclo de expansão da economia. Os excedentes, dos quais os grandes empresários e banqueiros se apropriaram, evadiram-se do país, em meio de incontrolável especulação financeira e da recessão industrial, deixando o povo argentino com a maior dívida externa *per capita* do mundo. E assim a crise da dívida externa, deflagrada pelo México em 1982, dissipou a expectativa da oligarquia rural, alimentada por Martinez de Hoz, de restaurar a Argentina bucólica e idílica, sem crise de energia, sem falta de alimentos, sem excesso de população, sem agitação social, exportando carne e cereais e importando tudo aquilo de que necessitava, como no final do século XIX, na *belle époque* de Buenos Aires. De qualquer forma, o Processo de Reorganização Nacional, conforme Mario Rapoport observou, conseguiu "*un éxito rotundo en los objetivos implícitos de transformar radical e irreversivelmente la dinámica económico-social, al sentarse las bases de un nuevo modo de acumulación basado en la reprimarización de la producción*", i.e., privilegiar o setor primário, a agricultura, e restaurar sua primazia, com o que setores da pequena e média indústria, as classes médias e os trabalhadores perderam grande parte de sua capacidade de influência e pagaram os custos da crise em que a Argentina se afundou. Teve razão Rogelio Frigelio, ex-ministro de Frondizi, ao dizer que, dessa forma, a Argentina foi o único país no mundo a caminhar no sentido inverso da história da humanidade: desindustrializou-se[34].

A Argentina não fora o único país a experimentar o retrocesso na industrialização. O que lá acontecera, durante os anos 70, fora um fenômeno comum aos países do Cone Sul, que atingira igualmente o Uruguai e o Chile, onde os golpes de Estado, em 1973, culminaram processos similares de agravamento induzido da crise econômica e social, com a radicalização política, sucessão de greves, fuga de capitais, manobras de desabastecimento e outras práticas para acelerar a inflação, com o objetivo de facilitar a captura do poder pelos militares. O regime autoritário, nesses países, funcionou como instrumento de reajuste de suas economias aos objetivos de internacionalização, concentração e administração de um esquema oligopólico, mediante planos de estabilização, que constituíam o pré-requisito para o favorecimento ao capital estrangeiro, à custa da própria indústria nacional[35]. No Uruguai, sob a vigência do estado de guerra interna, Juan Maria Bordaberry intensificara, a partir de 1973, a abertura da economia ao capital financeiro internacional, estimulando igualmente as importações de bens duráveis e não duráveis de consumo, que aumentaram de 50% para 16% e de 1% para 10%, respectivamente, entre 1978 e 1981[36]. Seu pequeno parque manufatureiro sofreu as consequências da redução das tarifas aduaneiras, da sobrevalorização do peso e da diminuição do salário real, promovidas, nos marcos do reajuste econômico, de acordo com os princípios das vantagens comparativas, embora o Uruguai ainda mantivesse seu ritmo de crescimento, entre 1977 e 1981.

Algo semelhante ocorreu no Chile depois do sangrento golpe de Estado de 1973. Pinochet, orientado pelo economista norte-americano Milton Friedman, aplicou um duro programa econômico de corte neoliberal, que consistiu fundamentalmente em desregulamentar e privatizar completamente a economia, mediante a vendas das empresas públicas e a restrição dos encargos financeiros, empresariais e administrativos do Estado. Nesse processo de desestatização, centenas de empresas e bancos, que a Corporación de Fomento (CORFO) possuía, passaram para a iniciativa privada. Entre 1973 e 1977, a CORFO vendera a grupos econômicos nacionais e internacionais 456 empresas das 492 de sua propriedade, com a meta de conservar apenas 23 em mãos do Estado[37]. E a compressão dos salários reais foi de tal ordem que mesmo os aumentos concedidos a partir de 1976 não restabeleceram o poder de compra de 1970[38]. Por outro lado, a reforma agrária, iniciada pelo presidente Eduardo Frei (1964-1970), do Partido Democrata Cristão, retrocedeu, e cerca de 36% das terras legalmente expropriadas desde 1966 voltaram das mãos dos camponeses para as grandes empresas privadas até fins de 1977. O regime militar no Chile, do mesmo modo que seus congêneres no Uruguai e na Argentina, fomentou as importações de bens duráveis e não duráveis de consumo, instituindo, como nos dois outros países, um cronograma, conhecido como *tablita*, que ajustava o câmbio, mediante uma taxa prefixada, muito inferior à inflação local. E uma vez que esse sistema demandava enorme fluxo de empréstimos externos, facilitado pelo excesso de liquidez internacional, a dívida do Chile saltou de US$ 4 bilhões, em 1973, para US$ 8,4 bilhões, em 1979[39], enquanto numerosas fábricas fechavam, sendo particularmente afetadas as empresas mecânicas, metálicas, elétricas, de maquinaria e de bens de capital. Assim, a abertura da economia às importações, através da sobrevalorização do câmbio e da redução das tarifas aduaneiras para apenas 10%, debilitou a indústria, mais que no Uruguai e na Argentina, cuja participação no PIB do Chile decresceu de 25,5%, em 1972, para 21%, em 1977, e 18,9%, em 1982[40]. Não obstante, a economia chilena voltou a crescer em um ritmo relativamente rápido, ao contrário do que aconteceu na Argentina, cuja economia foi debilitada pela evasão de capital, que se intensificou entre 1976 e 1982, período em que a sua dívida externa se acumulou, saltando de menos de 20 para quase 50% do PIB, em decorrência da política econômica de Martinez de Hoz[41].

Como consequência desse debilitamento econômico, resultante em larga medida da abertura do mercado, que desarticulou o processo substitutivo das importações e acarretou o desaparecimento de ramos inteiros da produção, o Brasil aumentou cada vez mais as exportações de manufaturados para a Argentina, da qual sempre constituíra um dos principais fornecedores. Significativo foi o crescimento do percentual da participação do Brasil nas importações da argentina, saltando de 10,2%, em 1980, para 18,1%, em 1984, e quase empatando com os EUA, devido ao fato de que suas exportações de manufaturados aumentaram de 55,4% para 72,5%. Isto se deveu, ao que tudo indica, não apenas à diversificação da produção brasileira e à agressividade de sua política comercial, com a mobilização do aparelho diplomático, mas, em larga medida, à crise da dívida externa, que levou os países da América Latina a preferirem o comércio com o Brasil, mediante ajustes bancários de compensação. O Brasil, entre 1975 e 1984, respondeu por aproximadamente 40% das importações Argentinas de manufaturados, entre os quais aparelhos de TV, tratores, camionetas, terminais de vídeo, unidades centrais de processamento de dados, produtos químicos e barras de ferro. As exportações do Brasil para a Argentina, após José A. Martinez de Hoz, ministro da Economia, intensificar a abertura do mercado, elevaram-se de US$ 340 mil, em 1978, para pouco mais de US$ 1 bilhão, em 1980, e US$ 893.338, em 1981, declinando, nos dois anos seguintes, para US$ 687.716 e US$ 666.799, até subir outra vez ao patamar de US$ 831.152, em 1984. Por outro lado, as exportações da Argentina para o Brasil, após aumentarem de US$ 576.844, em 1978, para US$ 765.018, em 1980, decaíram continuamente até o montante de apenas US$ 358.347, em 1983, com ligeira recuperação, em 1984, para US$ 478.214, valor este pouco superior ao obtido em 1976, da ordem de US$ 464.854,86[42 e 43]. O Brasil, cujo comércio com a Argentina fora anteriormente deficitário, passou a conseguir grandes superávits, e o aumento de suas vendas, para o qual os manufaturados decisivamente contribuíram, ampliou as assimetrias, que se apresentavam nas relações de comércio entre os dois países. A Argentina não apenas continuou a exportar menos para o Brasil como a pauta dos seus produtos, mais de 50% de origem agropecuária, estreitou-se. Até mesmo as vendas de trigo decaíram, com a abolição do regime preferencial para a Argentina, em 1974, voltando-se o Brasil, que se convertia no terceiro importador mundial daquele cereal, logo abaixo da URSS e da China, para os fornecimentos dos EUA, Canadá e França, ao mesmo tempo que insistia na política de subsidiar sua própria produção, com o propósito de atingir o autoabastecimento.

O entendimento mais íntimo entre os governos do Brasil e da Argentina, visando a corrigir as distorções no intercâmbio comercial e aprofundar a cooperação econômica, afigurou-se então urgentemente necessário ao enfrentamento da crise financeira, comum a ambos os países e agravada pela majoração das taxas de juros nos EUA, incidindo sobre suas vultosas dívidas externas. E transcenderam o campo econômico. Poucos meses depois da visita de Figueiredo a Buenos Aires, Videla, diante da perspectiva de iminente confronto armado com o Chile por causa do Canal de Beagle, apoiou abertamente o golpe de Estado que derrubou a presidente da Bolívia, Lydia Gueiler, a fim de impedir a posse de Hermán Siles Suazo, eleito por uma coligação de esquerda. Esse golpe de Estado, no qual oficiais argentinos tiveram direta e ativa participação, levou ao poder o general Luís Garcia Meza, ligado ao narcotráfico, e cerca de 24 horas depois que o novo governo de La Paz rompeu com o Pacto Andino, o Brasil discreta e friamente o reconheceu, com o que contribuiu para romper seu isolamento e fortalecê-lo diante das pressões externas. Ao mesmo tempo, o ministro da Guerra do Brasil, general Walter Pires de Carvalho e Albuquerque, manifestou o propósito de não tolerar a instalação de regimes socialistas em países limítrofes, tais como Bolívia, Guiana e Suriname[44]. E esses fatos levantaram suspeitas de que os governos de Videla e Figueiredo estariam pactuados ou que pelo menos o Brasil dera seu assentimento à extensão da guerra suja à Bolívia, na qual tinha fortes interesses, deixando que a Argentina agisse, sem comprometê-lo. Mas a intervenção de oficiais argentinos nas sangrentas jornadas de La Paz, em julho de 1980, foi tão escandalosa que o presidente Carter suspendeu a visita a Buenos Aires do subsecretário de Assuntos Hemisféricos, William Bowdler[45].

Os entendimentos entre a Argentina e o Brasil tenderam a aprofundar-se ainda mais, em 1981, quando, após substituir Videla na presidência da junta militar, de acordo com as normas de rotatividade, o general Roberto Viola, considerado mais nacionalista, nomeou Oscar Camilión, o negociador do Acordo Tripartite, para o Ministério das Relações Exteriores e Culto e teve novo encontro com Figueiredo. O governo de Washington, que Ronald Reagan, do Partido Republicano, assumira (1981), sucedendo Jimmy Carter na presidência da República, já manobrava, entretanto, para romper aquela entente e impedir que o Brasil, cuja presença se consolidava na África Ocidental, especialmente em Angola, Guiné-Bissau e Cabo Verde, e contribuía para sustentar regimes de esquerda, em tácita aliança com a URSS e Cuba, ampliasse e robustecesse sua posição estratégica no Atlântico Sul, mediante a concertação com a Argentina. O general Alexander Haig, poucos meses depois de assumir o cargo de secretário de Estado, suspendeu as sanções, entre as quais o embargo à venda de armas, que Carter impusera à Argentina, sob o pretexto de violação dos direitos humanos, e lhe fez o convite (recusado pelo presidente Viola, não obstante alguns setores das Forças Armadas se manifestarem a favor da aceitação) para integrar a Força da Paz no Sinai[46]. O esforço para seduzir os militares argentinos e influenciá-los no sentido de que modificassem a política exterior do país intensificou-se no curso de 1981 e início de 1982. Neste período, altos funcionários e militares argentinos e norte-americanos realizaram assíduas viagens entre Buenos Aires e Washington. A Argentina recebeu a visita de vários oficiais norte-americanos, da mais alta patente, tais como o almirante Harry Frain, comandante da frota do Atlântico, contra-almirante Peter K. Cullins, comandante das forças no Atlântico Sul, o brigadeiro-general Richard A. Ingram, comandante da Força Aérea e da Escola de Estado-Maior, e o general Edward C. Meyer, chefe do Estado-Maior das Forças Armadas dos EUA[47]. Em seus esforços para seduzir as Forças Armadas da Argentina, o general Edward C. Meyer convidou o general Leopoldo Fortunato Galtieri, seu novo comandante em chefe e adversário do general Viola, a visitar os EUA, onde o general Vernon Walters o acompanhou em excursões a Hollywood e à Disneylândia. O general Vernon Walters, com forte respaldo de Jeane Kirkpatrick, embaixadora norte-americana na ONU, e de Roger Fontaine, do Conselho de Segurança Nacional dos EUA, visitou várias vezes Buenos Aires, na condição de embaixador especial do presidente Reagan[48]. Sua missão, entre os objetivos de modificar o rumo político exterior da junta militar, envolveu, segundo os indícios, o fornecimento de armas à Argentina, que gastara entre 1978 e 1982 cerca de US$ 16,7 bilhões, quase metade de sua dívida externa, com aquisição de armamentos, inclusive da Grã-Bretanha[49], e a canalização dos negócios para a *holding* da indústria bélica norte-americana, United Technologies Corporations, à qual o secretário de Estado estaria vinculado[50]. E teve êxito. No final de 1981, a junta militar, por motivos aparentemente obscuros, solicitou a Viola que renunciasse e, como ele se negasse a fazê-lo, destituiu-o da presidência e substituiu-o pelo general Leopoldo F. Galtieri, cuja ascensão o general Vernon Walters, como a *éminence grise*, articulara[51]. O general Galtieri encerrou então a limitada abertura política, iniciada por

Viola, restabeleceu as diretrizes ortodoxas e neoliberais na economia, bem como prometeu alinhamento incondicional com os EUA, propósito logo demonstrado, ao nomear para o Ministério das Relações Exteriores e Culto o ex-chanceler do governo de Ongania, Nicanor Costa Mendez, célebre por defender a doutrina das fronteiras ideológicas e insistir, desastradamente, na criação da HP, em 1966, quando no Brasil o próprio governo do marechal Castelo Branco, que encampara essa sugestão dos EUA, já estava a recuar. Desde então, as compras de armamentos "*se concentraron bruscamente en los provedores representados por el general norte-americano Vernon Walters, de la United Technologies Corporation, cuya presidencia ocupaba el general Alexander Haig*"[52].

A junta militar de Buenos Aires imaginou que podia aproveitar essa oportunidade, oferecida pela Administração Reagan, para tornar a Argentina o país-chave na região, como intermediário das diretrizes estratégicas dos EUA, deslocando o Brasil, que aliás não pretendera assumir tal função, salvo durante curto interregno do governo Castelo Branco (1964-1967), pois sua aspiração fora sempre a de alcançar o *status* de grande potência e não de "satélite privilegiado" na América do Sul[53]. E com tal aspiração, a Argentina reativou a proposta, inspirada pelo Departamento de Estado, para o estabelecimento de um pacto político-militar no Atlântico Sul, envolvendo a África do Sul, o que o Brasil nunca aceitara, e começou a cooperar estreitamente com a política de Reagan na América Central, aonde enviou assessores em contrainsurreição e agentes dos seus serviços de inteligência, com a experiência da guerra suja, a fim de treinarem as tropas de El Salvador no combate às guerrilhas da Frente de Liberación Nacional Faribundo Marti e participarem de operações secretas contra o regime sandinista da Nicarágua[54]. E desta íntima colaboração com os militares norte-americanos, a junta militar inferiu, correta ou incorretamente, que os EUA estariam também interessados em uma solução favorável à Argentina, no litígio sobre as Malvinas/Falklands, uma vez que, em tais circunstâncias, a Grã-Bretanha não podia concordar com seu projeto de instalar uma base militar naquele arquipélago[55]. Esta base militar seria conjugada com a montagem de outra, na Patagônia, junto ao Estreito de Magalhães, conforme os norte-americanos, desde a Segunda Guerra Mundial, já planejavam, com o objetivo de fortalecer a estrutura defensiva no Atlântico Sul e, globalizando a segurança continental, enfrentar e deter a expansão da URSS[56]. De fato, as Falklands/Malvinas constituíam um posto avançado para o controle ao redor do Cabo Horn, embora seu valor estratégico houvesse diminuído desde que a abertura do Canal do Panamá oferecera uma rota mais curta do Atlântico para o Pacífico. De qualquer forma, o estabelecimento de bases norte-americanas no arquipélago das Malvinas/Falklands funcionaria como uma chave do Atlântico Sul, permitindo aos EUA fiscalizar o transporte do petróleo originário do Oriente e vedando qualquer pretensão que o Brasil pudesse ter em relação à Antártida[57].

Dúvida não há de que o governo de Washington, em maior ou menor grau, induziu a junta militar de Buenos Aires a crer que os EUA assistiriam a Argentina na reivindicação das Falklands/Malvinas[58]. Ela excogitou que os EUA, por interesse próprio e como contrapartida pela colaboração da Argentina na América Central, conteriam a Grã-Bretanha e esta se limitasse a protestos verbais. Com essa expectativa, Galtieri sentiu-se autorizado a ordenar a invasão do arquipélago, reacendendo militarmente uma causa quase sagrada para o povo da Argentina, a fim de promover a coesão nacional, de acordo com a fórmula de criar um inimigo externo para diluir as pressões domésticas, que se avolumavam na Argentina e ameaçavam a estabilidade da junta militar, abatida por forte depressão econômica, desmoralizada pelos escândalos e acossada pelos 20.000 espectros dos mortos e desaparecidos, cujas mães reanimavam a cada dia, na Plaza de Mayo, a resistência da sociedade civil. E a conquista das Malvinas/Falklands, ademais de adormentar por mais algum tempo as crescentes dificuldades econômicas, sociais e políticas com que o regime militar internamente se defrontava, anularia também a significação do Canal de Beagle, porquanto propiciaria à Argentina uma base para dominar sem qualquer obstrução, o Atlântico Sul e o Cabo Horn. A expectativa da junta militar, porém, não se confirmou. Quando as tropas da Argentina, em 2 de abril de 1982, desembarcaram nas Malvinas/Falklands, a Grã-Bretanha logo reagiu e enviou uma esquadra na direção do Atlântico Sul. E, se o Pentágono simpatizava com a aventura de Galtieri, conforme o ministro da Economia, Roberto Alemann, alegou pela televisão[59], os militares norte-americanos não mandavam em Washington, como supuseram seus colegas argentinos, que mandavam em Buenos Aires. Assim, após o fracasso da tentativa de mediar uma solução pacífica para o conflito, feita pelo secretário de Estado, Alexander Haig, e da missão do general Vernon Walters, levando, como embaixador especial, um *ultimatum* de

Reagan, os EUA, sob fortes pressões internas da opinião pública e do Congresso, bem como em face dos seus compromissos com a OTAN, não tiveram alternativa senão aliar-se abertamente à Grã-Bretanha, à qual deram todo o respaldo logístico nas operações militares para a recuperação das Malvinas/Falklands. Paradoxalmente, a Argentina contou com a simpatia e a solidariedade da URSS, dos países da América Latina (exceto o Chile, que favoreceu a Grã-Bretanha, embora se declarasse neutro) e do resto do Terceiro Mundo, mas no plano retórico. Apenas o Brasil, além do Peru e da Venezuela, deu-lhe efetivo apoio. Embora seu ânimo fosse solidarizar-se, plenamente, com a Argentina, o que não convinha ao Brasil e o Itamaraty evitou, o presidente Figueiredo, a fim de evitar pressões pessoais, esquivou-se de atender aos telefonemas de Galtieri, que era seu amigo. Porém, enviou a Buenos Aires o general Octávio Aguiar de Medeiros, chefe do Serviço Nacional de Informações (SNI), com a missão de informar-se sobre suas pretensões, e procurou ajudar como pôde a Argentina. Sua atitude foi determinada por diversos fatores, entre os quais o de evitar que a junta militar de Buenos Aires buscasse apoio na URSS e lhe permitisse maiores incursões no Atlântico Sul. Figueiredo temeu, porém, que a iniciativa da Argentina encorajasse a Venezuela a invadir militarmente o território litigioso de Essequibo, na República da Guiana, o que se afigurava às Forças Armadas brasileiras um acontecimento mais perigoso do que a ocupação das Malvinas/Falklands, por envolver a Amazônia.

De qualquer modo, o respaldo do Brasil à Argentina, em meio da solidariedade prestada pelos demais países latino-americanos, foi de "*crucial significance*", na opinião do professor Richard C. Thornton[60]. O Brasil, reiterando antiga posição, defendeu-lhe o direito sobre as Malvinas/ Falklands, assumiu a representação dos seus interesses em Londres e procurou evitar que a Grã-Bretanha empreendesse ataques ao seu território continental, o que o levaria a dar ainda maior apoio à Argentina[61]. Aliás, somente por discordar da ação armada como meio para resolver o litígio, o governo Figueiredo manteve uma posição de neutralidade, mas uma neutralidade imperfeita, isto é, favorável, na prática, à Argentina. Com efeito, de acordo com a informação do general Octávio Aguiar de Medeiros, chefe do SNI, o presidente João Figueiredo determinou ao ministro da Aeronáutica, Délio Jardim de Matos, que fornecesse à Argentina uns doze ou quatorze *Xavante*, caças a jato, os primeiros fabricados pelo Brasil e que já estavam saindo de uso na Força Aérea[62]. Nada cobrou por eles e talvez esses caças a jato nem chegaram a entrar em operação, devido à curta duração do conflito. Em todo caso, o Brasil cedeu também à Argentina alguns aviões EMB 111, fabricados pela Embraer e já em uso pela Força Aérea Brasileira, a fim de que patrulhassem o litoral e acompanhassem a movimentação da esquadra britânica. Os próprios oficiais brasileiros, inclusive, tiveram de pilotar tais aparelhos, em seus voos de rastreamento, sobre o Atlântico Sul, uma vez que tempo não houve para treinar; adequadamente, uma tripulação argentina[63]. Em outras palavras, militares brasileiros, ao que tudo indicou, envolveram-se, sigilosamente, na Guerra das Malvinas. E esta participação direta e indireta só não alcançou maior proporção, com o fornecimento também de foguetes do Sistema Balístico Ar-Terra (SBAT-70) de 2,75 polegadas, tanques e outros petrechos bélicos, porque o conflito logo terminou com a vitória da Grã-Bretanha. A junta militar cometera grandes erros. Em vez de empregar tropa de elite para segurar os primeiros ataques, utilizou soldados recém incorporados, oriundos das províncias do norte, inexperientes e de tipo indígena, porque não queria que os corpos e os feridos de guerra — baixas de combate — fossem trazidos para Buenos Aires, e as famílias se enraivecessem[64]. Um oficial argentino, indagado pelo general Octávio Aguiar de Medeiros, chefe do SNI por que a junta militar mandara esses soldados para as Malvinas/Falklands, respondeu que eles eram "bons de tiro, de faca e de punhal"[65]. E esses "bisonhos combatentes", meninos de 18 e 19 anos[66], tiveram de enfrentar ingleses, que usavam coletes à prova de bala, aquecidos a pilha, capacetes formidáveis, óculos de visão noturna, entre outros petrechos bélicos mais modernos. A Argentina não teve assim condições sequer de resistir três meses. Capitulou.

A cooperação do Brasil com a Argentina, entretanto, não cessou. O governo Figueiredo percebeu que não convinha politicamente ao Brasil valer-se das dificuldades com que a Argentina se defrontava a fim de ocupar seu espaço no comércio com a CEE e ganhar alguns milhões de dólares a mais, mediante exportações de carne bovina, couros, soja, derivados, oleaginosas e milho. O que ao Brasil interessava não era competir e obter, circunstancialmente, o aumento da receita cambial, mas, sim, suprimir o sentimento de rivalidade, estabelecer confiança e fomentar as condições para ulterior integração da Argentina ao seu espaço econômico. Por isto, a orientação do governo Figueiredo foi no sentido de oferecer também facilidades para que a Argentina pudesse escoar parte de sua produção agropecuária através dos portos de Santos, Paranaguá e Rio Grande, ou seja, através dos mesmos corredores de exportação que, nos anos 70, começaram a concorrer e a reduzir a importância econômica e geopolítica de Buenos Aires. O Brasil muito pouco se beneficiou com tais operações triangulares, reexportando produtos argentinos, que entravam já embalados em seu território, de onde partiam, sobretudo, para o porto de Rotterdam, na Holanda. Mas permitiu à Argentina aliviar suas dificuldades, ao burlar assim o embargo comercial e econômico, que a CEE e os EUA lhe impuseram. Por outro lado, o presidente Figueiredo somente não suspendeu a visita oficial a Washington, já fixada antes da invasão do arquipélago, porque não convinha que as relações entre o Brasil e os EUA ainda mais se deteriorassem. Contudo, reduziu seu programa de atividades e cancelou os eventos festivos, como forma de demonstrar constrangimento e desacordo com a posição tomada pelos EUA. E as divergências sobre a questão marcaram as conversações com Reagan, que reconheceu depois haver "*some ill feelings between*" os EUA e o Brasil[67]. A necessidade de evitar que o conflito no Atlântico Sul resultasse em instabilidade ou polarização na Argentina constituiu o único ponto sobre o qual os dois presidentes, de algum modo, coincidiram. O Brasil receava que, ao confrontar-se com a Grã-Bretanha e, em consequência, com a CEE e os EUA, a Argentina, isolada, tratasse de buscar ajuda militar da URSS ou que lá algum regime de esquerda se instalasse, com a derrubada de Galtieri, o que envolveria diretamente o Atlântico Sul no conflito Leste-Oeste. Essa possibilidade não se concretizou. Como o jornalista Rogelio Garcia Lupo observou, a junta militar de Buenos Aires, "para seguir sendo ocidental, atou-se as mãos e renunciou à assistência militar soviética e cubana"[68], tornando inevitável, por não ter meios de continuar a guerra, a rendição de suas tropas, nas Malvinas, às armas da Grã-Bretanha. Aos militares argentinos só restou rangerem os dentes, sem ocultarem o rancor, enquanto Galtieri se manifestava, publicamente, "surpreendido" com a "traição de Washington"[69].

Essa "traição de Washington" obedeceu a várias causas. Conforme a versão do professor Richard C. Thornton, a Administração Reagan, ao ver crescer o perigo representado pela emergência da Argentina como Estado com armas nucleares, procurou derrubar a junta militar de Buenos Aires, levando-a a um conflito desastroso com a Grã-Bretanha, por causa das Ilhas Malvinas/Falklands, e possibilitando, concomitantemente, o fortalecimento e a reeleição de Margareth Tatcher, primeiro-ministro da Grã-Bretanha, do Partido Conservador, cujo governo logo se desgastara e se tornara bastante impopular desde o final de 1980[70]. E estes objetivos os EUA alcançaram. No entanto, tivessem ou não qualquer responsabilidade, direta ou indireta, pela aventura da Argentina, os EUA, ao respaldarem, política e militarmente, a Grã-Bretanha, comprovaram, se dúvidas subsistiam, que o TIAR bem como a OEA só existiam para defender sua predominância sobre a América Latina e servir aos seus interesses de grande potência, no conflito Leste-Oeste. Por isto, as Forças Armadas, no Brasil, persuadiram-se de que entraram no "caminho certo"[71], quando decidiram impulsionar sua própria produção de material bélico, a fim de não dependerem, tanto quanto possível, de suprimentos externos. E não somente reafirmaram a decisão de não renovar as relações militares com os EUA, conforme o subsecretário de Defesa, Frank Carlucci, pretendia como introduziram, pela primeira vez, nos estudos da Escola de Comando e Estado-Maior uma hipótese de guerra, que um conflito armado, em que o Brasil, contando apenas com seus próprios recursos, teria de enfrentar "um país do Bloco Ocidental, situado no hemisfério norte", econômica e militarmente mais poderoso[72]. Os EUA já não eram percebidos como o "tradicional aliado militar" não só pelo Brasil, mas por toda a América Latina[73]. E, neste sentido, sofreram também contundente derrota, na Guerra das Malvinas. Perderam a credibilidade e a confiabilidade: a Doutrina Monroe e todas as suas políticas — fronteiras ideológicas, criação da FIP etc. — desmoralizaram-se.

Os EUA, entretanto, tiraram lições do episódio. Pouco depois da rendição da Argentina, o embaixador John Hugh Crimmins declarou, perante o Subcomitê de Assuntos Interamericanos da Câmara dos Deputados norte-americana que, se alguma vez houve em Washington a tentação de intentar modificar, pela via militar, a política exterior do Brasil, ela deveria ser "rapidamente superada", pois representaria um "salto no escuro", com sérios riscos para a coesão do regime, para o destino da abertura democrática e para a posição dos EUA[74]. Esta advertência ele fazia, segundo salientou, porque se lhe afigurava como "predisposição" de Washington ver, de modo indiscriminado, os militares da América Latina como baluartes da estabilidade e segurança[75]. Mas esperava que a experiência das Malvinas/Falklands pudesse induzir a algumas reflexões, uma vez que a "assídua cultivação" dos militares da Argentina, em geral, e de Galtieri, em particular, não aumentara nem a estabilidade nesse país nem a segurança na América Latina[76]. Antes, a possibilidade era a de que viesse a acarretar o efeito oposto, conforme a estimativa do embaixador John Crimmins, cujo depoimento entremostrou que, realmente, a Administração Reagan encorajara a derrubada de Viola e sua substituição por Galtieri, com o objetivo de forçar a modificação na política exterior da Argentina.

## NOTAS

1. Lanús, 1982, p. 311.
2. Sobre o incidente, vide íntegra de notas trocadas entre os dois países in *O Estado de S. Paulo*, São Paulo, 5/8/1977, p. 11.
3. Sobre os objetivos do Tratado Moniz Bandeira, L. A., 1985, pp. 190-192, 216 e 217.
4. Nota do chanceler Antonio Azeredo da Silveira ao chanceler Oscar Antônio Monte, in *O Estado de S. Paulo*, São Paulo, 5/8/1977, p. 11.
5. Ibid.
6. Nota do chanceler Oscar Antônio Montes, da Argentina, ao chanceler Azeredo da Silveira. Ibid.
7. Notas dos chanceleres Azeredo da Silveira e Oscar Montes. Ibid.
8. *Última Hora*, Rio de Janeiro, 9-10/6/1977, p. 6.
9. Rouquié, vol. II, 1981, pp. 278-280.
10. Moniz Bandeira, 1999, vol. II, pp. 133-136.
11. Esse litígio em torno da soberania sobre as Ilhas Malvinas/Falklands começou em 1833, quando a Grã-Bretanha assumiu o controle sobre o arquipélago. A Grã-Bretanha alega o *uti possidetis* (direito de posse), pois, desde aquela época, as ilhas foram habitadas, continuamente, por um povo de língua inglesa. A Argentina, por sua vez, argumenta que a Grã-Bretanha lhe transferiu a soberania sobre as ilhas muito antes de 1833.
12. Lanús, 1982, pp. 518-519.
13. Conde, Carlos. "Militares Assumem a Ação Diplomática". in *O Estado de S. Paulo*, São Paulo, 10/7/1977, p. 25.
14. Nota do chanceler Oscar Montes, em resposta à Nota do chanceler Azeredo da Silveira, de 12/7/1977, in *O Estado de S. Paulo*, São Paulo, 5/8/1977, p. 11.
15. Lanús, 1982, pp. 524 e 526.
16. Id., ibid, pp. 309-311.
17. Puig, 1987, pp. 176-178. Vacs, 1984, pp. 71 e 84.

18. Id., ibid., p. 108.
19. Lanús, 1982, pp. 114-116.
20. In *United States-Brazilian Relations* — Hearing Before the Subcommittee on Inter-American Affairs of the Committee on Foreign Affairs — House of Representatives, 97th Congress, 2nd Session, July 14, 1982, U.S. Government Printing Office, Washington, 1982, p. 27.
21. *United Nations, Resolutions and Decisions adopted by the general Assembly during the first Part of its Thirty-Fifth Session — From 16 September to 17 December 1980*, Department of Public Information, Press Section, New York, 1981. United Nations, 21 de setembro a 21 de dezembro de 1982, 20 de setembro a 20 de dezembro de 1983, 18 de setembro a 18 de dezembro de 1984, 17 de setembro a 18 de dezembro de 1985, 16 de setembro a 19 de dezembro de 1986, 15 de setembro a 21 de dezembro de 1987. *United Nations, Official Records of the general Assembly, Thirty-Fifth Session, Plenary Meetings*, Vol. II (of three volumes), Verbatim Records of the 34th to 79th Meetings, 13 October-3 December 1980. Naciones Unidas, *Documentos Oficiales de la Asamblea general, Trigesimo Sexto periodo de Sesiones, Sesiones Plenarias*, vol. II (en tres volumenes), Actas Literales de las Sesiones 34ª a 73ª, 12 de Octubre-25 de Noviembre de 1981. Nueva York, 1984. Ministério das Relações Exteriores, Secretaria Geral das Relações Exteriores, Repertório de Posições Brasileiras Recentes sobre Temas Internacionais (até 25 de outubro de 1984), Departamento de Comunicações e Documentação. Pesquisa realizada pela estudante Ana Lúcia Schettini Elahel, aluna de Mestrado em Relações Internacionais na Universidade de Brasília.
22. Roett, Riordan & Wiegand, Gunnar. "The Role of Argentina and Brazil — A View from the United States", SAIS, Center of Brazilian Studies, Johns Hopkins School of Advanced International Studies, Washington, D.C., p. 28.
23. Hirst, Monica e Lengyel, Miguel (assistente de investigácion). "Las Relaciones Comerciales Argentino-Brasileña: 1976-1985", *Documentos y Informes*, n. 33, mayo de 1986, FLACSO (Programa de Buenos Aires), p. 28.
24. Martinez, Hugo. "Argentina é só esperança ainda", in *O Estado de S. Paulo*, 8/2/1981.
25. Hirst, Monica e Lengyel, Miguel (assistente de investigácion). "Las Relaciones Comerciales Argentino-Brasileña: 1976-1985", *Documentos y Informes*, n. 33, mayo de 1986, FLACSO (Programa de Buenos Aires), pp. 36-37.
26. Id., ibid., p. 85.
27. Id., ibid., p. 37
28. Id., ibid., p. 85.
29. Wynia, 1978, p. 23l.
30. Rapoport, 2000, 740.
31 Martinez de Hoz, 1981, p. 51.

32. Lichtenzstein, 1985, p. 167. Frigélio, 1983, pp. 94-96.
33. Jozami, Paz & Villareal, 1985, 102. Frigélio, 1983, pp. 102. Martinez de Hoz, 1981, pp. 219-218.
34. Frigélio, 1983, pp. 47-48.
35. Id., ibid., p. 47-48.
36. Lichtensztein, 1985, p. 167.
37. Id., ibid., p. 47.
38. Bitar, 1980, p. 41.
39. Id., ibid., pp. 52-71.
40. Id., ibid., p. 34, Lichtenzstein, 1985, p. 167.
41. Dornbusch & Pablo, 1988, p. 48.
42. *O Estado de S. Paulo*, 8/2/1981. Alves, Rosental Calmon. "Maior Grupo Argentino Pode Quebrar em Breve", *in Jornal do Brasil*, 22/12/1980, 1º caderno.
43. Hirst, Monica e Lengyel, Miguel (assistente de investigácion). "Las Relaciones Comerciales Argentino-Brasileña: 1976-1985", *Documientos y Informes*, n. 33, mayo de 1986, FLACSO (Programa de Buenos Aires), p. 85.
44. *Folha de S. Paulo*, 12/7/1980, p. 4.
45. Garcia Lupo, 1983, p. 132.
46. Puig, 1987, pp. 176-178. R. Garcia Lupo, 1983, p. 58.
47. Thornton, 1998, p. 63.
48. Roett, Riordan & Wiegand, Gunnar. "The Role of Argentina and Brazil — A View from the United States", SAIS, Center of Brazilian Studies, Johns Hopkins School of Advanced International Studies, Washington, D.C., p. 2-3. Grabendorff, Wolf. "De País Asilado a Aliado Preferido? Las Relaciones entre la Argentina y los EUA: 1976-1981", in *El Poder Militar en la Argentina — 1976-1981*, Buenos Aires, Editorial Galerna, 1983, pp. 159-160. Cardoso, R. Kirschbaum, & Van Der Kooy, 1983, pp. 22-27.
49. Thornton, 1998, p. xv. "Los vendedores de armas hicieron gigantescos negocios con la Argentina cuando se elevaba la temperatura del conflicto con el Chile, que no llegó a estallar, y no dejaron de hacerlos en los años seguientes". Garcia Lupo, 1983, p. 124.
50. Id., ibid., pp. 113-124.
51. Conforme Richard C. Thornton, professor da George Washington University o general Walter desempenhou, entre a Argentina e a Grã-Bretanha por causa das Malvinas/Falklands, "*an instrumental, behind-the-scenes, role, from the beginning to the end*". Thornton, 1998, p. 62. Quando adido militar no Brasil, o general Walter, que depois foi a diretor adjunto da CIA, coordenou o golpe de Estado que derrubou o governo de João Goulart em 1964.
52. Garcia Lupo, 1983, p. 124.

53. Grabendorff. "La Política Exterior Brasileña entre el Primer y el Tercer Mundo", in *Geopolítica y política del Poder en el Atlantico Sur*, p. 152.
54. Garcia Lupo, 1983, pp. 180-183.
55. Id., ibid., pp. 10, 43, 51 e 53.
56. Carlos, Newton. "Definindo o Papel dos EUA na Crise", in *Folha de S. Paulo*, São Paulo, 7/5/1982, p. 8. Sobre a pretensão dos EUA de estabelecer bases na Patagônia, desde a Segunda Guerra Mundial, Scenna, 1970, p. 231. Peterson, 1970, p. 562.
57. Opinião do embaixador Álvaro Teixeira Soares, ex-diretor do Departamento Político-Diplomático do Ministério das Relações Exteriores do Brasil. *O Globo*, 14/5/1982.
58. Thornton, 1998, p. XX.
59. Garcia Lupo, 1983, p. 72.
60. Thornton, 1998, p. 226.
61. Id., ibid., p. 228.
62. Entrevista do general Octávio Aguiar de Medeiros, in revista *Veja*, São Paulo, 9/7/1997, pp. 55-59.
63. Essa informação foi pela primeira vez publicada in Moniz Bandeira, 1993, p. 266. Na época, o jornalista Geneton Moraes, ao preparar uma reportagem sobre o fato, levada ao ar no — Fantástico — programa dominical da TV Globo, enviou por fax ao Ministério da Aeronáutica um questionário com perguntas, aqui transcritas com as respectivas respostas do Centro de Comunicação Social da Aeronáutica:

"Em atenção ao seu fax vimos informá-lo de que:

1. Quanto tempo de treinamento um piloto necessita até ficar apto para comandar aviões desse tipo?

R. Em tempo de paz, dois anos de treinamento para plena operacionalidade, para pilotos que não estejam qualificados na aeronave e na missão.

2. O que o Ministério da Aeronáutica tem a dizer sobre a participação de pilotos brasileiros em missões de patrulhamento? Os pilotos brasileiros tiveram tempo de treinar os pilotos argentinos?

R. Não houve participação de pilotos brasileiros.

3. Quantos EMB, que já estavam incorporados à frota da Força Aérea Brasileira, foram repassados para a Argentina?

R. O assunto, por envolver relações internacionais, deverá ser melhor conduzido pelo Ministério das Relações Exteriores".

Centro de Comunicação Social da Aeronáutica, Fax n. 061 313 2156; Assunto: venda de aviões de patrulha para a Argentina. Brasília, 6/10/1993. AA.

A resposta do Centro de Comunicação Social da Aeronáutica, embora afirme que "não houve participação de pilotos brasileiros", confirma o fato, ao informar que, em tempo de paz, eram de dois anos o prazo necessário para treinamento de pilotos que não estivessem qualificados na aeronave e na missão. A Argentina não possuía pilotos com qualificação para pilotar aquele tipo de avião fornecidos pelo Brasil. E a guerra nas Malvinas/Falklands não durou mais do que três meses, não sendo possível, nesse curto espaço de tempo, o treinamento de qualquer piloto argentino, por mais intensivo que fosse por causa da situação.

64. Entrevista do general Octávio Aguiar de Medeiros, in revista *Veja*, São Paulo, 9/7/1997, pp. 55-59.
65. Ibid., p. 59.
66. Kon, 1986, p. 12.
67. Thornton, 1998, p. 228.
68. Garcia Lupo, 1983, p. 101.
69. Id., ibid., p. 71.
70. Thornton, 1998, p. XIX.
71. *Jornal do Brasil*, Rio de Janeiro, 9/5/1982, p. 24. *Folha de S.Paulo*, São Paulo, 4/5/1982.
72 Ibid.
73 Garcia Lupo, 1983, pp. 103-107.
74. Depoimento do embaixador John Hugh Crimmins in United States-Brazilian Relations — Hearing before the Subcommittee on Inter-American Affairs, July 1982, pp. 58-59.
75. Id., ibid., pp. 58-59.
76. Id., ibid., pp. 58-59.

# Capítulo XX

AS GESTÕES DO BRASIL NO SURINAME • O COLAPSO DOS REGIMES MILITARES • OS EUA E A REDEMOCRATIZAÇÃO NA ARGENTINA, BRASIL E URUGUAI • A CRISE DA DÍVIDA EXTERNA • AS VICISSITUDES ECONÔMICAS DO BRASIL E DA ARGENTINA • A ESTABILIZAÇÃO POLÍTICA DA BOLÍVIA • OS ACORDOS ENTRE ALFONSÍN E SARNEY PARA A INTEGRAÇÃO ECONÔMICA BRASIL - ARGENTINA

Ao contrário da Argentina, onde a junta militar, sob presidência de Galtieri, estreitou vínculos com os falcões do Pentágono e exportou assessores militares, com experiência na guerra suja, para ajudar o governo de El Salvador a combater as guerrilhas na América Central, o Brasil, apesar do caráter fortemente anticomunista do regime militar, não quis envolvimento com as políticas agressivas implementadas pelos EUA, desde a ascensão de Reagan à presidência da República. O presidente Figueiredo não apenas se recusou a fornecer um batalhão de paraquedistas, com a missão de ocupar, juntamente com os soldados norte-americanos, o aeroporto de Paramaribo, no Suriname, como obstou que os EUA invadissem esse país, porque seu presidente, Desi Bouterse, tendia a aproximá-lo de Cuba[1]. De um lado, ele receou as repercussões e as dificuldades internas que a invasão do Suriname lhe criaria. Do outro, se ao Brasil não interessava um regime esquerdista na fronteira, não lhe convinha outrossim que os EUA empreendessem ações militares na América do Sul e se intrometessem na Amazônia. Mas, uma vez que não podia pura e simplesmente negar qualquer colaboração com os EUA, o governo Figueiredo, para evitar a invasão do Suriname, já programada por Washington, assumiu a responsabilidade de solucionar pacificamente o problema. No início de 1983, o general Danilo Venturini, secretário-geral do Conselho de Segurança Nacional, viajou para Paramaribo, a fim de oferecer a Bouterse, em nome do governo brasileiro, toda espécie de ajuda material — econômica, técnica, força de trabalho e até armamentos, como tanques *Urutus* e embarcações — em troca do afastamento do pessoal cubano[2]. E sua missão teve pleno êxito. Porém, em outubro de 1983, Reagan ordenou a invasão de Granada, uma pequena ilha no Caribe, quando o primeiro-ministro Maurice Bishop, cujo governo, percebido como comunista, recebia assistência de Cuba, foi assassinado e uma facção mais radical do movimento New Jewel assumiu o poder. Essa operação de guerra visou a apagar a memória da derrota dos EUA no Vietnã e a desfazer a suposta fraqueza de Carter, ao permitir que a Frente Sandinista de Libertação Nacional, liderada por Daniel Ortega, tomasse o poder na Nicarágua (1979).

A reversão que Reagan promoveu no curso da política exterior dos EUA, reanimando a guerra fria contra a URSS, sustentando financeiramente e por outros meios a contrarrevolução na Nicarágua, bem como fomentando a repressão às guerrilhas em El Salvador e em outros países da América Central e do Caribe, não obstaculizou, contudo, a redemocratização dos regimes militares na América do Sul. Afinal as criaturas já não mais serviam ao criador. Na Argentina, o embaixador Harry Shlaudeman, antes mesmo do fim do conflito armado no Atlântico Sul, começou a manter diálogo com diversos políticos da oposição, entre os quais Raúl Alfonsín, líder da esquerda da UCR, e Oscar Camilión, ex-embaixador no Brasil e ex-chanceler do governo Viola, com o propósito de preparar a restauração do regime democrático[3], porquanto a já esperada capitulação da Argentina provocaria a queda de Galtieri e o debilitamento do regime militar. E, assim, aconteceu. O Exército ainda tentou conservar o poder, com a designação do general Cristino Nicolaides, um dos expoentes da linha dura, para a chefia do governo. Mas, política e militarmente desmoralizado, não teve condições de impedir que a crise se aprofundasse dentro de suas fileiras, como no resto das Forças Armadas, desintegrando o regime militar, a cuja continuidade a Força Aérea e a Armada já se opunham. O general Reynaldo Bignone substituiu então o general Nicolaides e através das eleições livres, realizadas em 1983, o candidato da UCR, Raúl Alfonsín, alcançou a presidência da Argentina. Pouco depois, o regime autoritário se esbarrocou também no Uruguai, onde seu debilitamento se acentuara desde o plebiscito de 1980. Julio Maria Sanguinetti, do Partido Colorado, venceu o pleito, realizado em novembro de 1984, e assumiu a chefia do governo. À mesma época, no Brasil, o processo de redemocratização praticamente culminou, acelerado que fora desde a concessão de anistia geral por Figueiredo, em 1979, e a realização de eleições diretas para o governo dos estados em 1982. Assim, ao exaurir-se, 20 anos depois, o regime autoritário, corroído pelas suas contradições internas e pelas pressões populares, em favor do restabelecimento da democracia, Tancredo Neves, um dos líderes do PMDB (oposição) negociou com setores dissidentes do PDS, partido do governo, e conquistou o mandato de presidente do Brasil, dentro do próprio Colégio Eleitoral, que os militares instituíram, a fim de controlar o processo de sucessão na chefia do governo, mantendo os aspectos da legalidade e os ritos aparentes da mecânica democrática. E, como logo faleceu, seu vice, José Sarney (dissidente do regime autoritário) foi investido no cargo de presidente, sendo o primeiro civil a ocupar esta função desde o golpe de Estado de 1964.

O Brasil defrontava-se, porém, com enormes dificuldades econômicas, agravadas desde que a crise da dívida externa eclodira, alguns meses depois da Guerra das Malvinas, quando o México, por volta de agosto de 1982, declarou formalmente moratória unilateral transitória do pagamento da dívida pública. Sua situação social deteriorara-se e a dívida externa ascendera de US$ 3 bilhões, em 1964, para cerca de US$ 100 bilhões, em 1984, e a inflação recrescera, como nunca antes, ultrapassando a taxa de 200% a.a. A imensa riqueza, que o Brasil produzira, não beneficiara toda sua população. Ainda na primeira metade dos anos 80, os 10% mais ricos concentravam em suas mãos cerca de 46% da renda nacional, enquanto mais de 64% dos brasileiros resvalavam para a miséria ou extrema pobreza[4]. As estatísticas também indicavam que os 50% mais pobres no Brasil detinham apenas 13,6% da renda nacional, tanto quanto 10% dos mais ricos[5]. E o relatório do Banco Mundial de 1984 apontou o Brasil, cuja renda *per capita*, até 1985, da ordem de US$ 1.852, era ainda inferior à da Argentina (US$ 1.971) e à do México (US$ 2.248)[6], como o país onde a maior concentração de renda ocorrera, com mais de 50% em poder de apenas 10% da população, superando o Nepal, Quênia, Panamá e Peru[7]. Contudo, o regime militar, ao contrário do que ocorrera na Argentina, Chile e Uruguai, impulsionara o processo de industrialização e o Brasil alcançara extraordinário nível de desenvolvimento, convertendo-se na oitava massa econômica do sistema capitalista mundial. Seu PIB saltara de US$ 59 bilhões, em 1960, para cerca de US$ 230 bilhões, em 1984, enquanto o da Argentina nem sequer duplicara, evoluindo, nesses 24 anos, de US$ 35,2 bilhões para US$ 63 bilhões[8]. Essa distância alargou-se ainda mais em 1985, quando o Brasil, após vários anos de recessão, retornou o ritmo de crescimento e seu PIB aumentou para US$ 249,1 bilhões, cerca de quatro vezes mais que o da Argentina, que regredira, naquele mesmo ano, para US$ 62,2 bilhões. Somente a massa econômica de São Paulo, de apenas um estado brasileiro, cuja população, da ordem de 29 milhões de habitantes, equivalia à de toda Argentina, representava mais que o dobro do PIB desse país.

A Argentina realmente sofrera enorme retrocesso. Em oito anos do regime militar, desde o golpe de Estado que derrubou Isabel Perón em 1976, seu PIB só havia crescido 2,3%, o que significou drástica redução da riqueza por habitante[9]. O nível de vida da Argentina, que fora comparável aos dos EUA, por volta de 1900, e declinara para 41%, em 1950, deteriorou-se ainda mais, passando a representar apenas 30% em 1985[10]. A renda *per capita*, que desde 1945 até 1975 subira a um ritmo de 1,7% a.a., desabou no mesmo ritmo de 1,7% a.a., entre 1975 e 1985[11]. A participação dos salários na renda nacional decaiu, entre 1974 e 1983, cerca de 27% em relação a 1945[12]. E o mercado interno para os bens de consumo de massa ressentiu-se e estreitou-se ainda mais, devido à forte compressão da capacidade aquisitiva da população.

A maioria dos problemas com que a Argentina se defrontou nos inícios dos anos 80, determinados em grande parte pela crise estrutural de sua economia e a forma pela qual se inseria no mercado mundial, foram de "fabricação local", conforme a expressão dos economistas Rudiger Dornbusch e Juan Carlos de Pablo. Em outras palavras, eles resultaram de políticas macroeconômicas que conjugaram uma taxa de câmbio altamente sobrevalorizada com a liberalização do comércio e dos fluxos de capitais, entre 1976 e 1981. Mas Rudiger Dornbusch e Juan Carlos de Pablo reconheceram que também o contexto externo se configurou extremamente desfavorável à Argentina e desempenhou importante papel no agravamento da situação[13]. As políticas econômicas e financeiras dos EUA — elevadas taxas de juros, protecionismo comercial, queda dos preços dos produtos agrícolas etc. — contribuíram para engravescer ainda mais a crise em que a Argentina se abismara, ao estimularem, desde 1978, a evasão de capitais, obstaculizando a retomada do seu crescimento. De 1980 a 1982, essa fuga de capitais[14] situou-se entre US$ 16 bilhões e US$ 22 bilhões, cifra que se equiparava ou superava a variação do *stock* da dívida externa ao longo do triênio, que ascendera a US$ 16.481 bilhões e superava o *stock* da dívida privada, da ordem de US$ 14.836 bilhões em 1982[15]. Também a deterioração dos termos de intercâmbio, com a queda dos preços internacionais dos produtos agrícolas, especialmente dos exportados pela Argentina, assim como as políticas da CEE, de apoio à agricultura, resultaram danosas para a Argentina. Seu déficit comercial com os EUA elevou-se, durante o regime militar, a mais de US$ 2 bilhões anuais[16], sem que o intercâmbio com a CEE, que comprava cada vez menos, gerasse saldos suficientes para atender às necessidades mínimas do país. E, enquanto a cotação internacional do trigo continuava com taxas negativas de crescimento, da ordem de 9,0%, em 1982, 2,5%, em 1983, e 3,2%, em 1984, da mesma forma que a carne, a dívida externa da Argentina subiu de US$ 45 bilhões, em 1983, para US$ 48,3 bilhões, em 1985, sob o governo de Raúl Alfonsín (1983-1989), cuja política econômica, com ênfase na estabilização, obedecia às normas do FMI.

Em tais circunstâncias, atritada com os EUA e a CEE, em consequência da Guerra das Malvinas, a Argentina, sem mais condições de competir, econômica e politicamente, pela liderança da América do Sul, voltou-se para o Brasil. E os vínculos entre os dois países estreitaram-se ainda mais. Poucos meses depois de assumir o governo, o presidente José Sarney (1985-1990) ordenou a importação de 1,3 milhão de t de trigo, além de petróleo cru e derivados, a fim de aliviar o déficit comercial da Argentina, que chegaria, naquele ano, a US$ 400 milhões, sendo firmado um acordo, segundo o qual toda vez que um dos dois parceiros tivesse saldo negativo superior a US$ 50 milhões, o outro trataria imediatamente de aumentar suas compras, de forma a restabelecer, por cima, o equilíbrio do intercâmbio. A Argentina manifestou então o desejo de estreitar ainda mais os laços econômicos e comerciais com o Brasil e em 27 de novembro de 1985 seu embaixador em Brasília declarou que as relações entre os dois países caminhavam a "passos largos para uma integração"[17]. Alguns dias depois, em 29 de novembro durante a inauguração da ponte internacional, denominada Tancredo Neves, sobre o Rio Iguaçu, os presidentes Raúl Alfonsín e José Sarney encontraram-se e iniciaram as conversações, que se orientaram no sentido de:

1. promover as condições, por meio de gradativa integração bilateral do Brasil e da Argentina, para a criação de um mercado comum ao qual outros países poderiam associar-se depois e, com a unificação crescente do espaço econômico da América do Sul, atingir o máximo de autossuficiência em produtos essenciais, insumos básicos e bens de capital, substituindo o dólar por moeda convênio no intercâmbio regional, diluindo assim as fortes pressões sobre o balanço de pagamentos;

2. intensificar a cooperação para o desenvolvimento de setores capazes de gerar avanços científicos e tecnológicos fundamentais ao progresso e à autotransformação de suas economias, tais como informática, tecnologias de ponta (robótica etc.), biotecnologia, energia nuclear etc., a fim de evitar que, no sistema produtivo mundial, o Brasil e a Argentina fossem marginalizados da revolução científica, permanecendo como produtores de matérias-primas e de manufaturas simples, de baixo coeficiente técnico;

3. aumentar o poder político e a capacidade de negociação dos dois países, institucionalizando o sistema de consulta bilateral, que praticamente já funcionava, porquanto nem o Brasil nem a Argentina, àquela época, tomavam qualquer posição importante, sequer em termos de política mundial, sem que Sarney e Alfonsín mantivessem conversações por telefone.

Ao término do encontro na Foz do Iguaçu, Alfonsín e Sarney anunciaram, em declaração conjunta, a criação de uma comissão mista de alto nível para estudar a cooperação e a integração econômica dos dois países, ao mesmo tempo em que condenavam o excessivo protecionismo das potências industriais e as altas taxas de juros, bem como reconheciam a necessidade de ampliar a autonomia de decisão da América Latina, a fim de evitar que ela continuasse vulnerável aos efeitos de políticas adotadas sem sua participação. Oito meses depois, em 28 de julho de 1986, Sarney visitou Buenos Aires e firmou com Alfonsín a Ata para a Integração Brasil-Argentina, com 12 protocolos, além de acordos secretos, sobre aviação militar e energia atômica. Os doze protocolos referiam-se basicamente a:

1. Bens de Capital: Brasil e Argentina negociariam uma lista comum de produtos que teriam tratamento privilegiado, com a exclusão de alíquotas alfandegárias. O intercâmbio de máquinas e equipamentos, em dois anos,

> deveria alcançar US$ 2 bilhões. Quando houvesse desequilíbrio superior a 10%, novos produtos entrariam na lista para compensar o parceiro prejudicado. Nenhum dos produtos também poderia ter mais de 20% de componentes importados.
>
> 2. Trigo: O Brasil compraria volumes crescentes de trigo argentino, começando com 1,4 milhão de t, em 1987, até chegar a 2 milhões de t, em 1991, de acordo com os preços normais de mercado.
>
> 3. Abastecimento alimentar: Argentina e Brasil definiriam um conjunto de gêneros alimentícios cuja produção de um poderia complementar o abastecimento interno do outro.
>
> 4. Expansão do comércio: Ambos os países aprofundariam os entendimentos econômicos e comerciais, renegociando o Acordo de Alcance Parcial n. 91 da ALADI, a fim de promover a expansão gradual, equilibrada e sustentada do intercâmbio bilateral, estimulando as exportações do país deficitário e buscando igualmente ampla complementação produtiva.

Os demais protocolos trataram da formação de empresas binacionais, mecanismos de financiamentos recíprocos para saldos devedores, criação de fundos de investimentos, exportação de gás natural para o Brasil, que também passaria a explorar petróleo na Argentina, criação do Centro Brasileiro Argentino de Biotecnologia e do Centro Brasil-Argentina de Altos Estudos Econômicos, troca de informações técnicas para a adoção de medidas preventivas contra acidentes nucleares, bem como da colaboração das duas Forças Aéreas, com a utilização de aeronaves dos parceiros e intercâmbio no setor da indústria aeroespacial. Durante sua visita a Brasília, em dezembro de 1986, Alfonsín assinou com Sarney mais 17 documentos, definindo medidas para concretizar os objetivos dos protocolos anexos à Ata de Integração[18]. Só não firmaram o protocolo sobre Cooperação na Produção para a Defesa, que inauguraria a colaboração entre as indústrias bélicas dos dois países, no momento em que as fábricas militares argentinas passavam a ser empresas de capital misto, em vez de órgãos do Ministério da Defesa[19]. As dificuldades, aparentemente, partiram das Forças Armadas brasileiras, devido às suas próprias disputas internas, na Marinha, Aeronáutica e Exército, em torno de prioridades para tecnologia e produção de seus respectivos armamentos. Os acertos entre a Argentina e o Brasil, porém, já envolviam a compra de 30 aviões Tucanos, produzidos pela Embraer, estudos para a troca de fluxos de energia em caso de necessidade, operação conjunta pelas duas Forças Aéreas de sistemas de radares, para controle de voo e do espaço aéreo dos dois países, possibilidade de construção conjunta de submarino nuclear e projeto binacional para o desenvolvimento de um reator supergenerador (*fast breeder*), movido a plutônio[20].

A determinação com que Alfonsín e Sarney trataram de promover a integração econômica entre os dois países foi tanta que em apenas um ano se encontraram três vezes, (duas com a participação do presidente do Uruguai, Julio Maria Sanguinetti). E seus esforços para constituir o *Zollverein*, a partir de um projeto integrado de produção, comércio e desenvolvimento tecnológico do setor de bens de capital, fornecimento de trigo, complementação do abastecimento alimentar e expansão gradual, sustentada e equilibrada do comércio, com apoio à exportação do país deficitário, visou a possibilitar que o Brasil e a Argentina alcançassem maior autonomia e independência em relação ao mercado mundial, mediante crescente unificação dos seus espaços econômicos. A própria ênfase dada à integração do setor de bens de capital, coração da indústria pesada e matriz do desenvolvimento tecnológico, mostrou o propósito de aumentar, particularmente, a capacidade de autossustentação e autotransformação de suas economias, estabelecendo o ciclo completo da reprodução ampliada do capital, de forma independente, com a unificação dos dois mercados. Esse setor, na Argentina, dependia ainda de importante componente direto e indireto de importações, em consequência da falta de uma indústria metalúrgica básica e das falhas no processo de integração, de modo a produzir, em quantidades suficientes, os insumos intermediários. Ela, por volta de 1985-86, comprava do Brasil máquinas e equipamentos no valor de US$ 150 milhões e importava de outros países cerca de US$ 1,3 bilhão[21]. Por outro lado, o Brasil, conquanto comprasse da Argentina US$ 50 milhões em máquinas e equipamentos e aproximadamente US$ 3 bilhões dos EUA, Japão e CEE[22], possuía uma indústria de bens de capital bastante diversificada e integrada, não seriado mais completa porque os financiamentos externos, sobretudo durante o governo Médici prejudicaram seu desenvolvimento. Mesmo assim, os investimentos no setor, efetuados pelo Brasil entre 1970 e 1982, ultrapassaram o índice de 150%, maior que o do conjunto da América Latina, da ordem de 120%[23], o que lhe deu condições de manter seu ritmo de crescimento, apesar da brutal evasão de divisas para atender aos serviços da dívida externa. Os investimentos da Argentina, no mesmo período, foram, porém, inferiores a 20%[24] e as debilidades de sua indústria, cuja estrutura morfológica mais se assemelhava à de um país subdesenvolvido, estavam, principalmente, nos setores que produziam insumos industriais e bens de capital[25]. A fim de retomar o desenvolvimento, a indústria argentina, desmantelada na segunda metade dos anos 70, necessitava, portanto, de urgentes acomodações e ajustes, que incluíam a reconversão generalizada, com a renovação dos equipamentos técnica e economicamente obsoletos e o aperfeiçoamento do aparato empresarial. E isto seria mais viável, em face da crise da dívida externa, se a Argentina adquirisse do Brasil, cuja indústria de bens de capital sempre esteve com capacidade ociosa, as máquinas e os equipamentos necessários à renovação e modernização do seu parque manufatureiro, fornecendo-lhe, como contrapartida, meios de produção não senados, com alto valor agregado e sofisticação tecnológica, da mesma forma que implementos agrícolas, sem a utilização de moedas fortes, tão escassas para ambos os países. Além do mais, como o Estado sempre fora grande consumidor de bens de capital, tanto na Argentina como no Brasil, esta circunstância permitiria aos governos instituir mecanismos, com o objetivo de ampliar o mercado previsível e corresponder à demanda de investimentos nas respectivas indústrias nacionais, cuja modernização, expansão e impulso tecnológico assumiam importância estratégica para o desenvolvimento autossustentado e a autotransformação de suas economias, diante da tendência à contração cada vez maior da capacidade de importar. O intercâmbio bilateral de bens de produção, conforme estipulado pelo Protocolo n. 91, chegaria a US$ 2 bilhões, em 1990, dentro do marco do *Zollverein*.

O modelo de integração acertado por Sarney e Alfonsín apontou para essa direção, não somente ao privilegiar o setor de bens de capital e a cooperação científica e tecnológica, como também ao estabelecer normas, com o objetivo de resguardar o equilíbrio e a simetria no desenvolvimento das relações econômicas e comerciais entre os dois países, evitando a especialização setorial de seus sistemas produtivos, bem como saldos negativos em suas contas de intercâmbio. O processo de integração gradual e flexível, pelo qual a Argentina e o Brasil decidiram, reciprocamente, abrir suas economias, visava, por outro lado, a reduzir os impactos internos e custos elevados, ao tempo em que possibilitaria a correção dos rumos e dos efeitos negativos, que pudessem provocar. Contudo, muitos empresários, na Argentina, reagiram à iniciativa de Alfonsín e Sarney, temendo que seus produtos viessem a perder, na competição com os do Brasil, cujas indústrias, à parte de terem custos de insumos e de força de trabalho mais baixos, tornaram-se mais eficientes, ao produzirem em maior escala e para o mercado exterior[26]. Outros recearam que a abertura para o Brasil terminasse por aprofundar a obra de engenharia econômica, social e política, executada por Martinez de Hoz, acentuando o retomo da Argentina à condição de exportador de gêneros alimentícios e importador de manufaturados. A Argentina, porém, não tinha outra opção, nem econômica nem política. Os EUA, com produção agropastoril similar à sua, nunca propiciaram um bom mercado para as suas exportações. A Grã-Bretanha, por sua vez, integrara a CEE, que passou a competir no mercado mundial de carne e cereais, oferecendo estes produtos a preços subsidiados. E a Guerra das Malvinas provocara o dissenso político tanto com a CEE quanto com os EUA, em virtude da ativa solidariedade que deram à Grã-Bretanha. Só restava à Argentina, por conseguinte, o caminho da associação com o Brasil. Como salientou Rudiger Dornbusch, do Massachusetts Institute of Technology, o Brasil crescia de qualquer maneira, não importando o que acontecesse, enquanto a Argentina estava encolhendo. Assim, a integração seria um "bom negócio" para o Brasil, que nada perderia. Mas seria um "negócio fantástico" para a Argentina[27].

De fato, após a recessão que a deprimira entre 1981 e 1983, a economia do Brasil voltara, em 1986, a crescer, a uma taxa de 4%, em 1984, 8,2%, em 1985, 8,0%, e a da Argentina aumentara apenas 3%, em 1983, 2,2%, em 1984, caindo -4,4%, em 1985, para elevar-se a 5,5%, em 1986[28]. Enquanto a variação acumulada da taxa de crescimento do PIB *per capita*, da ordem de -15.5%, entre 1981 e 1986, indicava o grau de empobrecimento do Argentina, suas indústrias, demandando a renovação dos equipamentos técnicos, já economicamente obsoletos, bem como o aperfeiçoamento do aparato empresarial, funcionavam com imensa margem de capacidade ociosa, cerca de 65% no setor de máquinas e ferramentas e na siderurgia, 60% em laminados, 50% na química básica, 75% em celulose e pastas para papel, 25% nas refinarias de petróleo e 80% em automotriz, segundo estimativas de 1981 e que não se alteraram, substancialmente, nos anos seguintes. O que interessou ao Brasil, em tais circunstâncias, não foi aniquilar o que restava do parque industrial da Argentina. O regime militar já o destruíra, em larga medida, como o próprio Alfonsín reconheceu, ao declarar que "*la política económica del gobierno anterior, a través de una apertura indiscriminada al exterior, afectó gravemente el parque industrial instalado en el país*"[29]. O que interessou ao Brasil foi associação da Argentina para formar, de São Paulo a Buenos Aires, um polo de gravitação, capaz de impulsionar o processo de integração na América do Sul e envolver, futuramente, os próprios países do Pacto Andino. Este propósito Alfonsín também manifestou, ao declarar que o processo de integração iniciado por ele e Sarney visava, de um lado, a ampliar, progressivamente, as áreas de complementaridade comercial, tecnológica e produtiva; e, por outro, projetar "a ampliação do espaço econômico regional além das fronteiras do Brasil e da Argentina"[30]. E o comunicado conjunto à imprensa, emitido em 30 de julho de 1986, após o encontro dos dois presidentes, destacou que a vontade política da Argentina e do Brasil era em favor de um processo de integração que não se limitasse às suas relações bilaterais, porém que estivesse aberto a outras nações da região[31].

Esse entendimento bilateral entre a Argentina e o Brasil, com a adesão imediata do Uruguai, colocou o projeto do mercado comum latino-americano em bases políticas e mais realistas do que a iniciativa multilateral da ALALC e da ALADI, em que os países membros deram prioridade à negociação de acordos parciais de comércio, cujos resultados, conquanto indicassem considerável incremento do intercâmbio intrarregional, não avançaram no sentido da unificação do espaço econômico continental. E não se podia alcançar a integração efetiva da América do Sul sem a concertação econômica e política entre a Argentina e o Brasil. A decisão de Sarney e de Alfonsín no sentido de deflagrar o processo de formação do mercado comum aos dois países assumiu, por isto, a maior significação histórica. Eles chegaram à conclusão de que, isoladamente, o Brasil e a Argentina pouco ou quase nada iriam mudar na ordem mundial, mas, unidos, poderiam influir gradativamente nas decisões de interesse da América Latina, desde as ameaças que afetavam a estabilidade do continente — crise centro-americana, dívida externa — a diversas outras questões, como corrida armamentista, as diversas formas de protecionismo comercial praticado pelas potências industriais, a instabilidade dos preços dos produtos exportados pelos países em desenvolvimento, a transferência e o desenvolvimento da tecnologia[32]. "*No pretendemos embarcarnos en una confrontación estéril e infructuosa con los grandes centros*" — Alfonsín ressaltou, declarando que a integração entre a Argentina e o Brasil visava a um fortalecimento mútuo, de modo a assegurar melhor entendimento e maior capacidade de negociação, que colocasse sobre novas bases a política de cooperação internacional[33].

Esse esforço no sentido de integrar economicamente a Argentina e o Brasil consolidou-se com a celebração, em 29 de novembro de 1988, do Tratado de Integração, Cooperação e Desenvolvimento, mediante o qual os dois países se comprometeram a constituir um espaço econômico comum, mediante a remoção gradual, no prazo de dez anos, de todos os obstáculos tarifários e não tarifários à circulação de bens e serviços, bem harmonizar e coordenar suas políticas aduaneiras, monetária, fiscal, cambial, agrícola e industrial, entre outras[34]. Mas os entendimentos entre Sarney e Alfonsín, embora desdobrassem sob certos aspectos, as negociações iniciadas por Figueiredo e Videla, evoluíram e alcançaram uma dimensão cooperativa sem precedentes, não apenas econômica, mas, também, política e geopolítica, muito diferente e bastante mais profunda, em face tanto dos EUA e da CEE quanto dos países da América do Sul, na medida em que se propuseram a constituir novo polo de gravitação, concorrendo para descongelar o sistema internacional de poder. Os dois presidentes acertaram que a Argentina e o Brasil coordenariam suas políticas externas e agiriam solidariamente no âmbito internacional, como já o faziam no Grupo de Apoio a Contadora, com o objetivo de conseguir uma solução pacífica e latino-americana para o problema da América Central, e na criação do Consenso de Cartágena, que procurou unificar a posição do continente *vis-à-vis* da questão da dívida externa. Outrossim, dentro desse contexto, dispuseram-se a oferecer à África, no outro lado do Atlântico Sul, uma alternativa econômica e política fornecendo-lhe manufaturas e, particularmente, gêneros alimentícios da Argentina, cujo acordo sobre o trigo com o Brasil tendia a reduzir, sensivelmente, a dependência em que ela ficara da URSS, ao fecharem-lhe os mercados da CEE. A Argentina, que sob o regime militar advogara a aliança com a África do Sul e a formação de pacto militar semelhante ao do Atlântico Norte (OTAN), sob o qual os EUA instalariam bases nas Malvinas e na Antártida, apoiou a proposta de desmilitarização do Atlântico Sul e sua conversão em zona de paz, apresentada pelo Brasil à Assembleia Geral da ONU, em 1986. E a pronta adesão do Uruguai que, como país nodal, completou o Eixo Brasil-Argentina sobre a costa latino-americana do Atlântico Sul.

Outra consequência dessa nova Tríplice Aliança consistiu na radical modificação do equilíbrio geopolítico na América do Sul. Os arcos diplomáticos tradicionais Brasil-Chile, Argentina-Peru desfizeram-se. O Chile isolou-se mais ainda, uma vez que o funcionamento do regime democrático constituiu, da mesma forma que na CEE, *conditio sine qua non* para admissão ao futuro mercado comum latino-americano, ao qual o Peru, a despeito de algumas desconfianças, manifestou o desejo de unir-se. Os países menores, como o Uruguai, Paraguai e Bolívia, perderam o espaço em que balouçavam, exercitando uma política pendular a fim de explorar a rivalidade entre o Brasil e a Argentina e assim obterem vantagens econômicas e comerciais. Embora Sarney e Alfonsín defendessem os princípios de autodeterminação dos povos e de não ingerência em seus assuntos internos, os acordos entre a Argentina e o Brasil tornaram inviável a continuidade do autoritarismo no Paraguai e diminuíram as margens de instabilidade institucional na Bolívia, que deixaria de refletir, em sua política interna, a rivalidade entre aquelas duas nações, ao insuflarem ou reconhecerem prontamente muitos dos golpes de Estado lá ocorridos. O Paraguai ainda permaneceu sob o regime autoritário de Stroessner que até então o Brasil sustentara. Mas na Bolívia, que voltara a ter um governo democraticamente eleito desde 1982, o presidente Hermán Siles Suazo, sentindo-se incapaz de conter uma inflação de mais de 20.000 e superar uma situação economicamente cada vez mais caótica, encurtou seu mandato e, em julho de 1985, um ano antes do prazo, convocou eleições, vencidas pelo antigo presidente, Victor Paz Estensoro, que contou com o respaldo do seu adversário, derrotado, o general Hugo Banzer, líder do partido, Ação Democrática Nacionalista. E Paz Estensoro, sob a orientação do economista norte-americano, Jeffrey Sachs, pôs em vigor um tratamento de choque, com o objetivo primordial de debelar a hiperinflação, impondo um programa de ajuste estrutural, de caráter neoliberal, sem necessidade de recorrer a meios mais duros para reprimir o movimento operário, como acontecera no Chile.

Os acordos entre Alfonsín e Sarney criaram, igualmente, a necessidade de reavaliação, reestruturação e rearticulação do Pacto Andino, concertado em outra conjuntura histórica para contrapor-se à formação do eixo Argentina-Brasil, que tendiam a implementar, sob a égide do militarismo, da doutrina das fronteiras ideológicas em sua dimensão econômica. Dentro desse grupo sub-regional, do qual o Chile, um dos seus principais suportes, desertou, após o golpe de Estado de 1973, nenhum poderoso núcleo econômico se desenvolvera, apesar de seu vasto mercado, de mais de 85 milhões de habitantes por volta de 1980, de forma que pudesse competir com o eixo Argentina-Brasil, cujo parque industrial, como conjunto, era o maior, o mais dinâmico e o mais sofisticado da América Latina. A concertação entre o Brasil e a Argentina facilitou, outrossim, a ligação do parque industrial de São Paulo, em via reta até a província de Salta, com o porto de Antofagasta, no Pacífico, para onde o Grupo Empresário Inter-regional do Centro-Oeste Sul Americano (Geicos) composto, igualmente, por negociantes do noroeste da Argentina, norte do Chile, parte ocidental do Paraguai e Bolívia, deslocava sua produção, havia algum tempo[35], efetivando a integração sub-regional na zona do Trópico de Capricórnio.

## NOTAS

1. Depoimento do general Octavio Aguiar de Medeiros, ex-chefe do SNI (1979-1985), in *Veja*, São Paulo.
2. O encarregado de negócios do Brasil, Luís Felipe Lampreia, participou das conversações, atuando como intérprete.
3. Garcia Lupo, 1983, pp. 71-73.
4. Instituto Brasileiro de Geografia e Estatística. *Indicadores Sociais*, vol. 2, 1984, p. 145.
5. Ibid., p. 145.
6. Inter-American Development Bank. *Economic and Social Progress in Latin America,* 1986. Report, p. 394.
7. Banco Mundial. *Informe sobre el Desarrollo Mundial*, Cuadro 24, p. 253.
8. Instituto Brasileiro de Geografia e Estatística — *Indicadores Sociais*, vol. 2, 1984, p. 145.
9. Rapoport, 2000, p. 831.
10. Dornbusch & Pablo, 1988, p. 11.
11. Id., ibid., p. 11.
12. Rapoport, 2000, p. 833.
13. Dornbusch & Pablo, 1988, p. 158.
14. "Los cuatro principales deudores del subcontinente (Argentina, Brasil, México e Venezuela), que entre 1978 y 1981, habían recibido un flujo neto de US$ 45,2 bilhões, tiveram de realizar transferências netas por US$ 63,8, bilhões entre 1982 y 1985". Rapoport, 2000, 830.

15. Id., ibid., p. 825.
16. Gilbert, 1986, p. 168.
17. Frota, 1991, p. 207.
18. *Jornal do Brasil*, 8/12/1986, 1° caderno, p. 16.
19. A transformação das indústrias militares argentinas em empresas de capital misto estava em cogitação desde o encontro de Videla-Figueiredo, em 1980, e visava a facilitar a cooperação com as empresas brasileiras do setor.
20. *Jornal do Brasil*, 10/12/1986, 1° caderno, p. 26.
21. Vacchino, J. M., conferência no Colóquio Europa-América Latina, Universidade de Milão, 12-13/12/1986.
22. Ibid.
23. Dorfman, 1983, p. 220.
24. Id., ibid., p. 220.
25. Rapoport, 2000, pp. 838-839.
26. *Jornal do Brasil*, Rio de Janeiro, 18/7/1986, 1/8/1986 e 29/11/1986.
27. Entrevista de Rudiger Dornbusch ao *Jornal do Brasil*, 3/8/1986, 1° caderno, p. 35.
28. CEPAL, *Notas sobre la Economia y el Desarrollo*, n. 438/439, Cuadro 2, p. 14.
29. Discurso del presidente Alfonsín en el almuerzo con los empresarios brasileños y argentinos, 30/7/1986. Ibid., p 30/7/1986, in Ministério das Relações Exteriores — Departamento de Comunicações e Documentação — Centro de Documentação — *Visita do Presidente José Sarney à República Argentina (28 a 30 de julho de 1986)*, Brasília, 1986, p. 101.
30. Ibid., p. 31.
31. Comunicado conjunto de imprensa, 30/7/1986. Ibid., pp. 65-68.
32. Discurso do presidente Sarney na sessão solene do Congresso da Argentina. Ibid., p. 18.
33. Discurso del presidente Alfonsín en el almuerzo con los empresarios brasileños y argentinos, 30/7/1986. Ibid., p. 102.
34. Vide Almeida, 1992, pp. 27-31.
35. *La Prensa*, Buenos Aires, 29/4/1983, 21/5/1984. *Tiempo Argentino*, Buenos Aires, 8/6/1984. *Clarin*, Buenos Aires, 24/5/1984.

# Capítulo XXI

A MUTAÇÃO NA CONJUNTURA MUNDIAL EM 1989-1991 • A EXAUSTÃO DOS REGIMES MILITARES • A CRISE ECONÔMICA NA AMÉRICA LATINA E A SITUAÇÃO DO BRASIL E DA ARGENTINA • O *WASHINGTON CONSENSUS* E O NEOLIBERALISMO • O REALISMO PERIFÉRICO E AS DISCREPÂNCIAS ARGENTINA-BRASIL • O TRATADO DE ASSUNÇÃO E A FORMAÇÃO DO MERCOSUL

Pouco depois da assinatura do Tratado de Integração, Cooperação e Desenvolvimento entre a Argentina e o Brasil, profunda mutação ocorreu na conjuntura política mundial. No curso de 1989, em apenas alguns meses, os regimes comunistas nos países do Leste Europeu esboroaram-se, em rápida e surpreendente sucessão, e o Muro de Berlim foi derrubado, possibilitando a reunificação da Alemanha, em 1990. As condições políticas também se alteraram na América Latina. A exaustão das ditaduras militares, que exprimiram, como subprodutos da guerra fria, o Estado em contrarrevolução permanente, facilitara o restabelecimento da democracia política praticamente em quase todos os países da América do Sul. E as duas últimas que restavam — Paraguai e Chile — desvaneceram-se em 1989. No Paraguai, na madrugada de 2 para 3 de fevereiro, o general Andrés Rodríguez Pedotti, fundamentalmente afetado em seus interesses econômicos pelas diretrizes do governo, desfechou um golpe de Estado, derrubando Stroessner, o que permitiu a desmontagem do regime autoritário por ele instituído a partir de 1954. Também no Chile, após sofrer, em 1988, contundente derrota no plebiscito que convocara para legitimar seu regime, o general Augusto Pinochet teve de convocar eleições, que se realizaram em 1989, e em 11 de março de 1990 passou o governo ao candidato vitorioso, Patrício Aylwin Azócar, do Partido Democrata

Cristão (PDC), embora reservasse para si o comando do Exército. À mesma época, pela primeira vez desde Agustín P. Justo, nos anos 30, um presidente eleito na Argentina cumpriu integralmente seu mandato, apesar de alguns levantes militares, e houve alternância no poder: em julho de 1989, Alfonsín, da UCR, entregou o governo a Carlos Saúl Menem, do Partido Justicialista. Também no Brasil, depois de 29 anos, ocorreram as primeiras eleições diretas para a presidência da República e o ex-governador de Alagoas, Fernando Collor de Mello, sob a legenda de um pequeno partido — Partido da Renovação Nacional (PRN) por ele criado e com o apoio da mídia e das forças mais conservadoras — derrotou no segundo turno o candidato da esquerda, Luiz Inácio Lula da Silva, do Partido dos Trabalhadores (PT).

A situação econômica no Brasil e na Argentina, assim como em quase todos os países da América Latina, deteriorara-se, entretanto, ao longo dos anos 80. O problema da dívida externa, desde a eclosão no México (1982), agravara-se cada vez mais, levando o Brasil, durante o governo Sarney, a decretar moratória parcial em 20 de fevereiro de 1987. E os desinvestimentos, devido à crescente fuga de capitais tanto estrangeiros quanto nacionais, prosseguiam, carreando a estagnação econômica, em meio de incontrolável processo inflacionário. A Argentina, onde a hiperinflação alcançara a taxa de 200% ao mês, estava próxima do caos. E o Brasil, com uma taxa de 87% ao mês, caminhava na mesma direção. Essa crise, ao reduzir a capacidade da América Latina para importar e atender ao serviço da dívida externa, prejudicava seriamente os interesses dos EUA, cujo déficit comercial, já em 1986, fora da ordem de US$ 170 bilhões, aumentando sua dívida externa para US$ 263 bilhões, mais que o dobro da brasileira, enquanto o Japão obtivera um saldo positivo calculado em US$ 86 bilhões e a República Federal da Alemanha, US$ 56 bilhões, no mesmo ano[1]. A fim de pagar dívida, conforme a advertência do seu embaixador no Brasil, Harry W. Schlaudeman, os EUA precisavam, portanto, obter enorme superávit comercial, razão pela qual o governo de Washington, sob pressão dos exportadores, tratou de compelir os países da América Latina, a promoverem unilateralmente a liberalização do comércio exterior. E o presidente George Bush lançou em 1990 *The Enterprise for the Americas Initiative*, oferecendo aos países do continente nova modalidade de relacionamento, com o objetivo de formar uma zona de livre comércio do Alaska à Terra do Fogo (*Western Hemisphere*

*Free Trade Area*). Esta iniciativa, como parte do esforço para reduzir o desequilíbrio de sua balança comercial por meio da abertura de outros mercados, possibilitaria aos EUA aumentar ainda mais as exportações de mercadorias para os países da América Latina sem a necessidade de negociar com seus governos e fazer outras concessões, dado que com a hegemonia sobre essa área de livre comércio teriam o máximo de liberdade para movimentar bens e fatores de produção (exceto força trabalho), restringindo o acesso ao seu próprio mercado interno, quando lhes conviesse, sob os mais variados pretextos, como competição desleal, riscos sanitários, segurança nacional etc[2].

Assim, no mesmo ano de 1990, o Institute for International Economics[3], dos EUA, realizou uma conferência, da qual participaram economistas de oito países latino-americanos — Argentina, Brasil, Chile, México, Venezuela, Colômbia, Peru e Bolívia — com a finalidade de formular um diagnóstico e sugerir medidas de ajustamento para a superação da crise na América Latina. Na ocasião, o economista norte-americano John Wilhiamson apresentou um documento, com dez propostas de reforma econômica, sobre as quais havia em Washington amplo consenso, tanto entre os membros do Congresso e da administração quanto entre os tecnocratas das instituições financeiras internacionais, agencias econômicas do governo norte-americano, Federal Reserve Board e *think tanks*[4]. As propostas, visando à estabilização monetária e ao pleno restabelecimento das leis de mercado consistiam em:

> 1. disciplina fiscal; 2. mudanças das prioridades no gasto público; 3. reforma tributária; 4. taxas de juros positivas; 5. taxas de cambio de acordo com as lei do mercado; 6. liberalização do comércio; 7. fim das restrições aos investimentos estrangeiros; 8. privatização das empresas estatais; 9. desregulamentação das atividades econômicas; 10. garantia dos direitos de propriedade.[5]

Esse receituário foi concebido em princípio geográfica e politicamente específico, como o mínimo denominador comum de reformas, consideradas necessárias para a América Latina, em 1989, e em torno das quais Williamson entendeu haver consenso em Washington. A adoção de tais medidas, como o programa de privatização das empresas estatais, posto desde 1985 na agenda internacional por James Baker quando secretário do

Tesouro norte-americano, desregulamentação da economia e a liberalização unilateral do comércio exterior tornaram-se *conditio sine qua non* para que os países da América Latina pudessem renegociar a dívida externa e receber qualquer recurso das agências financeiras internacionais. Eles tinham de sujeitar suas respectivas políticas econômicas e decisões de investimentos à fiscalização internacional, através de condicionalidades, que ameaçavam atingir igualmente a política de defesa, com a fixação de limites para os gastos militares, para obter financiamentos do BID ou do BIRD.

O *Washington Consensus* resumia-se na recomendação de que o Estado se retirasse da economia, quer como empresário quer como regulador das transações domésticas e internacionais, a fim de que toda a América Latina se submetesse às forças do mercado. E as medidas propostas, de caráter neoliberal, não eram muito diferentes das que foram tentadas pelo governos militares, entre os anos 60 e 70, e somente no Chile alcançaram certo êxito, embora com enorme custo social e total desconsideração dos direitos humanos. Depois, a Bolívia serviu também como laboratório para a aplicação dessas medidas, sob o regime democrático, sem necessidade de maior repressão. Lá, todos os presidentes democraticamente eleitos depois de 1985, desde Victor Paz Estensoro (1985-1989), do MNR, a Jayme Paz Zamora (1989-1993), do MIR, e Gonzalo Sánchez de Losada (1993-1998), do MNR, aplicaram com certo êxito o mesmo programa neoliberal, dado que a hiperinflação o tornara aceitável para a população. Em 1988, Carlos Salinas de Gortari, ao ascender à presidência do México (1988-94), cuja dívida externa representava 17% do PIB, tratou de empreender a reforma do Estado e promover a estabilidade macroeconômica, com base na correção estrutural dos desequilíbrios fiscais e monetário, assim como a desregulamentação do mercado interno e a privatização das empresas estatais, i.e., as medidas formalizadas posteriormente pelo *Washington Consensus*. O mesmo fez Carlos Andrés Pérez, da Acción Democrática, que inaugurou em 1989 seu segundo mandato como presidente da Venezuela. Igual rumo tomaram Carlos Saúl Menem, do Partido Justicialista, depois de assumir em 1989 a presidência da Argentina, e Fernando Collor de Mello, ao investir-se na presidência do Brasil, em janeiro de 1990, com a promessa de modernizá-lo e inseri-lo no Primeiro Mundo, mediante a privatização das empresas estatais, a desregulamentação da economia e a liberalização do comércio. Depois foi a vez de Alberto Fujimori, eleito presidente do Peru em 1990.

Nenhum desses governantes — e quase todos (com exceção de Fernando Collor de Mello e Alberto Fujimori) pertenciam a partidos com alguma tradição nacionalista e de esquerda — revelou durante a campanha eleitoral o conteúdo do programa de governo e da política econômica que pretendiam adotar para conter a inflação e enfrentar o problema da dívida externa. Menem, bem como Collor de Mello, Pérez Jiménez y Fujimori prometeram exatamente o contrário das medidas que depois aplicariam. Menem anunciara que daria um *salariazo*, mas não o fez. Pelo contrário, rompeu com as diretrizes tradicionais do justicialismo, que pautaram a política econômica e a política exterior dos governos de Perón. Ao constituir seu governo, imediatamente tratou de tranquilizar os grupos econômicos, designando para cargos públicos assessores das organizações patronais, entre as quais a Unión Industrial Argentina (UIA) e a Sociedad Rural Argentina (SRA), e do principal partido da direita liberal, como Álvaro Alzogaray[6]. E, em janeiro de 1990, lançou o plano Bonex, formulado pelo seu ministro da Economia, Antonio Erman Gonzalez, e que consistiu em uma troca compulsiva dos depósitos a prazo fixo e nas cadernetas de poupança, existentes em 28 de dezembro de 1989, e títulos da dívida interna do Estado por títulos públicos em dólares de 10 anos[7]. Essa punção, aplicada em 60% da base monetária existente na Argentina em janeiro de 1990, acarretou enorme perda para os depositantes, reduzindo a oferta de dinheiro e provocando profunda recessão[8]. À mesma época, iniciativa semelhante Collor de Mello tomou imediatamente após empossar-se na presidência do Brasil. Sequestrou brutalmente cerca de 80% dos depósitos bancários, a pretexto de abater a inflação com um único tiro, procedeu à redução tarifária, de forma impulsiva e unilateral, sem exigir contrapartidas dos outros Estados e em ritmo ainda mais rápido do que o adotado no México pelo presidente Miguel de La Madrid (1982-1988)[9]. Cedeu e concedeu muito mais do que o Brasil estava a ganhar. A fim de aliviar o contencioso com os EUA, empenhou-se em aprovar uma lei de patentes e proteção à propriedade intelectual[10], que abrangeria vários ramos, além do químico-farmacêutico, e levou o Brasil a aceitar, indiretamente, o TNP, ao assinar o Acordo Quadripartite com a Argentina, a Agência Brasileiro-Argentina de Controle e Contabilidade de Materiais Nucleares (ABACC) e com a Agência Internacional de Energia Atômica (AIEA), aderindo, em seguida, ao Tratado de Tlatelolco, com a retirada das ressalvas sobre as explosões atômicas para fins pacíficos[11].

Outrossim, Collor de Mello desativou o Programa Nuclear Paralelo e, para demonstrar a renúncia do Brasil à produção de qualquer artefacto atômico, determinou o fechamento de um poço, com 1 km de profundidade, escavado na serra do Cachimbo para explosões subterrâneas experimentais. Essas decisões somente não encontraram maior resistência nas Forças Armadas, uma vez que o Programa Nuclear Paralelo já permitira obter o domínio sobre o processo de enriquecimento do urânio, e as restrições impostas ao Brasil, inclusive pela República Federal da Alemanha, para obter a transferência de tecnologias sensíveis começavam a prejudicar a continuidade do seu desenvolvimento, uma vez que somente seria possível, mediante aceitação das regras instituídas no Regime de Controle de Tecnologia de Mísseis (MTCR), criado em 1987 pelos EUA, através de acordo com as outras potências nucleares do Ocidente, a fim de controlar o acesso dos países do Terceiro Mundo à tecnologia dos veículos propulsores de satélite[12].

Medidas iguais Menem tomou, quase que simultaneamente, aceitando as condições impostas pelos EUA para a renegociação e reestruturação de dívida externa da Argentina[13]. Abandonou o projeto para a produção do míssil balístico Condor II, devido, entre outros fatores, à oposição do MTCR e aos seus custo elevados. Ratificou igualmente o Tratado de Tlatelolco, que proibia as armas nucleares na América Latina. E pautou sua política exterior pelos "*principios del realismo periférico*"[14], e não apenas retirou a Argentina do Movimento dos Países Não Alinhados como a alinhou incondicionalmente com os EUA. A invasão do Kuwait pelo Iraque, no segundo semestre de 1990, deu-lhe oportunidade para demonstrar "*la aceptación del liderazgo*" dos EUA[15] e a completa identificação da Argentina com a Aliança Ocidental. No momento em que o Brasil enviara a Bagdad o embaixador Paulo Tarso Flecha de Lima, com a missão de negociar a liberação dos brasileiros lá residentes, Menem, sem sequer avisar ao governo brasileiro, despachou afoitadamente dois navios de guerra para participar da operação *Desert Storm*, unindo-se à força internacional no bloqueio ao Golfo Pérsico. Essa decisão, que irritou profundamente o Itamaraty e abalou a confiabilidade no governo argentino, fora tomada, segundo o sociólogo argentino José Paradiso[16], antes mesmo de que as tropas de Saddam Hussein atravessassem a fronteira do Kuwait, porque alguns setores de Buenos Aires esperavam a ocasião de demonstrar aos EUA e ao conjunto das potências industriais do Ocidente que a Argentina não estava disposta a repetir o erro cometido durante a Segunda Grande Guerra, quando permaneceu neutra até o final. O Brasil, porém, não endossou, inequivocamente, a posição dos EUA *vis-à-vis* da crise do Golfo Pérsico. Embora se juntasse ao embargo aprovado pela ONU, não se envolveu em qualquer operação de guerra. E sua atitude, determinada pelos fortes interesses que ainda possuía no Iraque, afigurou-se ambígua e vacilante, razão pela qual o embaixador norte-americano em Brasília, Richard Melton o acusou de "*sitting on the fence during the conflict*"[17]. Outrossim, ao contrário da Argentina, que não acompanhou a decisão do Grupo dos 8 (Grupo do Rio), o Brasil condenou, publicamente, a Lei Torricelli, mediante a qual os EUA proibiram que as filiais de suas empresas, a partir de outros países, fizessem negócios com o governo comunista de Fidel Castro.

De qualquer forma, conquanto tratasse de superar o contencioso com os EUA (informática, meio ambiente, questão nuclear, propriedade intelectual etc.), o Brasil, durante a gestão de Collor de Mello (1990-1992), conservou, na mutação, a linha de continuidade de sua política exterior. Apesar do corte liberal e do apelo à modernidade com que ele tentou aproximar o Brasil das potências industriais de Ocidente, sua política exterior não adotou como paradigma a que fora implementada nos três primeiros anos do regime militar, pelo governo do marechal Humberto Castelo Branco (1964-1967), e que se resumiu no *alinhamento automático* com os EUA. Essa diretriz de *alinhamento automático* com os EUA, pela qual também se orientou o governo da chamada *Revolução Argentina*, sob a chefia do general Juan Carlos Ongania (1966-1969), Menem resgatou, ao aplicar a doutrina do *realismo periférico*, que o politólogo argentino Carlos Escudé e outros formularam. Porém, a diferença entre o alinhamento automático com os EUA, nos anos 60, e o realismo periférico, nos anos 90, consistiu na justificativa. Castelo Branco alegou que, no contexto de uma confrontação bipolar, com radical divórcio entre os dois respectivos centros de poder, a preservação da independência pressupunha a aceitação de certo grau de interdependência, quer no campo militar, quer no econômico, quer no político[18]. Seu projeto teórica e praticamente induzia o Brasil a abdicar da aspiração ao *status* de potência, resignando aos próprios interesses nacionais, em nome da unidade do hemisfério ocidental, porquanto qualquer dissidência significava, segundo sua percepção, favorecer o comunismo e a URSS. O alinhamento da Argentina com os EUA, durante o governo do general Juan Carlos Ongania, fundou-se também na identidade ideológica. Tanto Castelo Branco quanto Ongania propugnaram as *fronteiras ideológicas*, o "mundo livre", o "Ocidente cristão" etc. dentro de um cenário internacional, marcado pelo conflito Leste-Oeste. O *alinhamento automático* com os EUA, retomado pelo *realismo periférico*, foi no entanto serôdio. O governo Menem, ressuscitando a política exterior de Ongania e Galtieri, realinhou a Argentina com os EUA, exatamente depois que a guerra fria terminara, estribado na justificativa de que, sendo a Argentina não apenas um país dependente, periférico, empobrecido e endividado, mas também estrategicamente pouco relevante para os EUA e as potências centrais[19], ela deveria reduzir ao mínimo as confrontações em sua política exterior[20], de modo a atrair investimentos e facilitar as negociações com os bancos e os organismos financeiros[21]. Conforme Escudé, "*esta es la esencia del realismo periférico*"[22], um "tipo ideal de política exterior", designado para servir aos "estreitos interesses dos cidadãos de Estados periféricos" que somente poderiam lutar pelo poder mundial a um extremo custo para o seu povo[23]. Em outras palavras, o *realismo periférico* negava à Argentina a capacidade de ter uma política exterior própria, um dos atributos da soberania, e subordinava-a à dos EUA, que ao longo de dois séculos visou invariavelmente a defender os estreitos interesses do povo norte-americano, relacionados com a sua segurança, sua política doméstica e seu desenvolvimento econômico, e fundados na crença de que os latino-americanos representavam "*an inferior branch of the human species*", conforme Lars Schoultz acentuou[24].

O *low profile* da política exterior de Menem, justificado com valores liberal-democráticos e cálculos de custo-benefícios, implicou a aceitação da arbitrariedade e do autoritarismo entre os Estados, ao contrário do Brasil, que defendia a democratização do poder internacional, contrapondo a *pax* da ONU à *pax norte-americana*. O Brasil, decerto, não tencionava pautar sua política exterior por uma linha de confrontação com os EUA. Contudo, não podia desconhecer as divergências, tanto comerciais quanto políticas, quando elas apareciam, determinadas pela contradição entre interesses nacionais. E, ademais, a identificação ideológica ou subordinação da política exterior de um Estado mais débil às normas ditadas pelas potências industriais nunca constituiu garantia de entendimento ao nível econômico e financeiro. A subserviência da política exterior do Brasil aos EUA, durante o governo Dutra (1946-1951), não lhe assegurara a colaboração econômica, prestada na mesma época à Argentina de Perón, que defendia a *terceira posição* entre o comunismo e o capitalismo. O *alinhamento automático* com os EUA, praticado durante o governo Castelo Branco, não ajudara igualmente a atrair capitais norte-americanos, cujo fluxo para o Brasil só recomeçou a partir de 1967, quando a economia voltou a crescer, devido em larga medida aos investimentos públicos, e as divergências com a política exterior dos EUA reapareceram. Apesar da identidade ideológica, que levou o governo Ongania a alinhar-se com Washington, as condições econômicas da Argentina também se deterioraram, na segunda metade dos anos 60, pois a convergência sistemática com a política exterior dos EUA nunca pesou nas decisões de investimento das corporações multinacionais. E, durante o breve governo Galtieri (1981-1982), o mesmo esforço de alinhamento com os EUA, a ponto de mandar especialistas em contrainsurreição para El Salvador e outros países da América Central, não evitou o desastre da guerra nas Malvinas.

A instabilidade de sua política interna, desde a queda de Perón em 1955, não permitiu que a Argentina desenvolvesse uma política exterior consequente e eficaz. E a percepção de sua impotência econômica e política para desempenhar um papel hegemônico na América do Sul gerou o *realismo periférico*, refletindo certo inconformismo com o declínio da Argentina, que fora o quarto PIB mundial e desde 1960 "*ingresava gradualmente al Tercer Mundo*"[25]. Assim, o que os teóricos do *realismo periférico* pretenderam não foi que a Argentina estabelecesse com os EUA uma relação madura e equilibrada, construída sobre razoável balanço de coincidências e divergências. O que buscaram foi uma *relação especial*, nos moldes da que ela tivera com a Grã-Bretanha, nos tempos da "República Próspera"[26], ao sonhar com o passado assumiu contorno de utopia em face de uma situação cada vez mais angustiante e sem maiores perspectivas. Desse modo, conforme o sociólogo José Paradiso observou, os teóricos do *realismo periférico* imaginaram que, se o país fora tão bem, acoplando-se à Grã-Bretanha, a potência hegemônica no século XIX até o início do século XX, o aconselhável era repetir a fórmula que consistia em torná-la o *key-country* dos EUA[27]. Também o historiador argentino Mario Rapoport, ao analisar a política exterior de Menem, concluiu que a Argentina, em um contexto diferente, retomou a conduta internacional adotada até os anos 40, antes da chegada do peronismo ao governo, com a diferença de que, no lugar do Reino Unido, buscou-se nos EUA o sócio privilegiado[28]. O próprio ministro das Relações Exteriores da Argentina, Guido Di Tella, declarou: "*Nosotros queremos pertenecer al Club de Occidente. Yo quiero tener una relación cordial con los Estados Unidos y no queremos un amor platónico. Nosotros queremos un amor carnal con Estados Unidos. Nos interesa, porque podemos sacar un beneficio*".

Mas os fatos demonstraram o engano de Menem e dos téoricos do *realismo periférico*. O "*amor carnal*" com os EUA, segundo a expressão do chanceler Guido Di Tella, não resultou em ganhos significativos para a Argentina, apesar de suas concessões, com o objetivo de apresentar-se como parceiro confiável e eventualmente ser acolhida no grupo das potências industriais. Ela não conseguiu acesso prioritário ao NAFTA. E a fim de ser admitida no MTCR (*Missile Technology Control Regime*), teve de desmantelar o Projeto Condor, atendendo à exigência dos EUA, ao passo que o Brasil, que manteve a autonomia da sua política exterior, não precisou fazer concessões para entrar como *full-member* naquele organismo. A subserviência aos EUA não rendeu os privilégios e benefícios que ela esperava.

A adoção do *realismo periférico*, como fundamento da política exterior da Argentina teve como *transfondo* a rivalidade com o Brasil, que se reproduziu sobre outras bases, ainda a tomar como referencial as relações privilegiadas com a potência hegemônica, no caso os EUA, e a posição de *key-country* na América do Sul. Muitos na Argentina criam que ela declinou porque não se aliara aos EUA, como o Brasil, e não participara da Segunda Grande Guerra. O destino da Argentina, porém, não seria diferente se ela houvesse entrado no conflito com o Eixo. O próprio Escudé, ao explicar com muita lucidez as causas de sua "*declinación*", reconheceu, *inter alia*, "*la falta de importancia de Argentina para los EUA, por el carácter competitivo de ambas economías*"[29] e seu isolamento geográfico. De fato, a Argentina estrategicamente era menos relevante que o Brasil ou o México. E dificilmente poderia construir com os EUA, que nunca necessitaram das suas exportações de carne, trigo e outros grãos, a "relação especial" mantida, durante mais de meio século, com a Grã-Bretanha, cujo eclipse, no pós-guerra, acarretara, juntamente com outros fatores, a relativa estagnação da economia argentina, a partir de 1950. Não sem razão Mario Rapoport apontou que essa dificuldade ou, na verdade, impossibilidade decorria dos condicionamentos estruturais, derivados da "*escasa complementaridad*" de suas economias[30], o que, em outras palavras, impedia que a Argentina tivesse "*amor carnal*" com os EUA, conforme Guido Di Tella desejava com o "*realismo periférico*" de sua política exterior. Em tais circunstâncias, a inserção internacional da Argentina, tanto econômica e comercial quanto política e geopolítica, tinha de passar, necessariamente, pela sua associação com o Brasil.

Assim, apesar das discrepâncias na política exterior, o processo de integração econômica entre a Argentina e o Brasil prosseguiu, assumindo, porém, novas características, determinadas pela coincidência de interesses na liberalização do comércio, que o Brasil, nas negociações comerciais multilaterais, lançadas no âmbito do GATT em 1986, passara a defender, devido à necessidade de abrir sua economia, após 40 anos de restrições comerciais e altas tarifas, bem como melhorar a competitividade das empresas brasileiras no exterior. Até então a liberalização do comércio entre os dois países e a definição de políticas setoriais comuns obedeciam a uma lógica industrial e visavam ao fortalecimento conjunto da base econômica sub-regional[31]. O modelo de integração bilateral, concebido nos acordos entre Alfonsín e Sarney em 1986, buscara conciliar a experiência da CEE, que formara um mercado comum e estabelecera políticas setoriais comuns para a consolidação de estruturas produtivas locais, com a seleção de setores para a redução progressiva das barreiras tarifárias e não tarifárias, conforme os esquemas da ALADI[32]. No entanto, os acontecimentos internacionais concorreram para alterar a perspectiva de um processo flexível e gradual de integração entre a Argentina e o Brasil. O acordo de livre comércio entre o Canadá e os EUA entrou em vigor, em 1989, e o objetivo da *Enterprise for the Americas Initiative*, proposta pelo presidente Bush, em 1990. era estendê-lo a outros países do hemisfério. À mesma época, 1990, os Estados-membros da CEE decidiram introduzir emendas no Tratado de Roma (1957), que a instituiu, com objetivo de promover a união política e, em seguida monetária, constituindo União Europeia, a partir de 1993. E as negociações do Uruguai, que não foram concluídas em 1990 como o Brasil desejava, avançavam no sentido de promover maior acesso aos mercados, com a inclusão de setores — serviços, investimentos, propriedade intelectual, agricultura, têxteis — que não estavam regidos pelo GATT.

Esse foi o contexto internacional em que Menem e Collor de Mello decidiram precipitar para 31 de dezembro de 1994 os prazos acordados no Tratado de 1988, para a conformação do mercado comum à Argentina e ao Brasil, compromisso este consubstanciado na Ata de Buenos Aires, assinada em 6 de julho de 1990. Em 20 de dezembro de 1990, os dois países firmaram o Acordo de Complementação Econômica n. 14, dentro da ALADI, confirmando a redução de dez anos para cinco, ou seja, antecipando de 1999 para 31 de dezembro de 1994, o prazo para a remoção de todas as barreiras tarifárias e não tarifárias ao intercâmbio recíproco de mercadorias[33]. Assim, ao abandonarem o conceito de integração gradual, flexível e equilibrada, Menem e Collor de Mello adaptaram os objetivos do Tratado de 1988 às políticas de abertura econômica e reforma aduaneira, visando a aceleração do ritmo de liberalização comercial. E o processo de integração, que se desenvolvia ao nível das relações Brasil-Argentina, assumiu um caráter livre-cambista[34] e tomou um formato quadrilateral, com a adesão do Uruguai e do Paraguai, que se somaram ao esforço de construção do espaço econômico comum aos países da Bacia do Prata. Em 26 de março de 1991, os quatro países — Argentina, Brasil, Uruguai e Paraguai — celebraram então o Tratado de Assunção, que consolidou a redução do prazo e determinou a constituição do Mercado Comum do Sul (Mercosul), mediante a automática eliminação, o mais tardar a 31 de dezembro de 1994, dos gravames e demais restrições ao comércio e o estabelecimento de uma tarifa externa comum[35], de modo a possibilitar a livre circulação de bens, serviços e fatores produtivos entre os quatro Estados partes.

Pouco tempo depois, em junho de 1991, Collor de Mello visitou Washington, onde convidou o presidente George Bush a "encerrar o capítulo das disputas comerciais e dos problemas da dívida externa", e não apenas declarou que sua viagem marcaria o fim de uma "fase amadorística e romântica" nas relações com os EUA[36], como ressaltou, a fim de desfazer desconfianças surgidas durante a Guerra do Golfo (1990-1991), que o Brasil manteve as sanções da ONU contra o Iraque, "apesar dos prejuízos significantes" para sua economia[37]. Na oportunidade, firmou com o presidente Bush o acordo *Quatro mais um*, pelo qual o Mercosul se comprometeu, como bloco, a negociar com os EUA o estabelecimento da área de livre comércio no hemisfério. O Tratado de Assunção constituiu destarte um "instrumento adicional" para apressar a liberalização da economia brasileira, "sem discrepar das grandes linhas do *Washington Consensus*", conforme o embaixador Paulo Nogueira Batista observou, ressalvando que Collor de Mello só "andou bem" ao ouvir o Itamaraty e não aceitar discutir com Bush a formação da área de livre comércio das Américas, "de contornos mal definidos", mas com suficiente imantação, pelo simples anúncio, "para atrair individualmente vários países latino-americanos e perturbar processos de integração sub-regional"[38].

As medidas adotadas por Menem e Collor de Mello para conter a inflação não tiveram sucesso. A depressão continuou a abater a economia da Argentina. E, enquanto a cotação do dólar disparava e a inflação recrescia, o governo Menem envolveu-se em uma série de escândalos. Seu *realismo periférico* não obstou que o embaixador dos EUA em Buenos Aires, Terence Todman, denunciasse que a empresa norte-americana Swift recebeu um pedido de suborno, que comprometia Emir Yoma, cunhado de Menem e funcionário do governo e provocou, em janeiro de 1991, a renúncia do ministro da Economia, Antônio Erman González. Domingo Cavalo, ministro das Relações Exteriores, assumiu então o Ministério da Economia e, nos primeiros meses de sua gestão, elaborou o Plano de Convertibilidade, que consistia em reformar radicalmente a estrutura da economia argentina, mediante total privatização das empresas públicas, descentralização das funções do Estado, flexibilização do mercado de trabalho, desregulamentação e liberalização da economia, bem como ampla abertura comercial e financeira[39]. Por sua proposta, o Congresso Nacional aprovou em março de 1991 a Lei da Convertibilidade, estabelecendo, na base de 1:1, a paridade do peso com dólar, que se tornou igualmente moeda corrente na Argentina. Menem, que privara a Argentina de ter uma política externa própria, com *realismo periférico*, retirou-lhe outrossim a faculdade de dirigir sua política monetária, mediante a Lei da Convertibilidade. Só faltou solicitar que a Argentina se tornasse mais uma estrela na cintilante constelação da bandeira norte-americana, convertida, quiçá, em uma espécie de Porto Rico ou Panamá.

Collor de Mello, no Brasil, não ousou tanto. Não tinha internamente respaldo para alienar de tal forma a soberania nacional. Mas suas medidas, em apenas dois anos de governo, desarticularam a economia brasileira, que entrou em recessão e, em 1991, encolheu 4,3%, lançando milhares de trabalhadores ao desemprego[40]. Também Collor de Mello desorganizou os serviços públicos, com a demissão em massa e irracional de funcionários do Estado, sem que conseguisse implementar o programa de privatização ou reverter eficazmente o processo inflacionário. Com efeito, não obstante aplicar três planos de estabilização, em que medidas ortodoxas e heterodoxas se mesclavam, e promover o desarmamento tarifário, liberalizando as importações, a taxa de inflação, que decaíra de 87% ao mês, em fevereiro de 1990, para 11,3% em abril, voltara a recrescer a mais de 20% ao mês[41], em janeiro de 1991, e atingira o total de 440,8%, no final do ano[42]. Em 1992, saltou para 1000% ao ano, enquanto o PIB, cuja redução fora de -4,6%, em 1990, continuava a declinar, diminuindo, em 1991, -0,4% e -0,9%, em 1992[43]. A cobrança de altíssimos percentuais de comissão por prepostos do governo para a aprovação de obras, compras ou qualquer liberação de recursos passou a constituir norma da administração modernosa, concorrendo para aumentar o déficit das contas públicas e manter os elevados índices de inflação. Em consequência, a reação do empresariado, sobretudo daqueles setores prejudicados por tais extorsões bem como pelas medidas de desregulamentação da economia e pela abertura do mercado às importações, não tardou. Uma sequência de escândalos, denunciando a improbidade administrativa e a alta corrupção em que o governo Collor de Mello se chafurdava, desencadeou forte turbulência e desestabilizou-o, quase gerando uma situação de ingovernabilidade. Contudo, as Forças Armadas, desgastadas por 20 anos de regime autoritário, não queriam intervir na crise política. E, uma vez comprovado pela Comissão Parlamentar de Inquérito o envolvimento direto do presidente com o esquema de corrupção, só restou ao Congresso aprovar, em 29 de setembro de 1992, a instauração do processo de *impeachment*, o primeiro que se consumou em toda a história das repúblicas americanas[44].

A derrubada de Collor de Mello, por via do *impeachment*, não precipitou o Brasil em um caos social e político nem engravesceu a crise econômica e financeira. O vice-presidente Itamar Franco assumiu a chefia do governo e, embora não mostrasse entusiasmo pelo neoliberalismo, não reverteu o programa de reformas econômicas, que Collor de Mello atabalhoadamente começara, nem modificou as diretrizes da política exterior. Ao ser designado ministro da Fazenda, o senador Fernando Henrique Cardoso, que atuara como ministro das Relações Exteriores entre setembro de 1992 e maio de 1993, deu continuidade ao processo de estabilização da economia brasileira, rompendo a espiral de surtos hiperinflacionários e de planos de contenção, que se arrastava havia mais de dez anos. O Plano Real, implementado em etapas a partir de dezembro de 1993, conseguiu debelar a iminência da hiperinflação, que ameaçava superar no ano seguinte a taxa de 2.148% alcançada em 1993. Este programa de estabilização monetária, conquanto contivesse um elemento heterodoxo, o índice único de indexação Unidade Real de Valor (URV) — que funcionaria como antídoto para promover a própria desindexação da economia — partiu do pressuposto ortodoxo de que o principal fator da inflação, *inter alia*, consistia no déficit público. O financiamento dos déficits recorrentes do setor publico vinha tradicionalmente sendo feito mediante constante emissão de moeda ou através do endividamento a juros proibitivos, razão pela qual se impunha certa diminuição do peso do Estado na economia, mediante a privatização de empresas públicas, iniciada no governo Collor, política esta que contava com o aval de economistas ortodoxos e situava-se no centro do conjunto de medidas recomendadas pelo chamado *Washington Consensus*. O novo plano de estabilização baseou-se numa âncora cambial, o que, combinado com a política de juros altos, logo resvalou para a valorização da nova moeda, o real, em relação ao dólar. Mas o governo Fernando Henrique Cardoso, sob o impacto da crise financeira que atingiu o México em dezembro de 1994, promoveu a flexibilização da política cambial — mediante a introdução do sistema de bandas, em abril de 1995. Esse programa de estabilização monetária foi acompanhado pela abertura do mercado brasileiro, que prosseguiu, com a implementação progressiva da reforma tarifária iniciada em outubro de 1990 pelo governo Collor de Mello, reduzindo gradualmente as alíquotas do imposto de importação, de uma média de 44%, em 1990, para cerca de 14%, em 1994. Ao mesmo tempo, consoante os compromissos assumidos com a Argentina, Uruguai e Paraguai, ao ser assinado o Tratado de Assunção, em 1991, foi negociada uma Tarifa Externa Comum (TEC), que entrou em vigor ao constituir-se o Mercosul, em 1º de janeiro de 1995, e cujo perfil, estabelecido no final de 1994, se ajustava *grosso modo* aos níveis tarifários adotados pelo próprio Brasil.

## NOTAS

1. Discurso do embaixador dos EUA no Brasil, Harry W. Schlaudeman, na Associação de Executivos de Empresas da Região de Campinas, em 27/1/1987. Discurso do embaixador Schlaudeman por ocasião da reunião da Câmara de Estudos e

Debates Econômicos e Sociais, em 26/3/1987. Discurso do embaixador Schlaudeman na Associação das Empresas Comerciais Exportadoras (ABCE), São Paulo, 21/6/1987. Discurso do embaixador Schlaudeman por ocasião da reunião da Câmara de Estudos e Debates Econômicos e Sociais, em 26/3/1987.

2. Pinheiro Guimarães, Samuel — "Market Access in a Alca", *paper* apresentado durante a mesa-redonda do *Fifth Colloquium of the Project IDB/ECLAC, "Support to the Process of Hemispheric Trade Liberalization"*, realizado em 28/29 de setembro de 1992 pelo Banco Interamericano de Desenvolvimento e pela Comissão Econômica das Nações Unidas para a América Latina e o Caribe (ECLAC). Manuscrito.
3. O Institute for International Economics fora criado em 1981, com recursos do German Marshall Funds e mantido com doações da Ford Foundation, William and Flora Hewlett Foundation e Alfred P. Sloan Foundation.
4. Sobre o tema vide Williamson, 1990, pp. 9 e 10.
5. Id., ibid., pp. 10 a 33.
6. Álvaro Alsogaray fora adversário de Menem na campanha eleitoral, durante a qual, em conversa com o embaixador do Brasil em Buenos Aires, Frank Thompson Flores, dissera que era com os EUA que a Argentina deveria integrar-se, mas infelizmente os dois países não tinham fronteiras comuns.
7. Rapoport, 2000, p. 971.
8. Id., ibid., p. 971.
9. Batista, Paulo Nogueira. "A Política Externa de Collor: Modernização ou Retrocesso?", in *Política Externa*, vol. 1, n. 4, março de 1993, pp. 106 a 135.
10. Sobre o tema vide Tachinardi, 1993, pp. 105-132.
11. O Brasil subscrevera o Tratado de Tlatelolco, em 1966, mas, diferentemente do que Carlos Escudé afirmou (Escudé, 1992, p. 119), impôs ressalvas que praticamente o invalidaram, ao reservar-se o direito de realizar explosões pacíficas. O Tratado só foi ratificado sem tais ressalvas, em 1993, pelo governo Itamar Franco, após as grandes potências aceitarem certas modificações.
12. Uma das preocupações dos EUA, por volta de 1988, foi com um contrato assinado entre a empresa brasileira Orbita (com participação da Embraer, Engesa e Esca-Engenharia de Sistema, Controle e Automação) para o desenvolvimento de um míssil do tipo *sidewinder*, no Golfo Pérsico. O plano, segundo se informava, previa que o Iraque financiasse a instalação de laboratório, inclusive um túnel de vento, a fim de que os técnicos brasileiros trabalhassem no desenvolvimento daquele míssil. Outro temor era o de que o Brasil aperfeiçoasse os mísseis que já produzia e continuasse a vendê-los à Líbia. *O Globo*, Rio de Janeiro, 15/12/1988.
13. Vide Escudé, 1997, pp. 4.66-68, 116.
14. Escudé, 1992, p. 19.
15. Id., ibid., pp. 38, 46 e 47.

16. Paradiso, 1993, p. 198.
17. Apud McCann, Frank D. "Brazil and the United States: An Increasingly Tense Relationship — 1945-1991", a *paper* for Symposium on "Brazil and the United States: Perspectives and Prospects", in 47th International Congress of Americanists. Tulane University, New Orleans, July 8-9, 1991.
18. Discurso no Palácio Itamaraty por ocasião da entrega de diplomas aos candidatos aprovados para a carreira de diplomatas, em 31/7/1964. In Ministério das Relações Exteriores. *A política Exterior da Revolução Brasileira* (Discursos), Sessão de Publicações, 1968, pp. 12 e 13.
19. Escudé, 1992, p. 84.
20. Id., ibid. p. 138.
21. Id., ibid., p. 281.
22. Id., ibid., p. 281.
23. Escudé, 1997.
24. Schoultz, 1998, p. xv.
25. Escudé, 1988, pp. 13 e 133.
26. Paradiso, 1993, p. 195.
27. Id., ibid., p. 195.
28. Rapoport, 2000, p. 957.
29. Escudé, 1988, p. 377.
30. Rapoport, 2000, pp. 956-957.
31. Almeida, Paulo Roberto de. "Dez Anos de Mercosul: uma visão brasileira", manuscrito.
32. Ibid.
33. O prazo para a conformação de um espaço econômico comum ao Brasil e à Argentina, conforme previsto pelos presidentes José Sarney e Raúl Alfonsín no Tratado de Integração, Cooperação e Desenvolvimento, celebrado em 1988 entre o Brasil e a Argentina, era de dez anos, quando se procederia, em uma primeira etapa, à harmonização das políticas aduaneira, comercial, agrícola, industrial e de transportes e comunicações, assim como à coordenação de políticas monetária, fiscal e cambial; em uma segunda etapa, proceder-se-ia à harmonização gradual das demais políticas necessárias ao estabelecimento do mercado comum.
34. Almeida, Paulo Roberto de. "Dez Anos de Mercosul: uma visão brasileira", manuscrito.
35. O Paraguai e o Uruguai apresentaram listas de exceções, para os quais o prazo se estenderia até 31 de dezembro de 1995.
36. *Folha de S. Paulo*, São Paulo, 17/6/1991.
37. *Jornal do Brasil*, Rio de Janeiro, 19/6/1991.
38. Batista, Paulo Nogueira. "A Política Externa de Collor: Modernização ou Retrocesso?", in *Política Externa*, vol. 1, n. 4, março de 1993, p. 111.

39. Balze, 1995, pp. 75-76. Rapoport, 2000, p. 973.
40. McCann, Frank D. "Brazil and the United States: An Increasingly Tense Relationship — 1945-1991", a *paper* for Symposium on "Brazil and the United States: Perspectives and Prospects", in 47th International Congress of Americanists — Tulane University, New Orleans, July 8-9, 1991.
41. Campos, 1994, pp. 1.241 e 1.242.
42. von Gleich, *Jahrbuch* 1994, p. 165.
43. Id., ibid., p. 165.
44. O instituto de *impeachment* apareceu na Inglaterra, provavelmente no século XIV, sendo utilizado apenas — e assim mesmo raras vezes — contra ministros da corte e bispos. Nos EUA, onde a república presidencialista surgiu como regime político e o adotou, jamais se consumou, nenhuma vez, o *impeachment* contra um presidente. No século XIX, o presidente Andrew Jacson, que sofrera um processo de *impeachment*, em 1868, foi salvo por um único voto. No século XX, quando o processo de *impeachment* contra o presidente Richard Nixon estava para consumar-se, ele renunciou em 8 de agosto de 1974. Na América Latina só um processo de *impeachment* ocorrera até o caso de Collor de Mello. Foi promovido em 1962 contra o presidente do Equador, Carlos Julio Arosemena Monroy, mas também não se efetivou. Ele se salvou por um voto (40 contra 41).

# Capítulo XXII

O BRASIL E O PROJETO DA ALCSA • MUDANÇAS ECONÔMICAS E POLÍTICAS NO CENÁRIO INTERNACIONAL • O FIM DA RODADA URUGUAI E A OMC • A FORMAÇÃO DO NAFTA E A PROPOSTA DA ALCA • AMEAÇA DE GOLPE NO PARAGUAI • A ARGENTINA ELEITA ALIADO EXTRA-OTAN E AS DISCREPÂNCIAS COM O BRASIL • OS DÉFICITS DO MERCOSUL NO COMÉRCIO COM OS EUA

Quando o Mercosul finalmente se conformou, o Brasil já tratava de negociar uma rede de acordos de livre comércio com as repúblicas sul-americanas do Pacífico, visando à criação, em dez anos, de uma Área de Livre Comércio da América do Sul (ALCSA). Este projeto, formulado pelo Itamaraty e anunciado pelo presidente Itamar Franco em 1993, desdobrava e ampliava a Iniciativa Amazônica que o Brasil lançara em 1992, logo após os EUA, Canadá e México haverem assinado, em outubro, o North American Free Trade Agreement (NAFTA). Seu objetivo foi decerto constituir um contrapeso para o NAFTA, mediante a formação do espaço econômico sul-americano, tendo como núcleo o Mercosul, ao qual o Brasil dava a maior prioridade[1]. O Mercosul e a ALCSA complementavam-se e não eram apenas compatíveis, mas convergentes, uma vez que o avanço do Mercosul viabilizaria a ALCSA e vice-versa[2]. E a determinação de realizar esse projeto, em conformidade com as regras do GATT e o Tratado de Montevidéu de 1980, que criou a ALADI, acompanhava as tendência da época, pois o processo de internacionalização, ou globalização, do sistema capitalista estava a tomar extraordinário impulso. Entre 1989 e 1991, a economia de mercado estendera-se aos países do Leste Europeu, onde os regimes comunistas desmoronaram, assim como às repúblicas que antes integravam a URSS. E na primeira metade dos anos 90 outros fatos assinalaram a profunda transformação que se operava na economia e no sistema político internacional. Em 7 de fevereiro de 1992, os Estados-membros da CEE celebraram o Tratado de Maastricht, para a constituição da União Europeia, a partir de 1° de janeiro de 1993. E em 15 dezembro desse mesmo ano, 1993, os diversos países, entre os quais o Brasil e a Argentina, participantes das negociações comerciais multilaterais, iniciadas em 1986 no âmbito do GATT, concluíram a Rodada Uruguai, com numerosos acordos, que criaram a Organização Mundial do Comércio (OMC), estabelecendo normas internacionais para fomentar e garantir a livre circulação de mercadorias, bem como colocando sob seu controle novas áreas — serviços, investimentos estrangeiros e propriedade intelectual — de forma a obstar a discriminação dos capital estrangeiro, em favor do nacional, pelos Estados-membros. Quase que simultaneamente, em 1° de janeiro de 1994, o NAFTA, celebrado pelos EUA com o Canadá e o México, começou a vigorar, com um ambicioso programa de eliminação de tarifas e redução de barreiras não alfandegárias. Esse tratado, considerado pelo vice-presidente dos EUA, Albert Gore, "mais importante para os EUA do que a compra da Luiziânia"[3], despertou a simpatia de alguns países da América Latina. Foram estimulados "por uma miragem de atração imediata ao NAFTA" — o chanceler Celso Amorim comentou[4] —, embora no México houvesse receio de que sua aproximação dos EUA provocasse reação anti-mexicana no hemisfério[5]. Afinal, o NAFTA, com um PIB de mais de US$ 6 trilhões e um total de aproximadamente 360 milhões de consumidores, exercia forte atração. O Chile desde logo manifestou a intenção de incorporar-se a esse bloco. Também setores no governo Menem, assim como nos partidos de oposição, defenderam a adesão da Argentina e o abandono da integração com o Brasil, por julgar o Mercosul uma fantasia. E até no Brasil houve críticas ao Mercosul, com o argumento de que se poderia alcançar uma integração mais rápida, mais lucrativa e mais produtiva com os EUA[6]. O embaixador Roberto Campos, em seminário promovido pelo Itamaraty, declarou que o Mercosul não tinha escala em face dos grandes blocos mundiais e que o NAFTA era um "instrumento de modernidade"[7].

Ao contrário do México e do Canadá, que tinham mais de 70% do seu comércio exterior com os EUA, a adesão ao NAFTA, contudo, não era fácil para os países da América do Sul. Mesmo para o Chile, cuja economia, menos industrializada, poderia integrar-se com mais facilidade no

NAFTA, verticalmente, havia embaraços, razão pela qual o presidente Patrício Aylwin se mostrou mais cauteloso, apesar do entusiasmo do seu ministro da Fazenda, Alejandro Foxley. Por sua vez, o chanceler Guido Di Tella, que desejava para a Argentina uma "relação carnal" com os EUA, considerou um equívoco o abandono do Mercosul, porquanto o NAFTA nem para o México se configurava uma certeza. E o ministro das Relações Exteriores do Brasil, embaixador Celso Amorim, julgou "preocupantes" certos aspectos contidos no NAFTA, como regras de origem que poderiam converter-se em obstáculos ao comércio extrazonal, e salientou que as exportações brasileiras para os EUA, que absorviam em torno de 20% de suas vendas ao exterior, seriam afetadas pelas preferências tarifárias concedidas ao México[8].

De fato, o NAFTA apresentava vários aspectos preocupantes. O ex-ministro das Relações Exteriores no governo Collor de Mello, professor Celso Lafer, observou que a criação dessa área de livre comércio, na América do Norte poderia ter consequências no desvio de outras correntes de troca no continente, como comércio, investimentos e tecnologias, além de suscitar indagações quanto aos compromissos do México no âmbito da ALADI[9]. E mais do que um equívoco, conforme o ministro Guido Di Tella qualificou, era também uma ilusão imaginar que a admissão da Argentina no NAFTA, bem como do Brasil, pudesse facilmente ocorrer. De um lado, em função do Mercosul, a Argentina passara a ter no Brasil o principal mercado para o escoamento de sua produção, seguido pela União Europeia, e esta posição ela poderia perder se concedesse aos EUA preferências tarifárias. De outro, a Argentina nada ganharia. Suas principais exportações consistiam em *commodities*, que os EUA igualmente produziam e exportavam, motivo pelo qual os *lobbies* do trigo, da carne e da soja, atuando em Washington, empenhar-se-iam para impedir que ela ingressasse no NAFTA. Também o México, havendo conquistado posição privilegiada no mercado norte-americano, devido às preferências tarifárias, não aceitaria a adesão do Brasil, cujas exportações de produtos similares, tais como suco de laranja, carne processada e têxteis, recuperariam a competitividade. E a admissão de qualquer país no NAFTA só poderia ocorrer, de acordo com o tratado, se houvesse consenso entre os seus três participantes, ou seja, entre EUA, Canadá e México, o que possivelmente não haveria no caso da admissão da Argentina e do Brasil.

Todavia, a intenção do Brasil de formar um espaço econômico sul-americano, a ALCSA, anunciada pelo presidente Itamar Franco em outubro de 1993, em evidente contraposição ao NAFTA, provavelmente concorreu, entre outros vários fatores, para que o presidente William Clinton (1993-1996 e 1997-2001) procurasse reanimar a *Enterprise for the Americas Initiative*, proposta por Bush em 1990 e que até então não tivera desdobramento mais amplo, salvo os acordos com o Canadá e o México. O estabelecimento dessa área de livre comércio, tendo o Mercosul como núcleo, não convinha aos EUA, na medida em que se lhe afigurava um movimento de resistência ao seu predomínio econômico e político. Tornava-se necessário, portanto, abortar esse projeto, que daria maior *bargain power* ao Brasil e aos demais Estados da América do Sul em quaisquer negociações que pudessem vir a ter com o NAFTA, e a melhor maneira seria oferecer uma perspectiva mais atraente, envolvendo todos países do hemisfério. E essa, *inter alia*, foi uma das razões pelas quais o presidente Clinton convocou os chefes de governo das repúblicas americanas para uma reunião de cúpula em Miami, com o objetivo de propor a formação da área de livre comércio das Américas (Alca), que constituiria, em realidade, uma ampliação do NAFTA, estendendo-o a todo o hemisfério até o ano 2005. A reunião ocorreu no início de dezembro de 1994 e a ela compareceu o presidente Itamar Franco, em fim de mandato, acompanhado pelo presidente eleito, Fernando Henrique Cardoso, cuja posse no governo do Brasil estava marcada para dentro de algumas semanas. Nenhum dos dois, porém, fora plenamente informado sobre o objetivo da reunião, que os surpreendeu, nem do compromisso que o Brasil teria de assumir. Fernando Henrique Cardoso, de fato, só tomou conhecimento de que os EUA iriam propor a formação da Área de Livre Comércio das Américas (Alca), depois de chegar a Miami[10]. E assustou-se. Mas não pôde evadir o compromisso, inclusive porque o Brasil se dispunha a estabelecer uma área de livre comércio na América do Sul, tendo como eixo o Mercosul, no qual os demais Estados da sub-região com o tempo integrar-se-iam.

O embaixador Rubens Ricupero, ex-ministro da Fazenda no governo Itamar Franco, alertou, porém, que o Brasil estaria jogando seu destino na negociação da Alca, pois, dependendo de como ela fosse conduzida e concluída, as possibilidades de um desenvolvimento autônomo aumentariam ou estreitar-se-iam de maneira "muito mais dramática" do que com as consequências da Rodada Uruguai[11]. Sua advertência tinha sentido. O modelo da Alca não era o do mercado comum, nos termos da União Europeia, para os quais o Mercosul se propunha a evoluir, promovendo, ademais de instituir a tarifa externa comum, a compatibilização e harmonização, cada vez maior, de suas políticas macroeconômicas — monetária, cambial, fiscal, industrial, comercial etc., não obstante os problemas que pudessem existir, em virtude da assimetria, tanto econômica quanto social e política que os quatro países apresentavam. O modelo da Alca, configurado pelo NAFTA, era o de uma simples zona de livre comércio, onde mercadorias e fatores de produção, sobretudo capitais, poderiam circular com a máxima liberdade, sem permitir, entretanto, a livre movimentação da força de trabalho, dentro do seu perímetro, e sem a adoção de uma tarifa externa comum para o resto do mundo, de uma política comercial comum e harmonização de políticas setoriais, como a política agrícola, a exemplo do que ocorria na União Europeia. A Alca não implicava o mais amplo acesso ao mercado dos EUA, que poderiam levantar restrições não tarifárias, sempre que julgassem necessário, sob as mais diversas justificativas, tais como competição desleal, *social dumping* etc.. E os Estados da América do Sul, diferentemente do México e do Canadá, não tinham condições de negociar com os EUA *side agreements*, regulamentando, por exemplo, os fluxos de imigração ou estabelecendo padrões de trabalho, um dos fatores que, aliás, estavam a obstaculizar a adesão do Chile ao NAFTA.

A conformação da Alca afigurou-se, desde o início, muito problemática, sobretudo para o Brasil, e a sua *vis atrativa* esmaeceu alguns meses depois da Cúpula de Miami, em virtude da severa crise cambial que acometeu o México, quando o presidente Ernesto Zedillo anunciou (em 24 de dezembro de 1994) a desvalorização do peso 15% em relação ao dólar e não mais pôde conter o ataque especulativo, que ocorreu nos dias e meses subsequentes, dilapidando as reservas do governo e obrigando-o a retirar-se do mercado de câmbio, cuja taxa disparou de 3,45 por dólar para mais de 6 pesos/dólar. A crise foi contornada com um pacote financeiro de US$ 40 bilhões, organizado pelo FMI em março de 1995, com o apoio dos EUA, o que evitou que o México decretasse a moratória e possibilitou seu retorno aos mercados financeiros. Essa crise ameaçou também atingir a Argentina, em abril de 1995, e revigorou as críticas ao NAFTA dentro dos EUA. A Administração

Clinton, entretanto, não desistiu do intento que revestia vários e complexos interesses econômicos e políticos. Seu desígnio era disseminar as medidas ultraliberais, forçar um tipo de inserção, de abertura unilateral das economias latino-americanas, de modo a obter mais vantagens comerciais[12], maiores reduções de barreiras às suas exportações e a seus capitais, i.e., obter concessões GATT-plus. E a formação da Alca, em tais termos, possibilitaria que os EUA incrementassem suas exportações, de modo a compensar seu déficit comercial com outras regiões às custas da América Latina, afastando a União Europeia, bem como o Japão e a China, e tornar gradualmente o dólar a moeda única no hemisfério, cuja emissão e circulação estariam sob seu exclusivo controle[13]. Com efeito, o acesso privilegiado aos mercados da região, mediante o estabelecimento da Alca, compensaria prejuízos decorrentes da perda de competitividade dos produtos norte-americanos, que em várias categorias não tinham condições de concorrer diretamente com os exportados pela União Europeia, que suplantavam os EUA no comércio com os países do Mercosul, ou pelo Japão e a China[14]. Esses interesses econômicos no estabelecimento da Alca não se afiguravam, entretanto, fundamentais, dado que a área coberta pelo NAFTA já representava 87% do mercado de todo o hemisfério e os EUA constituíam o principal parceiro comercial de todos os demais países da região[15]. Como José Serra, ex-ministro do Planejamento no governo Fernando Henrique Cardoso, ressaltou, o mercado norte-americano era bem mais importante para a América Latina do que o mercado da América Latina para os EUA, que absorviam 15% das exportações do Mercosul e 38,5 dos demais países, exceto o México[16]. Tais números evidenciavam que os interesses econômicos dos EUA na constituição da Alca revestiam, na realidade, objetivos essencialmente políticos e estratégicos. A Alca formalizaria a Doutrina Monroe em sua dimensão econômica e permitiria aos EUA não só expandir o domínio sobre o mercado da América do Sul como subordinar os Estados da sub-região às suas diretrizes político-militares, mediante a redução dos armamentos convencionais e a reformulação das tarefas das Forças Armadas[17], que se resumiriam, conforme recomendação do general Colin Powell, chefe do Estado-Maior Conjunto, em "*to maintain only such military capabilities as are necessary for selfdefense and alliance commitments counter-narcotraffic efforts, disaster relief, international peacekeeping forces and consistent with their laws and consti-*

*tutions and other missions, with the principles of the Organization of American States and United Nations Charters*"[18].

Nesse contexto, o desenvolvimento do Mercosul, impulsionado pelo Brasil, não convinha aos propósitos dos EUA, tanto econômicos quanto, sobretudo, políticos. O Mercosul detinha 10% do comércio da região e, dentro do Mercosul, o Brasil respondia por 2/3[19]. Apesar da grande assimetria, o Brasil, no Sul do hemisfério ocidental, era o único país em condições de rivalizar com os EUA, devido à extensão do seu território, ao tamanho da população, ao parque industrial diversificado que possuía, o maior do chamado Terceiro Mundo, ao volume do PIB e à sua posição estratégica em face da sub-região, por ter fronteiras com todos os países exceto Chile e Equador, e da África[20]. O Brasil era, também, o país cuja estrutura econômica menos se complementava com a dos EUA, Canadá e México. Os manufaturados compunham cerca de 80% de suas exportações para os demais países na América do Sul[21]. Com exceção da Argentina, de onde absorvia 50% de produtos industrializados[22], tais como autopeças e material de transporte, o Brasil importava, principalmente, grãos, carne e outras *commodities* do Uruguai e Paraguai, minerais do Chile, Peru, Bolívia e Colômbia, petróleo da Venezuela, Equador e México, ao mesmo tempo em que para eles exportava equipamentos de transporte, maquinaria e variados tipos de manufaturas[23]. Esse fato tornava a composição do seu comércio com os sócios do Mercosul, bem como com os demais parceiros da sub-região, similar à do intercâmbio entre as potências industriais e os países em via de desenvolvimento, cujas economias se assentavam predominantemente na produção agropastoril e mineral. A conclusão de acordos bilaterais de livre comércio entre os EUA e os países sul-americanos bem como o estabelecimento da Alca afetariam consequentemente as exportações brasileiras, conforme a advertência feita em 1992 pelo embaixador Samuel Pinheiro Guimarães, um dos principais negociadores da integração Brasil-Argentina ao tempo de Sarney e Alfonsín[24]. A implantação de uma área de livre comércio, abrangendo a América do Norte, possibilitaria que os EUA não apenas tivessem maior acesso ao mercado brasileiro como a conquista dos mercados latino-americanos, integrantes da ALADI, para os quais o Brasil destinava cerca de 23% de suas exportações (1996), percentual pouco inferior ao de suas vendas à União Europeia (27%)[25]. Daí por que Samuel Pinheiro

Guimarães ponderou que era "preciso encarar a Alca como um projeto essencialmente entre o Brasil e os EUA", dada a limitação dos parques industriais dos demais países do hemisfério (com exceção do México, sócio do NAFTA, e da Argentina) e da existência de vínculos econômicos, político e jurídicos dos EUA com os Estados da América Central e alguns da América do Sul, como Venezuela e Colômbia, dependentes do mercado e dos investimentos norte-americanos[26]. Não sem razão Pinheiro Guimarães aduziu que "A Alca se denominaria, assim, mais apropriadamente Área de Livre Comércio Brasil-EUA e, a partir deste ângulo, é que deveria ser analisada pelos estrategistas brasileiros quanto a suas consequências econômicas e políticas para o Brasil e o Mercosul."

O Mercosul representava um obstáculo aos desígnios econômicos, políticos e militares dos EUA, uma vez que o Brasil juntamente com a Argentina, Uruguai e Paraguai não se propunham a constituir simples área de livre comércio, mas construir um mercado comum, a segunda experiência, depois da União Europeia, de unificação supranacional de um espaço econômico. Esta perspectiva impunha à Argentina e ao Brasil, bem como aos seus outros parceiros, Uruguai e Paraguai, a compatibilização e harmonização, cada vez maior, de suas políticas macroeconômicas — monetária, cambial, fiscal, industrial etc. — não obstante os problemas, decorrentes da assimetria, tanto econômica quanto social e política que existia entre os quatro sócios do Mercosul. A necessidade de que os quatro países coordenassem suas políticas não se esgotava, porém, nos aspectos meramente econômicos e comerciais. Na medida em que se integrassem, Argentina, Brasil, Uruguai e Paraguai teriam de sobrepor a dimensão sul-americana às suas idiossincrasias nacionais. E na reunião de Ouro Preto (Brasil), realizada em 16-17 de dezembro de 1994, foi assinado um protocolo (Protocolo de Ouro Preto), que modificou parcialmente o Tratado de Assunção e deu ao Mercosul personalidade jurídica internacional, definindo sua estrutura institucional, que permaneceu intergovernamental, constituída pelos seguintes órgãos: Conselho do Mercado Comum (CMC); Grupo Mercado Comum (GMC); Comissão de Comércio do Mercosul (CCM); Comissão Parlamentar Conjunta (CPC); Foro Consultivo Econômico-Social (FCES); Secretaria Administrativa do Mercosul (SAM). Esses órgãos eram igualitários e as decisões do CMC, que seriam tomadas por consenso, as resoluções do GMC, as diretrizes da CCM tornaram-se então fontes jurídicas do Mercosul, obrigatórias, de direito, para os Estados-membros, cabendo a coordenação principal aos ministérios das relações exteriores da Argentina, Brasil, Paraguai e Uruguai[27].

Houve na Argentina, sobretudo nos círculos acadêmicos, tendências mais favoráveis ao estabelecimento de instâncias decisórias supranacionais a um prazo mais curto, partindo do pressuposto de que com a criação do secretariado supranacional os países menores — e, no caso do Mercosul, todos eram menores do que o Brasil — ficariam mais protegidos e teriam maior capacidade de influenciar as decisões. Um equilíbrio formal que se estabelecesse entre os quatro sócios do Mercosul não correspondia, entretanto, à realidade econômica, social, política e geopolítica e à dimensão dos problemas daí resultantes. A assimetria era, de fato, enorme entre os sócios do Mercosul, sobretudo quando comparados com o Brasil, cujas necessidades por isto tendiam a modelar os interesses da região. A população dos quatro Estados-membros do Mercosul, em 1994, somava 201 milhões de habitantes, dos quais 79% eram brasileiros, 17% argentinos, ao passo que paraguaios e uruguaios não somavam 4% do total[28]. O Brasil, com uma extensão de 8,5 milhões de km$^2$, ocupava 72% da área abrangida pelo Mercosul, que era da ordem de 11,8 milhões de km$^2$, enquanto a Argentina, com 2,8 milhões de km$^2$, correspondia a 23% e o dos outros dois parceiros, juntos, alcançava apenas 583.000 km$^2$, ou seja, cerca de 5% de todo o território integrado. Do total da produção do Mercosul, o Brasil respondeu por 68% em 1992 (US$ 531 bilhões), a Argentina por cerca de 29% (US$ 229 bilhões), enquanto a contribuição conjunta do Uruguai e do Paraguai somou apenas 3%. E o comércio total (exportações + importações) do Brasil, da ordem de US$ 80 bilhões em 1994, correspondeu a 64% do comércio do Mercosul, que foi de US$ 124 bilhões naquele ano, o da Argentina a cerca de 30% e os dois outros sócios, 6%[29]. O desequilíbrio geopolítico era também imenso entre o Brasil e seus sócios no Mercosul. Enquanto a Argentina fazia fronteira apenas com o Brasil, Bolívia e Chile; o Paraguai, apenas com o Brasil e a Bolívia; e o Uruguai apenas com o Brasil; o Brasil possuía fronteiras com mais sete países (Bolívia, Peru, Colômbia, Venezuela, Guiana, Suriname, Guiana Francesa), além da Argentina, Uruguai e Paraguai, e projetava seus interesses sobre a África Austral.

Essa enorme assimetria entre os Estados-membros não permitiu, portanto, que se calcasse o sistema institucional do Mercosul nos padrões do Tratado de Roma, que instituiu a CEE. Condições, portanto, para a formação de um secretariado supranacional, com capacidade de decisão sobre os quatro países, ainda não existiam. As diferenças de características, de problemas, de disparidades regionais e sociais não permitiam que as políticas adequadas ao Brasil, o país de maior dimensão no Mercosul, fossem idênticas às que seriam recomendáveis para os demais Estados-membros[30]. Daí por que, dada a sua extensão e ao fato de enfrentar problemas econômicos e sociais maiores e mais complexos do que seus sócios do Mercosul, o Brasil julgou que não podia resignar, ainda que parcialmente, às suas próprias políticas, dentro de um tempo previsível. A própria Constituição brasileira, outrossim, não abrigava qualquer dispositivo que permitisse a transferência dos direitos de soberania para organizações supranacionais, em que representantes dos países-membros, tal como ocorria na União Europeia, tinham como tarefa defender os interesses comunitários e não aqueles definidos pelos seus respectivos governos. A instituição de órgãos legislativos ou judiciários de natureza supranacional, no Mercosul, demandaria a cessão de parcelas de competência dos Congressos e dos Tribunais superiores dos quatro países, o que então se afigurava muito difícil. Os interesses do Estado nacional obstaculizavam esse tipo de renúncia. As autoridades no Brasil entendiam que o estabelecimento de um secretariado supranacional não se configurava oportuno na América Latina, uma vez que tradição e experiência de entidades supranacionais não existiam e que a prioridade no Mercosul ainda era comercial. Não se descartava, porém, a perspectiva de criar instâncias supranacionais, a médio e a longo prazo, na medida em que a integração dos quatro países se consolidasse e se aprofundasse em outras áreas não apenas ao nível econômico e comercial. Destarte, o que se pretendeu foi preservar a competência dos Estados-membros, no âmbito de sua soberania nacional, porquanto qualquer precipitação para instituir estâncias supranacionais, no início da união aduaneira, poderia prejudicar as políticas de estabilização macroeconômica ou afetar o delicado equilíbrio entre prerrogativas nacionais e atribuições decisórias coletivas[31].

Apesar de que a união aduaneira ainda fosse imperfeita, o Mercosul, entretanto, apresentou em pouco tempo extraordinário resultado, uma vez que o comércio intrazona, que correspondia a 8,5% do comércio total dos países membros em 1990, subiu para 18,45% do total, crescendo a uma taxa média de 28% ao ano[32]. O intercâmbio entre a Argentina e o Brasil, que declinara durante a primeira metade dos anos 80, voltou a crescer muito além das expectativas, desde, aliás, os primeiros acordos de integração celebrados por Alfonsín e Sarney. Argentina, logo na primeira fase, duplicou as exportações para o Brasil, que se transformou em seu principal cliente, superando os EUA, e passou a acumular saldos favoráveis[33]. Suas exportações para o Brasil evoluíram a uma taxa de aproximadamente 12% ao ano, até atingir o montante US$ 1,8 bilhão, em 1988, e de US$ 2,0 bilhões, em 1990[34]. Entre 1991 e 1992, o Brasil obteve enorme superávit na sua balança comercial com a Argentina, o que ameaçou produzir desaceleração do programa de liberalização comercial ou desviar seu rumo[35]. Mas em 1993 a balança comercial começou a equilibrar-se e as exportações da Argentina para o Brasil praticamente duplicaram, em apenas um ano. Aumentaram de US$ 2,3 bilhões, em 1994 (janeiro-setembro), para US$ 4,3 bilhões, em 1995 (janeiro-setembro)[36]. E o percentual dessas exportações para o Brasil, relativo ao total das exportações argentinas, saltou de 10% do total em 1989, para aproximadamente 34%, entre 1994 e 1995, equivalente ao que outrora a Grã-Bretanha absorvia e, por um breve período, também a URSS, no início dos anos 80. O mesmo ocorreu com o Paraguai e o Uruguai, cujas exportações para o Brasil, no mesmo período, elevaram-se de US$ 197 milhões, em 1994, para US$ 388 milhões, em 1995, e de US$ 295 milhões para US$ 547 milhões, respectivamente[37]. As exportações do Brasil para os demais países do Mercosul não cresceram na mesma proporção. Para Argentina elas se mantiveram no mesmo patamar de 1994 (janeiro-setembro), da ordem de US$ 3 bilhões; para o Paraguai subiram de US$ 752 milhões para US$ 974 milhões, no mesmo período, e para o Uruguai, de US$ 543 milhões para US$ 636 milhões[38].

O conceito que inspirou o Tratado de Assunção aumentou, entretanto, a vulnerabilidade externa dos Estados-membros do Mercosul, pois o governo Collor de Mello, assim como o governo Menem, preferia ver a liberalização no plano regional como simples exercício suplementar, capaz de criar oportunidades outras que poderiam imprimir maior dinamismo ao comércio mundial como um todo sem penalizar terceiros[39]. E, em virtude da acelerada redução das barreiras tarifárias, de acordo com o programa estabelecido no Tratado de Assunção, as importações entre os sócios do Mercosul elevaram-se de US$ 5,3 bilhões, em 1991, para US$ 20,1 bilhões, em 1997[40]. As exportações realizadas entre eles pularam também de US$ 5,1 bilhões para US$ 19,7. As importações que os quatro sócios do Mercosul faziam de outros países cresceram muito mais, saltando de US$ 29 bilhões, em 1991, para US$ 80 bilhões, em 1997, enquanto suas exportações não se desenvolveram na mesma proporção, pois aumentaram apenas US$ 21 bilhões, ou seja, de US$ 41 bilhões para US$ 62 bilhões. Como consequência, o superávit de US$ 12 bilhões, que os quatro sócios do Mercosul obtiveram no seu comércio exterior com terceiros países, começou a cair e a partir de 1994 todos eles passaram a acumular saldos negativos, cujo total alcançou a cifra de US$ 18 bilhões, em 1997[41].

O processo de integração sub-regional entreteceu, entretanto, ampla e complexa malha de interesses, na medida em que a Argentina já destinava 1/3 de suas exportações ao Brasil, que se tornou igualmente o principal mercado do Uruguai, recebendo cerca de 31% de suas exportações (conforme os dados do primeiro bimestre de 1995), contra 14% da Argentina. Também a economia do Paraguai, da mesma forma que a da Argentina e a do Uruguai, passou a depender, em larga medida, do Brasil, que já absorvia 28% de suas exportações, bem como do Mercosul, responsável, em 1993, por 38% do total (importações + exportações) do seu comércio exterior. O acesso ao mercado brasileiro, facilitado pela implementação do Mercosul, tornou-se fundamental para o Paraguai, com o qual o governo de Brasília começara a renegociar o estatuto de Itaipu, de 1986 (os termos de renegociação de 1991 nem sequer foram apreciados pelo Congresso do Paraguai), de forma a permitir a venda de energia elétrica à Argentina. Porém, o processo de integração regional exigiu do Paraguai, que sempre fora um *duty free country*, sacrifícios, em virtude da transformação e adaptação de sua estrutura econômica, baseada em elevado grau de importações, com tarifa zero ou muito baixa, de máquinas e insumos para fornecimento à indústria de menor conteúdo tecnológico (têxtil, plásticos), assim como de bens de consumo para revenda nos mercados do Brasil e da Argentina. Conquanto conseguisse excluir da TEC cerca de 399 itens, mais do que seus outros três sócios (em torno de 300 cada um), seu ingresso na união aduaneira compelia-o a modificar, a curto ou a médio prazo, aquela estrutura econômica, que se alimentava do fluxo de importações/exportações, e fomentar novas atividades produtivas. Tal esforço de adaptação à realidade do Mercosul, ao abalar interesses enraizados em todo o aparelho do Estado, refletiu-se no cenário político e gerou ameaças de turbulência. O Partido Colorado, que detinha o poder havia mais de 40 anos, dividiu-se entre *civilistas*, sob a liderança do presidente Juan Carlos Wasmosy, e *militaristas*, aglutinados em torno do general Lino Oviedo, comandante do Exército e candidato à presidência da República para as eleições de 1998. O *transfondo* dessa cisão foi o choque entre interesses comerciais e econômicos poderosos que Oviedo e Wasmosy, já em posições totalmente irreconciliáveis, representavam. Mas o equilíbrio de forças entre o presidente da República, o Congresso/partidos políticos, de um lado, e o Exército, do outro, era bastante precário. E em dezembro de 1994 a tentativa do general Oviedo de transferir para o Chaco paraguaio o general Carlos Ayala, comandante da 1ª Divisão de Infantaria em Assunção e homem da confiança do presidente Juan Carlos Wasmosy, detonou a crise política, originando rumores sobre a possibilidade de um golpe de Estado. A ação do Congresso e dos partidos políticos inibiu o presidente Wasmosy, que, no entanto, saiu fortalecido do enfrentamento. A crise política, entretanto, continuou latente e eclodiu outra vez em abril de 1996, depois que parlamentares, vinculados a Oviedo, votaram contra o projeto de lei para construir uma segunda ponte entre o Paraguai e o Brasil, o que impediu as empresas de Wasmosy de obterem a concessão das obras. Wasmosy decidiu então passá-lo para a reserva e Oviedo, rebelado, entrincheirou-se em sua unidade, ameaçando derramar sangue se a medida não fosse revogada. A crise somente não culminou com a quebra da legalidade constitucional devido à interveniência dos embaixadores do Mercosul (Argentina, Brasil e Uruguai), dos EUA e do próprio secretário executivo da OEA, César Gavíria, que negociaram um acordo, mediante ameaças de boicote e isolamento econômico e político do Paraguai, bem como do congelamento de sua participação no Mercosul e outras sanções punitivas. Oviedo não foi preso e apresentou voluntariamente o pedido de passar para reserva. De qualquer forma, o Brasil não estava disposto a permitir um golpe de Estado no Paraguai e contaria com o respaldo da Argentina e do Uruguai, dado que a ruptura da democracia política seria intolerável dentro do Mercosul, bem como em termos do Grupo do Rio e da nova concertação no hemisfério. O compromisso com a democracia, ou seja, a chamada "cláusula democrática" do Mercosul, estava implícito no Tratado de Assunção, tanto que Brasil e Argentina, desde a Declaração de Iguaçu, em novembro de 1985, nunca cessaram de reiterar a adesão aos princípios democráticos, como fundamento da cooperação e da integração, não apenas em termos bilaterais, mas também com respeito aos demais países da América do Sul. A preservação da democracia no Paraguai continuou, porém, a constituir a grande preocupação do Brasil. Pouco depois de contornada a crise, Fernando Henrique Cardoso, em junho de 1996, visitou Assunção, com a intenção de reiterar o respaldo à ordem constitucional, e no mesmo ano os presidentes dos quatro países integrantes do Mercosul assinaram uma declaração, assumindo o compromisso de consultarem-se e aplicarem medidas punitivas, dentro do espaço normativo do bloco, em caso de ruptura ou ameaça de ruptura da ordem democrática em algum Estado-membro.

O entendimento político entre a Argentina e o Brasil não alcançou, contudo, o mesmo nível existente ao tempo de Frondizi-Kubitschek, Frondizi-Quadros e Goulart ou Alfonsín-Sarney, apesar do estreitamento dos vínculos econômicos e comerciais entre os dois países, com o êxito do Mercosul. Menem ainda em 1994 voltou a especular, juntamente com seu ministro das Finanças, Domingo Cavallo, a possibilidade de aceder ao NAFTA e persistiu no alinhamento incondicional com os EUA, orientado pelo princípio do *realismo periférico*, que podia ser periférico, mas nada tinha de realismo, porquanto a realidade da Argentina era, sobretudo, o Brasil, para onde dirigia cerca de 30% ou mais de suas exportações, enquanto a União Europeia absorvia 20% e o mercado norte-americano apenas 8%, aproximadamente. Também em 1994, a Argentina não apenas divergiu do Brasil, ao respaldar a intervenção dos EUA no Haiti, como se opôs à sua candidatura a membro permanente do Conselho de Segurança da ONU, lançando a dela própria, embora não tivesse possibilidade de ser escolhida por ter menor peso econômico, político e geopolítico. Essa atitude gerou profundo mal-estar diplomático e possibilitou que os EUA evadissem as pressões para reformar aquele órgão, cuja manutenção com a estrutura criada após a Segunda Guerra Mundial revestia a "política de congelamento do poder mundial", que o embaixador brasileiro João Augusto de Araújo Castro denunciara nos anos 70. O Brasil evitou que o atrito se aprofundasse, porque considerava essencial preservar o Mercosul. Mas, ao visitar Washington em 1996, Menem solicitou ao presidente Clinton que considerasse a possibilidade de admitir a Argentina como membro da OTAN, fundamentalmente para combater o narcotráfico e o terrorismo. Esta sua iniciativa não apenas desencadeou internamente protestos, tanto dos partidos de oposição quanto dos meios militares[42], como suscitou suspicácias no Brasil, no momento em que suas controvérsias com os EUA recresciam, como consequência do conflito de interesses entre o desenvolvimento do Mercosul e o projeto da Alca.

O Brasil considerava o Mercosul a esfera imediata e primordial do esforço de integração e buscava constituir, como um segundo círculo concêntrico, a rede de acordos de livre comércio do Mercosul com os membros sul-americanos da Associação Latino-Americana de Integração (ALADI). E sua vitória diplomática, inclusive com a escolha de Belo Horizonte para sediar, em maio de 1997, a III Reunião de Ministros de Comércio da Alca, irritou profundamente o governo norte-americano, cujos funcionários passaram a acusá-lo de obstruir a integração hemisférica e a atacar o Mercosul[43]. Em clara referência ao Brasil, a embaixadora Charlene Barshefsky, a segunda pessoa, depois do embaixador Mickey Kantor, na direção do United State Trade Representative (USTR), órgão do governo norte-americano encarregado de negociar acordos comerciais, declarou que "relapsia substantiva, má-fé tática e irresponsabilidade processual" podiam solapar os esforços para a conformação da Alca[44]. E o tom das críticas endureceu na medida em que o Mercosul, ao mesmo tempo em que encaminhava negociações com os países do Pacto Andino, firmou em 1996 acordos de livre comércio com a Bolívia e o Chile, que perdera a esperança de ser logo admitido no NAFTA, por faltar ainda a Clinton o *fast track*, ou seja, o mandato que o autorizaria a negociar com outros países da América Latina acordos de comércio sem que o Congresso depois os pudesse emendar, limitando-se apenas a aprová-los ou rejeitá-los. A própria Madeleine K. Albright, ao prestar declarações perante o Comitê de Relações Exteriores do Senado para assumir o cargo de secretária de Estado no segundo mandato presidencial de Clinton (1997), teria afirmado que o Mercosul era "nocivo" aos interesses dos EUA[45], declarando, como "*high priority*" do governo norte-americano, a "*early addition*" do Chile ao NAFTA e a extensão de acordos equivalentes aos países da América Central e do Caribe[46]. A alusão ao Mercosul, embora não aparecesse na versão oficial liberada pelo porta-voz de Departamento de Estado, vazou para a imprensa, se realmente foi feita, e o senador José Sarney, o ex-presidente da República cujo governo desencadeara em 1986-87 o processo de integração Brasil-Argentina, publicou enérgico artigo na *Folha de S. Paulo*, no qual não apenas criticou o pronunciamento da secretária de Estado, Madeleine K. Albright, como inculpou os EUA de pôr outras pressões para "desestabilizar" o Mercosul[47]. Ele denunciou que, além dos ataques verbais, haveria investidas mais sérias, desde o aliciamento de sócios do Mercosul para participar do NAFTA até convites para aderir ao bloco militar da OTAN. Acusou então os EUA de insuflarem uma corrida armamentista no Cone Sul, revelando que eles se dispunham a vender ao Chile armamentos estratégicos, aviões de última geração etc., o que afetaria o equilíbrio militar da área, e ofereceram à Argentina a condição de "aliado preferencial" da OTAN, o que implicava fornecimento de equipamento militar, treinamento e acesso a tecnologias de ponta[48]. Esse *status* de aliado extra-OTAN possibilitaria que a Argentina obtivesse vantagens financeiras, com acesso a fundos em condições preferenciais, para suas empresas, que poderiam participar em licitações do Pentágono, assim como na aquisição de material bélico e desenvolvimento de projetos, com a transferência de armamento para suas forças armadas, ainda que não fosse armamento convencional avançado, de última geração, o que poderia desencadear uma corrida armamentista no Cone Sul. E, aí, na divisão e na volta das rivalidades, estava, segundo Sarney, o "perigo" que espreitava o Mercosul, "o seu grande sucesso — pois é a coisa mais importante que fizemos depois de nossas independências"[49]. "Os EUA nunca viram com bons olhos este movimento no Cone Sul para criar um espaço econômico autônomo, reduzindo influência aqui e buscando mecanismos de não dependência" — o senador José Sarney afirmou, revelando a percepção que tivera desde o início do processo de integração Brasil-Argentina, durante seu governo (1985-1990)[50].

Poucos meses depois, Clinton, atendendo ao pedido de Menem, comunicou ao Congresso norte-americano sua intenção de designar a Argentina como *a major non-NATO ally*, equiparando-a à Austrália, Nova Zelândia, Israel, Egito, Japão, Coreia do Sul e Jordânia. Embora a Argentina se tornasse o primeiro país a conquistar esse *status* desde o fim da Guerra Fria, a aliança bilateral com os EUA não constituiu o principal objetivo de Menem. O que ele realmente pretendera foi a admissão da Argentina como membro pleno da OTAN, conforme manifestara desde 1992, durante seu primeiro mandato, o que não era fácil. Dependia de complexas negociações com os demais aliados dos EUA, tal como acontecera, durante alguns anos, na admissão da República Tcheca, Hungria e Polônia, e teria de ser aprovada pelo Congresso norte-americano e pelo próprio Congresso argentino. A concessão do *status* de aliado extra-OTAN representou assim um prêmio de consolação. Mas a notícia inquietou os demais países do Cone Sul, especialmente o Chile, que solicitou informações mais precisas sobre o seu alcance e a possibilidade de também receber o mesmo *status*, possibilidade esta admitida pela secretária de Estado, Madeleine Albright, em conversa com o chanceler chileno José Miguel Insulza. Outrossim, Sarney, da tribuna do Senado, voltou a acusar os EUA de pretender desestabilizar o Mercosul, forçando o Departamento de Estado a comentar oficialmente o discurso a fim de contestar a acusação. Diante dessa atitude insólita, Fernando Henrique Cardoso teve de declarar, publicamente, que não era "próprio do Departamento de Estado opinar sobre discurso de um parlamentar e ex-presidente brasileiro", pois o Itamaraty "jamais opinou sobre declarações de membros do Congresso americano. Eram instituições diferentes que se deviam respeitar reciprocamente. Em seguida, referindo-se indiretamente à Argentina, acrescentou que: "(...) Nós, brasileiros, não temos essa preocupação doentia com o que pensam ou dizem os EUA. Não queremos ter relações carnais com ninguém"[51].

Fernando Henrique Cardoso procurou abordar a eleição da Argentina como aliado extra-OTAN pelo aspecto ridículo, com humor, perguntando: "E é aliado dos EUA contra quem? Aqui não existe nenhuma situação de beligerância. Perguntaram-me se os EUA não venderiam os aviões F16 aos seus parceiros. O Brasil não está interessado nisso. O Brasil quer é vender avião EMB-145 aos EUA"[52].

As críticas à Argentina e aos EUA foram duras. Mas a percepção no Itamaraty e, em geral no governo brasileiro, era de que a Argentina não estava a defender seus interesses, mas a fazer o jogo dos EUA, cuja intenção realmente se lhes afigurava ser a de abalar o Mercosul, realmente "nocivo" à diplomacia comercial de Clinton, que, ao iniciar, em 1997, seu segundo mandato como presidente, tinha como objetivo abrir mercados para os bens e serviços norte-americanos, através tanto da Alca, em 2005, quanto da APEC (Asia-Pacif Economic Cooperation), por volta de 2020, e possibilitar que os EUA se tornassem o centro mais dinâmico da economia global no século XXI, conforme a secretária de Estado, Madeleine K. Albright, proclamou, afirmando que "(...) *We must continue shaping a global economic system that works for America*"[53].

O objetivo da Administração Clinton consistiu efetivamente em modelar o sistema econômico global de modo que passasse a funcionar em benefício da América, i.e., dos EUA, mediante a implantação da Alca e da APEC, dando continuidade à rede de mais de 200 acordos comerciais, entre os quais os da Rodada Uruguai, que permitiram um incremento de 34% nas exportações norte-americanas e a criação de 1,6 milhão de novos empregos, desde 1993[54]. O comércio tornara-se responsável por mais de 11 milhões de empregos nos EUA e 30% do seu PIB, o equivalente a cerca de US$ 2,3 trilhões, mais do que duplicando, quando comparado com a sua participação, da ordem de apenas 13%, em 1970, mas a continuidade do seu crescimento, do qual 1/4 decorrera das exportações nos últimos quatro anos, dependia da conquista de novos mercados[55]. Destarte, a conformação da Alca tornava-se fundamental, uma vez que a América Latina era a segunda região do mundo que apresentava mais rápido crescimento e, segundo as estimativas, estaria a absorver mais exportações norte-americanas, por volta do ano 2010, do que a Europa e o Japão juntos[56]. Conforme presidente da Câmara Americana de Comércio reconheceu, o déficit consideravelmente alto em relação à Ásia que a balança comercial dos EUA apresentava só poderia ser revertido às custas da América Latina. E esse objetivo eles começaram a atingir no curso dos anos 90.

Desde 1994, o superávit na balança comercial do Brasil com os EUA converteu-se em crescente déficit, que, acumulado em US$ 1,1 bilhão, entre janeiro e agosto de 1996, triplicou praticamente, em igual período de 1997, atingindo o montante de US$ 3 bilhões[57]. As exportações do Brasil para os EUA cresceram apenas 20%, entre 1990 e 1996, enquanto as importações de produtos norte-americanos aumentaram cerca de 165,9%. O superávit que o Brasil obtivera na balança comercial até 1994 transformou-se em um déficit líquido acumulado de aproximadamente US$ 14 bilhões, no período de 1990 a 2000[58]. Em outros termos, enquanto as importações de produtos brasileiros pelos EUA apenas evoluíram de US$ 7,9 bilhões, em 1990, para US$ 9,6 bilhões, em 1997, US$ 11 bilhões, em 1999, e US$ 13,8 bilhões, em 2000[59], suas exportações para o Brasil saltaram de US$ 5,0 bilhões, em 1990, para US$ 15,9 bilhões, em 1997, US$ 13,2 bilhões, em 1999, e US$ 15,3 bilhões, em 2000[60]. A participação do Brasil no total das importações dos EUA também caiu de 1,6%, em 1990, para 1,1%, em 1999, enquanto cresceu de 1,28% para 1,91% no total de suas exportações. Ao mesmo tempo, o déficit líquido na balança comercial com os EUA, acumulado pelo Brasil desde 1990, alcançou aproximadamente o montante de US$ 14 bilhões, ao fim de 2000, e de janeiro a abril de 2001 já era da ordem de US$ 466 milhões nos quatro primeiros meses de 2001[61].

Esse crescente déficit não se deveu apenas à rebaixa tarifária e à estabilização da moeda, com a sobrevalorização do câmbio, ocorrida após 1994. Decorreu sobretudo do fato que pesadas taxas bloqueavam a entrada no mercado norte-americano de vários produtos brasileiros, tais como suco de laranja, calçados, tecidos de lã, ferro-liga e aços planos — e cuja remoção poderia, em um ano, reduzir cerca de US$ 3 bilhões o déficit comercial do Brasil com os EUA, calculado entre US$ 5 bilhões e US$ 6 bilhões (metade do seu déficit total) até o fim de 1997. A rebaixa unilateral de suas tarifas não encontrara contrapartida em outros países, principalmente nos EUA. Pelo contrário, quanto mais competitivos, em escala global, eram os produtos exportados pelo Brasil — calçados, produtos siderúrgicos e metalúrgicos, suco de laranja, têxteis, açúcar, tabaco, carne de frango, entre outros — mais elevadas eram as barreiras protecionistas, ostensivas ou disfarçadas, que obstaculizavam sua penetração nos maiores mercados e, especialmente do ponto de vista das negociações da Alca, no mercado norte-americano[62].

Fenômeno similar ocorreu com a Argentina, cujas exportações, em geral, cresceram cerca de 115%, entre 1990 e 1998, mas as importações, realizadas no mesmo período, tiveram um incremento de 320% e converteram o saldo positivo, obtido ao longo de uma década, em crescente déficit, a partir de 1993, com exceção dos anos de 1995 e 1996, em que houve alta dos preços no mercado internacional. Na balança comercial com os EUA o déficit cresceu ininterruptamente desde 1991. Em números absolutos, as importações de produtos norte-americanos pela Argentina cresceram quase cinco vezes, elevando-se de US$ 1,1 bilhão, em 1990, para US$ 2,2 bilhões, em 1997, US$ 4,9 bilhões, em 1999, e US$ 4,6 bilhões, em 2000, ao passo que suas exportações para os EUA apenas duplicaram, pois apenas subiram de US$ 1,5 bilhão, em 1990, para US$ 2,2 bilhões, em 1997, US$ 2,5 bilhões, em 1999, e US$ 3,0 bilhões, em 2000[63]. A participação da Argentina no total das exportações dos EUA aumentou de 0,3% para 0,7%, entre 1990 e 1999, mas sua participação no total das importações norte-americanas decaiu de 0,3% para 0,2%, no mesmo período. Seu saldo líquido na balança comercial com os EUA, acumulado entre 1990 e 2000, totalizou cerca de US$ 22,7 bilhões. E o déficit dos quatro primeiros meses de 2001 já atingia um montante de US$ 485 milhões, um pouco maior do que o do Brasil no mesmo período[64]. Esse problema se deveu, em larga medida, à concessão de subsídios aos produtos agrícolas, praticada continuamente pelos diversos governos norte-americanos, em contradição com o que apregoaram nas negociações do GATT. A situação do Uruguai e do Paraguai não foi diferente. O saldo negativo líquido acumulado pelo Uruguai entre 1990 e 2000 foi de US$ 908,7 milhões, enquanto o do Paraguai, ocorrido ininterruptamente no mesmo período, alcançou o valor de US$ 6,4 bilhões[65]. O déficit negativo acumulado no comércio com os EUA pelos quatros países — Brasil, Argentina, Uruguai e Paraguai — montou em US$ 44 bilhões, no período de 1990 a 2000, sem contar os saldos negativos do Chile (US$ 11,5 bilhões) e da Bolívia (US$ 495,3 milhões entre 1993-2000)[66], que em 1996 firmaram acordos de livre comércio com o Mercosul.

Esses elevados déficits na balança comercial que a Argentina, Brasil, Paraguai e Uruguai passaram a sofrer quase ininterruptamente, a partir de 1991, em virtude da rebaixa das tarifas no processo de formação do Mercosul, aumentariam muito mais com o desaparecimento da TEC, como consequência da implantação da Alca. Daí por que o governo norte-americano, baseado no princípio de que sua "*primary obligation*" era para com seus próprios cidadãos, segundo Madeleine Albright reafirmou perante o Senado, estava disposto a defender firmemente os interesses vitais dos EUA[67], o que significava, nas circunstâncias da América Latina, opor-se ao *building block*, cuja expansão o Brasil, como potência industrial emergente, impulsava, atraindo para sua órbita o restante da América do Sul. Richard Feinberg, ex-assessor do Conselho de Segurança dos EUA, e Fred Bergsten, diretor do Institute for International Economics, julgavam o Mercosul clara ameaça à construção da Alca, uma expressão "perversa" do regionalismo, conforme Alexander Yeats, principal economista da Divisão de Comércio Internacional do Banco Mundial caracterizou-o, em documento interno, mas divulgado pelos jornais *Wall Street Journal* e *Financial Times*, com a alegação de que o comércio entre o Brasil e seus demais associados crescera mais do que com terceiros países[68]. Por sua vez, ouvida em 1977 pelo Comitê de Finanças do Senado norte-americano, a embaixadora Charlene Barshefsky, ao substituir

Mickey Kantor na direção da USTR, pediu a rápida aprovação do *fast track*, argumentando não apenas com a competição da União Europeia e da China, que buscavam entendimentos com o Mercosul, México e Chile, mas também com o fato de que na América Latina, como na Ásia, acordos intrarregionais de preferência comercial estavam rapidamente mudando os padrões do comércio e as regras competitivas do jogo[69]. Em debate com os senadores, depois, ela declarou, citando o Mercosul como exemplo, que a falta do *fast track* deixava um *vacuum* de liderança, o que estava a levar a uma "*agglomeration by other countries of other trading partners in our own hemisphere as a means of building their own little unit or system of rules and obligations*". O embaixador do Brasil em Washington, Paulo Tarso Flecha de Lima enviou-lhe então uma carta, salientando que algumas estatísticas podiam propiciar-lhe uma compreensão mais profunda da magnitude econômica e comercial do Mercosul, que não era "*little unit or system of rules and obligations*", como ela afirmara, uma vez que possuía um PIB da ordem de US$ 1 trilhão, respondia por 50% da produção industrial e 35% de todo o comércio da América Latina[70]. O embaixador Flecha de Lima, rebatendo igualmente a presunção da embaixadora Barshefsky de que o estabelecimento dos acordos sub-regionais de comércio refletia a falta de liderança dos EUA no hemisfério, assegurou que o Mercosul se formara por decisão autônoma dos seus membros e não era incompatível com a Alca, que deveria constituir-se com base nos *building blocs* já existentes, segundo a Declaração de Miami, reiterada nas reuniões ministeriais de Denver e Cartagena.

A embaixadora Barshefsky continuou a insistir na outorga do *fast track*. Dois meses depois de confirmada como chefe da USTR, declarou, perante um subcomitê da Câmara dos Deputados, que os governos dos países, com mercados em rápido crescimento na Ásia e na América Latina, estavam a fazer entendimentos em volta dos EUA, antes do que com os EUA, e estabeleciam novas e exclusivas alianças comerciais em "*potential detriment of U.S. prosperity and leadership*"[71]. Em seguida, sem evasivas, apontou outra vez o exemplo do Mercosul, como uma união aduaneira em desenvolvimento, com a "ambição" de expandir seus acordos e a ela associar toda a América do Sul, havendo já fechado acordos com o Chile e a Bolívia e entrado em negociações com outros países não só do Pacto Andino (Colômbia, Venezuela etc.) como também dentro da Bacia do Caribe[72]. Charlene Barshefsky não mais o referiu como "*little unit or system of rules and obligations*" e esclareceu que ele representava a maior economia da América Latina, com uma população de 200 milhões de habitantes e um PIB da ordem de US$ 1 trilhão, com a qual a União Europeia já tratava de alcançar um acordo para a formação de uma área de livre comércio. Mas ressaltou a "ambição" do Mercosul, que tinha também "*clear strategic objective regarding commercial expansion and stronger position in world affairs*"[73].

O receio de que o Mercosul viesse a integrar outros países do continente e a constituir sério contrapeso para a predominância dos EUA transluziu no pronunciamento de Charlene Barshefsky, que exalava fervoroso nacionalismo, como o de Madeleine Albright. Sua pretensão fora induzir o Congresso norte-americano a aprovar o *fast track*, de forma que Clinton pudesse logo incorporar o Chile ao NAFTA, como primeiro passo no processo de formação da Alca, bloqueando assim a expansão do Mercosul, por julgar que as alianças comerciais, com o fim da Guerra Fria, desempenhariam papel crescentemente importante na definição do relacionamento entre as nações, no século XXI, do mesmo modo que os pactos militares, no século XX, modelaram o sentido essencial das relações globais[74]. Apesar de que o princípio subjacente da política comercial, implementada por Charlene Barshefsky, fosse explicitamente "*to support U.S. prosperity, U.S. jobs and the health of the U.S. companies*", conforme suas própria as palavras[75], não foi fácil, entretanto, induzir o Congresso no EUA a conceder o *fast track*. Senadores e deputados, assim como outros responsáveis pela formulação da política exterior norte-americana, sempre tiveram uma percepção negativa e estereotipada dos países da América Latina, na medida em que todos eles se lhes afiguravam dependentes, fracos, inferiores, ineptos, ineficientes e inclinados à corrupção[76].

A crise do México revitalizara a crença na "*Latin American inferiority*"[77] ao criar sério transtorno para os EUA, seu sócio no NAFTA, logo após a Cúpula de Miami, em dezembro de 1994, e concorrera para aumentar a resistência à renovação do *fast track*. Ademais, a falta de um consenso sobre a cláusula social, padrões de trabalho e proteção ao meio-ambiente, que os EUA sempre utilizaram como barreiras não comerciais para bloquear o acesso ao seu mercado de produtos de outros países, dificultava também a outorga desse mandato pelo Congresso. E Clinton sabia que com tais exigências, rejeitadas durante as negociações da Rodada Uruguai e renovadas no Congresso norte-americano como requisitos para a celebração de acordos comerciais, ele não teria condições de avançar os entendimentos com os países da América Latina, pois o Brasil opusera-se à discussão desses temas na reunião de Cartagena e, da mesma forma que outros países da América Latina, não podia aceitar acordos com a imposição de normas que viessem a tirar a competitividade de seus produtos ou pudessem servir como barreiras para os impedir de entrar no mercado norte-americano, como habitualmente acontecia. O governo brasileiro igualmente se manifestou contrário, pois o país não se podia "dar o luxo de desmantelar, de sucatear a indústria nacional, através de uma abertura precipitada de suas fronteiras", conforme o chanceler Luiz Felipe Lampreia ressaltou[78], ou seja, o Brasil não se dispunha a permitir a destruição de seu parque industrial, mediante nova redução de tarifas, e suportar crescentes saldos negativos na sua balança comercial, a fim de que os EUA pudessem compensar seus déficits com a Ásia. O próprio Fernando Henrique Cardoso, nas conversações com Clinton, ponderou que "o comércio não pode ser um jogo em que, enquanto um ganha, o outro perde". E deixou bastante claro que, não obstante o compromisso de participar da Alca, o Brasil, sendo um *global trader*, continuaria a negociar a integração do Mercosul com outros blocos regionais, da mesma forma que com a União Europeia. Isto significava, em outras palavras, que o Brasil não pretendia conceder aos EUA, com a criação da Alca, as mesmas isenções de tarifa e outras prerrogativas, estabelecidas entre os sócios do Mercosul, nem maiores vantagens que as negociadas com a União Europeia e os países da Ásia. Conforme o Professor Jerry Haar, da Universidade de Miami, admitiu, o Brasil podia jogar duro porque somente cerca de 20% do seu comércio exterior dependiam dos EUA, sorte que nem o México nem outros países da América Latina tinham[79]. E nesta posição de extrema dependência, da qual se libertara através da industrialização, não desejava recair. Destarte, durante a viagem que fez a países da América do Sul, em 1997, visando a forçar a antecipação da Alca para o ano 2000, Clinton, diante da resistência do Brasil, teve de declarar que o governo norte-americano não fazia "nenhuma objeção" ao fortalecimento do Mercosul[80], depois de haver proclamado na Venezuela, com arrogância, que "*whether we all like it or not, global economic integration is on a fast track*".[81] O reconhecimento do Mercosul, como *building block*, e a impossibilidade de conseguir a *early harvest* da Alca, já no ano 2000, constituíram os resultados de sua viagem.

Pouco tempo depois, em abril de 1998, as negociações para a formação da Alca começaram com a reunião de cúpula dos 34 presidentes americanos em Santiago do Chile, e afiguraram-se muito difíceis, em consequência da falta de confiabilidade na política comercial dos EUA, cuja execução era condicionada por vários e contraditórios interesses, através de *lobbies* junto ao Congresso e aos órgãos do Executivo. Porém a remoção das barreiras tarifárias e não tarifárias, bloqueando a entrada nos EUA de produtos não apenas brasileiros como argentinos e chilenos, jamais dependeu de Clinton, que também não conseguira do Congresso norte-americano a concessão do *fast track*, à qual havia oposição dentro do próprio Partido Democrata. E essas barreiras geravam o contencioso bilateral Brasil/EUA, que constituíam a principal fonte de obstáculos para a integração continental. O contencioso, no entanto, não era apenas comercial. Era, sobretudo, político. Ele refletia o conflito entre os interesses nacionais de dois Estados, que tinham objetivos estratégicos contraditórios, enquanto instâncias superiores de organização e comando de sistemas produtivos e de suas respectivas sociedades. O Brasil, através da integração com a Argentina e da consolidação do Mercosul, primeiro, como união aduaneira e, em seguida como mercado comum, meta do Tratado de Assunção, visava implicitamente à possibilidade de aglutinar os demais países da América do Sul e construir futuramente um Estado supranacional, algo semelhante à União Europeia[82]. E conviver com o Mercosul, como um "componente vital" para a estrutura do hemisfério ocidental, configurou um "desafio para a política norte-americana", conforme o ex-secretário de Estado Henry Kissinger reconheceu, ponderando que a "irritação dos EUA com o Brasil", cujo PIB assemelhava-se ao da China, não faria "desaparecer essa realidade" e que o governo norte-americano deveria tratar esse *building block* do mesmo modo como tratava a União Europeia, com a qual buscava manter o chamado diálogo transatlântico[83]. No entanto, embora apresentasse o projeto da Alca como do interesse geral do hemisfério, o que Clinton queria era aproveitar o *momentum*, em que a economia norte-americana recuperara a produtividade e se mostrava ainda mais próspera do que dez anos antes, para coagir os países da América Latina, a partir de uma posição de força[84], a aceitarem a formação de uma zona de livre comércio que assegurasse aos EUA a supremacia política e o contínuo aumento das exportações e investimentos, necessário à sustentação do alto *standard* de vida do seu povo. O Mercosul, devido máxime à resistência do Brasil, constituiu certamente o maior entrave a essa integração hemisférica. E mais do que nunca tão real se afigurou a previsão de que "*el año 2000 nos va a sorprender unidos o dominados*"[85], formulada pelo general Juan Domingo Perón, quando defendera, nos anos 50, a criação de um mercado comum à Argentina, Brasil e Chile (Pacto ABC).

## NOTAS

1. Amorim, Celso. "O Mercosul é o caminho para a criação de uma área de livre-comércio sul-americano", in Fundação Alexandre de Gusmão. *Política Externa. Democracia. Desenvolvimento*. Gestão do Ministro Celso Amorim no Itamaraty (agosto 93 a dezembro 94). Brasília, 1995, pp. 228-229.
2. Amorim, Celso. "A construção da América do Sul", artigo publicado no *Jornal do Brasil*, 25/9/1994, ibid., pp. 259-260.
3. Apud Serra, José. "Alca, Mercosul e abertura externa", in *Política Externa*, vol. 7, n. 1, junho-julho-agosto 1998, pp. 15-30.
4. Declaração do embaixador Celso Amorim, ministro das Relações Exteriores do Brasil, a *Brasil Business*, Ano II, n. 18, in Fundação Alexandre de Gusmão. *Política Externa. Democracia. Desenvolvimento*. Gestão do Ministro Celso Amorim no Itamaraty (agosto 93 a dezembro 94). Brasília, 1995.
5. Informação de Fernando Henrique Cardoso, quando ministro das Relações Exteriores (1992-1993), in *Reflexões sobre a Política Externa Brasileira*, Fundação Alexandre de Gusmão, 1993, p. 282.
6. Discursos dos chanceleres Guido Di Tella e Celso Amorim, in *A Política Exterior de Argentina e do Brasil frente ao Mundo em Transição: Diversidade, Convergência e Complementaridade*, Buenos Aires, Palácio San Martín, 3 a 5/9/1993, Fundação Alexandre de Gusmão.
7. Intervenção do embaixador Roberto Campos, in *Reflexões sobre a Política Externa Brasileira*, Fundação Alexandre de Gusmão, 1993, p. 272.
8. Amorim, Celso. "O Mercosul é o Caminho para a Criação de uma Área de Livre comércio Sul-americano", in Fundação Alexandre de Gusmão. *Política Externa. Democracia. Desenvolvimento*. Gestão do Ministro Celso Amorim no Itamaraty (agosto 93 a dezembro 94). Brasília, 1995, pp. 228-229.
9. Lafer, 1993, p. 36.
10. Apud Serra, José. "Alca, Mercosul e Abertura Externa", in *Política Externa*, vol. 7, n. 1, junho-julho-agosto de 1998, p. 16.
11. Id., ibid., p. 16.

12. Intervenção do embaixador Paulo Nogueira Batista, ibid., p. 306.
13. Guimarães, 1999, p. 120.
14. Coutinho, Luciano & Furtado, João. "A Integração Continental Assimétrica e Acelerada: Riscos e Oportunidades da Alca", in Guimarães (org.), 1999, p. 124.
15. Serra, José. "Alca, Mercosul e abertura externa", in *Política Externa*, vol. 7, n. 1, junho-julho-agosto de 1998, pp. 17-18.
16. Id., ibid., p. 18.
17. Guimarães, 1999, p. 91.
18. Powell, 1992, p 7. Draft Resolution — 12 Cooperation for Security in the Hemisphere, Regional Contribution to Global Security — The general Assembly, recalling: Resolutions AG/RES. 1121 (XXX — 091 and AG/RES. 1123 (XXI-091) for strengthening of peace and security in the hemisphere, and AG/RES. 1062 (XX090) against clandestine arms traffic.
19. Serra, José. "Alca, Mercosul e Abertura Externa", in *Política Externa*, vol. 7, n. 1, junho-julho-agosto de 1998, p. 18.
20. Guimarães, 1999, p. 101.
21. Serra, José. "Alca, Mercosul e Abertura Externa", in *Política Externa*, vol. 7, n. 1, junho-julho-agosto de 1998, p. 18. Guimarães, 1999, p. 101-121.
22. Barbosa, 1991, p. 102.
23. Guimarães, Samuel Pinheiro. "Market Access in a Alca", paper apresentado Fifth Colloquium of the Project IDB/ECLAC, "Support to the Process of Hemispheric Trade Liberalization", 28-29/9/1992 pelo Banco Interamericano de Desenvolvimento e pela Comissão Econômica das Nações Unidas para a América Latina e o Caribe (ECLAC). Manuscrito.
24. Id., ibid.
25. Serra, José. "Alca, Mercosul e Abertura Externa", in *Política Externa*, vol. 7, n. 1, junho-julho-agosto de 1998, p. 18.
26. Guimarães, 1999, p. 121.
27. Florêncio, 1995, pp. 70-74.
28. Guimarães, Samuel Pinheiro. "Aspectos Econômicos do Mercosul", trabalho apresentado ao II Congresso Euro-Latino-americano sobre Integração, Granada, 28 de novembro a 1º de dezembro de 1995. Manuscrito.
29. Ibid.
30. Guimarães, 1999, p. 128.
31. Almeida, Paulo Roberto. "Dez Anos de Mercosul: uma visão brasileira". Manuscrito.
32. Guimarães, Samuel Pinheiro. "Aspectos Econômicos do Mercosul", trabalho apresentado ao II Congresso Euro-Latino-americano sobre Integração, Granada, 28 de novembro a 1º de dezembro de 1995. Manuscrito.
33. Barbosa, 1991, p. 102.

34. Id., ibid., p. 102.
35. Florêncio, 1995, p. 44.
36. Ministério da Indústria, do Comércio e do Turismo. Secretaria de Comércio Exterior. *Intercâmbio Comercial — Brasil-Mercosul*, janeiro/setembro, 1995, p. 5.
37. Ibid.
38. Ibid.
39. Batista, Paulo Nogueira. "A Política Externa de Collor: Modernização ou Retrocesso?", in *Política Externa*, vol. 1, n. 4, março 1993, p. 102.
40. Guimarães, 1999, p. 125.
41. Id., ibid., p. 125.
42. Rapoport 2000, p. 955.
43. Silva, Carlos Eduardo Lins da. "Comércio Exterior é Foco de Tensão com os EUA", in *Folha de S.Paulo*, São Paulo, 29/3/1996, p. 12. Tachinardi, Maria Helena. "Brasil Lidera Discussão na Alca, in *Gazeta Mercantil*, São Paulo, 30, 31 e 1º/3/1996, p. A-5.
44. Silva, Carlos Eduardo Lins da, art. cit., in *Folha de S.Paulo*, São Paulo, 29/3/1996, p. 12.
45. Sarney, José. Mercosul, o perigo está chegando", in *Folha de S.Paulo*, São Paulo, 10/4/1997, p. 3. Fabiano, Ruy. "Sutileza de Búfalo", *in Correio Braziliense*, Brasília, 20/4/1997, p. 2. O embaixador dos EUA em Brasília escreveu carta ao jornalista Ruy Fabiano negando que a secretária de Estado, Madeleine K. Albright, houvesse qualificado o Mercosul como "nocivo" aos interesses dos EUA e, realmente, o adjetivo não aparece no *statement* perante a Comissão de Relações Exteriores do Senado norte-americano, em 8 de janeiro de 1997, mas, ao que tudo indica, ele foi, devido à sua inconveniência, suprimido da versão oficial, liberada pelo porta-voz Departamento de Estado, por modo a permitir desmentidos.
46. Secretary of State-Designate Madeleine K. Albright. Prepared statement before the Senate Foreign Relations. As realesed by the Office of the Spokesman, Department of State, Washington, D.C., January 8, 1997. http://www.secretary.state.gov/ statements/970108a.html
47. Sarney, José. "Mercosul, o Perigo Está Chegando", in *Folha de S.Paulo*, São Paulo, 10/4/1997, p. 3.
48. Ibid.
49. Sarney, José. "Mercosul, o Perigo Está Chegando", in *Folha de S.Paulo*, São Paulo, 10/4/1997, p. 3.
50. Sarney disse ao autor que tivera essa percepção, quando certa vez se encontraram em Buenos Aires, em 1990, durante um simpósio sobre integração Brasil-Argentina.

51. Declaração do presidente Fernando Henrique Cardoso, in *O Globo*, Rio de Janeiro, 23/8/1997.
52. Ibid.
53. Secretary of State-Designate Madeleine K. Albright. Prepared statement before the Senate Foreign Relations Committee, as released by the Office of the Spokesman, Department of State, Washington, D.D., January 8, 1997. http://www.secretary.state.gov/statements/970108a.html
54. Ibid.
55. U.S.T.R. Charlene Barshefsy Testimony to Senate Finance Committee. U.S. Information and Texts n. 005 — Z12481 B, United States Information Service, February 5, 1997, pp. 5 a 10.
56. Ibid. Charlene Barshefsky statement before House Trade Panel. *U.S. Information and Texts* n. 011 — Z12481 B, United States Information Service, March 20, 1997, pp. 38 a 45.
57. Flecha de Lima, Paulo Tarso. "A Visita do Presidente Clinton ao Brasil", in *Jornal do Brasil*, 13/10/1997.
58. U.S. Census Bereau, Foreign Trade Division, Data dissemination. http://www.census.gov/foreign-trade
59. Ibid.
60. Ibid.
61. Ibid.
62. Lampreia, Luiz Felipe. "O Consenso Brasileiro em Torno da Alca", in *Política Externa*, vol. 5, n. 4/vol. 6, n. 1, março-agosto 1997, pp. 3 a 11.
63. Ibid.
64. Ibid.
65. Ibid.
66. Ibid.
67. Secretary of State-Designated Madeleine K. Albright, prepared stateman before the Senate Foreign Relation Committee, January 8, 1997.
68. O título do documento era "Does Mercosur's Trade Performance Justify Concerns About the Effects of Regional Trade Arrangements? YES!". Apud Coehen, Isac-Diretor ECLAC/Washington — "Mercosur under Attack". http://www.mre.gov.br/webgetec/bila /esp2 /artigo5.htm
69. "Within Latin America and Asia, intraregional preferential trading arrangements are rapidly changing trade patterns and the competitive rules of the game". Barshefsky Testimony to Finance Committee, *U.S. Information and Texts*, n. 5, USIS, February 5, 1997, p. 8. Sobre o depoimento da embaixadora Barshefsky. vide também Klintowitz, Jaime, "A Tática do Grito!, in *Veja*, 12/2/1997, pp. 66 e 67. Segundo a jornalista Maria Helena Tachinardi, correspondente da *Gazeta Mercantil*, em Washington, ela teria declarado que o Mercosul era "pequena unidade de comércio, um pequeno sistema de regras e

obrigações", o que teria levado o embaixador do Brasil nos EUA Paulo Tarso Flecha de Lima, a contestá-la. Vide Tachinardi, Maria Helena. "Brasil/EUA: uma relação em busca de novos caminhos", in *Política Externa*, vol. 5, n. 4/ vol. 6 n. 1, março-agosto 1997, pp. 18 a 24.

70. Carta n. 030, do embaixador do Brasil em Washington, Paulo Tarso Flecha de Lima, à embaixadora Charlene Barshefsky, United States Trade Representative-Designate, Washington, January 31, 1997. AA.
71. Barshefsky statement before House Trade Panel 3/18. U.S. *Information and Texts* n. 011. USIS, March 20, 1997, p. 38. A parte do debate com os senadores, na qual ela deu o Mercosul como exemplo de "*little units or sytem of rules and obligations*" não foi divulgada pela USIS nem pelo Homepage da USTR na internet. Vide também Passos, José Meirelles. "Avanço do Mercosul preocupa americanos", in *O Globo*, Rio de Janeiro, 2/5/1997, 2ª edição.
72. Barshefsky statement before House Trade Panel 3/18. U.S. *Information and Texts n.* 011, USIS, March 20, 1997, p. 41.
73. Id., ibid., p. 41.
74. Barshefsky testimony to Senate Finance Committee, *U.S. Information and Texts*, n. 5, February 5, 1997, p. 8.
75. Barshefsky statement before House Trade Panel 3/18, *U.S. Information and Texts*, n. 011, March 20, 1997, p. 42.
76. Cottam, 1994, pp. 21, 23 e 31.
77. Schoultz, 1998, p. xv.
78. *Correio Brasiliense*, Brasília, 15/10/1957.
79. *Jornal do Brasil*, Rio de Janeiro, 15/10/1997.
80. *Correio Brasiliense*, Brasília, 15/10/1997. *Jornal do Brasil*, Rio de Janeiro, 15/10/1997.
81. *International Herald Tribune*, Oct. 14, 1997.
82. Conforme o general Juan Domingo Perón prognosticara, uma vez realizada a união entre a Argentina, Brasil e Chile, com a celebração do Pacto ABC, por ele proposto a Getúlio Vargas por volta de 1949-50, "*caerán e su órbita los demás países sudamericanos, que no será favorecidos ni por la formación de un nuevo agrupamiento y probablemente no lo podrán realizar em manera alguna, separados o junto, sino en pequeñas unidades*". Discurso pronunciado em 11 de novembro de 1953, na Escola Nacional de Guerra, *in* Perón, Juan Domingo — *La hora de los Pueblos*, Editorial Pleamar, Buenos Aires, 1974, pp. 83 e 84.
83. Artigo publicado no *New York Post*, em 29/4/1997, *apud* http://www.mre.gov.br/getec/webgetec/RESENHAS/REL97/rel10097.htm
84. Barshefsky statement before House Trade Panel, *U.S. Information and Texts* n. 011, March 20, 1997, pp. 40 e 41.
85. Perón, 1973, p. 80.

## Capítulo XXIII

AS DIFÍCEIS NEGOCIAÇÕES DA ALCA • MERCOSUL *VERSUS* NAFTA • A DESVALORIZAÇÃO DO REAL • O DÉFICIT DA ARGENTINA COM OS EUA • O PEDIDO PARA A ARGENTINA ENTRAR NA OTAN • A EXPANSÃO DAS GUERRILHAS E O NARCOTRÁFICO NA COLÔMBIA • A AMEAÇA DE INTERVENÇÃO • A COLABORAÇÃO DA ARGENTINA COM OS EUA E AS DIVERGÊNCIAS COM O BRASIL

Os EUA sempre insistiram em ignorar o Mercosul, como um *building block*, pretendendo negociar separadamente com cada país a formação da Alca, o que lhes daria maior poder de pressão. Também propunham que os acordos para a integração hemisférica fossem mais abrangentes do que os alcançados para a formação da OMC, exceto em questões do seu interesse, como a dos produtos agrícolas. Contudo, conquanto contassem com o apoio do Canadá, México e Chile, não tiveram êxito nessa tentativa de incluir, para discussão no âmbito hemisférico, nem os temas GATT-Plus e Miami-Plus, nem as questões da proteção ambiental e da cláusula trabalhista (*social dumping*), que trataria da relação entre os baixos salários pagos nos países da América Latina e o custo mais barato das mercadorias por eles exportadas. Este constituía, aliás, um dos problemas mais complexos. O baixo nível dos salários pagos aos trabalhadores tanto no Brasil como nos demais países da América Latina convinha aos interesses das grandes indústrias norte-americanas, atraindo seus investimentos, na medida em que barateava o custo da produção. Mas, exatamente porque as multinacionais preferiam aplicar capitais onde a flexibilidade da legislação social reduzia o custo da força de trabalho, a implementação da Alca, sem uma padronização dos direitos trabalhistas, poderia concorrer para aumentar o desemprego nos EUA, de onde cerca de

500.000 empregos emigraram, sobretudo para o México, desde 1993, devido ao NAFTA, de acordo com estudos do Economic and Politic Institute[1]. Também em consequência do NAFTA, os investimentos continuavam a fugir do Canadá para o México, onde a legislação social e ambiental, menos rígida, reduzia o custo da força de trabalho, deixando 1,5 milhão desempregados. Tal problema constituía uma preocupação do Congresso norte-americano, que por isto condicionou os acordos de comércio à inclusão de cláusulas sociais, com o objetivo de compelir outros países a equipararem suas condições de trabalho às existentes nos EUA, sob pena de bloquear-lhes o acesso das exportações ao mercado norte-americano, por promoverem um *dumping social*. O Brasil entendia, porém, que a vinculação do comércio ao meio ambiente e, especialmente, às condições de trabalho induziria ao protecionismo ecológico e à erosão de sua competitividade no mercado internacional, e sua tenaz oposição ao debate de itens, que nem sequer avançaram na Rodada Uruguai, contou com o respaldo de muitos outros Estados da América Latina[2].

A Argentina, em meio de discrepâncias econômicas e políticas e da diferença de prioridades no aprofundamento do Mercosul, bem como o Uruguai e o Paraguai respaldaram a determinação do Brasil de só negociar a proposta da Alca, de bloco a bloco, i.e., Mercosul em expansão *versus* NAFTA, pois só assim haveria condições de neutralizar o formidável peso dos EUA. Os quatro países mantiveram uma posição conjunta em todas as reuniões dos ministros responsáveis pelo comércio do hemisfério (Denver, EUA, junho de 1995; Cartagena das Índias, Colômbia, março de 1996; Belo Horizonte, Brasil, maio de 1997; e São José da Costa Rica, março de 1998), o que não permitiu que os EUA pudessem acelerar o ritmo e ampliar a abrangência temática das negociações sobre a formação da Alca, tal como queriam. Na reunião ministerial de São José da Costa Rica chegou-se à conclusão de que o acordo final sobre a Alca devia ser equilibrado, abrangente, baseado no consenso e congruente com as regras e disciplinas da OMC. Outrossim devia constituir um compromisso único (*single undertaking*), levando em conta as necessidades, condições econômicas e oportunidades das economias menores, bem como os acordos bilaterais e sub-regionais de integração e de livre comércio existentes (a exemplo do Mercosul), na medida em que estes fossem mais profundos e abrangentes (no sentido de maior integração ou liberalização nas relações entre seus membros) do que a futura Alca. Esses princípios, que correspondiam aos interesses brasileiros e do Mercosul, os chefes de Estados e de governo confirmaram na II Cúpula das Américas, em Santiago do Chile, realizada nos dias 18 e 19 de abril 1998.

Naquela mesma época, abril de 1998, os quatro Estados do Mercosul e da Comunidade Andina de Nações (CAN) assinaram em Buenos Aires um acordo-quadro que previa a criação de uma zona de livre comércio entre os dois blocos a partir de janeiro de 2000. E em seguida, na reunião de Ushuaia (24/7/1998) firmaram um protocolo relativo ao compromisso democrático no Mercosul, na Bolívia e no Chile, uma declaração Política do Mercosul, da Bolívia e do Chile como zona de paz e um Plano de Cooperação e Assistência Recíproca para a Segurança Regional. O fato de que o Congresso norte-americano continuou a negar a *fast track* ao Executivo deixou-o sem autoridade para negociar a Alca, a partir de uma posição de força, e aliviou as pressões aos países da América do Sul. Entretanto, a partir de 1998, diversos acontecimentos econômicos e políticos agitaram os países do Mercosul. A Argentina começou a defrontar-se com graves dificuldades financeiras, apesar de que seu PIB aumentara 8%, ao subir de US$ 250,9 bilhões, em 1996, para US$ 271,0 em 1997[3], após curta recessão, provocada pela fuga de capitais e pesadas perdas no sistema bancário, como reflexo da crise do peso mexicano, ocorrida em 1994-95. Diante do tumulto no sistema econômico internacional, desencadeado pelos problemas na Rússia e pelo colapso financeiro que afetou os países do Leste asiático, sobretudo a Coreia do Sul, e Indonésia; Malásia e Tailândia, em 1997-98, a ansiedade dos investidores agravou-se, com respeito ao Brasil, e o governo Menem, a fim de garantir a convertibilidade do peso em dólar, aumentou os juros internos, o que levou a taxa de crescimento da economia argentina a cair pela metade, ou seja, 3,8%. As condições da Argentina pioraram ainda mais, quando a crise alcançou o Brasil, compelindo o governo, em janeiro de 1999, a desvalorizar o real, unilateralmente, sem comunicar aos seus parceiros no Mercosul, e introduzir o regime de flutuação cambial. Com essa decisão, os problemas latentes da economia argentina afloraram. Seu PIB caiu 3,4%, e ela entrou em prolongado período de recessão, que a desaceleração da economia mundial engravesceu, o que elevou a taxa de risco do país e, consequentemente, o custo de captação de recursos.

A desvalorização do real e a introdução subsequente do regime de flutuação cambial geraram grave crise política e comercial, bem como de credibilidade externa, aprofundando as divergências entre a Argentina e Brasil, em meio das difíceis negociações para definir um regime automotivo comum entre os países e a liberalização do setor açucareiro[4]. Com receio de que os produtos brasileiros inundassem os mercados dos outros sócios do Mercosul e de que ocorresse fuga de capital para o Brasil, setores de menor competitividade na Argentina logo passaram a reivindicar medidas protecionistas contra produtos brasileiros (têxteis, avícolas, siderúrgicos, calçados, papel, reforço de barreiras ditas sanitárias). Às vésperas da eleição para a presidência da República, Menem ameaçou dolarizar unilateralmente a economia argentina e estabeleceu restrições à importação de alguns tipos de tecidos, produzidos no Brasil, China e Paquistão, o que gerou as mais graves tensões entre a Argentina e o Brasil desde a formação do Mercosul, levando o chanceler Luiz Felipe Lampreia a dizer, duramente, que essa resolução era uma "brincadeira de mau gosto" e que em seus 35 anos de vida diplomática nunca viu atitude "tão arrogante", nem por parte dos EUA, contra o Brasil. A gravidade do conflito foi de tal magnitude que abalou a prática de entendimento direto entre os presidentes dos países, e o porta-voz do governo brasileiro declarou publicamente que o Brasil não considerava conveniente uma visita de Menem, que voltava dos EUA e solicitara um encontro com Fernando Henrique Cardoso. O Itamaraty, conforme transpirou, comunicou a Menem que Fernando Henrique Cardoso não aceitaria recebê-lo se ele viesse com as "mãos vazias". E Menem não teve alternativa senão capitular. Viajou para Brasília, anunciando que o Mercosul seria excluído das restrições às importações de têxteis. Entrementes, o Brasil apelou para o mecanismo de solução de controvérsias do Mercosul, disposto a levar o contencioso à apreciação da OMC, mas concordou em discutir harmonização setorial, como condição prévia à coordenação, a médio prazo, das políticas macroeconômicas.

Essa crise, entretanto, produziu impacto de tal magnitude, que o volume do comércio intra-Mercosul sofreu enorme queda. As exportações intra-Mercosul, da ordem de US$ 28,8 bilhões (FOB), em 1997, declinaram ligeiramente para US$ 28,6 bilhões, em 1998, e despencaram para apenas US$ 22,2 bilhões, em 1999, embora logo começassem a recuperar os níveis anteriores, aumentando para US$ 27,1 bilhões, no ano 2000[5]. As importações intra-Mercosul desceram de US$ 27,1 bilhões, em 1997, para US$ 26,0, em 1998, e caíram para US$ 20,4 bilhões em 1999[6]. O resultado foi a redução do saldo comercial que a Argentina acumulava. Suas exportações para o Brasil, que se elevaram progressivamente de US$ 5,4 bilhões, em 1995, quando entrou em vigência o Mercosul, para US$ 6,6 bilhões, em 1996, e US$ 8,1 bilhões, em 1997, já em 1998 diminuíram ligeiramente para US$ 7,9 bilhões e desabaram para US$ 5,6 bilhões, em 1999, e US$ 5,1 bilhões, em 2000[7]. Por outro lado, suas importações de produtos brasileiros, que subiram de US$ 4,1 bilhões (CIF), em 1995, para US$ 5,3 bilhões, em 1996, US$ 6,9 bilhões, em 1997, e US$ 7,0 bilhões, em 1998, decaíram para US$ 5,5 bilhões, em 1999, e US$ 4,7 bilhões, em 2000[8]. O superávit acumulado pela Argentina no intercâmbio com o Brasil, entre 1996 e 2000 (nove meses), alcançou assim o montante aproximado de US$ 5,1 bilhões, enquanto o déficit no intercâmbio com os EUA totalizou US$ 16,6 bilhões, maior do que o total do saldo negativo da balança comercial, acumulado no mesmo período, da ordem de US$ 11,1 bilhões[9].

A queda das exportações do Brasil não ocorreu apenas no comércio com a Argentina. Ao contrário do que se imaginava, as importações de produtos brasileiros pelos demais sócios do Mercosul não aumentaram em consequência da desvalorização do real, mas decaíram de maneira acentuada. Se as exportações do Uruguai para o Brasil despencaram de US$ 940 milhões (FOB), em 1997, para US$ 387 milhões, em 2000, as importações de produtos brasileiros diminuíram de US$ 800,7 (CIF) milhões para US$ 666,5 milhões, mas o total da balança comercial, no mesmo período, manteve-se equilibrado[10]. No caso do Paraguai, as exportações para o Brasil declinaram de US$ 457 milhões, em 1997, para US$ 336 milhões, em 2000, enquanto suas importações de produtos brasileiros caíram quase a metade, baixando de US$ 1 bilhão, em 1997, para US$ 537 milhões, embora a balança comercial continuasse favorável ao Brasil, ao propiciar-lhe ainda um saldo acumulado de US$ 2,3 bilhões[11].

A crise no comércio intra-Mercosul, cujo declínio começou a ocorrer, embora ligeiramente, em 1998, ou seja, antes mesmo da desvalorização do real, compeliu a Argentina, Brasil, Paraguai e Uruguai a criarem, em junho de 1999, o Grupo de Trabalho sobre Coordenação de Políticas Macroeconômicas, visando a retomar os entendimentos e propor medidas internacionais para restabelecer os níveis de comércio e restaurar a credibilidade do bloco frente aos investidores. O exercício quadripartite de coordenação macroeconômica levou ao nível internacional os programas de estabilidade monetária dos países da região, apesar das críticas de que foram reduzidos seus resultados concretos e de que os ganhos em termos de credibilidade externa do Brasil se deveram muito mais aos seus próprios indicadores macroeconômicos do que a qualquer iniciativa do Grupo de Trabalho sobre Coordenação de Políticas Macroeconômicas. Houve, entretanto, quem sugerisse a transferência da coordenação macroeconômica para instituições supranacionais e a criação de uma moeda única do bloco, como forma de contornar protecionismos setoriais ou de prevenir crises financeiras importadas, ou dolarização unilateral, proposta esta recebida com cautela pelas autoridades econômicas no Brasil e na Argentina.

Não obstante ser o Brasil não apenas o principal mercado para o escoamento das exportações da Argentina, o que lhe propiciava acumular saldos favoráveis, Menem, entretanto, continuou a provocar atritos políticos, na sua ânsia de entabular "relações carnais" com os EUA. Não contente com a concessão à Argentina, em 1997, do *status* de aliado extra-OTAN, Menem, em 8 de julho de 1999, enviou carta a Clinton, solicitando sua incorporação à OTAN, "na qualidade de membro associado ou em uma categoria similar a ser estabelecida"[12]. Ele alegou que o objetivo da Argentina era "participar mais eficazmente desta etapa de redefinição do sistema de segurança nacional, tanto nas operações realizadas sob o controle unificado da OTAN quanto na discussão e no desenho do sistema de segurança global que emerge"[13]. Essa iniciativa, tomada por Menem, cinco meses antes de terminar seu mandato e sem sequer consultar o Congresso argentino, sofreu severas críticas, tanto internamente como também no exterior. O Brasil, que em 1997 recebera a concessão dada à Argentina do *status* de aliado extra-OTAN com certa ironia, levando Fernando Henrique Cardoso a publicamente perguntar "aliado contra quem?", considerou grosseria a atitude de Menem de pedir a Clinton, sem consultar os sócios do Mercosul, que ela fosse aceita como membro pleno da OTAN. O porta-voz do Itamaraty, ministro Luís Fernando Ligiero, declarou que, se a vinculação da Argentina à OTAN efetivamente ocorresse, introduziria elementos estranhos no contexto da segurança regional sul-americana e produziria "consequências palpáveis para o Brasil", que seriam analisadas em todos os seus aspectos de natureza política e militar. Segundo transpirou, o Itamaraty advertiu o embaixador Jorge Hugo Herrera Vegas que a Argentina deveria escolher "a

OTAN ou o Mercosul", e apresentou um protesto formal, considerando que a atitude de Menem era prejudicial ao funcionamento do Mercosul porque alterava os mecanismos de consulta prévia para a tomada de decisões no âmbito regional. Os chanceleres Guido Di Tella e Luiz Felipe Lampreia deram então o assunto por encerrado, evitando que o atrito se aprofundasse e prejudicasse o Mercosul.

A solicitação de Menem encapava vários objetivos, que se entrançavam. Ele, aparentemente, pretendeu fortalecer a posição da Argentina perante os EUA, em oposição à candidatura do Brasil a membro permanente do Conselho de Segurança da ONU, como representante da América Latina. E teve a intenção de conseguir armamento especial para as Forças Armadas, que nada ainda haviam recebido, apesar de que a Argentina já estivesse relativamente ligada à OTAN desde 1997. Sua situação tornara-se realmente muito precária, devido aos cortes no orçamento, que fizeram as taxas de crescimento dos gastos militares serem menores do que as taxas de crescimento dos gastos com saúde e educação. O Exército, em 1995, estava reduzido a 20.000 efetivos e tanto a Marinha de Guerra quanto a Aeronáutica não dispunham de equipamentos. Não obstante, até 1999, a Argentina engajara cerca de 15.000 soldados em operações internacionais, fornecendo batalhões à Força de Proteção da ONU (FORPRONU), na ex-Iugoslávia, e enviando tropas e observadores para outras regiões, especialmente na Croácia, Haiti, Angola, Moçambique, Guatemala, Saara Ocidental, Kuwait, Líbano, Eslavônia oriental e Chipre[14]. A Argentina, porém, não participara apenas de missões de paz sob os auspícios da ONU. Em 1990, enviara à região do Golfo Pérsico navios de guerra, aviões de transporte e 600 oficiais e suboficiais, assim como tropas para a intervenção no Haiti (1994), e apoiou a criação de uma brigada multinacional de intervenção rápida da ONU, conhecida como SHIRBRIG. Aos militares argentinos, muitos dos quais também procuravam adaptar-se às funções da vida civil, através do que chamavam de *transibilidade*, interessava participar dessas missões de paz da ONU ou mesmo de guerra, juntamente com os EUA, não só por motivos políticos e militares como econômicos, pois podiam obter maior treinamento e melhorar a sua remuneração. E essas chances recresceriam, caso a Argentina fosse admitida como membro da OTAN e se envolvesse em operações de guerra, sobretudo na América do Sul, como se previa. Ao que tudo indicou, não foi mero acaso que o pedido para admissão da

Argentina como membro pleno da OTAN coincidiu com a perspectiva de intervenção na Colômbia, aberta pelos EUA, diante da incapacidade do presidente Andrés Pastrana de conter o incoercível avanço das Fuerzas Armadas Revolucionárias Colombianas (FARC), que já controlavam 40% do seu território, dominando a situação em cerca de 650 municípios, quase todos nas fronteiras com outros países, embora não fossem os mais povoados. O Departamento de Estado qualificou esse avanço do narcotráfico como um problema de segurança para o resto da região, e o próprio Clinton, em julho de 1999, declarou que décadas de luta armada na Colômbia constituíam uma "*national security issue*" para os EUA e que faria todo o possível para solucioná-la.

A luta de guerrilhas na Colômbia tornara-se o mais longo conflito armado ocorrido no século XX, pois eclodira no final dos anos 40, como consequência da guerra civil entre o Partido Liberal e o Partido Conservador. O assassinato do líder liberal Jorge Eliécer Gaitan provocou o *Bogotazo*, violentos distúrbios que ocorrerem em Bogotá, em 1948, no momento em que a IX Conferência Interamericana lá se reunia para recriar a União Pan-Americana, sob o nome de Organização dos Estados Americanos. As manifestações, com a participação dos trabalhadores e camponeses, espraiaram-se por toda a Colômbia, e a luta de guerrilhas, movida, inicialmente, pelo setor mais radicalizado do Partido Liberal, passou a receber respaldo da URSS, Cuba e China. Em 1964-1965, o governo colombiano, com o apoio dos EUA através da Operation for Security of Latin America (OSAL), desencadeou a Operación Marquetalia envolvendo 16.000 soldados, helicópteros, aviões de ataque e assessores norte-americanos, e conseguiu derrotar as guerrilhas e reconquistar as áreas onde elas haviam implantado as repúblicas camponesas, durante a repressão, conhecida como *La Violência*, em que cerca de 200 mil pessoas morreram entre 1948 e 1953[15]. Com o respaldo de Cuba e da China, os remanescentes reagruparam-se e formaram as FARC e o Exército de Libertação Nacional (ELN), assim como o Exército Popular de Libertação, de tendência maoísta. E, no correr do tempo, a insurgência política — promovida fundamentalmente pelas FARC — expandiu-se e ocupou territórios dominados pelos negócios da droga, cuja produção e comercialização os guerrilheiros passaram a proteger por se tornar sua importante fonte de financiamento. Assim, mediante a cobrança de um "imposto" aos traficantes em territórios controlados pelas FARC e pelo

ELN, os objetivos políticos da guerrilha entreteceram-se com os interesses do narcotráfico, e elas em muitos aspectos tornaram-se mais bem financiadas do que o governo colombiano[16]. Por outro lado, em 1965, o governo conferiu ao Exército a autoridade de armar os civis com o objetivo de sustar o avanço das guerrilhas, e fazendeiros e outros proprietários começaram a organizar unidades paramilitares, que também se associaram ao narcotráfico, dando-lhe proteção e também cobrando impostos como contrapartida. Graças à intervenção providencial do Exército, essas unidades, conhecidas como Autodefensas Unidas de Colombia (AUC), fortaleceram-se militarmente e desde 1998 implantaram-se ao oeste de Caquetá (zona de Sabaneta), assim como em Putumayo (Puerto Asís, La Hormiga e ao longo do Rio Caquetá, fronteira natural entre ambos departamentos). Depois, as AUC, sob o comando de Carlos Castaño, conquistaram territórios sob o controle da ENL, particularmente na região de San Pablo, zona que foi bombardeada durante várias semanas em princípios de 1999, e atacaram regiões dominadas pela FARC, no Urubá chocoano, perto da fronteira com o Panamá, e o norte de Santander, perto da Venezuela, ameaçando com represálias o presidente Hugo Chávez e seu Exército, assim como a Guardia Nacional do Panamá, sob a alegação de que protegeram e colaboraram com a guerrilha.

Um triângulo de violência, com as forças de segurança em uma das pontas e os guerrilheiros e paramilitares nas outras duas, formou-se na Colômbia, onde a luta armada converteu-se em problema crônico, pois se nenhum governo conseguiu extirpá-la, as FARC e o ELN também nunca tiveram condições de derrubá-lo e assumir o poder. Porém, com a queda do Muro de Berlim, a dissolução do Bloco Socialista e da própria URSS, em 1991, o comunismo deixou de representar o grande inimigo, que ameaçava a ordem econômica, social e política das democracias capitalistas do Ocidente. Cuba perdeu sua importância estratégica e a legitimidade para uma intervenção na América Latina desvaneceu-se. E sem um inimigo visível, com capacidade para confrontar seu poderio militar, os EUA trataram de descobrir novas ameaças, de modo a justificar a permanência dos sistemas nacionais e internacionais de defesa, bem como os orçamentos destinados a sustentar o complexo industrial-militar, cuja influência o presidente Dwight D. Eisenhower denunciara, ao despedir-se do governo, em 17 de janeiro de 1961[17]. Essas novas ameaças, identificadas nos documentos sobre a estratégia de defesa dos EUA, eram, pela ordem de importância e capacidade de afetar o sistema capitalista, o fundamentalismo islâmico, o terrorismo e o narcotráfico. A defesa da segurança nacional constituiu a *rationale* para a militarização do combate ao narcotráfico, que começara na administração do presidente Richard Nixon (1969-1973) e se evidenciou, em 20 de dezembro de 1989, quando o presidente dos EUA, George Bush (1989-1993), ordenou a invasão do Panamá (*Just Cause Operation*), violando as leis internacionais, a pretexto de prender o presidente Manuel Antônio Noriega e submetê-lo à justiça norte-americana por tráfico de droga, mas com o objetivo de testar, em um cenário contemporâneo, o planejamento e a execução conjunta de operações de contingência em países menos desenvolvidos. Essa *rationale* — proteger a segurança nacional — permitiu prover mais recursos e armamentos para o combate ao narcotráfico, elevando o orçamento de menos de US$ 1 bilhão, em 1970, para mais de US$ 16 bilhões em 1999, e foi reforçada, mediante a vinculação dos movimentos de guerrilha ao negócio de drogas. Daí a expressão narcoguerrilha, cunhada nos EUA, que substituíram a luta contra o comunismo pelo combate ao narcotráfico, como pretexto para tutelar e intervir na América do Sul, destinando, em 1999, cerca de 90% dos seus custos com assistência militar e policial, e 50% do treinamento a apenas quatro países dos Andes — Bolívia, Equador, Peru e especialmente Colômbia.

A concentração da assistência militar e policial nos quatro países andinos, refletindo, aparentemente, o receio de que o conflito na Colômbia se expandisse e desestabilizasse a América do Sul, ocorreu no mesmo ano de 1999 em que os EUA se preparavam para devolver ao Panamá o controle do canal, até 31 de dezembro, e redistribuíam pela Flórida, Porto Rico (Ilha de Vieques), Cuba (Guantánamo), Equador (Manta), Honduras, assim como nas Ilhas de Curaçao e Aruba (governo holandês) as instalações militares, que desde a primeira década do século XX conformaram seus sistema de defesa e segurança, na América Latina. Os EUA ainda esperaram manter uma presença militar no istmo, mediante a criação do Centro Multilateral Antidrogas — CMA — cuja sede provavelmente ficaria na base de Howard, já ocupada pelos militares norte-americanos. As negociações secretas com Ernesto Pérez Balladares, presidente do Panamá (1994-1999), foram abandonadas, porém, quando se tornaram públicas, e Mireya Moscoso, sua sucessora na presidência, rechaçou a implantação do CMA, porque violava o Tratado de 1977, firmado pelos presidentes Jimmy Carter e Omar Torrijos. Assim, no dia 30 de julho de 1999, o Southern Command dos EUA arriou a bandeira e se retirou do Panamá, a cujo governo deveria entregar o controle do estratégico canal interoceânico até 31 de dezembro.

Esse acontecimento constituiu motivo de preocupação para o general Charles E. Wilhelm, comandante em chefe do Southern Command (USSOUTHCOM), que considerava as instalações da Forward Operating Locations, ou FOLs[18], o elemento mais crítico da nova arquitetura militar, na perspectiva do combate ao narcotráfico, pois entendia que três bases eram necessárias para compensar a perda de Howard. Por isso, desde que a retirada do Panamá, em 1999, se afigurou inevitável, os EUA buscaram imediatamente uma alternativa, negociando acordos de modo que pudessem usar como plataformas os aeroportos existentes na América Central, Caribe e norte da América do Sul, como Forward Operating Locations (FOLs), para conduzir essencialmente operações aéreas multinacionais no combate às drogas. As FOLs foram então estabelecidas em Manta (Equador), em Beatrix (Aruba) e Hato (Curaçao), no Caribe, e no Aeroporto Internacional de El Salvador, Comalapa, na América Central. No entanto, embora a base militar em Manta, substituindo a de Howard, permitisse que os EUA pudessem dominar o bloco andino, controlando não só as guerrilhas na Colômbia, mas, a longo prazo, os corredores interoceânicos de toda a América, a posição do Panamá começou a preocupar os EUA. O general Charles E. Wilhelm, comandante em chefe do Southern Command, julgava-a "*more complicated*"[19], devido ao fato de que as forças militares e as Forças Públicas Panamenhas não eram manejadas e treinadas nem equipadas para impedir as repetidas incursões das guerrilhas ou das unidades paramilitares no sul do Panamá, na província de Darién, fronteiriça da Colômbia. As FARC entravam no Panamá para descansar e rearmarem-se, e as unidades paramilitares igualmente violavam o mesmo território para destruir os guerrilheiros. Também vários membros do Congresso norte-americano, principalmente do Subcommittee on Criminal Justice, Drug Policy, and Human Resources manifestaram preocupação com o fato de que a fronteira do Panamá com a Colômbia propiciava refúgio aos guerrilheiros, para evitar a perseguição das forças militares e policiais colombianas[20]. E oficiais do Pentágono e outros setores da administração norte-americana começaram a perceber como a grande ameaça aos seus interesses econômicos e estratégicos, representados pelo Canal do Panamá, o incoercível avanço das FARC, que com 17.000 efetivos controlavam grandes zonas do sul da Colômbia e uma zona em torno de Bogotá, enquanto o ELN, com 5.000 efetivos, dominavam o território, ao norte, ou seja, um total de aproximadamente 40% do país[21].

O general Charles E. Wilhelm não ocultou esse temor e, durante uma audiência no Senado norte-americano, advertiu que o enfrentamento com os guerrilheiros na Colômbia punha em perigo a segurança do Canal de Panamá, acrescentando que as incursões na área fronteiriça representavam um impulso mais vigoroso por parte dos narcotraficantes, que utilizavam a rota do istmo, e esse fato poderia requerer uma intervenção militar unilateral de tropas norte-americanas. Essa declaração provocou protesto dos governos tanto do Panamá como da Colômbia, levando o secretário de Estado adjunto, Peter Romero, a reunir-se em Washington com o embaixador do Panamá, Eloy Alfaro, e entregar-lhe uma nota de esclarecimento, em que desautorizava o general Charles E. Wilhelm. Não obstante esse desmentido, a hipótese de intervenção unilateral dos EUA na Colômbia certamente fora aventada. Quando o processo de negociações de paz começou, em final de 1998, o presidente Bill Clinton declarara que os EUA dariam dois anos ao presidente Andrés Pastrana para alcançar um acordo de paz com as FARC, pois, caso contrário, resolveria o problema a seu modo. Esta disposição era consistente com o princípio estratégico dos EUA, segundo o qual a decisão de usar a força seria ditada primeiro e acima de tudo pelos interesses nacionais dos EUA, em áreas específicas, e onde seus "*vital interests are at stake, our use of force will be decisive and, if necessary, unilateral*"[22]. Entretanto, a alternativa excogitada para evitar a ação unilateral dos EUA foi a criação de uma força multilateral de intervenção, o que implicava a regionalização do conflito colombiano, e desde 1998 a política de Washington orientou-se nesse sentido. O próprio general Charles E. Wilhelm, perante o Senado, ressaltou que o conflito na Colômbia, por ele estigmatizado como "*malignant cancer*", tinha dimensão internacional, inclusive porque os insurgentes e narcotraficantes encontravam santuários na província de Darién, fronteira do Panamá com a Colômbia, na Venezuela e no Equador, assim como, em menor escala, no Peru e no Brasil, cujo governo continuava a desenvolver o Sistema de Vigilância da Amazônia (SIVAM), orçado em US$ 1,4 bilhão, reestruturara sua organização nacional contra os negócios de droga e intensificara as operações militares no vasto estado do Amazonas[23].

Os EUA alarmaram-se, no entanto, com o fato de que as FARC foram capazes de coordenar, no começo de julho de 1999, ampla ofensiva em quase todo território da Colômbia, "*in the second most populace nation of South America*", sem que os serviços de inteligência norte-americanos detectassem qualquer indício concreto de suas intenções[24]. Cerca de 500 guerrilheiros chegaram a apenas 50 km, ao sul de Bogotá, e travaram intensos combates, em uma zona montanhosa, contra 2.500 efetivos do Exército e das forças policiais, que contavam com a cobertura de aviões e helicópteros. Diante dessa ofensiva nacional, em que, de acordo com as notícias, cerca de 134 guerrilheiros e 17 policiais morreram, o presidente Andrés Pastrana teve de decretar o toque de recolher em quase um terço do país. Mas as operações de guerrilhas não cessaram. Pouco tempo depois, em agosto de 1999, as FARC acometeram Urubá[25], no departamento de Chocó, zona de interesse estratégico, situada na fronteira do Panamá. Ali havia jazidas de petróleo, exploradas por companhias norte-americanas e britânicas, bem como importantes reservas de gás, e os EUA, desde os meados do século XIX, planejavam aproveitar o Rio Atrato, ligando-o ao Rio San Juan, para abrir um canal interoceânico, que duplicaria o do Panamá. Esse ataque aumentou o nervosismo no Pentágono e em outros setores de Washington, ao adensar os informes, que generais norte-americanos diziam conhecer, sobre um plano para cortar a via entre os dois oceanos e provocar um colapso do comércio mundial[26].

Esses e outros acontecimentos geraram ou fundamentaram em Washington a percepção de que as negociações com a FARC, iniciadas em 1998 pelo presidente da Colômbia, Andrés Pastrana, não evoluíam por um bom caminho[27]. Militares no Pentágono e outras autoridades em Washington avaliavam que os esforços de paz fracassaram e serviram tão somente para deixar as guerrilhas mais fortes e mais definidas, conforme a opinião que o senador Jeff Sessions, de Alabama, expressou, acrescentando não estar seguro de que se conseguisse qualquer coisa antes de que os guerrilheiros fossem derrotados no campo de batalha[28]. Assim o general Charles Wilhelm também pensava e insistiu, perante o comitê do Senado norte-americano sobre o controle internacional do tráfico de drogas, que as guerrilhas deveriam ser primeiro derrotadas no campo de batalha, antes de qualquer iniciativa de paz[29]. Essa opinião refletia o ânimo existente nos EUA, que jamais aceitariam um acordo de paz que implicasse deixar 40% da Colômbia sobre o controle dos comunistas, e receavam que as guerrilhas se expandissem a outros países. O próprio general Wilhelm advertiu que a instabilidade na Colômbia poderia ameaçar a América do Sul inteira, receio igualmente manifestado pelo senador Mike Dewine, de Ohio[30], e outros políticos. Por outro lado, embora os EUA estivessem a aumentar sua assistência militar para que o governo de Andrés Pastrana lançasse uma ofensiva contra o território ocupado pelos guerrilheiros, tanto os militares quanto os senadores não criam que suas forças de segurança — o Exército com cerca de 122.000 efetivos, e a força de polícia, com aproximadamente 104.000 — fossem capazes de reconquistar Putumayo e Caquetá, fonte de dois terços da coca produzida na Colômbia, uma vez que elas careciam de treinamento, inteligência, mobilidade e bom sistema de comunicação[31]. E os norte-americanos ainda mais se alarmaram com uma estimativa feita pela Defense Intelligence Agency (DIA), serviço de inteligência do Exército norte-americano, e revelada por *The Washington Post*, prevendo que os guerrilheiros poderiam derrotar o Exército colombiano, dentro dos próximo cinco anos, a menos que o governo de Bogotá reconquistasse a legitimidade política e reestruturasse drasticamente suas Forças Armadas.

A evolução dos acontecimentos apontava, portanto, para uma intervenção direta dos EUA na Colômbia, onde já havia 200 assessores militares norte-americanos. A Administração Clinton, porém, estava aparentemente dividida em duas tendências. Uma temia que essa assistência militar resultasse na escalada do conflito, tal como acontecera no Vietnã, tanto que alguns analistas políticos já referiam o embaciamento das linhas entre a campanha contra as drogas e o combate às guerrilhas como possível "*Vietnamization*" da política norte-americana na Colômbia. A outra tendência, liderada pelo general Barry McCaffrey[32], diretor da National Drug Policy Control Office dos EUA, pretendia incrementar a assistência e enviar mais assessores militares, a fim de intensificar o treinamento do Exército na Colômbia, ou encorajar uma intervenção militar multinacional na Colômbia, executada por alguns Estados da América do Sul, sem um envolvimento direto dos EUA, pelo menos no primeiro momento. Em depoimento prestado ao Committee on Government Reform, Subcommittee on Criminal Justice, Drug Policy, and Human Resources, em 6 de agosto de 1999, o general Barry McCaffrey ressaltou que as unidades de guerrilha encontravam santuários no Panamá e também cruzavam as fronteiras do Equador, Venezuela e Peru, de modo que a insurgência, que fora mais um problema interno da Colômbia, estava recebendo combustível com os negócios de droga e ganhando significação para a segurança regional[33]. Com tal percepção, poucas semanas depois ele viajou para a América do Sul e, a partir de 23 de agosto de 1999, visitou Brasil, Bolívia, Peru e Argentina, onde descreveu dramaticamente a situação colombiana, urgiu privadamente os chefes de governo dos quatro países a participarem de uma intervenção multinacional contra as FARC, que não tinham interesse no processo de paz, segundo sua opinião. McCaffrey ponderou, entretanto, que para os EUA seria "uma loucura" intervir militarmente na Colômbia, razão pela qual era necessário buscar o apoio da região para solucionar o problema. A alternativa para o processo de paz, proposta por ele, consistia em desfechar uma ofensiva com cinco batalhões colombianos, que os EUA já estavam treinando e equipando, e recorrer à intervenção militar multilateral, se ela malograsse. O prazo para que as negociações com a FARC concluíssem um acordo era janeiro de 2000, quando Andrés Pastrana, não conseguindo estabelecer a paz, declararia o estado de guerra interna na Colômbia e solicitaria assistência dos países vizinhos, notadamente Peru, Equador e Brasil, cujas forças se uniriam aos cinco batalhões treinados por assessores norte-americanos, enquanto navios de guerra dos EUA, na costa da Colômbia, sustentariam a intervenção com mísseis e ataques aéreos. Da perspectiva militar, essa intervenção na Colômbia, realizada por uma força multinacional, sob controle norte-americano, permitiria aos EUA provar sua capacidade de coordenação das três novas bases, localizadas no Equador, Aruba-Curaçao e El Salvador, e possibilitaria o desenvolvimento de novas estratégias.

Essa proposta para uma intervenção multinacional contava com a simpatia de Jamil Mahuad, presidente do Equador, bem como de Alberto Fujimori, presidente do Peru. Os EUA haviam duplicado a assistência militar ao Equador, de US$ 3,8 milhões, em 1997, para quase US$ 7,4 milhões em 1999, e obtiveram facilidades logísticas no aeroporto de Manta, de onde seus aviões DCH-7 partiam para sobrevoar o território da Colômbia, registrando as imagens infravermelhas dos guerrilheiros colombianos e realizando a leitura de suas comunicações pelo rádio, a fim de transmiti-las ao comando das Forças Armadas em Bogotá[34]. E mesmo antes da visita de McCaffrey, Jamil Mahuad já ordenara que suas Forças Armadas aumentassem a vigilância na fronteira norte. Também Alberto Fujimori despachara de 2.000 a 5.000 soldados para a fronteira da Colômbia, e quatro navios de guerra e unidades de fuzileiros navais para o litoral, ao mesmo tempo que ordenava revisão da lei de recrutamento militar ante a possível ameaça das guerrilhas colombianas à segurança nacional do Peru. Por essa razão, o líder do Partido Liberal da Colômbia, Horácio Serpa, acusou os EUA de estarem por trás da decisão do Peru e outros países vizinhos de militarizar as fronteiras com a Colômbia, por suposto temor de incursões de guerrilheiros e narcotraficantes. Mas a colaboração entre os presidentes Mahuad e Fujimori, nos preparativos para uma eventual intervenção na Colômbia, só foi possível porque o Peru, Equador e os países garantes (Argentina, Brasil, Chile e EUA), após árduas negociações, haviam assinado em 30 de maio de 1998 a Declaração de Brasília, dando solução definitiva ao antigo litígio fronteiriço, que em 1995 levara os dois países a outro enfrentamento armado, nas cercanias do Cenepa, confluência dos rios Santiago e Yaupi, e na Cordillera del Condor[35].

Segundo informações que Vladimiro Montesinos, chefe do Serviço de Inteligência Nacional, no governo Fujimori, deixou transpirar, o Peru e o Equador seriam os protagonistas em uma eventual operação multilateral na Colômbia que se realizaria a pedido do presidente Andrés Pastrana, sob forma de incursões diretas contra os acampamentos das FARC nas fronteiras dos dois países e vigilância das zonas de onde o Exército colombiano houvesse expulsado a guerrilha. Da operação participariam 120.000 homens, em um período de 45 a 60 dias, apoiados por duas divisões aerotransportadas, duas forças especiais do Exército, três divisões de *marines* e 200 aviões C-5 e C-141. De acordo com o jornal *El Espectador*, de Bogotá, o desmantelamento de um bando peruano que contrabandeava armas da Jordânia para as FARC, anunciado pelo próprio presidente Alberto Fujimori, do Peru[36], visou a criar as condições para essa intervenção militar na Colômbia e foi o próprio Vladimiro Montesinos que dirigiu a operação de compra das armas, cerca de 10.000 fuzis AKM, lançados em paraquedas para as FARC em território colombiano[37], ao mesmo tempo, ele difundia o rumor sobre a grave situação na Colômbia e informava ao jornalista Genaro Delgado Parker e a três generais, em 21 de abril de 1999, que a intervenção se consumaria em outubro[38].

A intervenção, aparentemente, não se efetivou, porque não houve o suporte de todos os países da região. O Brasil recusou-se firmemente a participar de qualquer tipo de operação multinacional na Colômbia com o objetivo de combater os traficantes e as guerrilhas das FARC e do ELN, conquanto intensificasse os esforços na repressão ao narcotráfico e deslocasse 6.000 soldados para a fronteira do Amazonas. E não apenas se recusou a colaborar na intervenção como não aceitou a expansão da presença norte-americana, sob pretexto estratégico-militar ou de combate ao narcotráfico, porque percebia a ameaça dos EUA, visando ao controle de todo o vale do Amazonas, no espraiamento de suas instalações militares na Colômbia, mediante o reforçamento das bases em Caquetá (Florencia), em Putumayo (Tres Esquinas — sede do Batalhão Antidrogas, Macao, La Tagua, Puerto Leguízamo), e no Equador (Puerto Manta), porta de acesso às fronteiras Peru-Colômbia-Equador. O Panamá negou-se igualmente a apoiar uma intervenção multinacional na Colômbia. A chefe do governo, Mireya Moscoso, rechaçou a alegação de que o conflito com as FARC pudesse desbordar, ameaçando a segurança do canal, não obstante reforçar a guarda nacional na fronteira de Darién, para onde deslocou 2.000 efetivos, e aceitar a permanência no Panamá de 3.300 soldados norte-americanos até depois do ano 2000. Também a Venezuela recusou-se a colaborar em qualquer operação multinacional na Colômbia, e o presidente Hugo Chávez não apenas admitiu as guerrilhas como parte legítima do conflito, dispondo-se a intermediar as negociações com a FARC, como sustentou a decisão de não permitir que aviões militares dos EUA, procedentes das bases de Aruba e Curaçao, atravessassem o espaço aéreo da Venezuela, a pretexto do combate ao narcotráfico, sem explícita autorização. Essa objeção refletiu o receio existente nas Forças Armadas venezuelanas, dentro das quais fortes setores se preocupavam com a questão da soberania nacional e supunham que os aparelhos norte-americanos estacionados em Aruba e Curaçao não se limitavam às missões de reconhecimento, pois entre eles havia aviões de guerra F-16.

Atitude diversa a Argentina tomou. Menem, que já aceitara as tarefas de polícia, para o combate ao narcotráfico etc., designadas pelo Pentágono para as forças armadas da América Latina, afoitou-se em oferecer seu apoio a uma eventual intervenção na Colômbia. Antes mesmo da visita de McCaffrey a Buenos Aires[39], ele proclamara publicamente sua disposição de oferecer tropas para intervir na Colômbia, caso o presidente

Andrés Pastrana solicitasse ajuda. E ao próprio McCaffrey manifestou a opinião de que "*ya no se debe negociar*" com os grupos guerrilheiros, pois era necessário "*recuperar el terreno perdido*", ou seja, o enorme território da Colômbia, da ordem de 30 a 40%, controlado pelas FARC[40]. A Argentina, em realidade, já estava a colaborar estreitamente com os EUA. Havia mais de um ano, membros da Gendarmeria Nacional e da DEA haviam executado uma operação chamada *Operativo Area Erontera Norte*, ocupando uma casa alugada na Calle Santiago del Estero, na província de Salta, e lá 30 policiais argentinos trabalhavam, independentemente da sua cadeia de comando, sob a supervisão dos norte-americanos. Essa operação conjunta EUA-Argentina, da qual o governador de Salta, Juan Carlos Romero, tivera conhecimento, mas não fora oficialmente consultado, poderia constituir o começo do projeto para o estabelecimento de uma base operacional na Argentina. E, em 5 de setembro de 1999, *El Clarin*, de Buenos Aires, noticiou que Menem havia oferecido aos EUA para treinamento em combate na selva de suas unidades de contrainsurgência, os boinas verdes (*Green Berets*), a Escuela de Monte[41], que o Exército possuía na província de Misiones, com 10.000 hectares e em uma zona muito próxima da fronteira com o Brasil. Esse oferecimento atendia à demanda do Pentágono, interessado em encontrar novos lugares de treinamento para substituir o do Panamá e estacionar os milhares de soldados, que de lá se retirariam até 31 de dezembro de 1999[42] e não retornariam aos EUA, pois o próprio Clinton considerava necessário fortalecer a presença militar norte-americana no continente. Seu *transfondo* foi o pedido para a admissão da Argentina como membro pleno da OTAN e Menem[43] quis dar uma demonstração efetiva de seu propósito de colaborar com os EUA, inclusive em uma eventual intervenção na Colômbia. McCaffrey, na conversa com Menem em Buenos Aires, referiu-se ao estabelecimento do contingente militar dos EUA em Misiones como "*army delegation*", em lugar de "*military base*", porque a constituição da Argentina proibia a presença de tropas estrangeiras em território nacional. Mas, na verdade, o projeto, se concretizado, transformaria a Escuela de Monte, cujos custos o Pentágono assumiria, em base norte-americana, permitindo que os Boinas Verdes realizassem frequentes manobras conjuntas com os militares argentinos, como já anteriormente haviam feito, gerando suspicácias no Exército brasileiro. A ideia consistia em torná-las permanentes, havendo já o Pentágono também proposto ao Exército brasileiro a realização de operações conjuntas de treinamento na Amazônia e oferecido, como contrapartida, fazê-las no território norte-americano, o que o Alto Comando rechaçou, sob a alegação que somente se fazia treinamento em regiões onde se supunha que as tropas um dia tivessem de lutar e que o Brasil jamais imaginara combater em território norte-americano.

A atitude de Menem, ao ofertar aos EUA a Escuela de Monte, provocou protestos e aumentou o ressentimento no Brasil. "Não se pode ser aliado estratégico dos EUA e do Brasil ao mesmo tempo" — o coronel Geraldo Cavagnari, diretor do Núcleo de Estudos Estratégicos da Universidade de Campinas comentou[44]. E o coronel Amerino Raposo, vice-presidente do Centro Brasileiro de Estudos Estratégicos (CEBRES), advertiu que os campos de treinamento oferecidos aos EUA pela Argentina, na província de Misiones, a 1.300 km de Buenos Aires — dentro de uma área coberta de selva — mais uma vez serviam de alerta, a despeito dos motivos alegados, para que os norte-americanos se estabelecessem ao longo da fronteira com o Brasil. Conforme observou, "a Argentina, por antecipação, já aderiu ao jogo que os países hegemônicos estão desenvolvendo, que é ampliar o limite de atuação operacional da OTAN para todo o mundo", tanto que ao intervir no Golfo Pérsico e nos Bálcãs ela já saiu de sua órbita de atuação, à revelia do Conselho de Segurança da ONU"[45]. Da mesma forma que o coronel Amerino Raposo, muitos outros militares brasileiros interpretaram as manobras militares que em 1995 os EUA fizeram na Guiana como um ensaio para controlar a Amazônia e acompanharam com a mesma desconfiança o treinamento dos norte-americanos em Misiones. As Forças Armadas brasileiras entendiam que a instalação das unidades de *counter-insurgency* dos EUA em Misiones afetava em certa medida a segurança nacional, bem como o próprio desenvolvimento do Mercosul, esvaziando seu aspecto político, por não estabelecer entendimentos de confiança e cooperação na defesa. E o Brasil opôs-se a essa iniciativa de Menem, por considerar que uma base norte-americana na Escuela de Monte constituiria um corpo estranho, um quisto nas proximidades de sua fronteira. De qualquer forma, esse projeto não era de fácil concretização, devido também à oposição interna na Argentina e à necessidade de encontrar uma fórmula jurídica que permitisse a presença regular de tropas norte-americanas, sem que a Escuela de Monte recebesse o estatuto de uma base dos EUA, o que impediria, entretanto, fosse a bandeira norte-americana *hasteada em Misiones*.

NOTAS

1. Informação de Stenley Gacek, secretário da central sindical norte-americana AFL-CIO, que congregava cerca de 13 milhões de trabalhadores, publicada na *Gazeta Mercantil*, São Paulo, 13/5/1997.
2. Lins da Silva, Carlos Eduardo. "Comércio Exterior é Foco de Tensão com os EUA", in *Folha de S. Paulo*, São Paulo, 29/3/1996, p. 12.
3. Dados da ALADI: http://www.aladi.org/inicio.htm
4. A Argentina protegia o setor açucareiro e acusava o Brasil de subsidiar sua produção.
5. Dados da ALADI: http://www.aladi.org/inicio.htm
6. Ibid.
7. Ibid.
8. Ibid.
9. Ibid.
10. Ibid.
11. Ibid.
12. *Jornal do Brasil*, Rio de Janeiro, 10/7/1999, p. 27.
13. Ibid.
14. Dominguez, Jorge (ministro da Defesa da Argentina). "L'Argentine, partenaire sud-atlantique de l'OTAN", OTAN — Mise à Jour: 20 mai 1999, *Revue de la OTAN*, Edition Web Vol. 47 — n. 1 Printemps 1999, pp. 7-10.
15. Wickham-Crowley, 1992, pp. 17-18, 45-46, 123-127.
16. Id., ibid., pp. 305-306.
17. Cook, 1964, pp. 7-10.
18. Esses acordos, chamados pelo Departamento de Defesa dos EUA Forward Operating Locations, ou FOLs, permitiam que os aviões norte-americanos de reconhecimento e monitoramento tivessem acesso a aeroportos ou bases estrangeiras. As instalações dos aeroportos e bases eram de propriedade e operadas pelos países hospedeiros e nelas ficava estacionado um pequeno número de militares, de agentes do DEA (Drug Enforcement Agency), da Guarda Costeira e da alfândega para apoiar os aviões norte-americanos e coordenar comunicações e coleta de inteligência.
19. Statement of General Charles E. Wilhelm, U.S. Marine Corps Commander in Chief, U.S. Southern Command before the Senate Caucus on International Narcotics Control — 21 September 1999.
20. Ana Maria Salazar, Deputy Assistant Secretary of Defense for Drug Enforcement Policy and Support, United States House Of Representatives, Committee on Government Reform, Subcommittee on Criminal Justice, Drug Policy, and Human Resources — "Counter-Drug Implications Of The U.S. Leaving Panama", June 9, 2000. Statement For The Record, distributed by the Office of

International Information Programs, U.S. Department of State. Web site: http://usinfo.state.gov — Washington File.

21. O general Barry McCaffrey estimou em cerca de 20.000 o número de guerrilheiros na Colômbia. Statement by General Barry R. McCaffrey, Director, Office of National Drug Control Policy Before the House Committee on Government Reform, Subcommittee on Criminal Justice, Drug Policy, and Human Resources — The Evolving Drug Threat in Colombia and other South American Source Zone Nations — August 6, 1999.
22. *A National Security Strategy For A New Century* — The White House Office Of The Press Secretary January 5, 2000 The White House December 1999.
23. Statement of General Charles E. Wilhelm, United States Marine Corps Commander-in-Chief US Southern Command Before the Senate Caucus on International Narcotics Control — 21 September 1999.
24. Ibid.
25. O Urubá chocoano era uma zona produtora de bananas e lá havia rica reserva de água doce, com a maior pluviosidade da Colômbia. Os paramilitares arrasaram-na em 1994 e o conflito armado provocou o êxodo de sua população para a fronteira do Panamá, que se intensificou desde 1996.
26. García Lupo, Rogelio. "La intervención militar en Colombia", *Tiempo* n. 903, Madri.
27. Em 8 de junho de 1999, o Congresso colombiano rechaçou uma reforma política proposta pelo presidente Andrés Pastrana, que incluía poderes especiais para que o chefe de Estado fosse o condutor supremo do processo de paz com a guerrilha, até depois de dois anos de terminado seu mandato presidencial, e também o autorizava a conceder indultos e anistia a membros de grupos rebeldes, a criar zonas especiais de paz dentro do território nacional e a destinar recursos a grupos rebeldes.
28. *Colombia: Counter-Insurgency Vs. Counter-Narcotics — Hearing before the Senate Caucus on International Narcotics Control* — One Hundred Sixth Congress. First Session, September 21, 1999 U.S. Government Printing Office, Washington: 2001.
29. Ibid.
30. Ibid.
31. Statement by General Barry R. McCaffrey, Director, Office of National Drug Control Policy before the House Committee on Government Reform, Subcommittee on Criminal Justice, Drug Policy, and Human Resources — The Evolving Drug Threat in Colombia and other South American Source Zone Nations.
32. Um repórter veterano do periódico norte-americano *New Yorker*, Seymour Hersh, vencedor do prêmio Pulitzer Prize, revelou que o general Barry McCaffrey, que lutara na guerra do Vietnã, dirigiu em 1991 o massacre de centenas

de soldados do Iraque dois dias depois do cessar fogo e terminar a Guerra do Golfo.

33. Statement by General Barry R. McCaffrey, Director, Office of National Drug Control Policy before the House Committee on Government Reform, Subcommittee on Criminal Justice, Drug Policy, and Human Resources — The Evolving Drug Threat in Colombia and other South American Source Zone Nations, August 6, 1999.
34. García Lupo, Rogelio. "La intervención militar en Colombia", *Tiempo* n. 903, Madri.
35. O litígio fronteiriço, que irrompeu em 1941 entre o Peru e o Equador, consistiu na demarcação de uma linha fronteiriça de cerca 78 km em plena selva amazônica. Em 19 de janeiro de 1942, enquanto parte do Equador estava ocupada pelas tropas do Peru, ambos os países firmaram o Protocolo do Rio de Janeiro. Argentina, Brasil, Chile e EUA assinaram o protocolo como garantes. O problema da demarcação da zona da cordilheira do Condor decorreu porque o Protocolo do Rio de Janeiro deixou de estabelecer a fronteira precisa e o laudo arbitral do capitão brasileiro Brás Dias de Aguiar, elaborado em 1945, não resolveu todos os problemas. A geografia da zona, depois de haver sido estudada, não correspondeu ao descrito no laudo: a divisória de águas, referência para a demarcação da fronteira, não dividia os rios Zamora e Santiago mas o Zamora e o Cenepa, cuja extensão era desconhecida até então. Era um fato que o tratado não mencionava e que o Equador julgou decisivo. Uma vez que o Cenepa seria uma abertura para o Amazonas, Brasil e Europa. Houve numerosos choques militares ao longo dos anos (1978, 1981, 1991 e 1995). Ocorreram geralmente porque os postos militares de observação progressivamente se aproximavam e em dezembro de 1994 os serviços de inteligência do Peru descobriram que o Equador havia infiltrado bases na área litigiosa. Combates foram então travados nas vizinhanças do Cenepa, na confluência dos rios Santiago e Yaupi e cordilheira do Condor. A Declaração de Brasília, assinada em 28 de maio de 1998, reconheceu o território como peruano.
36. Em 21 de agosto 2000, o presidente Alberto Fujimori e o assessor de segurança Vladimiro Montesinos apareceram em público em uma entrevista à imprensa para anunciar o desmantelamento de una rede internacional de tráfico de armas que se iniciava na Jordânia e terminava na selva colombiana de Vichada. Nos dias seguintes, revelou-se que a rede de traficantes era dirigida pelo próprio Montesinos, que os demais protagonistas da operação para a compra de 50.000 fuzis AK-47 (Kalashnikov, calibre 7.72, fabricados na Rússia) eram colaboradores do serviço de inteligência do Peru, SIN, e que em quatro voos já haviam sido entregues entre 10.000 armas a uma frente das FARC na fronteira dos departamentos de Vichada e Guainía. A operação de contrabando de armas do Peru para as FARC tinha o propósito adicional de fortalecer a guerri-

lha: gerar uma escalada do conflito de modo a justificar uma intervenção militar estrangeira, para evitar a desestabilização do sul da Colômbia. *El Espectador*, Bogotá, 13/5/2001.

37. Entre fevereiro e julho de 1999, foram feitos quatro lançamentos, em paraquedas, em uma zona próxima de Barranco Minas, em Guainía, território colombiano, onde operava a Frente 16 das FARC, sob o comando de El Negro Acacio.

38. O diálogo seguinte foi transcrito pelo jornal *El Espectador*, de Bogotá, na sua edição de 13/5/2001:

"*El vladivideo 1487: invasión — El 21 de abril de 1999, Vladimiro Montesinos sostuvo una reunión con el propietario de Global Televisión del Perú, Genaro Delgado Parker, durante la cual hizo afirmaciones en torno a la presunta operación de los Estados Unidos para ocupar el sur de Colombia. Esta es su versión: Delgado: — Yo el otro día vi que el Presidente tenía una charla en Washington. Montesinos: — Sí, ¿sobre lo de Colombia? Claro, eso fue coordinado con los americanos. Delgado: — Claro, pero pienso que detrás de esto está la idea de hacer una especie de NATO en América Latina. Montesinos: — ¿Sabes por qué no se puede hacer? Porque, en primer lugar, Mahuad no está de acuerdo. El loco de Venezuela, el Chávez, tampoco está de acuerdo. Y el único que apoya eso es Menem, pero Menem está muy lejos del escenario; y Cardoso tampoco quiere. Entonces, la única alternativa que tienen los americanos para solucionar el problema de Colombia es la invasión, que la van a hacer este año. Están preparando ellos medio millón de infantes de Marina para invadir Colombia y nos pidieron que el Presidente diera declaraciones porque ellos no pueden decirlo. Entonces, el Presidente hizo declaraciones en el Colegio Interamericano. Acá nosotros estamos tomando previsiones para cerrar toda la zona que tenemos, 1.600 kilómetros de frontera. Cuando los infantes de Marina ingresen, ¿qué van a hacer las Farc y los narcos? Se vienen al Perú. Y si nosotros no hacemos ahora el cierre de la frontera y adoptamos medidas de seguridad, nos trasvasan el problema para acá*".

39. McCaffrey não se encontrou apenas com Menem. Dado que as eleições para a presidência da República ocorreriam em 24 de outubro, ele também se entrevistou com os candidatos Eduardo Duhalde, do Partido Justicialista, e Fernando de la Rúa, da Frente País Solidário (FREPASO).

40. Young, Gerardo y Gerschenson, Ana. "Menem dio apoyo total a EE UU por Colombia", in *El Clarin*, 29/8/1999.

41. Na Escuela de Monte o Exército transandino da Argentina preparava o batalhão de caçadores ou tropas de elite. Internacional, 06 de Septiembre de 1999, La Tercera en Internet.

42. Muitos contingentes já haviam sido trasladados para novas instalações militares em Aruba, Puerto Rico, Miami e Equador, entre outros lugares.

43. Menem já promovera a criação do centro argentino de formação de interexércitos em operações de paz, que funcionava desde 1995.
44. *¿Que se puede hacer frente a la Colombia?* Habla el coronel Geraldo Cavagnari, estratega militar brasileño, in *Página 12*, Buenos Aires, 12/9/1999.
45. A 15ª Cúpula da OTAN, realizada em Washington em 23-25 abril de 1999, para comemorar os 50 anos de sua criação, um novo conceito estratégico, no qual se estabeleceu uma "*Third Dimension*", operações de busca e resgate humanitário, o que implicava intervir em outros Estados fora de seus territórios. A assistência humanitária passou a servir como justificativa para a aceitação do intervencionismo como aconteceu com as operações na Bósnia, Kosovo e Timor Leste.

# Capítulo XXIV

A HERANÇA DE MENEM • LIBERALISMO ECONÔMICO, CRISE FINANCEIRA E CONFLITOS SOCIAIS • A TENTATIVA DE GOLPE NO PARAGUAI • INQUIETAÇÃO SOCIAL NA BOLÍVIA • LEVANTE INDÍGENA NO EQUADOR E GOLPE MILITAR • A QUEDA DE FUJIMORI • A ASCENSÃO DE HUGO CHÁVEZ NA VENEZUELA • O PLANO COLÔMBIA • PRESENÇA DOS EUA NO BLOCO ANDINO • BRASIL • VENEZUELA E A RESISTÊNCIA À ALCA

Carlos Saúl Menem não conseguiu que a Argentina se tornasse membro pleno da OTAN nem levá-la a participar de uma eventual intervenção multilateral na Colômbia. Depois de dois mandatos presidenciais (1989-1995 e 1995-1999), não conseguiu um terceiro mandato nem tampouco fazer seu sucessor. Eduardo Duhalde, do Partido Justicialista, perdeu a eleição para o candidato da Alianza, formada pela UCR-Frente País Solidario (FREPASO)[1], Fernando de la Rúa, que assumiu o governo da Argentina, em 10 de dezembro de 1999. Com 37 milhões de habitantes e o mais alto PIB *per capita* na América Latina, da ordem US$ 7.686,00 (1997)[2], comparado com o Uruguai, (US$ 5.900,00), Chile (US$ 4.740,00), Brasil (US$ 4.420,00) e México (US$ 4.400,00), a Argentina possuía todas as condições humanas e materiais para manter elevado *standard* de vida. E, durante os anos 90, Menem, para debelar a hiperinflação, promoveu profunda restruturação do seu sistema econômico. Submeteu-o às leis de mercado. Abriu-o ao comércio internacional de bens e serviços, sob rigorosa disciplina monetária. E privatizou as empresas públicas. Esse programa de estabilização teve inicialmente certo êxito em controlar a inflação e restaurar o crescimento da Argentina. Contudo, ao fim de dez anos de governo, ele deixou a Argentina com uma distribuição de renda igual ou pior que em 1989, quando a hiperinflação pulverizava os salários dos trabalhadores, em especial dos mais pobres, conforme o levantamento feito pelo Instituto Nacional de Estadísticas y Censos (INDEC)[3], da Argentina. Em 1998, o PIB *per capita* havia aumentado em torno de 30% sobre os níveis de 1988; e a taxa de crescimento de PIB foi em média de 5,8% entre 1990-98. Mas as taxas de pobreza (de Buenos Aires), que subiram, rapidamente, de um mínimo de 8% em 1980 para cerca de 41% durante a hiperinflação de 1989, dado que os salários fixos não se ajustaram suficientemente rápido para acompanhar a mudança de preços, não voltaram aos seus mínimos anteriores, apesar da estabilização monetária, entre 1990 e 1993. Em números absolutos, de 32 milhões de pessoas que habitavam as zonas urbanas na Argentina, por volta de 1998, cerca de 9 milhões viviam na pobreza e cerca de 2 milhões na pobreza extrema[4].

De acordo com um estudo da Fundación de Investigaciones Latino Americanas (FIEL), apresentado à Associação de Bancos da Argentina (ABA), a desigualdade na distribuição de renda manteve-se aproximadamente constante durante a década de 60 e meados de 70, mas a partir daí ela aumentou e, particularmente na década de 90, seus níveis recresceram, até situar-se nos valores máximos da série[5]. "*Al hacer una comparación punta a punta en el período considerado se observa que la desigualdad es hoy mayor que hace una década atrás*" — o estudo elaborado pela FIEL ressaltou. O mesmo ocorreu com a distribuição do bem-estar individual. A desigualdade aumentou significativamente na segunda metade dos anos 90, embora, medida de maneiras alternativas, houvesse caído desde o fim dos anos 80 até princípios da década[6]. O desemprego e a subocupação também aumentaram. Em 1998, o desemprego situava-se entre 12 e 15,1% da força de trabalho, taxa da ordem aproximada de 14 milhões de operários. Em outubro de 1989, em Buenos Aires e no seu entorno havia 302.000 desocupados; em outubro de 1999 a cifra subiu para 786.000 pessoas, isto é, cresceu 160%. Assim, a taxa de desocupação metropolitana saltou em 10 anos de 7% para 14,4%. E a subocupação elevou-se de 8% a 15,2%. Milhares de operários foram expulsos da indústria e incorporaram-se ao setor de serviços. Os empregos de baixa produtividade, como o de pessoal doméstico, e as atividades improdutivas, como vendedores ambulantes, aumentaram, bem como o emprego "*en negro*", estimando-se que houvesse na Argentina mais de 3,5 milhões de assalariados não registrados, com salários cerca de 45% inferiores aos empregados "*en blanco*", ou seja, com carteira assinada. Ao mesmo tempo, acentuou-se o processo de concentração econômica, o que determinou o desaparecimento de muitas empresas pequenas. E a brecha entre os mais ricos e os mais pobres aumentou ainda mais devido à incidência dos impostos. Como nos últimos anos cresceram os impostos sobre o consumo (o IVA saltou de 13% para 21%), castigando proporcionalmente os de menor rendimento, o poder de compra dos mais pobres tornou-se ainda mais baixo. Por outro lado, diversos estudos, do INDEC, de FIEL e da Fundación Mediterránea, reconheceram que as camadas mais ricas não declaravam todos seus rendimentos por temores dos impostos, enquanto os mais pobres informavam mais do que recebiam pelo chamado "*efecto vergüenza*". Assim, um estudo do ministro de Educação, Juan Llach, e de Silvia Montoya, estimou que por essa razão a brecha entre os 10% mais ricos e os 10% mais pobres seria de 41 vezes[7].

A situação financeira da Argentina também se configurava extremamente crítica. Com uma dívida externa da ordem de US$S 144,6 bilhões, que equivalia a aproximadamente 50% do seu PIB, estimado em US$ 271,9 bilhões[8] (1998), ela terminou o ano de 1999 com um déficit na conta corrente do balanço de pagamentos, da ordem de US$ 12,5 bilhões, e um déficit na balança comercial da ordem de US$ 2,17 bilhões, enquanto o superávit no comércio intrarregional foi da ordem de US$ 2,45 bilhões[9]. O progressivo e rápido agravamento dos "déficits-gêmeos" — o déficit nas contas externas (balança comercial e de serviços) e o déficit nas contas internas do governo — que tinham de ser obrigatoriamente cobertos por importações de capital, começou a gerar desconfiança nos investidores, tanto argentinos como estrangeiros, levando-os a suspender os investimentos diretos, em portfólio ou empréstimos. E, em tais circunstâncias, a expectativa de um *default* nos pagamentos externos, ou seja, que a Argentina deixasse de cumprir seus compromissos externos (dívida: amortização e/ou juros) — tornou-se real, desde 1998, o que aprofundou a desconfiança e estabeleceu o círculo vicioso da especulação internacional, sobretudo após a crise que atingiu o Brasil no início de 1999. Em 1998, Argentina negociara um acordo com o FMI, de modo que lhe permitisse reduzir o déficit fiscal, mas a prolongada recessão em 1999 impediu o cumprimento da meta estabelecida. Assim, ao suceder a Menem na chefia do governo, Fernando de la Rúa teve de promover aumento de impostos e cortes orçamentários, visando a reduzir o déficit fiscal, que alcançara 2,5% do PIB em 1999, e recebeu do FMI um empréstimo *stand-by* da ordem de US$ 7,4 bilhões para evitar o agravamento da crise. Mas a sobrevalorização do peso, atrelado inflexivelmente ao dólar pela Lei da Conversibilidade, tornara as exportações da Argentina muito caras, dificultando o equilíbrio e, mais ainda, um superávit na balança comercial.

Não só na Argentina a situação econômica, social e política apresentava-se muito difícil, ao fim do século XX. O Paraguai, cuja economia, estagnada desde o término da construção de Itaipu, em 1982, entrara em franca retração, a partir de 1996, havendo seu PIB caído 0,6%, em 1998, e 0,1 em 1999, defrontava-se com enormes problemas sociais. O aguçamento da exclusão social, a extrema pobreza, que já alcançava pelo menos 1/3 dos camponeses, o aumento do desemprego, saltando de 6% em 1995 para 15% em 1999, e a deterioração das condições de vida das classes médias tornavam cada vez mais possível uma convulsão social. Ao mesmo tempo, o frágil regime democrático, lá instalado após a queda de Stroessner em 1989, continuava a sofrer a ameaça de ruptura, ao intensificar-se a luta pelo poder dentro do próprio Partido Colorado, que continuava a controlar mais de 80% do aparelho do Estado. Condenado a 10 anos de prisão, por chefiar a rebelião militar de 1996, o general Lino Oviedo não pôde concorrer à sucessão do presidente Juan Carlos Wasmosy, mas Raúl Cubas, que o substituiu como candidato do Partido Colorado, venceu a eleição, com o slogan "Cubas no governo e Oviedo no poder", e concedeu-lhe indulto, cinco dias depois de assumir o governo, em agosto de 1998. Esta medida gerou enorme turbulência no Paraguai, e a crise política atingiu o auge na manhã de 23 de março de 1999, quando o vice-presidente Luís Carlos Argaña foi assassinado, supostamente a mando do general Lino Oviedo, dentro de um contexto de séria crise institucional, que se arrastava havia vários meses e levara a um enfrentamento aberto entre o poder executivo e a justiça eleitoral, por um lado, e entre o poder legislativo e a Corte Suprema de Justiça, pelo outro.

Luís Carlos Argaña, como vice-presidente da República, opusera-se à libertação de Oviedo, tornando-se o principal adversário do presidente Raúl Cubas, e seu assassinato desencadeou a crise política, que fermentava no Paraguai. Milhares de pessoas saíram às ruas para protestar e exigir a renúncia de Cubas, acusado, conjuntamente com o general Lino Oviedo, de serem os autores intelectuais do crime. Em um clima de enorme comoção pública a Câmara dos Deputados do Congresso paraguaio, no dia seguinte, 24 de março de 1999, decidiu, por 49 votos a favor e 24 contra, submeter Cubas a processo político, conforme art. 225 da Constituição, e o Senado, em sessão extraordinária, constituiu-se como tribunal para proceder ao julgamento. O país paralisou-se e no dia 27 de março, véspera do julgamento, as forças policiais fortemente armadas, e franco-atiradores efetuaram um violento ataque contra os estudantes, operários e camponeses, matando sete pessoas e ferindo mais de duas centenas, que se concentravam em frente ao Congresso, mobilizadas pelo movimento Jóvenes por la Democracia[10]. Mais uma vez os chefes de governo do Brasil e da Argentina, que haviam garantido em 1998 a realização das eleições presidenciais cujo adiamento Wasmosy pretendera, tiveram de intervir e ameaçaram isolar econômica e politicamente o Paraguai, afastando-o do Mercosul, de conformidade com a cláusula democrática do Tratado de Assunção caso um golpe de Estado se consumasse. Essa advertência Raúl Cubas Grau ouviu diretamente de Fernando Henrique Cardoso, que o aconselhou a renunciar à presidência, antes de que a crise se agravasse e produzisse a ruptura da legalidade, e percebeu que não tinha condições de resistir, dado que o Brasil absorvia cerca de 30% das exportações dos produtos paraguaios, como algodão e soja, e essa dependência chegava a atingir 70%, considerando o total estimado de suas reexportações. Assim, em 28 de março de 1999, véspera da decisão do Senado sobre o *impeachment*, Cubas Grau renunciou à presidência do Paraguai e asilou-se no Brasil, após Oviedo partir para a Argentina, onde Menem lhe deu refúgio.

Em consequência da renúncia de Raúl Cubas, Luis Gonzáles Macchi, presidente do Congresso, assumiu a presidência da República, de acordo com o art. 234 da Constituição, e promoveu uma concertação, formando um governo de unidade nacional, em que vários ministros foram indicados pelos distintos partidos políticos. Mas, desde então, o Paraguai passou a viver permanente crise política, com um governo muito fraco, que oscilava entre eleições antecipadas ou um golpe cívico-militar, e sofria pressões internas e externas dos EUA para promover a reforma do Estado, mediante urgente privatização da luz, eletricidade e água (Corporación de Obras Sanitarias), bem como da Administración Nacional de Telecomunicaciones e do Ferrocarril Central Carlos Antônio Lopez. E a unidade nacional logo acabou. O Partido Liberal Radical Autêntico, segunda força política do Paraguai, retirou-se da coalizão e uniu-se à oposição, conformada por dissidentes do Partido Colorado, simpatizantes do general Lino Oviedo. Também o Partido Liberal, levando à renúncia o chanceler José Félix Fernández Estigarribia, e o governo do presidente Luis González Macchi, que perdera a maioria no Congresso, ainda mais se enfraqueceu. Em março de 2000, cerca de 30.000 camponeses marcharam em Assunção para protestar contra a política econômica e exigir una reforma capaz de impulsionar a recuperação do setor agrícola, e as autoridades eclesiásticas advertiam sobre os riscos de uma explosão social se a pobreza continuasse a estender-se. E, na madrugada de 18 para 19 de maio de 2000, integrantes do Primeiro Corpo do Exército, tendo como epicentro a Primeira Divisão de Cavalaria, e de Polícia Nacional, promoveram outro intento de golpe de Estado no Paraguai, chamado *Operación Aratirí* (raio no idioma guarani), questionando a legitimidade do presidente Luis González Macchi e invocando o direito constitucional à rebelião. Os insurgentes, após ocupar as instalações de alguns meios de comunicação, pretenderam dirigir-se para o Congresso, porém a Marinha e a Força Aérea declararam-se leais ao governo e sufocaram o levante, sem encontrar resistência. O presidente Luis González Macchi decretou o estado de exceção, suspendendo certos direitos e garantias consagrados na Convenção Americana e responsabilizou o general Oviedo, que deixara a Argentina, ao fim do governo Menem, e desaparecera na clandestinidade, a fim de não ser preso e extraditado para o Paraguai. Poucos meses depois, em 15 de junho de 1999, realizou-se em Assunção a XIV Reunião do Conselho do Mercado Comum, com a participação dos presidentes da Argentina, Brasil, Paraguai e Uruguai, bem como dos presidentes do Chile e da Bolívia, que emitiram um comunicado, ratificando que a plena vigência das instituições democráticas no Mercosul era condição essencial para o desenvolvimento do processo de integração, conforme a cláusula democrática estabelecida no Protocolo de Ushuaia.

No Uruguai, embora o regime democrático se apresentasse estável, havendo Jorge Batlle, do Partido Colorado, assumido a chefia do governo para o período 2000-2005, sucedendo Julio Maria Sanguinetti, sua situação econômica defrontava-se também com sérias dificuldades. Com uma população de 3,3 milhões, o Uruguai praticamente não se desenvolvera. O PIB, que subira de US$ 1,9 bilhão, em 1997, para US$ 2,0 bilhões em 1998, decaiu para US$ 1,9 bilhão em 1999. O déficit na balança de pagamentos da ordem de US$ 580 milhões subiu US$ 605 milhões. O déficit na balança comercial aumentou de US$ 1 bilhão em 1998 para US$ 1,1 bilhão em 1999 e US$ 1,1 bilhão em 2000, inferior ao saldo negativo acumulado no intercâmbio com os EUA, que alcançou US$ 1,4 bilhão, entre 1995 e 2000[11]. Esta cifra não impediu que Jorge Batlle, ao assumir a presidência, prometesse impulsar, paralelamente ao Mercosul, a integração regional, para estabelecer uma área de livre comércio "*desde Alaska hasta Ushuaia*", ou seja, para implantar a Alca.

Também na Bolívia o regime democrático se estabilizara, desde que a Argentina, o Brasil ou os EUA, nos anos 80, deixaram de instigar ou apoiar golpes de Estado. Sua economia crescera entre 1990 e 1998 a uma taxa média de 3,9% e a inflação de 7.000%, em 1985, decresceu para 3%, em 1999. Entretanto, na inauguração de um seminário sobre *Estrategia Boliviana de Reducción de Pobreza* (EBRP), o próprio presidente Hugo Banzer deplorou que a estabilidade econômica ao longo de 15 anos, durante os quais a Bolívia se apresentou como modelo de livre mercado, não houvesse contribuído para diminuir os índices de pobreza em que mais da metade da população boliviana (63%), especialmente a de origem indígena, vivia no ano 2000. A deterioração das condições de vida, acelerada desde 1985, atingiu principalmente os camponeses e na área rural mais de 80% da população estavam reduzidos à miséria. A questão agrária, que a revolução de 1952 buscara equacionar mediante a repartição dos latifúndios e distribuição de terras para os trabalhadores rurais[12], tornou-se outra vez grave fator de tensões sociais, e os conflitos sociais irromperam. O aumento das tarifas de água na cidade de Cochabamba, em consequência de contrato com uma empresa estrangeira, desencadeou em 7 e 8 de abril de 2000 um levante popular, que se estendeu aos cocaleros (produtores de coca), na região de Chapare e a outros camponeses e trabalhadores em diferentes cidades. A Confederación Sindical Unica de Trabajadores Campesinos de Bolivia (CSUTCB) iniciou então o bloqueio das estradas e ante a ameaça de convulsão social, em que não apenas os camponeses mas até estudantes e policiais reclamavam melhoria nas condições de vida[13], o presidente Hugo Banzer decretou o estado de sítio por 90 dias, intensificando a repressão, que resultou na morte de seis pessoas, 74 feridos e 92 presos. A agitação prosseguiu por vários dias e, em 20 de abril, Banzer levantou o estado de sítio, após firmar convênios com os camponeses, intermediados pela Igreja Católica, a Defensoría del Pueblo e a Asamblea Permanente de Derechos Humanos de Bolivia, além de prometer a reativação da economia e pedir perdão pelos pobres que um sistema social excludente e discriminatório produzia.

As tensões, porém, voltaram a agravar-se meses depois, quando se anunciou a construção de três bases militares na região de Chapare, com o suporte dos EUA no marco da luta antidrogas, e outras manifestações de protesto eclodiram, acarretando o bloqueio das estradas e violentos choques entre tropas do Exército e camponeses, que se opunham à erradicação dos cultivos de coca e à Ley de Aguas por impedir o funcionamento das redes a seu cargo. A renúncia de Banzer configurou-se como a única saída para apaziguar o país[14].

A situação do Equador, outro laboratório para a experiência das políticas neoliberais, configurou-se ainda mais difícil do que a da Bolívia. Em março de 1999, ao aprofundar-se a crise econômica e social, o presidente Jamil Mahuad excogitou o fechamento do Congresso, como o presidente Alberto Fujimori fizera no Peru, e só não consumou sua intenção, porque o embaixador norte-americano Leslie Alexander o advertiu de que Washington se oporia a qualquer ruptura da ordem democrática[15]. O próprio Bill Clinton exortou-o, em carta, a "*maintain Ecuador's unwavering commitment to democracy*", prometendo apoiar o Equador em suas negociações com o FMI. Porém, quatro meses depois, em 5 de julho de 1999, Mahuad decretou o estado de emergência e mobilizou as forças armadas para reprimir a agitação social — greves, bloqueio das principais estradas — desencadeada pelo aumento de 13% no preço dos combustíveis. Essa onda de protestos, promovida inicialmente pelos sindicatos de transporte público, avolumou-se, com a adesão de produtores de banana, principal produto de exportação do país, e o fechamento das estradas, acompanhado pela paralisação das emissoras de rádio e televisão, acarretou a paralisação do comércio e da indústria, bem como o desabastecimento das cidades. Ao presidente Jamil Mahuad alternativa não restou senão derrogar o aumento do preço dos combustíveis[16]. Mas a inquietação social não cessou. Cerca de 10.000 indígenas desceram da serra e marcharam sobre a cidade de Quito, reclamando maior assistência à saúde e à educação para as suas comunidades. E os conflitos sociais recrudesceram, na medida em que a economia do Equador, onde também cerca de 70% da população viviam na pobreza extrema[17], cada vez mais se deteriorava, havendo seu PIB, da ordem de US$ 19,2 bilhões, em 1998, caído cerca de 12%, em 1999, em meio de uma inflação de 60,7%, a mais alta dos anos 90[18]. Em 6 de janeiro de 2000, o presidente Jamil Mahuad, que pretendia promover a dolarização da economia, assessorado por economistas argentinos, entre os quais Domingo Cavallo[19], decretou outra vez o estado de emergência, suspendendo os direitos constitucionais, e mobilizou o Exército para controlar a ordem diante de sucessivas manifestações de protesto, em que os sindicatos, os partidos políticos de oposição e a Confederación de Nacionalidades Indígenas del Ecuador (CONAIE), sob a direção de Antonio Vargas, exigiam sua renúncia. Poucos dias depois, em 10 de janeiro, o Banco Central do Equador aprovou o plano de dolarização e no dia 15 Mahuad apresentou-se ao Congresso para defender as leis necessárias à sua implementação e vigência. Mas o estado de emergência não pôde impedir que a insurreição dos indígenas (4,2 milhões em uma população de 12 milhões) recrescesse, com a adesão dos sindicatos e partidos políticos, que exigiam a renúncia de Mahuad, dos deputados e dos membros do Poder Judiciário. E, em 21 de janeiro, um grupo de coronéis levantou o Exército, em apoio às comunidades indígenas, e Mahuad, informado de que não tinha mais condições de segurança no Palácio de Carondelet, refugiou-se em uma base militar, após declarar que não renunciaria. Os indígenas e os militares ocuparam os edifícios públicos, as sedes dos três poderes em Quito, e Antonio Vargas proclamou a dissolução do Congresso, bem como da Suprema Corte, anunciou a remoção de Mahuad da presidência do Equador e a formação de um parlamento popular. Pouco mais tarde, foi constituída uma Junta de Salvação Nacional, com sua participação, juntamente com os coronéis Carlos Solorzano e Lucio Gutiérrez, que o general Carlos Mendoza, ministro da Defesa, substituiu na chefia do movimento.

O Equador, porém, começou a sofrer pressões da OEA, cujo Conselho Permanente logo se reuniu em Washington, visando a aplicar o mecanismo da resolução AG/RES.1080 (XXI-O/91)[20], bem como dos EUA, que o ameaçaram isolar e cessar toda assistência econômica e militar, caso um "*unconstitutional regime*" fosse lá instalado[21]. E não tinha qualquer condição para resistir. Os EUA, como seu maior parceiro comercial, absorviam cerca de 39% de suas exportações e forneciam pelo menos 1/3 de suas importações. Também a empresa norte-americana Occidental Petroleum Corp. liderava um consórcio que planejava investir

US$ 1,1 bilhão para construir um oleoduto e extrair petróleo da Amazônia equatoriana, enquanto o Pentágono estava a aplicar US$ 62 milhões na expansão da base militar na cidade de Manta. Em tais circunstâncias, o general Carlos Mendoza e os outros militares sublevados não tiveram alternativa senão recuarem. E daí por que Thomas Pickering subsecretário de Estado para os Assuntos Políticos, ressaltou em depoimento perante o Caucus on International Narcotics Control do Senado norte-americano, em 22 de fevereiro de 2000, que os EUA condenaram a participação dos militares no levante de janeiro e que "*key Ecuadorian officials publicly acknowledged that our pressure was a key factor in the restoration of civilian rule*". Assim, a Junta de Salvação Nacional foi dissolvida e, após intensas negociações entre indígenas, militares e líderes políticos, com a interveniência dos EUA, o Congresso, em 22 de janeiro, reuniu-se em Guayaquil e reconheceu o vice-presidente Gustavo Noboa como sucessor constitucional de Mahuad, que publicamente apoiou essa solução, "*magnanimous gesture*", no julgamento do Departamento de Estado[22].

Mais de 30.000 indígenas, que marcharam sobre Quito para reclamar a destituição de Mahuad, voltaram aos seus povoados, nas montanhas, com as mãos vazias. Perderam na mesa das negociações o que haviam ganho nas ruas, pois Noboa, ao assumir o governo, confirmou a intenção de dolarizar a economia e promover as privatizações, da eletricidade aos bancos. De fato, em março de 2000, o dólar tornou-se a moeda nacional, e o Equador afigurou-se como um "new Panama", país que havia anos adotara o dólar como moeda corrente e era considerado como *de facto* o 51º norte-americano[23]. Entretanto, em depoimento perante o Caucus on International Narcotics Control do Senado norte-americano, o general Charles E. Wilhelm, comandante em chefe do Southern Command dos EUA, reconheceu que, no Equador como em outras nações situadas na sua área de responsabilidade, a América do Sul, "*democracy and free market reforms are not delivering tangible results to the people*". Muitas nações estavam pior economicamente do que antes da restauração da democracia, conforme ele afirmou, perguntando: "*Can democracy survive without an economic system that produces adequate subsistence and services for the majority of its citizens?*"[24].

O fim das ditaduras militares e a liberalização da economia não trouxeram realmente resultados tangíveis para os povos da América do Sul, sobretudo na região dos Andes, onde interesses nacionais dos EUA estavam em jogo, conforme o Departamento de Estado observou, ao admitir também que os regimes democráticos estavam sob pressão e havias dúvidas crescentes de que eles pudessem propiciar aos povos os serviços essenciais e maior prosperidade[25]. Esta situação acentuou-se ainda mais depois da crise financeira, que começou no México, em 1994/95, atingiu a Tailândia, cujo governo teve de desvalorizar o thai, provocou sucessivas quedas das bolsas de valores na Coreia, Malásia e Indonésia, de onde cerca de US$ 102 bilhões emigraram em julho de 1997, devastou a Rússia, em 1998, derrubou a bolsa de New York[26] e alcançou o Brasil, em janeiro de 1999, gerando a instabilidade financeira, ao acarretar a desvalorização do real. A abertura dos mercados aumentou a vulnerabilidade dos países da América do Sul. E a queda dos preços das matérias primas e a fuga de capitais especulativos produziram persistente recessão, elevadíssimas taxas de desemprego, violenta pauperização do povo, desvalorizações, inflação e quebra de seus sistemas bancários e fiscais. Entrementes, as exportações dos EUA responderam por mais de 1/4 do crescimento de sua economia, na década de 1990, e asseguraram 12 milhões de empregos, sendo que, no setor da agricultura, um em cada três acres estavam plantados para esse fim, possibilitando no ano 2000 a venda de mais de US$ 50 bilhões em produtos agrícolas[27], entre os quais trigo e outros cereais, que concorriam com os principais produtos da Argentina.

Assim, embora o comunismo, como ideologia e movimento politicamente organizado, esmaecesse, depois do colapso do Bloco Socialista e da dissolução da URSS em 1991, e Cuba deixasse de sustentar guerrilhas, os conflitos sociais, que o geraram e produziam a insurgência, não desapareceram, antes voltaram a agravar-se, sobretudo na América do Sul, onde o programa de privatizações havia possibilitado a aquisição de lucrativas empresas nacionais (tanto públicas como privadas) e a penetração dos mercados pelos capitais estrangeiros, estendendo e aprofundando o controle dos EUA sobre as suas economias. Dentro desse contexto, Bill Clinton, em 31 de agosto de 2000, viajou para Cartágena de las Indias, onde se encontrou com Andrés Pastrana e anunciou o lançamento do Plano Colômbia[28], que previa um investimento de US$ 7,5 bilhões[29], em cinco anos, a pretexto de combater o narcotráfico, fomentar o desenvolvimento econômico do país e financiar culturas alternativas em substituição às plantações de coca. Esse fato gerou enorme apreensão em vários países, sobretudo no Brasil, que recebeu com extrema cautela a movimentação dos EUA na região. O ministro das Relações Exteriores, embaixador Luiz Felipe Lampreia, mesmo reconhecendo que a Colômbia tinha o direito soberano de aceitar ajuda externa, manifestou publicamente sua preocupação com o impacto que a execução do Plano Colômbia produziria sobre o território brasileiro, na medida em que o conflito na Colômbia se intensificasse, a partir de janeiro de 2001, data prevista para o começo do treinamento militar e o uso do material bélico. O governo brasileiro receava que o narcotráfico se deslocasse para seu território e guerrilheiros ou militares colombianos o invadissem, ou que fungos (*Fusarium orysporum*) ou outras armas químicas e biológicas, eventualmente empregadas pelos EUA para destruir as plantações de coca, contaminassem os rios da Amazônia. Outrossim, no seu entendimento, não se podia vincular a necessidade de combater o negócio das drogas com o problema da insurgência, que era da competência interna da Colômbia e devia ser politicamente resolvido, embora esta posição não significasse simpatia por qualquer solução tendente a ceder às FARC e ao ELN as zonas conquistadas, por implicar uma renúncia do Estado colombiano à soberania sobre seu território. Entretanto, o governo brasileiro considerava que a via militar, como os EUA propunham, não resolveria a crise e recusou-se terminantemente a permitir a utilização de qualquer base ou outras instalações militares em seu território para operações na Colômbia, solicitada pela secretária de Estado, Madeleine Albright. Nas Forças Armadas, aliás, o Plano Colômbia foi percebido por muitos militares como o Cavalo de Troia dos EUA para dominar as nascentes do Rio Amazonas, o que suscitou a conjectura de que o combate ao narcotráfico e às guerrilhas viesse a servir como pretexto para a ocupação dissimulada da Amazônia, sob a alegação de que o Exército brasileiro não estava em condições de controlar a região e impedir o trânsito de alimentos e armas para as FARC. Suspeita houve de que por trás do Plano Colômbia havia uma estratégia, que visava a redesenhar o mapa da América do Sul, e afigurou-se ao senador José Sarney, bem como a vários militares, que o Plano Colômbia, colocando os americanos, militarmente, na Amazônia, representava o começo de sua internacionalização, pois os EUA tinham um plano de ajuda militar à Guiana e uma rede de monitoramento estendida desde o Panamá.

Nos dias seguintes ao lançamento do Plano Colômbia, 1 e 2 de setembro, doze chefes de Estado da América do Sul, pela primeira vez, reuniram-se em Brasília, a convite do presidente Fernando Henrique Cardoso, e emitiram uma declaração, na qual, afirmando que "a América do Sul quer afirmar-se como um espaço comum de prosperidade", anunciaram o estabelecimento, a partir de janeiro de 2002, de uma área de livre comércio entre o Mercosul ampliado e a Comunidade Andina, com a inclusão da Guiana e do Suriname nesse processo, e prometeram lutar por uma "globalização mais simétrica", que eliminasse as distorções resultantes do protecionismo nos mercados desenvolvidos e da instabilidade do sistema financeiro internacional[30]. Não houve deliberadamente qualquer menção ao Plano Colômbia, embora os chefes de Estado emitissem uma declaração de apoio ao processo de paz na Colômbia e ao presidente Andrés Pastrana. Contudo, a questão do narcotráfico e das guerrilhas na Colômbia esteve na pauta das conversações e consistiu um dos principais temas de debate, ao gerar enorme preocupação devido à possibilidade de que viesse a promover a *vietnamização* do conflito, que já durava quatro décadas e poderia desbordar para os países fronteiriços. O presidente Fernando Henrique Cardoso e outros chefes de governo invocaram o espectro da Guerra do Vietnã, temendo o envolvimento cada vez maior dos EUA e de outros países da América do Sul por não poderem livrar-se do conflito. "Nós temos de estar alerta para evitar a *vietnamização* da região" — o presidente da Venezuela, Hugo Chávez declarou à imprensa. Este receio também Henry Kissinger, ex-secretário de Estado na Administração Nixon, manifestou. Embora visse na Colômbia o desafio de política exterior que mais ameaçava os EUA na América Latina, ele percebeu a similitude da situação da Colômbia com a do Vietnã, que levou os EUA, primeiro, a um beco sem saída e, em seguida, à frustração[31]. No seu entendimento, o Plano Colômbia, ao dar ênfase quase exclusiva a uma solução militar, resultaria virtualmente em fracasso, pois o combate ao narcotráfico requeria não apenas helicópteros e batalhões do Exército, mas uma política ambiciosa e generosa de desenvolvimento rural alternativo[32]. A Guerra do Vietnã — Kissinger recordou — "*begun as an effort to use American technology to defeat indigenous guerrillas*"[33].

O anúncio do Plano Colômbia pelo presidente Clinton, colocando no centro dos desafios estratégicos da região o combate à chamada narcoguerrilha, e a reunião dos 12 chefes de Estado da América do Sul, convocada pelo presidente Fernando Henrique Cardoso, dois acontecimentos quase simultâneos, refletiram, em realidade, a contradição de interesses econômicos, políticos e geopolíticos, que esgarçava o relacionamento e aguçava a rivalidade entre o Brasil e os EUA. Empacotado juntamente com projetos de desenvolvimento econômico e social, o Plano Colômbia, concebido segundo uma lógica militar, equacionava o conflito exclusivamente em sua dimensão armada, destinando mais de US$ 1,2 milhão — cerca de 80% dos US$ 1,3 bilhão prometidos pelos EUA — à compra de material bélico, inclusive aviões, 30 helicópteros tipo Black Hawk e 33 tipo Huey[34], pelo Exército colombiano, e apenas US$ 238 milhões à promoção dos direitos humanos e ao reforço da democracia e do sistema judicial. Em realidade, ele encobria uma estratégia de guerra, da qual a rede de FOLs, ou seja, das bases, instaladas em Manta (Equador), em Beatrix (Aruba) e Hato (Curaçao), constituía um dos componentes essenciais, e tudo indicava que os EUA repetiriam a experiência de Kosovo, dado que uma intervenção por terra nas províncias de Caquetá, Putumayo e na Amazônia colombiana custaria muitas perdas de vida. Moveriam, portanto, a guerra através de intenso bombardeio das regiões dominadas pelas FARC e o ELN, complementado com a aspersão de agentes biológicos sobre os cultivos de coca. E queriam a participação das forças armadas dos países da região, nos teatros de combate, para evitar o isolamento dos EUA, razão pela qual o Departamento de Estado e o Pentágono recorreram à retórica antidroga e empenharam-se em apresentar o conflito na Colômbia como *hemispheric problem*, tal como fizeram com a questão de Cuba nos anos 60.

O Plano Colômbia não visou, entretanto, a combater apenas o narcotráfico e as guerrilhas da FARC. Ele encapou interesses econômicos que se entrançavam com objetivos políticos e estratégicos. A estabilização da Colômbia, obviamente, interessava aos EUA. Além de ricas jazidas de petróleo, em Putumayo, fronteira com o Equador, existia na Amazônia colombiana, cuja biodiversidade só era inferior à do Brasil[35], abundância de recursos hídricos e florestais, que atraiam investimentos internacionais e constituíam recursos estratégicos para o país. E o que Clinton pretendeu em Cartágena de las Indias foi legitimar a presença militar dos EUA na América do Sul. A Colômbia convertera-se no seu terceiro maior beneficiário da assistência militar; abaixo de Israel e do Egito, desde que em novembro de 1998 o Congresso concordara em triplicar para US$ $ 289 milhões os recursos que lhe destinavam. E o Equador, com a economia dolarizada e o aeroporto de Manta elevado à condição de importante base militar, tornara-se o centro de suas operações, como Honduras o fora durante as guerras na América Central nos anos 80. Os EUA estavam assim a distender seu virtual domínio, desde o Caribe e o Panamá, passando pela Guiana, até a Colômbia, Equador e Peru, cujo governo também se desestabilizou, em meio de escândalos com Vladimiro Montesinos, chefe do SIN[36], envolvendo o presidente Alberto Fujimori, que o Congresso destituiu por "incapacidade moral", em novembro de 2000, cerca de cinco meses depois de que ele se reelegera fraudulentamente para um terceiro mandato (22 de maio de 2000)[37].

A transformação da Colômbia e do Equador em Estados-clientes, espécie de protetorados ou colônias informais, revestia-se de fundamental importância estratégica para o controle o Bloco Andino, formalizando uma intervenção de fato já em curso, pois demonstrava que os EUA se dispunham a reprimir quaisquer movimentos insurrecionais e enfrentar outros desafios, como a inflexão da Venezuela para uma espécie de nacionalismo de esquerda, em meio de grave crise econômica, com uma queda de cerca de 7,2% no PIB, em 1999, apesar da alta nos preços do petróleo, responsável por 80% de suas exportações. Lá, o tenente-coronel Hugo Chávez, que chefiara em fevereiro de 1992 uma rebelião militar contra o governo de Carlos Andrés Pérez, (1989-1993), da Acción Democrática (AD), fora eleito legal e legitimamente presidente da República em 1998 com a promessa de promover "*una revolución pacífica y democrática*". Orientado pelo princípio de que o povo integrado como nação constituía poder soberano, podia romper revolucionariamente com o regime jurídico, político ou sócio-econômico que não se adequasse às suas aspirações ou que fosse obstáculo ao seu progresso, ele convocou um *referendum* para votar uma nova Constituição[38], aprovada por 71,21% dos eleitores, mudando as estruturas políticas e jurídicas e o nome do país para República Bolivariana de Venezuela. Essa Constituição rompeu o modelo democrático tradicional, dentro do qual durante 42 anos, dois partidos — Acción Democrática, de tendência social-democrata, e Copei (democrata-cristão) de centro-direita, repartiram o poder. E Chávez, cujo mandato de presidente da República foi ampliado para 6 anos e confirmado através de novas eleições realizadas em 2000, modificou não apenas as diretrizes econômicas como reorientou a política exterior da Venezuela, estreitando relações com Cuba, com a qual firmou um acordo para a venda de 53.000 barris diários de petróleo a preços de mercado, bem como com o Iraque e a Líbia, vistos como inimigos dos EUA. A união com o Mercosul tornou-se uma das prioridades do seu governo, em matéria de integração regional, conforme o chanceler José Vicente Rangel, proclamou, ao reafirmar a intenção da Venezuela de integrar o Mercosul com a Comunidade Andina de Nações (CAN)[39]. Ao mesmo tempo, a Venezuela, com a tendência de Chávez para o nacionalismo de esquerda, configurou mais outro obstáculo às negociações para o estabelecimento da Alca, e colocou os EUA, dos quais era principal fornecedor de petróleo, diante do problema de ter de respeitar a vontade popular, mantendo coerência com a política de promoção da democracia, empreendida nos anos 90, e evitar ao mesmo tempo que ela se convertesse na Cuba de pós-guerra fria, e Hugo Chávez se transformasse em vítima, em um segundo Fidel Castro, dado o sentimento antinorte-americano existente em toda a América Latina. Daí por que a administração Clinton preferiu evitar custos políticos e econômicos, no âmbito nacional e regional, e tomou a atitude de *wait and see*, embora tratasse de prevenir que o exemplo da Venezuela contaminasse países como Bolívia, Equador e Colômbia, mas também estorvar a integração do Mercosul com o Bloco Andino.

## NOTAS

1. Em 1994, as organizações políticas Frente Grande, país (do ex-justicialista Octavio Bordón), Unidade Socialista e um setor da Democracia Cristão formaram a Frente País Solidário (FREPASO), que participou das eleições presidenciais de 1995 com a fórmula Octavio Bordón Carlos "Chacho" Álvarez e obteve menos 30% diante dos quase 50% de Menem, mas superando a UCR, que somente conseguiu 17%. Em 1997 formou com a UCR a Alianza (Alianza por el Trabajo, la Educación y la Justicia) e participou das eleições legislativas. Nas eleições gerais de 1999 a Alianza, já consolidada, triunfou, levando Fernando de la Rúa, da UCR, à presidência da Argentina, tendo como vice o líder da FREPASO, Carlos "Chacho" Álvarez.
2. De acordo com a CIA-World Factsbook (http://www.odci.gov/cia/publications/factbook/index.html), que adota o cálculo do PIB pela paridade do poder de compra (*purchasing power parity*), o PIB *per capita* da Argentina era de US$ 10.000,00 em 1999 (est.), o do Uruguai, da US$ 8.500,00, do Brasil, de US$ 6.500,00, e o do Paraguai, de US$ 3.650,00. A paridade do poder de compra

(*purchasing power parity*) é um método que converte as taxas de câmbio em uma só e equaliza o poder de compra de diferentes moedas, eliminando as diferenças de preços no processo de conversão.

3. Bermudez, Ismael. "La situación social: estadisticas del INDEC sobre capital y gran Buenos Aires — Menem dejó peor el reparto de la riqueza", in *El Clarín*, Buenos Aires, 6/3/2000. Vide também http://www.indec.mecon.ar/default.htm.
4. *Un pueblo pobre en un país rico.* Informe de la pobreza en la Argentina Parte I. Informe principal http://wbln0018.worldbank.org/LAC/lacinfoclient.nsf/0/d3b92f93db7cd3e4852568f00077b9e1/$ FILE/Informeparte1.pdf
5. http://www.aba-argentina.com /Trabajos /FIEL.html
6. *"El patrón de evolución de la desigualdad en la última década se repite al considerar el ingreso per cápita familiar (calculado sobre los individuos, no sobre los deciles): la desigualdad cae hasta 1992, aumenta hasta 1997 y cae ligeramente en 1998. La desigualdad actual es mayor que la de 1988".* Ibid.
7. Bermudez, Ismael. "La situación social: estadisticas del INDEC sobre capital y gran Buenos Aires — Menem dejó peor el reparto de la riqueza", in *El Clarín*, Buenos Aires, 6/3/2000. *Un pueblo pobre en un país rico.* Informe de la pobreza en la Argentina Parte I. Informe principal http://wbln0018.worldbank.org/LAC/lacinfoclient.nsf/0/d3b92f93db7cd3e4852568f00077b9e1/$ FILE/Informeparte1.pdf
8. Dólares de 1995. De acordo com o INDEC, o PIB da Argentina, em 1998, era da ordem de US$ 298,3 bilhões, calculado a preços de mercado. http://www.indec.mecon.ar/default.htm. Pelo método de *puchasing power parity*, usado pelo banco mundial, era de US$ 374 bilhões.
9. http://www.aladi.org/inicio.htm.Vide também http://www.indec.mecon.ar/default.htm
10. Seus dirigentes pertenciam aos diversos partidos políticos: Partido Colorado, Partido Liberal, Partido Febrerista e Encuentro Nacional.
11. http://www.aladi.org/inicio.htm. As cifras correspondentes ao ano 2000 só abrangem 9 meses.
12. Moniz Bandeira, 1998, pp. 113-115.
13. Os setores da oposição não esqueceram o saldo do regime autoritário que Banzer instalou na Bolívia em 1973: 1.500 presos políticos, 900 exilados e mais de 200 mortos, entre os quais cerca de 100 camponeses massacrados em 1974, segundo a Assembleia de Direitos Humanos de Bolívia.
14. Acometido por grave câncer no pulmão, Banzer, em 6 de agosto de 2001, apresentou sua renúncia ao Congresso nacional, em Sucre, a capital constitucional da Bolívia, e o vice-presidente Jorge Quiroga assumiu o governo.
15. Johnson, Tim Clinton. "Clinton: Ecuador must maintain democratic rule", *The Miami Herald*, March 18, 1999.

16. Abdala Bucaram, que tinha sua base política em Guayaquil, foi eleito presidente pelo Partido Roldosista Ecuatoriano (PRE), em 1996, prometendo reformas econômicas e sociais para romper o poder da oligarquia. Líder de personalidade populista e excêntrica (vangloriava-se de ser chamado de El Loco pelo povo), provocou, porém, enorme descontentamento e enfrentou uma onda de protestos, depois de seis meses de governo ao anunciar em 1º de dezembro de 1996 o aumento dos preços da água, gás, luz e telefones. Como consequência, o Congresso, em 6 de fevereiro de 1997, aprovou sua destituição por "incapacidade mental", de acordo com o art. 100 da Constituição do Equador, e o presidente da Câmara, Fabian Alarcón Rivera, assumiu interinamente o governo, o que foi confirmado por um *referendum* popular em 1997. Bucaram refugiou-se no Panamá. Com a reforma da Constituição, Jamil Mahuad, do partido Democracia Popular, e Gustavo Noboa, do Partido Social Cristão foram eleitos pelo Congresso em 12 de 1998.
17. U.S. Department of State. Background Notes: Ecuador, June 2000 Released by the Bureau of Western Hemisphere Affairs -April 2001. http://www.state.gov/r/pa/bgn/index.cfm?docid=2906
18. http://instruct1.cit.cornell.edu/Courses/crp522/ecbo0900.pdf
19. Depois que saiu do Ministério da Economia da Argentina, em 1996, Domingo Cavallo foi contratado por Abdalá Bucaram, eleito naquele ano presidente do Equador, para que implantasse um sistema de convertibilidade da moeda equatoriana em dólar. Com a queda de Bucaram, Jamil Mahuad tomou a decisão de dolarizar a economia equatoriana, assessorados por um grupo argentino, que incluía a Fundação Mediterrânea (vinculada a Domingo Cavallo) e o economista Guillermo Calvo, nomeado posteriormente diretor do Banco Interamericano de Desenvolvimento.
20. Consejo Permanente de la Organización de los Estados Americanos, Acta de la Sesión Extraordinaria celebrada el 21 de Enero de 2000. A OEA, mediante a resolução AG/RES. 1080 (XXI-O/91), estabelecera um mecanismo para ajudar a restabelecer a democracia representativa onde ela sofresse uma interrupção. Essa resolução foi aprovada na quinta sessão plenária da OEA, ocorrida em 5 de junho de 1991.
21. Ibid.
22. U.S. Department of State Office of the Spokesman. Statement by James B. Foley, Deputy Spokesman January 22, 2000.
23. Faiola, Anthony Washington Post Foreign Service Thursday, January 25, 2001; Page A01.
24. Statement of General Charles E. Wilhelm, commander-in-chief, U.S. Southern Command, Before the Senate Caucus on International Narcotics Control, March 23, 2000.

25. The Center for International Policy's. Colombia Project — State Department fact sheet on U.S. Policy Toward the Andean Region, May 17, 2001.
26. Em 31 de agosto de 1998, o índice Dow Jones despencou 554 pontos, a segunda maior na história do New York Stock Exchange.
27. Statement of the Honorable Robert B. Zoellick, United States Trade Representative. Testimony Before the House Committee on Ways and Means — Hearing on President Bush's Trade Agenda, March 7, 2001.
28. Em 3 de agosto de 1998, três dias antes de assumir o governo, Andrés Pastrana esteve em Washington e sugeriu a Clinton que o governo norte-americano e os bancos financiassem uma espécie de Plano Marshall para Colômbia, visando a recuperar as zonas dedicadas ao cultivo de coca e a possibilitar aos camponeses uma economia alternativa e rentável. Esta, aparentemente, foi a origem do Plano Colômbia, que tomou forma em setembro de 1999, obedecendo às linhas do Plan de Desarrollo, de Pastrana, e incorporando as diversas exigências norte-americanas, tanto políticas como econômica e militares, bem como o conteúdo do acordo com o FMI.
29. O Plano Colômbia previa um investimento de US$ 7,5 bilhões, dos quais os EUA forneceriam US$ 1,3 bilhão (incluindo US$ 47 milhões como ajuda ao Equador), US$ 4 bilhões seriam providos pelo governo da Colômbia, US$ 1,9 bilhão pela Europa e algumas instituições.
30. Declaração, Brasília, 1° de setembro de 2000. AA.
31. Kissinger, 2001, pp. 140-141.
32. Id., ibid., p. 140.
33. Id., ibid., p. 145.
34. A United Technologies produzia o poderoso helicóptero UH-60L Black Hawk, o Falcão Negro, e a Bell Textron procurava vender helicóptero UH-1H Huey. Ambas corporações investiram nas campanhas eleitorais dos EUA. Constava que, nas campanhas de 1996 e 1998, a Bell Textron deu uma contribuição de US$ 551,816 ao Partido Republicano e US$ 364,420 ao Partido Democrata; a United Technologies contribuiu com US$ 362,340 para o Partido Republicano e US$ 347,200 dólares para o Partido Democrata.
35. A superfície da Amazônia colombiana era da ordem de aproximadamente 400.000 km$^2$, quase uma nona parte da que o Brasil possuía na mesma região. Compreendia os Departamentos dos Amazonas, Caquetá, Guinia, Putumayo e Vaupes. Em comparação com o território total da Colômbia, a região amazônica representava 35% e sua densidade populacional atingia um nível de escassez ainda mais dramático do que no Brasil, situando-se em torno de 0,2 habitante por km$^2$. A região, porém, era rica em petróleo, madeiras raras, plantas medicinais e borracha.
36. O governo de Fujimori foi acusado de violações dos direitos humanos, de malversação financeira e de constantes perseguições à imprensa e a jornalistas.

Montesinos, filho de um comunista que lhe deu o nome de Vladimiro Illich em homenagem a Lenin, estivera preso no regime do general Juan Velasco Alvarado (1968-1974) porque vendera segredos militares à CIA e por esta razão fora expulso do Exército como traidor. Trabalhou como advogado de altos oficiais das Forças Armadas e da polícia, acusados de graves delitos — negócio de drogas e contrabando. Em 1996, o narcotraficante Demetrio Chávez, conhecido como "Vaticano", declarou ante os juízes que pagava suborno mensal de US$ 50.000 a Montesinos para que lhe deixasse operar na selva. Segundo se revelou em Lima, contas secretas de Montesinos mostravam renda mensal de US$ 250.000 dólares.

37. O escândalo do tráfico de armas, compradas à Jordânia e desviadas para FARC, em princípios de setembro de 2000, a fim de armar uma provocação para justificar a intervenção militar na Colômbia, abalou ainda mais a posição de Fujimori. Sarkis Soghanalian Kopelian, membro de uma família armênia de traficantes de armas, com nacionalidade turca, e antigo colaborador da CIA, também conhecido como "O Mercador da Morte", confirmou publicamente que vendeu ao governo do Peru as armas compradas na Jordânia e das quais ele foi intermediário. Esse escândalo comprometeu Fujimori e desencadeou a instabilidade política, o que levou a secretária de Estado, Madeleine Albright, a demandar que ele convocasse novas eleições, e ao mesmo tempo a pressionar o Panamá para dar asilo a Montesinos, a pretexto de que a sua saída do Peru facilitaria o processo democrático. Em outubro de 2000, cerca 1.100 km ao sul de Lima, perto da fronteira com o Chile e a Bolívia, ocorreu o levante militar, liderado por um oficial chamado Ollanta Humala Tasso, exigindo a renúncia de Fujimori e a prisão e o julgamento de Vladimiro Montesinos. Após a queda de Vladimiro Montesinos, Fujimori viu-se obrigado a convocar novas eleições para 8 de abril de 2001, mas essa iniciativa não evitou que a crise institucional se aprofundasse e ele viajou para o Japão, onde se homiziou e posteriormente enviou carta de renúncia à presidência, que o Congresso não reconheceu, preferindo destituí-lo.

38. Em novembro de 1998, ocorreu na Venezuela a eleição presidencial e legislativa regular exigida pela Constituição de 1961. Chávez ganhou a votação para a presidência mas não a maioria legislativa. Em abril de 1999 realizou-se um *referendum* consultivo sobre a convocatória de uma Assembleia Constituinte. Em julho do mesmo ano ocorreu a eleição dos 131 constituintes, dos quais 125 receberam apoio de Chávez e apenas 6 configuraram a oposição. E em dezembro efetivou-se o *referendum* no qual a Constituição da chamada Quinta República denominada posteriormente, República Bolivariana de Venezuela, obteve 71,21% de aprovação.

39. La Política Exterior del Gobierno del Presidente, Hugo Chávez Frías. Cien días de gestión: transformar la Cancillería y relanzar la diplomacia comercial.

# Capítulo XXV

A RESISTÊNCIA DO BRASIL À ALCA • REUNIÃO DOS PRESIDENTES SUL-AMERICANOS EM BRASÍLIA • A AMÉRICA DO SUL COMO ESPAÇO ECONÔMICO E UNIDADE POLÍTICA • O CERCO DOS EUA AO MERCOSUL E A DEFECÇÃO DO CHILE • A CRISE FINANCEIRA DA ARGENTINA E AS TENSÕES COM O BRASIL • A CÚPULA DE QUEBEC • A ADESÃO DA VENEZUELA AO MERCOSUL • A CRISE DA ARGENTINA E O CRÉDITO DO FMI

Do Brasil partia realmente a maior resistência aos desígnios dos EUA, que não somente queriam implantar a Alca como pressionavam no sentido de antecipar a vigência de 2005 para 2003, de modo que pudessem ampliar as exportações em 30% e assegurar o crescimento do seu PIB a uma taxa de 4 a 4,5% ao ano. E sem a sua adesão o estabelecimento da Alca frustrar-se-ia, pois o Mercosul, com um PIB de US$ 1,0 trilhão, equivalente a mais da metade do PIB de toda a ALADI, da ordem aproximada de US$ 1,7 trilhão, em 1999[1], representava 10,3% do mercado das Américas e, dentro deste, o Brasil, cujo mercado equivalia a 2/3 do mercado da região[2]. Conforme Lia Vals Pereira, Coordenadora de Projetos/IBRE, salientou, os EUA, com 76,2%, e o Canadá, com 5,4%, responderam, em 1998, por 81,6% do total do PIB da Alca, se ela estivesse implantada, enquanto o do conjunto da América Latina, inclusive o México e o Caribe, representou apenas 18,4%, dos quais a participação do Mercosul correspondeu a 10,3%[3]. Destarte, a Alca sem o Mercosul, e em especial, sem o Brasil, representaria um ganho relativamente pequeno de mercado para os EUA[4]. O próprio embaixador Robert Zoellick, substituto da embaixadora Charlene Barshefsky como US Trade Representative, ao declarar que um dos objetivos da administração do presidente George W. Bush (2001-2005) era forjar o livre comércio com todas as nações do hemisférico, através da Alca e de outros acordos que estavam em negociação, inclusive com o Chile, citou que o "*Brazil, for example, has the largest economy in Latin America, and our trade policy must reflect this*"[5]. E acrescentou que o "*President Bush has noted, 'America is right to welcome trade with China — but we export as much to Brazil*'"[6]. De fato, os EUA acumularam na balança comercial com a China um saldo negativo da ordem de US$ 391 bilhões entre 1995 e 2001 (seis meses). No mesmo período, obtiveram um superávit de US$ 22,2 bilhões com o Brasil, US$ 16,6 bilhões com a Argentina, US$ 4,5 bilhões com o Paraguai e US$ 1,7 bilhão com o Uruguai, ou seja, um superávit de cerca de US$ 45,0 bilhões com todo o Mercosul, superávit este que se elevou a aproximadamente US$ US$ 51,8 bilhões, somado ao do intercâmbio com o Chile e a Bolívia, seus associados[7]. O que os EUA pretendiam, portanto, não era apenas fomentar o comércio, mas, sobretudo, ampliar seu superávit à custa do Brasil e dos demais Estados da América do Sul[8]. E o sucesso econômico da Alca implicava a conquista de maior acesso ao mercado brasileiro e às fatias dos mercados latino-americanos ocupadas pelo Brasil, que destinava 23% de suas exportações aos países da ALADI.

Nos EUA percebia-se o Brasil como "*a major economic power*", "*the major player*" na América do Sul, dado que tinha fronteiras com quase todos os países que estavam em má situação, da Colômbia ao Peru, do Paraguai à Argentina. "*A strategic relationship with Brazil becomes a strategic relationship with South America*" — o Council of Foreign Policy ressaltou em carta ao presidente dos EUA[9]. Com um PIB da ordem de US$ 1 trilhão, calculado pela paridade do poder de compra[10], superior ao do México, da ordem US$ 865,5 bilhões[11] (1999 est.) e do Canadá, calculado em US$ 722,3 bilhões, com uma economia quase duas vezes maior do que a da Rússia (US$ 620,3 bilhões) e quase tão larga quanto a da França (US$ 1,3 trilhão est. 1999), da Grã-Bretanha (US$ 1,3 trilhão est. 1999) e Itália (US$ 1,2 trilhão)[12], o Brasil era o principal parceiro comercial dos EUA na América do Sul. Suas importações de produtos norte-americanos triplicaram nos anos 90, saltando de US$ 5,0 bilhões em 1990 para US$ 15,3 bilhões em 2000, valor equivalente a 3/4 das importações realizadas por todos os demais países da América do Sul, inclusive Guiana e Suriname, e três vezes maior do que as importações da Argentina, que pularam de US$ 1,1 bilhão, em 1990, para US$ 4,6 bilhões em 2000[13]. Contudo, a situação econômica e financeira do Brasil, ao fim dos anos

90, configurou-se crítica, embora muito menos do que a da Argentina e a dos demais Estados da América do Sul. O governo Fernando Henrique Cardoso, mediante o Plano Real, derrubara a inflação para um único dígito anual, mas não de forma bastante rápida para evitar substancial alta da taxa de câmbio real durante sua fase de transição, o que tornou os produtos brasileiros mais caros, em termos internacionais, concorrendo, juntamente com a rebaixa de suas tarifas alfandegárias e as barreiras não tarifárias mantidas pelos EUA, para enormes saldos negativos. O Brasil, cujo superávit comercial fora o terceiro maior do mundo nos anos 80 (embora muito abaixo do Japão e da Alemanha), passara a acumular na balança comercial saldos negativos que, entre 1996 e 2000, alcançaram o montante de US$ 38,1 bilhões. E só não sofreu escassez de divisas devido ao fato de que a comunidade financeira internacional renovou seu interesse no mercado brasileiro, na medida em que a inflação se estabilizara. Mas a dívida externa do Brasil, apesar de contornada a crise dos anos 80, aumentou cerca de 100%, saltando de US$ 123,4 bilhões, em 1990, para US$ 235 bilhões, em 2000. E esse endividamento, conjugado com a perda de competitividade e o desequilíbrio da balança comercial, produziu um déficit na conta corrente do balanço de pagamentos que, em 1999, representou cerca 60% das exportações, abalando a confiança dos investidores, depois da crise na Ásia, em 1997, e da moratória da Rússia, em 1998. O ataque especulativo que, em janeiro de 1999, desvalorizou o real e acarretou a perda de 2/3 das reservas internacionais, no transcurso de poucos meses, desgastou profundamente o governo de Fernando Henrique Cardoso, logo no início do seu segundo mandato (1999-2003), e, conquanto ele houvesse promovido um ajuste econômico, que reduzira o déficit fiscal de mais de 10% do PIB, em 1999, para 4% em 2000, e o Brasil recuperasse a confiança dos investidores, a necessidade de financiamento externo continuou a condicionar também sua política econômica. De qualquer forma, a flexibilização da política cambial conferiu-lhe certo nível de autonomia na administração da política macroeconômica, autonomia inexistente na Argentina, dada a conversibilidade do peso em dólar estabelecida por lei, e a desvalorização do real atendeu em certo sentido às conveniências da balança comercial do Brasil, ao baratear, de um lado, seus produtos de exportação, e encarecer, do outro, as importações.

Os problemas do Brasil afiguraram-se similares aos dos demais países da América do Sul, que se agravaram nos anos 90, depois que empreenderam a privatização das empresas estatais, a desregulamentação da economia e a abertura unilateral dos mercados, intensificada com os acordos resultantes da Rodada Uruguai do GATT, sem que barreiras não tarifárias (quotas, técnicas, sanitárias etc.) fossem instituídas, dificultando as importações, como faziam os EUA e outros integrantes da OECD (Organization for Economic Cooperation and Development). Essa abertura da economia parecera necessária, a partir dos anos 70, com o objetivo de possibilitar acesso mais amplo, fácil e eficaz à tecnologia, o que se conseguiu, tanto que o Brasil construiu um dos dez maiores parques industriais do mundo, eficiente na média, e diversificou suas exportações, compostas em mais de 50% por manufaturas, produtos de tecnologia avançada, que suplantaram o açúcar, café, cacau e outras *commodities*, com escassa elaboração. Destarte, apesar de que fosse um dos países com maior desigualdade na distribuição de renda, em que a indigência e a pobreza de amplas camadas sociais coexistiam com a ostentação da riqueza e o consumo supérfluo de alguns poucos, o Brasil tornou-se uma potência industrial emergente, cuja estrutura econômica era a menos complementar em relação aos EUA, Canadá e México, integrantes do NAFTA. Por isto necessitava não apenas completar o ajustamento estrutural e reduzir seus custos de produção, antes de proceder a nova redução tarifária pretendida pelos EUA com a proposta da Alca, como reservar e defender o que percebia como seu *Wirtschaftgebiet* (espaço econômico), conformado pelo Mercosul, cujo avigoramento implicava a incorporação dos demais Estados da sub-região, dentro da qual 80% das exportações do Brasil constituíam-se de manufaturas. O projeto da ALCSA, lançado em 1993 durante o governo Itamar Franco, apontara para essa direção, com a perspectiva de desgravação tarifária automática nos moldes do Mercosul, assegurando o livre comércio intra-regional em um prazo de 10 anos. Esse processo não se desenvolveu, ao optar o governo brasileiro pela estratégia de ampliar o Mercosul mediante acordos separados com os países da América do Sul. Fernando Henrique Cardoso, porém, tentou de certo modo reavivá-lo, promovendo a reunião em Brasília dos chefes de Estado da América do Sul, diante da preocupação de grande parte do empresariado brasileiro com os riscos que a Alca apresentava e as crescentes dificuldades dentro do Mercosul, deflagradas pela desvalorização do real. Em artigo publicado em 30 de agosto de 2000, véspera da cúpula de Brasília, Cardoso definiu esse acontecimento como de "reafirmação da identidade própria da América do Sul como região", onde a democracia e a paz abriam a perspectiva de uma integração cada vez mais intensa entre países que conviviam em um mesmo espaço de vizinhança[14]. E salientou: "A vocação da América do Sul é a de ser um espaço econômico integrado, um mercado ampliado pela redução ou eliminação de entraves de obstáculos ao comércio, e pelo aprimoramento das conexões físicas em transportes e comunicações"[15].

Ao valorizar o conceito de América do Sul, em lugar de América Latina, Fernando Henrique Cardoso demonstrou que havia dois projetos em pauta para as Américas. O de Clinton visava a integrar a América do Sul à Alca, na realidade uma expansão da NAFTA, sob a sua hegemonia política e militar, atendendo aos interesses das companhias transnacionais. O que Cardoso concebia, entretanto, apresentava uma configuração distinta para o mapa das Américas: a América do Norte, do Alasca ao Panamá, passando pelo México, integrada no NAFTA, sob a hegemonia dos EUA. A outra, a América do Sul, que se estendia da Colômbia à Terra de Fogo, integrada como espaço econômico resultante de um acordo de livre comércio entre o Mercosul ampliado e a Comunidade Andina de Nações (CAN), com a gradativa inclusão da Guiana e do Suriname. A conformação desses dois blocos — o Mercosul ampliado a toda a América do Sul, de uma parte, e o NAFTA, do outro, configurando esquemas de preferências sub-regionais — viabilizaria o estabelecimento da Alca. E Kissinger percebeu-o, com clareza, ao indicar que *"Brazil saw itself as organizing Latin America while the United States performed the same task in North America, the two enterprises to work in harmony through frequent exchanges aimed at articulating a common set of purposes"*[16].

Essa percepção de duas Américas modelou desde o tempo do Império a política exterior do Brasil, que resguardava a América do Sul como sua esfera de influência, e abstinha-se de qualquer envolvimento na América do Norte, Central e Caribe, por constituírem a esfera de influência dos EUA. O Barão do Rio Branco, que defendeu a Doutrina Monroe e estreitou as relações do Brasil com os EUA, demonstrou-o com suas atitudes. Quando o Panamá se separou da Colômbia, só reconheceu a nova república de acordo com a Argentina e o Chile, para manter a unidade dos três países, reagiu energicamente contra a interferência norte-americana no litígio do Brasil com o Peru (1908), por causa dos territórios de Purus e Juruá[17], e dispôs-se a romper as relações com os EUA, em 1909, se o presidente William Howard Taft executasse o *ultimatum* dado ao Chile para pagar dentro de dez dias o montante de US$ 1 milhão, reclamado pela empresa norte-americana Alsop & Co.[18] Procedimento semelhante teve Oswaldo Aranha, como embaixador em Washington, ao constatar em 1935 que o Brasil fora excluído (atribuiu-se a um erro da cópia) da Conferência Econômica sobre a questão do Chaco: advertiu o secretário de Estado, Sumner Welles, de que "nada explica o nosso apoio aos EUA em suas questões na América Central, sem atitude recíproca de apoio ao Brasil na América do Sul"[19], e posteriormente firmou, na condição de chanceler, com Enrique Ruiz-Guiñazú, da Argentina, o Tratado de 21 de Novembro de 1941, visando a "estabelecer em forma progressiva um regime de intercâmbio livre, que permita chegar a uma união aduaneira (...), aberta à adesão dos países limítrofes", ou seja, aberta à adesão dos países da América do Sul.

De um lado, o interesse em desenvolver um bom relacionamento com os EUA, sem abdicar dos seus interesses nacionais, e, do outro, a consciência da necessidade de unir ou integrar a América do Sul, a partir de um eixo formado com a Argentina e o Chile, para robustecer seu poder de barganha, pautaram quase que invariavelmente a política exterior do Brasil, desde o século XIX. Fernando Henrique Cardoso seguiu diretrizes similares, dentro das condições dos anos 90, em que o processo de globalização da economia, elevado a um nível superior pelas corporações multinacionais, ao fracionarem e disseminarem por diversos países suas plantas da produção industrial, recebeu forte impulso, devido ao extraordinário avanço das telecomunicações e da informática, que atingiu os serviços e, flexibilizando as transferências e aplicações de capitais, internacionalizou os mercados financeiros. Ele executou um programa econômico, que compreendia o conjunto de medidas recomendadas pelo chamado *Washington Consensus*, e procurou manter um relacionamento maduro com os EUA. Por isto não rechaçou liminarmente a proposta da Alca. Mas impôs condições, sem as quais a implantação da Alca conduziria à supressão de todas as barreiras aduaneiras, embora preservasse para os EUA as barreiras não tarifárias, porque o Congresso norte-americano sempre teve o poder de aprovar qualquer lei que restringisse ou revogasse os efeitos de um tratado, se julgasse conveniente. E com toda a razão Fernando Henrique Cardoso salientou, ao convidar os chefes de governo da região para o encontro em Brasília, que, "nós, da América do Sul, não temos por que aceitar as assimetrias que distorcem a economia globalizada", mas "o interesse comum de lutar contra as barreiras protecionistas que restringem o acesso de nossos produtos aos mercados dos países desenvolvidos", e "em uma arquitetura financeira internacional estável e justa, que favoreça o investimento produtivo e evite ou minimize a ocorrência de crises"[20]. A fim de alcançar tais objetivos à unidade da América do Sul tornava-se necessário fortalecer o poder de barganha não só do Brasil, mas, sobretudo, dos demais países da região, com ainda menor peso econômico e político, nas negociações para o estabelecimento da Alca. E essa unidade começava pela convergência, em uma perspectiva de integração, dos dois grandes agrupamentos comerciais da sub-região: o Mercosul ampliado e a CAN, com a aproximação crescente da Guiana e do Suriname[21]. Os entendimentos do Mercosul com a CAN já estavam em andamento desde 1998, quando foi assinado um acordo-quadro entre os dois blocos[22], cujo intercâmbio, no ano 2000, alcançou um montante da ordem de US$ 5,5 milhões, 29% maior do que em 1999, sendo os fluxos de comércio mais importantes os registrados entre Brasil e Venezuela e Brasil e Colômbia[23]. Fernando Henrique Cardoso confiava em que a zona de livre comércio entre o Mercosul e a CAN, cujo PIB fora US$ 250,7 milhões em 1999, fosse implantada antes de janeiro de 2002, formando a "espinha dorsal da América do Sul como espaço econômico ampliado"[24].

Àquela época, quando ocorreu em Brasília a reunião dos 12 chefes de Estado da América do Sul, a incorporação do Chile no Mercosul, como membro pleno, estava praticamente acertada, tanto que um mês e meio antes o próprio Fernando Henrique Cardoso, ao recepcionar o presidente Ricardo Lagos, anunciara publicamente que ambos haviam decidido "iniciar negociações efetivas para permitir-nos chegar a este objetivo"[25]. "Tenho confiança de que, em breve, o Chile deixará a condição de simples membro associado para tornar-se, ao lado da Argentina, do Brasil, do Paraguai e do Uruguai, membro pleno do Mercosul[26]. E no futuro — confiamos — também com a Bolívia" —, Fernando Henrique Cardoso declarou[27]. Esta confiança tinha, aparentemente, sólido fundamento. Lagos, que assumira a presidência do Chile em 11 de março de 2000, pertencia ao Partido Socialista (o mesmo de Salvador Allende) e fora eleito pela Concertación de Partidos por la Democracia, derrotando Joaquin Lavin, da Alianza por Chile. Durante sua visita a São Paulo, para participar, em 14 de julho de 2000, do Encontro Empresarial Chile-Brasil, promovido pela Federação das Indústrias do Estado de São Paulo (FIESP), ele próprio anunciara publicamente que o Chile queria ser membro do Mercosul, conquanto destacasse que a diferença da política tarifária existente impedia sua entrada mais rápida na união aduaneira[28]. Não escondeu que o Chile estava a negociar também acordos de livre comércio com a União Europeia e com os EUA, embora estivesse preparado para negociar com mais força, por meio de uma só ponta, se conseguisse mais rapidamente o rebaixamento da tarifa externa comum no Mercosul. Contudo, em 29 de novembro, Lagos, na Califórnia, revelou "*con particular satisfacción*" que havia mantido conversações com Bill Clinton, já em fim de mandato, e decidido iniciar imediatamente a negociação de um acordo de livre comércio entre o Chile e os EUA. Esse fato ocorreu duas semanas antes da reunião de cúpula do Mercosul, que se realizaria em Florianópolis, capital do estado de Santa Catarina, entre 14 e 15 de dezembro de 2000, e aparentemente Lagos sofrera pressões dos EUA, que assim trataram de evitar que o ingresso do Chile como membro pleno do Mercosul fosse decidido, finalmente, durante o evento. O governo brasileiro, que soube da notícia pela imprensa, irritou-se e suspendeu as negociações com o Chile, declarando que a adesão ao NAFTA era incompatível com o Mercosul. Lagos, porém, participou da reunião de Florianópolis e voltou a reiterar a plena disposição política de seu governo para completar a incorporação do Chile ao Mercosul, de forma gradual, em todas as instâncias institucionais correspondentes, ponderando que dadas as diferenças tarifárias existentes era necessário avançar em etapas sucessivas para, no momento apropriado, acordar modalidades, termos de referência e prazos para sua integração na união aduaneira propriamente dita[29].

A adesão do Chile economicamente significava pouco ou nada quer para o NAFTA quer para o Mercosul. Com uma população de 15 milhões de habitantes, àquele tempo, apresentava um PIB de US$ 77,0 bilhões (1999), equivalente ao da região de Ribeirão Preto, no estado de São Paulo. E, sua dívida externa, da ordem de US$ 36,0 bilhões, representava pouco menos de 50%, e enfrentava uma situação econômica social também muito difícil, quase um milhão de pessoas viviam abaixo do nível de pobreza e cerca de 700.000 famílias estavam endividadas, como quase toda a classe média[30]. Porém, sua decisão de negociar o acordo com os EUA repercutiu, politicamente, e estimulou as divergências dentro do Mercosul. O presidente do Uruguai, Jorge Batlle, imaginando que podia vender carne uruguaia no Texas, mostrou-se satisfeito, por entender que ela contribuía para acelerar a formação da área de comércio continental, e o então ministro da Economia da Argentina, José Luis Machinea, não só felicitou o Chile e declarou que a Argentina devia imitar-lhe o exemplo como defendeu a antecipação da vigência da Alca para 2003, com o objetivo provavelmente de agradar aos EUA, pois negociava com o FMI um empréstimo no valor total de US$ 39,7 bilhões de dólares, equivalente a quase 20% do PIB da Argentina, como "blindagem" para a grave crise de liquidez que ela estava a enfrentar. O anúncio das negociações do Chile para ingresso no NAFTA bem como as declarações de autoridades da Argentina e do Uruguai despertaram no Brasil a consciência de que os EUA, mesmo sem que o presidente tivesse o *fast track*, estavam a manobrar para o isolar na América do Sul e desestabilizar o Mercosul, pois jamais concederiam em negociações bilaterais o que relutavam em conceder nas negociações multilaterais. Outros países, como a Argentina e o Uruguai, estavam realmente sendo seduzidos para negociar, separadamente, áreas de livre comércio com os EUA, que adotaram *vis-à-vis* do Brasil uma estratégia de "*friendly encirclement*", em que lhe dava cotoveladas para que fosse na "*right direction by working with neighboring countries*", conforme Richard Feinberg, professor de economia na Universidade da California-San Diego, definiu. O Mercosul estava "*under siege from all sides, riven by disputes between Brazil and Argentina, its two main members, and facing mounting external pressures, mostly from the United States*", noticiou o jornalista norte-americano Rother Larry, correspondente de *The New York Times*[31]. Este cerco reacendeu no Brasil a oposição a Alca. O embaixador Samuel Pinheiro Guimarães, um dos responsáveis pela negociação dos acordos de integração Brasil-Argentina, em 1986/1987, quando ainda conselheiro e chefiava a Divisão Econômica do Itamaraty, voltou publicamente a denunciar a Alca como parte da estratégia de manutenção da hegemonia política e econômica dos EUA, "que realizariam seu desígnio histórico de incorporação subordinada da América Latina a seu território econômico e à sua área de influência político-militar"[32], e insistiu em que o governo brasileiro devia abandonar os entendimentos para sua implementação. "A Alca levará ao desaparecimento do Mercosul" — advertiu[33]. E pouco tempo depois, em seminário realizado na Associação Brasileira da Indústria de Máquinas e Equipamentos (ABIMAQ), o embaixador Samuel Pinheiro Guimarães afirmou que a decisão da Argentina de eliminar as barreiras alfandegárias para bens de capital, desrespeitando a tarifa externa comum, criava a oportunidade para o Brasil avaliar, por antecipação, os efeitos da Alca[34]. Em consequência dessa declaração, *inter alia*, o chanceler Celso Lafer, sucessor do embaixador Luiz Felipe Lampreia, não só o demitiu da direção do Instituto de Pesquisas de Relações Internacionais (IPRI) como divulgou nota, na qual explicou que as opiniões do embaixador Samuel Pinheiro Guimarães eram pessoais e não refletiam, portanto, "a visão do Itamaraty sobre o conjunto de possibilidades, riscos e problemas inerentes às negociações comerciais multilaterais e regionais em curso, de que o Brasil participava"[35]. Mas o chanceler Celso Lafer e todo o governo brasileiro sabiam que o embaixador Samuel Pinheiro Guimarães estava com a razão. O próprio chanceler Celso Lafer, perante o Senado Federal, dissera que o Brasil devia discutir uma "alternativa para a adesão à Alca" e analisar com cuidado "os riscos e as oportunidades", porquanto os países envolvidos na sua formação consumiam 50% do total das exportações brasileiras e 70% das exportações de manufaturados[36]. Tais observações entremostravam que o governo brasileiro, embora não quisesse ainda abandonar as negociações para a formação da Alca, estava consciente de sua inconveniência para o Brasil, sobre a qual havia largo consenso na sociedade civil, nos meios econômicos e nas Forças Armadas. Sério risco havia de que o choque de competitividade com a indústria norte-americana, mais poderosa, tecnologicamente mais eficiente e avançada, destroçasse a maior parte do parque industrial do Brasil, condenando-o aos tempos da colônia, como exportador de matérias-primas e produtos agrícolas. E, entre outras personalidades que se manifestaram através da imprensa contra a proposta dos EUA, o sociólogo Hélio Jaguaribe, ex-ministro da Ciência e Tecnologia no governo Collor de Mello, instou o Brasil a manifestar oficialmente que não aderiria à Alca, ainda que todos os países sul-americanos o fizessem, se as barreiras não tarifárias não fossem suprimidas[37]. A hipótese de ficar o Brasil isolado era "incomparavelmente mais vantajosa" do que aderir a uma Alca que não houvesse eliminado as barreiras não tarifárias, inclusive porque suas mercadorias de maior valor agregado os demais países sul-americanos não as produziam e elas continuariam a entrar nos EUA[38].

O que mais abalava o Mercosul, entretanto, era a crise econômica da Argentina, cuja economia perdera competitividade, devido, sobretudo, à sobrevalorização do peso, e entrara em profunda recessão desde o fim de 1998, enquanto sua dívida externa, da ordem de US$ 144,6 bilhões, dos quais US$ 60 bilhões venceriam entre 2001 e 2005, tendia a alcançar quase US$ 200 bilhões, sem que ela tivesse condições de honrar os compromissos externos. Esta crise se aguçou no início de 2001, ante a expectativa de *default*, de que a Argentina, onde a evasão fiscal atingia os US$ 30 bilhões, insolvente, suspendesse os pagamentos da dívida externa e desvalorizasse o peso, porquanto, embora o governo de la Rúa conseguisse em 2000 superávit primário (diferença positiva entre gastos e arrecadação do governo, sem contar a despesa com juros), o pagamento de juros cresceu tanto que a conta final fechou o ano com um déficit muito superior ao determinado pelo acordo com o FMI. Diante de tal situação, em março, José Luis Machinea caiu do Ministério da Fazenda em meio de gravíssima crise no governo. O banqueiro Ricardo López Murphy, homem da Associação de Bancos da Argentina, substituiu-o, anunciando um plano ainda mais liberal para recuperar a economia e que incluía a promessa de que não modificaria a conversibilidade do peso em relação ao dólar. Porém milhares de funcionários públicos, ameaçados de demissão, estudantes e professores, assim como os desempregados deflagraram manifestações de ruas. Ricardo López Murphy caiu. E Fernando de la Rúa, completamente desgastado e enfraquecido, nomeou, em 20 de março, Domingo Cavallo ministro da Economia, a quem o Congresso concedeu maiores poderes do que o presidente da República possuía, para que produzisse o milagre de salvar a Argentina de um desastre, pelo qual ele próprio fora o responsável, quando ocupou o mesmo cargo no governo Menem, ao estabelecer por lei a paridade do peso em dólar, como forma de derrubar a inflação, e realizar uma política fiscal desordenada, que aumentou o gasto público em US$ 32 bilhões, entre 1991 e 1996[39]. E uma de suas medidas, ao voltar ao governo com de la Rúa, consistiu em revisar a aplicação de algumas tarifas do Mercosul, no quadro de seu Programa de Competitividade, elevando, sobretudo, as alíquotas aplicadas a bens de consumo para 30% e reduzindo para 0% as aplicadas a bens de capital, o que implicou modificações na TEC, aprovadas pelo

Conselho do Mercado Comum em 7 de abril em caráter excepcional e temporário.

O Brasil, onde a crise energética aflorava, sofreu forte impacto em consequência da situação na Argentina, apesar de que estivesse com suas contas em ordem. A desconfiança dos investidores estrangeiros, ante a expectativa de que a Argentina decretasse a moratória e/ou desvalorizasse o peso, concorreu em larga medida para outra desvalorização do real, o que, afetou ainda mais o comércio entre os dois países, já em fase de recuperação. Até do Chile, que não era membro pleno do Mercosul e cujo comércio com a Argentina não ultrapassava 3,7% do total, os capitais estrangeiros começaram a emigrar e sua moeda, o peso, perdeu mais de 20% do valor, desde o início de 2001, enquanto o desemprego saltou de menos de 5%, em 1997, para quase 10%, em agosto de 2001[40]. Domingo Cavallo, que cerca de duas semanas após assumir o Ministério da Economia revelara a disposição de levar a Argentina a aderir ao NAFTA, passou, porém, a criticar o Mercosul, a tal ponto que o próprio presidente Fernando Henrique Cardoso, interpelado pela imprensa, revelou que o presidente Fernando de la Rúa sempre lhe confirmara, diretamente, os compromissos com o Mercosul e que ele se dispunha a perguntar-lhe, durante a Cúpula das Américas, em Quebec, no dia 21 de abril, qual era a opinião que prevalecia na Argentina, se a dele ou a do ministro[41]. Fernando de la Rúa, de fato, já perdera a autoridade. E Domingo Cavallo, a fim de ganhar ainda mais a simpatia dos investidores norte-americanos para o programa de estabilização da Argentina, às vésperas de lançar uma oferta de bônus para alongar o perfil de sua dívida externa, voltou a afirmar, em conferência na Universidade de Harvard, no início de maio de 2001, que o Mercosul não ajudava as economias dos seus associados, da forma como estava funcionar, e condenou a tarifa externa comum (TEC), declarando a união aduaneira praticamente morta e que a única maneira de resgatar o Mercosul da crise era transformá-lo em uma verdadeira zona de livre comércio. O ministro das Relações Exteriores, Adalberto Rodríguez Giavarini, reafirmou, porém, os compromissos da Argentina com o Mercosul, pois ela firmara o Tratado de Assunção e outros acordos com o Brasil, Uruguai e Paraguai, o que demonstrou as contradições internas em que o governo de la Rúa se debatia. A atitude de Cavallo, abalando as relações da Argentina com o Brasil e sua credibilidade internacional como signatária do Tratado de Assunção, afigurou-se, na verdade, muita estranha, como se ele estivesse a servir a interesses outros, que não eram seguramente os interesses nacionais da Argentina. A Argentina fora o país que até então mais se beneficiara com a implantação do Mercosul, o único a obter saldo positivo na balança comercial com todos os sócios, desde o estabelecimento da união aduaneira. Entre 1995 e 2000 (nove meses) ela acumulara na sua balança comercial um superávit de US$ 5,1 bilhões com o Brasil, de US$ 1,7 bilhão com o Paraguai, e de US$ 2,2 bilhões com o Uruguai, totalizando um saldo positivo acumulado de cerca de US$ 10 bilhões, no período desses cinco anos[42]. Entretanto, no mesmo período, a Argentina teve um déficit comercial que alcançou o montante de US$ 10,6 bilhões com os países do NAFTA[43], com os quais Cavallo queria negociar a área de livre comércio.

Apesar dos problemas com a Argentina, o Brasil endureceu sua posição na política continental. Fernando Henrique Cardoso, em 30 de março, esteve em Washington, a convite do presidente George W. Bush, sucessor de Clinton, para discutir as questões que separava o Brasil e os EUA, no campo do comércio e da política, e não só não escondeu sua preocupação com as consequências do Plano Colômbia como reiterou a oposição ao adiantamento da Alca para 2003. Ele confrontou explícita e publicamente a vontade da Casa Branca. Três dias depois, recebeu em Brasília a visita do presidente Hugo Chávez com quem firmou uma declaração conjunta não só anunciando a decisão da Venezuela de solicitar a adesão ao Mercosul, como reafirmando o compromisso de subscrever, no mais breve prazo possível, o Acordo Mercosul-CAN, considerando-o fundamental para a consolidação do espaço econômico sul-americano e o exame em melhores condições, sob o princípio do regionalismo aberto, de sua participação nas negociações para a conformação da Alca, com a União Europeia e outros blocos econômicos[44]. Na entrevista à imprensa, Chávez reafirmou o conteúdo do comunicado conjunto e pronunciou-se contra a antecipação da Alca para 2003, acentuando que "*si algo hay que acelerar son nuestros mecanismos regionales y subregionales de integración*". Dias depois, 7 de abril, o Eixo Venezuela-Brasil, na VI Reunião de Ministros de Comércio da Alca, realizada, em Buenos Aires, impôs ao Mercosul uma atuação unitária, derrotando os EUA, ao confirmar o término das negociações para o ano de 2005, apesar dos ataques de Cavallo e de que alguns países procurassem o USTR Robert Zoellick, a fim de propor acordos bilaterais diretos com o NAFTA. E na Cúpula das Américas, realizada em Quebec entre 20 e 22 de abril, Hugo Chávez alinhou-se com Fernando Henrique Cardoso, que reiterou ser a construção do Mercosul para o Brasil "uma prioridade absoluta, uma conquista que veio para ficar, e que não deixará de existir pela participação em esquemas de integração de maior abrangência geográfica", e ponderou que a Alca seria "bem-vinda" se sua criação representasse um passo para dar acesso aos mercados mais dinâmicos, o caminho para regras compartilhadas sobre *antidumping*, a redução das barreiras não tarifárias, entre outros benefícios, e se fosse além da Rodada Uruguai, corrigindo as assimetrias então cristalizadas, sobretudo na área agrícola. "Não sendo assim, seria irrelevante ou, na pior das hipóteses, indesejável" — Fernando Henrique Cardoso acrescentou[45].

Essa aliança aprofundou-se ainda mais, quando Hugo Chávez compareceu à reunião da Cúpula do Mercosul, realizada em Assunção, em 21 e 22 de junho, e formalizou o pedido para o ingresso no Mercosul da Venezuela, que assinou os acordos de Quebec com ressalvas, e, referindo que Fernando Henrique Cardoso dissera em Quebec que a "*Alca es opción y nuestro destino es el Mercosur*", endossou que "*este es nuestro destino, el sur, la Cruz del Sur*"[46]. Nesta ocasião, Fernando Henrique Cardoso, após observar que, "se o Mercosul hoje não existisse, estaríamos lamentando dez anos perdidos", acrescentou: "Mercosul é mais do que um mercado, o Mercosul é, para o Brasil, um destino"[47].

A concepção de que para o Brasil o Mercosul era o destino, enquanto a Alca configurava apenas uma opção, publicada em *The New York Times*[48], levou Henry Kissinger a citá-la, observando que o Mercosul tendia a apresentar aquelas tendências manifestadas na União Europeia, que buscavam definir uma identidade política europeia distinta dos EUA, se não em manifesta oposição aos EUA[49]. "*Especially in Brazil, there are leaders attracted by the prospect of a politically unified Latin America confronting the United States and NAFTA*" — Kissinger ressaltou[50]. Segundo ele, enquanto a Alca era concebida como simples área de livre comércio, o Mercosul era uma união aduaneira, que teria, por sua natureza, tarifas mais altas para o mundo (tarifa externa comum) do que entre os Estados associados, pretendia evoluir para um mercado comum, e isto não convinha, uma vez que, provavelmente, afirmaria a identidade latino-americana como separada e, se necessário, oposta à dos EUA e ao NAFTA. "*(...) All this has the makings of a potential contest between Brazil and the United States over the future of the Southern cone of the Western Hemisphere*" — Kissinger reconheceu[51].

De fato, o esforço do Brasil, mediante a integração com a Argentina, visava a unificar um espaço econômico, tendo como cerne o Mercosul, e ampliá-lo, favorecido pela contiguidade geográfica, ao longo da plataforma continental, cujo Eixo Rio–São Paulo–Córdoba–Rosario–Buenos Aires constituía a região de maior desenvolvimento da América do Sul, de modo a formar não apenas uma simples área de livre comércio, mas evoluir da união aduaneira para um mercado comum, base de um Estado supranacional, como a União Europeia, o que permitiria concretizar seu destino de potência mundial. Esta possibilidade de que a América do Sul integrada emergisse, com sua própria identidade, constituía um desafio à hegemonia econômica e política dos EUA, que tratavam de organizar o "*third American empire*" e cujo objetivo geopolítico, depois da guerra fria, consistia em estender seu domínio à Europa Oriental e aos Balcãs, controlar a Eurásia, as fontes de energia no Oriente Médio, no Golfo Pérsico e na Ásia Central, conter a China, e tentar impedir o surgimento de potências locais nos subsistemas, especialmente se contrárias aos seus interesses. Contudo, a implantação da Alca não parecia muito fácil. Após a duvidosa eleição para presidente, em dezembro de 2000, a percepção de que os EUA não eram uma nação confiável aumentou cada vez mais, tanto no Brasil quanto em outros países da América do Sul, pois George W. Bush logo pretendeu derrogar o Tratado de 1972 (Anti Missiles-Balistic) firmado com a URSS, opôs-se ao Protocolo de Kyoto, acordado para evitar o aquecimento da terra, recuou no Tratado do Mar e suspendeu as negociações com a Coreia do Norte, entre outras atitudes que aluiram a credibilidade dos EUA. Esses fatos reforçaram a convicção de que, mesmo revogando as barreiras não tarifárias para possibilitar a implantação da Alca, essa medida teria caráter precário, porquanto o Congresso norte-americano, de acordo com a Constituição dos EUA, sempre teve poderes para votar leis protecionistas, desrespeitando tratados internacionais e opunha-se à modificação da lei *antidumping*. E, apesar da situação bastante crítica em que se encontrava, devido às ações unilaterais da Argentina, Uruguai e Paraguai, que praticamente acabaram a TEC, o Mercosul representava um dos campos de batalha da guerra comercial que compelia os EUA e a União Europeia, com suas economias em recessão, a disputarem mais agressivamente os mercados da América Latina. A União Europeia, que até então relutava, demonstrou o propósito de eliminar tarifas de importação de 90% dos produtos agrícolas, no prazo de 10 anos, concessão importante para a superação do impasse nas negociações com vistas ao estabelecimento de uma área de livre comércio entre os dois blocos, antes da implantação da Alca, a partir de 2005. E alcançar o acordo com ela era fundamental para o Brasil, assim como para todo o Mercosul, pois a União Europeia consumia quase a metade de suas exportações agrícolas. Outrossim, apesar do comportamento de Cavalo, a Argentina sabia que, sem a eliminação das barreiras aos produtos da agropecuária, a Alca não convinha aos seus maiores interesses comerciais e que também ela não tinha condições de negociar equilibradamente com os EUA, se não se unisse ao Brasil, transformado pelo Mercosul em um prolongamento do seu mercado interno. Assim, sondada para fazer um acordo bilateral com os EUA, a Argentina contestou, conforme revelação do chanceler Adalberto Rodríguez Giavarini, que não estava disposta a romper com o Mercosul, inclusive porque no Tratado de Assunção havia uma cláusula na qual os quatro membros se comprometiam a somente conduzir negociações em conjunto[52].

A reunião da Cúpula do Mercosul em Assunção (21-22/6/2001), ao completar dez anos a formação do bloco, impediu que houvesse um recuo no processo de integração e os quatro países confirmaram o compromisso de consolidar a união aduaneira, apesar de bastante debilitada pelas medidas unilaterais, que os sócios adotaram. A fim de fortalecer o bloco e estancar a ofensiva dos EUA, como fizeram junto ao Chile, visando a alcançar acordos bilaterais, os presidentes dos quatro países — Argentina, Brasil, Uruguai e Paraguai — decidiram propor a Robert Zoellick o reinício das negociações sobre a zona hemisférica de livre comércio, dentro do formato 4+1 (Mercosul + EUA)[53]. E, em consequência do aguçamento da crise na Argentina, Cavallo aceitou que o Mercosul continuasse a negociar como bloco com terceiros mercados, de modo a obter o respaldo do Brasil nos seus entendimentos com os EUA e o FMI. Fernando Henrique Cardoso não o recusou, assim como não permitira retaliações contra as medidas unilaterais de Cavallo para desfazer a tarifa externa comum. Queria salvar o Mercosul e evitar que o *default* da Argentina, que passara de *pivotal state*, Estado precariamente equilibrado entre o sucesso e a bancarrota, a *failed state*, ameaçando a estabilidade e a segurança de toda a região, engravecesse ainda mais a situação Brasil, dado que o aumento de sua dependência e vulnerabilidade financeira tornava-o suscetível a choques externos quer da Argentina quer de outras áreas da economia mundial. Fernando Henrique Cardoso escreveu ao presidente George W. Bush, ao primeiro-ministro da Grã-Bretanha, Tony Blair, e a outros chefes de Estado, pedindo apoio para a Argentina, e declarou à imprensa: "Não é possível deixar a Argentina em crise sem dar a ela condições de sobrevivência. A Argentina fez tudo o que pediram. Agora vai ser punida?" E, após salientar que a decisão de fazer o *curruncy board*[54], ligando o peso ao dólar, foi do governo de Buenos Aires, mas "altamente aplaudida", qualificou como "certa hipocrisia" dizer que a Argentina tinha de resolver seus problemas. E perguntou: "Que 'seus'"? O mundo hoje é interdependente"[55].

Essa interdependência era de tal magnitude que os problemas da Argentina afetavam profundamente o Brasil, onde a queda da demanda externa, o racionamento de energia e o aumento da taxa de juros, visando a evitar a saída de capitais, concorriam para reduzir a produção industrial, inibindo o aumento das exportações, apesar de que a maxidesvalorização do real tenha aumentado nominalmente a competitividade dos produtos brasileiros. A previsão era de que o Brasil encerrasse 2001 com um déficit de US$ 1 bilhão na balança comercial, um déficit fiscal nominal (incluindo o pagamento de juros) de aproximadamente 6,2% do PBI e um déficit da conta corrente do balanço em torno de US$ 27.000 bilhões, que, embora estável, necessitava ainda de US$ 8 bilhões a US$ 10 bilhões, bem como da emissão de bonos, ao contrário do que ocorrera no ano 2000 quando foi coberto pela entrada de investimentos diretos, da ordem de US$ 30,4 bilhões. Daí por que Fernando Henrique Cardoso enfatizou a urgente necessidade de incrementar as exportações, entremostrando receio de que o Brasil viesse a enfrentar crescente déficit externo, sem recursos para o financiar. Os desembolsos com juros da dívida totalizaram US$ 14,6 bilhões, em 2000, e US$ 8,6 bilhões, em 2001, e as remessas líquidas de lucros e dividendos para o exterior, que somaram US$ 3,3 bilhões no ano 2000 e já haviam alcançado US$ 2,9 bilhões entre janeiro e julho de 2001, tendiam a recrescer, quando os volumosos investimentos recebidos desde 1995 maturassem. Possibilidade havia de que a crise no balanço de pagamentos, gerando um constrangimento externo, já ocorresse em 2002.

Essas dificuldades, alimentando as tensões sociais e aguçando o descontentamento com o governo, estavam a criar condições para a vitória do Partido dos Trabalhadores nas eleições de 2002. Aos EUA, cuja economia a recessão ameaçava, não convinha, porém, que a oposição viesse a eleger em 2002 o sucessor de Fernando Henrique Cardoso. Se já era enorme a resistência à negociação da Alca, elas aumentariam e praticamente impossibilitariam sua implementação, se o Partido dos Trabalhadores, que defendia a proteção de determinados setores da indústria e o reerguimento de barreiras alfandegárias como forma de conter as importações, assumisse o governo do Brasil, dentro de um contexto de crescente contestação às diretrizes econômicas e financeiras impingidas aos países da América Latina, principalmente nos anos 90. Sem o Brasil e a Venezuela, Bush podia sepultar a proposta da Alca. Por isto, os EUA trataram de conter o *efeito tango* e o FMI, em face do caos que ameaçava a Argentina concedeu ao Brasil um reforço de US$ 15 bilhões[56], para que fosse usado em caso de necessidade[57]. Cavallo, em 15 de junho de 2001, desvalorizara virtualmente a moeda, ao criar o peso comercial, com uma redução de 8% para efeito das exportações, sem conseguir desanuviar o clima de incerteza, que a crise econômica e financeira gerava no mercado, ao aprofundar-se a cada dia, ao mesmo tempo que os conflitos sociais se intensificavam, com milhares de pessoas, em sua maioria trabalhadores desocupados ou subocupados nas ruas de Buenos Aires e concentrados na Plaza de Mayo, manifestando repúdio ao plano de ajuste para promover o "déficit zero", mediante redução de 13% ou mais nos salários superiores a 500 pesos dos funcionários públicos. Essa situação de penúria expôs as mazelas da *relación carnal* com os EUA, cujo principal responsável, Menem, fora preso em 7 de junho de 2001, acusado de promover venda ilícita de armas, por US$ 100 milhões, à Croácia e ao Equador, durante o conflito com o Peru, em 1995[58], embora seu ex-colaborador Domingo Cavallo estivesse a ocupar outra vez o cargo de ministro da Economia no governo de la Rúa. E diante da crise, que assumia contornos dramáticos, os EUA, apesar da má vontade de Paul O'Neill, secretário do Tesouro, assim como os demais países do G-7 não tiveram alternativa senão amparar a Argentina, para evitar que o *default*, e com consequências para o Brasil, agravasse a depreciação do dólar no mercado internacional e reduzisse o fluxo de capitais para a sua economia. Afinal, como o próprio presidente Fernando Henrique Cardoso, em entrevista à imprensa, observou: "A Argentina fez tudo o que estava prescrito pelo *Washington Consensus*. E por que não ajudá-la neste momento?"

Com efeito, a Argentina fez tudo o que o *Washington Consensus* prescrevera e seu colapso arruinaria os esforços dos EUA para implementar a proposta da Alca, ao evidenciar o caráter perverso das medidas neoliberais, cujos resultados, para toda a América do Sul, foram desastrosos em termos de crescimento econômico, redução da pobreza, redistribuição de renda e condições sociais. Daí por que, entre outras razões, o FMI, no dia 21 de agosto, liberou finalmente um crédito *stand-by* de US$ 8 bilhões para a Argentina, e o governo dos EUA, ao mesmo tempo, procurou estabelecer um *Junktim*, vinculando-o explicitamente ao seu interesse em acelerar as negociações para a implantação das Alca. Em nota oficial, o embaixador Robert Zoellick comunicou que, "em conjunção com o apoio do governo dos EUA para o acordo do FMI com a Argentina", ele teria o prazer em encontrar-se, em setembro de 2001, com os ministros responsáveis pelo comércio da Argentina, Brasil, Paraguai e Uruguai com a finalidade de lançar nova rodada de negociações na OMC, que incluíam a Alca e outras possibilidades. Na realidade, porém, não houve qualquer conjunção entre as negociações do Mercosul com os EUA, sobre a Alca, e a decisão do FMI. A tentativa de vincular as dificuldades financeiras da Argentina às discussões 4+1 afigurou mero oportunismo ou terrorismo comercial, ou um gesto político para reinstalar na agenda um elemento positivo, sobretudo, depois das tensões provocadas pelas declarações do secretário do Tesouro, Paul O'Neill, que comparou a Argentina com Uganda e o Paquistão[59]. E o crédito *stand-by* de US$ 8 bilhões, suficiente apenas para as necessidades de curto prazo, embora aliviasse as tensões no mercado, não solucionou a crise, que continuou a depender de difíceis negociações políticas com os governos das províncias, para a realização com êxito do programa de "déficit zero", de modo a manter o sistema de conversibilidade e de câmbio fixo, e superação do impasse criado por uma dívida pública insustentável e a moeda sobrevalorizada. De acordo com alguns analistas, representava um paliativo para o desfecho inevitável da crise: a restruturação compulsória da dívida após a declaração de moratória, que os governos de Washington e Buenos Aires já haviam começado a estudar e a forma de realizá-la sob o aspecto legal. Seu objetivo foi o de postergar o colapso financeiro da Argentina por dois ou três meses.

A evolução dos entendimentos sobre a Alca igualmente defrontava-se com vários óbices. Embora o Brasil, Argentina, Uruguai e Paraguai necessitassem obter maior acesso ao mercado norte-americano para estimular o crescimento de suas economias, as dificuldades para atingir esse objetivo, por meio da Alca, configuravam-se, entretanto, enormes, dada a impossibilidade de conciliar os interesses de regiões tão diferentes como a América do Sul, o Caribe, o México e os próprios EUA, e conseguir um resultado compatível com os interesses do Mercosul. Daí por que o Brasil, Argentina, Uruguai e Paraguai preferiram as negociações no formato 4+1, conforme o presidente pro-tempore do Mercosul, Jorge Batlle, propôs ao embaixador Robert Zoellick, após a reunião do Conselho do Mercosul em Assunção. De qualquer modo, os problemas não eram menores e as negociações somente tinham condições de avançar se os EUA, fortemente empenhados em abrir o mercado de serviços, além de reduzir as tarifas para os produtos industriais e alterar as leis de patente no Brasil e na Argentina, também se dispusessem a discutir sua legislação *antidumping*, as barreiras não tarifárias que impunham ao comércio, a abertura do seu mercado agrícola, com a eliminação dos subsídios a esse setor, e se não pretendessem incluir nos acordos cláusulas trabalhistas e ambientais. Com oito meses no governo, o presidente George W. Bush, no entanto, não conseguira o *fast track* do Congresso, conforme pretendera, e as condições se lhe tornaram ainda mais adversas, posto que perdera a maioria no Senado. E sem o *fast track* ele nada podia oferecer e garantir, sem que depois o Congresso não tivesse de modificar, não apenas ao Brasil e à Argentina, cujos interesses eram coincidentes na eliminação das barreiras não tarifárias, mas a todos os demais países da América do Sul.

## NOTAS

1. http://www.aladi.org/inicio.htm.
2. Serra, José. "Alca, Mercosul e abertura externa", in *Política Externa*, vol. 7, n. 1, junho-julho-agosto 1998, p. 18.
3. Id., ibid., p. 18.
4. Pereira, Lia Valls (Coordenadora de Projetos /LBRE). "A integração sul-americana e a Alca — Cadê a Alcsa? Esqueceram?", *Conjuntura Econômica*, janeiro de 2001.
5. USTR Robert Zoellick. "The Overview of the U.S. Trade Policy Agenda for 2001 and the 2000 Annual Report of the President", March 6, 2001.

6. Ibid.
7. http://www.census.gov/foreign-trade/balance/c3510.html. Só em meses de 2001, de janeiro a junho, o déficit dos EUA com a China já alcançava o montante de US$ 37 bilhões.
8. O superávit comercial acumulado com os países da América do Sul, incluindo Peru e Colômbia, alcançou o total de US$ 55,0 bilhões, entre 1995 e 2001 (seis meses). Apenas com a Venezuela e o Equador os EUA tiveram saldos negativos de US$ 47,9 bilhões e US$ 4,2, respectivamente, devido às suas importações de petróleo.
9. Robert, Stephen (Chair) & Maxwell, Kenneth (Project Director). *Task Force Report — A Letter to the President and a Memorandum on U.S. Policy toward Brazil.* Statement of an Independent Task Force sponsored by the Council on Foreign Relations, 2001, p. 2.
10. Segundo a paridade do poder de compra, o PIB do Brasil ultrapassava US$ 1 trilhão (1999 est.), sendo o da Argentina da ordem de US$ 377 bilhões, o do Uruguai, de US$ 28 bilhões, e o do Paraguai, de US$ 19,9 bilhões. CIA-World Factbook (http://www.odci.gov/cia/publications/factbook/index.html). De acordo com o método tradicional, da ALADI, o PIB do Brasil em 1999 era de US$ 711,1 bilhões, o da Argentina, de US$ 272,9 bilhões, o do Uruguai, de US$ 19,6 bilhões, e o do Paraguai, de US$ 8,5 bilhões. http://www.aladi.org/inicio.htm
11. O PIB do México, segundo o método da ALADI, era de US$ 446,2 milhões em 1999.
12. http://www.odci.gov/cia/publications/factbook/index.html
13. http://www.census.gov/foreign-trade/balance/c3570.html
14. Cardoso, Fernando Henrique. "O Brasil e uma nova América do Sul", *Valor Econômico*, 30 de agosto de 2000.
15. Ibid.
16. "Throughout, Brazil viewed its relationship withe the United States as similar to the twin-pillar concept put forward by Presidente Kennedy for the Atlantic partnership". Kissinger, 2001, 159.
17. Telegrama, Rio Branco a Joaquim Nabuco, embaixador do Brasil em Washington, Petrópolis, 10/1/1908. Telegramas Expedidos, AHI 235/4/5.
18. Entrevista do embaixador José Joaquim de Lima e Silva Moniz de Aragão, que foi secretário particular do Barão do Rio Branco, ao autor. Rio de Janeiro, 1971.
19. Carta de Oswaldo Aranha a Getúlio Vargas. Washington, 9/4/1935. AGV — doc. 18, vol. 18.
20. Cardoso, Fernando Henrique. "O Brasil e uma nova América do Sul", *Valor Econômico*, 30 de agosto de 2000.
21. Ibid.

22. Em abril de 1998, os quatro Estados do Mercosul celebraram os Estados da Comunidade Andina de Nações (CAN) um acordo-quadro que previa a criação de uma zona de livre comércio entre os dois blocos a partir de janeiro de 2000.
23. Dados da Confederação Nacional da Indústria (CNI), Brasília.
24. Cardoso, Fernando Henrique. "O Brasil e uma nova América do Sul", *Valor Econômico*, 30 de agosto de 2000.
25. Discurso de Fernando Henrique Cardoso, por ocasião de almoço oferecido ao Presidente da República do Chile, Ricardo Lagos, Brasília, 13 de julho de 2000.
26. O Chile não era membro pleno do mercado comum do Mercosul, ou seja, o Mercosul econômico. Seu vínculo econômico com o Mercosul decorria do acordo de livre comércio com o bloco assinado em 1996, na base do modelo 4+1. A principal razão da decisão de permanecer fora da união aduaneira era o valor elevado da tarifa externa comum (TEC) do Mercosul, em comparação com as tarifas baixas adotadas pelo Chile durante o processo unilateral de liberalização comercial realizado na década de 80. Na condição de simples associado, o Chile não podia, porém, participar das diversas instituições do Mercosul e influir na preparação das políticas comuns e de nova legislação. Integrava, entretanto, do Mecanismo de Consulta Política do Mercosul, o chamado Mercosul político, instituído em 1996 e que incluía, além dos quatro membros do Mercosul, os associados, Chile e Bolívia. Seu objetivo consistia em discutir em um mesmo nível todas as questões de natureza não econômica e apresentar-se nessas questões como um bloco de seis países.
27. Ibid.
28. A convergência macroeconômica, as tarifas comerciais, os mecanismos *antidumping*, os mecanismos de solução de controvérsias e as barreiras do Chile a produtos agrícolas constituíam as questões que mais dificultavam sua integração como membro pleno no Mercosul.
29. Comunicado conjunto dos presidentes dos países Membros do Mercosul, Bolívia e Chile XIX Reunión del Consejo del Mercado. XIX Cumbre de Presidentes del Mercosur, Florianópolis, 14 y 15 de deciembre de 2000.
30. Vallendar, Benedikt, "Argentinien-Krise belastet Chile", in *Die Welt*, 27/8/2001.
31. Rohter, Larry. "South American Trade Bloc Called Mercosur Under Siege", in *The New York Times*, New York, 24/3/2001.
32. Entrevista do embaixador Samuel Pinheiro Guimarães a *Valor Econômico*, 2/2/2001.
33. Ibid. O jornalista Larry Rohter escreveu algo similar: "But will Mercosur survive long enough to celebrate a 20$^{th}$ anniversary? The answer, trade analysts say, probably depends on the outcome of the American-led effort to create by

2005 a Free Trade Area of the Americas, which seems intended to swallow up Mercosur". Rohter, Larry. "South American Trade Bloc Called Mercosur Under Siege", in *The New York Times*, New York, 24/3/2001.

34. *O Estado de S. Paulo*, São Paulo, 28/3/2001.
35. Nota à imprensa. Ministério das Relações Exteriores. Assessoria de Comunicação Social. *Informação à Imprensa* n. 114, 27/03/2001, Distribuição: 22.
36. *O Estado de S. Paulo*, São Paulo, 14/3/2001.
37. Jaguaribe, Hélio. "Alca, Mercosul e Brasil", in *O Globo*, Rio de Janeiro, 30/3/2001.
38. Ibid.
39. No primeiro ano do governo Menem, os planos para combater a alta de preços não funcionaram, e a inflação chegou a 2.300%. Domingo Cavallo, nomeado então ministro da Economia, idealizou o chamado Plano de Conversibilidade que derrubou a hiperinflação para 173%, em 1991, e 24%, em 1992.
40. Vallendar, Benedikt, "Argentinien-Krise belastet Chile", in *Die Welt*, 27/8/2001.
41. Entrevista do presidente Fernando Henrique Cardoso ao jornal *Valor Econômico*, 19 de abril de 2001.
42. Fonte: ALADI — http://www.aladi.org./inicio.htm
43. http://www.exante.com.ar/privado/actuales/base/c43.xls
44. Ministério das Relações Exteriores. Assessoria de Comunicação Social. *Informação à Imprensa* nº 129 de 4/4/2001, Distribuição: 22 e 23. Visita de trabalho do presidente Hugo Chávez Frías ao Brasil (3 de abril de 2001). Comunicado conjunto de imprensa.
45. Discurso do presidente Fernando Henrique Cardoso, na abertura da III Reunião de Cúpula das Américas, Québec, Canadá, 20 de abril de 2001.
46. *La Nación*, Buenos Aires, 22/6/2001.
47. Discurso do presidente Fernando Henrique Cardoso, na Reunião de Cúpula do Mercosul, por ocasião da Reunião do Conselho do Mercado Comum, Assunção, 22 de junho de 2001.
48. Rohter, Larry. "South American Trade Bloc Called Mercosur Under Siege", in *The New York Times*, New York, 24/3/2001.
49. Kissinger, 2001, p. 152-163.
50. Id., ibid., p. 152.
51. Id., ibid., p. 163.
52. *La Nación*, Buenos Aires, 22/8/2001.
53. Quando o presidente George Bush (pai), em 1990, lançou *The Enterprise for the Americas Initiative*, oferecendo aos países do continente nova modalidade de relacionamento, a conformação da zona de livre comércio do Alasca à Terra do Fogo (*Western Hemisphere Free Trade Area*) seria instituída através de lentas negociações de acordos comerciais com cada um dos países da região, a come-

çar pelo México. A fim de facilitar as discussões e estimular o diálogo, formar-se-iam conselhos de comércio e investimentos com cada um dos países interessados (o que não significava que esses conselhos tivessem mandato para negociação). Na ocasião, Menem, ansioso para intensificar a *relación carnal* da Argentina com os EUA, quis precipitar-se, lançando-se na frente para negociar com Bush um acordo de livre comércio. Ele teve de ser lembrado pelo Brasil das obrigações bilaterais que a Argentina assumira no Tratado de Integração de 1988, que comandava a formação de um mercado comum no espaço de dez anos e da Ata de Buenos Aires, firmada em julho de 1990 e que o reduzia de dez para quatro anos e meio (até 31 de dezembro de 1994). Ao constituir-se o Mercosul, em março de 1991, os quatro países decidiram então aceitar a oferta dos EUA, e daí foi firmado o chamado *Rose Garden Agreement* (19/6/91), que criou o conselho de comércio e investimentos. Esse conselho se reuniu algumas vezes, entre 1991 e 1993, mas no entendimento de Washington (como sempre), ele deveria servir para impulsionar a abertura unilateral dos países latino-americanos ao comércio e serviços dos EUA e facilitar as negociações da Rodada Uruguai, que estavam estagnadas por falta de acordo em temas básicos, como agricultura. Porém, posteriormente, os EUA se acomodaram com os europeus, firmando o *Blair House Agreement* sobre subsídios agrícolas, o que permitiu destravar as negociações da rodada Uruguai e concluí-las, formando a OMC. Com a ascensão de Clinton à presidência dos EUA, a proposta da zona de comércio hemisférica foi mantida, conforme a declaração da Cúpula de Miami, em dezembro de 1994, que estipulou o prazo de 2005 e estabeleceu a metodologia de negociações multilaterais. As reuniões dos conselhos foram abandonadas (com exceção do Chile, que bem tentou alcançar bilateralmente o acordo de livre comércio, mas o processo foi bloqueado pelo Congresso norte-americano) e os próprios conselhos esquecidos. Porém, em 2001, no bojo da crise econômica e política do Mercosul, os sócios do Mercosul decidiram, conforme registrado na declaração de Assunção, reconvocar o conselho "com o objetivo de examinar a possibilidade de iniciar negociações bilaterais em formato 4+1 dirigidas à melhoria do acesso a mercados". O presidente protempore, Jorge Batlle, do Uruguai, transmitiu esse desejo ao governo dos EUA, que nunca se manifestou até o dia 21 de agosto, quando foi anunciada pelo Tesouro ajuda financeira adicional do FMI à Argentina.

54. Sistema no qual a emissão de moeda está condicionada à existência de lastro em outro ativo forte.
55. Entrevista do presidente Fernando Henrique Cardoso, in *O Globo*, Rio de Janeiro, 9 de agosto de 2001.
56. O jornalista argentino Mariano Grondona comentou que "*la memoria histórica tampoco predisponía al gobierno norteamericano en favor de la Argentina*", posto que ela resistira à sua expansão continental, "*mientras México, por su*

*vecindad, y Brasil, por haber peleado en la Segunda Guerra Mundial hombro a hombro con ellos, son considerados aliados seguros por los norteamericanos*". Grondona, Mariano "Las relaciones carnales", segunda parte, *La Nación*, Buenos Aires, 12/8/2001. Esse comentário de Mariano Grondona não tem fundamento, pois a política exterior dos EUA sempre foi pautada por seus interesses e conveniências, tanto assim, apesar de terem feito guerra à Alemanha e à Itália, promoveram o Plano Marshal e permitiram a recuperação do Japão. As relações do Brasil com os EUA quase sempre foram permeadas por atritos, desde o tempo do Império, e sua participação na Segunda Guerra Mundial somente ocorreu depois de muita relutância e de que o presidente Franklin D. Roosevelt atendera às demandas de Getúlio Vargas. O Brasil tinha maior importância estratégica para os EUA.

57. US$ 15 bilhões constituíam parte do crédito de US$ 40 bilhões, concedido anteriormente e do qual o Brasil apenas utilizara US$ 25 bilhões, já pagos.

58. Entre 1991 e 1995, Menem firmou três decretos que autorizavam a venda de armas argentinas ao Panamá e Venezuela. Esses carregamentos foram desviados, primeiro para a Croácia e depois para o Equador — ambos países envolvidos em guerra, o que violava proibições internacionais. Os armamentos chegaram primeiro à Croácia em 1991, quando guerras intestinas convulsionavam os Balcãs. O Equador recebeu 5.000 fuzis e 75 toneladas de munições em fevereiro de 1995, durante a guerra com o Peru em consequência do litígio de fronteira na Cordillera del Cóndor. A gravidade maior decorria do fato de que a Argentina era um dos países garantes do Protocolo de Rio, sobre limites entre o Equador e o Peru, junto com Brasil, EUA e Chile. O negócio dessas armas, supostamente destinadas à Venezuela, deu lucro de US$ 100 milhões de dólares dos quais apenas US$ 40 milhões chegaram à empresa estatal argentina Fabricaciones Militares, que as vendeu. As suspeitas recaíram sobre quase todos os colaboradores de Menem, inclusive Cavallo, que era na época ministro da Economia, cargo que voltou a ocupar em março de 2001 no governo de la Rúa.

59. A proposta para reiniciar as discussões com os EUA no formato 4+1 partiu do Conselho do Mercosul, que em 22 de junho de 2001, em Assunção, decidiu "dar mandato à presidência Pro Tempore do Mercosul para convocar o Conselho Consultivo sobre Comércio e Investimentos previsto no artigo 1º do Acordo assinado entre os Estados partes do Mercosul e o governo dos EUA, em 19 de junho de 1991, com o objetivo de examinar a possibilidade de iniciar negociações bilaterais em formato 4+1 dirigidas à melhoria do acesso a mercados". Os EUA não responderam, durante dois meses, e só o fizeram juntamente com o anúncio do crédito concedido pelo FMI à Argentina como forma de condicionar uma questão à outra.

# Capítulo XXVI

OS ATENTADOS TERRORISTAS CONTRA O WTC E O PENTÁGONO • A RECESSÃO NOS EUA E A GUERRA NO AFEGANISTÃO • O AGRAVAMENTO DA SITUAÇÃO MUNDIAL • OUTRA VEZ A DÍVIDA EXTERNA DA AMÉRICA LATINA • O COLAPSO ECONÔMICO E O DRAMA SOCIAL E POLÍTICO NA ARGENTINA • A SITUAÇÃO NA COLÔMBIA E NO EQUADOR • A TENTATIVA DE GOLPE DE ESTADO NA VENEZUELA

No segundo semestre de 2001, a situação internacional, tanto econômica quanto política, configurou-se ainda mais grave, sobretudo depois de 11 de setembro, quando terroristas islâmicos, sequestraram aviões de passageiros e derrubaram as duas torres gêmeas do World Trade Center, em Nova York, bem como parte do Pentágono, em Washington. O presidente George W. Bush, proclamando que os EUA sofreram uma agressão, logo declarou guerra, embora não soubesse contra quem. Era a guerra do bem contra o mal, disse ele. E o governo norte-americano passou a acusar o milionário saudita, Osama bin Laden, chefe de uma organização terrorista — Al-Qaeda e desde 8 de outubro, juntamente com a Grã-Bretanha, começaram a bombardear o Afeganistão, onde se supunha que ele se refugiava[1]. O social-democrata Andreas von Bülow[2], que foi ministro da Pesquisa e Tecnologia no governo de Helmut Schmidt (1974-1982) e supervisionou, como deputado, as atividades do serviço de inteligência da República Federal da Alemanha, o Bundesnarichtendienst (BND), manifestou, publicamente, a estranheza de que os serviços de inteligência norte-americanos, advertidos pelo serviço secreto francês e pelo Mossad (Israel), nada fizessem para impedir ocorrência dos atentados e logo depois, em 48 horas, já atribuíssem a responsabilidade a Osama bin Laden e à sua organização, Al Qaeda. Em realidade, desde 1996, o FBI sabia que a Al Qaeda poderia usar aviões em ataques suicidas contra o quartel-general da CIA ou outros grandes edifícios do governo em Washington e que estava a treinar pilotos nos EUA e em outras regiões do mundo[3]. Cinco meses antes dos atentados de 11 de setembro, o próprio governo americano avisara a companhias aéreas de que terroristas do Oriente Médio poderiam tentar sequestrar aviões do EUA[4]. E esta possibilidade, ao que tudo indica recresceu, e foi comunicada ao presidente George W. Bush, nos primeiros dias de agosto de 2001, tanto pelo FBI, através de *memorandum* do agente Phoenix (Kenneth Williamns[5]), como também pela CIA[6]. Conquanto Ari Fleischer, porta-voz da Casa Branca, e Condolezza Rice, assessora de segurança nacional, alegassem que ninguém imaginou "*the use of an airplane as a missile*"[7], foi levantada a hipótese, inclusive pelo escritor Gore Vidal[8], de que nada se fez para impedir os atentados de 11 de setembro, porque eles convinham ao governo de EUA como pretexto para deflagrar a guerra no Afeganistão, há muito tempo planejada, por causa do petróleo na região do Mar Cáspio e da construção do oleoduto e do gasoduto que por lá deviam passar.

Osama bin Laden era velho conhecido da CIA, que o produzira não apenas contra intervenção da URSS no Afeganistão, mas para desestabilizar a própria URSS, a partir das repúblicas orientais, que a constituíam, formadas por uma população muçulmana[9]. O fundamentalismo islâmico tornara-se, em sua essência, um movimento nacionalista, contrário, por motivos religiosos, à civilização capitalista, cujos costumes e produtos os muçulmanos sempre perceberam como pecado. E esse movimento, depois que a URSS se retirou do Afeganistão, recresceu no Oriente Médio e na Ásia Central, que se revestiam da maior importância econômica e estratégica para as potências industriais do Ocidente, por abrigarem grandes jazidas de gás e petróleo.

Os EUA tinham interesse em dois projetos relacionados com a indústria de petróleo, à qual o presidente George W. Bush estava intimamente vinculado[10]. Um desses projetos consistia na construção de um oleoduto no território da Turquia, evitando que passe pela Rússia o petróleo do Arzebaijão, onde havia imensas jazidas não exploradas. O outro era a construção de um gasoduto a partir do Uzbequistão, atravessando o Afeganistão até o mar no Paquistão[11]. E, desde 1994, os EUA haviam começado a concentrar forças militares no Golfo Pérsico, e antes dos atentados de 11 de setembro uma esquadra da Grã-Bretanha partira para

Oman, onde cerca de 23.000 soldados dos dois países efetuavam manobras conjuntas, com o objetivo, ao que tudo indicava, de intervir, por qualquer motivo, no Afeganistão.

Provas não apareceram de que certos interesses nos EUA permitiram e/ou desejaram, conscientemente, os atentados da 11 de setembro. Bush decerto necessitava tomar uma atitude que desse ao povo norte-americano confiança e mostrasse ao mundo que os EUA não se acovardaram e não hesitariam em reagir diante de qualquer ameaça à sua segurança. E valeu-se do acontecimento para radicalizar a política internacional dos EUA, mover a guerra contra os talibãs, já prevista, ao que tudo indicava, muito antes dos ataques terroristas de 11 de setembro. Além de que o Afeganistão estava sem regime político, os EUA receavam que o governo militar no Paquistão fosse derrubado, dada a sua grande impopularidade, e os fundamentalistas passassem a dominar um país que já possuía capacidade de produzir armas nucleares, bem como se assenhoreassem das jazidas de petróleo (2/3 das reservas mundiais até então conhecidas), se a monarquia na Arábia Saudita também caísse. A questão do petróleo aí se revestiu da maior importância, dado que o domínio do Afeganistão permitia aos EUA controlar a Ásia Central, onde países à margem do Mar Cáspio possuíam enormes reservas de petróleo, as maiores do mundo depois das existentes na Península Arábica, bem como possibilitar que a Unocal (Union Oil Company of California) construísse o gasoduto que devia passar pelo Afeganistão e o Paquistão até o Oceano Índico.[12]

Com os ataques terroristas às torres gêmeas do WTC e ao Pentágono, símbolos do poder econômico e militar dos EUA, a situação mundial tornou-se extremamente perigosa. Esses ataques significaram realmente um ato de guerra, embora não previsto pelas normas internacionais, e compeliram os EUA a concentrar suas atenções no Oriente Médio. Porém, a situação no hemisfério ocidental também se agravou, tornou-se cada vez mais instável, volátil, desfavorável aos interesses econômicos e políticos norte-americanos. As condições econômicas, sociais e políticas, que nos anos 60 e 70 haviam gerado os movimentos de insurgência, agravaram-se, em quase todos os países da América do Sul, ao fim de uma década de políticas econômicas neoliberais, executadas por governos democraticamente eleitos. A dívida externa continuava como um problema para toda a América Latina, constituindo uma das variáveis determinantes na vulnerabilidade econômica externa e fator básico no estabelecimento dos planos de ajuste. Segundo o informe "América Latina y el Caribe: Como Cierra la Economía en 2001", elaborado pela secretaria permanente do Sistema Económico Latinoamericano (SELA), ela alcançara no fim do ano 2001 a "alarmante" cifra de US$ 784 bilhões, ou seja, cerca de US$ 30 bilhões a mais que em 2000, e sua tendência era crescer, acercar-se dos US$ 800 bilhões, dependendo do montante com que encerrasse a dívida da Argentina[13].

A crise, na Argentina, onde o desemprego já estava a atingir 2,53 milhões de pessoas, ou seja, 18,3% da população economicamente ativa, configurou-se particularmente dramática, em dezembro de 2001, quando o FMI lhe negou novo financiamento, da ordem de US$ 1.264 milhões. O governo de Fernando de la Rúa-Cavallo conseguiu evitar a suspensão dos pagamentos da dívida externa, mas não pôde impedir que o aguçamento da crise econômica e financeira detonasse a explosão da social, quando sob a pressão da fuga de capitais, decidiu pela retenção dos depósitos bancários com a imposição de um limite à retirada de dinheiro (*corralito*), incluindo as poupanças, as pensões e os salários. Esta medida, destinada a salvar os bancos, acarretou drástica queda do consumo, afetou frontalmente o comércio e a economia informal, aprofundando a recessão econômica e engravescendo as penúrias tanto das camadas médias como dos setores mais pobres da população. E, após protestos generalizados dos pequenos comerciantes, uma greve geral paralisou a Argentina, em 13 de dezembro de 2001, contando com ampla simpatia das classes médias, que já haviam começado a promover o *cacerolazo*[14] em Buenos Aires e em outras grandes cidades, acompanhado por saques aos supermercados, empreendidos por mulheres, homens, jovens, crianças e velhos, à procura de alimentos. Essas manifestações recresceram, ao tempo em que o governo propôs ao Congresso um corte de mais 19% nos gastos públicos. E em 19 de dezembro, em meio de outra onda de saques e assaltos às lojas e supermercados, o governo decretou o estado de sítio. Mas já a Argentina se chafurdava no caos, principalmente, Buenos Aires, onde milhares de pessoas saíram às ruas, para exigir a renúncia de Fernando de la Rúa e de seu ministro de Economia, Domingo Cavallo, e concentraram-se em frente da Casa Rosada, transformando a área da Plaza de Mayo em verdadeiro campo de batalha. Alternativa não restou a Cavallo senão demitir-se. Despojado de seus superpoderes, atemorizado pela comoção social e impedido de sair do país por três juízes, ele abandonou o governo, nove meses depois de haver sido convocado como o salvador da pátria por Fernando de la Rúa, que também teve de renunciar à presidência da República, enquanto sangrentos conflitos de rua ocorriam no centro de Buenos Aires, até a madrugada de 21 de dezembro, com um saldo de menos 22 mortos, 200 feridos e 2.000 detidos.

À crise econômica e financeira e à incessante agitação nas ruas somou-se a instabilidade política, com a possibilidade de ruptura institucional e/ou a eclosão de uma guerra social. O peronista Ramón Puerta, presidente do Senado, assumiu provisoriamente a presidência da República e, em 23 de dezembro, Adolfo Rodríguez Saá, governador da província de San Luís, foi designado pelo Parlamento para substituir Fernando de la Rúa, e uma de suas primeiras medidas foi a suspensão do pagamento da dívida externa, que saltou de US$ 132 bilhões para US$ 141 bilhões no início de 2002. O esperado *default* aconteceu. Porém, Rodríguez Saá, em virtude das contradições políticas internas no Partido Justicialista, não se manteve no governo e renunciou em 30 de dezembro, sete dias depois de sua nomeação. Ramón Puerta, porém, recusou-se outra vez a assumir a chefia do Estado e demitiu-se, em 31 de dezembro, o que obrigou o presidente da Câmara de Deputados, o peronista Eduardo Camaño, a substituir interinamente Rodríguez Saá e convocar urgentemente a Assembleia Legislativa, para que designasse o novo presidente provisório. Em tais circunstâncias, o senador peronista Eduardo Duhalde foi eleito pelo Parlamento, com ampla maioria, para concluir, até dezembro de 2003, o mandato de Fernando de la Rúa, que o derrotara nas eleições presidenciais de 1999. Em menos de duas semanas, a Argentina teve cinco presidentes da república. E a crise financeira, gerada pela excessiva dívida de um Estado deficitário, em meio de prolongada recessão, compeliu o novo governo argentino a romper com o regime de conversibilidade cambial, que fixara o peso ao par com o dólar por uma década. "A essência deste modelo perverso terminou com a conversibilidade" — Duhalde declarou, considerando "esgotado" o liberalismo que levou a Argentina à bancarrota, ao caos, e tornara a desvalorização inevitável, precedida pela *pesificação* (conversão de depósitos e dívidas para moeda local), que atingiu os bancos americanos e espanhóis. Com toda a razão o jornalista norte-americano Paul Krugman comentou, no *New York Times*, que o "catastrófico fracasso" (*catastrophic failure*) das políticas econômicas lá aplicadas com o selo — "*made in Washington*" — representavam igualmente um desastre para a política exterior dos EUA, assim como o maior revés para a proposta da Alca[15].

Esses dramáticos acontecimentos na Argentina robusteceram a posição dos que no Brasil e nos outros países do continente se opunham às políticas neoliberais, defendidas pelos EUA e que o estabelecimento da Alca deveria aprofundar. E eles coincidiram com a aprovação do *fast track* (via rápida), chamado então Trade Power Authority (TPA), pela House of Representatives (Câmara de Deputados) dos EUA e pela Comissão de Finanças do Senado, demonstrando que os EUA pretendiam induzir os países da América do Sul a suprimir de todas as barreiras aduaneiras, mediante o estabelecimento da Alca, mas tratavam de preservar para si as barreiras não tarifárias. O documento aprovado rejeitou a revisão dos subsídios à agricultura e da legislação *antidumping*, que tanto prejudicava as vendas de produtos manufaturados brasileiros, principalmente os produtos siderúrgicos, e excluía das negociações cerca de 293 produtos considerados sensíveis, entre os quais uma centena de produtos agrícolas, que interessavam não apenas ao Brasil, mas também à Argentina e ao Uruguai. Não sem razão o presidente Fernando Henrique Cardoso declarou que, "se as condicionantes forem levadas ao pé da letra, significa que não haverá Alca".

A ascensão de Duhalde à chefia do governo e a extinção do regime de conversibilidade peso/dólar, eliminando parte das tensões no comércio decorrentes das diferenças de regime de câmbio, abriram o caminho, porém, para que a Argentina restabelecesse os entendimentos com o Brasil, país do qual recebeu total solidariedade, não obstante suas relações estarem muito deterioradas pela tática de Domingo Cavallo, de fomentar atritos a fim de acercar-se dos EUA. A rejeitar as "*relaciones carnales*" ou "*relaciones maduras*", que os chanceleres Guido Di Tella y Adalberto Rodríguez Giavarini pretenderam estabelecer entre a Argentina e os EUA, Carlos Ruckauf, que os sucedeu, declarou que era "polígamo" e acrescentou: "*No veo por qué no podemos ser polígamos, al menos en política exterior y en política econômica. Ningún país puede encerrarse en una sola relación*". Essa mudança nas diretrizes da Argentina não agradou, decerto, aos EUA, que desde a queda de Perón, em 1955, frequentemente a instrumentalizaram contra o Brasil, sobretudo durante o governo da dupla Carlos Menem-Domingo Cavallo. E uma das preocupações dos formuladores da política hemisférica norte-americana foi a de que o presidente Duhalde, restaurando as linhas do peronismo ortodoxo, passasse a reforçar a tendência para o protecionismo, que podia não haver no governo de Fernando Henrique Cardoso, mas avançava na consciência do povo brasileiro, sobretudo depois da crise na Argentina, o que dificultaria as negociações para a criação da Alca. Um alto funcionário do Departamento de Estado, tentou mesmo instigar a Argentina contra o Brasil, para deter a reaproximação entre os dois países, perguntando a Ricardo Lagorio, ministro-conselheiro da embaixada argentina em Washington: "*Ustedes se van a mimetizar con Brasil? ¿Van a hacer seguidismo con Brasil? ¿Brasil va a negociar por ustedes ante el Fondo? ¿Y quién va a poner la plata para sostener el programa económico? ¿Brasil?*".[16]

Ilusões não havia em Washington quanto ao afastamento cada vez maior do Brasil, "discreto na aparência, perigoso na tendência", conforme a expressão usada por Oliveiros S. Ferreira, ao analisar as tendências do regime militar, já em 1967, fim do governo do marechal Humberto Castelo Branco[17]. O presidente Fernando Henrique Cardoso, na abertura do seminário "Desafios, Oportunidades e Riscos da Globalização à Ordem", promovido pelo Conselho da Ordem dos Advogados do Brasil (OAB), já havia declarado que era mais fácil, "ideológica e politicamente", negociar acordos comerciais com a União Europeia do que com os EUA. Segundo reconheceu, as negociações com a União Europeia apresentavam menos riscos para a soberania do Brasil do que as realizadas para a formação da Alca, pautadas até então pelos interesses das nações mais ricas, como EUA e Canadá[18]. Dias depois, em discurso perante a Assembleia francesa, Fernando Henrique Cardoso declarou que "a barbárie não é somente a covardia do terrorismo, mas também a intolerância ou a imposição de políticas unilaterais em escala planetária"[19]. E, indagado posteriormente pela imprensa, se ele, com essa declaração, se referira aos EUA, Fernando Henrique Cardoso não hesitou em esclarecer que só esse país tinha o poder de impor políticas unilaterais.

As divergências entre o Brasil e os EUA também se manifestaram com respeito ao tratamento dado à Argentina. O presidente George W. Bush não se mostrou sensibilizado com a situação em que ela resvalara após entregar-se, durante uma década, à voluptuosa "*relación carnal*" com os EUA. E, em dia 16 de janeiro de 2002, duas semanas após a ascensão de Duhalde à chefia do governo, condicionou a assistência dos EUA à Argentina à apresentação de um plano econômico sólido e sustentável, ao tempo em que reafirmou o propósito de estabelecer a Alca em janeiro de 2005. No mesmo dia, entretanto, o presidente Fernando Henrique Cardoso, visitando a Ucrânia, declarou que não era o momento de cobrar da Argentina um plano econômico, porque isso requeria tempo e era necessário primeiro que a situação política se estabilizasse. A divergência entre o Brasil e os EUA, com respeito à Argentina, já se manifestara desde o segundo semestre de 2001, quando o presidente Fernando Henrique Cardoso disse que não era possível abandoná-la, sem dar-lhe condições de sobrevivência, e ressaltou: "Argentina fez tudo o que pediram. Agora vai ser punida?". Indagado então sobre se o consenso de Washington errou com a Argentina, respondeu que, embora ninguém tenha mandado que ela fizesse o *currency board*, ligar o peso ao dólar, essa decisão "foi altamente aplaudida". E qualificou "certa hipocrisia dizer que a Argentina tem que resolver seus problemas", perguntando: "Que 'seus'? O mundo hoje é interdependente"[20].

Com efeito, a Argentina fez tudo o que o Consenso de Washington prescrevera e seu colapso evidenciou o caráter perverso das medidas neoliberais, cujos resultados, para toda a América do Sul, foram desastrosos em termos de crescimento econômico, redução da pobreza, redistribuição de renda e condições sociais. Conforme Joseph Stiglitz, prêmio Nobel de economia em 2001, previu, o FMI intentou por todos os meios desviar sua culpa pela crise da Argentina, com acusações de corrupção e a alegação de que o país não adotara as medidas necessárias. "Por suposto, a Argentina necessitava levar a cabo outras reformas, mas o fato foi que seguir o conselho do FMI piorou as coisas" — Stiglitz salientou, acrescentando: "A crise da Argentina deveria recordar-nos a premente necessidade de reformar o sistema financeiro global e por onde devemos começar é por uma profunda reforma no FMI"[21].

Também o presidente Fernando Henrique Cardoso, na abertura oficial da Assembleia do Banco Interamericano de Desenvolvimento (BID), em Fortaleza (11/3/2002), atacou o FMI e pediu mudanças técnicas nos seus critérios, deixando mais espaço para o endividamento e o crescimento dos países. "Não estamos pedindo uma reforma da ordem universal. Deixemos isto para o Criador do Universo. Também não quero falar de Taxa Tobin, que todos dizem que tem problemas técnicos" — disse Fernando Henrique Cardoso, esclarecendo: "Estamos querendo medidas concretas, objetivas, e mudanças de regras que nos estão sufocando: aumento nos Direitos Especiais de Saque; uma nova forma de contabilizar as nossas dívidas, igual à da Europa. Por que reduzir com manobras contábeis as nossas possibilidades de crescimento? Quando vamos discutir isto, o FMI nos trata como se fôssemos analfabetos"[22]. Em várias partes do discurso, Fernando Henrique Cardoso criticou duramente os EUA, acusando-os de dificultarem eles próprios a implantação da Alca, com as medidas contra as importações de aço, e concentrarem a agenda internacional na questão da segurança. No dia seguinte, Fernando Henrique Cardoso, que conversara com Robert B. Zoellick (USTR), declarou no Palácio da Alvorada: "Do jeito que os americanos querem, não dá para fazer a Alca"[23].

Realmente, essa perspectiva já se delineara desde dezembro de 2001, quando a House of Representatives (Câmara dos Deputados) aprovou com a maioria de apenas um voto o *fast track*, chamado então *Trade Power Authority* (TPA), excluindo das negociações cerca de 293 produtos considerados sensíveis, entre os quais uma centena de produtos agrícolas. Esse fato demonstrou que os EUA não estavam dispostos a atender às exigências nem do Brasil nem da Argentina, nem dos demais países da América do Sul, pois nunca realmente tiveram condições — nem a intenção — de abolir as barreiras protecionistas não tarifárias, devido aos enormes interesses econômicos e políticos, que internamente elas sempre envolveram. Não sem razão, Fernando Henrique Cardoso, após a aprovação do TPA, declarou que, "se as condicionantes forem levadas ao pé da letra significa que não haverá Alca". E as condicionantes dificultaram ainda mais as negociações, depois que o presidente George W. Bush, no início de março de 2002, havia estabelecido sobretaxas de 8% a 30% para as importações de produtos siderúrgicos, o que prejudicava companhias de 38 países, entre os quais o Brasil, afetando um dos setores mais competitivos da sua indústria e entravando-lhe as possibilidades de expansão. Mas não só a questão do aço constituía sério obstáculo. Também era previsto que os EUA ainda mantivessem praticamente inalterado todo o arsenal de medidas protecionistas da lei agrícola, cuja aprovação pelo Congresso estava prevista para ocorrer em setembro 2002, elevando os subsídios aos produtores americanos. "A Alca só tem sentido para o Brasil se tivermos acesso ao mercado americano no setor agrícola, no qual somos mais competitivos do que eles" — Antônio Donizeti Beraldo, chefe do departamento de comércio exterior da Confederação Nacional da Agricultura, ressaltou, acentuando que os Estados Unidos têm discurso hipócrita sobre o comércio mundial: "Eles querem tarifa baixa para exportar, mas não para importar. A lei é "faça o que eu digo, mas não faça o que eu faço". Até o economista-chefe do Banco Mundial, Nicholas Stern, considerou hipócrita a decisão do presidente George W. Bush de impor tarifas de 8% a 30% à maioria das importações de aço, ao mesmo tempo que defendia o livre comércio e insistia na formação da Alca. As restrições estabelecidas pela Casa dos Representantes, ao aprovar o TPA, e o aumento das tarifas para as importações de aço, pelo presidente George W. Bush, evidenciaram que os EUA não estavam dispostos a fazer concessões e que a Alca fora concebida para atender aos seus interesses estratégicos, na competição com a União Europeia e a China, transformando o resto das Américas em uma extensão do seu espaço econômico, em seu Lebensraum (espaço vital)[24].

Não mais podia haver dúvida de que o objetivo dos EUA era consolidar, através da Alca, as medidas ultraliberais, forçar uma abertura unilateral das economias latino-americanas, de modo a obter mais vantagens comerciais, maiores reduções de barreiras às suas exportações e a seus capitais, i.e., obter concessões GATT-plus. Seu interesse, porém, não era somente assegurar o acesso privilegiado aos mercados da região, de modo a obter superávit que compensasse os prejuízos decorrentes da perda de competitividade dos produtos norte-americanos, que em várias categorias (aço, e.g.) não tinham condições de concorrer diretamente com os exportados pela União Europeia, ou pelo Japão e a China. Seu interesse igualmente consistia em assegurar-se das fontes de suprimento de gás[25] e petróleo, cuja diversificação Clinton, desde o início do seu governo em 1993, estabelecera como objetivo estratégico dos EUA, razão pela qual se voltara para o Mar Cáspio, África e, prioritariamente, a América Latina[26], onde Venezuela, Colômbia e Equador, no curso dos anos 90, superaram a Arábia Saudita e o Kuwait no suprimento aos EUA (US$ 17 bilhões dos três primeiros contra 15,5 bilhões de dólares dos outros dois em 2000, ao mesmo nível de preços)[27].

A perspectiva, no entanto, era a de que o andamento das negociações da Alca ocorreria dentro de um contexto político bastante conturbado na América do Sul. Além da crise na Argentina, incontrolável e tão profunda que levou Fernando Henrique Cardoso a advertir George W. Bush sobre o perigo de uma ruptura institucional, caso o governo de Eduardo

Duhalde não recebesse ajuda internacional, o processo de paz fracassou na Colômbia. E os EUA aprofundaram a intervenção na luta contra as FARC, não para conter o fluxo de drogas, mas, sobretudo, para garantir o acesso ao seu petróleo, cuja produção, de acordo com o Departamento de Energia norte-americano, saltara de apenas 100.000 barris por dia, em 1980, para aproximadamente 844.000 barris no início de 1999, o que representou um aumento de 750%[28]. E a situação também se tornou instável no Equador, cujas reservas monetárias continuaram fracas e instáveis, uma vez que as importações cresceram, mas não houve correspondente aumento das exportações, e a balança comercial tornou-se negativa, agravando o déficit do balanço de pagamento e levando o país à anarquia monetária, em consequência da dura problemática da dolarização e à desordem orçamentária. A dolarização da economia não resolvera, antes agravara seus problemas[29]. E os indígenas, em fevereiro de 2002, anunciaram que realizariam novas manifestações de massa, em Quito, contra as privatizações promovidas pelo governo de Gustavo Noboa e a fim de protestar contra o não cumprimento do acordo que pôs fim ao levante, no início de 2001[30]. Outrossim, na Venezuela, crise econômica e financeira explodiu, acompanhada pela agitação social e política. No início de 2002, o presidente Hugo Chávez decidira liberar o câmbio, abandonando o sistema de bandas, para estancar sangria nas reservas internacionais, que caíram de US$ 16,1 bilhões de dólares em janeiro de 2001 para US$ 12,2 bilhões, em dezembro, a maior queda em uma década, rebaixando as reservas do Banco Central em 23,7%. Cerca de US$ 700 milhões evadiram-se da Venezuela somente na primeira semana de fevereiro de 2002. A redução das reservas internacionais, acompanhada pela queda dos preços do petróleo, deixou-lhe pouco espaço de manobra. E, em meio de sua pior crise política, Hugo Chávez teve de fazer completa revisão no orçamento de US$ 34,34 bilhões, com a redução de gastos em 7% e corte de dívidas do governo pela metade, um ajuste econômico tão forte que derrubou abruptamente o valor do Bolívar, a moeda venezuelana (19% em relação ao dólar), e transformou o centro de Caracas em um cenário similar ao da Argentina[31].

A Administração Bush tinha profundas razões para preocupar-se com a América Latina, apesar de que suas atenções estivessem voltadas, sobretudo, para a guerra no Afeganistão e a crise no Oriente Médio, onde o conflito entre Israel e os palestinos recrudescia. No início de fevereiro de 2002, Colin Powell, ao falar perante o Comitê de Relações Exteriores do Senado norte-americano, observou que os EUA estavam a vender mais para a América Latina e o Caribe do que para a União Europeia e que seu comércio era maior dentro do NAFTA do que com a União Europeia e o Japão somados[32]. "*We sell more to Mercosur than to China*" — disse Colin Powell, ao ressaltar que a América Latina e o Caribe eram o "*fastest growing export market*" dos EUA, razão pela qual, claramente, o presidente Bush estava certo em concentrar sua atenção sobre esse hemisfério e nos esforços para criar a Alca[33]. Tudo isto indicava, segundo Powell, que a Administração Bush se movimentava na direção certa, "*in our own hemisphere*", não obstante os "*difficult problems*" na Argentina, Colômbia, Venezuela e em outras partes da América Latina[34]. "*We need to keep democracy and market economics on the march in Latin America, and we need to do everything we can to help our friends dispel some of the dark clouds that are there*" — Colin Powell acrescentou[35].

A Venezuela mereceu, entretanto, especial destaque, ao ressaltar Colin Powell que as ações do presidente Hugo Chávez preocupavam a Administração Bush, devido aos seus comentários sobre a campanha contra o terrorismo, bem como ao fato de não tê-la apoiado tanto como poderia haver feito e escolher para visitar alguns dos "lugares mais estranhos" (Iraque e Cuba), qualificados como "Estados párias" pelos EUA[36]. Esse pronunciamento provocou diversas reações do governo Chávez, que acusou Washington de atentar contra a soberania venezuelana. Mas, quase ao mesmo tempo, o diretor da CIA, George J. Tenet, deu ao Select Committee on Inteligence do Senado norte-americano um depoimento semelhante, ao reconhecer que a situação na América Latina estava "*becoming increasingly volatile as the potential for instability there grows*" e que a região fora açoitada por cinco crises econômicas, em menos de um ano, e que ainda mais agravara sob o impacto dos atentados de 11 setembro[37]. Dentro desse contexto, ele se mostrou particularmente preocupado com a Venezuela, o terceiro maior fornecedor de petróleo dos EUA, salientando que o descontentamento com o presidente Chávez e a "*Revolución Bolivariana*" "*is growing, economic conditions have deteriorated with the fall in oil prices, and the crisis atmosphere is likely to worsen*"[38].

Colin Powell e George J. Tenet não estavam a especular. Sabiam realmente dos preparativos para depor o presidente Hugo Chávez, pois altos funcionários da Administração Bush já se haviam encontrado, diversas vezes, com os dirigentes da coalizão que articulava o golpe de Estado na Venezuela[39]. E suas declarações sinalizaram essa direção, tanto assim que a agitação recresceu em Caracas e, logo dois dias depois, em 7 de fevereiro, o coronel da Aviação, Pedro Vicente Soto Fuentes, e o capitão da Guarda Nacional, Pedro Flores Rivero, apoiados por outros militares, rebelaram-se, exigindo a renúncia de Hugo Chávez, que Donna Hrinak, então embaixadora dos EUA em Caracas, logo acusou de ter "simpatia" pela guerrilha colombiana[40]. E, conquanto Chávez conseguisse debelar a rebelião, o presidente George W. Bush decidiu formalizar seu isolamento, dentro do sistema interamericano e regional, ao pedir que a Venezuela não fosse convocada para a reunião dos países andinos, a realizar-se em 23 de março de 2002, no Peru. Bush demonstrou assim que os EUA não mais estavam dispostos a aceitar a inflexão da Venezuela para uma espécie de nacionalismo de esquerda. Como o próprio historiador Kenneth Maxwell, membro do Council of Foreign Relations, dos EUA, observou, depois de 11 de setembro a atitude americana endureceu, e ninguém em Washington ficaria "muito infeliz" se Chávez deixasse o governo[41], não apenas, decerto, porque ele se aproximara de Fidel Castro e dos chefes de governo do Iraque, Saddam Hussein, e da Líbia, Muammar Kadafi, mas também porque a Venezuela, dentro do Bloco Andino, passara a constituir o contraponto do Brasil, na resistência à implantação da Alca e se opunha à intervenção multilateral na Colômbia[42]. E a atmosfera para o golpe de Estado conformou-se, quando a Central dos Trabalhadores Venezuelanos (CTV), controlada pelos partidários de Carlos Andrés Pérez, convocou, em 6 de abril, uma greve geral de 24 horas, por motivos salariais, contando com o respaldo da poderosa organização patronal — Fedecámaras — e outros setores civis.

Essa crise recrudesceu com a destituição de sete altos executivos da companhia Petróleos de Venezuela SA (PDVSA), em virtude do conflito em que estavam com a direção por Chávez nomeada. Em 10 de abril, os dirigentes da CTV e da organização patronal Federación de Câmaras (Fedecámaras) declararam que a greve geral seria indefinida e, no dia seguinte, instaram a multidão a marchar para o Palácio Miraflores, com o objetivo de exigir a renúncia de Chávez. E na sequência dessa demonstração de protesto e atos de violência, em que as tropas da Guarda Nacional intervieram e pelo menos 15 pessoas morreram e cerca de 110 resultaram feridas, por balas que partiram, segundo algumas versões, de agentes provocadores, franco-atiradores colocados em janelas de alguns edifícios de Caracas[43], o golpe de Estado foi perpetrado. De 11 para 12 de abril, após esses acontecimentos, três generais prenderam Chávez, levaram-no para o Forte Tiuna, escoltado pelo antigo ministro da Defesa, José Vicente Rangel, e pelo chefe da segurança do Palácio Miraflores, Manuel Rosendo, e o general Lucas Rincón Romero, chefe do Estado-Maior do Exército da Venezuela, anunciou que ele renunciara à presidência da República. Pedro Carmona Estanca, presidente da Fedecámaras, assumiu então o governo da Venezuela, contando com o apoio dos meios de comunicação, TVs, rádios e jornais.

Os EUA, obviamente, encorajaram esse golpe de Estado, através da CIA e de outras agências, que orquestraram as operações encobertas (*covert actions*), tal como fizeram no Brasil, em 1962/1964 e no Chile, em 1971/73[44]. Desde junho de 2001, pelo menos, o coronel Ronald MacCammon, adido militar dos EUA na Venezuela, e seu assistente, tenente-coronel James Rogers, já estavam a examinar com os militares venezuelanos a possibilidade de derrubar Chávez, segundo Wayne Madsen, o antigo agente do serviço de inteligência da marinha norte-americana, revelou ao jornal inglês *The Guardian*[45]. E, na medida em que a situação econômica e a segurança da Venezuela deterioraram-se, sobretudo a partir dos fins de 2001, o governo de George W. Bush tratou de aproveitar o crescente caos na Venezuela para unir as forças da oposição e as prover com planejamento e recursos de inteligência de modo a converter a greve dos trabalhadores na indústria de petróleo em movimento para derrubar Chávez da presidência, ainda que isto significasse uma ruptura da legalidade constitucional e do regime democrático. Naquele ano, 2001, os EUA canalizaram centenas de milhares de dólares para os grupos americanos e venezuelanos adversos ao presidente Hugo Chávez, inclusive a CTV, através da National Endowment for Democracy, agência criada pelo Congresso, que quadruplicou as doações, elevando seu orçamento para a Venezuela e mais de US$ 877.000[46], assim que as condições em Carcaças se agravaram. E os agentes da CIA e da DIA[47] atuaram junto aos militares venezuelanos, aos dirigentes da Fedecámaras e aos líderes sindicais, com o objetivo de coordenar a conversão do que seria uma pequena greve em uma demonstração de protesto e indignação contra nomes designados por Chávez para integrar o corpo de diretores da companhia estatal de petróleo (PDVSA), com o claro objetivo de criar uma atmosfera de incerteza na Venezuela, ao paralisar sua mais importante indústria, responsável por cerca de 80% das exportações do país e por quase 15% das importações de petróleo dos EUA, percentual esse maior do que o da Arábia Saudita. De fato, o papel da Venezuela, com as maiores reservas de petróleo e gás fora do Oriente Médio, tornou-se crucial para a segurança de energia dos EUA, aos quais havia mais de um século era ininterruptamente fornecedora[48]. Destarte, conforme Alex Volberding e Larry Birns, do Council on Hemispheric Affairs (COHA), se Henry Kissinger estava correto ao insistir em que qualquer ameaça externa aos depósitos de petróleo da Arábia Saudita constituiria um *casus belli* para os EUA, o mesmo poderia ser arguido com respeito à Venezuela[49], que era o quinto maior exportador de petróleo do mundo e o terceiro maior fornecedor dos EUA, em cujo mercado sua indústria energética crescentemente se integrava[50]. Ao que tudo indica, porém, os EUA não apenas encorajaram e financiaram o golpe de Estado contra Chávez. Militares americanos também participaram diretamente da sua execução. De acordo com diversas informações, na noite de 11 para 12 de abril, o coronel Ronald MacCammon, adido militar dos EUA na Venezuela, e seu assistente, tenente-coronel James Rogers, permaneceram dentro da Comandacia del Ejército, no Fuerte Tiuna — principal unidade militar da capital — assessorando os generais que desobedeceram a Chávez e o destituíram da presidência da Venezuela[51].

O respaldo dos EUA ao golpe de Estado logo se evidenciou. Charles Shapiro, que em 9 de março assumira o posto de embaixador dos EUA em Caracas[52], visitou imediatamente Pedro Carmona, o que implicitamente significou o reconhecimento do seu governo, enquanto o FMI, anunciava, no mesmo dia 12, que tinha recursos financeiros para a Venezuela, se necessário, procedimento diverso que adotara com respeito à Argentina. E o secretário de Imprensa da Casa Branca, Ari Fleischer, disse à imprensa que os detalhes não eram muito claros, porém "*we know that the action encouraged by the Chávez government provoked this crisis*", ao tentar suprimir uma demonstração pacífica[53]. Assim, ao invés de condenar a destituição de um presidente democraticamente eleito, ele tentou negar que em Caracas ocorrera um golpe militar, insistindo em responsabilizar Chávez pela sua própria queda[54]. Ari Fleischer, no entanto, teve de reconhecer que altos funcionários do governo Bush se encontraram com vários personagens da oposição a Chávez, mas, justificando tais conversações como "*a normal part of what diplomats do*", afirmou que eles não estimularam a intentona[55]. Uma fonte do Pentágono também confirmou que até o próprio chefe do Estado-Maior do Exército da Venezuela, general Lucas Rincón Romero, que se recusou a enviar tanques para proteger o Palácio Miraflores e anunciou a renúncia de Chávez, tivera, em 18 de dezembro, uma reunião com o adjunto do secretário de Defesa Assistente, Roger Pardo-Maurer, e ouviu que os EUA "*unequivocally*" não aceitariam "*coups or unconstitutional actions*"[56]. Os altos funcionários norte-americanos, decerto, advertiram os líderes civis e militares da oposição a Chávez que os EUA "*unequivocally*" não aceitariam "*coups or unconstitutional actions*". Mas, por isto mesmo, recomendaram decerto a montagem da farsa, a encenação conforme um *script* similar ao que o ex-secretário de Estado na administração de Lyndon B. Johnson (1963-69) Dean Rusk produzira para disfarçar o golpe de Estado no Brasil, em 1964[57], ao enfatizar a necessidade de que o movimento contra o então presidente João Goulart tivesse aparência de legitimidade, de modo que os EUA pudessem fornecer a ajuda militar aos sediciosos[58]. Algo nesse mesmo estilo foi que ocorreu na Venezuela, a fim de permitir que a administração de George W. Bush pudesse recorrer à "*plausible denial*", i.e., negar convincentemente a responsabilidade e a cumplicidade dos EUA com o golpe de Estado, norma esta pela qual os governos norte-americanos pautaram muitas vezes suas políticas de intervenção em outros países da América Latina. Funcionários da Administração Bush comunicaram ao Congresso que Chávez renunciara à presidência da Venezuela e, ao invés de condenar a ruptura da ordem constitucional, saudaram o acontecimento como vitória da democracia.

Os EUA estavam preparados para reconhecer o governo de Pedro Carmona. E a fim de facilitar essa iniciativa, dado que a Carta Democrática Interamericana condenava qualquer ruptura da legalidade, Phillip Chicola, funcionário do Departamento de Estado, pediu, no dia 12, que a transição conservasse as formas constitucionais, ou seja, que a Assembleia Nacional e a Corte Suprema aprovassem a renúncia de Chávez[59] e novas eleições, com observadores da OEA, fossem convocadas para dentro de um prazo razoável[60]. Não obstante, os setores mais conservadores e radicais do Opus Dei, representados pelo o contra-almirante Carlos Molina Tamayo e o multimilionário Isaac Peréz Recau[61], induziram Pedro Carmona a firmar um decreto, com que ele se reservou a faculdade de destituir governadores e prefeitos eleitos, derrogou a Constituição aprovada em *referendum*, em dezembro de 2000, e dissolveu a Assembleia Nacional, prometendo convocar eleições "*libres y democráticas*", no prazo de um ano. Ao mesmo tempo, ele anulou as leis econômicas e sociais aprovadas legalmente pelo governo de Chávez e imediatamente ordenou a interrupção do fornecimento de petróleo a Cuba. Com esta medida, das primeiras adotadas nas poucas horas em que ocupou a presidência da Venezuela, Pedro Carmona atendeu ao interesse do secretário-assistente de Estado para os Assuntos do Hemisfério, Otto Juan Reich, cuja equipe fora constituída com extremistas cubano-americanos, residentes em Miami, como recompensa pelos votos dados a Bush na eleição presidencial de 2000[62]. Obviamente, Otto J. Reich estava a advogar e a orquestrar "*dirty tricks*" para desestabilizar o governo na Venezuela, e era inconcebível que não estivesse implicado no complô, dado à intensidade do seu ódio a Fidel Castro, amigo e modelo de Chávez, bem como à sua inescrupulosa conduta quando dirigiu o Office of Public Diplomacy for Latin America and the Caribbean (S/LPD), entre 1983 a 1986[63]. Por isto, no mesmo dia 12 de abril, sexta-feira, Otto J. Reich, telefonou para Pedro Carmona manifestando-lhe, pronta e urgentemente, o interesse da Administração Bush em que fosse mantida a "*the appearance of democratic continuity*"[64]. Em outras palavras, o golpe de Estado devia preservar o invólucro constitucional, como homenagem que o vício prestava à virtude. Porém, informado da dissolução da Assembleia Nacional, da Suprema Corte, do Tribunal Eleitoral, entre outras medidas, Otto J. Reich instruiu o embaixador dos EUA em Caracas, Charles Shapiro, para que expressasse a Pedro Carmona sua preocupação com tais "*unconstitutional actions*", que caracterizavam abertamente o golpe de Estado[65] e, segundo *The New York Times*, telefonou-lhe e intercedeu para que ele não dissolvesse a Assembleia Nacional, argumentando que essa seria "*a stupid thing to do*" e provocar o clamor[66]. O conselho de Otto J. Reich a Pedro Carmona, no mesmo dia em que os militares deram o golpe de Estado, demonstrou o "*early and urgent*" interesse da Administração Bush em vê-lo suceder a Chávez e "*maintain the appearance of democratic continuity*"[67].

Contudo, Pedro Carmona, imaginando que o apoio dos bairros ricos de Caracas e das classes médias altas significava respaldo popular, excedeu-se, encorajado possivelmente pelos elementos mais radicais da oposição e tirou a máscara da legalidade, com que os EUA pretenderam encapar o golpe de Estado. Dissolveu a Assembleia Nacional, a Suprema Corte e o Tribunal Eleitoral. E esta sua iniciativa assustou o chefe das Forças Armadas, Efraín Vásquez, que havia apoiado a manifestação popular e ordenara a detenção de Chávez, e ele retirou o apoio dos quartéis. "*Me salgo de la jugada*" — disse a Luis Miquilena, ex-ministro do Interior e Justiça, reconhecendo que fora um erro deixar-se levar por uma pessoa que ia conduzir o país a um banho de sangue[68]. A CTV, que não havia sido consultada a respeito de tais medidas, sentiu-se traída, pois, conforme declarou seu secretário-geral, Carlos Ortega, elas atentavam contra "*el derecho y la libertad del movimiento obrero*". A aliança contra Chávez, entre a CTV e a Fedecámaras, dirigida por Pedro Carmona, assim se esfacelou. E, enquanto as camadas mais pobres da população, favoráveis a Chávez, ocupavam as ruas de Caracas, saqueando as lojas, espraiando-se a agitação pelas cidades de Guarenas, Los Teques, Coro e Maracay, a brigada de paraquedistas, comandada pelo general Raúl Baudel, bem como outros regimentos se sublevaram contra a presidência *de facto* de Pedro Carmona, já desafiado por William Lara, líder da Assembleia Nacional da Venezuela, que anunciou, de dentro do palácio Miraflores, que o vice-presidente Diosdado Cabello assumiria até a volta Chávez ao governo.

Se não tinha condições internas de sustentar-se, apenas respaldado pelas classes médias e altas, o governo da coalizão empresarial-militar, emanado do golpe de 11/12 de abril, defrontou-se outrossim com enormes dificuldades externas para o seu reconhecimento. O Grupo de Rio, que realizava em Costa Rica a XVI Cimeira presidencial, condenou prontamente a ruptura da ordem constitucional na Venezuela e solicitou ao embaixador César Gavíria, secretário-geral da OEA a convocação urgente do Conselho Permanente, de acordo com o Art. 20 da Carta Democrática Interamericana[69], aprovada na sessão plenária de 11 de setembro de 2001, incorporando a resolução AG/RES. 1080 (XXI-O/91)[70]. E seus embaixadores na OEA aprovaram uma resolução, em que condenaram "a alteração da ordem constitucional na Venezuela". Somente em face da atitude de todos os demais Estados da região, inclusive México e Canadá, de repudiar a quebra da ordem constitucional na Venezuela, a delegação dos EUA na OEA resignou-se a subscrever a moção que condenava ao golpe. Mas só o fez no sábado, 13 de abril, quando as manifestações de massa haviam compelido Carmona a renunciar e Chávez retornou ao poder[71]. Destarte, os EUA, embora tenham avalizado o golpe de Estado na Venezuela, não tiveram condições de legitimá-lo. Não sem razão, a BBC informou que "*President Chávez's comeback has... left Washington looking rather stupid*". De fato, o fiasco do golpe em Caracas fez a Administração Bush perder até mesmo a noção do ridículo. Com desplante e cinismo, Condolezza Rice, assessora de segurança de George W. Bush, advertiu que Chávez deveria respeitar os processos constitucionais e recebesse a mensagem que o povo lhe enviou, ou seja, que "*that his own policies are not working for the Venezuelan people, that he has dealt with them in a high-handed fashion*"[72]. Em outras palavras, o que Condolezza Rice quis dizer foi que o golpe fracassado servisse a Chávez como advertência, porque suas políticas não agradavam aos EUA. Alguns dias depois, falando à imprensa, Bush, tergiversando sobre o comportamento do seu governo, que não condenou prontamente o golpe na Venezuela, declarou também que Chávez devia aprender lições sobre democracia, com a tentativa de derrubá-lo do governo[73]. O professor Riordan Roett, especialista em América Latina da Universidade Johns Hopkins, em Washington, comentou, porém, que "os EUA não podem escolher quais democracias apoiam e quais não apoiam". E acrescentou: "Ou se apoia a democracia, ou não se apoia". Por sua vez, o jornalista Paul Krugman, jornalista de *The New York Times*, observou que o elemento mais negativo desse episódio foi a traição dos princípios democráticos norte-americanos, pois a conceituação "do povo, pelo povo, para o povo" não deveria ser acompanhada pelas palavras "enquanto for adequado aos interesses dos EUA"[74].

A política exterior dos EUA, *vis-à-vis* da América Latina, nunca foi, na realidade, consistente com os princípios democráticos norte-americanos, que sempre constituíram um elemento marginal, para efeito de retórica. O respaldo tácito ao golpe de Estado na Venezuela demonstrou mais uma vez que Washington somente admitira e respeitara os regimes democráticos nos países da América Latina, enquanto funcionaram em favor dos seus interesses econômicos, políticos e estratégicos. Em 1963, a Embaixada do Brasil em Washington, sobre a chefia de Roberto Campos, salientou que, conquanto o Departamento de Estado condenasse qualquer atentado à democracia representativa no hemisfério, o governo de John F. Kennedy não deixava de reconhecer e cultivar "relações amistosas com as piores ditaduras de direita", pois "do ponto de vista dos setores militares de Washington tais governos são muito mais úteis aos interesses da segurança continental do que os regimes constitucionais"[75]. Tais setores, os da extrema-direita, foram os que passaram a orientar a política internacional dos EUA, após a duvidosa eleição de George W. Bush, para a presidência, em 2000. E com toda a razão, ao comentar o êxito, na França, do líder da extrema-direita, Jean-Marie le Pen, nas eleições de abril de 2002, o jornalista Paul Krugman, de *The New York Times*, avaliou que realmente não tinha condições de tornar-se presidente e pôr em prática suas "*hard-right ideas*" porém, nos EUA, "*the hard right has essentially been co-opted by the Republican Party — or maybe it's the other way around*" — e estava em posição de colocar em prática essas ideias, porque "*the angry people are already running the country*"[76].

Essa "*hard right*", com a ascensão de George W. Bush à presidência, passou a comandar uma potência cuja força militar se tornara, a partir do fim da Segunda Guerra Mundial, a única no mundo a ter como principal missão, não a defensiva, mas a ofensiva, não a de guardar as fronteiras nacionais, mas a de projetar seu poder sobre todos os continentes[77]. E, desde o colapso do Bloco Socialista, recresceu em Washington, conforme jornalista William Pfaff, no *International Herald Tribune*, assinalou, a ideia de que os EUA deveriam exercer seu "*unrivaled power*" como um império, a fim de trazer estabilidade internacional, resolver os problemas do terrorismo, das "*rogue nations*" (nações irresponsáveis e indisciplinadas), armas de destruição em massa e assim por diante. Tais propostas para a instituição do império, segundo William Pfaff, não eram intelectualmente sérias, mas eram significativas, porque a classe política e a burocracia estavam apaixonadas pelo poder internacional e "*they want more*"[78]. E daí a ameaça. Desde o século XVII, a lei internacional baseou-se nos princípios da soberania nacional e da igualdade legal das nações, porém, conforme o próprio William Pfaff reconheceu, "*Washington ignores whenever convenient*"[79]. Também o politólogo e historiador Kenneth Maxwell, do Council of Foreign Relations, revelou que as cabeças jovens e brilhantes da página de editoriais do *Wall Street Journal*, os ideólogos neo conservadores dos institutos de estudos de Washington e, o mais ameaçador, as lideranças civis do Pentágono passaram a proclamar que era chegada a ora de "falar alto e sem peias na língua sobre o Império Americano", de os EUA exercerem plenamente seu poderes imperiais, de aderir à missão imperial que lhes foi imposta e, se preciso, impor a "*pax americana*" pela força avassaladora das armas[80]. O favorecimento ao golpe de Estado na Venezuela constituiu, decerto, o desdobramento dessa estratégia, visando a subordinar toda a América do Sul aos interesses hegemônicos dos EUA e à conformação do Império Americano.

## NOTAS

1. Osama bin Laden era o chefe da organização terrorista Al-Qaeda.
2. Andreas von Bülow foi Ministro de Pesquisa e Tecnologia, no governo de Helmut Schmidt (1974-1982) e como deputado supervisionou as atividades do serviço de inteligência da República Federal da Alemanha, o Bundesnarichtendienst (BND).
3. Shenon, Philip. "F.B.I. Knew for Years About Terror Pilot Training", *The New York Times*, 18/05/2002.
4. The Associated Press. "Airlines Warned of Terrorist Threats", *The New York Times*, 19/5/2002.
5. *Miller. Bill & Eggen, Dan* FBI. "Memo Author Did Not Envision Sept. 11", The Washington Post, 23/5/2002.
6. Sanger, David E. "Bush Was Warned bin Laden Wanted to Hijack Planes", *The New York Times*, 16/5/2002. *The New York Times*, 18/5/2002. *La Nacion*, Buenos Aires, 19/5/2000.
7. Sanger, David E. & Bumiller, Elisabeth. "No Hint of Sept. 11 in Report in August, White House Says, But Congress Seeks Inquiry", *The New York Times*, 16/5/2002.
8. "(...) Agora que somos governados por uma junta de homens do petróleo e do Pentágono. A maior parte deles é do ramo do petróleo — ambos os Bushes, Cheney, Rumsfeld e assim por diante. Eles estão no poder, e este é o último grande golpe que irá beneficiá-los pessoalmente e, como estou certo de que eles sejam suficientemente patrióticos para acreditar, também vai beneficiar os EUA: que o país tenha acesso a esse imenso manancial de óleo da Ásia Central, através de diversos oleodutos.(...) Estamos e estávamos desesperadamente tentando instalar um oleoduto atravessando o Afeganistão, o Paquistão, indo até Karachi e chegando ao oceano Índico. Durante muito tempo tratamos com o Taleban, mas seus homens tinham se tornado doidos e desmiolados demais, a ponto de tornar-se impossível tratar com eles. Então entramos no país para tentar estabilizar a situação, para que a Unocal (empresa americana de energia) possa construir um oleoduto". Gore Vidal a Gary Kamiya. "Para o escritor americano, o Congresso

dos EUA deveria investigar se o governo sabia sobre atentado ao WTC — "Petróleo motiva guerra afegã", diz Gore Vidal, *Folha de S.Paulo*, 12/5/2002.

9. Segundo Andréas von Bülow, Osama bin Laden fora concebido e criado para a luta contra a URSS. Não se tratava somente de uma luta contra o Exército soviético que intervinha no Afeganistão. Tratava-se de desestabilizar a URSS, através de seus Estados-membros com população islâmica. Já antes dos comunistas tomarem o poder no Afeganistão, em 78, a CIA procurara intranquilizar o Afeganistão. O governo central de Kabul não dominava a situação. Os comunistas chegaram ao poder, mas fracassaram e chamaram os soviéticos. Com isso caíram na armadilha que Zibigniew Brzezinski, então assessor de segurança do presidente James Earl Carter, tinha imaginado e com a qual pensava criar um Vietnã para a URSS. Cerca de 100.000 "combatentes pela liberdade", vindos dos países islâmicos da África do Norte e Oriente Médio foram convocados para lutar contra os ateus soviéticos, uma operação que a CIA e os serviços secretos do Paquistão e da Arábia Saudita montaram e na qual o dinheiro do comércio de drogas teve papel importante. Na realidade, arruaceiros e briguentos de todo o mundo islâmico. Onde havia uma ovelha negra na família ou no povoado, lá veio o chamado do Mudjahedin para o Hindukush, onde em troca de dinheiro do petróleo e da droga eles podiam ser úteis. Os próprios Talebans foram convocados nos orfanatos fundamentalistas do Paquistão. Osama bin Laden era um dos organizadores desse recrutamento fundamentalista e lhe foi permitido convocar seus 10.000 mercenários entre militantes antiocidentais, antiamericanos. Alguns desses grupos foram treinados em campos especiais da CIA. Por conseguinte, tratava-se antes de bandidos do que de religiosos. Mas para a lavagem cerebral do Ocidente, com o objetivo de criar no islamismo o novo inimigo no sentido do Clash of Civilizations, não podiam ser melhor. Lebert, Stephan & Thomma, Norbert — "Da sind Spuren wie von einer trampelnden Elefantenherde Der erste Verdacht kam ihm, da saß er im Bundestag. Geheimdienste wurden sein Thema. Andreas von Bülow traut ihnen Schlimmstes zu: eine Verwicklung in die New Yorker Anschläge. Der Tagesspiegel — Sonntag, Berlin, 13/1/02 — Seit S1. Segundo se soube, Mohammed Atta, um dos terroristas suicidas, recebeu instrução e recursos do serviço secreto do Paquistão (ISI), ao qual a CIA fornecia enormes fundos, com o propósito de alimentar os grupos militantes no Paquistão.

10. George Bush, o pai, trabalhou, através do Carlyle Group, uma firma internacional de investimento, para a família Bin Laden na Arábia Saudita. O fato era que o pai do presidente George W. Bush, ele também ex-presidente dos EUA, fazia negócios com uma firma que se tornou objeto de investigação do FBI por causa do atentado do 11 de setembro, segundo a denúncia de uma ONG norte-americana, Judicial Watch.

11. *"For much of the 1990s the United States supported the Taliban's rise to power, both by encouraging the involvement of US oil companies, and by implicitly tolerating Pakistan and Saudi Arabia, two of its key regional allies, in their direct financial and military support for the Taliban. The Taliban, which is committed to a particularly primitive vision of Sunni Islam, had the added advantage for the US of being deeply hostile to Shia Muslims in neighboring Iran (as well as within Afghanistan). A crucial condition for building the pipelines is political stability in Afghanistan, and for a time the US believed the Taliban could provide just that. Had it not been for the Taliban's apparent tolerance of the former US-supported Osama bin Laden, and the Taliban's highly visible extremely repressive attitude to women and other social issues, the US would most likely have continued its support for the Taliban, and the construction of the pipelines would have got underway in the late 90s. Tanter, Richard"* — "Pipeline Politics: Oil, gas and the US interest in Afghanistan". http://www.zmag.org/tanteroil.html
12. Entrevista do presidente Fernando Henrique Cardoso: "São talibãs os que querem fechar a economia?". *O Globo*, Rio de Janeiro, 26 de setembro de 2001.
13. Secretaría Permanente del SELA (Sistema Económico Latinoamericano). "Informe de Conyuntura América Latina y el Caribe: Cómo Cierra la Economía en 2001".
14. O cacerolazo (panelaço) foi um fenômeno essencialmente urbano, que se originou em Buenos Aires e se estendeu a outras cidades, como Rosario (1,2 milhão de habitantes). Consistiu em manifestações populares, em que as mulheres, donas de casa, homens, velhos e crianças saíram às ruas, batendo panelas (cacerolas), demonstrando a falta de comida.
15. Krugman, Paul "Crying with Argentina". *The New York Times*, New York, 1/1/2002.
16. Curia, Walter. "EE.UU ahora preocupado por el alcance de la asociación con Brasil". *Clarín*, Buenos Aires, 11/01/2002. Segundo o jornalista Paulo Sotero, correspondente de *O Estado de São Paulo*, em Washington, a reportagem de *Clarín* não causou surpresa entre ex-altos funcionários americanos ou diplomatas brasileiros. "Senão um sentimento antibrasileiro, há em alguns níveis do governo americano uma insatisfação com certas posições do Brasil, por exemplo, em relação à Alca", disse o presidente do Diálogo Interamericano, Peter Hakim. "O sentimento é que o Brasil não coopera, tem uma atitude rabugenta, impertinente." Arturo Valenzuela, professor da Universidade de Georgetown e ex-assessor sênior de Segurança Nacional para a América Latina do presidente Bill Clinton, afirmou: "Há uma reticência em setores do governo americano que veem o Brasil como um sócio não confiável e um país que tem uma agenda contrária aos interesses fundamentais dos EUA na região, especialmente em temas comerciais e em outros que afetam as nossas relações com a região."

Segundo Valenzuela, "esta não é uma visão de consenso", mas ela tende a prevalecer "porque não há liderança clara no Departamento de Estado em relação à América Latina". Sotero, Paulo. "EUA atacam aproximação Brasil-Argentina". *O Estado de S. Paulo*, São Paulo, 13/1/2002.

17. Ferreira, 2001, p. 123.
18. *Gazeta Mercantil*, São Paulo, 25/10/2001.
19. Discurso do presidente da República, Fernando Henrique Cardoso, em sessão solene na Assembleia Nacional da República da França, 30 de outubro de 2001.
20. Entrevista a *O Globo*, Rio de Janeiro, 9/8/2001.
21. Stiglitz, Joseph. "Las lecciones de Argentina", in *El País*, Madri, 10/1/2002.
22. *O Globo*, Rio de Janeiro, 12/3/2002.
23. *Gazeta Mercantil*, São Paulo, 13/3/2002.
24. No início do século XX, o economista austríaco Rudolf Hilferding observou que EUA, tornando-se então a primeira potência industrial do mundo, possuíam grande espaço econômico suficiente, inclusive para a era do imperialismo, cujo campo de expansão já estava, ademais, geograficamente determinado, com o movimento pan-americano, que principiava, sob a cobertura da Doutrina Monroe. Hilferding, 1968, Band II, pp. 445 e 446.
25. Um "*unprecedented development*" ocorreu nas reservas gás da América Central e da América do Sul — 222.7 trilhões de metros cúbicos demarcadas por gasodutos que vinculam Bolívia, Brasil, Argentina, Chile, Paraguai e Uruguai. Reliable, Affordable, and Environmentally Sound Energy for America's Future — Report of the National Energy Policy Development Group — Chapter 8: Strengthening Global Alliances: Enhancing National Energy Security and International Relationships 8-6 — Release date: May 17, 2001.
26. *"Technological advances will enable the United States to accelerate the diversification of oil supplies, notably through deep-water offshore exploration and production in the Atlàntic Basin, stretching from offshore Canada to the Caribbean, Brazil, and West Africa. The Caspian Sea can also be a rapidly growing new area of supply. The ongoing development of so-called heavy oil reserves in the Western Hemisphere is an important factor that promises to significantly enhance global oil reserves and production diversity. Recent Canadian and Venezuelan success in making heavy oil deposits commercially viable suggests that they will contribute substantially to the diversity of global energy supply, and to our own energy supply mix over the medium to long term"*. Reliable, Affordable, and Environmentally Sound Energy for America's Future — Report of the National Energy Policy Development Group — Chapter 8: Strengthening Global Alliances: Enhancing National Energy Security and International Relationships 8-6 — Release date: May 17, 2001.
27. Pinto, Oswaldo Luiz Nobre. "Rumo à América do Sul", *Jornal do Brasil*, Rio de Janeiro, 15/4/2002.

28. A Colômbia emergiu na década de 90 como um dos maiores produtores do hemisfério ocidental e se tornou o sétimo maior fornecedor dos EUA. Klare, Michael T. "Quest for Oil Drives Aid to Colombia, AlterNet, May 4, 2000, http://www.alternet.org /story.html?StoryID=9111.
29. "La dolarización no sacó a Ecuador de la crisis — El sistema acumula serios problemas", in *La Nacion*, Buenos Aires, 14/04/2002.
30. *El Universal*, Caracas, 08.0 2002.
31. *La Nacion*, Buenos Aires, 14/2/2002, p. 2.
32. Statement on President Bush's Budget Request for FY 2003 Secretary Colin L. Powell — House International Relations Committee. Washington, DC February 6, 2002. As delivered.
33. Ibid.
34. Secretary Colin L. Powell. Statement on President Bush's Budget Request for FY 2003 Senate Foreign Relations Committee. Washington, DC, February 5, 2002. As prepared.
35. Ibid.
36. *El Universal*. Caracas, miércoles 6 de febrero, 2002. Essas referências ao presidente Hugo Chávez não constam dos textos do testemunho de Colin Powel, liberados pelo Departamento de Estado.
37. George J. Tenet. Worldwide Threat — Converging Dangers in a Post 9/11 World Testimony of Director of Central Intelligence before The Senate Select Committee on Intelligence. 6/2/2002.
38. Ibid. Também se referiu à Argentina, onde, segundo percebia, o presidente Duhalde tentava preliminarmente manter a ordem pública, para promover a recuperação econômica, mas seu apoio era pequeno, e acentuou que a situação na Colômbia permanecia "*highly volatile*", o processo de paz enfrentava muitos obstáculos e a violência aumentava, sobretudo pelas FARC, o que representava uma "*serious threat*" aos interesses dos EUA na América Latina.
39. "Bush Officials Met With Venezuelans Who Ousted Leader", in *The New York Times*, New York, 16/4/2002. DeYoung, Karen "U.S. Details Talks With Opposition", in *The Washington Post*, Washington, 17/04/2002. "*Administration sources have confirmed to Newsweek that in late February, dissident Venezuelan military officers informed U.S. Embassy officials in Caracas about plans for a coup against Chávez. The officers sought guidance on the U.S. government's position. They were told that 'this was something that was not acceptable, that a coup was not the way to go', says one U.S. official. In any case, the Bush administration was certainly not sorry to think Chávez was gone*". Gunson, Phil & Contreras, Joseph — "Chaos in Caracas," *Newsweek*, 16/4/2002.
40. Em meados de fevereiro de 2002, a embaixadora dos EUA em Caracas, Donna Hrinak em entrevista à televisão Televen declarou que aos Estados Unidos "*preocupa*" que "*hay cierta simpatía*" do governo venezuelano para com os

guerrilheiros colombianos, que ela chamou de terroristas, recordando que Chávez não os considerava como tal.

41. Maxwell, Kenneth. "A América Latina joga a toalha" , in *Folha de S.Paulo*, 8/4/2002. Artigo especialmente escrito para a *Folha de S.Paulo*.
42. *"Chávez's departure removes a leader whom the United States had long viewed as a potential threat to its interests in the Andes, now dominated by the war in neighboring Colombia. Marxist guerrillas there have intensified their campaign against the U.S. — backed Colombian government, and Chávez has refused a number of U.S. requests for help on the issue"*. Wilson, Scott. "Leader of Venezuela Is Forced To Resign", *The Washington Post*, Washington, 13/4/2002.
43. A Guarda Nacional e outros funcionários armados, que protegiam o edifício do governo, no dia 11 atacaram e foram atacados quando a manifestação, que se dirigia para os escritórios centrais da companhia Petróleos de Venezuela (PDVSA), mudou de rumo e se precipitou contra o Palácio Miraflores. Do alto de três edifícios, franco-atiradores (constou que eram pertencentes à organização Bandera Roja, inimiga do chavismo) dispararam contra a cabeça e o coração de partidários de Chávez. Segundo o ministro da Defesa, José Vicente Rangel, cerca de 90% dos mortos eram partidários de Chávez. A versão da oposição é diametralmente oposta: os Círculos Bolivarianos e os setores mais radicais do próprio governo colocaram os atiradores de precisão nos edifícios para dispersar a uma rebelião civil. Aznárez, Juan Jesús. "¿Quién disparó en Miraflores?", in *El País*, Madri 20/4/2002.
44. "Venezuelan President Hugo Chávez is Restored". Analysis by Alex Volberding and Larry Birns, COHA research group. O Council on Hemisp heric Affairs (COHA) foi fundado em 1975, como organização de pesquisa e informação, independente, não lucrativa, não partidária e isenta de impostos, sendo considerada no Senado norte-americano como "one of the nation's most respected bodies of scholars and policymakers". Nessa análise, divulgada através da internet, em 15 de abril de 2002, os pesquisadores Alex Volberding e Larry Birns, do Conselho para Assuntos Hemisféricos (COHA), vão além. Eles afirmam que a Agência Central de Inteligência dos EUA (CIA) poderia estar por trás dos acontecimentos que motivaram a destituição de Chávez. Os membros da organização independente com sede em Washington afirmam que as declarações de funcionários dos EUA fortalecem a suspeita.
45. Wayne Madsen, antigo agente do serviço de inteligência da marinha norte-americana, revelou ao jornal inglês *The Guardian* que, desde junho de 2001, os EUA consideravam a possibilidade de derrubar Chávez, e seus navios, estacionados no Caribe, entre 11 e 12 de abril, não apenas intervieram nas comunicações das embaixadas de Cuba, Líbia, Irã e Iraque, como permaneceram em estado de alerta, com o objetivo de evacuar os cidadãos americanos, se necessário. Campbell, Duncan. "American navy, helped Venezuelan coup"', *The*

*Guardian*, Londres, 29/04/2002. O presidente Hugo Chávez revelou a uma comitiva de deputados brasileiros, chefiada pelo deputado Aldo Rebelo (PCdoB/SP), presidente da Comissão de Relações Exteriores da Câmara, que o governo venezuelano tem registros da presença de oficiais do Exército americano no Forte Tiúna no dia do golpe. "Ele tem tudo anotado, a que horas os adidos militares americanos saíram dos quartéis e a que horas chegaram ao forte", disse o deputado Aldo Rebelo. "Chávez volta a acusar EUA", *Jornal do Brasil*, Rio de Janeiro, 1º/5/2002.

46. Marquis, Christopher — "U.S. Bankrolling Is Under Scrutiny for Ties to Chávez Ouster", *The New York Times*, New York, 25/4/2002.
47. A DIA (Defense Inteligence Agency) é o serviço de inteligência do Exército dos EUA.
48. "Venezuela's Role Supporting U.S. Energy Security". Seminar presented by the Johns Hopkins University's Paul H. Nitze. School of Advanced International Studies (SAIS). October 11, 2001, 8:30 a.m. 1:30 p.m. Petroleumworld. Caracas, Oct. 9. http://www.petroleumworld.com/story5494.htm
49. "Venezuelan President Hugo Chávez is Restored". Analysis by Alex Volberding and Larry Birns, COHA research group.
50. Reliable, Affordable, and Environmentally Sound Energy for America's Future — Report of the National Energy Policy Development Group — Chapter 8: Strengthening Global Alliances: Enhancing National Energy Security and International Relationships 8-6 — Release date: May 17, 2001.
51. "Denúncia liga EUA a golpistas. Adido acusado de articulação anti-Chávez", *Jornal do Brasil*, Rio de Janeiro, 19/4/2002. "La crisis en Venezuela: revelación en Caracas — Implican a oficiales de EE.UU. en el golpe contra Chávez", *La Nación*, Buenos Aires, 23/04/2002. Campbell, Duncan. "American navy, helped Venezuelan coup"', *The Guardian*, Londres, 29/4/2002.
52. Charles Shapiro apresentou formalmente suas credenciais a Chávez no dia 19 de março de 2002.
53. Forero, Juan. "Venezuela's Chief Forced to Resign; Civilian Installed", *The New York Times*, New York, 13/4/2002.
54. *"We explicitly told opposition leaders that the United States would not support a coup. Many of these conversations took place at repeated numbers of levels throughout the State Department and the NSC, as well in conversations that newly appointed Ambassador Charles Shapiro and former Ambassador Hrinak had with officials in Venezuela"* — Embassy of the United States, Caracas, Venezuela — Public Affairs Office — Press Release — White House Report: Venezuela (White House Press Secretary Ari Fleischer briefed midday), 16 April 2002. *"El prolongado resentimiento que causó en algunos venezolanos el régimen cada vez más antidemocrático de Chávez movió a centenares de miles de manifestantes desarmados a reunirse en la capital venezolana el 11 de abril para*

*llevar a cabo una protesta pacífica"*. Embajada de los Estados Unidos, Caracas, Venezuela, Oficina Informativa y Cultural — Boletín de Prensa — "Respuesta de E.U.A. a crisis Venezuela fue apropiada, dicen altos funcionarios (Respuesta inicial se basó en la mejor información disponible)". Por Lauren Monsen, Redactora del Servicio Noticioso desde Washington 19 de abril de 2002.

55. DeYoung, Karen. "U.S. Details Talks With Opposition — Administration Insists It Did Not Encourage a Coup", *The Washington Post*, Wash., 17/4/2002.
56. Ibid.
57. *"It is highly desirable, therefore, that if action is taken by the armed forces such action be preceded or accompanied by a clear demonstration of unconstitutional actions on the part of Goulart or his colleagues or that legitimacy be confirmed by acts of the Congress (if it is free to act) or by expressions of the key governors or by some other means which gives substantial claim to legitimacy"*. Text of State Department telegram 1296 to American Embassy, Rio de Janeiro, dated March 30, 1964, 9:52 p.m. (Washington time), in Gordon, Lincon — Brazil' second chance — En route toward the First World, Washington, Brook Institution Press, 2001 pp. 68-70.
58. *"Rusk continued by reading a long draft telegram to me, noteworthy for its emphasis on the need of legitimacy in any anti-Goulart movement to which we might provide military support"*. Id., ibid., p. 68.
59. Na mesma sexta-feira, 12 de abril, os advogados do Departamento de Estado, estudando a constituição da Venezuela, notaram que a renúncia do presidente da República não era válida até que fosse aceita pela Assembleia Nacional, que tinha o poder de instalar um novo chefe de governo.
60. Dossier Documental / Crisis En Venezuela. El Golpe Que No Tumbó A Chávez — http://www.elpais.es/temas/dossieres/crisisvenezuela/posturaeeuu.html
61. O multimilionário Isaac Pérez Recao, de 32 anos, foi, ao que tudo indicou, a *éminence grise* que indicou a Pedro Carmona os nomes de todos os ministros, escolhidos entre gerentes Venoco e militantes do Opus Dei, com algum representante de negócios a ele associado. Pérez Recao era sobrino de Juan Pablo Pérez Alfonso, um dos criadores da Organização dos Países Exportadores de Petróleo (OPEP) e principal acionista da petroquímica Venoco, que perdeu vários contratos desde que Chávez assumiu o poder em 1999.
62. Otto J. Reich, nomeado pelo presidente George W. Bush secretário-assistente de Estado para Assuntos do Hemisfério Ocidental, tornou-se assim o principal coordenador da política externa dos EUA para a América Latina. Exilado cubano, naturalizado americano, exerceu entre 1983 e 1986 a função de diretor do Office of Public Diplomacy for Latin America and the Caribbean (S/LPD), ór gão encarregado do programa secreto do governo Ronald Reagan de apoio aos Contras, na campanha para derrubar o regime sandinista da Nicarágua, havendo então cometido inúmeras irregularidades. Posteriormente, durante o gover-

no de George Bush (pai), entre 1989 e 1994, Reich foi embaixador dos EUA na Venezuela, onde continuou a manter estreitos contactos. Lino Gutierrez, subsecretário-assistente de Estado para Assuntos do Hemisfério Ocidental, é outro cubano-americano. Foi embaixador dos EUA na Nicarágua. Também Emílio González, vice-diretor do Conselho de Segurança Nacional, é cubano-americano e a ele coube cuidar das questões do Caribe, entre as quais a de Cuba. Igualmente, outro cubano-americano, José Cardenas, foi encarregado de tratar dos assuntos da América Latina para a equipe do Partido Republicano na Comissão de Relações Exteriores do Senado, junto à qual já atuou como antigo membro da Fundação Nacional Cubano-Americana, cuja missão consistia em fazer pressões a favor da manutenção das sanções comerciais contra Cuba. Rogelio Pardo-Maurer, secretário-adjunto de Defesa e responsável pelos assuntos da América Latina no Pentágono, e representou o governo de Violeta Chamorro como embaixador da Nicarágua em Washington, onde entre 1986 e 1989 chefiara a equipe dos Contra, o grupo que fazia guerrilhas contra o regime sandinista com recursos fornecidos secretamente pelo governo Ronald Reagan.

63. "Venezuelan President Hugo Chávez is Restored". Analysis by Alex Volberding and Larry Birns, COHA research group.
64. Marquis, Christopher. "U.S. Cautioned Leader of Plot Against Chávez", *The New York Times*, 17/4/2002.
65. DeYoung, Karen. "Bush Officials Defend Their Actions on Venezuela", *The Washington Post*, 18/4/2002.
66. Marquis, Christopher. "U.S. Cautioned Leader of Plot Against Chávez", *The New York Times*, 17/4/2002.
67. Ibid.
68. Aznárez, Juan Jesús. "Crisis en Venezuela: por qué fracasó el golpe", *El País*, Madri, 18/4/2002.
69. O Art. 20 da Carta Democrática Interamericana dispõe que, "caso num Estado membro ocorra uma alteração da ordem constitucional que afete gravemente sua ordem democrática, qualquer Estado-membro ou o secretário-geral poderá solicitar a convocação imediata do Conselho Permanente para realizar uma avaliação coletiva da situação e adotar as decisões que julgar conveniente".
70. Consejo Permanente de la Organización de los Estados Americanos, Acta de la Sesión Extraordinaria celebrada el 21 de Enero de 2000. A OEA, mediante a resolução AG/RES. 1080 (XXI-O/91), estabelecera um mecanismo para ajudar a restabelecer a democracia representativa onde ela sofresse uma interrupção. Essa resolução foi aprovada na quinta sessão plenária da OEA, ocorrida em 5 de junho de 1991.
71. Marquis, Christopher. "U.S. Cautioned Leader of Plot Against Chávez", *The New York Times*, 17/4/2002.

72. Thompson, Ginger & Forero, Juan. "Ardent Populists Reinstate Leader to Run Venezuela", *The New York Times*, New York, 15/4/2002.
73. Bush disse que *"very important for [Chávez] to embrace those institutions which are fundamental to democracy, including freedom of the press and freedom for the opposition to speak out. And if there's lessons to be learned, it's important that he leam them"*. DeYoung, Karen. "Chávez Must, Embrace' Democracy, Bush Says", *The Washington Post*, 19/4/2002.
74. *"Surely the worst thing about this episode is the betrayal of our democratic principles; "of the people, by the people, for the people" isn't supposed to be followed by the words "as long as it suits U.S. interests"*. Krugman, Paul. "Losing Latin America", *The New York Times*, New York, 16/4/2002.
75. "Política Externa Norte-americana. Análise de Alguns Aspectos", Anexo 1 e único ao Ofício n. 516/900.1 (22), secreto, Embaixada em Washington ao Ministério das Relações Exteriores, Washington, 13/6/1963, AHMRE-B, 900.1(00), Política Internacional, de (10) a (98), 1951/66.
76. Krugman, Paul. "The Angry People", *The New York Times*, New York, 23/4/2002.
77. Em 2000, os EUA mantinham cerca de 100.000 soldados na Europa, contingente maior dos que os da Alemanha, França e Grã-Bretanha; cerca de 100.000 espalhados na região do Pacífico ocidental.
78. Pfaff, William. "Empire isn't the American way — Addiction in Washington", *International Herald Tribune, 9/4/2002.*
79. Ibid.
80. Maxwell, Kenneth. "A América Latina joga a toalha", in *Folha de S.Paulo*, São Paulo, 8/4/2002. Esse artigo foi escrito especialmente para a *Folha de S.Paulo*.

## Conclusões

Ao culminar, nos anos que se seguiram à Guerra da Tríplice Aliança (1864-1870), o processo de formação e consolidação do Estado nacional, com a centralização do poder e a unificação do seu espaço econômico, a Argentina entrou em uma era de prolongada estabilidade política, apesar dos levantes que ocorreram em algumas províncias — e mesmo em Buenos Aires — provocando a intervenção do governo federal. De qualquer forma, de 1880, ano em que o presidente Nicolás Avellaneda, com o apoio do general Julio A. Roca, derrotou a rebelião autonomista de Buenos Aires e promoveu sua federalização, isto é, a apropriação da cidade, como capital do país, e do porto pelo governo da república, até 1930, o poder civil sufocou os levantes político-militares de 1890 (Buenos Aires), 1893 (San Luís, Rosário, Santa Fé, Mendoza e Córdoba) e sempre prevaleceu, sustentando a ordem legal e o funcionamento das instituições. Os governos sucederam-se, dentro do arcabouço democrático-representativo da Constituição, e o presidente Roque Sáenz Peña (1910-1916) implantou o sufrágio secreto e universal, possibilitando a eleição de Hipólito Yrigoyen, em 1916, e a ascensão ao poder do Partido Radical, que representava a oposição desde a crise de 1889-90, quando surgira.

O Brasil, ao contrário da Argentina, já emergira do regime colonial como Estado unitário, um Estado-império, que formou a nação, atribuindo-lhe manifesto destino de potência, não através da dilatação das fronteiras físicas (do que já não mais necessitava, embora ainda anexasse, no início do século XX, o território do Acre com cerca de 500.000 $km^2$), mas, sim, com a sua consolidação e, posteriormente, com o esforço de desenvolvimento econômico, visando a aproveitar as riquezas naturais dentro delas existentes e, transformando-as, conquistar, de acordo com aquela percepção, um *status* de maior autonomia no sistema internacional de poderes. O fato de que, ao separar-se de Portugal, manteve, sem ruptura da ordem política, a unidade de vasta extensão territorial e desfrutara de plena estabilidade política quase todo o tempo do Império, no século XIX, alicerçou nas suas elites — e no povo — uma consciência de grandeza, suficiência e superioridade diante dos demais Estados da América Latina. A ordem constitucional no Brasil só foi pela primeira subvertida, em 1889, mediante o golpe militar, que instituiu a República. Fortes turbulências então ocorreram. A Armada sublevou-se no Rio de Janeiro (1893), e a guerra civil, deflagrada no Rio Grande do Sul estendeu-se a Santa Catarina e desbordou as fronteiras com a Argentina (Missões) e o Uruguai (1893-1894). Contudo, o Brasil não se desintegrou em duas ou mais repúblicas, com a separação do Rio Grande do Sul, ou de São Paulo. Logo o poder civil foi restaurado, eleito um civil para a presidência (Prudente de Morais), em 1894. E, da mesma forma que na Argentina, a ordem constitucional, conquanto desafiada pelas revoltas militares, como a de 1922 (Rio de Janeiro) e 1924 (Rio Grande do Sul e São Paulo), que deu origem à Coluna Prestes (1924-1926), não sofreu qualquer interrupção até 1930, quando a revolução liderada por Getúlio Vargas, governador do Rio Grande do Sul, triunfou e destruiu a República Velha.

Outrossim, tanto a Argentina quanto o Brasil, até as primeiras décadas do século XX, foram países predominantemente agrícolas, inseridos no sistema de divisão internacional do trabalho, como exportadores de matérias-primas e importadores de manufaturados. Histórica e geograficamente enlaçados pela rota do Atlântico e por fronteiras vivas comuns, com suas economias em larga medida complementares, devido à variedade de solos e de climas, ambos também mantinham estreitas relações bilaterais de comércio, desde os tempos da colonização. As distintas características dos seus principais produtos de exportação, da mesma forma que possibilitavam esse intercâmbio, determinaram, entretanto, vínculos de dependência com terceiros países diferentes, cujos interesses competitivos acentuavam a ambivalência nas suas relações, nas quais tendências para o conflito e para a cooperação contrapunham-se e reciprocamente se neutralizavam. Assim, embora suas economias não competissem e até mesmo se complementassem, as relações entre Argentina e Brasil caracterizaram-se cada vez mais por forte rivalidade, que geravam tensões e graves crises, entremeadas por esforços de entendimento e de cooperação para afastar a ameaça de conflito armado. As contradições internacionais, bem como a diversidade de recursos econômicos, as especificidades das estruturas sociais e a singularidade do processo político nos dois países condicionaram, porém, a dessemelhança intrínseca no resultado e nos esforços de industrialização, que ambos intensificaram, quase que simultaneamente, a partir da Primeira Grande Guerra e, sobretudo, depois da crise de 1929-30, em virtude da contração da capacidade de importar para atender à demanda interna de bens de consumo.

A Argentina, desde a segunda metade do século XIX, converteu-se, praticamente, em uma espécie de colônia informal da Grã-Bretanha, o chamado *quinto domínio*, ocupando uma posição de dependência para a qual paralelo exato não existia fora do império. A Grã-Bretanha constituía seu principal parceiro econômico e comercial. Comprava-lhe a maior parte da produção de carne bovina congelada e esfriada (em torno de 76% na década de 1920), lãs, trigo (34%) e outros cereais, fornecia-lhe a maior parte dos manufaturados e controlava 80% (1900) dos capitais estrangeiros lá investidos. Essa relação especial, ligando a Argentina ao sistema internacional de circulação de capital, permitiu que os excedentes, exportados para a Grã-Bretanha, a ela retornassem como capitais, sob a forma de empréstimos e investimentos diretos, e lhe realimentassem a economia, durante longo período. Seu produto nacional elevou-se 15 vezes (de US$ 1 bilhão para US$ 15 bilhões), entre 1886 e 1914, enquanto a expansão demográfica foi de 3 a 1, e esse fato possibilitou que a renda *per capita* aumentasse cinco vezes em apenas 30 anos, no espaço de uma geração, igualando-se à dos países da Europa Ocidental e superando a da Suécia, Espanha e Itália. Assim, a Argentina, responsável por 1/3 de todo o comércio exterior da América Latina, em 1913, alcançou um nível de prosperidade muito maior que o do Brasil, e esse fato criou na sua elite — e sobretudo na população de Buenos Aires, predominantemente branca — a crença de que ela, a Argentina, representava um prolongamento da Europa, diferente e, portanto, superior ao resto dos países do subcontinente.

Nas duas últimas décadas do século XIX, a Argentina, enriquecida, e o Brasil, abalado economicamente pela mudança do modo de produção ante a necessidade de extinguir a escravatura (1888), começaram a travar uma guerra silenciosa pela hegemonia na Bacia do Prata, fomentando as lutas intestinas no Paraguai, Uruguai e Bolívia. O Brasil perdeu a supremacia militar, especialmente seu poder naval, enquanto a Argentina, com a maior extensão de vias férreas por habitante que, em valor absoluto de quilômetros, só perdia para os EUA, Alemanha, Grã-Bretanha, França e Áustria, possuía uma esquadra bem aparelhada e constituía incontestavelmente a maior potência naval da América do Sul, dominando, na região do Prata, todos os canais profundos, pelos quais as grandes embarcações trafegavam, provenientes do Atlântico ou dos Rios Paraguai, Paraná e Uruguai, em demanda de Buenos Aires[1]. A desvantagem econômica, política e estratégica do Brasil com respeito à Argentina, na região da Bacia do Prata, ainda era enorme no início dos anos 30.

O crescimento da renda, a formação de ampla e poderosa pequena-burguesia vinculada, ao comércio e aos serviços, o rápido desenvolvimento urbano de Buenos Aires, a imigração de técnicos e o espraiamento da malha ferroviária, alcançando, em 1915, 33.709 km, maior que a do Brasil quase 7.000 km, criaram o mercado interno e possibilitaram o avanço da industrialização, que começara, lentamente, por volta de 1880, com a instalação de fábricas para a elaboração de alimentos, móveis, artefatos de couro e alguns outros artigos de consumo. Às vésperas da grande crise, em 1929, a indústria na Argentina já produzia 90% dos bens de consumo e sua participação no PIB atingia o índice de 22,8%, enquanto, no Brasil, era da ordem de 11,7%. Entretanto, esse esforço de industrialização, embora financiado pelo excedente da produção agropastoril, deveu-se fundamentalmente aos imigrantes, que, nos primórdios do século XX, compunham mais de 85% do empresariado e quase 65% da classe trabalhadora. A oligarquia latifundiária, a elite *criolla*, continuou a concentrar-se nos empreendimentos agropastoris e a investir em terras, incentivada pelos preços compensadores que as exportações de carne e cereais para a Grã-Bretanha por muito tempo lhe propiciaram, articulando-se mais intimamente com o capital financeiro e o complexo exportador-importador do que com a indústria em ascensão. E com a oligarquia *criolla*, econômica e socialmente, bastante diferenciada da burguesia industrial e cada vez mais sem condições de manter a plenitude de sua hegemonia, as classes dominantes, enfrentando pressões crescentes das classes médias e de vigoroso proletariado em formação, não firmaram, a partir da Primeira Guerra Mundial, a coesão e a unidade necessárias para definir a vontade nacional, ao nível do Estado, e executar um projeto coerente de desenvolvimento econômico. A antinomia entre a agropecuária e a indústria não se resolveu na Argentina, porque nem a primeira perdeu a importância para a economia do país nem a segunda conseguiu consolidar uma base sobre a qual seu crescimento se autosustentasse. E na medida em que a agropecuária representava a fonte da riqueza, o sustentáculo da prosperidade, o *Weltanschaung* do liberalismo e os interesses da oligarquia latifundiária pautaram as políticas econômicas adotadas na Argentina, inclusive sob os governos radicais de Hipólito Yrigoyen (1916-22) e Marcelo T. Alvear (1922-28), impedindo a adoção de medidas para fomentar e proteger, por meio de tarifas, o parque manufatureiro emergente contra a competição estrangeira.

No Brasil, a cultura do café, apesar de toda a riqueza que produzira, não propiciou a mesma prosperidade, alcançada pela Argentina, com exportações de carne e cereais. E este foi, *inter alia*, um dos principais fatores que determinaram seu progresso. A permanente escassez de divisas e a desvalorização da moeda, dificultando e encarecendo as importações, impulsionaram a expansão do parque manufatureiro, alimentada em grande parte pela emigração de capitais da lavoura, diante das expectativas de repetição cíclica da crise do café, com a superprodução que provocava violenta queda dos seus preços. E, conquanto contasse com a participação de muitos estrangeiros, imigrantes, a indústria cresceu umbilicalmente ligada à lavoura do café. Muitos fazendeiros, para sobreviver às crises do mercado e à inexorável deterioração dos preços do café, tornaram-se também industriais. Este fato, ainda que inviabilizasse, praticamente, a reforma agrária, evitou um corte mais profundo nos interesses das classes dominantes, como acontecera na Argentina, e possibilitou maior unidade nacional, ao nível do Estado, para executar, depois de 1930, as políticas de industrialização, embora muitas vezes através da conciliação e das soluções de compromisso, e resistir às pressões internas e externas contrárias ao desenvolvimento do Brasil.

Devido às diferenças intrínsecas na evolução e nas condições econômicas, sociais e políticas, em que os dois países se encontravam, o golpe militar na Argentina (1930) apresentou resultados distintos e em sentido inverso ao da revolução que ocorreu no Brasil, menos de um mês depois (3 de outubro de 1930), e daí as discrepâncias manifestadas em suas políticas exteriores. Na Argentina, o golpe militar devolveu o poder aos conservadores e restaurou o predomínio dos interesses agroexportadores contra as aspirações das classes médias urbanas e do proletariado, e ela revigorou sua dependência em relação à Grã-Bretanha, com a assinatura do Tratado Roca-Runciman (1933). Ao contrário do que ocorreu na Argentina, a revolução no Brasil afastou do poder os conservadores e, abatendo e quebrando a hegemonia dos interesses agroexportadores, dos fazendeiros de café, permitiu que os anseios das massas urbanas se impusessem e conformassem novo pacto político, que aliou o estamento militar, as classes médias e o proletariado aos pecuaristas do Rio Grande do Sul e de Minas Gerais, produtores de carne e leite para o mercado interno. Daí por que, embora continuasse a depender das exportações de café e estas, em cerca de 60%, do mercado norte-americano, o Brasil, ao contrário da Argentina, não só não aprofundou seus vínculos de dependência em relação aos EUA como tratou de afrouxá-los. Getúlio Vargas, ao firmar o Tratado de Comércio e Reciprocidade com os EUA (1934), assinou, ao mesmo tempo, o Acordo de Compensações com a Alemanha, que se tornou seu principal fornecedor de manufaturados e seu segundo maior cliente de produtos primários, entre 1934 e 1938[2].

Da mesma forma que reagira, no século XIX, ao predomínio da Grã-Bretanha, com a qual entrou em atrito ao rechaçar, desde 1844, as fortes e constantes pressões para a renovação do Tratado de Comércio de 1827, o Brasil, no século XX, não se conformou com a hegemonia dos EUA. Mediante a industrialização e a diversificação do seu comércio exterior, promovidas como um projeto de Estado depois de 1930, empenhou-se obstinadamente em superar a situação de dependência em que a monocultura do café o mantinha, dos ditames de um mercado cujo controle estava a milhares de milhas de distância, e aproveitou a disputa econômica e comercial entre as grandes potências, em favor do seu desenvolvimento, buscando obter tanto com os EUA quanto com a Alemanha a cooperação técnica e financeira para a montagem de um complexo siderúrgico, antiga aspiração de suas Forças Armadas. Assim, quando a Segunda Guerra Mundial irrompeu, em 1939, a posição do Brasil era de neutralidade, e o alto comando das Forças Armadas, favorável à Alemanha nazista, opunha-se à pretensão dos EUA de instalar bases militares no Nordeste brasileiro, região de relevância estratégica, dado confrontar-se com o Norte da África, ocupado pelas tropas de Adolf Hitler. E uma vez que as companhias privadas norte-americanas, a começar pela United States Steel, recusavam-se a investir no Brasil para a produção de aço, enquanto a Krupp se dispunha a fazê-lo, o presidente Franklin D. Roosevelt concedeu os créditos necessários à concretização do empreendimento por uma empresa estatal brasileira. Destarte, ele evitou que a Alemanha expandisse sua presença no maior país da América do Sul e obteve a autorização para instalar bases aeronavais ao longo do seu litoral, afastando a possibilidade de um conflito armado com o Brasil, caso o Pentágono executasse o plano de contingência para invadir e ocupar o Nordeste, além do fornecimento dos minérios necessários ao esforço de guerra. Gratuito não foi o ulterior alinhamento do Brasil com os EUA, ao romper relações com a Alemanha, em 1942, após o bombardeio da base norte-americana em Pearl Harbor (7 de dezembro de 1941).

A Argentina tinha outras razões, e ainda mais fortes, para obstinar-se na posição de não cortar relações com as potências do Eixo e manter-se neutra em face da conflagração mundial. A maior parte de suas exportações destinava-se à Europa, principalmente à Grã-Bretanha, também interessada em não a envolver na guerra, a fim de que pudesse continuar a receber os suprimentos de carne e cereais, que lhe eram indispensáveis, sem o risco de que submarinos alemães ou italianos torpedeassem os navios de bandeira argentina. Tal fato possibilitou que a Argentina resistisse aos EUA, que não necessitavam de suas exportações de carne e trigo e lhe negavam armamentos, enquanto os cedia em grande quantidade ao Brasil, sob a forma de *land-lease*, de modo a induzir as Forças Armadas argentinas a pressionarem o presidente Ramón S. Castillo (ou a darem um golpe de Estado) para modificar radicalmente sua política exterior[3]. O permanente conflito comercial e político com os EUA, que emergiram como potência dominante no sistema capitalista mundial, e a frustrante dependência em face da Grã-Bretanha, decadente e cada vez mais incapacitada de atender às demandas da Argentina, fomentaram assim o nacionalismo, e as Forças Armadas, em face do agravamento das tensões internacionais provocadas pela Segunda Grande Guerra, empreenderam outro golpe de Estado, em 1943, abrindo o caminho para a ascensão do general Juan Domingo Perón ao poder.

Na Argentina, a substituição das importações de bens de consumo intensificara-se, a partir de 1930, com o crescimento do volume físico da produção a uma taxa de 3,7% a.a., e a fase de expansão dos ramos alimentícios e têxteis, como prolongamento das atividades agropastoris, esgotara-se, praticamente, por volta de 1943. E, embora desde 1943 as indústrias metalúrgicas e de máquinas elétricas adquirissem rápido impulso, o parque manufatureiro da Argentina, especializado na fabricação de bens não duráveis de consumo final e em parte para exportação, manteve suas características intrínsecas, predominantemente leves, sem substancial modificação, dependendo das importações de bens de capital e de insumos básicos. E a necessidade fundamental e decisiva de expandir e consolidar, dentro da indústria pesada, o setor de máquinas e equipamentos, de modo a estabelecer o ciclo completo da reprodução ampliada e a autossustentação do seu desenvolvimento evidenciou-se, sobretudo, depois da Segunda Guerra Mundial. Impunha-se, portanto, a adoção de medidas no sentido de mudar a estrutura do núcleo industrial. O governo do general Juan D. Perón (1946-55) tratou de enfrentar esse problema e, em 1946, lançou o Plano Quinquenal, que alcançou algum êxito, mas a Argentina, pobre de minérios — possuía pouco carvão e nenhum ferro —, não conseguiu obter financiamento para construir uma siderúrgica, com capacidade de produzir 600.000 t de aço, embora o projeto tivesse a aprovação do Departamento de Comércio dos EUA. Mediante o estabelecimento de severa proteção aduaneira e importação de insumos básicos, o governo Perón impulsionou a industrialização da Argentina, dentro de uma conjuntura internacional ainda favorável, em que os termos de intercâmbio, até 1948, continuaram a subir. A partir daí, porém, a Argentina começou a enfrentar, tanto interna quanto externamente, uma série de dificuldades econômicas e financeiras. O aparecimento de novos competidores da Argentina, a exemplo do Canadá, Austrália e Nova Zelândia, com empreendimentos modernos e mais competitivos, bem como o *dumping* realizado pelos EUA e a tendência da Europa para desenvolver sua própria produção ou abastecer-se nas suas colônias e ex-colônias contribuíram para derrubar, no mercado mundial, os preços dos gêneros alimentícios, em particular da carne e dos cereais, cuja relação de troca por produtos industriais baixou drasticamente entre 1948 e 1952. Perón ainda tentou conquistar mercados na América Latina, mas não conseguiu efetivar a união aduaneira entre a Argentina, Brasil e Chile, o Pacto ABC, em cuja órbita cairiam os demais países sul-americanos, sem meios para formarem, juntos ou separados, outro bloco econômico[4].

O Brasil defrontou-se também com uma série de obstáculos, que lhe ameaçavam entorpecer o esforço de industrialização. Algumas características históricas de sua evolução econômica, estruturação social e organização política, bem como fatores de conjuntura, deram-lhe, no entanto, melhores condições de *take-off* e de sustentação ulterior do impulso de desenvolvimento. Em um país com abundantes jazidas de minério de ferro, um parque manufatureiro de bens de consumo, sobretudo têxteis, já implantado e uma população a crescer em taxas bastante elevadas e em rápido ritmo de urbanização, o funcionamento do complexo siderúrgico de Volta Redonda (1946), a primeira usina para a produção de aço em grande escala instalada na América Latina, possibilitou a expansão de indústrias substitutivas de importações de largas faixas de bens de produção e proporcionou ao Brasil uma base material capaz de atender, posteriormente, às demandas do desenvolvimento, em suas inversões mais vultosas, intensivas de capital e de tecnologia mais sofisticada. Nos anos 50, o Brasil recebeu grande fluxo de capitais europeus, principalmente da Alemanha, que lhe destinou cerca 20% dos seus investimentos no exterior, forçando os EUA a fazê-lo, também, a fim de não perderem o mercado. O processo de industrialização do Brasil, atingindo alto grau de diversificação e de integração, adquiriu então sua própria dinâmica, e suas crescentes necessidades passaram a determinar e modelar o interesse nacional, com profundas raízes no Estado, sobretudo nas Forças Armadas. A eleição de Juscelino Kubitschek para presidência, em 1955, consolidou-o, ao afirmar a supremacia da burguesia industrial, que repulsava as políticas tendentes à estagnação e ao retrocesso, e ele com o Programa de Metas acelerou a industrialização para alcançar, em cinco anos de governo, os resultados de 50 anos de crescimento econômico.

O crescimento industrial do Brasil, impulsionado pelos capitais estrangeiros, particularmente europeus, e investimentos do Estado, alcançou a taxa de 10-11%. E o setor de bens de capital, no qual a participação de capitais estrangeiros era pequena (entre 10 e 15% por volta de 1959), já em 1958, contribuiu com 55,5% para a formação do produto industrial, superando o setor de bens de consumo. As contradições entre as necessidades nacionais do Brasil e os interesses dos EUA levaram Kubitschek a lançar em 1958 a Operação Pan-Americana[5], com o objetivo de mobilizar os Estados da América Latina e expressar o inconformismo com o subdesenvolvimento do continente, e a romper em 1959 com o

FMI, recusando-se a executar um programa de estabilização monetária, que inviabilizaria o Plano de Metas e estancaria o processo de industrialização do Brasil[6].

O desenvolvimento da Argentina, porém, estagnou-se, relativamente, desde 1950. E após a queda de Perón (1955) o governo provisório, sob o comando do general Eduardo Lonardi e, logo em seguida, do general Pedro Aramburu (1955-1958), cessou a intervenção na economia e aplicou uma série de medidas monetaristas, tais como a desvalorização da moeda, abolição da maioria dos controles de preços e de subsídios ao consumo, bem como restringiu o crédito, a fim de conter a inflação, restaurar a agricultura e garantir o ingresso de capitais estrangeiros. Arturo Frondizi, eleito em 1958, compreendeu o problema da Argentina e pretendeu concretizar um plano de desenvolvimento econômico, que incluía o incremento da produção de petróleo. Contudo, em face da deterioração do balanço de pagamentos, terminou por ceder às exigências do FMI. Em dezembro de 1958, anunciou o mais drástico plano de estabilização monetária de toda a história da Argentina, com alguns compromissos, tais como a liberação do câmbio e o fim do controle sobre as importações, medidas que Kubitschek se recusara a tomar. E manteve essa política apesar da violenta crise social na Argentina.

Na primeira metade dos anos 60, a Argentina e o Brasil, assim como o Equador, Peru e Bolívia, sofreram golpes de Estado, que resultaram não tanto de fatores domésticos, mas, principalmente, das contradições internacionais, aguçadas dentro do hemisfério pelo conflito entre Cuba revolucionária e os EUA. Os regimes militares, implantados na Argentina e no Brasil, tomaram, entretanto, rumos diferentes. As Forças Armadas, que na Argentina, desde a queda de Perón, derrubaram Frondizi, em 1962, assumiram diretamente o governo, em 1966. A antinomia entre os interesses do setor agroexportador e as necessidades da indústria, que não se resolvera, recrudesceu, então, com a disputa pelos escassos recursos disponíveis, dentro de um quadro de estagnação econômica, em que os sindicatos, fortemente organizados e conduzidos pela CGT, reagiam, por seu lado, e estorvavam a eficácia do congelamento salarial. A consequência foi o prolongamento das tensões sociais, debilitando o Estado e empecendo a formulação de uma vontade nacional, na medida em que nenhum setor das classes dominantes tinha força bastante para firmar a hegemonia, senão pela violência, e estabelecer o consenso, a fim de executar um projeto consequente de desenvolvimento econômico. A turbulência nas Forças Armadas, a resistência sindical e a oposição peronista geraram um impasse, e a Argentina não superou o círculo vicioso em que a estagnação econômica e a instabilidade político-institucional reciprocamente se realimentavam. A tendência estrutural ao estancamento não se reverteu. Ao contrário, agravou-se, como resultado da política econômica executada pelo governo do general Juan Carlos Ongania (1966-1970), que suspendeu quase todos os entraves às importações de manufaturados e não apenas levou centenas de empresas argentinas à bancarrota e impulsionou a desnacionalização de sua economia como aguçou os conflitos sociais, a ponto de desencadear diversos levantes operários, a começar pelo Cordobazo (1969).

No Brasil, os militares, após derrubarem o presidente João Goulart (1961-1964), em 1964, mantiveram o invólucro constitucional, dentro dos quais instituíram o regime autoritário, e o governo do marechal Humberto Castelo Branco (1964-1967) aplicou um programa de estabilização monetária, que aprofundou a recessão econômica, mas defrontou-se com a resistência nacionalista dos setores industriais e das próprias Forças Armadas, e não teve condições de suspender a proteção alfandegária às indústrias brasileiras de bens de consumo duráveis e não duráveis nem de empreender a desestatização da economia, diferentemente do que ocorreu na Argentina. Pelo contrário, teve de fazer investimentos públicos para tirar o Brasil da recessão e, abafada a força política dos sindicatos, o que os militares na Argentina não conseguiram, abandonou as linhas recessivas do programa de estabilização. A partir de 1967, sob os governos do marechal Artur da Costa e Silva (1967-1969) e Emílio Garrastazu Médici (1969-1974), o PIB do Brasil voltou a crescer a taxas de 9%, 10% e 11% a.a., durante vários anos. Dentro dessa conjuntura de expansão econômica, o Brasil celebrou com o Paraguai o Tratado de Itaipu, em 26 de abril de 1973, atrelando irreversivelmente o Paraguai à sua órbita, e continuou a espraiar sua influência na América do Sul, através dos golpes de Estado na Bolívia (1971), Uruguai (1973) e Chile (1973), aos quais deu suporte. A evolução dos acontecimentos militares e diplomáticos na Bolívia, Paraguai, Uruguai e Chile, durante a primeira metade dos anos 70, configurou, objetivamente, uma ampla manobra estratégica, que isolou a Argentina dentro do Cone Sul, e o envolvimento ainda mais se estreitou, porque o Brasil abriu corredores de exportações, com o melhoramento e a construção de novas rodovias e ferrovias, ligando o *hinterland* da Bacia do Prata ao litoral do Atlântico e induzindo a produção da Bolívia e do Paraguai, bem como do Uruguai e da própria Argentina (Entre Rios e Misiones), a escoar para os portos de Santos, Paranaguá e Rio Grande. Esse fato reduziu a importância comercial e geopolítica do porto de Buenos Aires, ao libertar o Paraguai e a Bolívia de sua dependência e controle. E, ao desaparecer a paridade estratégica com a Argentina, o equilíbrio de poder na América do Sul rompeu-se, irreversivelmente, e o Brasil obteve, por meios econômicos e diplomáticos, os resultados de uma guerra vitoriosa, sem necessidade de combatê-la, restabelecendo, um século depois, a hegemonia que exercera na Bacia do Prata, até pelo menos 1876, quando retirou as tropas de Assunção, uma vez consolidada a vitória da Tríplice Aliança. A Bolívia, o Paraguai e o Uruguai submeteram-se à sua vontade, e a Argentina já não teve condições sequer de obstaculizar a construção da represa de Itaipu.

O contraste entre a relativa estagnação da Argentina e o vigoroso impulso do Brasil constituiu, àquela época, a essência das tensões que recrudesceram entre os dois países, em torno das obras de Itaipu. A Argentina temia que a construção dessa hidrelétrica pelo Brasil transformasse a região de Foz do Iguaçu em um polo de desenvolvimento, alterando profundamente o equilíbrio econômico e político na Bacia do Prata. Mas esse equilíbrio já fora então alterado. E a junta militar que em 1976 assumiu o governo de Buenos Aires, após derrubar Isabelita Perón da presidência, aprofundou-o. Com base na doutrina das vantagens comparativas, abriu o mercado da Argentina às importações, devastando as indústrias nacionais, que não puderam competir com as mercadorias produzidas no Japão e em outros países da Ásia, bem como na Europa e nos EUA, e aumentou a dívida externa de US$ 7,8 bilhões, em 1975, para cerca de US$ 27,1 bilhões, em 1980[7], devido ao consumo de bens supérfluos e viagens turísticas. Nesse desmantelamento do parque industrial os propósitos econômicos entrançaram-se com objetivos sociais e políticos. A fim de liquidar a CGT e a força política e eleitoral da oposição peronista, o que desde 1955 não haviam conseguido com os golpes de Estado e a repressão policial, os militares e a oligarquia *criolla* chegaram à sábia conclusão de que a melhor e mais eficiente forma de fazê-lo era extinguir a classe operária, mediante a completa desmontagem do parque industrial, permitindo que a Argentina exportasse mais carne, trigo e outros cereais e, com a receita, adquirisse os bens manufaturados de que necessitava. Esse Processo de Reorganização Nacional, comandado pelo general Rafael González Videla, conseguiu restaurar o setor primário, como principal sustentáculo econômico da Argentina, e conforme Rogelio Frigelio observou, foi o único país no mundo a caminhar no sentido inverso da história da humanidade: desindustrializou-se[8].

Em 1979, a Argentina, ante a iminência de conflito armado com o Chile, por causa do Canal de Beagle, e o Brasil, cujas crescentes contradições com os EUA se convertiam em rivalidade, alcançaram um entendimento sobre a represa de Itaipu e, juntamente, com o Paraguai assinaram o Acordo Tripartite. O presidente João Batista Figueiredo (1979-1985) visitou então Buenos Aires, onde negociou com o general Rafael Videla diversos acordos de cooperação que visavam a integrar economicamente o Brasil e a Argentina. E durante a Guerra das Malvinas (1982), por não concordar com a invasão do arquipélago, o Brasil optou pela neutralidade, mas uma neutralidade imperfeita, favorável à Argentina, à qual forneceu até pequenos aviões e pilotos, enquanto os EUA, com os quais o general Leopoldo Galtieri, chefe da junta, tratou de alinhá-la, apoiaram de todas as formas a Grã-Bretanha. Em profunda crise econômica e financeira, gerada pelo problema da dívida externa e o descontrole da inflação, os regimes militares exauriram-se, tanto na Argentina quanto no Brasil, e os presidentes civis Raúl Alfonsín (1983-1989) e José Sarney (1985-1990) decidiram integrar os dois países em um mercado comum, aberto a outras nações da região, conforme acordado em 1986[9], resgatando, sem que o reconhecessem, um dos objetivos do Tratado de 21 de novembro de 1941, firmado pelos ministros Oswaldo Aranha (Brasil) e Enrique Ruiz-Guiñazú (Argentina). Esse propósito consolidou-se com a celebração, em 29 de novembro de 1988, do Tratado de Integração, Cooperação e Desenvolvimento, mediante o qual os dois países se comprometeram a constituir um espaço econômico comum, no prazo de dez anos.

Os acontecimentos internacionais, entre 1989 e 1990, aceleraram, no entanto, o processo de globalização da economia e concorreram para alterar a perspectiva de um processo de integração flexível e gradual de integração entre a Argentina e o Brasil. Os presidentes Carlos Menem (1989-1995 e 1995-1990) e Fernando Collor de Mello (1990-1992) decidiram precipitar para 31 de dezembro de 1994 os prazos para a conformação do mercado comum, compromisso este consubstanciado na Ata de Buenos Aires, de 6 de julho de 1990, adaptando os objetivos do Tratado de 1988 às políticas de abertura econômica e reforma aduaneira, a fim de acelerar o ritmo da liberalização comercial nos dois países. E o processo de integração, até então mais ou menos dirigido, administrado por meio de protocolos setoriais, assumiu o caráter de livre-cambista, de abertura geral, sem proteção setorial e sem comércio administrado (salvo o automobilístico), ainda que com exceções, e abrangeu o Uruguai e o Paraguai, que juntamente com a Argentina e o Brasil celebraram o Tratado de Assunção, em 26 de março de 1991, determinando a constituição do Mercado Comum do Sul (Mercosul), mediante a automática eliminação dos gravames e demais restrições ao comércio e o estabelecimento de uma tarifa externa comum, o mais tardar a 31 de dezembro de 1994.

Como potência industrial emergente, o objetivo do Brasil consistiu em unificar um espaço econômico, mediante a integração com a Argentina, e ampliá-lo, favorecido pela contiguidade geográfica, ao longo da plataforma continental, cujo Eixo Rio-São Paulo-Córdoba-Rosario-Buenos Aires constituía a região de maior desenvolvimento da América do Sul. O Mercosul não era simples área de livre comércio. Representava o cerne de um futuro mercado comum, base de um Estado supranacional, como a União Europeia. E daí as negociações, iniciadas em 1993, para tecer uma rede de acordos de livre comércio com os Estados da Comunidade Andina de Nações, visando à criação, em dez anos, de uma Área de Livre Comércio da América do Sul (ALCSA). Este projeto desdobrou e ampliou a Iniciativa Amazônica, que o Brasil lançara em 1992, logo após os EUA, Canadá e México haverem assinado o North American Free Trade Agreement (NAFTA). Em 1994, porém, os EUA, que sempre ignoraram o Mercosul como *building block*, propuseram a formação de uma Área de Livre Comércio das Américas (Alca), retomando a *The Enterprise for the Americas Initiative*, lançada em 1990 pelo presidente George Bush, como parte do esforço para reduzir o desequilíbrio de sua balança comercial, aumentando ainda mais as exportações para os países da América Latina, de modo a assegurar sua supremacia política e firmar a sustentação do alto *standard* de vida do seu povo. E o Mercosul representou o maior entrave a essa integração hemisférica subordinada aos EUA, devido, sobretudo, à resistência do Brasil, que não podia permitir, como o fez a Argentina, o desmantelamento ou o sucateamento do seu parque industrial, mediante nova e devastadora redução de tarifas, e suportar crescentes saldos negativos na sua balança comercial.

O entendimento político entre a Argentina e o Brasil não alcançou, contudo, o mesmo nível existente ao tempo de Frondizi-Kubitschek, Frondizi-Quadros e Goulart ou Alfonsín-Sarney, apesar do estreitamento dos vínculos econômicos e comerciais entre os dois países, com o êxito do Mercosul. O presidente Carlos Menem tomou atitudes não apenas contrárias, mas também hostis aos interesses do Brasil e alinhou a Argentina incondicionalmente com os EUA, adotando diretrizes de política exterior similares às dos governos militares de Juan Carlos Ongania (1966-1970) e Leopoldo Galtieri (1981-1982), orientado pelo *realismo periférico*, que atribuía o declínio da Argentina à sua neutralidade durante a Segunda Guerra Mundial, mas esquecia que a Grã-Bretanha, aliada dos EUA, também decaíra, enquanto a Alemanha e o Japão, que eles combateram, tornaram-se duas das três maiores potências econômicas do mundo. O *realismo periférico* era, de fato, periférico, mas nada tinha de realismo, porquanto o Brasil configurava a realidade da Argentina, absorvendo cerca de 30% ou mais de suas exportações, seguido da União Europeia com 20%, enquanto era de apenas 8%, aproximadamente, a participação pelos EUA. De fato, Argentina foi o país que até então mais se beneficiou com a implantação do Mercosul. Entre 1995 e 2000 (nove meses), ela acumulou na sua balança comercial um superávit de US$ 5,1 bilhões, com o Brasil, de US$ 1,7 bilhão, com o Paraguai, e de US$ 2,2 bilhões, com o Uruguai, totalizando um saldo positivo acumulado de cerca de US$ 10 bilhões, no período desses cinco anos[10]. Entretanto, no mesmo período, a Argentina teve um déficit comercial que alcançou o montante de US$ 10,6 bilhões com os países do NAFTA[11], ao qual Carlos Menem e seu ministro da Economia, Domingo Cavallo, queriam levá-la a aderir.

A crise financeira internacional, que começou na Ásia, em 1997, atingiu a Rússia em 1998, alcançou o Brasil, em 1999, abalando profundamente o Mercosul, ao detonar os problemas estruturais da Argentina, decorrentes do sistema de conversibilidade e de câmbio fixo do peso. Domingo Cavallo, que instituíra esse sistema no governo Menem, voltou ao Ministério da Economia (21/3/2001), mas suas medidas somente provocaram o colapso econômico da Argentina, detonando as lutas sociais e acarretando a instabilidade política, com a queda do governo do presidente Fernando de la Rúa em 22 de dezembro de 2002. À Argentina alternativa não restou senão o *default*, i.e., a suspensão do pagamento da dívida externa, que saltou de US$ 132 bilhões para US$ 141 bilhões no início de 2002.

Apesar de que as atenções dos EUA se voltassem para a guerra no Afeganistão e a crise no Oriente Médio, depois dos atentados terroristas em New York e Washington, em 11 de setembro de 2001, a Administração Bush tinha profundas razões para preocupar-se com a América Latina, devido ao colapso econômico da Argentina e ao agravamento da situação na Venezuela, Colômbia e em outras partes. E essas "*dark clouds*", percebidas pelo secretário de Estado Colin Powell[12], os EUA não podiam facilmente dissipar. A tentativa de remover o presidente da Venezuela, Hugo Chávez, em abril de 2002, fracassou. Os EUA, embora tenham avalizado o golpe de Estado, não tiveram condições de legitimá-lo e demonstraram mais uma vez que somente admitiam e respeitavam os regimes democráticos nos países da América Latina enquanto funcionarem em favor dos seus interesses econômicos, políticos e estratégicos. Também na Colômbia, apesar de que o candidato favorecido por Washington, Álvaro Uribe, obtivesse esmagadora vitória na eleição para a presidência da República[13], em 26 de maio de 2002, a derrota militar das FARC, como os EUA desejavam, não se afigurava fácil. E em meados de 2002 a Argentina ainda se chafurdava na mais profunda crise econômica, social e política, ameaçada de "*disolución nacional*", conforme o arcebispo de Buenos Aires e primaz da Argentina, cardeal Jorge Mario Bergoglio, advertiu em dura homília, na qual, constatando que "*una sorda guerra se está librando en nuestras calles*", declarou que "*este pueblo podrá aceptar humillaciones, pero no la mentira de ser juzgado culpable por no reconocer la exclusión de veinte millones de hermanos con hambre y con la dignidad pisoteada*"[14].

Ao mesmo tempo que a Argentina se debatia na mais profunda crise econômica, social e política, os protestos contra as políticas neoliberais recresciam em toda a América do Sul. Acossado pela multidão de camponeses, cerca de 3.000 marchando sobre Assunção, a morte de um manifestante, ameaça de greve geral por 30 dias e de processo contra o presidente Luis González Macchi, o governo paraguaio, em 5 de junho de 2002, cedeu e derrogou a lei 1.615, que autorizava a privatização da companhia telefônica Copasco, a empresa de água potável Essap e a ferroviária estatal. Oito dias depois, em 14 de junho, o protesto contra as privatizações das empresas elétricas Egasa y Egesur, programadas pelo presidente Alejandro Toledo, estendeu-se ao Peru, e paralisou vários departamentos, sobretudo as cidades de Arequipa, a segunda do país, e Cusco, até Puno, fronteira com Bolívia, e Tacna, vizinha do Chile. E, em tais circunstâncias, a evolução dos entendimentos sobre a Alca defrontava-se também com outros óbices tanto nos EUA, internamente, quanto nos países da América do Sul. As restrições impostas nos textos da Trade Power Authority, aprovados pela House of Representative e pelo Senado norte-americanos[15], o aumento das tarifas para as importações de aço, bem como os subsídios à agricultura demonstraram que os EUA não estavam dispostos e/ou não tinham condições domésticas para fazer concessões, cuja aceitação pelo Brasil também se tornava cada vez mais difícil, sobretudo se a oposição, representada pelo Partido dos Trabalhadores (PT), vencesse as eleições para a presidência da República, marcadas para outubro de 2002, e fizesse o sucessor de Fernando Henrique Cardoso.

Saint Leon (Baden-Württenberg), junho de 2002.

## NOTAS

1. Relatório Reservado sobre a Política Externa do Brasil e dos países da América do Sul, organizado por ordem do ministro de Estado das Relações Exteriores pelo 1° oficial da Secretaria de Estado, Ronald de Carvalho, do Gabinete do ministro, Rio de Janeiro, 1927 — AHI.
2. Vargas, pouco tempo depois, denunciou todos os tratados de comércio que continham a cláusula de nação mais favorecida e, entre eles, o tratado com os EUA.
3. Potash, 1984, pp. 245 a 248.
4. Perón, 1973, p. 85.
5. Vide Moniz Bandeira, 1998, pp. 142-148.
6. Não sem razão, Arthur Schlesinger Jr., professor de Harvard e assessor do presidente John F. Kennedy, posteriormente comentou que os EUA, ao pregarem a ortodoxia monetarista para o Brasil, ficavam na posição da prostituta que, depois de aposentada com suas economias, passava a acreditar que a vir-

tude pública exigia o fechamento de todos os bordéis. Conforme ele próprio ressaltou, se os critérios do FMI houvessem predominado nos EUA, durante o século XIX, seu desenvolvimento econômico teria sido muito mais lento. Schlesinger, 1966, p.177.

7. Jozami, Paz & Villareal, 1985, 102. Frigélio, 1983, pp. 102. Martinez de Hoz, 1981, pp. 219-218.
8. Frigélio, 1983, pp. 47-48.
9. Comunicado conjunto de imprensa, 30/7/1986. Ibid., pp. 65-68.
10. Fonte: ALADI — http://www.aladi.org./inicio.html
11. http://www.exante.com.ar/privado/actuales/base/c43.xls
12. Ibid.
13. Álvaro Uribe obteve 53,4% dos votos, derrotando, no primeiro turno, Horacio Serpa, candidato oficial do Partido Liberal, que alcançou el 31,4%.
14. "La crisis: enérgica homilía ante Duhalde del primado de la Argentina — Bergoglio alertó sobre el riesgo de disolución nacional", *La Nación*, Buenos Aires, 26/02/2002.
15. A TPA aprovada, em maio de 2002, no Senado precisava passar por uma sessão de conciliação para comparações com o texto aprovado pela House of Representatives. Depois, o novo texto deveria voltar à House of Representatives para nova aprovação. O presidente George W. Bush também poderia vetar o novo texto.

## Arquivos Pesquisados

Arquivo Carlos Lacerda. (Brasil. Biblioteca da Universidade de Brasília). Brasília.
Arquivo Cleanto de Paiva Leite. Rio de Janeiro.
Arquivo Doutel de Andrade. Rio de Janeiro.
Archive Diplomatique (França. Ministère des Affaires Ètrangères). Paris.
Archivo y Biblioteca (Espanha. Ministerio de las Relaciones Exteriores). Madri.
Arquivo do Embaixador Moniz de Aragão (Brasil). Rio de Janeiro.
Archivo Inédito de Bartolomé Mitre (Argentina). Buenos Aires.
Arquivo do Instituto Histórico e Geográfico Brasileiro — Coleção Domício da Gama. (Brasil). Rio de Janeiro.
Arquivo Histórico do Itamaraty (Brasil). Rio de Janeiro.
Arquivo Histórico (Brasil. Ministério das Relações Exteriores). Brasília.
Archivo Nacional (Paraguai). Asunción.
Archivo General de la Nación (Argentina). Buenos Aires.
Archivo del Ministerio de Relaciones Exteriores y Culto (Argentina). Buenos Aires.
Archivo General de la Nación — Archivo Victorino de la Plaza (Argentina). Buenos Aires.
Archivo General de la Nación — Archivo Figueroa Alcorta (Argentina). Buenos Aires.
Archivo General de La Nación. (Uruguai). Montevidéu.
Archivo del Professor Ariosto Fernandez (Uruguai). Montevidéu.
Arquivo Getúlio Vargas*. Rio de Janeiro.
Arquivo Nacional (Brasil). Rio de Janeiro.

* Os códices com a indicação AGV e AOA correspondem à época em que os documentos se encontravam em poder dos herdeiros de Getúlio Vargas e Oswaldo Aranha e ainda não haviam sido levados para o CPDOC-FGV.

Arquivo de Pedro Aurélio de Góes Monteiro. (Brasil. Arquivo Nacional). Rio de Janeiro.
Arquivo San Tiago Dantas. (Brasil. Arquivo Nacional). Rio de Janeiro.
Arquivo Oswaldo Aranha. Rio de Janeiro.
Baring Brothers Archives. Londres.
Biblioteca Especial de Solano López (Paraguai). Asunción.
Biblioteca Nacional — Seção de Manuscritos (Brasil). Rio de Janeiro.
Centro de Pesquisa e Documentação Histórica Contemporânea. (Brasil. Fundação Getulio Vargas) Rio de Janeiro.
Divisão de Atos Internacionais (Brasil. Ministério das Relações Exteriores). Brasília.
Eisenhower Library (Estados Unidos).
Harry S. Truman Library (Estados Unidos).
Instituto de Estudos Brasileiros (Brasil) São Paulo.
John F. Kennedy Library (Estados Unidos).
Lindon B. Johnson Library (Estados Unidos).
National Archives. (Estados Unidos) Washington.
Public Record Office (Reino Unido. Foreign Office — Londres).
Rothschild Archives. Londres.

## Fontes Impressas


Atos internacionais firmados por ocasião da visita ao Brasil do Excelentíssimo Senhor General Agustín P. Justo, Presidente da Nação Argentina. Rio de Janeiro: *Jornal do Comércio*, 1933.

Banco Interamericano de Desenvolvimento. *Economic and social progress in Latin-America:* 1986 report. Washingtom, DC, 1987.

Banco Mundial. *Informe sobre el desarrollo mundial.* Washington, DC, 1986.

Brasil. Ministério das Relações Exteriores. *A política exterior da revolução brasileira:* discursos. Brasília, DF, 1968.

______. *A política externa do governo Itamar Franco.* Brasília, DF, 1994.

______. *Protocolos entre o Brasil e a Bolívia firmados em 3 de setembro de 1925.* Edição reservada. Rio de Janeiro: Imprensa Nacional, 1926.

______. Departamento de Comunicações e Documentação. *Visita do Presidente José Sarney à República Argentina:* 28 a 30 de julho de 1986. Brasília, DF, 1986.

______. Fundação Alexandre de Gusmão. *Mercosul:* testos básicos. Coordenação de Paulo Roberto de Almeida. Brasília, DF, 1992.

______. *Política externa, democracia, desenvolvimento:* gestão do Ministro Celso Amorim no Itamaraty; agosto de 1993 a dezembro de 1994. Brasília, DF, 1995.

______. *Política externa em tempos de mudança:* a gestão de Fernando Henrique Cardoso no Itamaraty. Brasília, DF, 1994.

______. *As políticas exteriores da Argentina e do Brasil frente a um mundo em transição:* diversidade, convergência e complementariedade. Brasília, DF, 1993. Transcrição do Seminário realizado no Palácio San Martin, Buenos Aires, 3 a 5 de setembro de 1993.

______. *Reflexões sobre a política externa brasileira.* Brasília, DF, 1993.

______. Secretaria Geral Adjunta para o Planejamento Político. *Documentos de política externa:* de 15 de março a 15 de outubro de 1967. Brasília, DF, 1967.

______. Secretaria Geral das Relações Exteriores. *Repertório de posições brasileiras recentes sobre temas internacionais:* até 25 de outubro de 1984. Brasília, DF, 1984.

Estados Unidos. Congress. *Colômbia:* counter-insurgency vs. counternarcotics; hearing before the Senate Caucus on International Narcotics Control, 106st. Congress, 1st. Session, September 21, 1999. Washington, DC, 2001.

______. House of Representatives. Committee on Foreign Affairs. *United States — Brazilian relations:* hearing before the Subcommittee on Inter-American Affairs, 97th. Congress, 2nd. Session, July 14, 1982. Washington, DC, 1982.

Instituto Brasileiro de Geografia e Estatística (Rio de Janeiro, RJ). *Indicadores sociais.* Rio de Janeiro, 1984, v. 2.

Nações Unidas. Assembleia Geral. *Documentos oficiales de la Asamblea General:* trigésimo sexto período de sesiones; sesiones plenárias. New York, 1984, v. 2, Actas literales de las sesiones 34ª a 37ª, 12 de octubre — 25 de noviembre de 1981.

______. *Official records of the General Assembly:* thirty-fifth session; plenary meetings. New York 1981. v.2, Verbatim records of the 34th. to 79th. meetings, 13 October — 3 December, 1980. New York, 1981.

______. *Resolutions and decisions:* adopted by the General Assembly during the first part of its 35th. Session, from 16 September to17 December, 1980. New York, 1981.

______. *Resolutions and decisions:* during 21 September to 21 December, 1982; 20 September to 20 December, 1983; 18 September to 18 December, 1984; 17 September to 18 December, 1985; 16 September to 19 December, 1986; 15 September to 21 December, 1987. New York, 1988.

O Telegrama cifrado n. 9, de 17 de junho de 1908, dirigido pelo governo Brasileiro à Legação do Brasil no Chile. Rio de Janeiro: Imprensa Nacional, 1908.

# Bibliografia


ABEL, Ernst. *As contradições econômicas e políticas da Bacia do Prata*. Buenos Aires, 1976, Mimeogr.

AGEE, Philip. *Dentro da "Companhia"*: diário da CIA. Rio de Janeiro: Civilização Brasileira, 1975.

ALMEIDA, Paulo Roberto de. *O Mercosul no contexto regional e internacional*. São Paulo: Aduaneiras, 1993.

AMAYO, Enrique. *La politica británica en la guerra del Pacifico*. Lima: Ed. Horizonte, 1988.

ANTEZANA VILLAGRAN, Jorge. *La guerra del Chaco*: analisis y critica sobre su condición. La Paz: [s.n.] 1981 — 1982.

ARDITI, Benjamin. *Adios a Strossner*: la reconstrucción de la politica en el Paraguay. Asunción: Centro de Documentación y Estúdios; RP Ed., 1992.

______; RODRÍGUEZ, José Carlos. *La sociedad apesar del Estado*: movimientos sociales y recuperación democratica en el Paraguay. Asunción: El Lector, 1987. (Realidad Nacional, 2).

BAEZ, Cecílio. *La tirania en el Paraguay*. Asunción: Ñanduti Vive; Intercontinental Ed., 1993.

BALZE, Felipe A. M. de la. *Remaking the Argentine economy*. New York: Council on Foreign Relations Press, 1995.

BARBOSA, Rubens Antônio. *América Latina em perspectiva*: a integração regional da retórica à realidade. São Paulo: Aduaneiras, 1991.

BARBOSA, Rui. A segunda conferência da paz. In: ____. *Obras completas*. Rio de Janeiro: Ministério da Educação, 1966. v. 34, t. 2.

BARBOZA, Mário Gibson. *Na diplomacia*: o traço todo da vida. Rio de Janeiro: Civilização Brasileira, 1992.

BARNES, John. *Evita, first lady*: a biography of Eva Perón. New York: Grove, 1978.

BARROS, Mario. *Historia diplomática de Chile*: 1541-1938. Barcelona: Ariel, 1970.

BATISTA, Juan. *La economia colonial*. Asunción: [s.n.], 1986.

BATISTA, Paulo Nogueira. A política externa de Collor: modernização ou retrocesso? *Política Externa*, São Paulo v. 1, n. 4, mar. 1993.

BEJARANO, Ramón César. *Antecedentes de la guerra con Bolívia*. Asunción: Ed. Toledo, 1959. (Guerra del Chaco, n. 1).

______. *El Paraguay en busca del mar*: centenario de la epopeya nacional adhesion al dia del camino. Asunción: Ed. Toledo, 1965.

BELLO, José Maria. *História da República*. São Paulo: Ed. Nacional, 1956.

BENITEZ, Luis G. *Historia diplomática del Paraguay*. Asunción: [s.n.], 1972.

BERMUDEZ, Ismael. La situación social: estadisticas del INDEC sobre capital y gran Buenos Aires; Menem dejó peor el reparto de la riqueza. *El Clarin*, Buenos Aires, 6 mar. 2000.

BESOUCHET, Lídia. *Mauá e seu tempo*. Rio de Janeiro: Nova Fronteira, 1978.

BESTIOL, Laercio Francisco. *Itaipu*: modelo avançado de cooperação internacional na Bacia do Prata. Rio de Janeiro: Fundação Getúlio Vargas, 1983.

______. *Le traité d'Itaipu*: aménagement hydroélectrique et entreprise internationale dans le Bassin de la Plata. Paris: Université de Paris; Panthéon Sorbonne, 1979.

BIRMINGHAM, Stephen. *America's secret aristocracy*. Berkeley: Berkley Books, 1990.

______. *Our Crowd: The Great Jewish Families of New York*. New York: N.Y.: Dell Pub. Co., 1967.

BITAR, Sérgio (Comp.). Chile, liberalismo económico y dictadura política. Lima: Instituto de Estudios Peruanos, 1980.

BLACK, Jan Kniper. *United States penetration of Brazil*. Philadelphia: University of Pennsylvania Press, 1977.

______. *Sentinels of Empire*. The United States and Latin American Militarism. New York: Greewood Press, 1986.

BOCCIA PAZ, Alfredo; GONZALEZ, Myrian Angélica; PALAU AGUILAR, Rosa. *Es mi informe:* los archivos secretos de la policia de Strossner. 4 ed. Asunción: Centro de Documentación y Estudios, 1994.

BOTELHO GOSÁLVES, Raúl — *Proceso del subimperialismo brasileño*. Buenos Aires: Editorial Universitária de Buenos Aires, 1974.

BOUZAS, Roberto; RUSSEL, Roberto. *Estados Unidos y la transición argentina*. Buenos Aires: Legasa, 1989.

BRADEN, Spruille. *Diplomáticos y demagogos:* sobre la Conferencia de la Paz del Chaco. New York: [s.n.], 1971.

______. Estados Unidos y la paz del Chaco: EE.UU. y la carta DeBelmontte. *Cuadernos de Hoy*, La Paz, año 1, n. 6, 1982.

BRASIL. Ministério das Relações Exteriores. *Protocolos entre o Brasil e a Bolívia firmados a 3 de setembro de 1923*. Ed. reservada. Rio de Janeiro: Imprensa Nacional, 1926.

BRECHT, Bertold. Die Lösung. In: ——. *Gesammelte Werke*. Frankfurt am Main: Suhrkamp Verlag, 1967.

BRESCIANINI, Carlos Penna. 1900: a corrida naval ameaça a América do Sul. Tecnologia & Defesa, São Paulo, ano 4, n. 30, 1986. Edição especial.

BRUN, Gerhard. Deutscher Einfluß und Deutsche Interessen in der Professionalisierung Einiger Lateinamerikanischer Armeen vor dem 1. Weltkrieg, 1885-1914. In: *JAHRBUCH für Geschichte von Staat, Wirtschaft und Geseilschaft Lateinamerikas*. Köln: Böhlau Verlag, 1969. Band 6.

______. *Deutschland und Brasilien:* 1889-1914. Köln: Böhlau Verlag, 1971.

BUENO, Clodoaldo. O rearmamento naval brasileiro e a rivalidade Brasil-Argentina em 1906-1908. *Revista de História*, São Paulo, p. 21-35, 1982. Separata. BURR, Robert N. *By reason or force:* Chile and the balancing power in South America, 1830-1905. Berkeley: University of California Press, 1967.

BUSTOS, Pablo. El Mercosur: más de lo mismo. *Cuaderno de la Fundación Friedrich Ebert*. Buenos Aires, 1992.

CABALLERO AQUINO, Ricardo. *La segunda República Paraguaya, 1869-1906:* política, economia y sociedad. Asunción: Arte Nuevo, 1985.

CALÓGERAS, João Pandiá. A política exterior do Império. *Revista do Instituto Histórico e Geográfico Brasileiro*, Rio de Janeiro, 1927. Edição especial.

CAMILIÓN, Oscar H. Relaciones argentino-brasileñas. *Estratégia*, Buenos Aires, v. 4, n. 21, mar.-abr. 1973.

______. As relações entre o Brasil e a Argentina no mundo atual. *Revista Brasileira de Política Internacional*, Rio de Janeiro, v. 12, n. 45-46, mar.-jun. 1969.

CAMPOS, Roberto. *A lanterna na popa:* memórias. Rio de Janeiro: Topbooks, 1994.

CARCANO, Ramon J. *Mis primeros 80 años*. Buenos Aires: Ed. Sudamericana, 1943.

CARDOSO, Efraim. *El Paraguay colonial:* las raices de la nacionalidad. Asunción: [s.n.], 1965.

CARDOSO, Fernando Henrique. O Brasil e uma nova América do Sul. *Valor Econômico*, São Paulo, 30 ago. 2000.

CARDOSO, Oscar Raul; KIRSCHBAUM, Eduardo Van der Kooy. *Malvinas:* la trama secreta. Buenos Aires: Sudamericana; Planeta, 1983.

CARLOS, Newton. Definindo o papel dos Estados Unidos na crise. *Folha de S.Paulo*, São Paulo, 7 maio 1982.

CARNEIRO, Glauco. *Lusardo:* o último caudilho. Rio de Janeiro: Nova Fronteira, 1978. 2 v.

CARVALHO, Delgado de. *História diplomática do Brasil*. São Paulo: Ed. Nacional, 1959.

CASTELLO BRANCO, José Moreira Brandão. *Descobrimentos das terras da região acreana*. Rio de Janeiro: Imprensa Nacional, 1960.

______. Peruanos na região acreana. *Revista do Instituto Histórico e Geográfico Brasileiro*, Rio de Janeiro, v. 244, jul-set. 1959.

CAULA, Nelson; SILVA, Alberto. *Alto del Fuego FF. AA. Y Tupamaros*. 3 ed. Montevidéu: Monte Sexto, 1986.

GIVOGRI, Carlos A; Gordillo, Rosa; Palmieri, Horacio. Empresas transnacionales que actúan en Argentina y sus vinculaciones en países miembros da la ALALC. In: *El poder económico en la Argentina*. Cuademos de CICSO. Córdoba: Centro de Investigaciones en Ciencias Sociales. Universidad de Córdoba, 1974.

CERVO, Amado; BUENO, Clodoaldo. *História da política exterior do Brasil*. São Paulo: Ática, 1992.

CHIAVENATO, Júlio José. *A guerra do Chaco:* leia-se petróleo. São Paulo: Brasiliense, 1979.

______. *Stroessner:* retrato de uma ditadura. 2. ed. São Paulo: Brasiliense, 1980.

CIRIA, Alberto. *Estados Unidos nos mira*. Buenos Aires: Ediciones La Bastilla, 1973.

COLLOR, Lindolfo. La facies economica del Chaco. *La Prensa*, Buenos Aires, 3 mar. 1933.

______. La leyenda trágica del Chaco. *La Prensa*, Buenos Aires, 29 jan. 1933.

______. La tierra de la confusion. *La Prensa*, Buenos Aires, 12 fev. 1933.

CONDE, Carlos. Militares assumem ação diplomática. *O Estado de São Paulo*, São Paulo, 10 jul. 1977.

CONIL PAZ, Alberto; FERRARI, Gustavo. *Argentina's foreign policy:* 1930-1962. London: University of Notre Dame Press, 1966.

CONNEL-SMITH, Gordon. *The inter-american system*. Oxford: Oxford University Press, 1966.

Consejo Argentino para las Relaciones Internacionales. Comité de Estudios de Asuntos Latinoamericanos y del Caribe. *Los problemas sociales en el proceso de integración del Cono Sur*. Buenos Aires: Fundación Konrad Adenauer, 1993.

COOK, Fred J. *O estado militarista*. Rio de Janeiro: Civilização Brasileira, 1964.

CORRÊA, Manuel Pio. *O mundo em que vivi*. Rio de Janeiro: Expressão e Cultura, 1995.

CORRÊA, Marcos de Sá. *1964 visto e comentado pela Casa Branca*. Porto Alegre: L & PM, 1977.

COTLER, Julio. *La mecanica de la dominación interna y del cambio social em el Peru*. Lima: Instituto de Estudios Peruanos, 1967. (Serie Mesas Redondas y Conferencias, n. 6).

______. Structural historical approach to the breakdown of democratic institutions: *Peru*. In: LINZ, Juan J.; STEPHAN, Alfred. *The breakdown of democratic regimes:* Latin América. Baltimore: Johns Hopkins University Press, 1978.

COUTINHO, Lourival. *O General Góes depõe*. Rio de Janeiro: Ed. Coelho Branco, 1956.

CUNEO, Dardo. *La batalla de América Latina*. Buenos Aires: Siglo Veinte, 1964.

CUNHA, Euclides da. *Peru versus Bolívia*. São Paulo: Cultrix; Brasília, DF: Instituto Nacional do Livro, 1975.

DANTAS, Jayme. Coincidências militares. *Jornal do Brasil*, Rio de Janeiro, 11 nov. 1973.

DANTAS, San Thiago. *Política externa independente*. Rio de Janeiro: Civilização Brasileira, 1962.

DAVIES, Nathaniel. *The last two years of Salvador Allende*. Ithaca: Comell University Press, 1985.

DI TELLA, Guido; AMORIM, Celso. *A política exterior da Argentina e do Brasil frente ao mundo em transição:* diversidade, convergência e complementaridade. Buenos Aires: Palácio San Martin; Brasília, DF: Fundação Alexandre de Gusmão, 1993.

DOMINGUEZ, Jorge. L'Argentine: partenaire sud-atlantique de l'OTAN; mise à jour, 20 mai 1999. *Revue de la OTAN*, v. 47, n. 1, printemps 1999.

DONGHI, Halperin. *História da América Latina*. Rio de Janeiro: Paz e Terra, 1975.

DORNBUSCH, Rudiger; PABLO, Juan Carlos. *Deuda externa y inestabilidad macroeconômica en la Argentina*. Buenos Aires: Sudamericana, 1988.

DOZER, Donald Marquand. *América Latina:* uma perspectiva histórica. Porto Alegre: Globo, 1974.

ENRIQUE, Efraim Ramón. *Itaipu:* aguas que valen oro. Buenos Aires: [s.n.], 1974.

ESCUDÉ, Carlos. *Foreign policy theory in Menem's Argentina*. Gainesville: University of Florida Press, 1997.

______. *1942-1949:* Gran Bretaña, Estados Unidos y la declinación de Argentina. Buenos Aires: Belgrano, 1988.

______. *Realismo periférico:* fundamentos para la nueva política argentina. Buenos Aires: Planeta; Política y Sociedad, 1992.

ESTADOS UNIDOS. State Department. *Colombia project:* State Department fact sheet on US policy toward the Andean region. Washington, DC: Center for International Policy, 2001.

ESTIGARRIBIA, José Felix. *The epic of the Chaco:* Marshal Estigarribia's memoirs of the Chaco War, 1932-1945. Edited and annoted by Pablo Max Ynsfran. Austin: University of Texas Press, 1950.

ESTUDIOS PARAGUAYOS, Asunción, v. 3, n. 1, out. 1975.

FARIA, Alberto de. *Mauá*. São Paulo: Ed. Nacional, 1946.

FERNANDEZ, Juan José. *La República de Chile y el Império de Brasil*. Santiago: Ed. Bello, 1959.

FERNS, H. S. *Grã-Bretanha v. Argentina en el siglo XIX*. Buenos Aires: Solar-Hachette, 1968.

FERREIRA, Oliveiros S. Brasil e Argentina: a geopolítica e a bomba. *O Estado de São Paulo*, São Paulo, 26 dez. 1976.
FLETSCHNER, Carlos. *Cien capitulos de economia paraguaya*. Asunción: [s.n.], 1983.
FLORÊNCIO, Sérgio Abreu e Lima; ARAÚJO, Ernesto Henrique Fraga. *Mercosul hoje*. São Paulo: Alfa-Omega, 1995.
FODOR, Jorge G.; O'CONNEL, Arturo. La Argentina y la economia atlantica en la primera mitad del siglo XX. *Desarollo Econômico*, Buenos Aires, v. 13, n. 49, abr.-jun. 1973.
FONTOURA, João Neves da. *Meu depoimento*. Rio de Janeiro: Org. Simões, 1957.
FRASER, Nicholas; NAVARRO, Marysa. *Evita:* the real life. London: A Deutsch, 1997.
FRIGÉLIO, Rogelio. Diez años de la crisis Argentina. Buenos Aires: Sudamericana; Planeta, 1983.
______. *La integración regional*: instrumento del monopólio.
FRONDIZI, Artumo. *Petroleo y política*: contribuición al estudio de la historia economica argentina y las relaciones entre imperialismo y la vida politica nacional. 2 ed. Buenos Aires: Ed. Raigal, 1955.
FROTA, Luciara Silveira de Aragão e. *Brasil-Argentina:* divergências e convergências. Brasília, DF: Centro Gráfico do Senado Federal, 1991.
FURTADO, Celso. *La economia latinoamericana desde la conquista ibérica hasta la revolución cubana*. Santiago de Chile: Editorial Universitaria, 1969.
FUKUYAMA, Francis. *The end of history of the last man*. London: Penguin Books, 1992.
GALLARDO LOZADA, Jorge. *De Torres a Banzer:* diez mezes de emergencia en Bolívia. Buenos Aires: Ed. Periferia, 1972.
GARCIA LUPO, Rogelio. Adonde va Brasil. *Marcha*, Montevidéu, 29 abr. 1966.
______. *La Argentina em la selva mundial*. Buenos Aires: Corregidor, 1973.
______. Bolívia: instrumento geopolítico em manos de Brasil. *Notícias*, Buenos Aires, 31 maio 1974.
______. Brasil y la teoria del satélite privilegiado. *Marcha*, Montevidéu, 3 set. 1965.
______. La cortina de humo. *Marcha*, Montevidéu, 10 set. 1965.
______. La diplomacia satélite. *Marcha*, Montevidéu, 22 fev. 1965.
______. *Diplomacia secreta y rendición incondicional*. Buenos Aires: Legasa, 1983.
______. La intervención militar em Colombia. *Tiempo*, Madrid, n. 903, 2000.
______. El oro en el Brasil. *Marcha*, Montevidéu, 8 mar. 1963.
______. *Paraguay de Stroessner*. Buenos Aires: Grupo Zeta, 1989. (Série Repórter).
______. El satélite armado. *Marcha*, Montevidéu, 15 abr. 1966.
______. La Cortina de Humo. *Marcha*, Montevidéu, 10 set. 1965.
______. El mito del Eje Argentino-Brasileño. *Ercilla*, Santiago do Chile, 17 ago. 1966.
______. El Satélite Armado. *Marcha*, Montevidéu, 15 abr. 1966.

______. El nacionalismo del Ejército y los monopólios del Acero. *Propósitos* n. 161, Buenos Aires, 3/11/1966.

GAYLORD, Harris Warren. *Paraguay*: na informal history Oklahoma: University of Oklahoma Press, 1949.

______. *Paraguay and the Triple Alliance:* the postwar decade, 1869-1878. Austin: University of Texas; Institute of Latin-American Studies, 1978.

______. *Rebirth of the Paraguayan Republic:* the first Colorado Era, 1878-1904. Pittsburgh, Pa., University of Pittsburgh Press, 1985.

GILBERT, Isidoro. *La ilusión del progreso apolítico:* una resposta a R. Terragno. Buenos Aires: Legasa, 1986.

GLEICH, Albrecht von, et alii (Org.). *Lateinamerika — Jahrbuch 1994*. Hamburg: Institut für Iberoamerika-Kunde, 1994.

GLITI, Eduard et alii. *La caída de la democracia:* las bases al deterioro institucional, 1966-1973. Montevidéu: Ed. Banda Oriental; Estocolmo: Instituto de Estudios Latinoamericanos, 1987. (Monografia, n. 14).

GÓMEZ RIOS, Emiliano. *El Paraguay y su historia:* obra ajustada a los programas oficiales del Bachillerato. Asunción: El Arte, 1952.

GONZALEZ, Antonio E. *Preparación del Paraguay para la guerra del Chaco.* Asunción:[s.n.], 1957.

GONZALEZ QUITANILLA, Luis. *La questíon del petroleo en Bolívia:* de las primeras concesiones a la nacionalización del Standard Oil of Bolívia. Stockholm: Institute of Latin American Studies, 1977. (Papers Series, n. 5).

GRABENDORFF, Wolf. De país aislado a aliado preferido? Las relaciones entre la Argentina y los Estados Unidos, 1967-1981. In: *El poder militar en la Argentina:* Buenos Aires: Galerna, 1983.

______. La política exterior brasileña entre el primer y el tercer mundo. In: *Geopolítica y política del poder en el Atlantico Sur.* Buenos Aires: Pleamar, 1983.

GRAEL, Dickson M. *Aventura, corrupção e terrorismo:* à sombra da impunidade. Petrópolis:Vozes, 1985.

GRAHAM, Richard. *Britain & the onset of modernization in Brazil:* 1850-1914. Cambridge (Mass.): Cambridge University Press, 1968.

GRANZIERA, Rui Guilherme. *A guerra do Paraguai e o capitalismo no Brasil.* São Paulo:Hucitec; Campinas: Universidade Estadual de Campinas, 1979.

GUADAGNI, Alieto Aldo. *Argentina e o regionalismo aberto*. Rio de Janeiro: Quartet Ed. & Comunicação, 1995.

GUEVARA, Ernesto Che. *A guerra de guerrilhas.* Rio de Janeiro: Ed. Futuro, 1961.

GUILHERME, Olympio. *Roboré:* a luta pelo petróleo boliviano. Rio de Janeiro: Freitas Bastos, 1959.

GUIMARÃES, Eduardo Augusto. *Paraguay, comércio exterior:* sistemas e instrumentos de estímulos às exportações nos países do Mercosul. São Paulo: IPEA, 1993.

GUIMARÃES, Samuel Pinheiro (Org.). *Alca e Mercosul:* riscos e oportunidades. Brasília, DF: Instituto de Pesquisa de Relações Internacionais; Fundação Alexandre de Gusmão, 1999.

______. *Esperanças e ameaças*. Brasília, DF, 23 out. 1995. Manuscrito.

______. Market access in Alca. In: COLOQUIUM OF THE PROJECT IDB/ECLAD, 5, 1992. *Support to the process of hemispheric trade liberalization*. Washington, DC: BID; New York: Nações Unidas; CEALC, 1992.

______. *Quinhentos anos de periferia*. Porto Alegre: Editora da UFRGS; Ed. Contraponto, 1999.

HEGEL, G.W.F. Vorlesung über die Philosophie der Weltgeschichte. In: ______. *Die Vernunft in der Geschichte*. Hamburg: F. Meiner Verlag, 1994. Band 1.

HILFERDING, Rudolf. *Das Finanzkapital*. Frankfurt: Europäische Verlagsanstalt, 1968. Band 2.

HILL, Lawrence F. *Diplomatic relations between the United States and Brasil*. North Coroline: Duke University Press, 1932.

HILTON, Stanley. Las relaciones argentino-brasileñas: el punto de vista de Brasil. In: *Geopolítica y política del poder en el Atlantico Sur*. Buenos Aires: Pleamar, 1983.

HIRST, Monica; LENGYEL, Miguel. Las relaciones comerciales argentino-brasileñas, 1976-1985. *Documientos y Informes*, Buenos Aires, FLACSO, n. 33, mayo 1986.

HULL, Cordel. *The memories of Cordell Hull*. New York: MacMillan, 1948. 2 v.

HUMPHREYS, R. A. *Latin America and the Second World War*. London: University of London; Athlone-Institute of Latin American Studies, 1981-1982. 2 v.

IBARGÚREN, Carlos. *Juan Manuel de Rosas:* su vida, su tiempo, su drama. 3 ed Buenos Aires: Facultad de Juan Roldán, 1930.

INSTITUTO ARGENTINO DE ESTUDIOS ESTRATÉGICOS Y DE RELACIONES INTERNACIONALES. Argentina y Brasil — Estudio Comparativo de Alguns de sus Aspectos Fundamentales. In: *Estrategia n.* 5, Buenos Aires, jan-fev., 1970.

JAGUARIBE, Hélio. Alca, Mercosul e Brasil. *O Globo*, Rio de Janeiro, 30 mar. 2001.

JOHNSON, Tim. Clinton: Ecuador must maintain democratic rule. *The Miami Herald*, Miami, 18 mar. 1999.

JOZAMI, Eduardo; PAZ, Pedro; VILLAREAL, Juan. *Crisis de la dictadura argentina:* política económica y cambio social, 1976-1983. México, DF: Síglo Veintiuno, 1985.

JUSTO, Libório. *Argentina y Brasil en la integración continental*. Buenos Aires: Centro Editor de América Latina, 1983.

KAHN, Heriberto. Las relaciones con Estados Unidos giran en torno de la nueva conducción económica. *La Opinion*, Buenos Aires, 24 jun. 1975.

KISSINGER, Henry. *Diplomacy*. New York: Touchstone, 1994.

______. *Does America need a foreign policy?* Toward a diplomacy for the 21st. century. New York: Simon & Schuster, 2001.

KLEIN, Herbert S. *Historia general de Bolívia*. La Paz: Ed. Juventud, 1987.

______. *Origenes de la revolución nacional boliviana:* la crisis de la generación del Chaco. La Paz: Ed. Juventud, 1968.

______. *Parties and political change in Bolivia:* 1880-1952. Cambridge (Mass.): Cambridge University Press, 1969.

KON, Daniel. *Os meninos da guerra das Malvinas*. Rio de Janeiro: Civilização Brasileira, 1986.

KORRY, Edward M. Confronting our past in Chile. *Los Angeles Times*, Los Angeles, 8 mar. 1981.

KVATERNIK, Eugenio. *Crisis sin salvataje:* la crisis político-militar de 1962-1963. Buenos Aires: IDES, 1987.

LACERDA, Carlos. *O caminho da liberdade:* discurso na Comissão de Justiça da Câmara dos Deputados. Rio de Janeiro: [s.n.], 1957.

LAINO, Domingo. *De la independencia a la dependência*. Asunción: Ed. Cerro Cora, 1976.

______. *Paraguay:* fronteiras e penetração brasileira. São Paulo: Global Ed., 1979. (Série Passado e Presente, n. 5).

LLADÓS, José; GUIMARÃES, Samuel Pinheiro (Orgs.). *Perspectivas — Brasil e Argentina*. Brasília, DF: Instituto de Pesquisa de Relações Internacionais; Fundação Alexandre de Gusmão, 1998. v. 1.

LANÚS, Juan Archibaldo. *De Chapultepec al Beagle:* política exterior Argentina, 1945-1980.Buenos Aires: Emecé, 1982.

LARRA, Raúl. *Mosconi:* general del petróleo. Buenos Aires: Ed. Futuro, 1957.

LEACOCK, Ruth. JFK business in Brazil. *Hispanic-American Historical Review*, Duke University Press, North Carolina, nov. 1979.

LEWIS, Paul H. *Paraguay under Stroessner*. Chapel Hill University of North Carolina Press, 1980.

LICHTENZSTEIN, Samuel. *Capital financeiro, deuda externa y políticas econômicas en América Latina*. Montevidéu: Banda Oriental, 1985.

LINDAHL, Göran G. *Uruguay's new path:* a study in politics during the First Colegiado, 1919-33. Stockholm: Bröderna Lagerström, 1962.

LINK, Arthur S. *La política de Estados Unidos en Americ Latina*. México: Fondo de Cultura Económica, 1960.

LINS, Álvaro. *Rio Branco*. 2. ed. São Paulo: Ed. Nacional, 1965.

LINZ, Juan I.; STEPAN, Alfred. *The breakdown of democratic regimes:* Latin America. Baltimore: Johns Hopkins University Press, 1984.

LOBO, Eulália Maria Lahmeyer. Importância estratégica e econômica da Província de Santa Cruz de la Sierra durante a Guerra de Tríplice Aliança. *Boletim de História*, Rio de Janeiro, n. 6.

LOPEZ CHIRICO, Selva. *Estado y fuerzas armadas em el Uruguay del siglo XX*. Montevidéu: Banda Oriental, 1985.

LOZA, Leon M. *El laudo Hayes:* su ineficacia en el litigio boliviano-paraguayo. La Paz:[s.n.], 1936.

LUDER, Ítalo A *La Argentina y sus claves geopolíticas*. Buenos Aires: Ed. Universitária, 1974.

LUXEMBURG, Rosa. Die Akkumulation des Kapitals. In: ——. *Gesammelte Werke*. Berlim: Dietz Verlag, 1990. Band 5.

MACDONALD, C. A The politics of intervention: the United States and Argentina, 1941-1946. *Journal of Latin American Studies*, Cambridge, Cambridge University Press, v. 12, n. 2, nov. 1980.

MACDOWELL, Joaquim Ignacio. A política do Brasil no contexto do Tratado da Bacia do Prata. *Revista Brasileira de Estudos Políticos*, Belo Horizonte, n. 37, set. 1973.

MACHADO, Carlos. *História de los Orientales*. Montevidéu: Ed. Banda Oriental, 1973.

MAGALHÃES, Homero Baptista. *Argentina — Brasil:* sentido de suas relaciones comerciales. Buenos Aires: Losada, 1945.

MAGALHÃES, Juracy. *Minhas memórias provisórias*. Rio de Janeiro: Civilização Brasileira, 1982.

MAGALHAES, Sérgio. *Problemas do desenvolvimento econômico*. Rio de Janeiro: Civilização Brasileira, 1960.

MAIN, Mary. *Evita:* the woman with the whip. London: Corgi Books, 1996.

MALDONADO, Silvio. *El Paraguay:* aspecto politico, recursos humanos, recursos economicos, hechos e ideas. México: Fondo de Cultura Econômica, 1952.

MARTINEZ DE HOZ, José A. *Bases para una Argentina moderna:* 1976-1980. Buenos Aires: [s.n.], 1981.

MARTINEZ, Hugo. Argentina é só esperança ainda. *O Estado de São Paulo*, 8.fev. 1981.

MARTINS, Carlos Estevam. *Brasil — Estados Unidos:* dos anos 60 aos 70. São Paulo: CEBRAP, 1972. (Caderno n. 9).

MARTINS, Mário. *Um confronto entre a Argentina e o Brasil*. Rio de Janeiro: Ed. Do Povo, 1950.

MATOS, Carlos Meira. Duas nações contra a dinâmica da disputa. *O Estado de São Paulo*, São Paulo, 3 dez. 1978.

MAUÁ, Irineu Evangelista de Souza, Visconde de. *Autobiografia*. Rio de Janeiro: Z. Valverde, 1941.

______. *Correspondência política de Mauá no Rio da Prata:* 1850-1885. 2. ed. São Paulo: Ed. Nacional; Brasília, DF: Instituto Nacional do Livro, 1977.

MC CANN, Frank D. Brazil and the United States: an increasingly tense relationship 1945-1991. In: INTERNATIONAL CONGRESS OF AMERICANISTS, 47,

1991. *Symposium on Brazil and the United States:* perspectives and prospects. New Orleans: Tulane University 1991.

MÉDICI, Emílio Garrastazu. *Mensagem ao Congresso Nacional.* Brasília, DF, 1974.

MEIRA, Silvio. *A epopeia do Acre.* Rio de Janeiro: Forense-Universitária, 1973.

MELO, Arnon de. *Situação político-militar da Argentina e suas relações com o Brasil:* relatório reservado, apresentado ao Diretório Nacional da UDN pelo representante de Alagoas. Rio de Janeiro, 1949.

MELO FRANCO, Afonso Arinos de. *Planalto:* memórias. Rio de Janeiro: J. Olympio, 1968.

______. *Rodrigues Alves.* Rio de Janeiro: J. Olympio; São Paulo: EDUSP, 1973. 2 v.

MENDEZ VIVES, Enrique. *El Uruguay de la modernización:* 1876-1904. Montevidéu: Banda Oriental, 1975.

MENDONÇA, Renato. *Um diplomata na Corte da Inglaterra:* o Barão de Penedo e a sua época. São Paulo: Ed. Nacional, 1942.

MENEZES, Alfredo da Mota. *Herança de Stroessner:* Brasil — Paraguai, 1955-1980. Campinas: Papirus, 1987.

MOLTMANN, Bernhard. *Militär zwischen Politik und Profession:* die brasilianischen Streitkräfte, 1880-1910. Mettingen: Brasilienkund-Verlag, 1981.

MONETA, Carlos Juan. Argentine foreign policy in the cold war. In: SIRACUSA, Joseph M.; BARCLAY, G. St. John. *The impact of the cold war:* considerations. Washington, DC: National University, 1977.

MONIZ DE ARAGÃO, Antônio Ferrão. Introdução geral — 1ª parte — Classificação metódica e enciclopédica dos conhecimentos humanos. In: *Catálogo geral das obras de sciencias e literatura que contem a Biblioteca Pública da Bahia.* 1 v. Salvador: [s.ed.], 1878.

MONIZ DE ARAGÃO, José Joaquim de Lima e Silva. *Como morreu o Barão do Rio Branco.* Rio de Janeiro: Freitas Bastos, 1967.

MONIZ BANDEIRA, Luiz Alberto. *Brasil — Estados Unidos:* a rivalidade emergente, 1950-1988. Rio de Janeiro: Civilização Brasileira, 1989.

______. *O eixo Argentina-Brasil:* o processo de integração da América Latina. Brasília, DF: Ed. UnB, 1987.

______. *Estado nacional e política internacional na América Latina:* o continente através das relações Argentina-Brasil, 1930-1992. 2 ed. São Paulo: Ed. Ensaio; Brasília, DF: Ed. UnB, 1995.

______. *O expansionismo brasileiro e a formação dos Estados na Bacia do Prata.* Rio de Janeiro: Revan; Brasília, DF: Ed. UnB, 1998.

______. *O governo João Goulart:* as lutas sociais no Brasil, 1961-1964. Rio de Janeiro: Civilização Brasileira, 1977.

______. *Presença dos Estados Unidos no Brasil:* dois séculos de história. Rio de Janeiro: Civilização Brasileira, 1973.

______. *Relações Brasil-EUA no contexto da globalização:* rivalidade emergente. 2 ed. revista e ampliada. São Paulo: SENAC, 1999. 2 v.

______. *A renúncia de Jânio Quadros e a crise pré-64*. São Paulo: Brasiliense, 1979.

______. *O 24 de agosto de Jânio Quadros*. Rio de Janeiro: Melso, 1961.

MONIZ BARRETO, Antonio Emílio. *Argentina / Brasil:* 130 anos de comércio, 1800-1930. Porto Alegre: EMMA, 1982.

NIOSI, Jorge. *Los Empresarios y el Estado Argentino* (1955-1969), Buenos Aires, Siglo XXI, 1974.

NORMANO, J. F. *Evolução econômica do Brasil*. São Paulo: Ed. Nacional, 1939.

______. *A luta pela América do Sul*. São Paulo: Atlas, 1949.

Notas SOBRE LA ECONOMIA Y EL DESARROLLO. Santiago: CEPAL, n. 438-439, dez. 1986.

OLAVARRIA BRAVO, Arturo. *Chile entre dos Alexandres*. Santiago: Nacimiento, 1962.

OLIVEIRA, Marcus Vinícius. *O último oeste:* a conquista do Acre. Brasília, DF, 1992. Tese de Mestrado — Departamento de História da Universidade de Brasília.

OSORIO, Juan Antonio. *Entretelones de la guerra del Chaco:* documentos básicos para el juicio histórico. La Paz: [s.n.], 1973.

PAGE, Joseph A. *Perón:* una biografia. Buenos Aires: J. Vergara, 1984. 2 v.

PALMERIO, Joaquim L. C. *A política externa brasileira e o conflito paraguayo-boliviano:* Guerra del Chaco. Asunción: Curso de Altos Estudos, 1984.

PARADISO, José. *Debates y trayectoria de la política exterior de Argentina*. Buenos Aires: Grupo Editor Latinoamericano, 1993.

PARAGUAI. Presidente (1954 — 1989: Stroessner). *Mensajes y discursos:* del Excelentisimo Señor Presidente de la Republica del Paraguay, General de Ejercito Don Alfredo Stroessner. Asunción: [s.n.], 1979.

PARKER, Phyllis R. *1964:* o papel dos Estados Unidos no golpe de Estado de 31 de março. Rio de Janeiro: Civilização Brasileira, 1977.

PASTOR BENITEZ, Justo. *Formación social del pueblo paraguayo*. Asunción: Ed. América-Sapucaí, 1955.

PASTORE, Carlos. *La lucha por la tierra en el Paraguay*. Montevidéu: Antequera, 1972.

PENDLE, George. *Paraguay:* a riverside nation. 3 ed. London: London University Press, 1967.

PEREIRA, Lia Valls. A integração sul-americana e a Alca: cadê a ALCSA? Esqueceram? *Conjuntura Econômica*, Rio de Janeiro, jan. 2001.

PEREIRA, Osny Duarte. *Itaipu:* prós e os contras. Rio de Janeiro: Paz e Terra, 1974.

PERÓN, Juan Domingo. *La hora de los pueblos*. Buenos Aires: Pleamar, 1973.

PETERSON, Harold F. *La Argentina y los EUA:* 1819-1960. Buenos Aires, Ed. Universitária, 1970.

PHELPS, Gibert. *Tragedy of Paraguay*. London: C. Kinght, 1975.
PITTMAN, Howard T. Who commands the heartland? A geopolitical analysis of Bolívia. Prepared for Twentieth Century Diplomacy of Latin America (29.615.01). The American University, Washington, 10/4/1977 (Manuscr.).
PORTILLO, Julio. *Venezuela — Cuba:* relaciones diplomáticas, 1902-1980. Caracas: Ed. Arte, 1981.
POTASH, Robert A. *El ejército y la política en la Argentina, 1928-1945:* de Yrigoyen a Perón. Buenos Aires: Ed. Sudamericana, 1984. 2 v.
PRADO JÚNIOR, Caio. *História econômica do Brasil.* São Paulo: Brasiliense, 1974.
PUIG, Juan Carlos. *Integración latinoamericana y régimen internacional.* Caracas: Fundación Bicentenário de Simon Bolívar, 1987.
QUADROS, Jânio; MELO FRANCO, Afonso Arinos de. *História do povo brasileiro.* São Paulo: J. Quadros, 1967. v. 6.
QUEREJAZU CALVO, Roberto. *Masamaclay:* historia politica, diplomatica y militar de la guerra del Chaco. 4 ed. La Paz: Amigos del Libro, 1981.
QUESADA, Vicente G. *Historia diplomática latino-americana:* el Derecho Internacional latino-americo; la cuestión de limites con Chili, los verdadeiros limites argentinos con Bolívia. Buenos Aires: Cultura Argentina, 1918.
RAGGIO, Ezequiel. *La formación del estado militar en Argentina:* 1955-1976. Buenos Aires: Losada, 1986.
RAINE, Philip. *Paraguay*. New Brunswick, NJ: Scarecrow Press, 1956.
RAPOPORT, Mario. *Gran Bretaña, Estados Unidos y las classes dirigentes argentinas:* 1940-1945. Buenos Aires: Belgrano, 1980.
______. *Historia económica y social de Argentina:* 1880-2000. Buenos Aires: Ed. Macchi, 2000.
República Argentina. Ministerio de Relaciones Exteriores y Culto. Secretaria de Relaciones Económicas Internacionales. *Estudos argentinos para la integración del Mercosur*. Buenos Aires, 1993.
RIBEIRO, Darcy. *As Américas e a civilização*. Rio de Janeiro: Civilização Brasileira, 1970.
RICARDO, Cassiano. *O Tratado de Petrópolis*. Rio de Janeiro: Ministério das Relações Exteriores, 1954. 2 v.
RICUPERO, Rubens. *Brasil, América Latina e os EUA desde 1930:* 60 anos de uma relação triangular, IV Seminário Nacional, Brasília. 60 anos de Política Externa. Instituto de Pesquisa de Relações Internacionais, Brasília, Fundação Alexandre de Gusmão/USP — Política Internacional & Comparada, 1993.
RIO BRANCO, José Maria da Silva Paranhos Júnior, Barão do. *Brasil e Estados Unidos da América:* um artigo de Rio Branco. Rio de Janeiro: Imprensa Nacional, 1930.
RIQUELME, Marcial Antonio. *Stroesnismo, golpe militar y apertura titulada*. Asunción: Centro de Documentación y Estúdios, 1992.

ROBERT, Stephen; MAXWELL, Kenneth. *Task force report:* a letter to the President and a *memorandum* on US policy toward Brazil; statement of an independent task force. Washington, DC: Council on Foreign Relations, 2001.

RODRIGUEZ AlcaLA, Guido. *Ideologia autoritária*. Asunción, RP Ed., 1987.

ROHTER, Larry. South American trade block called Mercosur under siege. *The New York Times*, New York, 24 mar. 2001.

ROJAS, Isaac F. *Los intereses argentinos em la Cuenca del Plata*. Buenos Aires: Lebera, 1974.

ROJAS, Robinson. *Esto maraton Aliende*. Barcelona: Martinez Roca, 1974.

ROPER, Christopher. Estados Unidos y América Latina. *Estratégia*, Buenos Aires, n. 15, mar.-abr. 1972.

ROUQUIÉ, Alain. *L'etat militaire en Amérique Latine*. Paris, Seuil, 1982.

______. *Poder militar y sociedade política en la Argentina*. Buenos Aires: Emecê, 1981. 2 v.

RYAN, Henry Butterfield. *The fall of Che Guevara*. Oxford: Oxford University Press, 1998.

SALUM-FLECHA, Antonio. *Historia diplomatica del Paraguay, 1869-1938*. Asunción: EMESA, 1972.

SANGUINETTI, J. M. Anatomia da crise: bem nacional o golpe uruguaio. *O Estado de São Paulo*, São Paulo,13 jun. 1974.

SARMIENTO, Domingo. *Política*. Coletânea de textos organizada por Léon Pomer. São Paulo: Ática, 1983.

SCENNA, Miguel Angel. *Argentina-Brasil:* cuatro siglos de rivalidad. Buenos Aires:La Bastilla, 1975.

______. *Argentina-Chile:* una frontera caliente. Buenos Aires: Belgrano, 1981.

______. *Como fueron las relaciones argentino-norte americanas*. Buenos Aires: Plus Ultra, 1970.

______. *Los militares*. Buenos Aires: Belgrano, 1980.

SCHLESINGER, JR. Arthur. *Mil dias* (John Fitzgerald Kennedy na Casa Branca), Rio de Janeiro: Civilização Brasileira, 1966. 2. v.

SCHILLING, Paulo R. *Brasil va a la guerra*. Buenos Aires: Schapire, 1974.

SCHIRM, Stefan A *Kooperation in den Amerikas:* NAFTA, Mercosur und die neue Dynamik regionaler Zusammenarbeit. Ebenhausen: Stiftung Wissenschaft und Politik; Forschung für Internationale Politik und Sicherheit, 1996.

SEIFERHELD, Alfredo M. *La caída de Frederico Chaves:* una visión documental norte-americana. Asunción: Ed. Histórica, 1987.

______. *Economia y petroleo durante la guerra del Chaco*. Asunción: Instituto Paraguayo de Estúdios Geopolíticos e Internacionales, 1983.

SERRA, José. Alca, Mercosul e abertura externa. *Política Externa*, São Paulo, v. 7, n. 1, jun.-ago. 1998.

SETARO, Ricardo. Some real trouble in South America. *Harper's Magazine*, New York, mar. 1944

SIAZARO, Juan Carlos et alii. *La caída de la democracia:* las bases del deterioro institucional, 1966-1973. Montevidéu: Banda Oriental; Estocolmo: Instituto de Estudios Latinoamericanos, 1987. (Série Monografia, n. 14).

SILVA, Carlos Eduardo Lins da. Comércio exterior é foco de tensão com os EUA. *Folha de S.Paulo*, São Paulo, 29 mar. 1996.

SIMON, Marlise. The Brazilian connection. *The Washington Post*, Washington, DC, 6 jan. 1974.

SIRACUSA, Joseph; BARCLAY, G. St. John. *The impact of the cold war:* considerations. Washington, DC: National University; London: Kennikat Press, 1977.

SMITH. Joseph. *Unequal giants* — Diplomatic relations between the United States and Brazil (1889-1930). Pittsburgh: Pittsburgh University Press, 1991.

SOARES, Alvaro Teixeira. *O gigante e o rio.* Rio de Janeiro: Ed. do Autor, 1957.

______. *História da formação das fronteiras do Brasil.* Rio de Janeiro: Conselho Federal de Cultura, 1972.

SODRÉ, Nelson Werneck. História militar do Brasil. 2 ed. Rio de Janeiro: Civilização Brasileira, 1968.

SOLBERG, Carl E. *Oil and nationalism in Argentina:* a history. Stanford: Stanford University Press, 1979.

STEPAN, Alfred. *The military in politics:* change patterns in Brazil. Princeton, NJ: Princeton University Press, 1971.

STROESSNER, Alfredo. *Politica y estrategia del desarrollo.* Asunción: Instituto Colorado de Cultura, 1977.

SUDOPLATOV, Pavel; SUDOPLATOV, Anatoli. *Special tasks.* Boston: Little, Brown, 1994.

SZULC, T. *Fidel:* um retrato crítico. 5 ed. São Paulo: Ed. Best Sellers, 1987.

TACHINARDI, Maria Helena. *A guerra das patentes.* São Paulo: Paz e Terra, 1993.

TAMAMES, Ramón. *O Brasil e a integração econômica da América Latina.* Buenos Aires: INTAL, 1969.

TAVARES, Maria da Conceição. *Da substituição de importações ao capitalismo financeiro* (Ensaios sobre a economia brasileira), Rio de Janeiro: Zahar Editores, 2ª. ed., 1973.

THORTON, Richard C. *The Falklands sting:* Reagan, Tatcher, and Argentina's bomb. Washington, DC: Brassey, 1998.

TOCANTINS, Leandro. *Formação histórica do Acre.* Rio de Janeiro: Civilização Brasileira; Brasília, DF: Instituto Nacional do Livro, 1979. 2 v.

TRIAS, Vivian. *Imperialismo y geopolítica en* América Latina. Montevidéu: Cimarron, 1973.

______. *Uruguay y sus claves geopolíticas.* Montevidéu: Banda Oriental, 1972.

TRINDAD ALDERETE, Paulo Rafael. *El Strossner desconocido:* intimidades de su inmenso poder; testimonios anecdoticos. Asunción: La Rural Ed., 1993.

TYSON, Brady. O sistema interamericano depois de São Domingos. *Política Externa Independente*, Rio de Janeiro, v. 1, n. 3, jan. 1966.

UN PUEBLO pobre em un país rico: informe de la probreza en la Argentina. Informe principal, parte 1. Disponível em: <http://wbln0018.worbdbank.org/lac/lacinfoclient.nsf/0/d3b92f93db7cd3e4852568f000>

VACCHINO, Juan Mario. Perspectivas de la integración argentino-brasileña y sus possibles efectos sobre las relaciones entre América Latina y Europa. In: COLÓQUIO EUROPA-AMÉRICA LATINA, 1986. Milano: Universidad di Milano, dic. 1986.

VACS, Aldo Cezar. *Los sócios discretos:* el nuevo caracter en las relaciones entre la Argentina y la Unión Soviética. Buenos Aires: Sudamericana, 1984.

VARGAS, Getúlio. *Diário*. Rio de Janeiro: Fundação Getúlio Vargas, 1995. 2 v.

______. *A política trabalhista no Brasil*. Rio de Janeiro: J. Olympio, 1950.

VARGAS PEÑA, Benjamin. *Los ideales del Paraguay y otros ensayos*. Corrientes: Ed. Corrientes, 1957.

VIANA, Cibilis da Rocha. *Estratégia do Desenvolvimento Brasileiro*, Rio de Janeiro: Civilização Brasileira, 1967.

VIANA FILHO, Luiz. *O governo Castelo Branco*. 2 ed. Rio de Janeiro: J. Olympio, 1975.

______. *A vida do Barão do Rio Branco*. Rio de Janeiro: J. Olympio, 1959.

VILAS, Carlos Maria. *La Dominación Imperialista en Argentina*, Buenos Aires: Editorial Universitária de Buenos Aires, 1974.

WALDMANN, Peter. *Der Peronismus:* 1943-1955. Hamburg: Hoffmann und CampeVerlag, 1974.

WETTSTEIN, German; CAMPAL, Esteban F. Agricultura y geopolítica en la Cuenca del Plata. *Crisis*, Buenos Aires, n. 27, jul. 1975.

WICKHAM-CROWLEY, Timothy P. *Guerrillas & revolution in Latin América:* a comparative study of insurgents and regimes since 1956. New Jersey: Princeton University Press, 1992.

WILLIAMSON, John. *The progress of policy reform in Latin América*. Washington, DC: Institute for International Economics, 1990.

WITHAKER, Arthur P. *La Argentina y los Estados Unidos*. Buenos Aires: Ed. Proceso, 1956.

______. *The United States and the Southern Cone:* Argentina, Chile and Uruguay. Cambridge, Mass.: Harvard University Press, 1976.

WYNIA, Gary W. *Argentina in the postwar era:* politics and economic policy making in a divided society. Albuquerque: University of New Mexico Press, 1978.

YERGIN, Daniel. *O petróleo:* uma história de ganância, dinheiro e poder. São Paulo: Scritta Ed., 1993.

YOUNG, Gerardo; GERSCHENSON, Ana. Menem dio apoyo total a EEUU por Colômbia. *El Clarin*, Buenos Aires, 29 ago. 1999.

ZEBALLOS, Estanislau S. Los armamentos de Brasil y el tratado de equivalencia naval. *Revista de Derecho, Historia y Letras*, Buenos Aires, n. 20, enero 1905.

______. *Diplomacia desarmada*. Buenos Aires: Ed. Universitária, 1974.

ZOOK JR., David H. *La conducción de la Guerra del Chaco*. Buenos Aires: P. Artaza, 1962.

ZUBIZARRETA, José. *La paz del Chaco*. Buenos Aires: [s.n.], 1974. v. 1.

# Índice Onomástico


A
Acevedo, Jacobo Varela, 99
Acheson, Dean, 245, 250, 262
Agee, Philip, 348, 394
Agosti, Orlando Ramón, 432
Aguerrondo, Mario, 394
Aguirre, Martin, 394
Albright, Madeleine K., 503, 504, 505, 508, 510, 515, 516, 554, 562
Alcides, Cipriano, 88
Alemann, Roberto, 444
Alencar, Alexandrino de, 84
Alencar, Fernando Ramos de, 298, 299, 309, 325, 369
Alessandri, Jorge, 305, 309, 321, 378
Alexander, Leslie, 550
Alfaro, Eloy, 530
Alfonsín, Raúl, 9, 455, 456, 459, 460, 461, 462, 463, 464, 465, 466, 467, 469, 472, 481, 487, 499, 502, 631, 633
Allende, José Antonio, 419
Allende, Salvador, 369, 413, 415, 416, 417, 425, 569, 645
Almeida, Milton de Freitas, 239
Alonso, Severo Fernandes, 75
Alvarado, Juan Velasco, 423, 562
Alvear, Marcelo T., 138, 139, 170, 623
Alves Bastos, Justino, 380, 391, 392, 393
Alvim, Hugo Penasco, 388
Alzogaray, Álvaro, 274, 436
Amorim, Celso, 490, 491, 513, 639
Anaya, Elbio, 287
Antezana, Jorge, 288
Antich, Guillermo León, 320
Antonio, Carlos, 281, 296
Aramayo, Felix Avelino, 78
Aramburu, Pedro E., 7, 265, 266, 267, 268, 269, 270, 272, 273, 276, 305, 331, 413, 628
Aranha, Oswaldo, 16, 147, 152, 189, 194, 197, 199, 200, 201, 204, 205, 208, 210, 211, 212, 213, 215, 228, 230, 238, 568, 583, 631, 638
Araujo, Antônio Mora y, 141, 151
Araújo Castro, João Augusto de, 342, 502
Argaña, Luís Carlos, 546
Argaña, Luis Maria
Argollo, Francisco de Paula, 88
Arias, Garcia, 270
Armour, Norman, 206, 236
Arosemena, Eduardo, 318

Arosemena Monroy, Carlos Julio, 316, 317, 318, 319, 347, 348, 352, 356, 374, 488
Artaza, Amado, 97, 115
Assis Brasil, Joaquim Francisco de, 74, 77, 78, 79, 81, 83, 85, 86, 91, 92, 93, 94, 114, 122
Aulestia, Victor, 317
Avalos, Eduardo, 219
Avalos, Ignácio, 388
Avellaneda, Marco, 107
Avellaneda, Nicolás, 53, 54, 159, 619
Ayala, Carlos, 501
Ayala, Eusebio, 146, 166, 168, 181, 182, 187
Aylwin Azócar, Patrício, 471
Ayoroa, Juan, 415
Azeredo da Silveira, Antonio, 420, 421, 422, 426, 428, 429, 432, 449
Azevedo, Cyro de, 61, 70

B
Baez, Cecil, 68
Baker, James, 473
Balbín, Ricardo, 253
Balladares, Ernesto Pérez, 528
Balmaceda, José Maria, 60
Banzer, Hugo, 415, 467, 549, 550, 559, 646
Barbosa, Rui, 86, 106, 126
Barboza, Mário Gibson, 414, 418
Barrero, Francisco V., 183
Barreto, Antônio Moniz, 141
Barrientos, René, 386, 391
Barros, Mario, 132
Barshefsky, Charlene, 503, 508, 509, 510, 516, 517, 563
Bastos, Aureliano Cândido Tavares, 23
Batista Lusardo, João, 211, 219, 220, 222, 238, 246, 250, 251, 255, 256, 257, 264
Batista, Paulo Nogueira, 482, 514
Batlle, Jorge, 548, 549, 571, 582, 586
Baudel, Raúl, 606
Beck, Carlos von der, 207, 236
Belaúnde Terry, Fernando, 374
Bello, José Maria, 78, 80
Belmontt, August, 81, 85, 86, 93, 94
Benavente, Juan de la Cruz, 157
Benjamín Villafañe, 178
Beraldo, Antônio Donizeti, 597
Berger, René, 198, 210
Berges, José, 158, 173
Bergoglio, Jorge Mario, 634
Bergsten, Fred, 508
Berle Jr., Adolf, 222, 381
Bernardes, Carlos Alfredo, 306, 324, 335, 343
Berres, Luís Batlle, 237, 243, 291
Betencourt, Rômulo, 321, 338, 339, 352, 354, 355, 356, 372
Bignone, Reynaldo, 456
Bilac Pinto, Francisco H., 400
Bin Laden, Osama, 589, 590, 609, 610, 611
Birns, Larry, 603, 614, 615, 617
Bishop, Maurice, 456
Blaine, James G., 58
Blair, Tony, 579
Blanco, Hugo, 351
Bocaiuva, Quintino, 58, 60, 62, 70
Bolívar, Simón, 315, 326, 398, 599, 653
Bonaparte, Napoleão, 39, 220
Bordaberry, Juan Maria, 417, 419, 438
Bosch, Juan, 387
Bosh, Ernesto, 178
Boulitreau Fragoso, Aguinaldo, 277, 301, 305, 322, 323, 327, 328, 336, 340, 341, 342, 343, 344, 357, 361, 375, 381
Bouterse, Desi, 455, 456

Braden, Spruille, 6, 167, 175, 179, 180, 183, 184, 188, 190, 191, 192, 194, 215, 218, 229
Bramuglia, Atílio, 373
Bramuglia, Juan, 240
Branco, Alves, 23
Brandi, Antonio, 7, 265, 266, 267
Bravo, Ernesto, 253
Brecht, Bertolt, 272
Brett, George, 205
Bridgeman, George H., 77, 78
Brizola, Leonel, 313, 385, 393
Bruce, James, 241
Bryan, William J., 79, 91
Bueno, Moisés Galeano, 295
Bülow, Andreas von, 589, 609, 610
Bush, George W., 34, 41, 43, 472, 481, 482, 483, 492, 528, 561, 563, 564, 575, 577, 579, 580, 582, 585, 586, 589, 590, 591, 595, 597, 598, 599, 600, 601, 602, 603, 604, 605, 607, 608, 609, 610, 613, 616, 617, 618, 632, 634, 636
Butler, Neville, 225, 230, 250
Byrnes, James, 235

C

Caballero Aquino, Ricardo, 68, 72
Caballero, Bernardino, 64, 67
Cabello, Diosdado, 606
Cabot, John Moors, 310
Café Filho, João, 265, 267, 292
Caffery, Jefferson, 207, 208, 212, 213, 214
Cairu, Visconde de, 23
Caamaño Deno, 387
Camaño, Eduardo, 593
Câmara Canto, Cândido, 416, 425
Camargo, Alberto Lleras, 354, 368
Camilión, Oscar Hector, 309, 335, 337, 344, 397, 427, 429, 441, 456
Carmona Estanca, Pedro, 602
Campero, Narciso, 160
Campista, David, 101, 108, 109, 118, 120
Campo, Carlos Ibañez del, 242, 254
Cámpora, Hector, 417, 418, 419, 420, 425, 433
Campos, Milton, 266
Campos, Roberto, 23, 398, 405, 490, 513, 607
Campos Sales, Manuel Ferraz de, 61, 75, 78, 79
Candia, Ovando, 386, 391
Cantillo, José Luis, 189
Capanema, Barão de, 54
Carcagno, Jorge Raul, 418
Cárcano, Miguel Angel, 322, 323, 332, 333, 334, 335
Cárcano, Ramón J., 6, 125, 127, 128, 129, 148, 209, 322, 323, 332, 333, 334, 335, 342
Cardoso, Efraim, 280
Cardoso, Fernando Henrique, 484, 485, 492, 494, 502, 505, 511, 513, 516, 522, 524, 547, 555, 565, 566, 567, 568, 569, 574, 575, 576, 578, 579, 580, 584, 585, 586, 594, 595, 596, 597, 598, 611, 612, 635, 639
Carlucci, Frank, 448
Carneiro, Joaquim Domingos, 76
Carranza, Venustiano, 131
Carril, Bonifácio del, 342, 359
Carter, James Earl (Jimmy), 229, 429, 430, 441, 442, 456, 529, 610
Carvalho, Carlos de, 80, 116
Carvalho, José, 76
Carvalho, Ronald de, 134, 136, 139, 149, 150, 153, 171, 635
Casado, Carlos, 67, 154, 164, 172
Castaño, Carlos, 527

Castelo Branco, Humberto de Alencar, 23, 192, 378, 384, 385, 386, 388, 389, 390, 394, 398, 400, 401, 402, 408, 409, 443, 477, 478, 479, 629, 656
Castillo, Ramón S., 202, 217, 625
Castro, Fidel, 290, 295, 303, 310, 311, 314, 321, 322, 323, 340, 352, 353, 356, 366, 373, 387, 477, 558, 601, 605
Cavagnari, Geraldo, 537, 542
Cavalcanti, Newton, 250
Cavalcanti de Lacerda, Manuel Inácio, 61, 70
Cavallo, Domingo, 502, 560, 573, 574, 580, 585, 592, 594, 633
Cerqueira, Dionísio, 75, 80
Chaves, Frederico, 280, 654
Chávez, Hugo, 9, 527, 535, 543, 555, 557, 558, 562, 575, 576, 585, 599, 600, 601, 602, 613, 614, 615, 617, 634
Cheetheam, Milne, 97, 105, 106
Che Guevara, Ernesto, 312, 320, 322, 354, 361, 395, 401, 654
Chicola, Phillip, 604
Church, George Earl, 155
Churchill, Winston, 226
Clement, Gastón C., 305
Cleveland, Grover, 41, 42, 58, 59
Clinton, William (Bill), 41, 492, 494, 502, 503, 504, 505, 506, 510, 511, 512, 516, 524, 526, 530, 532, 536, 550, 553, 555, 556, 558, 559, 561, 567, 570, 575, 586, 598, 611, 648
Collas, Juan Bossio, 349
Collor, Lindolfo Leopoldo, 319, 326, 327, 359
Connaly, Tom, 236
Cordeiro, Mestre, 266
Corvalán, Joaquin, 178
Correa do Lago, Antonio, 328, 355, 361
Costa, Artur de Sousa, 197
Costa e Silva, Artur, 390, 391, 401, 408, 629
Costa e Silva, Ivan da, 295
Costa Mendez, Nicano, 401, 410, 411, 443
Costas, Robustiano Patrón, 183
Cotegipe, Barão de, 54, 69
Crimmins, John Hugh, 448, 453
Cubas, Raúl, 546, 547
Cuestas, Juan Lindolfo, 64
Cullins, Peter K., 442
Cunha, Euclides da, 90, 91
Cunha, Itiberê da, 66
Cunha, Vasco Leitão da, 192, 299, 389, 400, 401

D

Davies, Nathaniel, 416, 424
Decoud, José Segundo, 160
De la Rúa, Fernando, 541, 543, 545, 558, 573, 574, 580, 587, 592, 593, 633
Dewine, Mike, 532
Di Tella; Guido, 480, 481, 491, 513, 525, 594
Dominguez, Manuel, 65
Dornbusch, Rudiger, 458, 464, 469
Duhalde, Eduardo, 541, 543, 593, 594, 595, 599, 613, 636
Dulles, John Foster, 371

E

Eisenhower, Dwight D., 16, 254, 273, 333, 371, 527, 638
Elizabeth II, Rainha, 431
Ellis, Ary Abrahão, 376
Ellsworth, Bumker, 387
Elsbernd, Lawrence B., 370

Enermark, W. A., 389
Escobar, Patrício, 67
Escudé, Carlos, 194, 477, 478, 480, 486, 487
Escurra, Juan Antonio, 65
Estigarríbia, José Félix Fernández, 181, 182, 191
Estilac Leal, Newton, 250, 258
Etchegoyen, Alcides, 258

F
Farrel, Edelmiro, 203, 205, 208, 209, 212, 215, 216, 217, 218, 219, 220, 221, 226
Feinberg, Richard, 508, 571
Fernandes, Raul, 239, 240
Fernandez, Júlio, 102, 103, 118
Fernandez, Rômulo, 272
Ferreira, Alfredo de Moraes Gomes, 66, 71, 95
Ferreira, Aluízio Pinheiro, 186, 193
Ferreira, Benigno, 65, 66, 67, 68, 97, 98
Ferreira, Oliveiros S., 595
Figueiredo, João Batista, 8, 415, 427, 434, 435, 441, 445, 446, 447, 455, 457, 466, 469, 631
Figueroa Alcorta, José, 97, 99, 106, 107, 108, 110, 112, 113, 115, 116, 126, 161, 162, 169, 637
Flecha de Lima, Paulo Tarso, 476, 509, 516, 517
Fleischer, Ari, 590, 603, 615
Fleury, Sérgio, 415
Flint, Charles R., 77
Flores, Venâncio, 299
Fonseca, Deodoro da (marechal), 57, 70
Fonseca, Hermes da, 111, 129, 130, 148
Fontaine, Roger, 442
Fontoura, João Neves da, 239, 246, 256, 257, 258, 259, 260, 261, 264
Foxley, Alejandro, 491
Francia, José Gaspar Rodrigues de, 281
Franco, Itamar, 484, 486, 489, 492, 566, 639
Franco, Rafael, 187, 289
Frei, Eduardo, 398, 439
Friedman, Milton, 438
Frigelio, Rogelio, 274, 275, 335, 438, 631
Frondizi, Arturo, 137, 178, 253, 261, 271, 279, 324, 343, 389, 396, 628
Fujimori, Alberto, 474, 475, 533, 534, 540, 550, 557
Furtado, Celso, 23

G
Gainza Paz, Alberto, 267
Gaitan, Jorge Eliécer, 526
Galtieri, Leopoldo Fortunato, 442, 444, 445, 447, 449, 455, 456, 478, 479, 631, 633
Gama, Domício da, 15, 93, 107, 110, 111, 112, 113, 114, 120, 121, 122, 123, 128, 130, 131, 148, 637
Gaona, Juan Bautista, 67, 68
Garcia Lupo, Rogelio 44, 447
Gavíria, César, 501, 606
Geisel, Ernesto, 23, 416, 419, 420, 421, 430, 433, 434
Ghioldi, Rodolfo, 218, 237
Giavarini, Adalberto Rodríguez, 574, 578, 594
Góes Monteiro, Pedro Aurélio de, 15, 168, 169, 189, 204, 205, 211, 212, 223, 224, 247, 258, 638
Gomes, Eduardo, 222, 224
Gondra, Manuel, 98
Gonzales, Natalício, 243
Gonzalez, Antonio Erman, 475

Goodwin, Richard, 322, 369
Gordon, Lincoln, 366, 383, 400, 402
Gore, Albert, 490
Gore Vidal, Eugene Luther, 609, 610
Gorostiaga, Manuel, 105, 119, 123
Gosling, Cecil, 65, 67, 71
Goulart, João, 7, 8, 250, 261, 265, 266, 267, 313, 319, 320, 321, 325, 326, 332, 333, 338, 339, 340, 363, 365, 366, 367, 368, 370, 371, 372, 376, 377, 378, 383, 385, 389, 393, 402, 407, 408, 416, 451, 502, 604, 616, 629, 633, 651
Guachalla, Fernando, 87
Gueiler, Lydia, 441
Guido, José Maria, 274, 338, 339, 340, 341, 342, 357, 365, 374
Guillén, José Morales, 352
Gutiérrez, Lucio, 551
Guzetti, Cezar Augusto, 428

H
Haar, Jerry, 511
Hadow, R. H., 205, 212, 213, 226, 228, 229, 230, 231, 246
Haggard, W., 71, 100, 103, 104, 115, 118, 120, 122
Haig, Alexander, 442, 443, 444
Halifax, Lord, 204, 212, 213
Haya de la Torre, Victor, 193, 349
Hayes, Rutherford, 159
Hay, John, 66, 73, 79, 81, 91, 92
Heck, Sílvio, 313, 325, 338
Hilferding, Rudolf, 48, 612
Hill, David J., 78
Hill, Robert, 437
Hindenburg, Paul von, 142
Hirst, Mônica, 435
Hitler, Adolf, 209, 226, 241, 250, 624
Holland, Henry, 283
Hopkins, Johns, 450, 451, 607, 615, 644, 649
Horton, John, 394
Hrinak, Donna, 601, 61[illegible]
Huerta, Victoriano, 131, 132
Hull, Cordell, 194, 203, 206, 212, 215, 216, 228, 229, 648
Hussein, Saddam, 476, 601

I
Iavicoli, Juan, 389
Ibañez, Carlos, 242, 254, 255, 256, 257, 259, 306
Ibarguren, Carlos, 234, 245
Ibarra, Rogelio, 166
Illia, Arturo, 375, 377, 388, 389, 390, 395, 396, 409
Ingram, Jonas H., 203, 204, 205, 207, 442
Insulza, José Miguel, 505
Isninsausti, Fernando Torquato, 261, 264

J
Jaguaribe, Hélio, 572
Jara, Albino, 98
Jobim, José, 281, 282, 296, 314, 315, 326
Johnson, Lyndon B., 16, 384, 387, 394, 408, 409, 559, 604, 638
Justo, Agustín P., 140, 143, 152, 164, 183, 196, 472, 639

K
Kadafi, Muammar, 601
Kantor, Mickey, 501, 507
Kearbonne, Henry, 338
Kelly, Daniel, 206, 213
Kelly, David, 218
Kelly, Patrício, 272

Kennedy, John F., 7, 8, 16, 116, 306, 311, 313, 318, 321, 329, 336, 338, 339, 341, 349, 363, 364, 365, 366, 367, 368, 369, 370, 372, 373, 374, 376, 377, 378, 384, 386, 396, 408, 583, 607, 635, 638, 654
Kennedy, K. K., 74
Kirkpatrick, Jeane, 442
Kissinger, Henry, 41, 421, 512, 555, 576, 603
Knox, Philander C., 115, 126
Korry, Edward, 416
Krieger Vasena, Adalbert, 398, 412, 413, 436
Krugman, Paul, 593, 607, 608
Kruschov, Nikita, 373
Kubitschek, Juscelino, 23, 30, 266, 275, 281, 368, 379, 627
Kundt, Hans, 142, 186

L

Lacerda, Carlos, 15, 23, 261, 265, 266, 267, 276, 310, 312, 402, 637
Lafer, Celso, 491, 572
Lafer, Horácio, 286, 287, 297
Lagorio, Ricardo, 595
Lagos, Ricardo, 569, 584
Lampreia, Luiz Felipe, 511, 522, 525, 554, 572
Lanús, Juan Archibaldo, 412
Lanusse, Alejandro, 8, 407, 413, 414, 418, 420, 424
Lara, William, 606
Larrazábal, Wolfgang, 273
Larry, Rother, 571
Lavin, Joaquin, 570
Lechín Oquendo, Juan, 289
Ledesma, 309
Legia, Augusto, 91
Leite Ribeiro, Orlando, 145, 152, 168, 169, 172, 175, 261, 264, 351, 359, 360
Lettson, H. G., 52
Levering, Richmond, 167
Levingston, Roberto, 413
Ligiero, Luís Fernando, 524
Lima, Vernengo, 221
Lima, Waldomiro Castilho de, 142, 150, 151, 168, 171, 172, 175, 187, 193
Lincoln, Abraham, 48
Lira, Alejandro, 132
Lisboa, Eduardo, 77, 83, 84, 86
Lisboa, Henrique, 112
Llach, Juan, 545
Lobatón, Guillermo, 394
Lonardi, Eduardo, 266, 275, 628
Long, Huye Pierce, 179
Lopes Neto, Felipe, 158
López, Fortim Antônio Carlos, 157
López, Francisco Solano, 51, 65, 144, 158, 160, 173, 281
López, Ricardo Jordan, 53
Losada, Gonzalo Sánchez de, 474
Lott, Henrique Teixeira, 266
Lula da Silva, Luiz Inácio, 472
Lusardo, João Batista, 219, 222, 238, 250, 251

M

MacCammon, Ronald, 602, 603
Macchi, Luis Gonzáles, 547
Machado, Carlos, 64
Machado, Cristiano, 252
Machado, Salvador Pinheiro, 97
Machinea, José Luis, 571, 573
Madrid, Miguel de La, 475
Madsen, Wayne, 602, 614
Macedo Soares, José Carlos de, 237, 269, 276
Magalhães, Homero Baptista, 141
Magalhães, Juracy, 386, 398, 401
Magalhães, Olintho de, 75, 77, 78, 80, 86, 91

Magalhães Pinto, José de 401
Magnet, Alejandro, 401
Mahuad, Jamil, 533, 534, 550, 551, 560
Mangabeira, Octávio, 153
Mann, Thomas, 386
Marinho, Ilmar Pena, 349, 359, 366, 371, 372, 378, 379, 380
Marshal, George C., 230, 235, 236, 245, 587
Marti, Adolfo, 316
Martin, Edwin, 396, 401
Martinez de Hoz, José Alfredo, 434, 435, 436, 437, 439, 440, 450, 451, 464, 636
Martinez de Perón, Maria Estela (Isabel Perón), 420
Martins, Carlos, 204, 205, 211, 215, 223, 230
Martins, Mário, 241, 246
Maurell Filho, Emílio, 266
Massetti, Jorge, 395
Matos, Délio Jardim de, 432, 445
Mauá, Barão de, 23
Mauá, Visconde de, 51
Ver também Souza, Irineu Evangelista de
Maxwell, Kenneth, 601, 608
McCaffrey, Barry, 532, 533, 534, 535, 536, 539, 540, 541
McClintock, Robert, 336, 337
McKinley, William, 59, 74, 79
McLoughlin, Eduardo, 418
Medeiros, Luiz Antônio de, 88
Medeiros, Octávio Aguiar de, 445, 446, 452, 453
Médici, Emílio Garrastazu, 413, 629
Melgarejo, Mariano, 158, 160, 173
Melo Franco, Afonso Arinos, 90, 298, 300, 301, 304, 307, 308, 310, 311, 321, 326, 327, 336, 361
Mello, Arnon de, 241, 242, 246
Mello, Fernando Collor de, 23, 472, 474, 475, 476, 477, 481, 482, 483, 484, 485, 488, 491, 499, 572, 631
Melo, Humberto, 415
Melo, Leopoldo, 196, 210
Melton, Richard, 477
Mendoza, Carlos, 551, 552
Menem, Carlos Saúl, 30, 470, 472-481, 484, 488, 497, 500, 502, 519, 520, 522, 523, 533- 535, 539, 540, 541, 543, 545- 557, 571, 578, 583-585, 592, 629, 631
Mercado, Ernesto Ayala, 352
Mercante, Domingo, 220
Messersmith, George S., 235, 245
Meyer, Edward C., 442
Meza, Luís Garcia, 441
Miquilena, Luis, 606
Mitre, Bartolomé, 15, 53, 54, 69, 134, 159, 281, 296, 637
Moniz Bandeira, Luiz Alberto, 3, 19, 24, 27, 29, 36, 45, 70, 93, 151, 173, 211, 296, 298, 299, 324, 325, 378, 379, 405, 425, 449, 452, 559, 635
Moniz de Aragão, José Joaquim de Lima e Silva, 15, 43, 45, 112, 119, 122, 148, 151, 165, 166, 168, 173, 174, 175, 176, 193, 583, 637
Montenegro, Carlos Valenzuela, 309
Montesinos, Vladimiro, 534, 540, 541, 557, 562
Montes, Oscar A., 432
Montoya, Silvia, 545
Moore, John Basset, 80, 85
Morais, Prudente de, 620
Moratorio, Pablo, 392, 393
Morgan, Thomas ìDocî, 421
Morínigo, Higínio, 224, 237, 243
Morrison, Lesseps, 364
Morse, Wayne, 372

Mosconi, Enrique, 167, 169
Moscoso, Mireya, 528, 535
Moscoso, Oscar, 157
Moss, Gabriel Grun, 313
Müller, Lauro, 131, 132, 149
Muñiz, Carlos Manuel, 334, 359, 365, 366
Muniz, João Carlos, 269, 270, 276, 277
Murature, José Luís, 130, 132
Murphy, Ricardo López, 573
Murtinho, Joaquim, 23
Musich, Arnaldo, 330
Mussolini, Benito, 138, 209, 250

N
Nabuco, Joaquim, 90, 95, 112, 113, 122, 583
Nabuco, Maurício, 196, 210
Naranjo, Aurélio, 348
Navero, Emiliano Gonzáles, 98
Neves, Tancredo, 320, 457, 459
Niccolini, Oscar, 219, 229
Nicolaides, Cristino, 456
Nixon, Richard, 43, 351, 416, 424, 488, 528, 555
Noboa, Guatavo, 552, 560, 599
Noriega, Manuel Antônio, 528
Noronha, Armando, 367
Nufer, Albert, 254

O
Obino, Cesar, 238
Odria, Manuel, 259
Ojeda, Pedro Ibáñez, 416
Olivares, Carlos, 320, 322, 323
Oliveira, Cipriano, 290
Oliveira, Olímpio de, 88
Olney, Richard, 350
OíNeill, Paul, 580, 581
Ongania, Juan Carlos, 359, 367, 375, 388, 389, 410, 477, 629, 633
Ordónez, José Batlle y, 64
Orlich, Francisco, 373
Ortega, Carlos, 606
Ortega, Daniel, 456
Ortiz, Roberto M., 196, 211
Osorio, Hugo Boatti, 422
Oviedo, Lino, 280, 284, 292, 501, 546, 547, 548
Oviedo, Raúl, 295

P
Pablo, Juan Carlos de, 458
Pacheco Areco, Jorge, 404
Padilha, Ernesto, 178
Page, Joseph A., 219, 229, 255
Palmério, Joaquim, 181
Pando, José Manuel, 77, 83, 84, 130
Paradiso, José, 479
Paranhos, José Maria da Silva (Barão do Rio Branco), 80, 159, 653
Paravicini, José, 74, 75, 76
Pardo-Maurer, Roger, 604
Pardo, Pablo, 414
Parker, Genaro Delgado, 534, 541
Pastrana, Andrés, 526, 530, 531, 532, 533, 534, 536, 539, 553, 555, 561
Pawley, William D., 238, 350, 351, 360
Paz Estensoro, Victor, 288, 290, 292, 385, 386, 391, 467, 474
Pedotti, Andrés Rodríguez, 471
Pedro II, D., 54, 56, 62, 150
Peixoto, Floriano, 100
Pellufo, Orlando, 215, 220
Pena, Afonso, 108, 112
Peñaranda, Enrique, 203
Pen, Jean-Marie le, 608
Pereira, Lia Vals, 563
Pereira, W. C. Gonçalvez, 63
Pérez, Carlos Andrés, 474, 557, 601
Perez Gris, Américo José 279
Perez Morales, Jesus, 272

Perón, Eva Duarte, 219
Pérez Jiménez, Marcos, 7, 265, 269, 270, 271, 272, 273, 355, 475
Perón, Isabel, 420, 458
Ver também Martinez de Perón, Maria Estela
Perón, Juan Domingo, 203, 208, 209, 215, 217, 264, 513, 517, 625
Perowne, J. V., 212, 213, 225, 229, 230, 231
Peterson, Harold F., 126, 266
Pfaff, William, 608
Philipe, Julio, 391
Philips, H. W., 77
Pickering, Thomas, 552
Pico, Octavio S., 178
Pinedo, Frederico, 196, 197, 198, 210
Pinheiro Guimarães, Samuel, 5, 17, 486, 495, 496, 571, 572, 584
Pinilla, Cláudio, 87, 162
Pinochet, Augusto, 416, 431, 438, 471
Pinto, Luiz Leivas Bastian, 292, 298, 300
Pio Corrêa, Manoel Jr., 385, 392, 393, 394, 403, 404, 405
Pires de Carvalho, 441
Plácido de Castro, José, 5, 73, 80, 83, 84, 85
Plaza, Victorino de la, 16, 108, 109, 115, 116, 117, 118, 119, 130, 131, 133, 134, 147, 163, 173, 637
Poggi, Raul Alejandro, 336, 338, 357
Portillo, Julio, 355
Posse, Mario, 110
Potash, Robert A., 337
Powell, Colin, 494, 514, 600, 613, 634
Prado, Manoel, 324
Prado, Manuel, 288, 349, 351
Prestes, Luís Carlos, 217, 218, 222, 236, 245
Puente Uzeda, Luís de la, 352
Puerta, Ramón, 593
Pueyredón, Honório, 135
Puig, Juan Carlos, 418

Q
Quadros, Jânio, 303, 325, 330, 332, 338, 652
Quijano, Antônio, 160
Quijano, Horácio, 222
Quiroz, Daniel Aduber, 37

R
Raggio, Ezequiel, 337
Ramalho Jr., José Cardoso, 76
Ramírez, Pedro Pablo, 203, 206
Rangel, Domingo Alberto, 354
Rangel, José Vicente, 558, 602, 614
Rao, Vicente, 257, 260, 264
Rapoport, Mario, 437, 479, 480
Raposo, Amerino, 537
Rauch, Enrique, 357
Rawson, Arthur, 219
Rawson, Arturo, 203
Reagan, Ronald, 441, 443, 445, 447, 449, 455, 456, 616, 617, 655
Recau, Isaac Peréz
Reichenau, Franz von, 103
Reich, Otto Juan, 48, 111, 605, 616, 617
Reimúndez, Manuel, 275
Rice, Condolezza, 590, 607
Richieri, Pablo, 110
Ricupero, Rubens, 44, 492
Rio Branco, Barão do, 5, 66, 71, 73, 80, 83, 91, 104, 120, 132, 133, 260, 306, 567, 583, 651, 656
Ver também Paranhos, José Maria da Silva
Rivero, Pedro Flores, 601
Roca, Julio A., 54, 59, 69, 70, 71, 104, 134, 619

Rocco, Francisco, 219
Rocha, Geraldo, 256
Rodrigues Alves, Francisco de Paula, 66, 80, 81, 82, 83, 88, 93, 102, 113, 131, 149, 188, 189, 207, 208, 210, 211, 213, 651
Rodrigues de Arias, Luis Galvez, 74, 76
Rodriguez, Manuel, 145
Rodríguez Sá, Adolfo, 593
Roett, Riordan, 607
Rogers, James, 602, 603
Rojas, Isaac E., 267, 268, 273, 276, 412, 423, 424
Romero, Juan Carlos, 536
Romero, Lucas Rincón, 602, 604
Romero, Peter, 530
Rommel, Erwin, 181
Roosevelt, Franklin D., 188, 195, 199, 200, 201, 203, 204, 205, 206, 216, 218, 221, 226, 238, 374, 587, 625
Roosevelt, Theodore, 28, 66, 78, 79, 81, 85, 90, 104, 112, 115
Roosevelt, W. E., 78
Root, Elihu, 112, 113
Rosa, Pascual La, 373
Rosas, Juan Manuel, 234
Rosendo, Manuel, 602
Rossi, Caffaro, 219
Rotela, Silvio, 295
Rothschild, Barão N. M., 5, 16, 51, 52, 73, 81, 82, 83, 85, 86, 87, 88, 92, 93, 94, 101, 102, 108, 109, 118, 120, 638
Rouquié, Alain, 69, 149, 176, 178, 190, 310, 311, 325, 333, 343, 361, 403, 423, 449
Rubottom, Roy, 310
Ruckauf, Carlos, 594
Ruiz-Guiñazú, Enrique, 199, 568, 631
Rusk, Dean, 325, 400, 402, 604

S
Saavedra Lamas, Carlos, 143, 144, 145, 152, 184, 188, 189, 191
Sachs, Jeffrey, 467
Sáenz Peña, Roque, 94, 106, 119, 120, 126, 127, 128, 129, 130, 131, 134, 147, 169, 619
Salamanca, Daniel, 156, 167, 168, 172, 180, 182
Salinas de Gortari, Carlos, 474
Salum-Flecha, Antônio, 156
Salveira, Rodriguez, 316
Sampaio, João César de, 84
Sanguinetti, Julio Maria, 456, 462, 548
San Tiago Dantas, Francisco Clementino de, 16, 323, 325, 326, 327, 332, 334, 335, 342, 343, 344, 359, 361, 377, 378, 379, 638
Santiváñez, Moisés, 76
Sanz, Luiz Santiago, 292
Sapena Pastor, Raúl, 281, 287
Saravia, Aparício (Aparício Saraiva), 64
Sarmiento, Domingo, 53, 158
Sarney, José, 9, 455, 457, 459, 460, 461, 462, 463, 464, 465, 466, 467, 469, 472, 481, 487, 495, 499, 502, 503, 504, 505, 515, 554, 631, 633, 639
Scenna, Miguel Angel, 105, 119, 127, 133
Schlaudeman, Harry W., 472, 485
Schlesinger Jr., Arthur, 635
Schmidt, Helmut, 589, 609
Schoultz, Lars, 478
Seiferheld, Alfredo M., 180
Seoane, Guilherme, 89
Seregni, Liber, 395, 415
Serpa, Horácio, 534
Serra, José, 494
Serrano, Gilberto Pereyra, 393
Sessions, Jeff, 531

Shapiro, Charles, 603, 605, 615
Sharon, Ariel, 34
Shaw, Roberto, 270
Silva, Albino, 366
Silveira, Olímpio da, 83, 145, 146, 151, 152
Simonsen, Roberto, 23
Solberg, Carl E., 178
Solorzano, Carlos, 551
Somoza, Anastacio, 259, 433
Sorondo, Matias Sanchez, 178
Sosa, Jaime, 159
Soto Fuentes, Pedro Vicente Soto, 601
Sotomayor, Carlos Martinez, 310, 343, 369, 371
Souza, Cláudio Garcia de, 429
Souza, Henrique Cavalcanti de, 62
Souza, Irineu Evangelista de (Visconde de Mauá), 51, 650
Stalin, Joseph, 216, 374
Stern, Nicholas, 598
Stettinius, Edward R., 216, 217
Stevenson, Adlai, 322
Stiglitz, Joseph, 596
Stimson, Frederik Jesup, 133
Stroessner, Alfredo, 7, 269, 279, 280, 281, 282, 283, 284, 285, 286, 287, 288, 289, 290, 291, 292, 293, 294, 295, 296, 303, 352, 417, 418, 420, 467, 471, 546, 644, 646, 649, 651, 652
Suarez, Leopoldo, 377
Suazo, Hermán Siles, 441, 467
Sumner Welles, Benjamin, 201, 568

T

Taboada, Diógenes, 286, 287, 307, 308
Taft, Howard, 115, 126, 131, 568
Talavera, Ramón, 289
Talleyrand, Charles, 220
Tamayo, Carlos Molina, 604
Tamborini, José P., 227
Tanco, Julio, 392
Tatcher, Margareth, 448
Távora, Juarez, 266
Tejada Sorzano, José Luis, 180
Tejedor, Carlos, 69, 158, 159
Tenet, George J., 600, 613
Tessaire, Alberto, 219
Thibaut, 110, 118, 121, 147
Thornton, Edward, 52
Thornton, Richard C., 447, 451
Tiboracchi, Hugo, 395
Todd, Chapman, 73, 74
Todman, Terence, 483
Toledo, Alejandro, 635
Toledo, Camilo Gallego, 317, 318
Toranzo Montero, Carlos Severo, 142, 270, 271, 272, 287, 288, 289, 358, 361
Tornsquist, Ernesto, 109
Toro, David, 180, 184, 188
Torre, Lisandro de la, 138
Torres, Juan José, 415, 417, 425
Torre, Vitalio de la, 320
Torrijos, Omar, 529
Tottenham-Smith, 179, 190, 192
Townley, Walter, 99, 108, 116, 118
Truco, Luiz, 74
Trujillo, Rafael, 272, 381
Truman, Harry S., 16, 236, 242, 250, 264, 338, 638
Tyson, Brady, 387

U

Ugarteche, Javier Prado y, 89
Uribe, Álvaro, 634, 636
Uriburu, José F., 139, 140, 177, 178, 179

V

Valdevin, Arnaldo, 285
Vale, Ciro de Freitas, 239

Valencia, Guillermo León, 361, 391
Vallenilla Lanz, Laureano, 272
Vandenberg, Arthur H., 236
Varela, Benigno, 388
Varela, Horácio Becas, 178
Vargas, Antonio, 551
Vargas, Getúlio, 6, 7, 15, 16, 23, 30, 139, 140, 143, 145, 146, 147, 152, 157, 187, 188, 194, 195, 200, 201, 203, 204, 205, 208, 209, 211, 212, 213, 214, 215, 217, 218, 220, 221, 222, 223, 224, 228, 229, 230, 233, 235, 238, 239, 245, 246, 247, 249, 250, 251, 252, 254, 255, 256, 257, 258, 259, 260, 261, 262, 263, 264, 265, 266, 267, 273, 280, 306, 376, 517, 551, 583, 587, 620, 624, 635, 637, 638, 642, 656
Vásquez, Efraín, 606
Vegas, Jorge Hugo Herrera, 524
Velarde, Hernán, 87, 89, 91
Velasco Ybarra, José Maria, 314, 315, 316, 317, 318, 322
Venturini, Danilo, 455
Videla, Jorge Rafael, 8, 242, 427, 433, 434, 435, 441, 466, 469
Videla, Rafael González, 631
Vieira, Caio Júlio César, 220, 230
Vignes, Alberto J., 420, 421, 422, 432
Villafañe, Benjamín, 178
Villalbar, Moisés, 295
Villazon, Eliodoro, 86
Viola, Roberto, 441, 442, 443, 449, 456
Volberding, Alex, 603, 614, 615, 617

W

Walters, Vernon, 442, 443, 444
Wandenkolk, Eduardo, 58
Warren, Harris Gaylord, 67
Wasmosy, Juan Carlos, 501, 546, 547
Wells, Robert, 167, 175
Whitaker, Arthur P., 234
White, Henry, 65
Whitridge, Cary, 85
Wilhelm, Charles E., 103, 111, 529, 530, 531, 532, 538, 539, 552, 560
Williamns, Kenneth, 590
Williamson, John, 473, 486
Withridge, Frederick Willingford, 78, 83, 86
Woodrow Wilson, Thomas, 132, 133

Y

Yeats, Alexander, 508
Yépez, Francisco Acosta, 347
Ynsfrán, Edgard, 280
Yoma, Emir, 483
Yon Sosa, Marco Antonio, 352
Yrigoyen, Bernardo de, 159
Yrigoyen, Hipólito, 6, 125, 133, 134, 135, 138, 139, 142, 143, 159, 167, 169, 171, 177, 178, 272, 619, 623, 653

Z

Zamora, Jayme Paz, 474
Zavala Ortiz, Miguel Angel, 377, 389, 390, 403, 426
Zeballos, Estanislau, 5, 57, 58, 59, 60, 94, 97, 98, 99, 104, 105, 106, 119, 120
Zedillo, Ernesto, 493
Zedong, Mao, 352
Zenóbio da Costa, Euclydes, 282, 283, 284, 297, 298, 300, 301
Zoellick, Robert B., 561, 563, 575, 578, 581, 582, 597
Zubizarreta, Gerónimo, 172, 189

Este livro foi composto na tipologia ClassGaramond BT,
em corpo 11/13,9, impresso em papel off-white 80g/m²,
no Sistema Cameron da Divisão Gráfica
da Distribuidora Record.